最新重要判例
250
刑法 第13版

前田雅英・星 周一郎

弘文堂

第13版はしがき

　第13版でも、重要な論点を含む新しい判例を網羅したつもりである。判例教材の場合、全領域についてバランスのとれた記述も必要だが、メリハリも肝要である。判例が動いている重要な論点については、相対的に多くの判例を採り上げ、争点を理解しやすいように記述した。そして、対立点をわかりやすく整理した。

　総論では、実行行為の理解と着手時期、因果関係、故意、正当防衛、承継的共犯、共犯の射程・離脱等について多くの判例を掲載した。罪数、刑罰論でも新しい判例が登場してきている。

　各論では、同時傷害の特例（共犯でも扱う）、遺棄罪、強制わいせつ罪、強制性交等罪、業務妨害罪、不法領得の意思の有無、詐欺盗の処断、横領罪、背任罪、文書偽造罪、不正指令電磁的記録に関する罪等を中心に、新判例を加え、また第12版までの解説を詳しくした。

　いうまでもないことであるが、司法試験に出題される可能性という視点も加味して構成・編集した。

　「判例の『規範』さえ覚えればよい」という学習姿勢は、明らかに誤りである。判例の規範はもちろん重要だが、それに加えて、その前提となる「具体的事実」を把握し、整理・評価し、微妙な差を見出して、妥当な結論を導くことが法解釈の核心部分である。その際には、学説の対立やそれとの比較検討も求められる。学説の対立状況をより一層理解しやすくするために、(a)説、(b)説、(c)説という形で、複数の説を明示した。学説は、論点によっては、複雑多岐に分かれるが、それを「基本原理からの演繹」というより「具体的事実と妥当な結論からの帰納」という観点を重視して整理した。他方で、具体的事実を意識しすぎると「木を見て森を見ず」ということになりかねないことにも、注意しなければならない。やはり判例で問題となっている具体的争点を把握することこそが重要であり、解説部分の中心は、それを目的としたものである。

　その意味で、司法試験における判例の重要性は、一貫して変わらない。論文問題の出題対象である重要論点は、基本的に判例で問題となったところが中心であるし、さらに、短答式の出題状況も、それを裏づけるといえよう。多くの方にとって、刑法の理解を深め、さらには法曹の世界に進むに際し、本書が役立つことを期待している。

　そして今回の改版の完成も、弘文堂編集部清水千香さんのお力によるところが大きい。内容的にも貴重なご指摘を頂いている。ここに厚く御礼を申し上げる次第である。

　2023年2月

前田　雅英

星　周一郎

初版はしがき

　本書は、大学で刑法を学ぶ際の副教材である。刑法を学習する上での判例の重要性は、いまさら申し上げるまでもない。そして、これまで、優れた学習用判例集が多数出版されてきた。その意味で、本書のようなものの刊行に、どれだけの意味があるのかという批判も予想される。ただ、学生の立場から見て、これまでの判例教材には若干改善すべき点があるようにも思われたのである。特に、独習者向けの判例集という視点からは、解説・コメントのないものは不親切であるようにも思われる。逆に、コメントを付すとなると、多数の筆者のものは、相互に一貫性を欠くきらいがある。解説が長すぎる場合もある。学生が求める情報量は、判例1件当たり2000字から3000字程度であるように思われるのである。

　そこで、本書では、「判例研究」という観点からは不十分であることを認識しつつ、1件1頁で、刑法総論・各論の重要判例のうち新しいものを選んで解説した。1頁に押さえるため、判決の文言をごく一部修正したことをお断りしておかねばならない。また、原則として、学説の引用は控えざるを得なかった（基本的に拙著の頁のみを示した）。参考文献も、学生の方々が比較的容易に読むことのできるものに限定した。また、本書では、判例が主役であり、解説は脇役に過ぎない。そこで、私見はできる限り押さえ、判例の立場から論述したつもりである。

　当初は、最新の判例のみを素材にするつもりであったが、学習上の便宜も考え、新しい判例がない論点については、若干古い判例を取り上げた場合もある。ただ、本書は、判例の発展にあわせ、機動的に改版していく予定である。250件という数字には、多すぎるという意見と、少ないという批判の両論が予想される。版を改める際に「最も適当な数」を、模索していきたいと考えている。

　本書の作成に当たっては、弘文堂編集部の丸山、清水両氏に大変お世話になった。ここに厚く御礼申し上げる次第である。

　　1996年2月

　　　　　　　　　　　　　　　　　　　　　　　　　　前　田　雅　英

凡　　例

1 【判旨】欄で判例集などから直接に引用した部分は、「　」で囲んだ。
　 この部分に含まれる判例の引用は、適宜簡略化した。
2 法令・条文の引用については、大方の慣行によった。
3 判例・文献等の引用についての主な略称は、以下の略語表によった。

略　語　表

●判例・判例集等

大判（決）	大審院判決（決定）
最判（決）	最高裁判所判決（決定）
高判（決）	高等裁判所判決（決定）
地判（決）	地方裁判所判決（決定）
刑録	大審院刑事判決録
刑集	大審院刑事判例集、最高裁判所刑事判例集
裁判集刑	最高裁判所裁判集刑事
裁時	裁判所時報
刑裁資料	刑事裁判資料
高刑	高等裁判所刑事判例集
下刑	下級裁判所刑事裁判例集
東高時報	東京高等裁判所刑事判決時報
高裁刑裁特	高等裁判所刑事裁判特報
高裁刑判特	高等裁判所刑事判決特報
高検速報	高等裁判所刑事裁判速報
大阪高裁刑速	大阪高等裁判所刑事判決速報
刑月	刑事裁判月報
判時	判例時報
判タ	判例タイムズ
判例マスター	判例 MASTER（新日本法規出版）
新聞	法律新聞
評論	法律評論
LEX/DB	TKC 法律情報データベース
LLI/DB	LLI/DB 判例秘書
ＷＪ	ウェストロー・ジャパン

●単行本

前田・最新判例分析	前田雅英『刑事法最新判例分析』（弘文堂・2014）
大コメ	大塚仁＝河上和雄＝中山善房＝吉田佑紀編『大コンメンタール刑法〔第 3 版〕』(1)～(13)（青林書院・2013～2021）
条解刑法	前田雅英編集代表『条解刑法〔第 4 版補訂版〕』（弘文堂・2023）

●定期刊行物等

金法	旬刊金融法務事情	判評	判例評論（判例時報）
警研	警察研究	判例セレクト	法学教室別冊
警論	警察学論集	百	別冊ジュリスト判例百選
Ｊ	ジュリスト	ひろば	法律のひろば
平〇年度重判	ジュリスト重要判例解説	法教	法学教室
曹時	法曹時報	法協	法学協会雑誌
判解平〇年度	最高裁判所判例解説・刑事篇	法時	法律時報
判時	判例時報	法セ	法学セミナー
判タ	判例タイムズ		

最新重要判例250　刑　法　―目　次―

総　論

●因果関係

●故　　意

●過　　失

●実質的違法性

●正当行為

各　　論

●殺　人　罪

●傷　害　罪

●堕　胎　罪

●遺　棄　罪

●監　禁　罪

●脅　迫　罪

●誘　拐　罪

●恐　喝　罪

●横　領　罪

●背　任　罪

●盗品等に関する罪

●毀棄・隠匿の罪

●放　火　罪

●犯人蔵匿・証拠隠滅罪

●職権濫用罪

●賄　賂　罪

最新重要判例 250　刑法
総論

1　刑罰法規の明確性—徳島市公安条例事件

最大判昭和50年9月10日（刑集29巻8号489頁・判時787号22頁）　　参照条文　憲法31条　徳島市公安条例3条3号

憲法31条と明確性の理論。明確性の理論の内容。

●**事実**●　被告人Xは、集団示威行進に参加した際、先頭集団数十名とともに自らもだ行進をし、また先頭列外付近に位置して所携の笛を吹いたり両手を挙げて前後に振って集団行進者にだ行進をさせるよう刺激を与えたが、前者（だ行進）は道路交通法7条3項に、後者（煽動）は徳島市公安条例3条3号（集団示威または集団示威を行おうとする者に「交通秩序を維持すること」を遵守事項として求める）に各々該当するとして起訴された。

第1審は、徳島市公安条例3条3号の規定は一般的、抽象的、多義的であって、これらに合理的な限定解釈を加えることは困難であり憲法31条に違反するとし、原審もその判断を維持したので、検察官は憲法31条の解釈適用に誤りがあるとして上告した。

●**判旨**●　破棄自判。「[徳島市公安条例3条3号の「交通秩序を維持すること」という]規定は、その文言だけからすれば、単に抽象的に交通秩序を維持すべきことを命じているだけで、いかなる作為、不作為を命じているのかその義務内容が具体的に明らかにされていない。……立法措置として著しく妥当を欠く」。

「しかしながら、およそ、刑罰法規の定める犯罪構成要件があいまい不明確のゆえに憲法31条に違反し無効であるとされるのは、その規定が通常の判断能力を有する一般人に対して、禁止される行為とそうでない行為とを識別するための基準を示すところがなく、そのため、その適用を受ける国民に対して刑罰の対象となる行為をあらかじめ告知する機能を果たさず、また、その運用がこれを適用する国又は地方公共団体の機関の主観的判断にゆだねられて恣意に流れる等、重大な弊害を生ずるからであると考えられる。……それゆえ、ある刑罰法規があいまい不明確のゆえに憲法31条に違反するものと認めるべきかどうかは、通常の判断能力を有する一般人の理解において、具体的場合に当該行為がその適用を受けるものかどうかの判断を可能ならしめるような基準が読みとれるかどうかによってこれを決定すべきである」。

「[本条例3条]3号に『交通秩序を維持すること』を掲げているのは、道路における集団行進等が一般的に秩序正しく平穏に行われる場合にこれに随伴する交通秩序阻害の程度を超えた、殊更な交通秩序の阻害をもたらすような行為を避止すべきことを命じているものと解されるのである。そして、通常の判断能力を有する一般人が、……その判断にさほどの困難を感じることはないはずである」ので、集団行進等における道路交通の秩序遵守についての基準を読みとることが可能であり、犯罪構成要件の内容をなすものとして明確性を欠き憲法31条に違反するものとはいえないと判示した。

●**解説**●　1　罪刑法定主義とは、(a)「犯罪と刑罰は、法律で前もって規定しなければならない」という、**法律主義**と**事後法の禁止**を基本とする。しかし本判例以降、(b)「国民から見て不明確な文言を含む刑罰規定は、憲法31条に違反し無効である」という**明確性の理論**が加わった。明確性の判断は、通常の判断能力を有する一般人が、具体的場合に当該行為がその適用を受けるものか否かの判断を可能ならしめるような基準が読み取れるかどうかによるとした（本件は、読み取れるとした）。

2　条文は様々なニュアンスを含まざるをえない「言語」により構成されており、問題はどの程度「明確化」するかにある。①明確な文言によって得られる国民の行動の自由の利益と、刑罰権の濫用が防止される利益に対し、②現代社会において当罰性の高い行為を処罰することにより得られる国民の利益が比較衡量されるのである。

3　**最決平成10年7月10日**（刑集52-5-297）では、アブラソコムツ（ワックス成分の異常に高い魚類）の販売が食品衛生法4条2号の「有害な物質」の販売等に該当するかが争われ、同条項の明確性が問題とされた。文言は抽象的で適用範囲がかなり漠然としているものの、「物質それ自体には毒作用がなくても人の健康状態に物理的に危害又は不良な変更を引き起こすものがこれに当たるという一般人の通常理解可能な基準」に基づいて判断すれば、当該法規の適用の有無の判断は可能であるとした。

「有害物質の販売」という構成要件そのものが曖昧ではないとしたのではなく、本件行為が有害物質販売行為に該当すると判断することは、十分に可能だったとして、当該規定の明確性を認めた。

4　**最決平成20年7月17日**（判タ1302-114）は、古紙回収業者が、世田谷区清掃・リサイクル条例による区長の禁止命令に違反して、ごみ集積所に置かれた古紙の収集を行った事案であるが、条例31条の2が定める「一般廃棄物処理計画で定める所定の場所」の明確性が争われた。最高裁は、「世田谷区が、一般廃棄物の収集について区民等の協力を得るために、区民等が一般廃棄物を分別して排出する場所として定めた一般廃棄物の集積所を意味することは明らかである」とし、刑罰法規の構成要件として不明確であるとはいえないと判示した。

5　もちろん、不明確な刑罰規定は、それが存在するだけで、いかなる行為が処罰されるかわからないという不安感を国民に与え、萎縮効果を生じる。それ故、具体的に問題になった行為の構成要件該当性判断は不可能ではなくとも、違憲にすべき刑罰法規が、観念的には想定できる。しかし、そのような意味での「不明確性」は、規定が存在するだけで国民に重大な萎縮効果が予想される場合に限られ、しかもそのような規定を設ける必要性が相対的に低い場合でなければならない。重大な法益侵害を禁圧するための必要最小限度の規定の場合、文言に曖昧な部分が含まれざるをえなければ、許容されうる。

●**参考文献**●　前田雅英・J853-52、香城敏麿・判解平元年度273、山本雅子・判評485-55、木村草太・憲法[百]Ⅰ6版186

2 実質的構成要件解釈の限界──法文の語義と立法目的

最1小判平成8年2月8日（刑集50巻2号221頁・判時1558号143頁）　参照条文　鳥獣保護法1条ノ4第3項（平14改正前）
昭和53年環境庁告示43号3号リ

> 矢が外れたため鳥獣を自己の実力支配内に入れられず、かつ殺傷するに至らなかった場合も、「弓矢を使用する方法による捕獲」にあたるか。

●**事実**●　被告人Ｘは、法定の除外事由がないのに、Ｓ県内の河川敷において、洋弓銃（クロスボウ）を使用して、マガモあるいはカルガモ目がけて矢4本を発射したが、1本も当たらなかった。本件当時の鳥獣保護及狩猟ニ関スル法律（鳥獣保護法）1条ノ4第3項は「環境庁長官又ハ都道府県知事ハ狩猟鳥獣ノ保護蕃殖ノ為必要ト認ムルトキハ狩猟鳥獣ノ種類、区域、期間又ハ猟法ヲ定メ其ノ捕獲ヲ禁止又ハ制限スルコトヲ得」と定め、同法22条がその違反につき、6月以下または30万円以下の罰金を科し、昭和53年環境庁告示43号3項リが、「弓矢を使用する方法による捕獲」を禁止している。第1審は、鳥獣保護法違反にあたるとし、原審もＸの控訴を棄却した。Ｘ側が上告。

●**判旨**●　上告棄却。「なお、食用とする目的で狩猟鳥獣であるマガモ又はカルガモをねらい洋弓銃（クロスボウ）で矢を射かけた行為について、矢が外れたため鳥獣を自己の実力支配内に入れられず、かつ、殺傷するに至らなくても、鳥獣保護及狩猟ニ関スル法律1条の4第3項を受けた同告示3号リが禁止する弓矢を使用する方法による捕獲に当たるとした原判断は、正当である（最決昭53・2・3刑集32-1-23、最決昭54・7・31刑集33-5-494参照）」。

●**解説**●　1　一般に、「類推解釈は禁じられるが、拡張解釈は許容される」とされ、許容される拡張解釈の限界は言葉の可能な意味の範囲、国民の予測可能性の範囲という基準で画される。「行為時の刑罰法規から、国民が予測不可能な行為」を処罰してはならない。ただ「条文を認識している国民から見て予測可能か否か」は、裁判の時点で、実質的に判断される。

言葉の可能な意味の範囲内で採用しうる複数の解釈の内いずれが合理的であるかの結論を導くには、法文の本来の意味（核心部分）からの距離と、当該犯罪類型の法益の保護の必要性との衡量が必要である。そして、その判断を客観化するために、犯罪論の体系化、保護法益の分析等がなされるのである。

2　(a)「捕獲」は、通常、殺すか占有を得ることを意味し、捕えようとしたが取り逃がした場合、すなわち、その未遂形態は含まれないとするのが一般的な用法である。「捕獲」に、現実に捕えたか否かを問わず、捕えようとする行為が、当然に含まれると解することは、その文理上困難といえる。それに対して本判決は、(b)鳥獣を自己の実力支配内に入れられず、かつ、殺傷するに至らなくても捕獲にあたるとした。(b)は「捕獲」の可能な意味を超えているとも考えられる。

3　しかし、鳥獣保護法における「捕獲」の中には、捕獲行為そのものを含むと解さなければ、明らかに不合理だと思われる条項が存在している。公道でカモを狙って猟銃弾を発射したが命中しなかった事案につき、最決昭和54年7月31日は、鳥獣保護法11条3号の「捕獲」に該当すると判断したが、同条の保護法益には、発砲に際しての公共の安全が含まれていることが明らかな以上、妥当な判断である。

4　本件で問題となった同法1条ノ4第3項の規定も同様であって、狩猟鳥獣の保護に悪影響を及ぼすおそれの高い特定の猟法を一般的に禁止しようとするその規制の趣旨、目的に照らせば、告示43号に列挙する方法による捕獲行為自体を禁止するものと解さざるをえない。そうだとすれば、この「捕獲」には、捕獲行為それ自体も含むと解すべきである。矢が命中しなかった場合が、捕獲という語から一般人には想定し難いものとまではいえない。

5　しかし、一方で、違法捕獲鳥獣等の譲渡などの禁止に関する20条の「捕獲」などのように、捕獲に失敗した場合が含まれないことが明らかな規定も存在する。捕獲の「可能な意味の範囲内」には、捕獲行為自体も含みうると解した上で、個々の条文の保護法益等を考察して、個別的に捕獲の概念を確定していくべきである。

たしかに、「同一の法規の中で用いられる同一の概念は、同様に解されるべきである」とも考えられる。しかし、刑法217条と218条の遺棄概念の場合のように、同一の言葉が異なった意味に使い分けられることは、ありうるのである。そのような解釈は、「捕獲」の許された語義の範囲内で行われている以上、行為者の予測可能性を害するものではない。同一概念の統一的理解という形式的解釈論から、捕獲概念を、「最も通常の意義」に限定することは、本末転倒である。ただ、すべての捕獲概念に捕獲行為自体が含まれると解するべきでないことも明らかである。

6　また、平成14年全面改正前の鳥獣保護法16条は、市街その他「人家稠密ノ場所」または「衆人群集ノ場所」における銃猟などを禁止していたが、最決平成12年2月24日（刑集54-2-106）は、人家と田畑が混在する地域内にあり、発射地点から半径約200m以内に約10軒の人家がある場所も「人家稠密ノ場所」にあたるとした。「稠密」とは、「多く集まってこみあっていること」を意味するとされているが、人家がどの程度集まっていれば「人家稠密ノ場所」といえるかについては、一般人からみて予測可能な範囲内で、文言の最も通常の意味との距離と立法目的（銃猟に伴う危険性の大きさ）とを衡量して判断する必要がある。

大都市の住宅街のような家が建て込んでいる地域でなくとも、人家が集まっているためそこで銃を発射した場合に、それらの建物内にいたり付近を往来する住民に誤って銃弾が当たる一定程度以上の可能性がある場所であれば、本条の「稠密」にあたると解しうるであろう。

●**参考文献**●　中谷雄二郎・J1092-72、鈴木彰雄・判評456-72、稗田雅洋・J1181-68

3 ストーカー規制法の意義・解釈と罪刑法定主義

最1小判令和2年7月30日（刑集74巻4号476頁・判時2478号149頁）　　参照条文　ストーカー規制法2条1項

対象者の自動車に密かに取り付けたGPS機器を用いた位置情報の取得は、ストーカー規制法にいう「住居等の付近において見張り」をする行為に該当するか。

●**事実**●　被告人Xは、別居中の妻Aに対して、約10か月の間、Aが賃借した駐車場において、多数回にわたり、Aの使用する自動車（A車）にGPS機能付き電子機器を密かに取り付け、同車の位置情報を探索取得して（「本件位置情報取得行為」）、Aの動静を把握した。Xのこの行為が、本件行為当時のストーカー規制法2条1項1号所定の「住居等の付近において見張り」をする行為に該当するかが争われた。

　第1審は、電子機器等を使用した相手方の動静観察行為も「見張り」に含まれ、A車から離れた場所でなされた本件位置情報取得行為は、Aの賃借した駐車場でなされた上記のGPS機器取付行為と一体のものとしてみれば、全体として「住居等の付近において」という場所的要件を充足するとして、他の要件の充足とあわせて、同条違反の罪の成立を認めた。

　ところが、原審は、視覚等の作用とはまったく異なる機構により相手方の動静情報を収集する機器を用いる行為は「見張り」に該当せず、上記のGPS機器取付行為と本件位置情報取得行為とが一体との理由で場所的要件を後者につき不要とする解釈は許されないとして、第1審判決を破棄したため、検察側が上告した。

●**判旨**●　上告棄却。「ストーカー規制法2条1項1号は、好意の感情等を抱いている対象である特定の者又はその者と社会生活において密接な関係を有する者に対し、『住居、勤務先、学校その他その通常所在する場所（住居等）の付近において見張り』をする行為について規定しているところ、この規定内容及びその趣旨に照らすと、『住居等の付近において見張り』をする行為に該当するためには、機器等を用いる場合であっても、上記特定の者等の『住居等』の付近という一定の場所において同所における上記特定の者等の動静を観察する行為が行われることを要するものと解するのが相当である。そして、第1審判決の認定によれば、Xは、Aが上記自動車を駐車するために賃借していた駐車場においてGPS機器を同車に取り付けたが、同車の位置情報の探索取得は同駐車場の付近において行われたものではないというのであり、また、同駐車場を離れて移動する同車の位置情報は同駐車場付近におけるAの動静に関する情報とはいえず、Xの行為は上記の要件を満たさないから、『住居等の付近において見張り』をする行為に該当しないとした原判決の結論は正当として是認することができる」。

●**解説**●　1　平成12年に制定されたストーカー規制法は、罪刑法定主義との関連で争点とされることも多い。

　2　最判平成15年12月11日（刑集57-11-1147）では、

規制（処罰）の内容の合理性（実体的デュー・プロセス論）が争点となった。最高裁は、ストーカー行為等について必要な規制を行い、相手方に対する援助措置等を定めることで、個人の身体、自由、名誉に対する危害の発生を防止し、あわせて国民の生活の安全と平穏に資することを内容とする同法の目的を正当とした上で、ストーカー規制内容について、①規制対象が限定されていること、②法定刑が過酷ではないことを理由に、規制の内容は合理的で相当なものであると判示した。

　3　最決平成17年11月25日（刑集59-9-1819）は、同法2条2項にいう「ストーカー行為」の要件である、つきまとい等を「反復してすること」の意義につき、同条1項1号から8号までに掲げる「つきまとい等」のうち、(a)いずれかの行為をすることを反復する行為をいい（非限定説）、(b)特定の行為・特定の号に掲げられた行為を反復する場合に限る（限定説）ものではないと判示した。

　「反復してすること」の文言解釈としては、(b)限定説のみならず、(a)非限定説も十分可能である。もし、ストーカー行為者が、1種類の行為に固執する場合にしか被害者に危害を及ぼさないのであれば、(b)説が妥当である。しかし現実には、各号に規定する別々の行為を繰り返して行為をエスカレートさせ、被害者に危害を及ぼす「号またぎ」の事案も多く、目的達成（処罰）の必要性と文言解釈としての許容性を考えれば、判例の採用した(a)非限定説に合理性がある。このように処罰の必要性も勘案しなければ、採用すべき解釈を決することはできない。

　4　本判決では、GPS機器等を用いる場合であっても、①当該対象者の「住居等」の付近という一定の場所において、②その場所における当該対象者等の動静を観察する行為が行われることを要するとした。たしかに、GPS機器を用いれば、遠隔からでも対象者の動静を幅広く把握でき、処罰の必要性は高い。しかし、「住居等の付近において見張り」をするという条文の文言は、見張りの実行行為が住居等の付近で行われることを、また、観察対象者の動静についても「住居等の付近」でのそれであることを、前提としていると解さざるをえない。

　5　なお、この最高裁判決を受けて、翌年の令和3年5月に、GPS機器等を用いた位置情報の無承諾取得等を新たに規制対象とすることなどを内容とするストーカー規制法の改正がなされた。

　6　一部の学説は、電気窃盗やクレジットカード詐欺に関するドイツ判例の厳格な解釈などを根拠に、日本の判例の傾向を批判する。しかし、日本の判例も類推解釈の論理を援用したことはなく、拡張解釈に関しても、処罰の必要性を考慮しつつも、本判決が示すように、解釈に限界があることも当然認める（最判平22・12・20刑集64-8-1291なども参照）。ドイツなどとの相違は、拡張解釈の許容範囲に関する量的なものであり、各国の立法状況なども勘案すれば、当然に生じうるものなのである。

●**参考文献**●　吉戒純一・J1554-88、髙橋直哉・令2年度重判128、星周一郎・刑事法ジャーナル71-4

4 刑の変更と判例の不遡及変更

最2小判平成8年11月18日（刑集50巻10号745頁・判時1587号148頁）　　　参照条文　憲法39条

行為時の判例に従えば無罪となるべき行為を処罰することと憲法39条。

●**事実**●　岩手県教職員組合の執行委員長であった被告人Ｘは、昭和49年4月11日に行われた日教組の統一行動に際し、地方公務員法上の争議行為をあおり、そしてあおりを企てた。本件行為以前、最高裁は、国家・地方公務員の争議行為禁止に関して、いわゆる都教組事件と全司法仙台事件の大法廷判決（最判昭44・4・2刑集23-5-305、刑集23-5-685）において、争議のあおり行為の処罰についての要件を厳しく絞るいわゆる「二重のしぼり」論を採用していたが、本件行為の1年前、最大判昭和48年4月25日（刑集27-4-547）は、国家公務員法違反事件において、「二重のしぼり」論を否定した。ただ、地方公務員法違反についての都教組事件判決は、明示的には変更されてはいなかった。本件の実行行為は、ちょうどこの時点で行われた（地方公務員法違反事件において「二重のしぼり論」が否定されたのは、最判昭51・5・21刑集30-5-1178の「岩教組学力調査事件」判決による）。

第1次第1審裁判所は、Ｘに無罪を言い渡し、同第2審仙台高等裁判所も、これを維持した。検察官の上告を受けた最高裁判所は、無罪判決を破棄して、事件を盛岡地方裁判所へ差し戻した。第2次第2審仙台高等裁判所は、あおり行為については無罪、あおりの企てについて有罪の判決を下した。

被告・弁護人は、本件当時は、地公法上の争議行為のあおりおよびあおりの企てについては、限定解釈をしていた昭和44年4月2日の都教組事件最高裁大法廷判決が支配しており、この都教組事件判決の下では、本件行為は適法であったにもかかわらず、これを違法として処罰するのは、憲法39条によって禁止される遡及処罰にあたるとして上告した。

●**判旨**●　上告棄却。「行為当時の最高裁判所の判例の示す法解釈に従えば無罪となるべき行為を処罰することが憲法39条に違反する旨をいう点は、そのような行為であっても、これを処罰することが憲法の右規定に違反しないことは、当裁判所の判例（最大判昭25・4・26刑集4-4-700、最大判昭33・5・28【76】、最大判昭49・5・29【105】）の趣旨に徴して明らかである」と判示した。

●**解説**●　1　刑法6条は、犯罪後の法律によって刑の変更があったときは、その軽いものによるとする。法律の施行（公布ではない）が実行行為の終了後であれば「犯罪後の法律」となる。なお、刑の一部の執行猶予に関する規定（刑法27条の2～27条の7）の新設は、被告人の再犯防止と改善更生を図るために宣告刑の一部につきその執行を猶予するという新たな選択肢を裁判所に与えるもので、特定の犯罪に対して科される刑の種類・量を

変更するものではなく「刑の変更」にあたらない（最決平成28年7月27日刑集70-6-571）。

2　一方、判例が「実質的な法源」としての機能を持ってきている。従来の判例に従って「許される」と思って行動した者が、行為後の判例変更により処罰された場合、事実上「事後法」によって処罰されたように見える。本件では、「処罰範囲を拡張する方向で判例を変更し、これを被告人に適用して処罰することは、遡及処罰を禁止した憲法39条に違反するのではないか」という点が争われた。

3　近時、(a)判例によって形成された法律関係を信頼して行動した者を処罰することは、行為の予測可能性を奪い、法的安定性を害するとして、判例に法源性を認め、あるいは、罪刑法定主義、遡及処罰の禁止といった憲法上の要請を根拠に、判例の不遡及変更の理論、すなわち、処罰化（重罰化）への判例変更は、将来に向かって宣言的意味を持つにすぎず、具体的な事案には適用しないとする理論が有力に主張されてきていた（田中英夫・J536-60等）。この考え方によれば、行為時の判例より不利益な刑罰を科すことは、憲法39条に反することになる。

4　これに対し実務は、(b)最高裁判例の変更が憲法39条違反になるということはないとする。上・下級審を問わず、各裁判の結論は、法源性、先例拘束性を有しておらず、成文法規と異なり、裁判官を法律上拘束するものではないという原則を維持している（最高裁判所事務総局総務局編『裁判所法逐条解説上巻』40頁）。

5　本判決は、最高裁判例の示す法解釈によれば、憲法39条に違反しないことは明らかであるとした。たしかに最高裁は、被告人に不利益な判例変更をし、それに従って被告人を処断してきた。すなわち、いわゆる練馬事件判決【76】では、共同被告人の供述はそれだけでは完全な証拠能力を有しないというそれまでの判例を、共同被告人の供述を唯一の証拠として有罪にすることができるという趣旨へと変更し、最大判昭和49年5月29日【105】は、罪数について観念的競合から併合罪へと処断刑を重くする判例変更をして併合罪で処断した原判決を是認した。

6　たしかに、不利益な判例変更一般を、具体的事案に適用しないとするのは妥当ではない。判決のかなりの部分は、被告人により有利な先例が存在するともいえるからである。

7　裁判所が事実上の立法機能を果たしている面を意図的に無視し、国民に不利益を与えるべきではないことも当然ではあるが、それは「故意や期待可能性が欠ける」というような形で救済すべきである。先例が確定していた程度、それに対する一般人・被告人の認識等を基礎に、被告人に生じる不利益は、具体的な故意論等の判断や量刑の判断において考慮すべきである。

●**参考文献**●　小暮得雄・北大法学論叢17-4-107、西原春夫『中野次雄還暦』310、今崎幸彦・J1120-99、三上潤・判解平28年度170

5 強制わいせつ罪等の非親告罪化と遡及処罰

最3小判令和2年3月10日（刑集74巻3号303頁・判時2521号109頁）　　参照条文　憲法39条　刑法176条

> 強制わいせつ罪等を非親告罪とした刑法改正の経過措置を定めた改正法附則2条2項と憲法39条。

●事実●　被告人Xは男児に対する強制わいせつ行為のほか、東京都および徳島県条例違反（児童買春）、児童ポルノ製造等の公訴事案につき起訴された。第1審は、強制わいせつ行為と児童ポルノ製造行為は、併合罪の関係に立つと認定した上で、被害児童の数も多数に上ることを考慮し、懲役3年（執行猶予5年）を言い渡した。

Xは、罪数、量刑等を争ったほか、附則2条2項が、改正前に親告罪とされていた行為について、改正後告訴がなくても公訴を提起しうるとしている点は、遡及処罰にあたるなどとして控訴したが、原審は、同法は原則非親告罪としつつ、施行時に告訴される可能性がなくなっている場合には公訴提起ができないことも定めた訴訟条件に関する規定であり、罪刑の規定そのものではないとして、これを退けた。X側が上告。

●判旨●　最高裁は、改正前（実行行為時）に親告罪であった行為を非親告罪として扱うのは、憲法39条に違反するとの主張に対し、上告を棄却した。

「親告罪は、一定の犯罪について、犯人の訴追・処罰に関する被害者意思の尊重の観点から、告訴を公訴提起の要件としたものであり、親告罪であった犯罪を非親告罪とする本法は、行為時点における当該行為の違法性の評価や責任の重さを遡って変更するものではない。そして、本法附則2条2項は、本法の施行の際既に法律上告訴がされることがなくなっているものを除き、本法の施行前の行為についても非親告罪として扱うこととしたものであり、被疑者・被告人となり得る者につき既に生じていた法律上の地位を著しく不安定にするようなものでもない」。

したがって、「本法附則2条2項は、憲法39条に違反せず、その趣旨に反するとも認められない。このように解すべきことは、当裁判所の判例（最大判昭25・4・26刑集4-4-700、最大判昭30・6・1刑集9-7-1103）の趣旨に徴して明らかである」。

●解説●　1　親告罪とは、告訴がなければ公訴を提起することができないとされる犯罪で、実体刑法に定められている。ただ、その土台は、「訴追・処罰に関する告訴権者の意思」の尊重であり、それに加えて、本件で問題となった性犯罪のような「被害者の名誉保護」、親族相盗例のような「家族関係の尊重」という処罰抑制因子が、処罰の必要性という刑事司法の要請と総合的に衡量されて、政策的視点から親告罪が定められている（器物損壊罪等の「犯罪の軽微性」も親告罪を導きうる）。

2　強制わいせつ罪は、平成29年改正により、強制性交等罪等他の性犯罪とともに非親告罪とされた。その主たる理由は、国民の規範意識における「性犯罪の被害

の重大性」が、「被害者の名誉保護」の利益を上回ったからであると解される。本法により非親告罪化された罪であって本法施行前に犯したものについても、本法施行後は、本法施行の際すでに法律上告訴がされることがなくなっているものを除き、遡及的に非親告罪として扱うという経過措置を定めたものである。

3　本件では、本法施行前の犯行が、本法施行後に起訴され、非親告罪として扱われることとなったため、本規定が、遡及処罰を禁止した憲法39条に違反するのではないかが争われた。

ただ、告訴は、公訴提起の要件であり、告訴を欠いた親告罪が公訴提起された場合は、判決で公訴が棄却される（池田修=前田雅英『刑事訴訟法講義　7版』92頁）。構成要件に該当する違法で有責な行為で犯罪は成立するが、公訴権の行使が制約される。親告罪規定の性質は、手続法規であるといえよう。

4　憲法39条前段は、遡及処罰の禁止を定めるが、手続法規にも本条の保護が、直接的・原則的に適用されるものではない。ただ判例は、「手続法の変更が被告人にとって著しく不利益に作用するような性質のものであるとき」には同条に抵触する場合がありうるとしてきた（最大判昭25・4・26刑集4-4-700、最大判昭30・6・1刑集9-7-1103、最大判平27・12・3刑集69-8-815）。

5　問題は、「変更が著しく不利益に作用するような性質のもの」の内容である。①手続法規でもこれを遡及的に適用することにより、行為時の、一般人にとっての行為の違法性・有責性評価と大きな齟齬が生じるかと、②行為後の変更が、被疑者等の刑事訴訟法的地位を著しく不安定にするものかを中心に、まさに、総合的評価が必要となる。

6　本判決は、①「本法は、行為時点における当該行為の違法性の評価や責任の重さを遡って変更するものではない」とし、行為者が行為時に予測していた当該行為の違法性の評価や責任の重さ（刑罰の存否およびその重さ）に変更を生じさせるものではないことを指摘し、②施行時に「既に法律上告訴がされることがなくなっているもの」を除いており、本法の施行前の行為についても非親告罪として扱うとしたもので、被疑者等の法律上の地位を著しく不安定にするようなものでもないとした。

7　ただ、「告訴される可能性の残されているもの」については、「親告罪であることの『利益喪失』の可能性」という不利益変更が考えられるが、「性犯罪の処罰の必要性のたかまり」との比較衡量を経て、「著しく不利益に作用するような性質のものであるとはいえない」と判断されたのである（前掲最判平27年12月3日が、公訴時効の廃止・期間の延長をした刑法改正の経過措置として、改正法施行の際公訴時効が完成していない罪について、改正後の規定を適用する旨を定めた規定は、憲法39条、31条の趣旨に反しないとしたのと同様の判断といえよう）。

●参考文献●　髙橋直哉・法教478-141、上田正基・刑事法ジャーナル67-140、伊藤ゆう子・J1571-101

6 幇助行為と国外犯規定

最1小決平成6年12月9日（刑集48巻8号576頁・判時1519号148頁）　　参照条文　刑法1条1項

国外で幇助行為をした者と刑法1条1項の適用。

●事実●　台湾人である被告人X・Yは、日本人Aらが台湾から日本国内に覚せい剤を密輸入するに際し、X・Yが共謀して調達した約1.4kgの覚せい剤を台湾国内でAに手渡し、またXは台湾国内で約2kgの覚せい剤をAに渡した。さらに、X・YはAらと共謀し、自ら約2.7kgの覚せい剤を台湾から日本に密輸入した。X・Yは営利目的の覚せい剤輸入罪および禁制品輸入罪、ならびにそれらの幇助罪で起訴されたが、X・Yの幇助行為が日本国外で行われているため、わが国の刑法の適用の可否が争われた。第1審は、「幇助犯についての犯罪地は、幇助行為のなされた場所のほか、正犯の行為のなされた場所も含む」とし、X・Yに幇助犯の成立を認め、原審も「実行正犯の犯罪を構成する事実が一部なりとも日本国内で生じておれば、幇助犯も日本国内において罪を犯したものと解する」とした。X側が上告。

●決定要旨●　上告棄却。「日本国外で幇助行為をした者であっても、正犯が日本国内で実行行為をした場合には、刑法1条1項の『日本国内において罪を犯した者』に当たると解すべきである」。

●解説●　1　刑法の場所的効力に関し、①属地主義、②属人主義、③保護主義、④世界主義の原則が存在するとされるが、現行刑法典は①属地主義を原則とし、属人主義および保護主義により補充されていると説明される。刑法1条1項は、犯罪が日本国内で行われている限り（国内犯）、何人に対しても刑法の適用があるとしている。これが刑法の場所的適用範囲の最も基本的原則である属地主義である。すなわち、日本の領域外の行為については特別の場合を除いては刑法の適用がない。

2　場所的効力の実際上の問題は、当該犯罪行為が領域外で行われたか否かの解釈にある。一般には、「犯罪地が国内である」といえるためには構成要件に該当する行為と結果の一部が日本国内で生ずれば足りると解されている。たとえば、賄賂の申込みを国内で行い、賄賂を国外で手渡した場合、全体を包括して国内犯に該当すると解されている。

さらに、実行行為も結果も発生しなかったが、結果がわが国で発生する予定であった場合にも、わが国の刑法の適用を認める見解も存在する。しかし、わが国に滞在する者を毒殺する目的で国外から毒薬をわが国に送付しようとしたところ、行為者に到達しなかった場合にまで刑法の適用を考える必要はないであろう。

行為者が、犯罪の予備的行為のみをわが国で行い、実行の着手や結果の発生が国外で生じた場合にも、当該犯罪についてわが国の刑法を適用すべきではない。やはり、結果が国外で生じているのにわが国の刑法を適用するには、実行行為がわが国で行われたことが必要だと解される。もちろん、殺人予備罪や強盗予備罪の構成要件に該当する予備行為を国内で行った場合には、これらの予備罪が適用される。

3　共犯の犯罪地に関しては、国内で結果が発生した場合、および正犯行為が国内で行われた場合には共犯者全員にわが国の刑法が適用される（名古屋高判昭63・2・19判時1265-156参照）。本決定は、最高裁がこの結論を認めた初めてのものである。教唆犯、幇助犯のほか共同正犯も同様で、共謀共同正犯の場合、国内で共謀が行われた場合にはわが国の刑法が適用されうる。「共謀」が実行行為と主観的因果性により密接に結びつくものもあり、犯罪事実の重要部分を占める以上、単に予備行為が国内で行われた場合とは異なる（なお、東京地判昭62・8・7判タ669-257参照）。

4　教唆・幇助を行った場所も、教唆犯・幇助犯の犯罪地となる。これに対して、正犯者にとっては、教唆・幇助された場所は犯罪地とはならないとされている。なお、国内で教唆された正犯の実行行為が国外で行われた場合、教唆した者は国内犯として処罰されるのに対して、正犯者は、国外犯処罰規定が存在する場合を除き、日本では不可罰となる。そこで、正犯者が処罰されないのに共犯者のみが処罰されるのは従属性の原則に反するように思われる。

形式的には、「単に正犯には刑法の適用がないだけで犯罪は成立している」とも説明しうるであろう。しかし、正犯者が行為地の国の刑法によっても処罰されない場合に、その教唆犯をわが国で処罰する事例を想定すると、犯罪地で全く処罰されない行為を外国でそそのかした場合にまで処罰を認めることになり、事実上純粋に「教唆したこと自体の悪性を理由に処罰する」ということに近くなってしまう。やはり、正犯行為が、そもそも構成要件に該当するとして刑責を問われる余地の全くない場合には、教唆・幇助を処罰すべきではないであろう。

●参考文献●　大渕敏和・判解平6年度230、門田成人・平6年度重判140、只木誠・法教178-88

7 法人処罰と両罰規定

最大判昭和32年11月27日（刑集11巻12号3113頁・判時134号12頁）　　参照条文　入場税法17条の3（昭22改正前）

> 従業者が法人の業務に関して行った犯罪行為について、法人事業主が両罰規定に基づく刑事責任を負うには、選任監督上の過失が必要である。

●事実●　被告人Ｘはキャバレーを経営し、客から入場料を徴収してダンスをさせることを業としていたが、同クラブの支配人Ｉが、前支配人らと共謀の上、同クラブの経営について本帳簿のほか実際に徴収した毎月の入場料金の約3分の1を記載した税務帳簿を作成し、これに基づいて所轄税務署に対し入場税額につき虚偽の申告をし、Ｘの業務に対し不正の方法で入場税を逋脱しようと企て、昭和22年2月の正規の入場税額につき税務署に虚偽の申告納税をして前後9回にわたり入場税合計80万595円を逋脱または逋脱しようとした。

原審が、両罰規定である昭和23年廃止前の入場税法17条の3を適用して罰金刑を言い渡したのに対して、Ｘは、支配人の違法行為にＸ自身は関与しておらず、自分の意思に基づいて違法行為をしたのでなければ刑事上の責任を問われないという憲法39条の規定からすれば、Ｘを処罰することはできず、結局廃止前の入場税法17条の3は憲法39条に違反すると主張して、上告した。

●判旨●　上告棄却。「所論は、廃止前の入場税法17条の3のいわゆる両罰規定は、憲法39条に違反すると主張する。しかし同条は事業主たる、人の『代理人、使用人其ノ他ノ従業者』が入場税を逋脱または逋脱せんとした行為に対し、事業主として右行為者らの選任、監督その他違反行為を防止するために必要な注意を尽さなかった過失の存在を推定した規定と解すべく、したがって事業主において右に関する注意を尽したことの証明がなされない限り、事業主もまた刑責を免れ得ないとする法意と解するを相当とする。それ故、両罰規定は故意過失もなき事業主をして他人の行為に対し刑責を負わしめたものであるとの前提に立脚して、これを憲法39条違反であるとする所論は、その前提を欠くものであって理由がない」。

●解説●　1　刑法典には法人の処罰についての特別の定めはないが、行政刑法には法人を処罰するものが多い。企業に犯罪の責任を帰するには、その前提として法人の犯罪（行為）能力が問題となる。私法、行政法の領域では、法人など企業体の行為があることは当然のこととされている。他方刑法では、法人には行為能力はなく、自然人の行為が法律上法人に帰属するにすぎないという考え方が有力であった。

2　なお、現在認められている法人処罰は、あくまでも個人を処罰した場合に併せて事業主を処罰するという両罰規定であることに注意しなければならない（たとえば、最決平7・7・19刑集49-7-813参照）。つまり、事業主

は、従業員が業務に関し犯罪を犯した場合にのみ罰金を科されるにすぎない。その意味で「個人責任なくば企業責任なし」の原則が妥当している。

3　かつての古典的な旧派刑法学によれば、①法人には意思に基づく身体の動静がない以上「行為」は考えられない。さらに②主体的・倫理的自己決定もなく、倫理的な責任非難ができない。そして③現行刑法は生命刑・自由刑が中心である以上法人には適用しえないし、④法人には刑罰感受能力が欠けているということになる。

4　このような立場からは、行政刑法の事業主処罰規定は、「従業員などの他人の行為による結果を、事業主処罰規定により政策的に法人に帰属せしめた他人の行為に対する無過失責任」として例外的に認められるものと説明された。自己に全く責任がないものを処罰することは責任主義に反するが、行政刑法の特殊性により許容されるとしたのである。

5　判例も、(a)法人ではなくその機関である自然人を処罰するのが原則で、法人処罰は「他人の行為についての無過失責任」であるとしてきた（大判昭10・11・25刑集14-1218）。ところが、本判決が、「事業主処罰規定は、行為者の選任、監督その他違反行為を防止する注意を尽さなかった過失の存在を推定した規定」であるとして、自然人の事業主は、過失がなければ処罰することはできないと判示するに至る。

学説もこの判例を支持し、行政犯の刑事責任の特殊性から、法人にも犯罪能力を認める説が有力化する。

しかし、行政刑法と一般刑法には質的な差はなく、量的な差で、しかもそれは流動的だとされる。さらに公害罪法律などはまさに、刑法（特別刑法）であるにもかかわらず法人処罰を含む両罰規定を置いている。そうだとすれば、むしろ法人の犯罪能力を正面から認める方が自然である。

6　最判昭和40年3月26日（刑集19-2-83）が、本判決の趣旨を法人にも適用し、法人の過失を問題にした。そこでは、法人の行為能力が当然の前提とされたのである。同判決は、事業主たる法人の代表者でない従業者の違反行為につき、(b)当該法人に行為者の選任、監督その他違反行為を防止するために必要な注意を尽くさなかった過失の存在を推定した規定と解すべく、事業主においてこれらに関する注意を尽くしたことの証明がなされない限り、事業主もまた刑責を免れないとした。ここから、両罰規定で法人を処罰するには、法人に行為者である従業者や代表者等についての選任監督上の義務違反が必要であるとされる。ただ、法人に選任監督上の義務を果たせないような特別の事情があったことを被告側で挙証すれば、刑責は免れうる。なお、選任監督義務違反の積極的立証は不要である（東京高判平11・11・18東高時報50-1=12-130参照）。

●参考文献●　岩田誠・判解昭32年度146、川崎友巳『企業の刑事責任』66以下

8　間接正犯—殺人の実行行為

最3小決平成16年1月20日（刑集58巻1号1頁・判時1850号142頁）　　参照条文　刑法38条、199条、202条、203条

車ごと海中に転落するように命じて実行させることは、被害者が車から脱出するつもりであった場合でも、殺人の実行行為といえるか。

●**事実**●　被告人Xは、偽装結婚し女性Aを被保険者とする保険金を入手するために、Xのことを極度に畏怖していたAに対し、事故死に見せかけた方法で自殺することを暴行、脅迫を交えて執拗に迫っていた。そして、平成12年1月中旬の午前2時過ぎごろ、A県の漁港において、Aに対して乗車した車ごと海に飛び込んで自殺することを命じたところ、Aは自殺を決意するには至らなかったものの、命令に従って車ごと海に飛び込んだ後に車から脱出してXの前から姿を隠す以外に助かる方法はないとの心境に至り、車ごと海に飛び込む決意をして実行したが、Aは水没する車から脱出して死亡を免れたという事案で、原審は殺人未遂罪の成立を認めた。

これに対し弁護人は、A自らの自由な意思に基づくものであるから、それを指示した行為は、殺人罪の実行行為とはいえず、また、自殺させようと考えていたにすぎないから、殺人罪の故意があるとはいえないと主張した。

●**決定要旨**●　上告棄却。「Xを極度に畏怖して服従していたAに対し、犯行前日に、漁港の現場で、暴行、脅迫を交えつつ、直ちに車ごと海中に転落して自殺することを執ように要求し、猶予を哀願するAに翌日に実行することを確約させるなどし、本件犯行当時、Aをして、Xの命令に応じて車ごと海中に飛び込む以外の行為を選択することができない精神状態に陥らせていたものということができる。

Xは、以上のような精神状態に陥っていたAに対して、本件当日、漁港の岸壁上から車ごと海中に転落するように命じ、Aをして、**自らを死亡させる現実的危険性の高い行為**に及ばせたものであるから、Aに命令して車ごと海に転落させたXの行為は、殺人罪の実行行為に当たるというべきである」。

「AにはXの命令に応じて自殺する気持ちはなかったものであって、この点はXの予期したところに反していたが、Aに対し死亡の現実的危険性の高い行為を強いたこと自体については、Xにおいて何ら認識に欠けるところはなかったのであるから、上記の点は、Xにつき殺人罪の故意を否定すべき事情にはならない」。

●**解説**●　1　実行行為は、行為者自身が自らの手で行う必要はなく、人を道具として実行する場合も存在する。間接正犯とは、人の意思を抑圧するなどして道具のように扱い、直接正犯と同視しうる結果発生の危険性を有する行為を行い、その際に正犯者意思を有する場合である。

2　銃を突きつけて青酸カリを嚥下するよう命ずるな

ど、被害者自身の行為を介して死の結果が生じても殺人の実行と解しうる場合はある。従来の判例でも、最決昭和59年3月27日（刑集38-5-2064）が、酩酊し被告人らの暴行を受けて衰弱していた被害者を、真冬の深夜に河川堤防上に連行して3名で取り囲み、「飛び込める根性あるか」などと脅しながら水際まで追い詰め、さらに角材で殴りかかる態度を示すなどして被害者を川に転落させ、その上、約3〜4mの角材で水面を突いたり叩いたりして溺死させた事案につき殺人罪の間接正犯を認めている。

3　ただ、本件では、Aに対して、車ごと海中に飛び込むように命令したものの、海中に飛び込ませるためXが暴行を加えた事実はないし、岸に上がれないような行為を行ったわけでもない。そこで、本件の客観的実行行為が、殺人というより自殺関与罪に該当するものなのではないかが問題となる。もっとも、脅迫等により被害者を自殺に追い込んだ場合でも、意思決定の自由を奪う程度の威迫を加えた場合は殺人罪の成立が認められている。

4　本決定は、Xの命令に応じて車ごと海中に飛び込む以外の行為を選択することができない精神状態に陥らせていたものと認定している。飛び込む行為は、Aの意思に反して強要されたものといえよう。ただ、Aは、「飛び込んだ上で死亡したように装ってXから身を隠して生き延びよう」と考えていたと認定されている。その意味で、「死」の選択をさせたわけではないので、殺害とはいえないのではないかという疑問がなお残る。しかし、Xが強いて行わせた行為が「死の危険」を有しており、Aがその危険性を認識しつつ従わざるをえなかったのだとすれば、殺人の実行行為と解しうる。

5　判旨によれば、岸壁の上端から海面まで約1.9m、水深約3.7m、水温約11度という状況で車ごと飛び込めば、脱出する意図があっても、飛び込んだ際の衝撃で負傷するなどして、車からの脱出に失敗する危険性は高く、また脱出に成功したとしても、冷水に触れて心臓麻痺を起こしたり、心臓や脳の機能障害、運動機能の低下により死亡する危険性は極めて高いものであった。

そしてAは、Xの命令に応じて車ごと海中に飛び込む以外の行為を選択することができない精神状態にあったというのであるから、殺人の実行行為性は認められうる。Aが死のうと思わなかったにせよ、死の危険を伴う行為を選択せざるをえないだけの脅迫を受けていたのである。

6　また、Xは自殺関与の故意なので、抽象的事実の錯誤が問題となり、殺人罪は成立せず、せいぜい自殺関与罪が成立するにすぎないようにも見える。しかし、Xがそれと認識しつつ強要した危険な行為が殺人の実行行為にあたり、それ以外の行為を選択することができない精神状態に追い込んだ事情（殺人罪を基礎付ける事情）も認識していた以上、殺意に欠けるところはない。

●**参考文献**●　園田寿・百総8版148、林幹人・百総6版148、藤井敏明・J1275-161

9　間接正犯と共同正犯—龍神事件

最2小決令和2年8月24日（刑集74巻5号517頁・裁時1750号3頁）　　　参照条文　刑法60条、199条、219条

上、Aの生命維持に必要なインスリンを投与せず、Aを死亡させたものと認められ、Xには殺人罪が成立する」と判示した。

> 未必の殺意で、信頼し指示に従う母と、半信半疑で不保護の故意のある父と共謀の上、重度糖尿病の小児を生命維持に必要な措置をさせず死亡させた者の罪責。

●事実●　被告人Xは、1型糖尿病を患う被害者A（当時7歳）の両親に対し、自らを「龍神」と称し、「死に神退散」などと呪文を唱え、体をさする「治療」により、インスリンなしで糖尿病の治療ができると信じさせ（「龍神への登録料」・治療費と称し数百万円を受け取り）、両親にインスリンの投与を止めさせ放置させて、Aを病院で衰弱死させた。Xは、インスリンの不投与により死亡するおそれがあることを知りながら投与中止等を指示し、衰弱死させたとして殺人罪で起訴された。

第1審は、Xが、不投与に伴うA死亡の現実的危険性を認識しながら投与しないよう指示し、それを継続したのであるから、Aの死亡を認識し認容していた未必の殺意があると認定し、また、母親との関係では間接正犯が、父親との関係では共謀共同正犯が成立するとした上で、本件犯行は、非難の程度は相応に高いとして、Xに懲役14年6月を言い渡した（求刑15年の懲役）。

原審も、Xに母親を道具とする殺人罪の間接正犯、父親との間に保護責任者遺棄致死罪の共同正犯の成立を認めた第1審の認定、判断を維持した。X側が上告。

●決定要旨●　上告棄却。「Xは、生命維持のためにインスリンの投与が必要な1型糖尿病にり患している幼年のAの治療をその両親から依頼され、インスリンを投与しなければAが死亡する現実的な危険性があることを認識しながら、医学的根拠もないのに、自身を信頼して指示に従っている母親に対し、インスリンは毒であり、Xの指導に従わなければAは助からないなどとして、Aにインスリンを投与しないよう脅しめいた文言を交えた執ようかつ強度の働きかけを行い、父親に対しても、母親を介してAへのインスリンの不投与を指示し、両親をして、Aへのインスリンの投与をさせず、その結果、Aが死亡するに至ったものである」とし、「母親は、Aが難治性疾患の1型糖尿病にり患したことに強い精神的衝撃を受けていたところ、Xによる上記のような働きかけを受け、Aを何とか完治させたいとの必死な思いとあいまって、Aの生命を救い、1型糖尿病を完治させるためには、インスリンの不投与等のXの指導に従う以外にないと一途に考えるなどして、本件当時、Aへのインスリンの投与という期待された作為に出ることができない精神状態に陥っていたものであり、Xもこれを認識していたと認められる。また、Xは、Xの治療法に半信半疑の状態ながらこれに従っていた父親との間で、母親を介し、Aへのインスリンの不投与について相互に意思を通じていた」と認定した。

「Xは、未必的な殺意をもって、母親を道具として利用するとともに、不保護の故意のある父親と共謀の

●解説●　1　Xに殺人罪の間接正犯が成立するには、母親の行為を自己の犯罪実現のための道具として利用したといえなければならない（最決平9・10・30刑集51-9-816）。

2　本件Xは、Aが糖尿病にり患したことに強い精神的衝撃を受けていた母親に対し、脅迫的で、執ようかつ強度の働きかけを行い、Xの指導に従う以外ないと一途に考えるに至らせ、インスリンを投与することができない精神状態に陥らせたというのであるから、母親の意思を抑圧しており、間接正犯性は認められる。

3　錯誤に基づき自殺させても、殺人罪が成立することに注意を要する（【114】）。あくまで、行為者の側の「働きかけ」の態様にもよるが、「直接殺害したと同視できる」と評価できれば正犯である。脅迫により自殺させた場合には、錯誤に基づく場合以上に、殺人罪の実行行為性が認められやすい（【8】、福岡高宮崎支判平元・3・24高刑42-2-103）。

4　Xは、①当初からインスリンの投与がなければAが生きられない病状にあると認識し、②自らの指示によりインスリン投与が停止されて以降、Aの容態が悪化し再入院せざるをえなくなった状況を認識し、③それにもかかわらずAを病院で治療させようとせず、自らの治療が成功しているとの態度をとり続けていた以上、④Xはインスリン投与がなければ死亡する現実的な危険性があることをも認識し、認容していたという未必の殺意は認められる。

5　Xの治療法に半信半疑の状態ながらこれに従っていた父親には、殺意と殺人の実行行為性、共同正犯性は認定しえない。ただ、保護責任者遺棄（致死）罪に関しては、母親を介し、不投与について相互に意思を通じていたといえ、共謀（意思の連絡）を認定しうる。

6　かつては、Xと父親に殺人罪の共同正犯が成立し、科刑は重なり合う罪（保護責任者遺棄致死罪）の範囲で行うとする判例もあったが、科刑と成立罪名の分離に対する批判もあり、殺意のなかった父親には、構成要件が重なり合う限度で軽い保護責任者遺棄致死罪の共同正犯が成立するとされる（【12】）。

7　Xの成立罪名が問題となるが、最決平成17年7月4日（【12】）は、入院中の患者を退院させてその生命に具体的な危険を生じさせた上、手当てを全面的にゆだねられた者について、不作為による殺人罪が成立するとし、「殺意のない患者の親族との間では保護責任者遺棄致死罪の限度で共同正犯となる」とした。本決定もそれを踏襲した。実務上の処理としては、法令の適用に関し、「罰条：刑法60条（ただし、保護責任者遺棄致死の範囲で）、199条」と判示している。

●参考文献●　伊藤ゆう子・J1576-129、鎮目征樹・令2年度重判114、林幹人・法教485-68、十河太朗・法教484-130

10 実行行為の個数と着手時期

最1小決平成16年3月22日（刑集58巻3号187頁・判時1856号158頁）　参照条文　刑法199条、38条

> クロロホルムを吸引させて失神させた上、自動車ごと海中に転落させて溺死させる計画であったところ、クロロホルムを吸引させた行為により被害者が死亡していたとしても、殺人罪は成立するか。

●事実●　被告人Xは、夫Aを事故死に見せかけて殺害し生命保険金を詐取しようと、被告人Yに、その方法も含めて殺害の実行を依頼した。YはZら3名に、Zらの乗った自動車をAの運転する自動車に衝突させて示談交渉を装って車に誘い込み、クロロホルムを使って失神させた上、溺死させるという計画を立てた。Zらは計画どおりにAの車に追突させ示談交渉を装ってAをZらの車の助手席に誘い入れ、午後9時30分ころ多量のクロロホルムを染み込ませてあるタオルをAの背後からその鼻口部に押し当て、クロロホルムの吸引を続けさせてAを昏倒させた（「第1行為」）。その後、Zらは、Aを約2km離れた港まで運び、午後11時30分ころ呼び寄せたYと、ぐったりとして動かないAを運転席に運び入れた自動車を岸壁から海中に転落させて沈めた（「第2行為」）。Aの死因は、溺水に基づく窒息か、クロロホルム摂取に基づく呼吸停止、心停止、窒息、ショックまたは肺機能不全であるが、いずれであるかは特定できなかった。この事案につき、第1審・原審ともに、殺人既遂罪の成立を認めた。X側が上告。

●決定要旨●　上告棄却。最高裁は、YおよびZらは、第1行為自体によってAが死亡する可能性があるとの認識を有していなかったとしつつ、第1行為に殺人罪の実行行為性を認めて殺意も認定した。客観的にみれば、第1行為は、人を死に至らしめる危険性の相当高い行為であったとして、「第1行為は第2行為を確実かつ容易に行うために必要不可欠なものであったといえること、第1行為に成功した場合、それ以降の殺害計画を遂行する上で障害となるような特段の事情が存しなかったと認められることや、第1行為と第2行為との間の時間的場所的近接性などに照らすと、第1行為は第2行為に密接な行為であり、実行犯3名が第1行為を開始した時点で既に殺人に至る客観的な危険性が明らかに認められるから、その時点において殺人罪の実行の着手があったものと解するのが相当である。また、実行犯3名は、クロロホルムを吸引させてAを失神させた上自動車ごと海中に転落させるという一連の殺人行為に着手して、その目的を遂げたのであるから、たとえ、実行犯3名の認識と異なり、第2行為の前の時点でAが第1行為により死亡していたとしても、殺人の故意に欠けるところはなく」、したがって殺人既遂の共同正犯が成立するとした。

●解説●　1　故意犯は、実行行為により結果が生じ（客観的構成要件要素）、行為時にその認識が存在したこと

により成立する（主観的構成要件要素）。実行行為の開始時に故意が存在していたことが必要である。ただ、故意の存否の判定の基準となる実行行為をどう認定するのかは、困難な場合も多い。

2　①「Aを溺死させようとして橋から川に突き落としたら、橋脚に頭部を強打し即死した」という場合は、予定より早く死が生じても、殺人罪が成立することについて争いはない。ただ、②「1年後に殺そうと計画して毒薬を用意し隠しておいたら、当日Aがそれを胃薬と誤信して飲んで死んでしまった」という場合は、まだ実行の着手以前の段階で結果が生じたのであり、実行行為が認められない。たしかに、毒薬を隠して準備しただけでは、死の危険性はさほど高まっていない。本件は、①と②の中間の事例といってよい。

3　最高裁は、クロロホルム吸引が危険性の高い行為であることに加え、①溺死を確実かつ容易に行うために必要不可欠なもので（必要不可欠性）、②第1行為に成功すれば、殺害計画を遂行する上で障害となるような特段の事情が存せず（遂行容易性）、③両行為の時間的・場所的近接性などを挙げて、第1行為は第2行為に密接な行為であり、第1行為開始時に殺人に至る客観的な危険性が明らかに認められるから、その時点において殺人罪の実行の着手があったとした（第1行為が危険性が低くても、各行為がより密接に結びついていれば、実行の着手が認められることは考えられる）。

4　次に、当該実行行為（開始）時に殺意が認定できるか否かが問題となる。最高裁は、「第1行為自体によってAが死亡する可能性があるとの認識を有していなかった」と明確に認定した上で、「殺人の故意に欠けるところはない」として第1行為時に殺意を認めた。ここで認められた殺意は、「第1行為を経て第2行為で殺す認識」である。それが1個の殺意として評価されたのは、第1行為と第2行為が密接に結びついた「1個の実行行為と見うるもの」だからである（逆に、実行行為が1個のものと認められるためには、犯意が一貫していることが重要なのである）。ただ、より実質的には、「人を殺すような行為を行うことを認識していた」ということが重要で、具体的な「第1行為を経て第2行為で殺す」という内容は、「人を殺すだけの危険性のある行為の認識」の存在を基礎付ける材料にすぎない。

5　そして本決定は、クロロホルムを吸引させて失神させた上、自動車ごと海中に転落させるという一連の殺人行為に着手して、その目的を遂げたのであるから、認識と異なり第1行為により死亡していたとしても、殺人の故意に欠けるところはないとした。故意には結果の認識と実行行為を行う認識は必要だが、因果経過の認識は必要ない。思い描いていた因果経過と大きな齟齬が生じても故意は存在しうる（【11】参照）。

●参考文献●　小池信太郎・回総8版130、福田平・判タ1177-123、平木正洋・J1284-134、橋爪隆・J1321-234、橋爪隆・J1321-234、前田・最新判例分析5

11　実行行為の特定

東京高判平成13年2月20日（判時1756号162頁）　　参照条文　刑法199条、38条

> 殺人の実行行為に着手した後に、一般的には殺害行為とは言い難い行為によって死亡の結果が発生した場合の処断。

●**事実**●　妻Aから甲斐性がないことを罵倒されて激昂した被告人Xは、台所から包丁を取り出してAに向かって行き、驚いて逃げようとしたAを居間に仰向けに押し倒して馬乗りになり、殺意をもって、包丁でAの胸部等を数回突き刺し（第1行為）、さらにXは、重傷を負ったAが玄関から逃げ出そうとするや、包丁を持ったまま後を追ってこれを居間に連れ戻し、日ごろから有していたAの愛人に関する疑念を詰問したところ、Aはこれを認めて謝罪した。そこで、Xは包丁を置きに行ったところAはその隙にベランダに逃げ出した上、両足をベランダ手すりに乗せ、背中をベランダの外側に向けて、膝を曲げた状態で、手すり伝いに隣家に逃げ込もうとしていた。Xは、Aを連れ戻してガス中毒死させようと考え、声をかけることもなく、Aに摑みかかったところ、Aがこれを避けようとしてバランスを崩し、ベランダから転落して地面に激突し、外傷性ショックで死亡した（第2行為）。

原審は、Xの殺意はAがベランダから転落して死亡するまでの間、一貫して継続しており、また、XがAに対して摑みかかった行為とAが転落死した結果との間には因果関係があるから殺人既遂罪が成立するとした。X側が控訴。

●**判旨**●　控訴棄却。東京高裁は、第1行為と第2行為は一連の殺人行為であるとし、殺人既遂罪の成立を認めた。

「Xは、刺突行為を終え、本件包丁を流しに戻した後も、Aを自己の支配下に置いておけば出血多量により死に至るものと思っていたため、Aが玄関から逃げようとするのを連れ戻し、また、ベランダから逃げようとしたAを連れ戻してガス中毒死させようと考えて、摑まえようとしたものである。刺突行為により相当の出血をしているAが、地上からの高さが約24.1mもあるベランダの手すり伝いに逃げようとしたのも、このままXの監視下にあれば死んでしまうと考え、命がけで行った行為と解される。

そうすると、Xの犯意の内容は、刺突行為時には刺し殺そうというものであり、刺突行為後においては、自己の支配下に置いて出血死を待つ、更にはガス中毒死させるというものであり、その殺害方法は事態の進展に伴い変容しているものの、殺意としては同一といえ、刺突行為時から被害者を摑まえようとする行為の時まで殺意は継続していたものと解するのが相当である。

次に、ベランダの手すり上にいるAを摑まえようとする行為は、一般には暴行にとどまり、殺害行為とはいい難いが、本件においては、Xとしては、Aを摑まえ、X方に連れ戻しガス中毒死させる意図であり、A

としても、Xに摑まえられれば死に至るのは必至と考え、転落の危険も省みず、手を振り払うなどしてXから逃れようとしたものである。また、刺突行為からAを摑まえようとする行為は、一連の行為であり、Xには具体的内容は異なるものの殺意が継続していたのである上、Aを摑まえる行為は、ガス中毒死させるためには必要不可欠な行為であり、殺害行為の一部と解するのが相当であり、本件包丁を戻した時点で殺害行為が終了したものと解するのは相当でない」。

●**解説**●　1　具体的な事案の処理にあたって最も困難な問題の1つが「実行行為の特定」である。本件では、明確に殺意をもって行われた死の結果を導くのに十分な危険を有する第1行為と、被害者を摑まえようとしてベランダから転落死させた第2行為が存在し、両者は時間的・空間的に一定の距離があり、別個の実行行為と評価することもできる。形式的には、第1行為は殺人未遂、第2行為は殺人既遂（殺意が認定できた場合）が成立することになる（【10】参照）。

2　第1行為と第2行為が存在しても、同一の結果に向けられた故意があるような場合には、必ずしも、前述のように形式的に分けて考える必要はない。第1行為と最終結果の相当因果関係が認定できれば第1行為の既遂罪が成立するのである（行為者自身の行為の介在した場合と因果関係→【30】）。

3　しかし、それ以前に、第2行為に殺人の実行行為性と故意が認定できれば、結果発生に近い第2行為について殺人既遂罪を認め、第1行為の未遂の罪責はそれに評価し尽くされていると考えることもできる。本件でいえば、摑みかかる行為自体に殺人の実行行為性および殺意が認められるかが問題となる。特に、「連れ戻してガス中毒死させようとする意思」で摑みかかる行為が殺人行為といえるかにある。

【10】の最高裁決定からすれば、第2行為のみで殺人既遂と構成することも不可能ではない。しかし、本件では、それ以前に包丁で胸部を突き刺すという行為が存在するのである。

4　そこで、さらにそもそも殺害行為を、「刺突行為から摑まえようとした行為まで連続した一連のもの」と解することが考えられる。

本判決は、まさに両者を一連の殺害行為であると認定した。その理由は、①刺突行為と摑みかかる行為との時間的近接性、②Xの殺意が連続していると認定されたこと、③摑みかかる行為自体は、通常は殺害行為とはいい難いが、Aを連れ戻して意図した殺害方法であるガス中毒死に導くには必要不可欠な行為であること、④Aは胸部等を刺突されていたからこそ、Xから必死で逃れようとして、バランスを崩し、転落したことなどにある。Xが包丁を置きに行ったこと等を考えると微妙ではあるが、同一建物内のことでもあり、一連の殺害行為と考えることは妥当であるように思われる。

●**参考文献**●　岡野光雄・平13年度重判149、石井徹哉・現代刑事法4-10-89、前田・最新判例分析2

12 不作為の殺人罪の作為義務の具体的内容

最2小決平成17年7月4日（刑集59巻6号403頁・判時1906号174頁）　　参照条文　刑法199条(平16改正前)

> 入院中の患者を退院させてその生命に具体的な危険を生じさせた上、適切な医療を施さなかった者につき、不作為による殺人罪が成立するか。

●**事実**●　被告人Xは、手のひらで患者の患部を叩いてエネルギーを患者に通すことにより自己治癒力を高めるという「シャクティパット」と称する独自の治療を施す特別の能力を持つなどとして信奉者を集めていた。Aは、Xの信奉者であったが、脳内出血で倒れて入院し、意識障害のため痰の除去や水分の点滴等を要する状態にあり、Aの息子Bは、やはりXの信奉者であったが、後遺症を残さずに回復できることを期待して、Aに対するシャクティ治療をXに依頼した。

Xは、脳内出血等の重篤な患者に施術したことはなかったが、Bの依頼を受け、滞在中のホテルで同治療を行うとして、退院させることは無理であるとする主治医の警告や、その許可を得てからAをXのもとに運ぼうとするBら家族の意図を知りながら、Bらに指示して、なお医療措置が必要な状態にあるAを病院から運び出させた。

Xは、ホテルに運び込まれたAに対するシャクティ治療をBらからゆだねられ、Aの容態を見て、そのままでは死亡する危険があることを認識したが、自らの指示の誤りが露呈することを避ける必要などから、シャクティ治療をAに施すにとどまり、未必的な殺意をもって、痰の除去や水分の点滴等の生命維持のために必要な医療措置を受けさせないままAを約1日の間放置し、痰による気道閉塞に基づく窒息によりAを死亡させた。

第1審は、病院からホテルに移した作為とホテル内で必要な医療措置を施すことなく放置した不作為の「一連の行為」を実行行為として殺人罪の成立を認めた。原審は、「ホテルに運び込まれたAの様子を自ら認識した以降」に殺意が認められるとして、後段の不作為を殺害行為とした。X側は殺人罪の不成立を主張して上告した。

●**決定要旨**●　上告棄却。最高裁は、「Xは、自己の責めに帰すべき事由によりAの生命に具体的な危険を生じさせた上、Aが運び込まれたホテルにおいて、Xを信奉するAの親族から、重篤なAに対する手当てを全面的にゆだねられた立場にあったものと認められる。その際、Xは、Aの重篤な状態を認識し、これを自らが救命できるとする根拠はなかったのであるから、直ちにAの生命を維持するために必要な医療措置を受けさせる義務を負っていたものというべきである。それにもかかわらず、未必的な殺意をもって、上記医療措置を受けさせないまま放置してAを死亡させたXには、不作為による殺人罪が成立し」、殺意のないAの親族との間では保護責任者遺棄致死罪の限度で共同正犯となるとした。

●**解説**●　1　本件を、「安全な病室から、何の医療設備もないホテルに移した」という作為として構成することも考えられるが、最高裁は、「患者の重篤な状態を認識し、これを自らが救命できるとする根拠はなかったのであるから、直ちに患者の生命を維持するために必要な医療措置を受けさせる義務を負っていた」のにそれを怠ったという不作為として構成した。最高裁は、ホテルに移した作為の時点では殺意が認められず、ホテルにおける不作為の時点に殺意を認定した。

2　他方、佐賀地判平成19年2月28日（裁判所webサイト）は、交通事故発生後、被害者を自車に乗せて事故現場から搬送する途中、被害者を救護する意思を放棄し、未必の殺意をもって山中に遺棄したが、被害者が発見・救出され一命を取り留めた事案について、被告人の「連れ去り」と「置き去り」という一連の行為を作為の殺人行為とした。通常では発見・救出が極めて困難で夜間の気温が低く不衛生な杉林に被害者を運び込み立ち去った行為は、被害者の死亡の結果を惹起する定型的危険性を十分に備えた行為であり、客観的には、殺人の実行行為に該当するとした。

3　不作為犯を基礎付ける作為義務に関する学説は、(a)結果発生との因果性を重視し、先行行為や危険の引受けを重視する立場と、(b)行為の義務違反性を重視する立場に整理しうるが、実際上は、両者の総合的判断による。具体的には、①結果発生の危険に重大な原因を与えたか（先行行為）、②危険をコントロールしうる地位にあるか（危険の引き受け）、③当該結果の防止に必要な作為が可能か、④他に結果防止可能な者がどれだけ存在したのかに加え、⑤法令や契約等に基づく行為者と被害者の関係、⑥他の関与者との帰責の分配を総合して判断されざるを得ない。

4　本件では、Xは、①自己の責めに帰すべき事由により患者の生命に具体的危険を生じさせた上、②患者の親族から、重篤な患者に対する手当てを全面的にゆだねられた立場にあった点を重視し、直ちに患者の生命を維持するために必要な医療措置を受けさせる義務を負っていたとされた。

①Xが点滴等を中止させ、②Aの手当てを全面的にゆだねられており、③医療措置を受けさせることは十分可能で、④他の者は干渉しえなかった以上、殺人罪の実行行為性を認めたのは合理的だと思われる。

5　不作為の殺人を認めた例としては、車で轢き重傷を負わせたので病院に運ぼうとしたが、発覚した場合を考えて恐くなり、放置する場所を捜しているうちに被害者が死亡した事案に関する東京地判昭和40年9月30日（下刑7-9-1828）、従業員の客扱いの悪さに立腹した飲食店経営者が、鉄棒で同女を多数回強打するなどし、骨折を伴う傷害を負わせ、食事をほとんど摂れなくなり、高熱で重篤な症状を呈するに至ったにもかかわらず、医師による治療を受けさせず死亡させた事案に関する東京地八王子支判昭和57年12月22日（判タ494-142）等がある。

●**参考文献**●　藤井敏明・J1309-127、鎮目征樹・囲総8版14、山中敬一・囲総6版14

13 不作為の因果関係

最3小決平成元年12月15日（刑集43巻13号879頁・判時1337号149頁）　参照条文　刑法219条

> 不作為犯の場合、因果関係、特に条件関係はいかに判定されるのか。

●事実● 暴力団員であった被告人Ｘは、午後11時ころ、覚せい剤と交換に少女Ａ（当時13歳）と性交渉を得ようとして、ホテルの一室内において、午後11時10分ころ、Ａの左腕部に覚せい剤約0.04gを含有する水溶液約0.25cm³を注射した。まもなく、Ａは、頭痛、胸苦しさ、吐き気等の症状を訴え始め、これが次第に高じて翌8日午前零時半ころには、「熱くて死にそうだ」などといいながら、着衣を脱ぎ捨て、2階にある同室の窓ガラスを風呂場の引き戸と錯覚して開けて、戸外に飛び出そうとし、部屋の中を無意識に動き回るなど、覚せい剤による錯乱状態に陥り、正常な起居の動作ができないほどに重篤な心身の状態に陥った。Ｘは、以前にもＡに覚せい剤を注射したことがあり、覚せい剤による強度の急性症状が同女に発現したものであることを十分認識していたにもかかわらず、Ａが錯乱状態に陥った午前零時半ころの時点において、安全のために必要な救護措置をとることなく同女を漫然放置し、午前2時15分ころにはホテルを立ち去り、その後、Ａは、同日午前4時ころまでの間に、ホテルにおいて覚せい剤による急性心不全により死亡するに至った。

Ｘは、保護責任者遺棄致死罪で起訴されたが、第1審は、「Ａ女が適切な救急措置を受けていれば救命された可能性を否定することができないが、現実の救命可能性が100％であったとはいうことができない」とした鑑定をもとに、遺棄行為とＡ死亡との間の因果関係を否定し、保護責任者遺棄罪の成立のみを認めた。これに対して、原審は、適切な救急医療を施していれば、100％ではなくとも十中八九、救命は可能であったという鑑定からは、刑法上の因果関係を肯定しうるとして保護責任者遺棄致死罪の成立を認めた。Ｘの側が上告した。

●決定要旨● 上告棄却。職権により保護責任者遺棄致死の点に検討を加え、次のように判示した。「原判決の認定によれば、被害者の女性がＸらによって注射された覚せい剤により錯乱状態に陥った午前零時半ころの時点において、直ちにＸが救急医療を要請していれば、同女が年若く（当時13年）、生命力が旺盛で、特段の疾病がなかったことなどから、十中八九同女の救命が可能であったというのである。そうすると、同女の救命は合理的な疑いを超える程度に確実であったと認められるから、Ｘがこのような措置をとるこ

となく漫然同女をホテル客室に放置した行為と午前2時15分ころから午前4時ころまでの間に同女が同室で覚せい剤による急性心不全のため死亡した結果との間には、刑法上の因果関係があると認めるのが相当である。したがって、原判決がこれと同旨の判断に立ち、保護者遺棄致死罪の成立を認めたのは、正当である」。

●解説● 1 不作為犯論の中心の1つは、「無から有は生じないのではないか」という疑問から出発した因果性の問題であった。ただ、不作為を「絶対的な無為」ではなく一定の期待された作為をしないことと理解することにより、この因果性の問題に解決が与えられたと考えられている。「当該期待された行為がなされたならば、結果が生じなかったであろう」という関係が認められれば、因果関係があるとするのである。

このように、**不作為の因果関係**の場合には、「何かをしなかったこと」と結果発生との因果関係が問題となる。そこには一定の仮定的判断が入り込まざるをえないことに注意しなければならない。

2 そして、不作為の因果性判断は、作為の場合に比して、微妙な面を含む。条件関係の有無の判定もかなり困難なのである。たとえば、ピストルによる殺人の場合、「弾丸を胸に撃ち込まなければ死ななかった」という判断は、明確に下しうるであろう。しかし、不作為の場合、「期待された行為がなされたら、100％結果が発生しなかった」と立証しうる場合は多くはない。本件の「十中八九」であれば、結果を帰責しうるという判断は合理的であるが、鑑定で80％ないし90％の確率を証明しなければならないわけでもないであろう。もう少し幅のある規範的な判断なのである。

3 本件で問題となった「治療したら助かったのか」という判断は、それが否定される場合には、因果関係の判断以前に、**不作為の実行行為性**にも関連していることに注意しなければならない。

因果関係とは、実行行為と結果との結びつきの問題であるが、不作為犯においては、結果防止（回避）可能性がなければ作為義務は認められない。結果を防止することが具体的に可能な作為を想定しえない以上、「期待された作為」を設定できない。そうだとすれば、結果を回避しえなかった場合には、因果関係が欠けて結果を帰責できないので未遂となると考えるのではなく、実行行為性が欠け無罪となるのである（【26】参照）。

●参考文献● 岩間康夫・回総8版10、原田國男・判解平元年度378、町野朔・警研62-9-17、中山研一・判タ725-52、前田・最新判例分析151

14　無許可輸出罪の実行の着手時期

最2小判平成26年11月7日（刑集68巻9号963頁・判時2247号126頁）　　参照条文　関税法111条3項・1項1号

無許可輸出罪の実行の着手時期。

●事実●　被告人Xは、Aらと共謀の上、税関長の許可を受けないで、うなぎの稚魚を不正に輸出しようと考え、成田国際空港第2旅客ターミナルビルにおいて、香港国際空港行き航空機の搭乗手続を行うにあたり、税関長に何ら申告しないまま、うなぎの稚魚合計約59.22kg在中のスーツケース6個を機内持込手荷物である旨偽って同所に設置されたエックス線装置による検査を受けずに国際線チェックインカウンターエリア内に持ち込み、事前に、衣類在中のダミーのスーツケースを機内預託手荷物と偽って、エックス線検査装置による保安検査を受けて検査済みシールを貼付してもらった後に同シールを剥がすという形で入手しておいた保安検査済シールを各スーツケースに貼付するなどした上、同カウンター係員に本件スーツケース6個を機内預託手荷物として運送委託することにより、税関長の許可を受けないでうなぎの稚魚を輸出しようとしたが、税関職員の検査により発見され、その目的を遂げなかったという事案である。

第1審が無許可輸出の未遂罪の犯罪事実を認定したのに対し、原審は、実行の着手とは、「犯罪構成要件の実現に至る現実的危険性を含む行為を開始した時点」であり、本件事案においては、スーツケースを運送委託をした時点と解すべきであり、検査済みシールをスーツケースに貼付するなどしただけでは、無許可輸出の予備罪が成立するにとどまるとした。検察側が上告。

●判旨●　検察側の上告に対し、最高裁は、無許可輸出罪の未遂を認め、原審を破棄し控訴を棄却した。

「入口にエックス線検査装置が設けられ、周囲から区画されたチェックインカウンターエリア内にある検査済みシールを貼付された手荷物は、航空機積載に向けた一連の手続のうち、無許可輸出が発覚する可能性が最も高い保安検査で問題のないことが確認されたものとして、チェックインカウンターでの運送委託の際にも再確認されることなく、通常、そのまま機内預託手荷物として航空機に積載される扱いとなっていたのである。そうすると、本件スーツケース6個を、機内預託手荷物として搭乗予約済みの航空機に積載させる意図の下、機内持込手荷物と偽って保安検査を回避して同エリア内に持ち込み、不正に入手した検査済みシールを貼付した時点では、既に航空機に積載するに至る客観的な危険性が明らかに認められるから、関税法111条3項、1項1号の無許可輸出罪の実行の着手があったものと解するのが相当である」。

●解説●　1　未遂として処罰するには、法益侵害の危

険性が具体的程度（一定程度）以上に達することが必要である。本件原審の「犯罪構成要件の実現に至る現実的危険性を含む行為を開始した時点」というのも、ほぼ同旨であろう。問題は、構成要件実現の具体的危険・実質的危険の内容なのである

2　本件原審は、航空機の搭乗手続の際に、機内預託手荷物として運送委託をすれば、特段の事情のない限り、自動的に航空機に積載されるから、無許可輸出罪の現実的危険性が生じるとした。

それに対し、最高裁は、検査済みシールを貼付された手荷物をチェックインカウンターエリア内に持ち込めば、無許可輸出が発覚する可能性が最も高い保安検査で問題のないことが確認されたものとして、チェックインカウンターでの運送委託の際にも再確認されることなく、通常、そのまま機内預託手荷物として航空機に積載される扱いとなっていたので、すでに航空機に積載するに至る客観的な危険性が明らかに認められるとした。

3　なお、窃盗罪の場合であれば、スーパーで商品を買物かごに入れ、レジを通過することなく買物かごをレジ脇の棚からレジ外側に持ち出しカウンター上に置けば、店外に持ち出さなくてもで既遂となる（東京高判平4・10・28判タ823-252）という判断に異論は少ない。罪質の違いは、十分に考慮しなければならないが、検査済みシールを貼付された手荷物をチェックインカウンターエリア内に持ち込めば、無許可輸出罪の着手は認められよう。

4　一方、最判平成20年3月4日（刑集62-3-123）は、外国で覚せい剤を密輸船に積み込み日本内海で海上に投下し、回収担当者がGPSを備えた小型船舶で回収し陸揚げするという方法による覚せい剤輸入を計画したが、悪天候等のため回収できなかった事案について、覚せい剤輸入罪（および関税法上の禁制品輸入罪）の実行の着手があったとはいえないとした。悪天候やその後の海上保安庁の警戒のため、回収船を出航させることもできなかったというのであるから、「回収担当者が覚せい剤をその実力的支配の下に置いていないばかりか、その可能性にも乏しく、覚せい剤が陸揚げされる客観的な危険性が発生したとはいえない」とされた。

ただ、海上投下時に、荒天でなく「失敗がなければほぼ回収できる」という事情が存在すれば、海岸線からかなり距離が離れていても着手は認められよう（なお、窃盗罪に関する最判昭24・12・22刑集3-12-2070は、乗務員が積み荷を列車外に突き落とした時点で既遂を認めている。占有が失われたという点が重視されたものであろうが、後から回収できることが容易であれば、少なくとも実行の着手が認められるという判断が示されたものといえよう）。

●参考文献●　秋吉淳一郎・判解平26年度295、前田雅英・捜査研究772-16、松澤伸・法教別冊425-24

15　実行の着手時期の実質的判断(1)

最1小判平成30年3月22日（刑集72巻1号82頁）　　参照条文　刑法43条、246条1項

> 詐欺罪の実行の着手時期。

●事実●　被害者A（当時69歳）は、平成28年6月8日、甥になりすました氏名不詳者からの電話で、現金を至急必要としている旨の嘘をいわれ、甥の勤務する会社の系列社員と称する者に現金100万円を交付した。

Aは、翌9日午前11時20分頃、警察官を名乗る者からの電話で、「昨日、不審な男を捕まえたんですが、その犯人がAの名前を言っています。」「口座にまだどのくらいのお金が残っているんですか。」「銀行に今すぐ行って全部下ろした方がいいですよ。」などといわれ（1回目の電話）、同日午後1時頃、警察官を名乗る氏名不詳者から、午後2時前には到着できる旨の電話があった（2回目の電話）。

被告人Xは、同日午後1時11分頃、氏名不詳者から、金を取りに行くよう指示を受け、詐欺金の受取役であることを認識した上でA宅に向かったが、A宅に到着する前に警察官から職務質問を受けて逮捕された。

第1審が、Xに詐欺未遂罪の成立を認めたのに対し、原審は、「刑法246条1項にいう人を欺く行為とは、財物の交付に向けて人を錯誤に陥らせる行為をいう」とし、警察官を装ってAに対し預金を現金化するよう説得する行為は、財物の交付に向けた準備行為を促す行為であるものの、下ろした現金の交付まで求めるものではなく、詐欺罪にいう人を欺く行為とはいえないとし、詐欺被害の現実的、具体的な危険を発生させる行為とは認められないとして、第1審判決を破棄し、無罪を言い渡した。検察側が上告。

●判旨●　最高裁は、検察側の上告に対し、原判決を破棄し、上記の事実認定を前提に、以下のように判示して、実行の着手を認めた。

「これらの嘘を述べた行為は、Aをして、本件嘘が真実であると誤信させることによって、あらかじめ現金をA宅に移動させた上で、後にA宅を訪問して警察官を装って現金の交付を求める予定であったXに対して現金を交付させるための計画の一環として行われたものであり、本件嘘の内容は、その犯行計画上、Aが現金を交付するか否かを判断する前提となるよう予定された事項に係る重要なものであったと認められる。そして、このように段階を踏んで嘘を重ねながら現金を交付させるための犯行計画の下において述べられた本件嘘には、預金口座から現金を下ろしてA宅に移動させることを求める趣旨の文言や、間もなく警察官がA宅を訪問することを予告する文言といった、Aに現金の交付を求める行為に直接つながる嘘が含まれており、既に100万円の詐欺被害に遭っていたAに対し、本件嘘を真実であると誤信させることは、Aにおいて、間もなくA宅を訪問しようとしていたXの求めに応じて即座に現金を交付してしまう危険性を著しく高めるものといえる。このような事実関係の下においては、本件嘘を一連のものとしてAに対して述べた段階において、Aに現金の交付を求める文言を述べていないとしても、詐欺罪の実行の着手があったと認められる」。

●解説●　1　実行の着手時期は、構成要件の予定する具体的（現実的）危険の発生した時点とされる。「実行行為」を規範的・実質的に理解するならば、着手は、必ずしも形式的な実行行為時に認定する必要はなく、行為者の手を離れた後にも着手時期を設定しうる。

2　ただ、一定程度の（具体的）危険性という基準は、理念的・抽象的で、理論的説明にすぎず、未遂犯の処罰範囲確定の具体的基準としての有用性に欠ける面がある。罪刑法定主義の要請からも、まずは形式的な実行行為を基点に考える必要がある。

3　本件の詐欺罪の着手時期も、はじめから「被害財物侵害の現実的危険の発生時期」を直接問題にするのではなく、構成要件行為である「欺罔行為」を実質的に開始したか否かという形で判断されている。人を欺く行為とは、財産的処分行為の判断の基礎となるような重要な事項を偽ることをいう（【186】【187】）。ただ、形式的実行行為を厳密に解するのではなく、「接着する行為」「直前に位置する行為」を開始すれば足りる。

4　本件についてみると、欺罔行為を「財物の交付に向けて人を錯誤に陥らせる行為」と形式的に解したうえで、「財物の交付に向けた準備行為を促す行為」は、詐欺被害の現実的、具体的な危険を発生させる行為とは認められないとする原審の結論は、特殊詐欺事犯の現状に鑑みると、妥当ではない。

5　本件のように、現金を交付させる計画の一環として「警察官を装い警察に協力して預金を現金化して自宅に置くよう指示する行為」は、たとえ交付を直接要求するものではなくとも、欺く行為にあたりうる。実行行為性は、主観的計画も考慮して判断される（【10】参照）。少なくとも、2回目の架電があり、XがA宅付近に近づいた段階では、実行の着手が認められる（【16】参照）。

この解釈を実質的に説明すれば、「被害者が現金を交付する危険性が著しく高まったので、詐欺罪の実行の着手が認められる」ということになる。

6　詐欺罪の実行の着手に関する先例としては、①大判昭和7年6月15日（刑集11-859）が、保険金詐欺に関し、火を放っただけでは詐欺罪の着手はなく、明示的な保険金支払請求が必要だとしてきた。一方、窃盗罪に関するものであるが、②名古屋高判平成13年9月17日（高検速報平13-179）は、カードによる引出し行為に際しての残高照会作業に窃盗罪の着手を認めた。ATMの実際上の利用形態からすると、残高照会作業を行ってから引き出すことが多く、その後の払戻しとは、類型的に一連の行為とされたともいえよう。

●参考文献●　前田雅英・捜査研究810-2、成瀬幸典・法教454-140、塩見淳・固総8版128

16　実行の着手時期の実質的判断(2)

最 3 小決令和 4 年 2 月 14 日（刑集76巻 2 号101頁）　　　参照条文　刑法43条、246条 1 項

詐欺盗の実行の着手時期。

●**事実**●　被告人 X は、他の者と共謀の上、金融庁職員になりすましてキャッシュカードを窃取しようと考え、警察官になりすました氏名不詳者が、Y 県内の被害者 A（当時79歳）に電話をかけ、A の口座から預金が引き出される詐欺被害に遭っており、再度の被害を防止するため、金融庁職員が持参した封筒にキャッシュカードを入れて保管する必要がある旨のうそを言った。そして金融庁職員になりすました X が、A にキャッシュカードを封筒に入れさせた上、割り印をするため必要であると、A に印鑑を取りに行かせた隙に、キャッシュカード入りの封筒と偽封筒とをすり替えてキャッシュカードを窃取することを計画し、架電した日の午後、X が A 宅付近まで赴いたが、警察官の尾行に気付いて断念した。

X は「封筒をすり替えるため、A に印鑑を取りに行かせカードから目を離させる行為が、カードに対する事実上の支配を侵害する現実的・具体的危険性のある行為であり、それ以前の時点では窃盗未遂罪は成立しない」と主張したのに対し、第 1 審・原審ともに窃盗未遂罪の成立を認めた。X 側が上告。

●**決定要旨**●　上告棄却。最高裁は、X 等が計画した本件犯行計画において、「キャッシュカード入りの封筒と偽封筒とをすり替えてキャッシュカードを窃取するには、A が、金融庁職員を装って来訪した X の虚偽の説明や指示を信じてこれに従い、封筒にキャッシュカードを入れたまま、割り印をするための印鑑を取りに行くことによって、すり替えの隙を生じさせることが必要であり、本件うそはその前提となるものである。そして、本件うそには、金融庁職員のキャッシュカードに関する説明や指示に従う必要性に関係するうそや、間もなくその金融庁職員が A 宅を訪問することを予告するうそなど、X が A 宅を訪問し、虚偽の説明や指示を行うことに直接つながるとともに、A に X の説明や指示に疑問を抱かせることなく、すり替えの隙を生じさせる状況を作り出すようなうそが含まれている。このような本件うそが述べられ、金融庁職員を装いすり替えによってキャッシュカードを窃取する予定の X が A 宅付近路上まで赴いた時点では、A が間もなく A 宅を訪問しようとしていた X の説明や指示に従うなどしてキャッシュカード入りの封筒から注意をそらし、その隙に X がキャッシュカード入りの封筒と偽封筒とをすり替えてキャッシュカードの占有を侵害するに至る危険性が明らかに認められる」として、「このような事実関係の下においては、X が A に対して印鑑を取りに行かせるなどしてキャッシュカード入りの封筒から注意をそらすための行為をしていないとしても、本件うそが述べられ、X が A 宅付近路上まで赴いた時点では、窃盗罪の実行の着手が既にあったと認められる」とし、窃盗未遂罪の成立を認めた。

●**解説**●　1　詐欺盗は、警察統計上は特殊詐欺の一類型とされ、当初は詐欺罪で起訴されることも多かったが、人を欺いて注意を他にそらし、その隙に財物の占有を奪う行為であり、現在は、窃盗罪として整理されている（窃盗と詐欺の限界については【185】参照）。

2　ただ、過度に詐欺か窃盗かの区別を強調しすぎるべきではない。罰金（さらに常習窃盗罪や組織犯罪処罰法）の問題を除くと、法定刑の差は基本的には存在しないし、罪質的には、あくまで同じ特殊詐欺の中の「亜種」にすぎず、犯罪主体（組織）もかなり重なり、国民一般の当罰性評価の高さも変わらない。ただ、実行の着手時期が問題となると、詐欺罪とするか窃盗罪と見るかで、微妙に異なってくる面がある。

3　大阪地判令和元年10月10日（LEX/DB25566238）は、①架け子による欺罔行為は、キャッシュカード入りの封筒のすり替え行為に至るまでの一連の行為を確実かつ容易に行うために必要不可欠なもので、②被害者がその内容を誤信するに至れば、通常は計画を完遂する上で大きな障害はなく、計画の重要部分を終えたものとみることができ、③受け子人は、すり替え用の封筒を準備した上で、C 方玄関から12m余りの路上で待機していたので、架け子による欺罔行為や受け子の待機行為は、すり替え行為と密接な行為であり、架け子による欺罔行為が行われた時点ですでに被告人によるすり替え行為が行われる客観的な危険性が飛躍的に高まったと認められるから、窃盗罪の実行の着手があったとした。ここには実行行為に関する最決平成16年 3 月22日【10】の強い影響が見られる。

4　本件事案でも、着手時期の「節目」として、① A に、計画内容を実現するための一連の「うその内容の架電」を行い、② X が A 宅付近まで赴き、③ A に印鑑を取りに行かせるなどの「注意をそらすための行為」を行い、④偽封筒とすり替える行為が考えられる。

④の段階に至らなくても未遂であることは明かであるが、窃盗の実行という意味では、従来の基準では、実行者が被害者と接触する③の段階ではじめて現実的危険性が発生したという解釈も十分ありえた。本件決定は、②の時点で、キャッシュカードの占有を侵害するに至る危険性が、明らかに認められるとしたのである。

5　窃盗罪の場合、上記大阪地裁のように、「架け子の架電時点」を「受け子の窃取行為の開始時期」とすることには、若干の違和感も生じうるが、本決定のように、「被告人が被害者宅付近路上まで赴いた時点」で、「キャッシュカードの占有を侵害するに至る危険性が明らかに認められる」との判示には、異論は少ないであろう。

なお、本件事案を少し修正し、同じような電話を被害者宅に架けた後、被告人が被害者宅付近路上まで赴く以前に逮捕された場合に、未遂罪を適用しうるかは、本件決定要旨からは明らかではない。その結論は、被害者宅に訪れる準備状況などの具体的事情にもよるが、特殊詐欺事犯の発生・検挙状況、客観的被害者感情の昂まり等に影響されるように思われるのである。

● **参考文献** ●　前田雅英・捜査研究 860-39、髙橋直哉・法教
501-129

17　客体の不能

広島高判昭和36年7月10日（高刑14巻5号310頁・判時269号17頁）　　参照条文　刑法43条、190条、199条

> 殺意をもって死体に対し、人を殺害するに足る行為をした場合は殺人未遂罪が成立するか。

●**事実**●　暴力団の組員である被告人Ｘは、殺意をもってＡめがけて拳銃を発射し胸腹部に銃創を負わせ、さらに追いかけて路上で弾丸2発をＡに打ち込み、頭部にも貫通銃創を負わせた。Ｘと同じ組に属する被告人Ｙは、発射音を聞くやＸに加勢するため刃渡り60cmの日本刀を携えてＡの倒れている現場に向かい、とどめを刺すつもりで仰向けに倒れていたＡの腹部・胸部などを日本刀で突き刺した（ＸとＹとの間に共謀はない）。

原審は、ＹによるＡの身体に存する刺、切創はＡの生前に生じたものであるという鑑定を採用し、Ｘ・Ｙ両名に殺人既遂罪の成立を認めた。これに対し弁護人は、Ｙの加害の時点では、Ａはすでに死亡していたのであり、Ｙの行為は死体損壊にすぎないと主張した。

●**判旨**●　広島高裁は、「ＹがＡに対し原判示傷害を加えたときには、ＡはＸによって加えられた原判示銃撃により既に死に一歩を踏み入れておったもの即ち純医学的には既に死亡していたものと認めるのが相当である」として、原判決には事実誤認があるとし、「Ａの生死については専門家の間においても見解が岐れる程医学的にも生死の限界が微妙な案件であるから、単にＹが加害当時Ａの生存を信じていたというだけでなく、一般人も亦当時その死亡を知り得なかったであろうこと、従って又Ｙの前記のような加害行為によりＡが死亡するであろうとの危険を感ずるであろうことはいづれも極めて当然というべく、かかる場合においてＹの加害行為の寸前にＡが死亡していたとしても、それは意外の障害により予期の結果を生ぜしめ得なかったに止り、**行為の性質上結果発生の危険**がないとは云えないから、Ｙの所為は殺人の不能犯と解すべきでなく、その未遂罪を以て論ずるのが相当である」とし、Ｘに殺人罪、Ｙに殺人未遂罪の成立を認めた。

●**解説**●　1　現在のわが国では、可罰的な未遂犯と不能犯を区別する基準に関し、主観説の支持はほとんどない。客観的に危険性が全く存在しないのに、本人が危険な計画を有すれば未遂として可罰的であるとは考えられていない。争点は、具体的危険説と客観的危険説のいずれを採用すべきかにあるとされてきた。

2　(a)**具体的危険説**は、「行為時に、一般人が認識し得た事情及び行為者が特に認識していた事情を基礎に、一般人を基準に具体的危険性の有無を判断する立場」とされる。客体の不能の場合、一般人でもその死体を生きていると考えるようであれば殺人未遂であるが、通常死体と考える場合には不能犯となるとする。因果関係論における相当因果関係説の折衷説に対応している。

具体的危険説が、行為者の特に知っていた事情を問題にするのは、たとえば、非常に重度の糖尿病患者を砂糖で殺す事例を考えた場合、一般人は被害者の糖尿病を知りえない以上不能犯とすべきであるが、本人が特にそのことを知っていたら未遂犯として処罰すべきであると考えるからである。

3　(b)**客観的危険説**の基本は、危険性を行為時に存在した全事情を基礎に、客観的に判断する立場であるが、一方では、(イ)行為後の事情まで含めて、事後的に純科学的に考えるべきだという考え方もあるが、(ロ)危険性はあくまで行為時（ないし未遂結果発生時）に一般人を基準に考えるべきだという客観的危険説も存在する。「いずれが理論的に正しいか」を論ずるのは意味がない。

4　いずれの客観的危険説によっても、実行時の客観的事情を基礎に判断する以上、実行時の客観的・類型的事情から裁判官が判断して、およそ客体が存在しえない客体の不能の場合は、未遂にはなりえない。客観的危険説は、「一般人からは人が立っているように見えても、全く人が存在せず、そして人の来る可能性のないところにピストルを撃ち込んでも、殺人未遂で処罰する必要はない」という規範的評価と結びつく。一方、具体的危険説は、一般人からみて客体が存在しないように見えて実は存在した場合は、未遂として処罰に値しないが、一般人が危険だと感じる場合には、客観的に危険性が全く存在しなくても未遂の成立を認めるのである。

5　本件判例は、その意味で、具体的危険説と親近性を有するように見える。ただ、結論はあくまで具体的事実関係を前提とするものである。広島高裁は、①死については専門家の間においても見解がわかれるほど医学的にも生死の限界が微妙な案件であり、②加害行為時に、Ａが死亡する危険を感ずることは極めて当然だと認定していることに注意しなければならない。

「死んだ人」を「生きている」と思って殺害する行為は、死体であることが明白な客体にピストルを打ち込んだ場合とは異なる。生死の限界はそれを科学的に認定するにしても一定の幅があり「灰色の部分」が存在する。広島高裁も、「医学的にも生死の限界が微妙な案件」であることを意識し、「既に死に一歩を踏み入れておった」と認定しているのであり、Ａに一定の生命現象が残っていたことは認めている。

6　具体的危険説と客観的危険説のいずれが正しいかをまず選択して、具体的な事案の未遂の成否を判断するという解釈手法には、限界がある。なぜ一方の説が正しいのかは、「具体的事案に妥当な結論を導きうるか」というテストの集積の上に成り立っていることを忘れてはならない。

●**参考文献**●　澁谷洋平・百総8版136、町野朔・百総5版134

18　方法の不能

最2小判昭和37年3月23日（刑集16巻3号305頁・判時292号6頁）　　参照条文　刑法199条

> 殺人の目的で静脈内に致死量以下の空気を注射したときは、不能犯といえるか。

●**事実**●　被告人Xは、生命保険をかけた姪のA女を殺害して保険金を取得しようと考え、当初は自動車でひき殺す計画であったが、Aの静脈内に空気を注射し、いわゆる空気栓塞をおこさせて殺害することに計画を変更し、Aをだまして同女の両腕の静脈内に水5ccとともに空気合計30ccないし40ccを注射したが、致死量に足りなかったため、殺害の目的を遂げなかった。

第1審が、Xに殺人未遂罪の成立を認めたのに対し弁護側が、この程度の空気量では死の結果を生じさせることは不可能であり不能犯であるなどとして控訴した。原審は、30ccないし40cc空気を注入したのみでは通常人を死亡させることはできないことを認めつつ、「人体の静脈に空気を注射することはその量の多少に拘わらず人を死に致すに足る極めて危険な行為であるとするのが社会通念であったというべきである」として、不能犯の主張を退けた。X側が上告。

●**判旨**●　上告棄却。「なお、所論は、人体に空気を注射し、いわゆる空気栓塞による殺人は絶対に不可能であるというが、原判決並びにその是認する第1審判決は、本件のように静脈内に注射された空気の量が致死量以下であっても被注射者の身体的条件その他の事情の如何によっては死の結果発生の危険が絶対にないとはいえないと判示しており、右判断は、原判示挙示の各鑑定書に照らし肯認するに十分であるから、結局、この点に関する所論原判示は、相当であるというべきである」。

●**解説**●　1　主として一般人の認識しえた事情を基礎に行為の危険性を判断する(a)**具体的危険説**と、行為時に存在した全事情を勘案する(b)**客観的危険説**の対立が実際に問題となるのは、主として方法の不能の場合である。たとえば、殺傷能力のないモデルガンで殺害しようとした方法の不能の場合、具体的危険説は、客観的に確率が零でも、一般人からみれば危険で処罰すべき場合が存在すると主張し、客観的危険説は弾丸の出ないモデルガンで人を殺そうとした行為を殺人未遂で処罰する必要はないとする。

2　従来、客観的危険説の中心的見解は、判例の絶対不能・相対不能説だと考えられてきた。判例は、行為時の全事情を基礎に行為を事後的に観察して、その客体または手段の性質からみて結果の発生が絶対的につまり如何なる場合にも不能のときを不能犯とし、結果発生が相対的に不能であった場合は未遂犯とする立場を採用すると考えられてきたのである。

3　そして、大判大正6年9月10日（刑録23-986）は人を殺そうとして硫黄を飲ませる行為が不能犯であるとして殺人未遂の成立を否定した。客観的・科学的に人を死に致す危険のない硫黄でも、それを味噌汁に混ぜて飲ませれば一般人の不安感は生じる。それにもかかわらず不能犯とした判例は、**客観的危険説に親近性を有する**ともいえよう。

4　しかし、戦後の混乱期になると、最判昭和26年7月17日（刑集5-8-1448）が、ストリキニーネを食物に混入する行為は、通常苦くて食べられないとしても殺人未遂であるとして、その10年後の本判決も、致死量に満たない空気を静脈に注射する行為も殺人未遂罪に該当するとしている。判例が一般人の社会通念を重視していることは否定できない。そして、大正期の未遂処罰の範囲が、戦後も維持されているとは限らない。

5　方法の不能に関する比較的新しい判例として、岐阜地判昭和62年10月15日（判タ654-261）がある。無理心中しようと2人の娘を寝かしつけて、ガス元栓を開放状態にし、出入口等の隙間をガムテープで目張りするなどして締め切り、都市ガスを室内に充満させ、よって両名を殺害しようとしたが、Xを訪ねてきた友人に発見されたため、その目的を遂げなかったという事案に関し、天然ガスには一酸化炭素が含まれていないから、これによる中毒死のおそれはないことが認められるけれども、ガス爆発事故が発生する可能性があったのであり、さらにガス濃度が高まれば、窒息死する危険もあったとし「都市ガスを判示のような態様をもって漏出させることは、その室内に寝ている者を死に致すに足りる極めて危険な行為であると認識しているものと認められ、従って社会通念上右のような行為は人を死に致すに足りる危険な行為であると評価されているものと解するのが相当である。さすれば、被告人の判示所為は、到底不能犯であるということはできない」と判示した。

「ガスを充満させることは一般人からみれば危険である」という点を重視したのであれば、具体的危険説に依ったものといえよう。しかし、「中毒死のおそれはないが、電気器具や静電気を引火源とするガス爆発事故発生の可能性があり、またガス濃度が高まれば酸素濃度が低下して窒息死に至ることから、死の結果発生の危険は十分存在した」として、具体的に客観的危険性を認定している。その意味で判例は、原則として、客観的危険説の考え方を現在も維持し、行為時を基準に、一般人の危険感ではなく、客観的危険性を問題にしているといえよう。

●**参考文献**●　清水一成・囲総8版134、藤井一雄・判解昭37年度72

19　中止の任意性の判断基準

最3小決昭和32年9月10日（刑集11巻9号2202頁）　　　参照条文　刑法43条但書、旧200条

被害者が血を流し痛苦しているのを見て、驚愕恐怖して殺害行為を続行できなかった場合と中止。

●事実●　被告人Xは、賭博等にふけって借財がかさんだ結果、実母らにも心配をかけたので、苦悩の末自殺を決意するとともに母親を道づれにしようと考え、殺害の目的で、消灯して就寝中の同女の頭部を野球用バットで強く1回殴打したところ、同女が「うーん」と呻き声をあげたので死亡したものと思い、隣接の自室に入ったが、間もなく同女がXの名を呼ぶ声を聞いて再び現場に戻り、同女が頭部から血を流し、痛苦している姿を見てにわかに驚愕恐怖し、その後の殺害行為を続行することができず、同女に全治約1週間の頭部挫傷を負わせたにとどまり、所期の目的を遂げなかった。第1審が中止未遂を認めたのに対し、原審は、障礙未遂とした。X側が上告。

●決定要旨●　上告棄却。「Xは母に対し何ら怨恨等の害悪的感情をいだいていたものではなく、いわば隣憫の情から自殺の道伴れとして殺害しようとしたものであり、従ってその殺害方法も実母にできるだけ痛苦の念を感ぜしめないようにと意図し、その熟睡中を見計い前記のように強打したものであると認められる。しかるに、母は右打撃のため間もなく眠りからさめ意識も判然としてXの名を続けて呼び、Xはその母の流血痛苦している姿を眼前に目撃したのであって、このような事態はXの全く予期しなかったところであり、いわんや、これ以上更に殺害行為を続行し母に痛苦を与えることは自己当初の意図にも反するところであるから、所論のようにXにおいて更に殺害行為を継続するのがむしろ一般の通例であるというわけにはいかない。すなわちXは、原判決認定のように、前記母の流血痛苦の様子を見て今さらの如く事の重大性に驚愕恐怖するとともに、自己当初の意図どおりに実母殺害の実行完遂ができないことを知り、これらのため殺害行為続行の意力を抑圧せられ、他面事態をそのままにしておけば、当然犯人は自己であることが直に発覚することを怖れ、原判示のように、ことさらに便所の戸や高窓を開いたり等して外部からの侵入者の犯行であるかのように偽装することに努めたものと認めるのが相当である。右意力の抑圧が論旨主張のようにXの良心の回復又は悔悟の念に出でたものであることは原判決の認定しないところであるのみならず、前記のようなXの偽装行為に徴しても首肯し難い。そして右のような事情原因の下にXが犯行完成の意力を抑圧せしめられて本件犯行を中止した場合は、犯罪の完成を妨害するに足る性質の障がいに基くものと認むべきであって、刑法43条但書にいわゆる自己の意思により犯行を止めたる場合に当らないものと解するを相当とする」。

●解説●　1　行為者にいかなる主観的事情が存すれば、自己の意思により中止したといえるのかに関し、(a)行為者本人にとって犯罪の完成を妨げる認識を有したか否かを問う**主観説**と、(b)行為者の表象（さらにそれに基づく動機形成）が一般人にとって通常、犯罪の完成を妨げる内容のものであるか否かを問題にする**客観説**が対立する。主観説は、(イ)たとえ欲したとしてもできなかった場合が障害未遂で、たとえできるとしても欲しなかった場合が中止未遂だとする説（フランクの公式説）と、(ロ)広義の悔悟が必要だとする限定（規範的）主観説に分かれる。

2　判例は、広義の悔悟が認定できる場合には任意性を認めることも多いが、それ以外の場合には、**通常結果の妨害となる性質の事情の存否**という客観的事情により任意性を判断しており（最判昭24・7・9刑集3-8-1174）、本件においても「被告人において更に殺害行為を継続するのがむしろ一般の通例である」か否かが重視されている。

①物音がしたので中止した場合や、②被害者の抵抗行為による場合は障礙未遂であり、③被害者の命乞いや哀願を契機に殺人を中止したり、④相手の表情を見て愛情の念を生じたり、呻声を聞いてかわいそうになった場合、⑤妊娠を不憫に思って姦淫を中止した場合は中止未遂とされる。

3　⑥流血痛苦の様子を見て驚愕恐怖して中止した場合も、原則として任意性は認められる（名古屋高判平2・1・25判タ739-243、名古屋高判平2・7・17判タ739-245、横浜地判平10・3・30判時1649-176等参照）。しかし本件は、母に対し隣憫の情から自殺の道づれとして殺害しようとした事案であり、痛苦の念を感ぜしめないようにと意図していたところ、全く予期しなかった事態が起こったという点が重視され、「殺害行為を継続するのがむしろ一般の通例であるというわけにはいかない」とされたことに注意しなければならない。

4　わが国では、(イ)フランクの公式説も有力であるが、「たとえ欲したとしてもできなかった場合」であっても、中止を導いた認識を一般人が持てば、結果発生を欲するであろう場合には、障害未遂ではなく中止未遂を認めるべきである。逆に「たとえできるとしても欲しなかった場合」であっても、一般人が欲しない場合であれば障害未遂とすべきであろう。また、真摯な反省が存在すれば、刑を減じるべきであるが、反省しない限り中止犯の効果を認めないというのは厳格すぎる。悔悟の情が存在しなくとも責任非難の減少する場合も考えうる。

5　刑事政策的見地からも、任意性の要件は、思いとどまった行為者への褒賞による結果防止目的に合致するように解されねばならない。実行に着手した一般人なら通常結果発生を回避すると思われる表象・動機を有した場合には褒賞を与える必要はない。中止した本人がいかに「できるのにやめた」と思っても、一般人ならば当然中止せざるをえない状況の場合、減免を認めても一般予防効果はあまり望めない。さらに、減免を国民一般の側で納得することも必要であろう。

●参考文献●　足立勝義・判解昭32年度111、金澤真理・刑法の争点3版92

20 実行行為の終了時期と中止

福岡高判平成11年9月7日（判時1691号156頁）　　参照条文　刑法43条、199条

殺意をもって被害者の首を絞めたが、これを途中でやめた場合と中止未遂。

●事実●　被告人Xは、日ごろから妻Aに暴力等を加え、その結果それを嫌がって実家に帰っていたAのところに赴き、自動車内で復縁を迫ったところこれを断られたことから激昂し、運転席に座っていたAに対し、助手席から両手でいきなり頸部をその意識が薄らぐ程度まで力一杯絞め、一旦逃げ出したAを連れ戻した後、さらに左手で力任せに頸部を絞め、同女がぐったりとなり気を失った後も約30秒間絞め続けた。そしてその後翻然我に返り、それ以上絞めることをやめ、Aを放置した。原審は、Xに殺人未遂罪の成立を認めたが、弁護側は、中止犯にあたるなどとして控訴した。

●判旨●　控訴棄却。「所論は、中止未遂の成否に関し、Xは、実行行為を終える前に、自らの意思でAの頸部を絞める行為を止めたのであるから、それ以上、結果発生を防止するための積極的な行為は要求されていないのに、原判決が、Xにおいて、Aを病院に連れていくなどの救助活動をしなかったことを理由として、中止未遂の成立を否定したのは不当である、と主張している。

しかしながら、Xは、Aの頸部を絞め続けている途中、翻然我に返り、Aが死亡することをおそれてこれを中止したというのであるが、その際は、前示のとおり、客観的にみて、既にAの生命に対する現実的な危険性が生じていたと認められる（医師Bの警察官調書によれば、生命に非常に危険な状態に陥ったものとされている。）うえ、Xにおいても、このような危険を生じさせた自己の行為、少なくとも、Aが気を失ったのちも30秒間その頸部を力任せに絞め続けたことを認識していたものとみ得るから、その時点において、本件の実行行為は終了していたものと解され、Xに中止犯が認められるためには、原判決が説示するとおり、Aの救護等結果発生を防止するための積極的な行為が必要とされるというべきであり、Xがそのような行為に及んでいない本件において、中止犯の成立を認めなかった原判決は、正当というべきである」。

●解説●　1　着手未遂の場合、中止犯といえるか否かは、任意に「実行行為」を中止したか否かで判定されるが、実行未遂の場合には、すでに実行行為は完了してしまっているので、実行行為を中止しえない。そこで結果発生防止の努力が必要だとされる。

ただ、着手未遂か実行未遂かの区別は微妙である。「実行行為が終了したか否か」により判断されることになるが、実は実行行為の終了時期は形式的に区別することは困難なのである。

たとえば、名古屋高判平成2年7月17日（判タ739-245）は、被害者の右胸部を1回突き刺した後、自ら実行行為を中止した上、医師の治療を施した事案につき、実行未遂だとし中止犯の成立を認めているが、着手未遂と解する余地がないわけではない。

2　実行未遂と着手未遂の区別にあたっては、結果発生の蓋然性が高い段階まで進行していたのか、「結果防止努力をしなければならないだけの危険性が発生しているか否か」が問題となる。そして「中止効果を認めるためには単なる中止を超えて、結果防止努力が必要か」という観点が重要であるように思われる。

Xは気を失うまで首を絞め、Aの意識が30分から1時間戻らず、さらに、顔面全体にうっ血が生じたほどの危険性が生じた事案で、気を失った後も首を絞め続けていることを認識していたXに、結果防止努力が要請されるのは当然であろう。本件は、実行未遂と評価すべきである。

3　同様に実行未遂とした先例としては、犯行直前とっさの間に未必の殺意を生じた被告人が、刺身包丁で被害者の左腹部を1回突き刺し、肝臓に達する深さ12cmの刺創を負わせ、さらに被告人は被害者と包丁の取り合いをした後、被害者が腹部の激痛に耐えかね、「病院へ連れて行ってくれ」と哀願したので、近くの病院に連れて行き一命を取り止めるに至ったという事案に関する大阪高判昭和44年10月17日（判タ244-290）がある。1回の刺突行為それ自体で、実行行為は終了したとした。

4　これに対し、東京高判昭和51年7月14日（判時834-106）は、共犯者Xが日本刀で被害者Aの右肩あたりに1回切りつけ、さらに引き続き二の太刀を加えて倒れたAの息の根を止めようとした時、その攻撃をやめさせてAを病院に連れて行き治療させたYの罪責に関し、被告人等の殺害行為は1回目の切りつけ行為で終了したとは評価できず着手未遂であり、中止未遂にあたるとした。また、東京高判昭和62年7月16日（判時1247-140）も、殺意をもって被害者の頭部を目がけて牛刀で切りつけたところ、「命だけは助けて下さい」と哀願したので、憐憫の情を催し中止した事案に関し、「最初の一撃で殺害の目的が達せられなかった場合には、その目的を完遂するため、更に追撃に及ぶ意図が被告人にあったことが明かである」という点を重視し、殺人の実行行為は終了していないと評価している。

5　実行行為の終了時期は、①実行行為を区切る客観的事情の存否、②終了時に、発生を防止すべき結果の危険性の存否、③行為を継続する客観的必然性・必要性と④犯行の計画内容と継続する意思の強弱、⑤犯行中断の容易性等を総合して判断される。「実行行為概念の本質からその終了時期を導き、結果回避努力の要否を決定する」というような形式的・演繹的な議論は合理的ではない。

●参考文献●　佐伯仁志・研修565-15、塩見淳・平11年度重判150

21　結果防止行為の真摯性

東京地判平成 7 年 10 月 24 日（判時1596号125頁）　　　参照条文　刑法43条但書、199条、203条

結果発生を自ら防止したと同視するに足りる積極的な行為とはどの程度のものをいうのか。

●**事実**●　被告人 X は、一撃のもとに殺害する意図で、就寝中の養女 A（当時13歳）の左胸部を出刃包丁で一突き刺した後、自宅に火をつけたが、A が「お父さん、助けて」といったことから急にかわいそうになり、煙に巻かれないうちに A を助け出そうとして玄関から室外に A を引きずり出し、付近住民 B 方の出入口の門扉を開けてその敷地内まで引きずって行ったが、意識を失ってその場に倒れ込んでしまったところ、午前 3 時55分ころ偶然通りかかった通行人がこれを発見して110番通報したため、A は病院に収容され緊急手術により一命を取り留めた（A は加療約 2 か月の傷害を負った）。X の行為は殺人未遂罪に該当するが、中止犯の成否が問題となった。

●**判旨**●　東京地裁は、本件は実行未遂の事案であるから、X の任意かつ自発的な中止行為によって、現実に結果の発生が防止されたと認められなければならないとし、まず、任意かつ自発的な中止といえるかについては、いわゆる憐憫の情に基づくものであるとして、これを肯定した上で、結果発生防止行為の有無に関し、以下のように判示し中止犯の成立を否定した（そして、X を懲役 5 年に処した）。

「X は、A を X 方から B 方敷地内まで運び出してはいるものの、それ以上の行為には及んでいないのであって、当時の時間的、場所的状況に照らすと、X の右の程度の行為が結果発生を自ら防止したと同視するに足りる積極的な行為を行った場合であるとまでは言い難く、A が一命をとりとめたのは、偶然通り掛かった通行人の110番通報により病院に収容されて緊急手術を受けた結果によるものであったことを併せ考慮すると、本件が X の中止行為によって現実に結果の発生が防止された事案であるとは認められない」。

●**解説**●　1　実行未遂に中止犯の効果を認める要件としての結果発生防止の真摯な努力に関し、名古屋高判平成 2 年 7 月17日（判タ739-245）は、被害者の右胸部を 1 回突き刺した後、自ら実行行為を中止した上、医師の治療を施した事案につき、被害者の死亡という結果の発生を防止するため積極的で真摯な努力をしたものといわざるをえないと判断している。大阪地判平成14年11月27日（判タ1113-281）も、殺意を持って胸部を包丁で突き刺したものの抵抗されて包丁を取り上げられ、その後 3 時間を超えて救命措置を講じることなく死亡するのを待って

いたが、被害者が突然激しく苦痛を訴えたのを見て翻意し、110番通報するなどし一命を取り留めた事案について、中止未遂を認めた。

2　ただ、ケガを負わせた後、医師に診せれば、常に結果防止努力が認められるというわけではない。大阪高判昭和44年10月17日（判タ244-290）は、刺創を負わせた後、被害者の哀願に応じて、被害者を自己の運転する自動車に抱き入れて、近くの病院に連れて行き、医師の手に引き渡した結果一命を取り留めるに至ったにもかかわらず、①犯人が自分であることを打ち明け凶器等の説明をしておらず、②治療等に対し自己が経済的負担を約する等の救助のための万全の行動をとったものとはいえないことなどを根拠に、未だもって結果発生の防止のため被告人が真摯な努力をしたものと認めるに足りないものといわなければならないと判示した。

3　本件事案では、一応火災による死亡を防ぐ行為は行っている。ただ、X は A を一撃のもとに刺殺しようとしたのであり、現実に左胸部に包丁を突き刺すという行為を行ったにもかかわらず、付近住民の敷地内まで引きずって行ったにとどまる。やはり、包丁で生じたケガの治療に向けられた行為（ないし治療が行われる高い蓋然性のある状況にもっていく行為）がなければ、本件事案についての中止犯の成立は認め難い。

4　一般に、行為者が火をつけておいて、恐くなり「火事だ」と叫んで人を呼びそのまま逃げ去るだけでは、たとえ第三者が火を消し止めたとしても、中止犯にはならないとされている。自ら独力で結果を防止した場合のみに限定する必要はないが、結果防止に対する真摯な努力が見られない場合には中止犯を認めるべきではない。責任減少は認められないし、政策的にも、一定の結果防止努力を要件とすることは合理的であろう。

そのような観点からは、医師へ通報したり病院に連れていったとしても、十分な責任の減少は認められず、自ら結果発生防止に積極的に協力したと評価できる一定の事実が必要になると考えられる。その意味で、本判決が中止犯の成立を否定したのは、当然であったといえよう。

5　なお、責任減少説を徹底すれば、結果が発生した場合でも責任の減少は認められる以上、刑の減免を認めるべきであるということになる。しかし、条文が明確に「未遂」に限定している以上、既遂になった場合まで中止効果を認めるべきではない。中止犯には、責任減少のみではなく政策的考慮も含まれているのである。結果が生じてしまった以上、必要的減免という「褒賞」を与える政策的意味がないのである。

●**参考文献**●　渡邉一弘・研修591- 3 、金澤真理・刑法の争点 3 版

22 行為時に存在した被害者の異状と因果関係

最 2 小判昭和25年 3 月31日（刑集 4 巻 3 号469頁）　　参照条文　刑法205条

顔面を蹴って全治10日の傷害を与えたところ、被害者が脳梅毒に罹患したため異常に弱っていた脳組織が破壊され死亡した場合に、傷害致死罪は成立するか。

●事実●　最高裁の認めた原判決の確定した事実によると、被告人 X は被害者 V の左眼の部分を右足で蹴付けて傷害を負わせ V が死亡した。そして原審が証拠として採用した鑑定人 A の鑑定書中 V の屍体の外傷として、左側上下眼瞼は直径約 5 cmの部分が腫脹し暗紫色を呈し、左眼の瞳孔の左方角膜に直径0.5cmの鮮紅色の溢血があると記載されているから、その左眼の傷が X の足蹴によったものであることは明かであった。ところで X の暴行もその与えた傷創もそのものだけでは致命的なものではないが（B 医師は傷は10日位で癒るものだと述べている）、V はかねて脳梅毒にかかっていて、脳に高度の病的変化があったので、顔面に激しい外傷を受けたため脳の組織を一定度崩壊せしめ、その結果死亡するに至ったものであることが鑑定人 A、C の各鑑定書の記載から十分に認められた。

　原審が、傷害致死罪の成立を認めたのに対し、X 側が、致死の結果との因果関係の存在を争って、上告した。

●判旨●　最高裁は、以下のように判示して上告を棄却した。「論旨は右鑑定人の鑑定によっては X の行為によって脳組織の崩壊を来したものであるという因果関係を断定することが経験則にてらして不可能であり又他の証拠を総合して考えて見ても X の行為と V の死亡との因果関係を認めることはできないと主張する。しかし右鑑定人の鑑定により X の行為によって脳組織の崩壊を来したものであること従って X の行為と V の死亡との間に因果関係を認めることができるのであってかかる判断は毫も経験則に反するものではない。又 X の行為が V の脳梅毒による脳の高度の病的変化という特殊の事情さえなかったならば致死の結果を生じなかったであろうと認められる場合で X が行為当時その特殊事情のあることを知らずまた予測もできなかったとしてもその行為がその特殊事情と相まって致死の結果を生ぜしめたときはその行為と結果との間に因果関係を認めることができるのである」。

●解説●　1　本判決は、戦後の因果関係論にとって、非常に重要な位置を占めてきた。かつて有力であった相当因果関係論の、客観説、主観説、折衷説で結論に差が生じるのが、まさに、本件のような「行為者の行った、一見したところ結果発生の危険性の低い行為が、死の結果を実現したと評価できるか」という問題であった。

　2　(a)客観説は、行為時に発生した全事情を基礎に判断する以上、脳組織の弱まった者に暴行を加えることと死との相当因果関係を論じるので、致死罪が成立する。(b)主観説は、行為者が行為時にその点を認識した、また

は認識しえた場合にのみそれを考慮する。そして、(c)折衷説は、行為時に一般人が脳組織の脆弱化を知りえた場合と行為者がそれを特に知っていた場合に、判断の基礎に加える。本判決により、判例は客観説を採用しているとされることになる。他方で、因果関係の相当性を要求しない条件説を採用しているとされることも多かった。

　3　学説からは、一般人からは認識できない「脳梅毒による脳の高度の病的変化」に起因する死亡まで、10日で治る傷害を負わせた者に帰責させるのは不当で、判例の因果関係判断は厳しすぎるとされてきた。その後【23】の判例の登場もあって、そのことから、一般人の視点を入れた(c)折衷説が、一時期、有力化したのである。

　4　しかし、顔面に10日間痣（溢血）が残るほど強く左目を蹴って、その結果脳に異常が発生して死亡した場合に傷害致死を認めることは、必ずしも不当ではない。もちろん、「頭を指で軽く小突いたら、脳の異常のため死亡した」というのであれば、「致死の結果を帰責するのは酷である」という結論も説得力を有する。しかし、その行為自体で死に至る危険性が高度でなければ、因果関係が認められないというわけではない。

　5　この類型で最も問題とされてきたのは、暴行を加えたところ被害者に心臓疾患があり、心臓が停止して死亡したような事案である。判例は、路上に突き飛ばしたところ、心臓の異常ため心筋梗塞で死亡した場合にも、傷害致死罪を認め（最決昭36・11・21刑集15-10-1731）、暴行を加えたところ被害者に心臓疾患が存したため急性心臓死した事案についても「暴行が特殊事情と相まって致死の結果を生ぜしめたものと認められる」として傷害致死罪を認めている（最判昭46・6・17刑集25-4-567）。本件も含め、これらの判例の結論は合理的であるといえよう。

　6　ただ、判例は、客観説や条件説を採用しているわけではない。下級審ではあるが岐阜地判昭和45年10月15日（判タ255-229）は、被害者が一般人からは知りえない血友病にかかっていたため、出血死した事案について因果関係を否定している。具体的に起こった事情をすべて考慮して（行為時に認識したものと仮定して）因果関係を認めているわけではない。やはり、実行行為の危険性の程度と判断基底事情（血友病や心臓疾患など）の異常性の程度と結果への寄与度の総合評価なのである。

　結果を帰責するには、必ずしも「主たる原因」「直接の原因」である必要はないが、行為の有する危険性が行為時の特殊事情・異常な介在事情と相まって結果が発生した場合に限られる。たしかに、加えた行為からおよそ発生しそうもない結果が生じた場合には帰責しえないが、条件関係が認定できる以上は、たとえ直接の死因（脳梅毒による脳組織の脆弱化、心臓疾患）が予見不可能でも、死の結果を伴う可能性があるだけの暴行が加えられたのだとしたら、結果は客観的に帰責されるといえよう。

●参考文献●　石川才顕・J 増刊 2-14、前田雅英「因果関係に関する理論と結論」『川端博古稀（上）』1

23 第三者の行為の介入と相当因果関係(1)

最3小決昭和42年10月24日（刑集21巻8号1116頁・判時501号104頁）　　参照条文　刑法211条、218条

> 自動車を衝突させて傷害した後、第三者の故意行為が介入して死亡した場合と因果関係。

●**事実**●　在日米兵である被告人Xは、運転免許を停止されていたにもかかわらず、普通乗用車を運転中、過失により自転車に乗っていた被害者Aに自車を衝突させ、Aを自車の屋根にはねあげ意識を喪失させたが、これに気づかずそのまま疾走しつづけたところ、その地点から4km余りへだてた地点で、自動車に同乗していた同僚のYがこれに気づき、時速約10kmで走行中の自動車の屋根からAをさかさまに引きずり降ろし、アスファルトの路上に転落させた。Aは約8時間後に収容された病院で、頭部の打撲にもとづく脳クモ膜下出血および脳実質内出血により死亡したが、この頭部打撲が車との衝突の際に生じたものか、道路上に転落させられた際に生じたものかが確定できなかった。第1審・原審とも、Xの行為とAの死亡との因果関係を肯定したのに対して、上告趣意は両者の因果関係はないと主張した。なお、Yについては、救護義務違反と保護責任者遺棄につき執行猶予付き判決が第1審で確定している。

●**決定要旨**●　上告棄却。「同乗者が進行中の自動車の屋根の上からAをさかさまに引きずり降ろし、アスファルト舗装道路上に転落させるというがごときことは、経験上、普通、予想しえられるところではなく、ことに、本件においては、Aの死因となった頭部の傷害が最初のXの自動車との衝突との際に生じたものか、同乗者がAを自動車の屋根から引きずり降ろし路上に転落させた際に生じたものか確定しがたいというのであって、このような場合にXの前記過失行為からAの前記死の結果の発生することが、われわれの経験則上当然予想しえられるところであるとは到底いえない」として因果関係を否定し業務上過失致死の罪責を否定したが、「Xは、道路交通法72条1項前段、117条の救護義務違反の刑によって処断されているのみならず、業務上過失致死と同傷害の法定刑は同一であり、Xの刑責が業務上過失傷害にとどまるとしても、本件犯行の態様等からみて、1審判決のした量刑は不当とは認められない」。

●**解説**●　1　本判決は、一般人の社会生活上の経験に照らして、通常その行為からその結果が発生することが「相当」と認められる場合に、刑法上の因果関係を認める相当因果関係説を最高裁が正面から採用したものとされ、その後の因果関係論に非常に大きな影響を及ぼした。もっとも、いわゆる「判断基底論」を問題としているわけではない点には、留意を要する。

2　因果関係の相当性が最も問題になるのが、実行行為と結果発生との間に第三者の行為が介在する場合である。そして、具体的な議論の対象になる犯罪類型は、結果的加重犯（205条等）や過失犯（211条等）が中心であり、より具体的には、侵害行為と死の結果の間に医療過誤が介在した事案が目立つ。

典型は、傷の治療にあたった医師のミスによる死の帰責の可否であり、判例は傷害致死罪の成立を認めてきた（大判大12・5・26刑集2-458、最決昭35・4・15刑集14-5-591、最決昭49・7・5刑集28-5-194）。医師の過誤が介在する場合は、実行行為が治療行為を導くのであり、因果性が否定される場合は通常考えられないといえよう。ABO式不適合輸血（異型輸血）のような重大な過誤が介在しても、結果は帰責される（東京高判昭56・7・27判タ454-158）。

3　これに対し、**故意行為の介入した**本件に関し、最高裁は、介入した故意行為は、普通予想しうることではなく、死の結果はわれわれの経験則上当然予想しえられるところであるとは到底いえないと判示したのである。

4　ただ、行為後に介在事情が存在する場合の因果関係判断は、(a)**行為の有する危険性（結果発生寄与度）の大小**、(b)**介在事情の客観的異常性の程度**（介在事情が実行行為から誘発されたのか、無関係に生じたか）、(c)**介在事情の結果発生への寄与の度合**によって判別される。

5　(b)**介在事情の異常性**は、「介在事情が珍しいことか否か」を問題にするのではなく、実行行為との関係でどの程度の通常性を有するかが吟味される。①行為者の実行行為から必然的に惹き起こされたのか、②誘発されたのか、③付随してしばしば起こるものか、めったに生じないものなのか、④実行行為とは全く無関係に生じたものなのかにより、次第に因果性が否定されやすくなる。その判断に付加するものとして、介在事情そのものがどれだけ特殊なことなのかが考慮される。

6　(c)**介在事情の結果への寄与の度合**いも、因果性の判断にとって重要である。すでに実行行為により生じていた瀕死の状態に、後に暴行行為が加わることにより死期がわずかに早まったにすぎない場合であれば、行為との因果性は認められる（**[24]**）。逆に、いかに重傷を負っていても、「故意の射殺」のような、先行の行為を凌駕する事情が介在した場合には、重傷を負わせた行為と死との因果性は否定されることになるのである（**[29]**）。

7　本件の事案のような故意行為の介入した場合には、一般的には、(b)同乗者が意図的に引きずり落とす行為はXの行為と無関係になされたまさに異常なもので、(c)走行中の自動車の屋根から舗装道路に引きずり落とす行為は死の結果についての寄与度が高いといわざるをえない。本件決定も因果関係を否定した。ただ、近時の判例の傾向からすると、本件程度の異常性や寄与度であれば、結果の帰属が認められる余地もあるように思われる。

●**参考文献**●　海老原震一・判解昭和42年度280、町野朔・警研41-2 -109、大塚仁・判時528-144

24 第三者の行為の介入と相当因果関係(2)—致命傷型

最3小決平成2年11月20日（刑集44巻8号837頁・判時1368号153頁）　　参照条文　刑法205条

強度の暴行により意識消失状態に陥らせた後、資材置場に放置したところ、第三者により加えられた暴行によって死期が早められた場合と因果関係。

●**事実**●　被告人Xは、昭和56年1月15日午後8時ころから午後9時ころまでの間、自己の営む三重県T町所在の飯場において、洗面器の底や革バンドで被害者Aの頭部等を多数回殴打するなどの暴行を加えた結果、恐怖心による心理的圧迫等によって、Aの血圧を上昇させ、**内因性高血圧性脳出血を発生させて**、意識消失状態に陥らせた後、同人を大阪市住之江区南港所在の建材会社の資材置場まで自動車で運搬し、同日午後10時40分ころ、同所に放置して立ち去った。Aは、翌16日未明、**内因性高血圧性橋脳出血により死亡するに至った**。ただ、上記資材置場においてうつ伏せの状態で倒れていたAは、その生存中、何者かに角材でその頭頂部を数回殴打されているが、その暴行は、すでに発生していた**内因性高血圧性橋脳出血を拡大させ、幾分か死期を早める**影響を与えるものであった。
　第1審は、飯場での暴行と死の因果関係を認め、原審も、南港での何者かの暴行が介在しても因果関係は認められるとした。X側が上告。

●**決定要旨**●　上告棄却。「このように、犯人の暴行により被害者の死因となった傷害が形成された場合には、仮にその後第三者により加えられた暴行によって死期が早められたとしても、犯人の暴行と被害者の死亡との間の因果関係を肯定することができ、本件において傷害致死罪の成立を認めた原判断は、正当である」。

●**解説**●　1　本決定は、第三者の行為が介在する場合の最高裁判例である。行為時の特殊事情や介在事情が存在する場合の相当性は、実行行為の結果発生寄与度、介在事情の客観的異常性の程度、介在事情の結果発生への寄与の度合によって判別される。
　2　本件は、頭部を洗面器などで多数回殴打し意識を失わせ港の資材置場に放置したところ、何者かが被害者の頭部を角材で殴打し翌日未明被害者が死亡したという事案であり、**実行行為が死因を形成した結果発生の危険性が高いもの**であった点に特徴がある。最高裁は、Xの暴行によりAの死因となった傷害が形成されたことを重視しているのである。その意味で、本件のような類型を「致命傷型（直接危険型）」と呼ぶことができる。
　3　本件では、仮にその後第三者により加えられた暴行によって死期が幾分か早められたとしても、因果関係

は肯定できるとされた。(a)いかに致命傷を与えても、意図的な凶器による殺害行為が介在したような場合には、因果関係は否定される。その意味で、(b)介在事情の異常性（実行行為との結びつき）、(c)介在事情の結果への寄与度も吟味されなければならない。(b)本件では、人気のない資材置場に意識消失状態のAを放置したことが、角材による暴行を可能としたといえなくもなく、(c)すでに洗面器等による殴打により、死因となるに十分な脳内の出血が生じており、角材による暴行は死期を幾分か早める影響を与えたにとどまるとの原審の認定を前提にする限り、介在事情の結果への寄与も重大なものとはいえない。よって、因果関係を認めるのは妥当であったと思われる（なお、頭部を角材で殴打したのもXであるとして起訴されたが、その点に関しては、原審において合理的な疑いを排除するまでの立証はなされず、事案で説明したような公訴事実が問題となったことにも注意しなければならない）。
　4　なお、頭部を角材で殴打し死亡時期を早めた第三者が起訴された場合、殺意をもって無抵抗の者に致命的な攻撃を加えた以上、その者もやはり殺人既遂罪で問擬されよう。
　5　「致命傷型」の先例としては、被害者に頭蓋骨骨折等の傷害を負わせたところ、15分ほどして、被告人の雇い人が被害者の顔面部を下にして浅い川に投げ込んだため、頭部の傷害により脳震盪症を起こし反射機能を喪失して溺死したという事案について、致死につき因果関係を認めた大判昭和5年10月25日（刑集9-761）がある。頭蓋骨骨折等重大な侵害行為であり、介在行為が被告人と全く無関係になされたものではなく、浅い川に投げ込んだ行為は、通常、人の死を生ぜしめるようなものとはいえないので、因果関係を認めたように思われる。
　6　さらに、**最決平成16年2月17日**（刑集58-2-169）は、割れたビール瓶で突き刺すなどし多量の出血を生じさせたが、受傷後直ちに治療を受け約3週間の加療との見通しであったところ、被害者が体から治療用の管を抜くなどして暴れたこと等から治療の効果を減殺した可能性があり、容体が急変し5日後に死亡した事案について、被害者の受けた傷害は、**それ自体死亡の結果をもたらしうる身体の損傷**であって、仮に被害者が医師の指示に従わず安静に努めなかったという事情が介在していたとしても、傷害と死亡との間には因果関係があるとした。被害者が不合理な行動を自発的にとってはいるが、(a)実行行為は危険性が高く、(b)患者が医師に従わない事態も全く考えられないことではないので、危険がそのまま現実化した**致命傷型の事案**といってよい。

●**参考文献**●　大谷直人・判解平2年度231、伊東研祐・判評391-60、高部道彦・研修587-59、照沼亮介・囮総8版22、曽根威彦・法セ437-122

25　第三者の行為の介入と相当因果関係⑶ —介在事情誘発型

最1小決平成18年3月27日（刑集60巻3号382頁・判時1930号172頁）

参照条文　刑法1編7章〔犯罪の不成立及び刑の減免〕、221条

> 道路上で停車中の普通乗用自動車後部のトランク内に被害者を監禁したところ、同車に後方から走行してきた自動車が追突して被害者が死亡した場合には、監禁致死罪が成立するか。

●**事実**●　被告人Xは、Y・Zと共謀の上、平成16年3月6日午前3時40分ころ、普通乗用自動車後部のトランク内にAを押し込み、トランクカバーを閉めて脱出不能にし同車を発進走行させた後、呼び出した知人らと合流するため、K市内の路上で停車した。その停車した地点は、車道の幅員が約7.5mの片側1車線のほぼ直線の見通しのよい道路上であった。この車両が停車して数分後の同日午前3時50分ころ、後方から普通乗用自動車が走行してきたが、その運転者は前方不注意のために、停車中の上記車両に至近距離に至るまで気付かず、同車のほぼ真後ろから時速約60kmでその後部に追突した。これによって後部トランクは、その中央部がへこみ、トランク内に押し込まれていたAは、第2・第3頸髄挫傷の傷害を負って、間もなく同傷害により死亡した。

第1審は、「自動車のトランク内に監禁した上で道路上を走行すること自体、非常に危険な行為であり、本件のような第三者の過失による追突事故によりトランク内に押し込まれていた人間が死亡するということは、経験則上、十分に予測し得るところである」旨判示して因果関係を肯定した。原審も、「後続車の運転者が脇見運転し、前方を注視しなかったことにより、停止中の前車の後部に衝突するという事故態様は、路上における交通事故としてなんら特異な事態ではない」などと判示し、第1審判決を是認した。X側が上告。

●**決定要旨**●　上告棄却。最高裁も、「……以上の事実関係の下においては、Aの死亡原因が直接的には追突事故を起こした第三者の甚だしい過失行為にあるとしても、道路上で停車中の普通乗用自動車後部のトランク内にAを監禁した本件監禁行為とAの死亡との間の因果関係を肯定することができる。したがって、本件において逮捕監禁致死罪の成立を認めた原判断は、正当である」とした。

●**解説**●　1　本件は、第三者の行為が介在した場合である。追突した者の過失行為が競合して結果が発生した場合であり、追突者には過失責任を問いうるが、それに加えてXの刑事責任が吟味されなければならない。

2　実行行為の危険性という意味では、本路上に車を停車することにより事故を誘発することは、必ずしも稀なことではない（【26】参照）。

3　さらに、本件のように自動車のトランク内に人を閉じ込める行為は、生命・身体への危険を随伴している。

本件では、「路上」で停車中の車両後部のトランク内に閉じ込めたのであるから、交通事故に遭うことによって死傷結果が発生することの危険性が問題となる。さらに、トランク内に無防備で放置され、そこに外部からの打撃が加われば、生命身体に非常に大きな危険が発生するということが重要である（監禁行為により生じた危険性の大きさ）。またトランクに監禁して路上を走行したり、停車した場合、追突事故等に遭えば、悲惨な結果に至ることは容易に想定される。大型の旅行用トランクに、縛り上げた被害者を監禁して施錠し、それを道路脇に放置する行為を想定すれば、生命に対する危険性は明らかである。

一方で、トランク内はかなりの高温になり熱で死傷結果が生じる可能性もあり、脱出のために無理をしてケガをすることなども考えられる。

4　さらに、路上に停車中の車に追突する形の事故は、さほど稀なことではない（介在事情の通常性）。本件原審も指摘するように、後続車の運転者が脇見運転・前方不注視により、停止中の前車の後部に衝突するという事故態様は、路上における交通事故としてなんら特異な事態ではない。

本件は、深夜、市街地のコンビニエンスストア付近で片側一車線の道路上に停車して監禁するというものであり、その時間的、場所的な要素も併せて考えると、衝突の危険は、ある程度現実的なものであったといってもよいと思われる。

5　たしかに、最終の「死」を直接惹起したのは、追突行為であるが、介在したのはあくまでも過失行為であり、それによって、死の結果を評価し尽くせるものではない。トランク内監禁によって生じた危険とは無関係に、新たに死を生ぜしめたとはいえない。追突という過失行為は、トランク内に監禁するという行為の危険の中に織り込み済みのものとして位置づけるべきではないが、本件の追突事故による死亡の結果は、まさに監禁行為に帰責すべきものと評価しうる。

6　本決定は、甚だしい過失行為があっても因果関係は肯定されうるとしているが、この点については、たとえば、交通事故により加療約1か月間を要する傷害を負った者に、医師が異型輸血を行った事案に関し、「不適合輸血が死亡原因として競合していたとしても刑法上の因果関係が認められる」とした東京高判昭和56年7月27日（判タ454-158）が参考となる。

●**参考文献**●　木村光江・固総8版24、島田聡一郎・平18年度重判157、多和田隆史・J1333-122

26 実行行為が誘発した複数の第三者による介在事情の存在の処理

最3小決平成16年10月19日（刑集58巻7号645頁・判時1879号150頁）

参照条文 刑法1編7章（犯罪の不成立及び刑の減免）、211条

高速道路上に自車および他人が運転する自動車を停止させた過失行為と、自車が走り去った後に後続車が追突した交通事故により生じた死傷との間の因果関係。

●事実● 被告人Xは、午前6時ころ、知人女性を助手席に乗せ、普通乗用自動車を運転して、高速自動車国道（片側3車線）を走行中、トレーラーを運転していたAの運転態度に立腹し、A車を停止させて文句を言い謝罪させようと考えた。Xは、パッシングをしたり、ウィンカーを点滅させたり、幅寄せをしたり、窓から右手を出したりして、Aに停止するよう求めた。Aも、Xが執ように停止を求めてくるので、X車の減速に合わせて減速し、午前6時ころ、Xが第3通行帯に自車を停止させると、AもX車の後方に自車を停止させた。現場付近は照明設備のない暗い所であり、相応の交通量があった。

Xは、降車してA車まで歩いて行き、「謝れ」などと怒鳴ったり、ステップに上がりエンジンキーに手を伸ばしたり、Aの顔面を手けんで殴打したりしたため、Aは、Xにエンジンキーを取り上げられることを恐れキーボックスから抜いて、ズボンのポケットに入れた。

さらに、XはAを自車まで引っ張って行き同乗女性に謝罪させ、さらにAの腰部等を足げりし、さらに殴りかかったので、Aは、Xに対し、顔面に頭突きをしたり、鼻の上辺りを殴打したりするなどの反撃を加えた。

Xが上記暴行を加えていたころ、本件現場付近道路の第3通行帯を進行していたB車およびC車は、A車を避けようとして第2通行帯に車線変更したが、C車がB車に追突したため、C車は第3通行帯上のA車の前方に、B車はC車のさらに前方に停止した。

Xは、午前6時17分頃、同乗女性に自車を運転させ、本件現場から走り去ったが、Aは、自車を発車させようとしたが、エンジンキーが見付かず、Xに投棄されたものと勘違いして車を移動させることが遅れた。

さらにAは、前方にC車とB車が停止していたため、自車を第3通行帯で十分に加速し、安全に発進させることができないと判断し、C車とB車に進路を空けるよう依頼しようとして、再び自車から降車し、C車に向かって歩き始めた午前6時25分ころ、停止中のA車後部に、同通行帯を進行してきた普通乗用自動車が衝突し、同車の運転者および同乗者3名が死亡し、同乗者1名が全治約3か月の重傷を負ったという事案である。

第1審・原審ともに因果関係を肯定したため、X側が上告。

●決定要旨● 上告棄却。「Aに文句を言い謝罪させるため、夜明け前の暗い高速道路の第3通行帯上に自車及びA車を停止させたというXの本件過失行為は、それ自体において後続車の追突等による人身事故につながる重大な危険性を有していたというべきである。そして、本件事故は、Xの上記過失行為の後、Aが、自らエンジンキーをズボンのポケットに入れたことを失念し周囲を捜すなどして、X車が本件現場を走り去ってから7、8分後まで、危険な本件現場に自車を停止させ続けたことなど、少なからぬ他人の行動等が介在して発生したものであるが、それらはXの上記過失行為及びこれと密接に関連してされた一連の暴行等に誘発されたものであったといえる。そうすると、Xの過失行為と被害者らの死傷との間には因果関係があるというべきである」。

●解説● 1 夜明け前の高速道路上に自車およびA車を停止させた過失行為と4名の死傷結果の因果関係を検討するに際しては、XのAに対する暴行行為（それに対するAの反撃）の問題は別にして、①XがAの運転態度に立腹しA車を停止させた行為の危険性の程度、②Aがエンジンキーの所在を失念しトレーラーを長く停車させ、被害者の衝突につながった行為、③C車がB車に追突し、C車、B車が第三通行帯に停車し、その結果A車の移動を困難にした行為、さらに④停車しているA車に追突した被害者の行為に、それぞれ過失の存在が考えられる。

2 判例は、「一般人の社会生活上の経験に照らして、通常その結果が発生することが相当と認められるものについて因果関係を認める」とする相当因果関係説を採用するのではなく（【23】参照）、行為後に特殊な事情が介在して結果が発生した場合等については、「実行行為が**特殊事情・介在事情と相まって結果を生ぜしめたものと認められるか否か**」を問題とする。

3 すなわち、判例は、相当因果関係説のように「その事情が予見可能であったかどうか」で因果関係の有無を判断するのではなく（【23】参照）、(1)実行行為に存する結果発生の確率の大小、(2)介在事情の異常性の大小、(3)介在事情の結果への寄与の大小の3点を組み合わせることにより因果関係の有無を判断するのである。

4 そして、(1)危険性の高い行為が実行された場合には（致命傷型）、(2)実行行為と介在事情の関連性の強さや、(3)介在行為の結果への寄与度を検討するまでもなく帰責が認められる（後掲参考文献・上田論文参照）。

5 実行行為の危険性が決定的に大きい場合でなくとも、実行行為が介在事情を誘発したと評価できれば（誘発型）、原則として因果関係が認められる（行為後の介在事情に関してのみ問題となる）。(2)実行行為と介在事情の連関が強く（誘発）、(3)介在した被害者等の行為が著しく不自然、不相当でない限りは、因果性が認められる。そして、介在事情が不相当か否かによって、結果への寄与度が重要な判断要素となるのである。

6 本件では、Xの過失行為は、人身事故につながる重大な危険性を有していたとされてはいるが、致命傷型の事案ではなく、誘発型（間接危険型）の典型といえよう。④の被害者の過失は、①が誘発したからいうまでもなく、因果性を否定する事情とはなりえない（【27】参照）。

②③の介在事情は、まさに①に誘発されたものであり、かつ、「著しく突飛で不相当なもの」とはいえない。②のキーの所在を失念したことにも①の影響が存するのである。

●参考文献● 上田哲・J1299-161、山中敬一・平16年度重判153

27 被害者の行為の介入と因果関係

最1小決平成4年12月17日（刑集46巻9号683頁・判時1451号160頁）　　参照条文　刑法211条

> 被害者の過失行為が介在した場合と過失犯の因果関係。

●**事実**●　スキューバダイビングの指導者Xは、指導補助者3名を指揮しながら、Aら6名の受講生に対して、降雨のため視界が悪く、海上では風速4m前後の風が吹き続けていた夜間、潜水の講習指導を実施したところ、指導補助者2名しか追従していないことに気付き、移動開始地点に戻ったが、指導補助者1名と受講生6名を発見できなかった。同指導補助者は、受講生らとともに沖へ水中移動を行い、Aの圧縮空気タンク内の空気残圧量が少なくなっていることを確認して、いったん海上に浮上したものの、風波のため水面移動が困難であるとして再び水中移動を指示し、これに従ったAは、水中移動中に空気を使い果たして恐慌状態に陥り、自ら適切な措置をとることができないまま溺死した。

　Aと指導補助者の過失も介在しており、Xの注意義務違反と溺死との因果関係が問題となった。

●**決定要旨**●　最高裁は、受講生6名は、潜水中圧縮空気タンク内の空気残圧量を頻繁に確認し空気残圧量が少なくなったときは海上に浮上すべきこと等の注意事項は一応教えられてはいたが、まだ初心者で、単独では適切な措置を講ぜられないおそれがあり、指導補助者らも、夜間潜水の経験は浅く、海中ではぐれた場合には海上に浮上して待機するよう一般的注意を受けていた以外には、具体的な指示は与えられていなかったと認定した上で、「Xが、夜間潜水の講習指導中、受講生らの動向に注意することなく不用意に移動して受講生らのそばから離れ、同人らを見失うに至った行為は、それ自体が、指導者からの適切な指示、誘導がなければ事態に適応した措置を講ずることができないおそれがあったAをして、海中で空気を使い果たし、ひいては適切な措置を講ずることもできないままに、**でき死させる結果を引き起こしかねない危険性を持つもの**であり、Xを見失った後の指導補助者及びAに適切を欠く行動があったことは否定できないが、それは**Xの右行為から誘発された**ものであって、Xの行為とAの死亡との間の因果関係を肯定するに妨げない」と判示した。

●**解説**●　1　因果関係が問題になる事案の内、被害者自身の行為が介在する場合は、介在事情の評価が問題となることが多い。結果発生の危険性の高い行為を実行した場合には、実行行為と介在事情の関連性の強さや、介在行為の結果への寄与度を検討するまでもなく帰責が認められるが（**致命傷型**（直接危険型）【24】）、実行行為の危険性はさほどでない場合には、①介在事情が被告人の行為に**誘発された**のか、②**状況上著しく不自然、不相当であった**のかが、吟味される（**誘発型**（間接危険型））。

　2　大審院は、医師に診せずに傷に天理教の「神水」を塗ったため丹毒症に罹患し傷が悪化した事案において、重い傷害結果につき傷害罪を認めた（大判大12・7・14刑集2-658）。最高裁も、医師資格のない柔道整復師が被害者から風邪気味であるとの診察治療依頼を受けて、熱が高くなれば雑菌を殺せると考え、被害者の熱を高め汗を流すこと等を指示したところ、被害者はこれを忠実に守り脱水症状を起こし肺炎を併発して死亡したという事案に関し、「患者側に医師の診察治療を受けることなく右指示に従った落ち度があったとしても、右指示と患者の死亡との間には因果関係がある」と判示した（最決昭63・5・11刑集42-5-807）。被害者の異常な行為を**誘発**した点が重視されているといえよう。

　3　暴行を避けるために被害者自らが水中に飛び込んで死亡したような場合にも、傷害致死罪の成立が認められる（大判昭2・9・9刑集6-343、最判昭25・11・9刑集4-11-2239、最決昭46・9・22刑集25-6-769、さらに東京高判昭55・10・7判タ443-149）。さらに被害者が、被告人らの暴行に耐えかねて、逃亡しようとして池に落ち込み、露出した岩石に頭部を打ちつけたため死亡したものであるとしても、暴行と死亡との間には因果関係が認められる（最決昭59・7・6刑集38-8-2793）。

　4　本件も、海中でのAらの不適切な対応は、Xの過失行為から誘発されたものであり、またAの反応は一般的に考えられるものであり、介在事情の異常性が小さく、因果性は認められる。

　5　被害者の行為の介在で最も重要な判例は、**最決平成15年7月16日【28】**である。数名がBに対し、長時間にわたり、間断なく極めて激しい暴行を繰り返して傷害を加え、さらにマンション居室に連行して同様の暴行を加えたところ、Bが隙を見てマンション居室から靴下履きのまま逃走し、逃走を開始してから約10分後、極度の恐怖心を抱き追跡から逃れようと、マンションから約800m離れた高速道路に進入し、疾走してきた自動車に衝突され、後続の自動車に轢過されて死亡した事案である。最高裁は、「Bが逃走しようとして高速道路に進入したことは、それ自体極めて危険な行為であるというほかないが、Bは、被告人らから長時間激しくかつ執ような暴行を受け、被告人らに対し極度の恐怖感を抱き、必死に逃走を図る過程で、とっさにそのような行動を選択したものと認められ、その行動が、被告人らの暴行から逃れる方法として、**著しく不自然、不相当であったとはいえない**。そうすると、Bが高速道路に進入して死亡したのは、**被告人らの暴行に起因するものと評価**」できるとして、傷害致死罪の成立を認めた（詳細について【28】参照）。

　高速道路に進入してしまうという介在行為は、通常考えにくいが、被告人等の行為に誘発されたことは明らかであり、また、極度の恐怖心の下であれば著しく不自然・不相当であったとはいえない。暴行を避けるために被害者自らが水中に飛び込んで死亡した事案と同様、傷害致死罪の成立を認めることが妥当である。

●**参考文献**●　井上弘通・判解平4年度205、葛原力三・百総8版

28 因果関係の判断方法

最2小決平成15年7月16日（刑集57巻7号950頁・判時1837号159頁）　参照条文　刑法205条

> 行為後の介在事情の存在と因果関係の判断。

●**事実**●　被告人Xは他の数名と共謀の上、Aに対し、公園で深夜約2時間にわたり、間断なく極めて激しい暴行を繰り返して傷害を加え、引き続き、マンション居室で約45分間、断続的に同様の暴行を加えた。Aは、隙を見て逃走したが、Xらに対し極度の恐怖感を抱き、逃走を開始した約10分後、追跡から逃れるため、マンションから約800m離れた高速道路に進入し、疾走してきた自動車に衝突され、後続の自動車に轢過されて死亡した。

第1審は、Aが暴行現場から「逃走した後の行き先については、現場の地理的な条件やAが逃走して探索されている状況下にあるという心理状態を考えても、選択の余地は多々あ」る中で、Aが高速道路に進入することは、「Xらの暴行から予期しうる範囲外の事態であって、当該暴行の危険性が形を変えて現実化したものであるとは到底いえ」ないとし、Xらの暴行とAの死亡との間の因果関係を否定し、傷害の限度で刑事責任を肯定した。

これに対し原審は、「AはXらに対し極度の恐怖感を抱いていたものと認められることにもかんがみると、AはXらの追跡を逃れる最も安全な方法として本件高速道路への立入りを即座に選択したと認めるのが相当」であり、「このような選択がAの現に置かれた状況からみて、やむにやまれないものとして通常人の目からも異常なものと評することはできず、したがって、Xらにとってみても予見可能なものと認めるのが相当である」として、Xらの暴行とAの死亡との因果関係を肯定して、傷害致死罪の成立を認めたため、X側が上告した。

●**決定要旨**●　上告棄却。「Aが逃走しようとして高速道路に進入したことは、それ自体極めて危険な行為であるというほかないが、Aは、Xらから長時間激しくかつ執ような暴行を受け、Xらに対し極度の恐怖感を抱き、必死に逃走を図る過程で、とっさにそのような行動を選択したものと認められ、その行動がXらの暴行から逃れる方法として、著しく不自然、不相当であったとはいえない。そうすると、Aが高速道路に進入して死亡したのは、Xらの暴行に起因するものと評価することができる」。

●**解説**●　1　実行行為と結果との因果関係の判断については、条件関係の存在を前提としつつ、「社会生活上の経験に照らし、その実行行為からその結果が生ずることが相当」な場合に、刑法上の因果関係を認める(a)相当因果関係説が通説であった。そして、その判断の基礎となる事情（判断基底）を何に求めるかで、同説内部で、一般人が認識しえた事情および本人が特に認識していた事情に求める④折衷説と、行為時に存在した客観的全事情に求める㋺客観説とが主として対立するが、客観的には存在したが、一般人にも認識しえない事情を判断基底に含めることは不当だが、行為者が特に認識してい

た事情は、それを判断基底に含めることで妥当な結論を導きうることから④説が通説であった。もっとも、行為後に生じた異常な介在事情に関しては、「予見可能な行為後の事情」を判断基底に含める点では両説は一致する。

2　本件の第1審判決は、Aが高速道路に進入することは「通常の予想の範囲外の事態」であるとして、Xらの暴行との因果関係を否定した。「Xらの暴行の危険性が形を変えて現実化したか否か」という表現を用いているが、その実質は、Aの異常な行動は予見できず、判断基底として含めない、とする判断であるようにも思われる。

ところが、本件の原審判決は、Aの選択した行動は、通常人からみても異常ではなく、行為者にとっても予見可能であるとして、Xらの暴行との因果関係を肯定した。これも、第1審判決と同様、その実質は、一般人にとって予見可能な事情であるため、判断基底に含めて判断すべきであるとする、(a)相当因果関係説の④折衷説的な発想に基づくものと捉えることができよう。

しかし、「一般人にとって予見可能か」という基準を用いた場合、現に生じた結果を行為者の行為に帰責させうるか否かの判断としては曖昧で、判断が「ぶれる」ことにもなりかねない。そのことは、以上のように裁判所の判断が現に分かれたことからも明らかであろう。

3　因果関係論の機能としては、(1)一般人に予見不可能な結果を帰責させないという要素もある。(a)④説が特に重視する要素であるが、これは、実際には責任の判断とも重複する。むしろ因果関係論には、(2)結果を導いた複数の条件がある場合に、現に発生した結果をどの条件に帰属させるか、実行行為に帰責させてもよいかの判断機能を担わせるのが合理的である。それゆえ、結果に対して大きく寄与した要因に、当該結果を帰属させるべき因果関係を認めるべきことになり、「実行行為のもつ危険性が結果へと現実化した」場合には、実行行為との間に因果関係が認められる（(b)危険の現実化説）。

より具体的には、まず①実行行為のもつ危険性の程度が問われる。行為自体が結果発生の高度の危険性を生じさせる致命傷型（直接危険型）と、危険な介在事情を誘発し、それを介して結果を生じさせる誘発型（間接危険型）とが考えられるが、いずれも危険性が高いほど因果関係が認められやすい。また、②介在事情の異常性の大小が、①との関連も含めて評価され、異常性が大きければ因果関係を否定する方向に作用する。さらに、③介在事情の及ぼした規範的な寄与の程度が大きい場合にも、因果関係は切断される方向で判断されやすくなる。

4　本決定は、①Xらの暴行の態様を根拠に、高速道路に進入するというAの行為を②「著しく不自然、不相当ではない」として異常性は大きくないとし（誘発型）、そのことから、Aが高速道路に進入して死亡したことは、③Xらの暴行に起因するものと評価できるとした。上記(b)説の見解に則した判断がなされたものと解しうる。

● **参考文献** ●　山口雅高・判解平15年度407、星周一郎・法教430-118

29 実行行為の危険性を凌駕する結果への寄与度の高い故意行為の介在

最1小決昭和53年3月22日（刑集32巻2号381頁・判時885号172頁）　　参照条文　刑法199条、211条

> 人を熊と誤認して猟銃を2発発射し瀕死の重傷を負わせた後、殺意をいだいてさらに猟銃を1発発射し即死させた場合の処断。

●**事実**●　狩猟免許をもっていた被告人Xが夜明け前に熊撃ちに出た際、山小屋にいた狩猟仲間を、物音、黒い影の動きなどから熊と誤認して、猟銃を2発発射し、被害者Aの下腹部と下肢そけい部にそれぞれ命中させ、鑑定によれば、下腹部の損傷は腸等に孔をあけた銃創、そけい部の損傷は、胸・胃・肝臓を貫通し、心臓・左右肺に銃創をそれぞれ生ぜしめた。そしてそけい部の傷は長くてせいぜい10分か15分位で死に至らしめるものであり、かつ射創が心臓等に存するため手術自体が不可能なものであった。また、下腹部の傷は放っておけば、2、3日のうちに死亡するものであった。

　Xは、瀕死の重傷を負わせたのち、誤射に気がつき、どうせ助からないものであるばかりでなく、ほかに目撃していた者もないことから、いっそ殺して早く楽にしてやったうえ逃げようと決意し、さらに1発猟銃を発射してAの胸部に撃ち込んで即死させたうえ、死体を雑木林中に遺棄したという事案であった。

　調査官解説によれば、この3発目による傷はそれ自体では半日か1日しか生きられないものであった（まだ生活反応があった）。以上の3発による銃創は、いずれも死に原因を与えたものである。死因の主なものは上記そけい部の創傷による失血であるが、他の部位の射創も死の結果に関与し、失血により死の結果を早めているものではあったとされている。

　第1審は、**業務上過失致死、殺人、死体遺棄の公訴事実に対して、業務上過失傷害、殺人、死体遺棄を認定し両者を併合罪とした。**原審は、注意義務の内容に関してのみ第1審判決と異なる認定をしたものの第1審判決を維持し、致死の結果が生じない時点で殺人の実行行為が行われたものであり、業務上過失傷害罪と殺人罪が成立し、**両者は責任条件を異にする関係上併合罪となる**と判示した。

　弁護人は、①殺人の実行行為と死の結果との間に因果関係はない（殺害行為（3発目）が死の結果に与えた影響の有無が確定できない）とし、また、②原判決が業務上過失傷害と殺人既遂の成立を認めたこと、両者を併合罪としたことは最決昭和35年4月15日（刑集14-5-591）、大判昭和5年10月25日（刑集9-761）、大判大正12年4月30日【30】に違反するなどとして、上告した。

●**決定要旨**●　上告棄却。最高裁は、弁護人の主張は、いずれも刑訴法405条の上告理由にあたらないとした上で、「**本件業務上過失傷害罪と殺人罪とは責任条件を異にする関係上併合罪の関係にあるものと解すべきである、とした原審の罪数判断は、その理由に首肯えないところがあるが、結論において正当である**

（最大判昭49・5・29【105】、最大判昭51・9・22刑集30-8-1640参照）」と判示した。

●**解説**●　1　本件の意義は、事案として示した事実を前提に、業務上過失傷害罪と殺人罪とが併合罪の関係にあることを示した点にあるとされている。罪数に関する大きな判例の動き（【105】参照）があった後、最高裁が併合罪の限界をいかに判断するかが注目されていた。

　原判決は、過失犯と故意犯では責任条件が違うことを理由に両者は併合罪の関係にあるものとしたが、本決定は【105】の基準に従い、2発の誤射行為と殺意のある3発目の発射行為は社会見解上1個の行為とみられないとして、観念的競合ではなく併合罪となるものとしたといえよう。

　2　本決定は、因果関係の視点からも興味深い。本件の1、2発目の誤射行為は、それによって重傷を与え、さらにX自身の3発目の発射行為を誘発してAを死亡せしめたのであるから、傷害致死罪が成立するようにも思われる。「いっそ殺して早く楽にしてやったうえ逃げよう」と決意して弾丸を胸部に撃ち込んで即死させたのであるから、条件関係は認められる。最初の誤射行為がなければ、殺意をもって3発目を打ち込むことはしなかったからである。現に、検察官は「業務上過失致死罪」で起訴したのである。

　3　しかし、本件過失行為には、犯人自身の殺害行為によってもたらされた結果は帰責しえないことは、判例上、争いない。「実行行為が特殊事情・介在事情と相まって結果を生ぜしめたもの」とは認められないからである。

　より実質的には、(a)本件誤射行為は、過失行為でもあり、それのみで相当因果関係を認めるほどの危険性があったとはいえず、(b)実行行為が介在事情（射殺行為）を誘発したといえるものの、(c)介在した故意の殺害行為は、例外的にしか発生しないものであることもさることながら、死の結果への寄与度が圧倒的なものだったので、因果関係は否定されるのである。

　4　本件で担当調査官解説は、因果関係を論じるが、傷害致死罪の成否ではなく、3発目の猟銃発射行為と死との結びつきを論じている（傷害致死罪が成立しないことは、当然の前提なのである）。

　「刑法上殺人の因果関係が認められるには、故意殺の実行行為である3発目の発砲とAの死との間に定型的な因果関係があることを要するが、従前の判例によると、この点についてはいわゆる条件関係があれば足りるとの立場を採っていると解される」とし、行為が競合した場合にその行為が結果発生の一条件であれば足り、結果の発生を助長促進したにすぎないときでも因果関係を認めることを妨げず、直接性・唯一性を要しないとしている点が興味深い。

●**参考文献**●　礒辺衛・曹時34-1-268、仲道祐樹・□総8版30、島田聡一郎・□総5版22

30 行為者の行為の介入と行為の単複

大判大正12年4月30日（刑集2巻378頁）　　参照条文　刑法199条、210条

行為者自身の行為が介入した場合に、実行行為をどのように認定し、結果としての因果関係をいかに判断するか。

●事実●　被告人X女は、夫の先妻の子Aの殺害を決意し、午前2時ころ、熟睡中のAの頸部を細い麻縄で絞扼した（第1行為）。Aが動かなくなったのですでに死亡したと思ったXは、犯行の発覚を防ぐ目的で、麻縄を解かないままAを十数町（1km以上）離れた海岸の砂上に運び放置して帰宅したところ（第2行為）、Aは海岸の砂末を吸引して死亡するに至った。原判決は殺人既遂罪の成立を肯定したが、弁護人は上告し、死亡の原因となった砂上放置行為の時点では殺意を欠いていた以上、せいぜい殺人未遂罪と過失致死罪（の併合罪）しか認められないと主張した。

●判旨●　上告棄却。「Xの殺害の目的を以て為したる行為の後XがAを既に死せるものと思惟して犯行発覚を防ぐ目的を以て海岸に運び去り砂上に放置したる行為ありたるものにして此の行為なきに於ては砂末吸引を惹起することなきは勿論なれども本来前示の如き殺人の目的を以て為したる行為なきに於ては犯行発覚を防ぐ目的を以てする砂上の放置行為も亦発生せざりしことは勿論にして之を社会生活上の普通観念に照しXの殺害の目的を以て為したる行為とAの死との間に原因結果の関係あることを認むるを正当とすべくXの誤認に因り死体遺棄の目的に出でたる行為は毫も前記の因果関係を遮断するものに非ざるを以てXの行為は刑法第199条の殺人罪を構成するものと謂ふべく此の場合には殺人未遂と過失致死罪の併存を認むべきものに非ず」。

●解説●　1　行為者は第1行為で結果を発生させたと思い第2行為を行ったところ、実は第2行為により初めて結果が生じた事案を処理する場合は、まず、第1行為と第2行為を1個の実行行為と評価できるかが検討されなければならない。そして故意も認定できなければならない。もちろん、成立する罪の故意が、実行の着手時に認定できなければならない。想定したのと異なる因果経過をたどったことは、故意の成否には影響しない（【10】参照）。完全に1個の実行行為として評価できる場合には、結果との因果関係の問題は生じない。

2　一応分けて考えられる本件のような場合には、行為者の行為の介入した場合の因果関係の存否を問題にすべきである。大審院は「因果関係を遮断するものに非ざるを以てXの行為は刑法第199条の殺人罪を構成するもの」と判断したのである。ここでは、第1行為が殺人の実行行為として捉えられ、死との因果関係が吟味された。本件の場合、介在事情の異常性が小さいといえよう。

また、介在行為の結果に対する寄与度は絶対的ではない。それ故、因果関係の相当性を認めた判断は妥当である。

3　最近の判例には、殺意をもって被害者の背部等をナイフで多数回突き刺し殺害したと思い、罪証を隠滅するために家屋に放火したところ、被害者が瀕死ではあるがなお生存しており、家を全焼させるとともに被害者を焼死させたような場合は、刺突行為と死との因果関係が問題となり、瀕死の状態にまで陥れた刺突行為があり、殺害現場で証拠隠滅のために放火することも、しばしば見られることである以上、刺突行為と被害者の死亡との間に因果関係が認められるとしたものがある（水戸地判平17・3・31裁判所webサイト）。ここでも、刺突行為から焼死までが一連の殺害行為と捉えられている。そして、殺意が認められることは明らかである。

4　大審院は、被害者を殺害しようと崖から川に突き落としたところ、崖の途中の木に引っかかり被害者は人事不省に陥ったので、行為者が後日の弁解のために被害者を助けるように見せかけようとしたところ自分も落ちそうになったので手を放したため被害者が死亡したという事案についても、殺人既遂罪を認めている（大判大12・3・23刑集2-254）。

最高裁も、ショック状態に陥った強姦の被害者をすでに死亡したものと誤信して戸外に放置したために凍死させた事案について、最決昭和36年1月25日（刑集15-1-266）は強姦致死罪〔当時〕の成立を認めた。戸外で強姦してショック状態を惹起して放置したのであるから、強姦行為に死の結果を帰責しうる。

5　これに対し、【29】は、猟銃の誤射により被害者に重傷を負わせた者が、被害者があまりに苦しんでいるので猟銃で射殺したという事案につき、誤射行為と死との因果関係を否定した。途中に介在した意図的射殺行為の異常性と、結果発生への寄与度の高さから、因果関係が否定されるのは当然といえよう。

6　学説の一部は、本件のような事案を、ウェーバーの概括的故意の問題と呼び、因果関係とは別個の問題として扱ってきた。(a)第1行為と第2行為を別個に評価し、第1行為の故意犯の未遂と、第2行為の過失犯の成立を認める立場と、(b)第2行為は一連の犯罪行為の部分にすぎず、最初に予見した事実を結局は実現したので第1の行為の既遂の成立を認める立場、さらに、(c)最初に予見した事実を実現したが当初予見していたものと異なる因果経路をたどったのであるから、因果関係の錯誤の問題として処理する立場等が存在する。

しかし、第1行為と第2行為を別個独立に評価するか否かは、具体的事案による。また、「因果関係の錯誤の有無は、主観と客観のズレが相当因果関係の範囲を超えるか否かによる」とされているので、実質的には第1行為と結果との因果関係判断とほぼ重なることになる。

●参考文献●　和田俊憲・百総8版32

31 故意の成否と違法性の意識

最3小判平成元年7月18日（刑集43巻7号752頁・判時1329号190頁）

参照条文　刑法38条　公衆浴場法8条1号、11条

無許可営業罪の認識の具体的認定。

●事実● 被告人Xが、S市においてS県知事の許可を受けないで、昭和41年6月6日から昭和56年4月26日までの間、業として公衆浴場を経営した（公衆浴場法11条・8条1号・2条1項）という事案である。この公衆浴場は、もともとXの実父Yが、昭和41年3月12日にS県知事の営業許可を受けて営業を開始し同年6月6日からはXが実質上経営するようになっていたが、風俗営業等取締法およびS県の同法施行条例の改正により、本件浴場が、個室付き浴場の営業禁止区域の範囲に含まれることになった結果、被告会社が新たに許可を受けることもできなくなった。そこで、XはY名義の許可を被告会社名義に変更しようとしたが、公衆浴場法では営業の譲渡・相続の場合には新たに許可を受けなければならない旨の運用がなされていたので、県議会議員を通じて県の係官に陳情し、昭和47年11月18日付で、最初の許可の申請者をYから被告会社に変更する旨の公衆浴場業営業許可申請事項変更届を県に提出し、同年12月12日同変更届が知事に受理され、公衆浴場台帳の記載が訂正された。しかし、被告会社に対して公衆浴場業の許可証の交付はされていなかった。

原審は、上記の変更届受理には、重大かつ明白な瑕疵があって無効であるから、これにより被告会社が営業許可を受けたとはいえず、またXには変更届受理後も無許可営業であることの認識があったとして有罪としたため、弁護人が上告した。

●判旨● 破棄自判。「変更届受理によって被告会社に対する営業許可があったといえるのかどうかという問題はさておき、……記録によると、Xは、昭和47年になりYの健康が悪化したことから、本件浴場につき被告会社名義の営業許可を得たい旨をS県議会議員Hを通じてS県衛生部に陳情し、同部公衆衛生課長補佐Kから変更届及びこれに添付する書類の書き方などの教示を受けてこれらを作成し、S市南保健所に提出したのであるが、その受理前から、同課長補佐及び同保健所長Mらから県がこれを受理する方針である旨を聞いており、受理後直ちにそのことがH県議を通じて連絡されたので、Xとしては、この変更届受理により被告会社に対する営業許可がなされたものと認識していたこと、変更届受理の前後を問わず、Xら被告会社関係者において、本件浴場を営業しているのが被告会社であることを秘匿しようとしたことはなかったが、昭和56年3月にS市議会で変更届受理が問題になり新聞等で報道されるようになるまでは、本件浴場の定期的検査などを行ってきたS市南保健所からはもちろん誰からも被告会社の営業許可を問題とされたことがないこと、昭和56年5月19日にS県知事から被告会社に対して変更届ないしその受理が無効である旨の通知がなされているところ、被告会社は

それ以前の同年4月26日に自発的に本件浴場の経営を中止していること、以上の事実が認められ、Xが変更届受理によって被告会社に対する営業許可があったとの認識のもとに本件浴場の経営を担当していたことは明らかというべきである」。

●解説● 1 本件事案においてXは、変更届受理は認識していても正式の許可が下りていないことも認識している以上、無許可の認識はあり、禁止された無許可営業を「許されている」と誤信した法律の錯誤の問題とすべきようにも思われる。

2 そして法律の錯誤に関しては、(a)違法性の意識が欠けるので故意が欠けるとする厳格故意説の支持はほとんどなく、(b)違法性の意識の可能性が欠けるので故意（責任）が欠けるとする制限故意説（責任説）が有力である。

しかし最高裁は、(c)事実の錯誤として扱い、無許可営業の認識が欠けるので故意がないとした。判例は制限故意説や責任説を採用せず、違法性の意識の可能性を吟味する前に、故意が認められるだけの事実の認識を認定できるかを吟味する。

3 事実の錯誤と法律の錯誤の区別（そして故意の存否）は、自然的な事実の認識の有無の審査により形式的には決定しえない。

本件においても、無許可営業罪の故意非難を基礎づける事実の認識は、①権限のある者に相談して許可申請を行い、②県議などから許可申請が受理されることを聞いており、③許可が無効である旨の通知がある以前に経営を中止していること等の事実を下に認定されたのである。

4 判例のこのような法律の錯誤の処理については、法規の制定によってはじめて違法内容が決まる側面が強い行政刑罰法規の場合、構成要件該当事実の認識のみでは一般人は行為の違法性を知り得ない場合がかなりあり、酷な結論にいたると批判されてきた。

しかし、追越し禁止区域の追越しを例に考えると、判例は、車を追い越した認識に加えて、追越し禁止の認識が必要であるとしている（東京高判昭30・4・18高刑8-3-325）。同様に、銃猟禁止区域であることの認識や、銃猟禁止期間であることの認識がなければ、禁止区域・期間内の銃猟行為として処罰することはできないとするのである（東京高判昭35・5・24高刑13-4-335）。

5 判例は、故意責任を問うためには、違法性の意識までは不要であるものの、「一般人ならばその罪の違法性を意識し得るだけの重要な犯罪事実の認識」は要求する。それを、具体的な犯罪類型ごとに吟味することが、実務上の故意論の中核であり、形式的に「犯罪事実の認識」を認定した上で、違法性の意識の可能性の有無により「故意」「責任」の有無を判断することは、実践的ではない（なお、大阪高判平21・1・20判タ1300-302参照）。

●参考文献● 香城敏麿・判解平元年度254、大谷實・判評379-70、松尾誠紀・回総8版94、菊池則明『新実例刑法〔総論〕』218

32 みなし公務員と贈賄罪の故意

東京地判平成14年12月16日（判時1841号158頁）　　　　参照条文　刑法38条、198条　道路運送車両法94条の7

相手がみなし公務員であることを知らなくても、贈賄罪の故意は認められるか。

●事実● 被告人Ｘは、自動車販売修理会社の代表取締役であり、Ｚは自動車分解整備事業会社の代表取締役であった。Ｙは、国土交通省関東運輸局長から指定自動車整備事業の指定を受け自動車の整備および継続検査手続等の業務を行い、道路運送車両法により、車検に際し当該自動車が保安基準に適合するとみなされる保安基準適合証の作成交付等の業務を行うＡ会社の代表取締役で、自動車検査員として法定の保安基準に適合するかどうかを検査し、法令により公務に従事する職員とみなされる者であった。

Ｘは、Ｚと共謀の上、自動車16台について実際には法定の整備・検査を全く行わず保安基準に適合するとすることができないにもかかわらず、Ｙ作成名義に係る内容虚偽の有印公文書である保安基準適合証合計16通を作成して関東運輸局の検査登録事務所に提出した上、公務に従事するものとみなされる自動車検査員および指定自動車整備事業者の役員としての各職務に関し不正な行為をしたことに対する各報酬として、Ｙに対し金額合計18万5850円相当の利益を供与した。

弁護人は、贈賄罪での公訴事実に対し、①ＸはＹがみなし公務員であることを知らなかったし、みなし公務員であることを基礎付ける事実の認識すらなかった、また、②Ｘは、Ｚに支払った金のうちいくらがＹに渡っていたのか知らず、Ｚに支払った金もあくまで正当な手数料であるという認識しかなかったので贈賄の故意を欠いていると主張した。

●判旨● 「Ｘは、公判廷において、『Ｙが民間車検場であるＡ会社の社長であることは知っていたが、民間車検場は民間であり、公的なところだとは理解できなかった。』と述べる一方、『陸運局の行う車検制度が公的な制度であるということは分かっていたし、車検証が公的な文書であることも分かっていた。車検を受けるには自動車が基準に適合しているかを検査する必要があり、本来ならばそれは陸運局に自動車を持ち込んで検査をしてもらい、検査を通して車検証をもらうものであるが、その代わりに、民間車検場に自動車を持ち込んで検査をしてもらい、その後どういう手続を踏むのかは分かっていなかったけれども、何らかの手続を踏んで車検証が下りるということは分かっていた。』と供述している。

これによれば、Ｘは、指定自動車整備事業場における車検の手順、すなわち、自動車検査員が保安基準適合証明をし、同事業場において保安基準適合証を作成・交付するという手順の詳細を具体的に認識していなかったものの、民間車検場において自動車の検査をした上で手続を踏んで車検証の交付を受けることになること、すなわち、民間車検場の職員が陸運局と同様の法的効果を生ずる検査を行っていることを認識して

いたものというべきであり、結局のところ、Ｘは、車検を受けるための自動車の検査について、民間車検場の職員等は陸運局の職員と同様の立場にあることを認識していたものにほかならないというべきである。そうすると、Ｘは、自動車検査員や指定自動車整備事業者（民間車検場）の役員が刑法の適用について公務員とみなされることを直接知らなかったとしても、その実質的根拠となる事実の認識はあったものというべきであり、そうした立場にあるＹに対して賄賂を供与することが賄賂罪を成立させることになるその違法の実質を基礎付ける事実の認識に欠けるところはないというべきであるから、この点において、Ｘにつき本件贈賄罪の故意責任は阻却されない」。

●解説● 1　Ｙは、道路運送車両法上、いわゆる車検業務に関わる自動車検査員として、法令により公務に従事する職員とみなされる「みなし公務員」であるため、Ｙに対するＸの本件利益の供与は、贈賄罪の客観的な構成要件を充足する。しかし、Ｘの、「民間車検場は民間であり、公的なところだとは理解できなかった」との認識では、「公務員に賄賂を供与等する」という贈賄罪の構成要件該当事実の認識は認められないようにも思われる。

2　故意は「罪を犯す意思」（38条1項）であり、それは、当該行為者に対して故意非難を向けうるような認識として構成すべきである。それは、違法性の意識を喚起しうる事実を認識した場合であると解され、単に構成要件に該当する自然的事実の認識だけでは足りず、構成要件に該当するとの判断を下しうるような社会的意味の認識が必要であることを意味する。

3　本件東京地裁は、車検が公的な制度であること、それを受けるための検査につき、民間車検場の職員らが陸運局と同様の立場にあること、これらをＸが認識していたことを根拠に、Ｘに贈賄罪の故意を認めた。すなわち、みなし公務員規定についての認識がなくても、その実質的根拠となる事実の認識があれば良いとしたのである。これは、贈賄罪の構成要件に該当するとの判断を下しうるだけの社会的意味を認識したか否かを実質的に問うものであり、この趣旨での社会的意味の認識とは、一般人が贈賄罪の違法性の意識を持ちうる認識、すなわち、違法性の意識の可能性が認められる認識を意味する。

4　学説の多くは、故意犯の成立には、①事実の認識の有無をまず判断し、その存在を前提に、②違法性の意識の可能性があることを必要とし、②を責任故意（制限故意説）または責任（責任説）として、①とは個別に判断すべきものと位置づける。殺人罪などの典型的な犯罪の場合には、そのような段階的判断も可能であろう。だが、たとえば本件のような法的概念の認識の有無が問題となる場合、行為者の認識が、②違法性の意識の可能性を有しうるような①事実の認識であるかを一体的に評価しなければ、故意の成否を判断できないのである。

● 参考文献 ● 香城敏麿・判解平元年度273、星周一郎・法教431-132、閻冬・法学会雑誌60-1-265

33 故意の成立に必要な認識と概括的故意

最2小決平成2年2月9日（判時1341号157頁・判タ722号234頁）　　参照条文　刑法38条

覚せい剤を日本へ輸入した者に、日本への持ち込みが
禁じられている化粧品だと説明されていた場合に、覚
せい剤輸入罪の故意が認められるか。

●事実●　被告人Xは、台湾でYから「化粧品」の運
搬を依頼され、当該化粧品は日本への持ち込みが禁じ
られているから腹巻き内に隠すよう指示され、外部からの
手触りで粉末状のものであることがわかったが、それを
腹巻き内に入れて通関し、よって覚せい剤3kgを日本へ
密輸入し、その内の2kgを都内のホテルにおいて所持し
た。
　Xは覚せい剤であるとの認識がなかったと主張した
が、第1審は、運搬の状況やその物の形状等から、X
は「日本に持ち込むことを禁止されている違法な薬物で
あるとの認識を持ったと認められる」とし、「覚せい剤
に当たるとの明確な認識がなかったとしても、Xにお
いて覚せい剤取締法違反の故意の成立に欠けるところ
はない」と判示した。そして原審も、覚せい剤であるこ
とを確定的なものとして認識するまでの必要はなく、違
法有害な薬物として、覚せい剤を含む数種の薬物を認識
予見したが、具体的にはその中のいずれの一種であるか
不確定であっても、いわゆる概括的故意が成立するとし
て、覚せい剤輸入罪・同所持罪の成立を認めた。X側
が上告。

●決定要旨●　上告棄却。最高裁は、「Xは、本件物
件を密輸入して所持した際、覚せい剤を含む身体に有
害で違法な薬物類であるとの認識があったというので
あるから、覚せい剤かもしれないし、その他の身体に
有害で違法な薬物かもしれないとの認識はあったこと
に帰することになる。そうすると、覚せい剤輸入罪、
同所持罪の故意に欠けるところはない」とし、原判決
の判断を維持した。

●解説●　1　故意とは、構成要件事実の認識・認容と
される。ところが、本件において最高裁は、覚せい剤輸
入罪においては、「覚せい剤を含む身体に有害で違法な
薬物類である」との認識があれば故意が認められるとし
た（最高裁は、薬物事犯に関する故意の内容を以前から緩や
かなものとしている。【37】参照）。
　違法な薬物であることを知りつつ、それがどの規制
薬物にあたるかを認識なく行為した場合にも、たとえば
「麻薬または覚せい剤の類いである」との認識があれば、
その範囲で対象薬物の性質に応じた故意がある。
　2　①「薬物以外の何か違法なもの」と思って日本に
持ち込んでも、覚せい剤輸入罪の故意はないが、②「覚
せい剤である」と思っていれば、日本に持ち込むことは
法律上禁止されていないと考えても、故意がある。ただ、
③「覚せい剤である」と聞かされたものの、覚せい剤が
薬物であることを知らず、「高価な化粧品」と認識して
いれば、覚せい剤輸入罪の故意はない。
　3　覚せい剤輸入罪の場合、「厳格な法規制の対象に

なっており、依存性の薬理作用を有する心身に有害な薬
物（「類」）の認識」はあったが、覚せい剤（「種」）とは知
らなかった場合、覚せい剤輸入罪の故意が認められる
（「類」は、多くの「種」を包括する上位概念）。そして、そ
のような認識は、「最低限その認識があれば、原則とし
て当該犯罪の故意非難が可能となる」という意味で未必
の認識、故意の下限の認識と呼ぶことができよう。
　故意は、「構成要件事実」の実質的認識でなければな
らない。正確で細部にわたる具体的認識は不要だが、実
質的に構成要件該当事実の認識があると評価できなけれ
ばならない。刑法上違法なのは、あらゆる法益侵害・危
険ではなく、構成要件に該当するもののみだからである。
ただ、その場合にも、たとえば、法規に規定された物質
名の認識までは不要で、その属性の認識があれば足りる。
　4　それゆえ、「覚せい剤の認識を欠いた以上故意が
ない」とすることは誤りである。しかし同時に、「麻薬
の一種」という認識だけでは覚せい剤の故意を認めえな
いであろうし、別言すると「有害な依存性薬物一般」の
認識では足りず、重い覚せい剤所持罪の故意には「特に
有害」であることの認識を要するのである。
　ただ、本件では密輸の手段が大げさで、Yらが莫大
な費用をかけていること、Xは本件物件が粉末状であ
ることの認識があり、しかもXにはコカイン等の使用
経験があること等が、実質的に覚せい剤の故意の肯定に
大きく影響している。まさに、当該状況に置かれた一般
人であれば覚せい剤所持罪の違法性を意識しうる程度の
事実の認識があった場合であるといえよう。
　5　また、千葉地判平成8年9月17日（判時1602-147）
は、営利の目的で麻薬であるヘロインを輸入したが、密
輸した物が麻薬であると認識していなかったと主張した
事案に関し、「ヘロインであるとの確定的な認識があっ
たとまでは認めることができない。しかし、右認識には、
ヘロインを除く趣旨であったとか、あるいはそれがヘロ
イン以外の麻薬に該当するとの認識であったというよう
な事情はないから、ヘロインも麻薬の一種である以上、
被告人にはヘロイン輸入の故意が認められるとするに十
分である」と判示した。やはり、「類」の認識で足りる
のである（最決昭61・6・9刑集40-4-269参照）。
　6　なお、トルエン等を含有するシンナーの所持罪に
つき、シンナーではあるが、トルエンを含んではいない
と認識していた場合に故意は否定される（東京地判平3・
12・19判タ795-269）。トルエンという劇物の名称を知らな
くとも、身体に有害で違法な薬物を含有するシンナーで
あるとの未必的な認識は必要で、当該シンナーにはトル
エンを含有していない（違法な薬物を含有していない）と
明確に認識していれば、故意がない。大阪地判平成21
年3月3日（裁判所webサイト）も、麻薬指定される前
に購入していたメチロンの残量を所持していた事案につ
いて、当該薬物がメチロンであるとの認識はあったが、
麻薬等の違法な薬物との認識はなかった旨の被告人の弁
解を排斥できないとして、無罪を言い渡している。

●参考文献●　岡上雅美・固総8版82、原田國男・J958-80、木村
光江・判例セレクト90年34

34　故意と違法性の意識の可能性

最1小決昭和62年7月16日（刑集41巻5号237頁・判時1251号137頁）

参照条文　刑法38条　通貨及証券模造取締法1条

> 警察官のアドバイスを信じた行為と違法性の意識の可能性。

●**事実**●　被告人Xは、自己の経営する飲食店の宣伝のため、表面は百円紙幣と同寸大、同図案かつほぼ同色のデザインの写真製版で、上下2か所に小さく「サービス券」の文字や店名、電話番号などを記載し、裏面は広告を記載したサービス券を印刷させ、百円紙幣に紛らわしい外観を有するものを作成した。ただ、Xは、本サービス券作成前に、製版所から問題があるのではないかとの指摘を受けたため、警察署に赴き、知合いの巡査らに相談したところ、通貨及証券模造取締法の条文を示されたうえ、紙幣と紛らわしい外観を有するサービス券とならないよう具体的な助言を受けた。しかし、Xは、警察官らの態度が好意的なことなどから、その助言を重大視せず、処罰されることはあるまいと楽観して券を作成し、その後、出来上がったサービス券を同警察署で配付したが、格別の注意も受けなかったのでますます安心し、さらに同種のサービス券を作成した。また、被告人Yも、Xの話を全面的に信頼し、サービス券が問題のあるものかどうかにつき独自の調査をすることもなく、自己の経営する飲食店の宣伝用にサービス券を作成した。第1審・原審は、違法性の錯誤につき相当の理由がないとして、X・Yをそれぞれ通貨及証券模造取締法1条違反の有罪に処した。これに対して、弁護人は、違法性の錯誤について相当の理由を認めるべきであるなどとして上告した。

●**決定要旨**●　上告棄却。「このような事実関係の下においては、Xが第1審判示第1の各行為の、また、Yが同第2の行為の各違法性の意識を欠いていたとしても、それにつきいずれも相当の理由がある場合には当たらないとした原判決の判断は、これを是認することができるから、この際、行為の違法性の意識を欠くにつき相当の理由があれば犯罪は成立しないとの見解の採否についての立ち入った検討をまつまでもなく、本件各行為を有罪とした原判決の結論に誤りはない」。

●**解説**●　1　実務上の故意が「一般人ならばその罪の違法性を意識させるだけの事実の認識」である以上（前田『刑法総論講義 7 版』161頁）、**故意があれば、原則として違法性の意識は可能である**。しかし、「故意がある場合は常に責任非難は可能である」というわけではない。「違法性の意識の可能性」が完全に「犯罪事実の認識」の中に解消されているわけではない。故意は「『その罪』の違法性を意識し得るだけの事実の認識」でなければならない。それ故、違法性の意識の可能性を欠く事情の中には「故意」の中に包含しきれない部分が生じるのである。

2　その場合は、例外的な責任阻却を認める必要が生じる。たとえば、当該行為が一般に犯罪に該当するとされていることの認識は十分に持っていたが、警察や検察に問い合わせたところ「現時点では正当な行為である」旨の解答があったのでそれを信じたような事案では、責任が否定されうる（ただし、無許可行為が処罰の対象になっているような場合は、行政担当者の助言により「許される」と思った場合の大半は、「許可された」と認識したのであり、故意のレベルで処理されることになる）。

3　ただ、下級審判決には、たとえば、東京高判昭和44年9月17日（判時571-19）のように、「映画の上映もまた刑法上の猥褻性を有するものではなく、法律上許容されたものと信ずるにつき相当の理由があったものというべきであり、……被告人らはいずれも刑法175条の罪の犯意を欠くものと解するのが相当である」として、違法性の意識の可能性が欠けるので故意がないとしたものも見られる。しかし、それは例外的で、故意の認定の前提として違法性の意識の可能性を要求するのではなく、故意を「違法性の意識を可能とする事実の認識」と解している（【31】参照）。

4　本決定は、仮定的であるにせよ、故意の存否の判断において「違法性の意識の可能性」を問題にしている。Xは、警察から「紙幣と紛らわしい外観を有するものとならないように」との具体的な助言を受けたのにこれを重視せずにサービス券甲を作成し、警察に持参したにもかかわらず特に注意も受けなかったので、さらにサービス券乙を作成し、Yは、Xが「警察では問題ないといっている」というので、サービス券丙を作成したという事実認定の上に立って、最高裁は「違法性の意識を欠いていたとしても、それにつきいずれも相当の理由がある場合には当たらないとした原判決の判断は、これを是認することができる」と判示した。ただ、「行為の違法性の意識を欠くにつき相当の理由があれば犯罪は成立しない」との見解の採否については議論を避けたのである。その意味で、最高裁は、制限故意説・責任説を採用するとしたわけではないことは明らかである。あくまで、違法性の意識を欠いていたことにつき相当の理由はないとしたにすぎない。

5　もし、警察がはじめから「この程度のものは形式的に犯罪に該当するが、許される」と説明していたとすれば、模造罪の故意は認定できるが、責任非難を向けえないとすべきようにも思われる（責任阻却）。ただ、映倫の許可があれば「わいせつ性の認識が欠ける」と処理する方が妥当なように、この場合も、警察官が「模造紙幣ではない」と言明したのならば、それを聞いた一般人は「模造紙幣」の認識を欠くのであって、故意がないとして処理されるべきなのである。

●**参考文献**●　曽根威彦・判評352-53、仙波厚・J899-82、阿部純二・昭62年度重判155、一原亜貴子・百総 8 版98

35 未必の故意と意思的要素

最2小判令和3年1月29日（刑集75巻1号1頁・判時2504号107頁）　　　参照条文　刑法38条、199条

睡眠導入剤数錠を摂取させ、交通死傷事故を発生させた場合と未必の殺意。

●**事実**●　介護施設に勤務する被告人Xは、自動車通勤のAに、睡眠導入剤数錠を混入したコーヒーを飲ませて、意識障害等を伴う急性薬物中毒の症状を生じさせ、一旦寝たAを起こし帰宅を促したところ、運転を開始したAはすぐに仮睡状態等に陥り、車を脱輪させた。その現場に駆けつけたXは、Aを起こし運転して帰宅するよう促したが、運転再開後間もなく、急性薬物中毒に基づく仮睡状態等に陥り、約1.4km走行した地点で、A車を対向車線にはみ出させ、対向進行してきたB運転のB車に衝突させ、Aは大動脈完全離断等により死亡し、Bは打撲傷を負った（①事件）。

さらにXは、同僚C・D夫妻にも、睡眠導入剤を混入したお茶を飲ませ、Dは急性薬物中毒の症状が生じ眠り込んだ。XはDを起こして運転して帰宅するよう仕向けたが仮睡状態等に陥り、4.7km走行した地点で、D車を対向車線に進出させ、対向進行してきたE運転のE車に衝突させ、Dは打撲傷、Eは頸椎捻挫等の傷害をそれぞれ負った（②事件）。

第1審は、Xには未必の殺意があったとし、Aに対する殺人罪並びにB等4名に対する殺人未遂罪の成立を認め、懲役24年に処した。

原審は、Xの控訴に対し、(1)Xが運転を仕向けた後にも、AやDが再び寝込んだり、他者が運転を制止したり、気分が悪くなって運転を中止する可能性があった上、実際に交通事故を起こしたとしても、Aらは事故の相手方が死亡するに至らなかったりする可能性が相当程度あったから、Xの行為は、人が死亡する危険性が高いとまではいえないし、(2)対向車運転者は、車線をはみ出した居眠り運転車両を避けて命を守る行動をとることが一応可能であるから、死亡の可能性はAらと比較しても低かったなどと指摘して、「人が死亡する危険性が高いとはいえない行為について殺意を認めるためには、行為者が、実行行為による人の死亡の危険性を単に認識しただけでは足りず、実行行為の結果としてその人が死亡することを期待するなど、意思的要素を含む諸事情に基づいて、その人が死亡してもやむを得ないと認容したことを要する」とし、殺意は認定しえないとした。検察側・X側が、ともに上告。

●**判旨**●　最高裁は、原判決を破棄し本件控訴を棄却するとした。本件行為は死亡するに至らない可能性が相当程度あったとする原審(1)の指摘については、Aらは睡眠導入剤を摂取させられたことを認識しておらず、自ら運転を避止・中止できた可能性は低かったし、他の者が運転を制止する可能性も低かったとした上で、「顕著な急性薬物中毒の症状を呈していたAらが仮睡状態等に陥り、制御不能となったA車やD車がAらの自宅までの道路を走行すれば、死亡事故を引き起こすことは十分考えられる」と判示し、A車やD車が制御不能の状態で走行した場合に対向車の運転者がとりうる回避手段が想定できるとの(2)の指摘に関しては、「実際にそのような回避がされるとは限らず、

事故の相手方が死亡することも十分あり得る」と判示した。

「Xは、ひそかに摂取させた睡眠導入剤の影響によりAらが仮睡状態等に陥っているのを現に目撃し、また、第1事件の前には上記影響によりAが本件物損事故を引き起こしたこと及び第2事件の前には第1事件でAが死亡したことをそれぞれ認識していたのであり、各事件現場付近の道路交通の状況も知っていたのであるから、自己の行為の危険性を十分認識していたということができ、交通事故の態様次第では事故の相手方が死亡することも想定しており、B及びEはその想定の範囲内に含まれていたというべきである」として、B・Eに対する未必の殺意も認めた。

●**解説**●　1　殺意の成否は、原審の指摘する「期待する」などの意思的要素にも影響されるが、基本的には、死亡事故を引き起こすことの蓋然性の認識に係っている（前田『刑法総論講義 7版』164頁参照）。

2　この点原判決は、(1)A・Dが運転をしなかったり、第三者が運転を止める可能性もあったので、**人が死亡する危険性が高いとまではいえない**としたのに対し、最高裁は、**仮睡状態等に陥って車で走行すれば、死亡事故を引き起こすことは十分考えられる**としたのである。

「一般人が故意非難可能と考える認識」は、「死亡しない可能性が残されていないか」ではなく「死亡する可能性がどれだけあったか」という形で検討すべきである。

3　そしてB・Eに対して殺意を認定しうるかに関し、原審は、居眠り運転車両が自車の車線上にはみ出してきても、自らの命を守る行動をとることが一応可能であるから、死亡の可能性はAらと比較して低かったと指摘する。

これに対し、最高裁は、制御不能の状態で走行した車の対向車の運転者が、実際にそのような回避をするとは限らず、事故の相手方が死亡することも十分ありうるとしたのである。

ロシアンルーレットは、6発中5発が外れるので未必の故意がないとするのではなく、6分の1の確立で弾丸が発射されるのであれば、「蓋然性の認識がある」といいうる。

4　原審は、B・Eに対し殺意が認められると、行為者自身が摂取したアルコールまたは薬物の影響により正常な運転が困難な状態で自動車を走行させた事例を、対向車の運転者等不特定の者に対する殺意が認められるものとして取り込む結果となり不当であると指摘し、本件に未必の故意を認定するには、**死亡することの期待などの意思的要素が認められ結果を認容したことを要する**とする。

たしかに「期待」「認容」があれば故意非難は高まるが、本件では、それが欠けても未必の故意は認定しうる。そして、自招の事故事例と本件事案とでは、本判決の指摘するように、客観的・類型的に「事故により行為者自身の生命が危険にさらされるおそれの有無など種々の相違がある」といえよう。

●**参考文献**●　内藤恵美子・曹時74-4-211、古川伸彦・令3年度重判129

36 具体的事実の錯誤と故意

最3小判昭和53年7月28日（刑集32巻5号1068頁・判時900号58頁）　　参照条文　刑法38条、240条

> 1人を殺害しようとして2人に死の発生の危険を生ぜしめた場合、2つの殺人未遂罪が成立するか。

●事実● 被告人Xは、ゲリラ闘争のため警察官から拳銃を奪取することを企て、新宿駅西口付近で、たまたま周囲に人影がなくなったのを見て、警ら中の巡査Aの背後約1mに接近し、建設用鋲打銃を改造したものから鋲1本を発射し、Aに加療約5週間を要する右側胸部貫通銃創を負わせたが、そのまま逃走して拳銃奪取の目的を遂げなかった。しかし、発射された鋲はさらに、Aの右前方約30mを通行中の銀行員Bの身体を貫通し、同人に入院加療約2か月を要する傷害を負わせた。

検察官は、XにはA・Bに対して殺意があったとし強盗殺人未遂の観念的競合として起訴したが、第1審は、Aに対する殺意を否定し、強盗傷害罪の観念的競合とした。これに対して原審は、検察官の主張を容れてAに対する殺意の存在を認め強盗殺人未遂罪の観念的競合とした。しかし、原審は、Bの傷害についての過失の存在を指摘する一方、Aに対する殺意に基づいてBに対しても強盗殺人未遂罪が成立するとのみ述べたため、弁護人は、Bに対して故意犯たる強盗殺人未遂罪を認めた点に判例違反があるとして上告した。

●判旨● 上告棄却。「犯罪の故意があるとするには、罪となるべき事実の認識を必要とするものであるが、犯人が認識した罪となるべき事実と現実に発生した事実とが必ずしも具体的に一致することを要するものではなく、両者が法定の範囲内において一致することをもって足りるものと解すべきである……から、人を殺す意思のもとの殺害行為に出た以上、犯人の認識しなかった人に対してその結果が発生した場合にも、右の結果について殺人の故意があるものというべきである」「Xが人を殺害する意思のもとに手製装薬銃を発射して殺害行為に出た結果、Xの意図した巡査Aに右側胸部貫通銃創を負わせたが殺害するに至らなかったのであるから、同巡査に対する殺人未遂罪が成立し、同時に、Xの予期しなかった通行人Bに対し腹部貫通銃創の結果が発生し、かつ、右殺害行為とBの傷害の結果との間に因果関係が認められるから、同人に対する殺人未遂罪もまた成立し……、しかも、Xの右殺人未遂の所為は同巡査に対する強盗の手段として行われたものであるから、強盗との結合犯として、XのAに対する所為についてはもちろんのこと、Bに対する所為についても強盗殺人未遂罪が成立するというべきである。したがって、原判決が右各所為につき刑法240条後段、243条を適用した点に誤りはない」。

●解説● 1　具体的事実の錯誤の学説は、(a)認識した内容と、発生した事実が具体的に一致していなければ故意は認められないとする具体的符合説と、(b)両者が構成要件の範囲内で符合していれば故意を認めるとする法定

的符合説が対立する。なお、現実に主張されている具体的符合説は、客体の錯誤は重要ではないとして故意犯の成立を認め、方法の錯誤については故意犯の成立を否定する。

2　日本の判例は、法定的符合説を採用し、本判決のようにAを狙ってBにも結果が生じた場合に、A・Bに対する故意犯を認める（数故意説）。

これに対し、XがAを殺害しようとしてA・B2名を殺害した場合、具体的符合説は、Aに対する殺人既遂とBに対する過失致死を認める。ただ、具体的符合説では、Aを狙った流れ弾がそばにいたBを殺害した場合に、殺人罪の成立を認めえないという不合理が存在する。また、たとえばクレジットカードをスリ取ろうとして、間違って別のポケットから免許証をスリ取ってしまった場合、クレジットカードの窃盗の未遂（不能犯の可能性も高い）と免許証の過失窃盗（無罪）とすることになりかねない。しかし、「その人の物」を盗ろうとして「その人の物」を盗った場合には既遂を認めるべきであろう。また、右腕を切ろうとして左腕を切った場合も、右腕に対する傷害の未遂（暴行罪）と左腕に対する過失傷害とするのは妥当ではない。

3　一方、本件のような事案について、法定的符合説では1人を殺害しようとしたという故意内容以上の刑責を認めることになるとの批判が存在した。そこで、法定的符合説を採用しつつも故意の個数を問題にし、1個の殺意で2人を殺害した事案は、Aに対する殺人既遂罪とBに対する過失致死罪の成立を認める一故意説が主張された。しかし、同説では、XがAを殺害しようとしてAに重傷を負わせさらにBを殺害した場合、Bに対する殺人既遂をまず認め、1個の故意を使い果たしてしまった以上、Aに対しては過失傷害しか認めえないことになってしまう。さらにその後、重傷だったAが死亡した場合には、Aに対する殺人既遂とBに対する過失致死を認めることになろう。しかし、故意の内容がこのように変化してしまうことにはやはり批判が強い。

4　法定的符合説により2つの殺人を認めても、1個の行為である以上観念的競合となり殺人罪の法定刑の範囲で処断され、具体的に問題は生じない。38条2項にも抵触しない。もちろん2人殺したことが量刑判断に反映するが、それは当然のことで、決して不当な結論に至るわけではない。

5　なお、殺意をもってAに向けて拳銃を発射し、AのほかBにも命中させ、AおよびBを殺害した場合、両者に対する2個の殺人罪が成立するが、その量刑判断においては、「AをAとして、BをBとして認識し、それぞれの殺害を図った事案」とは同一に評価することができないことは当然である。殺意の確定度なども、量刑においては重視される（東京高判平14・12・25判タ1168-306参照）。

●参考文献● 中山研一・判評241-29、野村稔・判タ371-39、専田泰孝・固総8版86

37　抽象的事実の錯誤と構成要件の重なり合い(1)

最1小決昭和54年3月27日　（刑集33巻2号140頁・判時922号13頁）　参照条文　刑法38条　麻薬取締法64条2項　覚せい剤取締法41条2項　関税法109条1項、111条1項

覚せい剤を本邦に輸入しようとして麻薬を輸入した場合に、麻薬輸入罪の故意は認められるのか。

●**事実**●　被告人Xは、法定の除外事由がないのにY等とともに、営利の目的で覚せい剤を本邦に輸入しようと共謀し、Xがタイ国内で購入した麻薬粉末約90gを覚せい剤と誤認して携帯し、①飛行機で本邦内にこれを持ち込んで麻薬を輸入し（麻薬輸入罪と覚せい剤輸入罪はともに10年以下の懲役）、②税関長の許可を受けないで、輸入禁制品である麻薬を、覚せい剤（当時は輸入禁制品ではなかった）と誤認して輸入したという事案である。

　第1審は、①麻薬輸入罪の共同正犯に該当するが、犯情の軽い覚せい剤を輸入する意思で犯したものであるから、刑法38条2項、10条により、覚せい剤取締法の覚せい剤輸入罪の共同正犯の罪の刑で処断するとし、②無許可で覚せい剤を輸入する意思で輸入禁制品である麻薬を輸入したとして、軽い無許可輸入罪の刑で処断した。

　原審もこの判断を維持したのに対し、Xが上告した。

●**決定要旨**●　上告棄却。①について、麻薬と覚せい剤の取締は、麻薬取締法および覚せい剤取締法により各別に行われているが、両法の取締の目的は同一で、取締の方式が極めて近似し、輸入、輸出、製造、譲渡、譲受、所持等同じ態様の行為を犯罪としているうえ、「取締の対象とする麻薬と覚せい剤とは、ともに、その濫用によってこれに対する精神的ないし身体的依存（いわゆる慢性中毒）の状態を形成し、個人及び社会に対し重大な害悪をもたらすおそれのある薬物であって、外観上も類似したものが多いことなどにかんがみると、麻薬と覚せい剤の間には、実質的には同一の法律による規制に服しているとみうるような類似性があるというべきである」とし、覚せい剤輸入罪を犯す意思で、麻薬輸入罪を実現した本件の場合、「両罪は、その目的物が覚せい剤か麻薬かの差異があるだけで、その余の犯罪構成要件要素は同一であり、その法定刑も全く同一であるところ、前記のような麻薬と覚せい剤との類似性にかんがみると、この場合、両罪の構成要件は実質的に全く重なり合っているものとみるのが相当であるから、麻薬を覚せい剤と誤認した錯誤は、生じた結果である麻薬輸入の罪についての故意を阻却するものではない」。

　②に関しては、通関手続を履行しないで貨物を輸入した行為につき、関税法は輸入禁制品の場合には関税法109条1項（5年以下の懲役）、一般輸入貨物の場合には同法111条1項（3年以下の懲役）によって処罰しているが、「密輸入にかかる貨物が覚せい剤か麻薬かによって関税法上その罰則の適用を異にするのは、覚せい剤が輸入制限物件（関税法118条3項）であるのに対し麻薬が輸入禁制品とされている」だけの理由によるのであり、「覚せい剤を無許可で輸入する罪と輸入禁制品である麻薬を輸入する罪とは、ともに通関手続を履行しないでした類似する貨物の密輸入行為を処罰の対象とする限度において、その犯罪構成要件は重なり合っているものと解するのが相当である」とし、Xは、覚せい剤を無許可で輸入する罪を犯す意思であったというのであるから、輸入禁制品たる麻薬であるという重い罪となるべき事実の認識がなく、輸入禁制品輸入罪の故意を欠くものとして同罪の成立は認められないが、「両罪の構成要件が重なり合う限度で軽い覚せい剤を無許可で輸入する罪の故意が成立し同罪が成立する」とし、禁制品輸入罪の成立を認め、軽い無許可輸入罪の刑で処断した原審は誤りだとした。

●**解説**●　**1**　生じた犯罪事実と異なる構成要件に該当する事実を認識していた抽象的事実の錯誤に関しては、⒜法定的符合説が圧倒的で、⒝抽象的事実の錯誤の支持は少ない。ただ、法定的符合説も、両構成要件が重なり合う範囲で軽い罪の故意が認められると説明されている。本件②無許可輸入罪と禁制品輸入罪も、重なり合う前者の罪で処罰される（【38】参照）。

　ただ本件①事実に関する判示は、それを超えた内容を含んでいる。犯情の軽い覚せい剤輸入の犯意で重い麻薬輸入罪を犯した場合に、重い後者の罪を認めた。麻薬輸入罪の認識があると認定できたからである。

　2　本決定は、麻薬輸入罪と覚せい剤輸入罪は別の法律に規定された、その意味で完全に別個の構成要件であるにもかかわらず、覚せい剤輸入の認識があれば麻薬を輸入する罪の故意が認められるとした。従来の抽象的事実の錯誤論では、両罪が実質的に重なり合うのであれば、本件1審・原審のように犯情の軽い覚せい剤輸入罪が成立することになる。しかし、このように、両罪の類似性が認められる場合には、別罪の認識であっても、成立した罪の故意が認定できるのである。

　3　この最高裁の実質的故意論は、学説からの強い批判を受けることなく定着し、「麻薬ではない覚せい剤だと思っていても故意に麻薬を輸入した罪が成立する」という結論が定着した。その結果、「故意とは構成要件要素の認識である」という形式的説明が見直されざるをえなくなった。構成要件の認識に代えて、「不法・責任事実の認識」、「不法事実の認識」という形で、故意を実質的に理解する見解が有力化した。

　4　抽象的事実の錯誤論によるにせよ、結論として故意犯の成立を認める以上は、「重なり合い」という名の下で、故意非難を可能とするだけの認識を認定しているのである。ただ、本件で問題となった「覚せい剤」と「麻薬」は構成要件の中心部分であり、麻薬輸入罪の成立に「麻薬」の認識が欠けていてもよいとすることは、形式的な犯罪論からは採用しにくい結論であろう。

●**参考文献**●　岡次郎・判解昭54年度35、福田平・判時938-184、町野朔・警研61-11-3、大谷實・昭54年度重判183

38　抽象的事実の錯誤と構成要件の重なり合い⑵

東京高判平成25年8月28日（高刑66巻3号13頁）　　参照条文　刑法38条　関税法109条1項、111条1項

輸入が禁じられている覚せい剤を、輸入の際に許可の
必要なダイヤモンドの原石と誤認して輸入した場合に、
無許可輸入罪は成立するか。

●事実●　被告人Xは、A国所在のB空港において、
覚せい剤599.5gが隠し入れられたボストンバッグを持
って同空港発成田国際空港行きの航空機に搭乗し、同ボ
ストンバッグを持って同空港に降り立ち、空港内東京税
関支署旅具検査場において検査を受けた際、関税法が輸
入してはならない貨物とする前記覚せい剤を携帯してい
ることを申告しないまま同検査場を通過して輸入しよう
とし、同職員に覚せい剤を発見されたという事案である。

　検察官は、覚せい剤等の違法薬物であると認識した上
で密輸入に及んだものとして、覚せい剤取締法違反およ
び禁制品輸入罪（関税法109条）罪で起訴したが、Xは、
ボストンバッグの隠匿物を覚せい剤と認識しておらず、
ダイヤモンドの原石であると思っていたと主張した。

　第1審は、隠匿物をダイヤ原石であると誤信していた
可能性を排斥できず、覚せい剤密輸入の故意を認定する
には疑問の余地があるが、税関で申告する必要のあるダ
イヤ原石であるとは認識して密輸したとし、禁制品輸入
罪と無許可輸入罪（関税法111条）の構成要件が重なり合
う限度で後者の罪の故意が認められるとした。

　これに対し弁護人は、最決昭和54年3月27日【37】を
引用して、客体などの類似性がある場合に犯罪構成要件
は重なり合っていると解されうるのであり、ダイヤ原石
の無許可輸入罪と覚せい剤の禁制品輸入罪の間では構成
要件の重なり合いが認められない等として控訴した。

●判旨●　控訴棄却。「［関税法］111条と109条は、い
ずれも関税法の目的の1つである貨物の輸出入につい
ての通関手続の適正な処理を図るための規定であって、
111条が無許可での輸出入を禁止する密輸出入犯に対
する原則的規定であり、109条は、特に取締りの必要
性が高い禁制品の密輸入につきその責任非難の強さに
鑑み、特にこれを重く処罰することとした規定である
と解することができる。また、確かに、111条は、無
許可の輸出入行為を処罰の対象としており、109条は、
許可の有無にかかわらず、禁制品の輸入行為を処罰の
対象としている点で、対象となる行為の内容が異なる
ようにも見えるものの、禁制品の輸入が許可されるこ
とは通常あり得ないから、共に通関手続を履行しない
でする貨物の密輸入行為を対象とする限度において犯
罪構成要件が重なり合うものということができる。」
【37】の最高裁決定も、「許可の有無という事情にかか
わらず、覚せい剤を無許可で輸入する罪と輸入禁制品
である麻薬を輸入する罪との間に犯罪構成要件の重な
り合いを認めており、弁護人の指摘する差異が構成要

件の重なり合いの判断に影響することはないというべ
きである。そして、禁制品も輸入の対象物となるとき
は貨物であることに変わりがない。以上からすると、
111条の無許可輸入罪と109条の禁制品輸入罪とは、と
もに通関手続を履行しないでした貨物の密輸入行為を
処罰の対象とする限度において、犯罪構成要件が重な
り合っているものと解することができる」。

●解説●　1　本件では、許可なしにダイヤ原石を輸入
する認識で、輸入禁制品である覚せい剤を輸入した行為
の罪責が争われた。関税法上の「無許可輸入罪」と「禁
制品輸入罪」は別個の構成要件であり、認識した犯罪類
型と異なる犯罪類型に属する結果が生じた場合を処断す
るための抽象的事実の錯誤論で処理されることになる。

　2　異なる犯罪事実を認識していても、抽象的事実の
錯誤として、両構成要件が同質的なもので重なり合う範
囲で軽い罪の故意が認められると説明される（法定的符
合説）。本件でも、無許可輸入罪と禁制品輸入罪が「重
なり合う」かが争点となる。

　3　抽象的事実の錯誤の問題の実質は、「成立を認め
ようとする犯罪類型の故意が成立するには、どの程度の
認識が必要か」という故意論と、「その故意に具体的に
生じた結果を帰責しうるか」が問題となる。実行された
禁制品輸入罪の故意が認定できない本件の場合、「ダイ
ヤ原石の無許可輸入」という故意内容に相応する無許可
輸入罪が、客観的に認定しうるかを検討する。

　4　本判決が「通関手続を履行しないでした貨物の密
輸入行為という限度において、無許可輸入罪と禁制品輸
入罪の構成要件が重なり合っている」としたのは、【37】
①事実に関する判示に従ったものである。

　本件で弁護人は、【37】の①事実に関する判示を捉え
て、外観も含めて実質的には同一の法律による規制に服
しているとみうるような類似性が必要であると主張した
が、この主張は、【37】の①事実について、生じた犯情
の重い罪の故意の認定に要求される「両犯罪の類似性」
と、②事実について、軽い無許可輸入罪の成立を認める
ことに必要な「構成要件の重なり合い」を混同したもの
である。

　5　【37】は、覚せい剤であると誤認しているにもかか
わらず、現に実行された麻薬輸入罪の故意を認めるため
には、薬物としての有害性や外観上も含め実質的には同
一の法律による規制に服しているとみうるような類似性
が必要だとしたのである。【37】も、無許可輸入罪と禁
制品輸入罪は、「通関手続を履行しないでした類似する
貨物の密輸入行為」の処罰という意味で犯罪構成要件が
重なり合っているもとしたのである（最決昭61・6・9刑集
40-4-269参照）。

●参考文献●　長井長信・平26年度重判155、佐藤拓磨・刑事法ジ
　ャーナル40-152、前田雅英・捜査研究766-19

39 嘱託殺人罪と傷害致死罪の錯誤

札幌高判平成25年7月11日（高検速報平成25年253頁）　　参照条文　刑法202条後段、205条、38条

> 殺害の嘱託を受けた者が、殺意なく（傷害の故意で）暴行を加え、結果として人を死亡させた場合と違法性阻却事由の錯誤。

●**事実**●被告人Ｘ（当時23歳）とＡ女（当時30歳）は、2人の間で「自殺ごっこ」と称していたことを行うために、ホテルに入り、ＡはＸに、Ａの頸部をバスローブの帯で絞め付けた上、その顔面を、口や鼻から気泡が出なくなるまで浴槽の水の中に沈めるよう嘱託した。Ａは、嘱託した行為によって自らが死亡することを認識し、死んでも構わないと考えていた。Ｘは、その嘱託を傷害の嘱託であると理解し、救命態勢があるのでＡが死亡することはないとの認識のもと、Ａの頸部を備え付けのバスローブの帯で合計約2分半絞め付け、浴槽の水中にその顔面を沈める暴行を加え、Ａを頸部圧迫による窒息またはこれと溺水による窒息の複合により死亡させた事案で、傷害致死罪で起訴された。

原審は、嘱託殺人罪の法定刑（202条、6月以上7年以下の自由刑）からして、本件のような、殺害する嘱託を受け暴行または傷害の故意で暴行を加え、結果としてその人を死亡させた場合（「嘱託傷害致死類型」）、傷害致死罪（205条、3年以上の有期懲役）が成立するとすると、殺意がない205条の方が、殺意がある202条よりも重い法定刑で処罰されることになり、嘱託傷害致死類型についてのみ酌量減軽をしても、処断刑は1年6月以上で、なお不合理であるとし、刑法205条は、その法定刑に照らすと、被害者が自らの殺害行為を嘱託した場合を想定していない（205条は、「被害者が自らの殺害行為を嘱託していないこと」を書かれざる構成要件要素としている）とし、本件は、「人をその嘱託を受け……殺した」場合に該当すると判示した。

さらに、Ａの嘱託に関し、「救命態勢が存在している」と誤信したという錯誤があった点に関しては、Ａが嘱託した経緯を十分考慮し、Ｘが誤信・認識していた救命態勢等が実際に存在するとしても、違法性阻却事由の錯誤による故意の阻却は認められないと判示した。検察側・Ｘ側が、ともに控訴。

●**判旨**●原判決破棄。札幌高裁は、弁護側の違法性阻却事由の錯誤による故意の阻却の主張に対し、「事後的に救命する態勢が整っていたとしても、そのような救命態勢が必要になるほどの一歩間違えば生命を脅かす危険性が高い行為に及んでよいということにはならない。Ａの嘘により心理的に追い詰められていたとはいえ、『自殺ごっこ』をするという動機、目的でなされた本件行為が、首を絞め、顔を水中に沈めるという行為態様に照らし、社会的相当性の範囲内の行為であるといえないことは明らかである」と判示した。

これに対し、205条ではなく202条後段を適用した点に関しては、「刑法は、『第26章 殺人の罪』に殺人罪と並んで嘱託殺人罪を規定し、同じ「人を殺した」との文言を用いており、他方、傷害致死罪については、『第27章 傷害の罪』の中に規定し、『人を死亡させた』との文言を用いているのであって、このような各規定

の体系的位置や文言（刑法は、殺意がなく人を死亡させた場合については『人を死亡させた』との文言を用い、刑法199条及び同法202条後段所定の『人を殺した』との文言と明確に区別している）からみても、刑法202条後段の『人を殺した』との文言は、同法199条と同じく、殺意のない場合を含まないと解すべきことが明らかである」として、原判決を破棄し、傷害致死罪が成立するとした。

●**解説**●　1　本件は、客観的には殺害の同意があったのに、主観的にそれがないと思っていた場合である。その意味では、「被害者の同意という正当化事由について、それが存在すると誤信した場合に故意が阻却されるか」という問題といえる。そこで、「主観的に正当防衛状況が存在し相当な行為を行っている」と認識して行う誤想防衛が故意を阻却するのと同様に、本件も故意の存在が否定されるようにも見えるが、原審、本判決とも、単に被害者の嘱託を誤信しただけでは足りず、故意非難を否定するには、相当な行為態様であることの認識も必要だとした。

2　正当化事由の錯誤は、「そのような認識があれば、一般人が適法な行為と認識しうるだけの事実」の認識が必要で、殺害の嘱託の認識があっても、202条の存在を考えれば、生命を脅かす危険性が高い行為を行う認識があれば、故意非難は十分に可能である。

3　本件は、正当化事由の錯誤を超え、構成要件について、主観と客観で齟齬がある場合で、客観的には嘱託殺人罪なのに、主観的には同意（嘱託）傷害致死罪を犯した場合の処断ということになる。

旧来の抽象的事実の錯誤論を形式的にあてはめると、法定的符合説に立ちつつ、両構成要件の重なり合う範囲で「軽い故意犯（202条）」が成立するということになりそうである（名古屋地判平7・6・6判時1541-144）。

4　嘱託殺人罪と（同）傷害致死罪の「重なり合い」は、①犯罪の類型性も加味して、客観的に、嘱託殺人の罪質に適合する行為を認定しえ、②同罪の成立を許容しうるだけの主観面の存在を説明しうるかにかかっている。そして、本判決は、「人をその嘱託を受け殺した」とはいえないので「重ならない」としたのである。

5　ただ、本判決は、Ｘが認識していた重い罪である傷害致死罪が成立するとした。「死の結果」についての同意があっても、「よって死亡させた」とすることは十分可能である。原審の「書かれざる構成要件要素」論は、説得性を欠く。原審は、処断刑を重視して205条の適用を躊躇したようであるが、少なくとも、本件行為は懲役1年6月という傷害致死罪の処断刑の下限をさらに下回るべき事案でないことは明らかで、実質的不合理は生じない。

6　従来の「重なり合う範囲で軽い故意犯が成立する」という形式的抽象的事実の錯誤論には限界がある。「重い法定刑」の犯罪の成立を認めた上で処断刑を加味して、妥当な結論を求める場合もありうるのである。

●**参考文献**●　安達光治・平26年度重判163、林幹人・判時2228-3、久木元伸・研修786-17、前田雅英・捜査研究768-27

40　過失の注意義務と作為義務

最 1 小決平成28年 5 月25日（刑集70巻 5 号117頁・裁時1652号 1 頁）　　参照条文　刑法211条前段
（平 3 法31号改正前）

> メタンガスの漏出による温泉施設の爆発事故について、
> 施設設計担当者の注意義務の内容。

●事実●　被告人 X は、S 温泉施設の建設を請け負っ
た建設会社の設計担当者で、設備の保守管理につき説明
する職責を負い、温泉管理者・施工担当者に対して、的
確な説明をすべき立場にあった。

本件施設は、客用温泉施設 A 棟と温度調整等を行う
処理施設 B 棟で構成され、くみ上げた温泉水について
B 棟でメタンガスを分離させた後、A 棟へ供給すると
ともに、分離したメタンガスを A 棟側から屋外へ放出
する構造になっていた。メタンガスがガス抜き配管を通
る際に結露が生じるので、ガス抜き配管の下部に結露水
抜きバルブが取り付けられていた。X は、ガス爆発事
故を防止するため結露水の排出が重要であることを認識
できたが、他者に結露水排出の意義等について説明せず、
温泉水のくみ上げ開始以来本件事故に至るまで、施設管
理者により水抜きバルブが開かれたことは一度もなかっ
た。その結果、結露水で配管が閉塞し、行き場を失った
メタンガスが、B 棟地下に漏出・滞留して、スイッチ
の火花に引火・爆発し、3 名が死亡、3 名が負傷した。

X は、施工担当者に対して、排ガス処理の指示書と
して、手書きしたスケッチを送付したが、結露水排出の
意義や必要性について明示的な説明をせず、本件スケッ
チの水抜きバルブには、通常開いておくことを示す「常
開」と記載していたが、それが結露水排出目的のもので
あることの説明はなかった。

その後、X は、施工担当者から、水抜きバルブを
「常開」とすると硫化水素が漏れると指摘され、「常閉」
に変更するように指示した。この結果、手作業で各水抜
きバルブを開いて結露水を排出する必要性が生じたが、
X は、水抜き作業の必要性などについて説明しなかった。

第 1 審・原審とも、X に業務上過失致死傷罪の成立
を認めたのに対し、弁護側が上告した。

●決定要旨●　上告棄却。X は、本件建設工事の設
計担当者として、同施設保守管理に関わる設計上の留
意事項を施工部門に対して伝達すべき立場にあったが、
「自ら、ガス抜き配管に取り付けられた水抜きバルブ
の開閉状態について指示を変更し、メタンガスの爆発
という危険の発生を防止するために安全管理上重要な
意義を有する各ガス抜き配管からの結露水の水抜き作
業という新たな管理事項を生じさせた。そして、水抜
きバルブに係る指示変更とそれに伴う水抜き作業の意
義や必要性について、施工部門に対して的確かつ容易
に伝達することができ、それによって上記爆発の危険
の発生を回避することができたのであるから、X
は、水抜き作業の意義や必要性等に関する情報を、本
件建設会社の施工担当者を通じ、あるいは自ら直接、
本件不動産会社の担当者に対して確実に説明し、メタ
ンガスの爆発事故が発生することを防止すべき業務上

の注意義務を負う立場にあったというべきである。本
件においては、この伝達を怠ったことによってメタン
ガスの爆発事故が発生することを予見できたというこ
ともできるから、この注意義務を怠った点について、
X の過失を認めることができる」。

施工担当者が施設管理者に適切な説明を行うことを
信頼することが許されるとの主張に対しては、X は
施工担当者に対し、結露水排出の意義等の記載のない
スケッチを送付しただけで、「水抜きバルブに係る指
示変更とそれに伴う水抜き作業の意義や必要性に関し
て十分な情報を伝達していなかったのであるから、施
工担当者の適切な行動により本件不動産会社に対して
水抜き作業に関する情報が的確に伝達されると信頼す
る基礎が欠けていたことは明らか」とし、業務上過失
致死傷罪の成立を認めた。

●解説●　1　過失処罰に必要な予見可能性は、課され
た結果回避義務を基礎付けうるものでなければならない。
一般人ならば予見できたといえる事情の存否と、予想さ
れる被害の重大性や、結果発生可能性等との相関だけで
は決定しえない。

2　本件では、行為時に、本件爆発の発生の具体的機
序についての予見可能性がなかったし、結露水の水抜き
作業の必要性が施工担当者を通して施設管理者に伝達さ
れなかったことも予見不可能であったという点が争われ
たが、X が「常閉」への変更指示をした以上、爆発事
故が発生することを防止すべき業務上の注意義務を負い、
爆発事故の予見可能性も認められるとしたのである。自
ら変更伝達を怠ったことが、死傷結果の予見の「重要な
中間項」となっているともいえる。

3　予見可能性の判断が、ある程度具体的なものでな
ければならないのと同様に、過失の実行行為である「注
意義務違反の行為（不作為）」も、結果発生の一定程度
の危険性を内包する具体的なものでなければならない。

本件でいえば、「メタンガス爆発事故を防ぐ注意義務」
というだけでは抽象的であり、施工担当者を通じ、ある
いは直接、施設管理者に水抜き作業の必要性等の情報を
伝え確実に説明すべき業務上の注意義務」が設定された。
ここには、不作為犯における作為義務に関するものと通
底する判例の考え方が示されている【12】。

4　この義務を導くには、①X が設備の保守管理に
つき説明する職責を負い、施工担当者に対しても設計上
の留意事項を伝達すべき立場にあったこと、②自ら水抜
き作業という新たな重要管理事項を生じさせたという先
行行為が存在すること、③伝達を的確かつ容易に行うこ
とができたことが認定できることが重要である。

5　本件では、X は、全体のガス爆発に至る機序を
予見することができ、支配しうる立場にあったのだから、
ガス漏れ発生に直接関与した温泉管理者や施工担当者等
の関係で信頼の原則は働かない。

●参考文献●　前田雅英・捜査研究787-67、川田宏一・判解平28年
度69、古川伸彦・平28年度重判126、橋爪隆・警論70-4-157

41 信頼の原則

最3小決平成16年7月13日（刑集58巻5号360頁・判時1877号152頁）　　参照条文　刑法211条

交差点に時差式信号機が設置されているが、それを認識していなかった者が、対向車線の対面信号も赤色表示に変わっており、相手車両がこれに従って停止するものと信頼して右折進行することは許されるか。

●**事実**●　被告人Xは、普通乗用自動車を運転し、いわゆる時差式信号機の設置された交差点を右折するため、同交差点手前の片側2車線の幹線道路中央線寄り車線を進行中、対面する同交差点の信号が青色表示から黄色表示に変わるのを認め、さらに、自車の前輪が同交差点の停止線を越えた辺りで同信号が赤色表示に変わるのを認めるとともに、対向車線上を時速約70ないし80kmで進行して来るA運転の自動二輪車（以下「A車」という）のライトを、前方50m余りの地点に一瞬だけ見たが、対向車線の対面信号も赤色表示に変わっており、A車がこれに従って停止するものと即断し、A車の動静に注意することなく右折進行し、実際には対面する青色信号に従って進行して来たA車と衝突し、Aは死亡した。本件交差点の信号機は時差式信号機であるにもかかわらず、その旨の標示がなく、Xは、その対面信号と同時にA車の対面信号も赤色表示に変わり、A車がこれに従って停止するものと信頼して右折進行したのだから過失はないと主張して争った。

第1審は、対向車の交差点進入に関するXの予見義務を否定してXを無罪とするとともに、時差式との標識標示があれば事故が起きなかった可能性があると指摘したが、原審は、Xの動静注視義務違反を認め、破棄有罪の自判をした。X側が上告。

●**決定要旨**●　上告棄却。「XはA車が本件交差点に進入してくると予見することが可能であり、その動静を注視すべき注意義務を負うとした原判断は、相当である。所論は、本件交差点に設置されていた信号機がいわゆる時差式信号機であるにもかかわらず、その旨の標示がなかったため、Xは、その対面信号と同時にA車の対面信号も赤色表示に変わりA車がこれに従って停止するものと信頼して右折進行したのであり、そう信頼したことに落ち度はなかったのであるから、Xには過失がないと主張する。しかし、自動車運転者が、本件のような交差点を右折進行するに当たり、**自己の対面する信号機の表示を根拠として、対向車両の対面信号の表示を判断し、それに基づき対向車両の運転者がこれに従って運転すると信頼することは許されないものというべきである**」。

●**解説**●　1　信頼の原則とは、**被害者ないし第三者が適切な行動をとることを信頼するのが相当な場合には、**たとえそれらの者の不適切な行動により犯罪結果が生じても、それに対して刑責を負わなくてよいとする理論である。信頼の原則は、最高裁にも採用され、わが国の刑法理論の中に定着しているといってよい（最判昭41・12・20刑集20-10-1212、最判昭42・10・13刑集21-8-1097）。そして、当該原則の適用領域も、交通事故関連に限定されることなく、企業活動や医療活動にまで認められるようになってきている（札幌高判昭51・3・18高刑29-1-78）。

2　信頼の原則が働く場合は、すなわち、第三者が適切な行動をとることを信頼するのが相当な場合とは「被害者等の不適切な行動を一般人が予見し得ない場合」と解することもできる。そこで、(a)旧過失論の側からは、同原則は、**刑法上の予見可能性の有無を判別する基準**として説明されることになる。

3　しかし、信頼の原則は、(b)**結果回避義務を限定する**ものと考える注意義務限定説が有力である。この説は、行為者自身に交通法規違反があれば相手への信頼を認めないクリーンハンドの原則と結びつきやすい。予見可能性限定説では、事実上予見可能性が低い以上、信頼を許容することになる傾向がある。この点、最高裁は、行為者に違反がある場合にも信頼の原則を認めていることに注意しなければならない（前掲最判昭42・10・13）。

4　前掲最判昭和42年10月13日は、「本件被告人のように、センターラインの若干左側から、右折の合図をしながら、右折を始めようとする原動機付自転車の運転者としては、後方から来る他の車両の運転者が、交通法規を守り、速度をおとして自車の右折を待って進行する等、安全な速度と方法で進行するであろうことを信頼して運転すれば足り、本件被害者のように、あえて交通法規に違反して、高速度で、センターラインの右側にはみ出してまで自車を追い越そうとする車両のありうることまでも予想して、右後方に対する安全を確認し、もって事故の発生を未然に防止すべき業務上の注意義務はないものと解するのが相当である」とし、道路交通法違反の点については、刑法上の注意義務の存否とは関係のないことであるとしている。

5　本決定は、自己の対面する信号機の表示を根拠として、対向車両の対面信号の表示を判断し、それに基づき対向車両の運転者がこれに従って運転すると信頼することは許されないと判断した。この点は、予見可能性の問題として説明した方がわかりやすい。時差式の信号機のその地域での浸透度などにもよるが、現状では、常に対向車の対面信号が自車の対面信号と同色であり、それに従って運行するとは限らないことの予見は可能であるように思われる。

●**参考文献**●　前田雅英・法教293-142、大野勝則・J1287-124、古川伸彦・J1341-183、岡部雅人・早稲田法学81-2-201

42　危険の引き受けと許された危険

千葉地判平成 7 年12月13日　（判時1565号144頁）　　参照条文　刑法211条

ダートトライアル事故で、同乗し危険を引き受けた者を死亡させた者に過失致死罪が成立するか。

●**事実**●　被告人 X はダートトライアル場内で、約 7 年の経験のある A を同乗させてダートトライアル車を運転中、前方の見通しが困難な、左に鋭く湾曲する下り急勾配の箇所にさしかかり、経験が浅く運転技術が未熟でコース状況も十分把握していなかったのに、時速約40kmで進行し、カーブを曲がりきれずコース右側に寄りすぎて狼狽し、左右に急転把・急制動の措置を講じたが、走行の自由を失い、自動車を左右にだ行させ、暴走させコース右側に設置してあった丸太の防護柵に激突・転覆させ、その際、丸太が A の胸部等を挟圧し窒息死させた。X は、業務上過失致死罪〔当時〕で起訴された。

●**判旨**●　千葉地裁は、「本件における車両の暴走の原因は、X が自己の運転技術を超えて、高速のまま下り坂の急カーブに入ったことにあると考えられ、同乗者がいる以上、X は同乗者の死傷を回避するために速度の調節等を行うべきであったとする検察官の主張にも理由があるように思われる」としつつ、「少なくとも、①上級者が初心者の運転を指導する、②上級者がより高度な技術を習得するため更に上級の者に運転を指導してもらうような場合では、同乗者の側で、ダートトライアル走行の前記危険性についての知識を有しており、技術の向上を目指す運転者が自己の技術の限界に近い、あるいはこれをある程度上回る運転を試みて、暴走、転倒等の一定の危険を冒すことを予見していることもある。また、そのような同乗者には、運転者への助言を通じて一定限度でその危険を制御する機会もある。したがって、このような認識、予見等の事情の下で同乗していた者については、運転者が右予見の範囲内にある運転方法をとることを容認した上で、それに伴う危険を自己の危険として引き受けたとみることができ、右危険が現実化した事態については**違法性の阻却を認め**」うるとし、本件 A は死傷の結果が生じることについては、X の重大な落ち度による場合を除き自己の危険として引き受けた上で同乗していたと認められ、そして X の重大な落ち度があったとまではいえないとした。

さらに、ダートトライアル競技は、すでに社会的に定着したモータースポーツで、他のスポーツに比べて格段に危険性が高いものとはいえず、スポーツ活動においては、引き受けた危険の中に死亡や重大な傷害が含まれていても相当性を否定することはできないとして、「A を同乗させた本件走行は、社会的相当性を欠くものではない」とし、X の行為の違法性が阻却されるとした。

●**解説**●　1　過失犯の実行行為は、結果が発生する一定程度の可能性のある行為である。社会生活には法益侵害の危険は不可避であり、一定の危険が伴っても社会生活上許容される行為が存在する。ダートトライアルもその一例といえよう。しかし、そのような意味で「社会的に相当である」というだけで、X の行為が許容されるわけではない。本件では、危険を承知して同乗した被害者の危険の引き受けの存在が重要な意味を有する。過失犯においても、被害者の結果に対する完全な同意が考えられるが、多くの場合は、結果が発生するかもしれない危険を認識しつつ当該行為を許容する危険の引き受けが問題となる。

2　故意犯の場合は、生命を否定する被害者の同意は、行為を不可罰としえない（202条）。まして、生命に対する危険の承諾は、それのみでは、被告人の無罪を導くことはありえない（命を救うため成功率50％の手術に同意して死んだ場合のように、価値のある行為を行う場合は異なる）。この点、過失犯の場合は、危険の引き受けの存在のみで不可罰を導く考え方が見られる。(a)客観的注意義務が否定されるという考え方と、(b)引き受けた危険が現実化した結果は客観的に帰責されないという考え方である。しかし、酒席の座興にナイフ投げの的になることを買って出た被害者をナイフにより殺害してしまった者を不可罰とするわけにはいかない。

3　本件判旨も、(b)の考え方に従ったように見えるが、違法性を阻却する根拠は、引き受けた危険の現実化に加え、ダートトライアルがスポーツとして定着している点にあるのである。X の行為が、社会規範的に見て、一定の価値を有することが加味されて初めて正当化されると考えたといえよう。許された危険論とは、行為時を基準に、行為の有する価値が、予想される危険の大きさに結果発生の蓋然性を掛け合わせたものより優越する範囲で正当化されるという考え方である。たとえば、救急患者の生命のために危険を侵して疾走する救急車とか、列車転覆事故の際医学生が応急の手当てを求められ、できるだけのことをしたが死亡せしめたというような場合に正当化される。

4　この点、本件 X の運転行為は、そのような価値・利益を担ってはいない。だが、危険の引き受けが存在することにより、比較衡量される「危険」が縮小評価され、より軽微な行為の価値（スポーツとしての有用性）でも正当化されうるのである。ただ、危険の引き受けにより違法性が減少しうるのは、本判決が示したように、引き受けた危険の射程内の結果が発生した場合に限られる。もっとも、射程外の結果ということは、予見可能性を欠くという理由でも、不可罰とされることになる。

●**参考文献**●　塩谷毅・囮総 8 版120、島田聡一郎・囮総 6 版114、荒川雅行・平 8 年度重判147、十河太朗・同志社法学50- 3 -341

43　予見可能性の対象

最2小決平成元年3月14日（刑集43巻3号262頁・判時1317号151頁）　　参照条文　刑法38条、211条

業務上過失致死罪の成立に必要な予見可能性の対象は、どの程度具体的なものなのか。

●**事実**●　被告人Xは、業務として普通貨物自動車（軽四輪）を運転中、最高速度が時速30kmに指定されている道路を時速約65kmで進行し、対向してきた車両を認めて狼狽し、左に急ハンドルをきり、走行の自由を失って、道路左側に設置してある信号柱に荷台部分を激突させ、その衝撃により、荷台に乗っていたAおよびBの両名を死亡させたという事案であるが、Xは後部荷台に人が乗っていることを認識していなかった。

　第1審がAおよびBに対する業務上過失致死罪の成立を肯定したのに対し、被告人側から、両名の荷台乗車の認識を欠くXには両名が転落して死亡するという結果の予見の可能性がなく、過失責任は認められないとして控訴がなされた。しかし、原審は、Xの行為・事故態様は、自車（助手席・荷台）の同乗者は勿論、さらには歩行者、他の車両の運転者およびその同乗者等に対する死傷の結果を惹起するにも十分な危険性のあるものであって、これは自動車運転者として当然認識しうべかりしところであるから、AおよびBの荷台乗車の認識がなかったとしても、両名に対する業務上過失致死罪の成立を妨げないと判示した。X側が上告。

●**決定要旨**●　上告棄却。「Xは、業務として普通貨物自動車（軽四輪）を運転中、制限速度を守り、ハンドル、ブレーキなどを的確に操作して進行すべき業務上の注意義務を怠り、最高速度が時速30kmに指定されている道路を時速約65kmの高速度で進行し、対向してきた車両を認めて狼狽し、ハンドルを左に急転把した過失により、道路左側のガードレールに衝突しそうになり、あわてて右に急転把し、自車の走行の自由を失わせて暴走させ、道路左側に設置してある信号柱に自車左側後部荷台を激突させ、その衝撃により、後部荷台に同乗していたA及びBの両名を死亡するに至らせ、更に助手席に同乗していたCに対し全治約2週間の傷害を負わせたものであるが、Xが自車の後部荷台に右両名が乗車している事実を認識していたとは認定できないというのである。しかし、Xにおいて、右のような無謀ともいうべき自動車運転をすれば人の死傷を伴ういかなる事故を惹起するかもしれないことは、当然認識しえたものというべきであるから、たとえXが自車の後部荷台に前記両名が乗車している事実を認識していなかったとしても、右両名に関する業務上過失致死罪の成立を妨げないと解すべきであり、これと同旨の原判断は正当である」。

●**解説**●　1　判例・多数説は、具体的予見可能性説を採用する。ただ**具体的予見可能性**を文字どおりに徹底すると、特定の被害者が何年何月何日に死亡したことの予見を問題にすべきことになろうが、それが不合理で一定の抽象化が必要なことでは一致している。たしかに、強力な小型爆弾を列車に置き忘れ乗客多数が死亡した場合、置き忘れた場所すら失念していても、過失致死罪の責任は免れえないであろう。もとより、構成要件結果（人の死）の予見は必要であるが、それ以上の具体的な内容の予見が不可能でも、過失責任は問いうる。また、結果の個数を重視すべきでもない。危険な行為により複数人を死亡せしめたが、1人の死のみが予見可能であった場合に、1人に対する過失致死罪のみが成立すると考えるのは合理的ではない。

　2　故意犯については、助手席の人を殺そうとしてトラックに爆弾を仕掛けたところ、荷台に乗っていた人まで殺した場合、後者についても殺人罪の成立を認める法定的符合説を、判例は採用している【**36**】。最高裁は、同一構成要件の範囲内で認識の対象の抽象化を認めているのである。そうだとすれば、過失犯の場合にも、現に生じた「具体的結果」の予見可能性は必ずしも必要でないことになる。ただ、故意犯と過失犯を全く同様に考えなければならない必然性はない。

　3　本決定は、「人の死傷を伴ういかなる事故を惹起するかもしれないこと」の認識可能性を根拠に、荷台に乗車している事実を認識していなかったとしても、業務上過失致死傷罪の成立を妨げないとした。助手席に人を乗せており、その者に対する死の予見可能性は存在したわけである。これに対し、具体的予見可能性を厳格に要求し、さらに「具体的符合説」的に考えると、荷台に人が乗ることの予見可能性が必要となろう。しかし、無謀運転により対向車に自車を衝突させ、後部座席に定員オーバーのため身を潜めて乗っていた者のみを死亡させたような場合を考えると、その者の存在の認識が不可能であったとしても、運転者に過失致死罪が成立することは明らかであろう。その意味で、現に生じた結果についての予見可能性は不要なのである。

　4　しかし、「人の死」が予見不可能であれば過失責任は問いえない。本件事案を修正して、「若干乱暴な運転ではあるが、助手席の人や通行人などを死に至らしめる予見は不可能であったのに、荷台に隠れていた被害者が急に立ち上がったので、転落して死亡した場合」を想定すると、運転行為から人の死を予見することは困難なので、運転者に過失責任は問いえない。その場合に過失致死罪を帰責するには、人が荷台に乗っていることの認識可能性が必要なのである。

●**参考文献**●　安廣文夫・J941-97、曽根威彦・判評373-68、内田浩・回総8版106

44 中間項の予見──近鉄生駒トンネル火災事故

最2小決平成12年12月20日（刑集54巻9号1095頁・判時1735号142頁）　　　参照条文　刑法117条の2、211条

特殊な発火の直接原因が予見不能な場合に、火災による死傷結果の予見可能性を認めうるか。

●**事実**●　電力ケーブルの敷設を請け負う電設会社の代表取締役X（被告人）は、従業員2名を使用して、昭和61年3月23日から26日に行った近鉄東大阪線生駒トンネル内の電設工事の際、ケーブルをY分岐接続器（2本のケーブルを接続し1本を分岐させるY字型の器具）によって接続したが、通電により誘起される電流をアース端子を通して大地に流す導通路を確保しなかったため、4月21日以降同ケーブルに2万2000ボルトの電圧が課電されたために誘起された電流が、Y分岐接続器内部の半導電層部に漏えいして、徐々にこれを加熱し炭化させた上、アーク放電を発生させ、9月21日に、同半導電層部を炎上させ、これが電力ケーブルの外装部に燃え移り、煙と有毒ガスを蔓延させ、もって公共の危険を発生させ、さらに、トンネル内に進入した列車の乗員1名を死亡させ、乗客42名に傷害を負わせたとして業務上過失致死傷罪（および業務上失火罪）で起訴された。

第1審は、Y分岐接続器に炭化導電路が形成されたという事実が、本件火災発生に至る一連の因果経路の基本部分を構成するものというべきであり、上記事実についての予見が不可能なのでXには過失責任を問いえないとした。

これに対し原審は、「因果の経路の基本部分とは、まさに、そのこととそのことにより同部が発熱し発火に至るという最終的な結果とに尽きるのであって、これらのことを大筋において予見、認識できたと判断される以上、予見可能性があったとするに必要にして十分であり、半導電層部に流れ続けた誘起電流が招来した炭化導電路の形成、拡大、可燃性ガスの発生、アーク放電をきっかけとする火災発生というこの間のプロセスの細目までも具体的に予見、認識し得なかったからといって、予見可能性が否定されるべき」ではないとして、結果の予見可能性を認めた。X側が上告。

●**決定要旨**●　上告棄却。「近畿日本鉄道東大阪線生駒トンネル内における電力ケーブルの接続工事に際し、施工資格を有してその工事に当たったXが、ケーブルに特別高圧電流が流れる場合に発生する誘起電流を接地するための大小二種類の接地銅板のうちの一種類をY分岐接続器に取り付けるのを怠ったため、右誘起電流が、大地に流されずに、本来流れるべきでないY分岐接続器本体の半導電層部に流れて炭化導電路を形成し、長期間にわたり同部分に集中して流れ続けたことにより、本件火災が発生したものである。右事実関係の下においては、Xは、右のような炭化導電路が形成されるという経過を具体的に予見することは

できなかったとしても、右誘起電流が大地に流されずに本来流れるべきでない部分に長期間にわたり流れ続けることによって火災の発生に至る可能性があることを予見することはできたものというべきである。したがって、本件火災発生の予見可能性を認めた原判決は、相当である」。

●**解説**●　1　本件では、接続器内に炭化導電路が形成され長期間同部分に集中して電気が流れ続けたことにより火災が発生したのであるが、その具体的な因果は予見できなかったと認定された。しかし火災発生の予見可能性を肯定したのである。

2　電車が往来するトンネル内での死傷の場合、内部で火災が発生することの予見が可能であれば、死傷の予見は可能である。それでは、火災発生の予見可能性を認めるためには、どのような事情が必要なのであろうか。本件第1審は、接続器の一部の炭化による導電路の形成が、因果経過の基本的部分（中間項）として予見可能でなければならないとし、それが欠けるとして過失責任を否定した。

3　しかし、その予見が可能であれば、全体としての予見可能性を認めうるところの「因果経過の基本的」部分は、その予見があれば、一般人ならば最終結果の認識が可能なものとして設定されなければならない。そのことを前提としてはじめて、基本的部分の予見可能性を、結果の予見可能性に置き換えることができる。ただ、設定しうる中間項の中では、最も抽象的なもので足りるのである。

4　この点、水俣病刑事控訴審判決（福岡高判昭57・9・6判時1059-17）は、工場排水の有毒物質により汚染された魚介類を摂食することによって、水俣病に罹患し、死傷の結果を受けるおそれのあることの予見があれば、有毒物質が一定の脳症状を呈する特定の化学物質であることの予見までも要するものではないと判示した。すなわち、水俣病発症の因果経過の中で重要な意味を持つ有機水銀が原因物質であることの予見は不要としたのである。

5　本件でも、大量の電気が本来流れるべきでない部分に長期間にわたり流れ続けることが中間項といえよう。そのことにより同部が発熱し発火に至るということは一般人にとって十分に予見可能なのである。「アース不良でケーブル類から発火する」ということが因果経過の「基本部分」と考えうる。本件のような大きな容量の電流が問題になる場合に、アース不良からケーブルそのものから発火した場合、どの部分から発火するかという点が予見の対象ではないことは、ほぼ争いがないであろう。

●**参考文献**●　朝山芳史・判解平12年度192、島田聡一郎・J1219-165、北川佳世子・平12年度重判143

45　砂浜陥没事故と中間項の予見

最2小決平成21年12月7日（刑集63巻11号2641頁・判時2067号159頁）　　参照条文　刑法211条

人工砂浜の砂層内に発生し成長していた空洞の上を移動中の被害者が、その重みによる空洞の崩壊のため生じた陥没孔に転落し埋没し死亡した事故について、砂浜の管理等の業務に従事していた者に予見可能性が認められるか。

●**事実**●　人工砂浜の砂が、砂防板破損のため徐々に海に吸い出され砂層内に発生し成長していた空洞の上を小走りに移動中の被害者が、その重みによる空洞の崩壊のため生じた陥没孔に転落し埋没して死亡した事故に関し、砂浜等を管理していた被告人Xら、事故当時の国交省職員および明石市職員の過失責任が問題となった。

結果の予見可能性に関し、第1審は、砂層内の空洞の発生は、土木工学上よく知られた一般的な現象とはいえないし、本件事故現場付近の砂浜において、危険であると感じるような陥没は発見されていなかったのだから、空洞の存在は認識不可能だったとした。これに対し原審は、予見可能性を認めて、第1審判決を破棄し、Xらが取りうる結果回避措置や量刑に関する証拠調べを行わせるために、事件を神戸地裁に差し戻したのに対し、Xが上告した。

●**決定要旨**●　上告棄却。最高裁は、事実関係を以下のようにまとめる。「本件事故は、東側突堤中央付近のケーソン目地部の防砂板が破損して砂が海中に吸い出されることによって砂層内に発生し成長していた深さ約2m、直径約1mの空洞の上を、被害者が小走りに移動中、その重みによる同空洞の崩壊のため生じた陥没孔に転落し、埋没したことにより発生したものである。そして、Xらは、本件事故以前から、南側突堤沿いの砂浜及び東側突堤沿い南端付近の砂浜において繰り返し発生していた陥没についてはこれを認識し、その原因が防砂板の破損による砂の吸い出しであると考えて、対策を講じていたところ、南側突堤と東側突堤とは、ケーソン目地部に防砂板を設置して砂の吸い出しを防ぐという基本的な構造は同一であり、本来耐用年数が約30年とされていた防砂板がわずか数年で破損していることが判明していたばかりでなく、実際には、本件事故以前から、東側突堤沿いの砂浜の南端付近だけでなく、これより北寄りの場所でも、複数の陥没様の異常な状態が生じていた」。

そして争点となった、結果の予見可能性に関して、「以上の事実関係の下では、Xらは、本件事故現場を含む東側突堤沿いの砂浜において、防砂板の破損による砂の吸い出しにより陥没が発生する可能性があることを予見することはできたものというべきである。したがって、本件事故発生の予見可能性を認めた原判決は、相当である」と判示した。

●**解説**●　1　判例は、因果経過の基本部分の予見可能性を問題にするが、その趣旨は、その予見が可能であれば、全体としての予見可能性を認めうるところの「因果経過の基本的部分」を予見できればよいというものであると解すべきである。因果経過の「最も重要な部分」の予見可能性は、必ずしも必要でない。

2　生駒トンネル事故に関する【44】も、発火の直接的原因となった「炭化導電路が形成されるという経過を具体的に予見することはできなかったとしても、右誘起電流が大地に流されずに本来流れるべきでない部分に長期間にわたり流れ続けることによって火災の発生に至る可能性があることを予見することはできたものというべきである」としている。被告人が、アース端子を通して大地に流す導通路を確保しなかったことは認定されているのであり、アース不良のためにケーブルそのものから発火した場合、どの部分から発火するかという点までの予見可能性は必要ない。

3　本決定も、少し離れた砂浜において繰り返し発生していた陥没を認識し、その原因が防砂板の破損による砂の吸い出しであると考えて対策を講じており、耐用年数が約30年とされていた防砂板が数年で破損していることが判明していたわけで、本件事故現場を含む砂浜において、「防砂板の破損による砂の吸い出しにより陥没が発生する可能性があることを予見することはできた」と判示した。「砂防板破損による砂の吸い出し」という**中間項**を追加することにより、一般人ならば結果の予見が可能であるとした。

4　今井功裁判官の反対意見は、「少し離れたところで何回も陥没が生じていたのに、現場付近ではそれが見られなかった」という事実は、その原因が何であるかは必ずしも明らかではないとしても、厳然たる事実として、重く受け止める必要があるとする。

たしかに、波の強さ等で砂の流出量が大きく異なることはありうる。しかし、同じ構造で構築され、同じ砂防板が使われている以上、連続する砂浜の一部で陥没が発生し、その原因が砂防板の破損であることが認識されていたとすれば、同様の砂防板が用いられているのであるから、砂の吸い出しによる空洞の発生という中間項は、予見可能であったというべきであろう。そしてそれは、刑事過失を基礎付けうるものといえよう。ただ、高裁と最高裁は、第1審判決より事故発生現場に近い場所に陥没痕の存在を認定していることに注意しなければならない。

5　なお、**最決平成26年7月22日**（刑集68-6-775）は、国交省の課長であり、広く兵庫県大阪湾沿岸、播磨沿岸および淡路沿岸について、海岸に関する工事の実施計画、同実施設計、同調査、同実施の調整、同施行、監督および検査、工事の実施上必要な保安および危害予防、工事開始から工事完成までの工事用地の管理に関する事務や海岸の管理に関する事務等の業務に従事していた者にも、同砂浜に関する安全措置を講ずべき業務上の注意義務があったとした。

●**参考文献**●　家令和典・J1406-146、前田・最新判例分析50、塩谷毅・平22年度重判198

46 雑踏警備と監督過失

最1小決平成22年5月31日（刑集64巻4号447頁・判時2083号159頁）　　参照条文　刑法211条前段

花火大会で多数の参集者が折り重なって転倒して死傷者が発生した事故について、雑踏警備を指揮する立場にあった者の刑事責任の有無。

●**事実**●　A市民夏まつりで実施された花火大会において、参集した多数の観客が、大会実施公園と最寄りの駅とを結ぶ歩道橋に集中して過密な滞留状態となり、強度の群衆圧力が生じて、多数の者が折り重なって転倒するいわゆる群衆なだれが生じ、11名が死亡し、183名が負傷するという事故に関し、花火大会を実質的に主催したA市職員3名のほか、A警察署地域官（現地警備本部指揮官）Xおよび警備員の統括責任者Yの計5名が業務上過失致死傷罪で起訴された。

第1審は5名を有罪とし、控訴審判決も4名の控訴を棄却し（1名は控訴取下げ）、XとYが予見可能性、結果回避義務およびその履行の有無を争って上告した。

原審は、①公園と最寄り駅とは歩道橋によって接続されており、歩道橋の形状、さらに夜店の存在からも参集者が滞留すること、②大会終了前後は、帰路につく参集者が歩道橋に殺到し双方向の人の流れがぶつかり滞留が一層激しくなることが予想され、しかも③カウントダウン花火大会の際、多数の110番通報があったほどの混雑密集状態となった経験があったにもかかわらず、④それをはるかに上回る参集者が見込まれた花火大会に、混雑防止の有効な方策は講じられず、また、混雑後の具体的な計画も策定されていなかったことを認定した上で、Xらは、流入規制等を行ったり機動隊の出動を要請する措置を講じなかったという過失があるとした。X側が上告。

●**決定要旨**●　上告棄却。最高裁は、Xらが「遅くとも午後8時ころまでには、歩道橋上の混雑状態は、A市職員及び警備員による自主警備によっては対処し得ない段階に達していたのであり、そのころまでには、前記各事情に照らしても、X・Y両名ともに、直ちに機動隊の歩道橋への出動が要請され、これによって歩道橋内への流入規制等が実現することにならなければ、午後8時30分ころに予定される花火大会終了の前後から、歩道橋内において双方向に向かう参集者の流れがぶつかり、雑踏事故が発生することを容易に予見し得たものと認められる。そうすると、Xは、午後8時ころの時点において、直ちに、配下警察官を指揮するとともに、機動隊の出動をA警察署長らを介し又は直接要請することにより、歩道橋内への流入規制等を実現して雑踏事故の発生を未然に防止すべき業務上の注意義務があったというべきであり、また、Yは、午後8時ころの時点において、直ちに、A市の担当者らに警察官の出動要請を進言し、又は自ら自主警備側を代表して警察官の出動を要請することにより、歩道橋内への流入規制等を実現して雑踏事故の発生を未然に防止すべき業務上の注意義務があったとい

うべきである」とした。そして、午後8時10分ころまでにその出動指令があれば、本件雑踏事故は回避できたと認められるとした。そして、Xは自己の判断により機動隊の出動を実現できたし、Yは、A市の担当者らに警察官の出動要請を進言でき、さらに、自らが自主警備側を代表して警察官の出動を要請することもできたとして、X・Yともに、午後8時ころの時点において、上記義務を履行していれば、本件事故を回避することは可能であったとして、業務上過失致死傷罪の成立を認めた原判断を維持した。

●**解説**●　1　本件は、警察官などを指揮監督する際の過失が問題とされており、広義の監督過失ともいえよう。監督過失とは、「法益侵害結果を直接生ぜしめた者を監督すべき義務を有する者の過失責任」である。ただ、「避難計画を立てそれを実施させる監督義務」等も含まれるようになり、さらには、**物的な安全体制確立・安全対策の構築**などに関する過失も監督過失と結びつけられるようになる。

ただ、本件では、午後8時ころの時点における、機動隊の出動要請と、歩道橋内への流入規制を怠った不作為とをXの「実行行為」として捉え、Yについては、「進言義務」を問題としたのである。

2　火災事故の予見可能性の認定上重要な意味を持つ中間項（**【44】**参照）は、「出火の予見可能性」である。火災による死傷の場合、出火の予見可能性がなければ、死傷の予見可能性は否定されるが、ホテル内で出火が予見されれば、防火体制などから、死傷の結果の予見可能性は十分可能なのである。本件においては、それに対応するのが、「歩道橋上の極度の雑踏状態」である。

3　刑法211条の予見可能性を認めるための中間項としての極度の雑踏状態とは、いわゆる群衆なだれが生じて人の死亡が起こりうる程度のものでなければならない。最高裁は、午後8時ころには、すでに生じていた雑踏状況の報告、現場の形状についての知識、過去の経験等から、双方向に向かう参集者による極度の雑踏状況が発生することを容易に予見しえたと認定した。すなわち、死傷結果の予見可能性が認められるとしたのである。そして、それを根拠に、流入規制義務と、機動隊出動要請義務を認めたのである（結果回避可能性も認定されている）。

4　ただ、予見可能性のみで監督過失の成立範囲を限定しようとすると、処罰範囲が不当に広がる。雑踏事故の予見が可能な関係者は多数存在したであろうが、機動隊出動要請等の進言義務が存在するのは、本件でいえばYのような立場の者に限られていたといえよう。スプリンクラーの設置されていない旅館の火災で多数の死者が発生した場合、板前もそれを認識し、スプリンクラー設置の進言をすべきだったとして過失処罰を負わせるべきではない。防火義務を負う管理者ではなく、作為義務がないからである。

●**参考文献**●　三浦透・判解平22年度86、林幹人・曹時63-12-1、土本武司・判評630-33

47 自動車部品の欠陥に基づくリコールと予見可能性の対象

最3小決平成24年2月8日（刑集66巻4号200頁・判時2157号133頁）　　参照条文　刑法211条

> 部品の欠陥に基づく事故による死傷結果についての業務上過失致死傷罪の成否の判断。

●**事実**●　平成14年1月10日午後3時45分ころ、Y市内の道路を時速約50kmで走行中の大型トラクタの左前輪ハブ（Dハブ）が破損し、左前輪がタイヤホイール・ブレーキドラムごと脱落し、脱落した左前輪が、左前方の歩道上にいたAに背後から激突し、転倒させて頭蓋底骨折等により死亡させた。また、一緒にいた児童2名もその衝撃で路上に転倒させ、各全治約7日間の傷害を負わせた事故について、自動車製造会社M社品質保証部門の部長Xと、その部下Yが、同種ハブを装備した車両につきリコール等の改善措置の実施のために必要な措置をとるという業務上の注意義務を怠ったとして業務上過失致死傷罪で起訴された（ハブは、前輪のタイヤホイールと車軸とを結合する部品で、破損することが基本的に想定されていなかった）。

第1審は、多くの事故を経験しており、少なくと平成11年に発生した中国JRバス事故の時点でハブの強度不足を疑うに足りる客観的状況があり、リコール等をせず放置すれば、**輪切り破損事故**が発生して人身被害が生じるかも知れないことは予見可能であったとして、X・Yに過失責任を認めた。原審も、ハブの強度不足の疑いによりリコールをしておけば、事故は確実に発生していなかったのであって、**事故原因が摩耗によるものであったと仮定しても事故発生を防止できた**として結果回避可能性を認め、結果回避義務、因果関係も認められるとし、第1審判決の結論を是認した。

これに対し、X・Yは、①中国JRバス事故当時、Dハブの強度不足を疑うことは不可能で、②X・Yには、リコールすべきという業務上過失致死傷罪上の義務が課されていたとはいえず、③事故車両の使用状況等に照らすと、リコールしていても事故を回避できず、X・Yの不作為と事故との間の因果関係が欠ける等として上告した。

> ●**決定要旨**●　上告棄却。まず、**予見可能性**の点について、Yはハブの輪切り破損事故を担当し、同様の事故が続発していたことの報告を受けており、中国JRバス事故の時点で、ハブに強度不足のおそれがあることを十分認識していたと認められ、過去のハブ破損事故の事故態様の危険性等も踏まえれば、「リコール等の改善措置を講じることなく強度不足のおそれがあるDハブを装備した車両の運行を放置すればDハブの輪切り破損により人身事故を発生させることがあることを容易に予測し得た」とし、Xも、同様に、人身事故を発生させることがあることは十分予測しえたとした。中国JRバス事故は、当時ハブの異常摩耗が原因とされており、強度不足を疑うことは不可能であったという主張に対しては、すでにハブの破損事故が続発しており、ハブの強度不足を認識しえたとした。
>
> **結果回避義務**の点については、中国JRバス事故の時点におけるハブの強度不足のおそれの強さ、予測さ

れる事故の重大性、多発性に加え、M社がハブの破損事故を秘匿情報として取り扱い、事故関係の情報を一手に把握していたことをも踏まえ、改善措置に関する業務を担当する者においては、刑事上も、リコール等の改善措置をとり、「強度不足に起因するDハブの輪切り破損事故の更なる発生を防止すべき注意義務があった」とし、Yについては、Xにリコール等の改善措置を執り行う手続を進めるよう進言し、運輸省担当官に対しリコール等の実施に必要な措置をとり、破損事故がさらに発生することを防止すべき業務上の注意義務があったとし、Xについても、Yらに対し徹底した原因調査を行わせてリコール等の社内手続を進め、運輸省担当官に対して、調査の結果を正確に報告するなどして、リコール等の改善措置の実施のために必要な措置をとり、破損事故がさらに発生することを防止すべき業務上の注意義務があったとした。

結果回避可能性、**因果関係**の点については、原審判断が必ずしも相当でないとしつつ、①破損することが基本的に想定されていないハブが、10年弱の間に40件も輪切り破損しており、②事故後の実走行実働応力試験において、強度不足の欠陥を推認させる実験結果が得られ、③M社トラック・バス部門が平成16年3月に届け出たリコールの際に、ハブに強度不足があったことを自認しており、④本件事故においては、異常、悪質な整備、使用等の状況があったとまではいえないとし、「これらの事情を総合すれば、Dハブには、設計又は製作の過程で強度不足の欠陥があったと認定でき、本件事故も、本件事故車両の使用者側の問題のみによって発生したものではなく、Dハブの強度不足に起因して生じたものと認めることができる」とし、事故は義務違反に基づく危険が現実化したものといえるから、両者の間に因果関係を認めることができると判示した。

●**解説**●　1　本件の予見可能性判断における中間項（【44】参照）は「強度不足に起因するハブの輪切り破損事故」である。過去の破損事故から、リコール等をするという注意義務を果たしておけば、死傷結果は発生しなかったとされたが、問題は、リコール等の措置を要請するだけの危険性の認識で足りるのかという点なのである。原審は、リコールさえしておけば、原因が摩耗による輪切り破損であるとしても、その発生を防止できたのであるから過失を認めうるとした。

2　ただ、「どんな使い方をされるか分からない」「何が起こるか分からない」という事情だけでは、リコール等の改善措置を行う義務を基礎づけるだけの「結果発生の可能性」としては不十分であろう。最高裁は、本件の注意義務は、あくまで強度不足に起因するDハブの輪切り破損事故がさらに発生することを防止すべき業務上の注意義務であるとしたのである。

●**参考文献**●　矢野直邦・判解平24年度54、前田・最新判例分析42、橋爪隆・警論70-4-157

48 実質的違法性の判断基準

最2小決平成17年12月6日 (刑集59巻10号1901頁・判時1927号156頁)　　　参照条文　刑法35条、224条

> 妻と離婚係争中の夫が、妻の監護養育下にある2歳の子を有形力を用いて連れ去った行為につき、実質的に違法性が阻却される余地があるか。

●**事実**●　被告人Xは、Bとの間にCが生まれたことから婚姻し、東京都内で3人で生活していたが、Xの暴力等が原因で、Bは、2歳で常時監護しなければならないCを連れて青森県八戸市内のBの実家に身を寄せ、Xを相手方として、夫婦関係調整の調停や離婚訴訟を提起し、係争中であった（本件当時、Cに対するXの親権ないし監護権を制約するような法的処分は行われていなかった）。

Xは、CをBの下から奪い、自分の支配下に置いて監護養育しようという思いを募らせ、八戸市内の保育園の南側歩道上において、Bに代わって迎えに来たBの母親Dが、自分の自動車にCを乗せる準備をしている隙を突いて、XがCに向かって駆け寄り、背後から自らの両手を両脇に入れてCを持ち上げ、抱きかかえて、あらかじめドアロックをせず、エンジンも作動させたまま停車させていたXの自動車まで全力で疾走し、Cを抱えたまま運転席に乗り込み、ドアをロックしてから、Cを助手席に座らせ走り去った（なお、XにはCを適切に監護する条件が十分備わってはいなかった）。

第1審・原審とも未成年者略取罪が成立するとしたため、X側が上告。

●**決定要旨**●　上告棄却。最高裁は、Xの連れ去り行為が未成年者略取罪の構成要件に該当することは明らかであるとした上で、Xが親権者の1人であることは、その行為の違法性が例外的に阻却されるかどうかの判断において考慮されるべき事情であると解されるとし、「Xは、離婚係争中の他方親権者であるBの下からCを奪取して自分の手元に置こうとしたものであって、そのような行動に出ることにつき、Cの監護養育上それが現に必要とされるような特段の事情は認められないから、その行為は、親権者によるものであるとしても、正当なものということはできない。また、本件の行為態様が粗暴で強引なものであること、Cが自分の生活環境についての判断・選択の能力が備わっていない2歳の幼児であること、その年齢上、常時監護養育が必要とされるのに、略取後の監護養育について確たる見通しがあったとも認め難いことなどに徴すると、家族間における行為として社会通念上許容され得る枠内にとどまるものと評することもできない」として、本件行為につき、違法性が阻却されるべき事情は認められないと判示した。

●**解説**●　1　被拐取者の監護権、親権を有する者も、未成年者略取罪の構成要件に該当することは争いない。

2　実質的違法性阻却事由の判断基準は、(a)法益侵害結果と行為の担っている価値の衡量を中心とする考え方と、(b)行為の社会的相当性を重視する立場の対立が考えられるが、判例は(c)両者を総合考慮する立場といえよう。

最高裁は、①目的の正当性、②手段の相当性、③法益の衡量、④法益侵害の（相対的）軽微性、⑤必要性・緊急性を総合的に衡量し、それが法秩序全体の見地から許容されるべきものであるか否かにより判断している。

3　なお、「実質的違法性阻却事由」はいかなる場合でも正当防衛・緊急避難以上に厳しい要件が必要なわけではない。緊急行為は、生命を奪っても正当化される事由であり、それ故に必要性・緊急性さらには補充性が要求される。しかし、法益侵害が相対的に軽微な場合には「緊急性」は必須ではない。「超法規的（実質的）違法阻却事由は、常に緊急避難より厳しい要件が必要である」とはいえない。

4　目的の正当性が認められなければ、構成要件該当性が否定されるほど軽微な事案と評価しうる場合以外、不可罰とされる余地はない。ただ目的は、行為者の心情・動機そのものを問題にするのではなく、「行為が客観的な価値を担っていること」という意味に解すべきであろう。そして、その価値と法益侵害が実質的に衡量されるのである。本件の場合、単に他人の子を拉致したのではなく、共同親権者が実子の監護等を目的に自分の支配下に置いたものであり、最高裁が「Xが親権者の1人であることは、その行為の違法性が例外的に阻却されるかどうかの判断において考慮されるべき」としているように、正当化を論じる余地のない事案とはいえない。ただ、離婚係争中の他方親権者であるBの下からCを奪取して自分の手元に置こうとしたものであって、そのような行動に出ることにつき、Cの監護養育上それが現に必要とされるような特段の事情が認められない以上、刑法35条で正当化される親権者の行為に該当するとはいえない。

5　実質的違法性の判断においては、手段の相当性が最も主要な要件である。この手段の相当性判断において実質的な利益衡量が行われる。そこでは、構成要件該当性のある行為をあえて行う必要性も、考量される。そして、当該目的のためには少々の行き過ぎがあっても、処罰に値するほどの違法性が残らないのであれば、「実質的に正当化される」といってよい。

6　本決定には、親子の情愛に起因するものであってその手段・方法が法秩序全体の精神からみて社会観念上是認されるべきものである限りは、実質的違法性を欠くとする少数意見が付されている。ただ問題は、親子の情愛に起因したとしても、その手段・方法が法秩序全体の精神からみて是認されるかにある。行為態様が強引なもので、Cがまだ2歳の幼児であり、常時監護養育が必要とされるのに、略取後の監護養育について確たる見通しがあったとも認め難いことなどを勘案すると、実質的違法性を否定するのは困難であるように思われる。

●**参考文献**●　前田雅英・研修693-3、前田巌・判解平17年度671、内海朋子・固各8版26

49 取材活動の限界—外務省機密漏洩事件

最1小決昭和53年5月31日（刑集32巻3号457頁・判時887号17頁）　参照条文　刑法35条　国公法111条、109条12号

> 秘密を漏らすようそそのかした新聞記者の取材活動は、どの範囲で実質的違法性が阻却されるのか。

●**事実**●　新聞記者Xは、外務省審議官付の女性秘書Yと、肉体関係を持った後、「取材に困っている、助けると思って沖縄関係の秘密文書を見せてくれ」と懇願し、同女との関係を継続して心理的影響を与え、十数回にわたり秘密文書を持ち出させた。検察官は、「秘密漏示をそそのかした」として、国家公務員法111条・109条12号違反の罪で起訴した。

第1審は、国家公務員法111条の罪の構成要件該当性を肯定しながら、その行為は手段方法の相当性には欠ける点があるけれども、これと目的の正当性の程度および利益の比較衡量等から、正当行為に該当するとして無罪を言い渡した。これに対して、原審は第1審判決を破棄・自判し、Xを有罪とした。X側が上告。

●**決定要旨**●　上告棄却。「報道機関の国政に対する取材行為は、国家機密の探知という点で公務員の守秘義務と対立拮抗するものであり、時としては誘導・唆誘的性質を伴うものであるから、報道機関が取材の目的で公務員に対し秘密を漏示するようにそそのかしたからといって、そのことだけで、直ちに当該行為の違法性が推定されるものと解するのは相当ではなく、報道機関が公務員に対し根気強く執拗に説得ないし要請を続けることは、それが真に報道の目的からでたものであり、その手段・方法が法秩序全体の精神に照らし相当なものとして社会観念上是認されるものである限りは、実質的に違法性を欠き正当な業務行為というべきである。しかしながら、報道機関といえども、取材に関し人の権利・自由を侵害することのできる特権を有するものでないことはいうまでもなく、取材の手段・方法が贈賄、脅迫、強要等の一般の刑罰法令に触れないものであっても、取材対象者の個人としての人格の尊厳を著しく蹂躙する等法秩序全体の精神に照らし社会観念上是認することのできない態様のものである場合にも、正当な取材活動の範囲を逸脱し違法性を帯びるものといわなければならない。これを本件についてみると……Xは、当初から秘密文書を入手するための手段として利用する意図で右Yと肉体関係を持ち、Yが右関係のためXの依頼を拒みがたい心理状態に陥ったことに乗じて秘密文書を持ち出させたが、Yを利用する必要がなくなるや、Yとの右関係を消滅させてその後はYを顧みなくなったものであって、取材対象者であるYの個人としての人格の尊厳を著しく蹂躙したものといわざるをえず、このようなX

の取材行為は、その手段・方法において法秩序全体の精神に照らし社会観念上、到底是認することのできない不相当なものである」。

●**解説**●　1　医師の医療行為、スポーツ行為、弁護士の弁護活動や牧師の牧会活動等、社会生活上の地位に基づいて反復・継続される行為を業務行為という。業務行為は刑法35条により正当化される。ただ、業務行為も基本的には、(a)**優越的利益説**、(b)**社会的相当性説**、(c)**正当目的説**等の実質的判断により正当化されるのである。それ故、本決定にも示されているように、業務活動であればすべて正当化されるのではなく、可罰性判断においては、具体的な実質的違法性判断が必要である。

2　すなわち、業務であればすべて正当化されるわけではなく、「正しく行われた」業務のみが正当化される。たとえば、業務として行うプロボクサーの行為は正当化するけれどもアマのボクシングは暴行罪や傷害罪となるとするわけではない。業務行為といっても「業務」は必ずしも重要ではなく、「正しく行われた」か否かが問題なのである。

3　報道機関の取材活動や報道行為の正当化に際しては、優越的利益の存在が正面から論じられやすいといえよう。取材活動は、時として個人の名誉や公務員の守秘義務を侵すことになる。そのような場合にどの範囲で違法性を阻却するかは、まさに実質的違法性阻却判断そのものなのである。

4　この点に関し、本決定は、報道のための取材の自由も憲法21条の精神に照らし十分に尊重に値するもので、「真に報道の目的から出たものであり、その手段・方法が法秩序全体の精神に照らし相当なものとして社会通念上是認されるものである限りは、実質的に違法性を欠く」とする。

最高裁は、正当な目的に基づく相当な手段であるかを実質的に総合衡量するという目的説（比例原則）によって違法性を判断する。本件で最高裁は、情報入手に際しXが情交関係を利用した点を捉えて、手段が不相当だとして正当化を認めなかった。基本的にはXの行為の目的である報道の利益と、それにより生じる国家の（つまり国民全体の）不利益が衡量されるべきで、また秘密をあえて公表せざるをえない必要性、緊急性がどれだけあったか、他の手段・方法はなかったのか等で実質的違法性を判断していくことになるが、手段が国民の目から見て「不相当」である場合には、違法性が高まることになる。

●**参考文献**●　堀籠幸男・判解昭53年度129、丸山雅夫・回総8版38、平野龍一・警研58-1-50、中山研一・判タ365-5、米田泰邦・J693-186

50 被害者の同意と同意傷害

最2小決昭和55年11月13日（刑集34巻6号396頁・判時991号53頁）　　参照条文　刑法204条

被害者の同意を得て傷害する行為の可罰性。

●事実●　被告人Xは、K・T・Sと共謀し、X運転の軽自動車を、Kが運転しT・Sが同乗するライトバンに故意に追突させ、これをXの過失による交通事故であるかのごとく装って、保険金を騙取すると同時に身体障害者であったTに入院治療の機会を得させようと企て、交差点の赤信号で、K運転の車が停止し続いて第三者A運転の軽乗用車が停止した際、自車をA車の後部に追突させ、Aに約2か月の入院加療を要する頸椎捻挫の傷害を負わせたほか、Kらにも傷害を負わせた。Xは、業務上過失傷害罪により禁錮8月・執行猶予3年に処せられ、判決は確定した。ところがその後、真相が発覚し、K・T・Sの傷害はごく軽微であったのに重篤であるかのように装い入院給付金など総額112万円余を騙取したものであるとして、詐欺罪により有罪（実刑）判決を受けた。そこでXは、上記業務上過失傷害事件につき、本件は故意の追突であって過失犯ではなく、K・T・Sの同意があるので傷害罪も成立しないなどと主張して再審を請求した。

　第1審は、K・T・Sの傷害は軽微で被害者の承諾により違法性が阻却される余地があっても、Aに対する故意の傷害罪が成立するから再審請求の理由にあたらないとして請求を棄却し、その即時抗告に対する原審も、ほぼ同様に即時抗告を棄却した。これに対する特別抗告を棄却したのが本決定であり、最高裁は、抗告理由にあたらないとした上、次のように判示した。

●決定要旨●　「なお、被害者が身体傷害を承諾したばあいに傷害罪が成立するか否かは、単に承諾が存在するという事実だけでなく、右承諾を得た動機、目的、身体傷害の手段、方法、損傷の部位、程度など諸般の事情を照らし合せて決すべきものであるが、本件のように、過失による自動車衝突事故であるかのように装い保険金を騙取する目的をもって、被害者の承諾を得てその者に故意に自己の運転する自動車を衝突させて傷害を負わせたばあいには、右承諾は、保険金を騙取するという違法な目的に利用するために得られた違法なものであって、これによって当該傷害行為の違法性を阻却するものではないと解するのが相当である。したがって本件は、原判決の認めた業務上過失傷害罪にかえて重い傷害罪が成立することになるから、同法〔刑訴法—筆者注〕435条6号の『有罪の言渡を受けた者に対して無罪を言い渡し、又は原判決において認めた罪より軽い罪を認める』べきばあいにあたらないことが明らかである。本件再審請求は、右の点においてすでに理由がない」。

●解説●　1　一般に、被害者の同意（承諾）が認められると、利益欠缺の原理により侵害行為の違法性が否定されるとされる。もっとも、多くの場合は構成要件該当性が否定される（逮捕監禁罪、名誉毀損罪、窃盗罪等）。被害者の同意のある事案の可罰性が実際に争いになるのは、傷害罪である。(a)自己決定権を重視し、結果無価値論を徹底すれば、真摯な同意がある以上不処罰ということになる。条文の解釈としても、殺人罪に関しては被害者の同意が存在してもなお処罰する旨の刑法202条が存在するが、傷害罪には同条に相当する規定はないので、立法者は同意傷害を不処罰としたと解しうる（この場合には、構成要件該当性が否定されると解することになろう。なお、202条は結果無価値論を徹底すると説明が困難となる）。しかし、条文の解釈としては、(b)202条は、殺人の場合に同意が存在すれば刑を軽くする趣旨を規定しているのであるが傷害の場合にそれに対応する規定が欠けているということは、傷害罪の通常の刑で処罰することになると解することも、論理的には可能である。

　2　学説においては、このような形式的な解釈の中間的な考え方が有力である。(c)多数説は、同意があっても、社会的に相当な行為、つまり善良な風俗に反しない行為に限り正当であるとする。たとえば、やくざの「指つめ」は違法だが、輸血は正当だと説明する。ただ、社会的相当性は違法性阻却事由の一般原理であり、最終的に行為態様の社会的相当性で違法性の有無が決まるのだとすると、同意は違法性判断において「従たる役割」しか果たしていないことになる。この説の最大の特色は、被害者の同意を軽視する点にあるといってもよい。

　3　これに対して、(a)結果無価値論的な見解は、「生命にかかわるような重大な傷害以外は、同意があればそれだけで違法性が阻却される」とする。202条が、生命に関しては同意があってもその侵害を処罰すると明示している以上、生命侵害と同視しうるような重大な侵害は違法だと考える。この説によれば、争いとなる「指つめ」等は生命に関わらない以上、不可罰となる。

　4　この点最高裁は、目的の違法性を重視して、承諾があっても違法性は阻却されないと判断した。本決定の正当化の判断にとって決定的なのは、同意の存在ではなく「諸般の事情」、特に「正当な目的」なのである。保険金詐欺という犯罪行為の一部に組み込まれた「同意」は、いかに真意に基づくものであっても、行為を正当化する要素とは考えにくいと判断したと思われる。

　仙台地石巻支判昭和62年2月18日（判タ632-254）も、被害者の承諾による指つめを違法としている（もっとも、真に承諾があったか否か微妙な事案であったことに注意を要する）。判例は、行為の反社会性の程度を重視しているといえよう。

●参考文献●　神作良二・判解昭55年度235、佐藤陽子・回総8版46、伊東研祐・警研53-9-57、古田佑紀・ひろば34-3-53

51 正当防衛規定の趣旨と退避・回避可能性と急迫性

最2小決平成29年4月26日（刑集71巻4号275頁・判時2340号118頁）　参照条文　刑法36条、204条

予期された侵害と急迫性の有無。

●**事実**●　被告人Xは、知人A（当時40歳）から、午後4時30分頃、不在中の自宅（マンション）の玄関扉を消火器で何度もたたかれ、その後十数回にわたり電話で、「今から行ったるから待っとけ。けじめとったるから」と怒鳴られたり、仲間とともに攻撃を加えるといわれたりするなど、身に覚えのない因縁を付けられ、立腹していた。翌日午前4時頃、Aから、マンションの前に来ているから降りて来るようにと電話があったので、包丁（刃体の長さ約13.8cm）にタオルを巻き、それをズボンの腰部右後ろに差し挟んでマンション前の路上に赴いた。Xを見つけたAがハンマーを持って駆け寄って来たが、Xは、Aに包丁などで威嚇することなく近づき、ハンマーで殴りかかってきたAの攻撃を、腕を出し腰を引く等して防ぎながら、包丁を取り出すと、殺意をもって、Aの左側胸部を包丁で1回強く突き刺して殺害した。

第1審・原審は、積極的加害意思（【53】参照）を認定しうるとして、正当防衛の成立を否定した。X側が上告。

●**決定要旨**●　上告棄却。「刑法36条は、急迫不正の侵害という緊急状況の下で公的機関による法的保護を求めることが期待できないときに、侵害を排除するための私人による対抗行為を例外的に許容したものである。したがって、行為者が侵害を予期した上で対抗行為に及んだ場合、侵害の急迫性の要件については、侵害を予期していたことから、直ちにこれが失われると解すべきではなく（【52】参照）、対抗行為に先行する事情を含めた行為全般の状況に照らして検討すべきである。具体的には、事案に応じ、行為者と相手方との従前の関係、予期された侵害の内容、侵害の予期の程度、侵害回避の容易性、侵害場所に出向く必要性、侵害場所にとどまる相当性、対抗行為の準備の状況（特に、凶器の準備の有無や準備した凶器の性状等）、実際の侵害行為の内容と予期された侵害との異同、行為者が侵害に臨んだ状況及びその際の意思内容等を考慮し、行為者がその機会を利用し積極的に相手方に対して加害行為をする意思で侵害に臨んだとき（【53】参照）など、前記のような刑法36条の趣旨に照らし許容されるものとはいえない場合には、侵害の急迫性の要件を充たさない」とし、本件事実関係によれば、「Xは、Aの呼出しに応じて現場に赴けば、Aから凶器を用いるなどした暴行を加えられることを十分予期していながら、Aの呼出しに応じる必要がなく、自宅にとどまって警察の援助を受けることが容易であったにもかかわらず、包丁を準備した上、Aの待つ場所に出向き、AがハンマーでＡに攻撃してくるや、包丁を示すなどの威嚇的行動を取ることもしないままAに近づき、Aの左側胸部を強く刺突したものと認められる。このような先行事情を含めた本件行為全般の状況に照らすと、Xの本件行為は、刑法36条の趣旨に照らし許容されるものとは認められず、侵害の急迫性の要件を充たさない」と判示した。

●**解説**●　1　本決定の意義は、正当防衛は公的機関による法的保護を求めることが期待できないときに、例外的に許されるとして、日本の正当防衛判断の最大の特徴である「退避すべき場合」を確認した点にある。不正な侵害に対応した攻撃ではあっても、回避・退避することが可能かつ容易なのに、あえて防衛状況の場に臨んだ場合や防衛状況を自ら惹起した場合は、正当防衛の成立を否定すべき場合が存在する。

2　正当防衛解釈の指針として、(a)正義の実現を重視する学説も多い。しかし判例は、国民生活の維持安定のため、防衛者の「法的に保護に値する利益」と攻撃者の利益の調整・調和を可能な限り図るべきであり、(b)急迫状態（侵害者・防衛者の利益のいずれかを否定せざるを得ない状況）は回避することが望ましいとする。回避すべきか否かは、①回避の容易性（侵害の予見の程度）、②挑発等の防衛者の緊急状態発生への関与度（その不当性）、③被害者の「侵害行為」の重大性等による。

3　侵害の予見と急迫性の関係に関しては、【53】の「侵害を予期していても急迫性は失われないが、行為者に積極的加害の意思が認定できる場合には急迫性が欠ける」という基準が、実務上定着してきていた。本決定は、「積極的加害意思」という主観中心の構成を、客観・主観の総合的衡量に移行させるものである。

4　具体的には、①従前の関係から、重大な危害の予期の程度が高く、回避が容易なほど、回避の要請が高まり、②防衛者が、被害者の不正侵害のきっかけに影響を与えた場合（挑発等）にも、その関与の程度に応じて回避の要請が高まり、③対抗手段の準備の周到さ、④主観的な加害目的が生じた段階とその明確性により、急迫性が制限される（①に関連し、実際の侵害行為の内容が予期された侵害と同じであれば回避の要請が高まり、現場に出向く（とどまる）事案では、その必要性が低ければ急迫性が否定される）。

5　正当防衛の限界が問題となる事例には、(イ)挑発して相手からの危害の予見がある場合【53】：反撃行為を容易に回避できるのに積極的に加害）、(ロ)積極的加害意思まではないが故意に挑発した場合【54】）、(ハ)過失による「自招」の場合や故意の挑発で一連一体とまではいえない場合（急迫性は否定できないが、自招なので、相当性を欠き過剰防衛になる場合が多い）等が存在する。本件の基準は、主として(イ)を念頭に置いたものではあるが、(ロ)の事案にもその射程は及ぶといえよう。

6　【54】は、自ら侵害を招いた場合は反撃行為に出ることが正当とされる状況における行為とはいえないとして、正当防衛性を否定したが、この基準には、実務からの批判も強く（【54】解説参照）、それに代わるものとして、本件急迫性基準が提示されたといえよう。今後は、自招侵害も、4に示した実質的基準を用いて、「急迫性の存否」という枠組みで処理されることになろう。

●**参考文献**●　中尾佳久・曹時71-2-232、前田雅英「正当防衛の急迫性判断と主観的違法要素」『日高義博古稀（上）』213頁、橋爪隆・[百]総8版48、松原芳博・法教461-38

52 侵害の急迫性・防衛の意思

最3小判昭和46年11月16日（刑集25巻8号996頁・判時652号3頁）　参照条文　刑法36条

> 正当防衛における「急迫性」とは、法益の侵害が現に存在しているか、または間近に押し迫っていることを意味する。防衛行為は、防衛の意思をもってなされることが必要である。

●**事実**●　被告人Xは、以前足蹴にされていたことなどもあって畏怖の念を抱いていた同宿人Aと言い争いとなり、一旦、同旅館を出て居酒屋で酒を飲んだりしていたが、一度Aにあやまってみようという気を起こし、Aの姿を見かけて同旅館帳場に入ったところ、立ち上がったAからいきなり手拳で2回ぐらい殴打され、さらにAが立ち向かってきたので、後ずさりして同帳場南隣の8畳間に入り、Aから押されて背中を同8畳間西側の障子にぶつけた。その際、かねてXが自室の壁に穴を開けて覗き見する目的で買い、同障子の鴨居の上に隠してあったくり小刀のことを思い出し、とっさにくり小刀を取り出して殴りかかってきたAの左胸部を突き刺し、よってAに心臓右室大動脈貫通の刺創を負わせ、その場で刺創に基づく心嚢タンポナーゼのためAを死亡させた。

第1審は、過剰防衛による殺人を認定したが、原審は、Xには防衛の意思はなく、Aによる法益の侵害が急迫ではないとして、過剰防衛の成立を否定し、Xに懲役5年の実刑判決を言い渡した。X側が上告。

●**判旨**●　破棄差戻。「刑法36条にいう『急迫』とは、法益の侵害が現に存在しているか、または間近に押し迫っていることを意味し、その侵害があらかじめ予期されていたものであるとしても、そのことからただちに急迫性を失うものと解すべきではない。これを本件についてみると、XはAと口論の末いったん止宿先の旅館を立ち退いたが、同人にあやまって仲直りをしようと思い、旅館に戻ってきたところ、AはXに対し、『X、われはまたきたのか。』などとからみ、立ち上がりざま手拳で2回ぐらいXの顔面を殴打し、後退するXにさらに立ち向かったことは原判決も認めているところであり、その際AはXに対し、加療10日間を要する顔面挫傷および右結膜下出血の傷害を負わせたうえ、更に殴りかかったものであることが記録上うかがわれるから、もしそうであるとすれば、このAの加害行為がXの身体にとって『急迫不正の侵害』にあたることはいうまでもない」。

「刑法36条の防衛行為は、防衛の意思をもってなされることが必要であるが、相手の加害行為に対し憤激または逆上して反撃を加えたからといって、ただちに防衛の意思を欠くものと解すべきではない。これを本件についてみると、前記説示のとおり、……更に本件広間西側に追いつめられて殴打されようとしたのに対

し、くり小刀をもって同人の左胸部を突き刺したものであることが記録上うかがわれるから、そうであるとすれば、かねてからXがAに対し憎悪の念をもち攻撃を受けたのに乗じ積極的な加害行為に出たなどの特別な事情が認められないかぎり、Xの反撃行為は防衛の意思をもってなされたものと認めるのが相当である」。

●**解説**●　1　刑法36条にいう急迫とは、本判決が明示したように、法益の侵害が現に存在しているか、または間近に押し迫っていることを意味する。急迫性の要件は、過去の侵害と将来の侵害を正当防衛の対象から除外するものである。

2　さらに本判決は、侵害に関して単なる予期が存在するにすぎない場合につき、「その侵害があらかじめ予期されていたものであるとしても、そのことからただちに急迫性を失うものと解すべきではない」とした。

たしかに、いかに前もって予期されていたとしても急迫性がなくなるわけではない。たとえば、強盗がよく出没するというので護身用に木刀を準備していたとしても、現に強盗に襲われれば急迫だといわざるをえない。その意味で、侵害を予期していても急迫性は認められるとする判例は合理的である。ただ、侵害発生の予見は、急迫性の有無の判断にとって、強く影響する（**【51】**参照）。

3　最高裁はその後、急迫性に関し注目すべき判示を行った。最決昭和52年7月21日（**【53】**）が「急迫性は、当然又はほとんど確実に侵害が予期されただけで失われるものではないが、その機会を利用し積極的に相手に対して加害行為をする意思で侵害に臨んだときは失われる」としていることに注目する必要がある。

4　本判決は、正当防衛の要件である「防衛のため」とは、防衛の意思で行為することを意味すると明示した最高裁判例という意味でも重要である。

防衛の意思の内容を防衛の意図・目的と解するか、防衛の認識で足りるかという点に関して争いがあったが、本判決は「憤激または逆上して反撃を加えたからといって、ただちに防衛の意思を欠くものと解すべきではない」とし、防衛の意図・目的までは不要だとした。

5　ただ、「かねてから憎悪の念をもち攻撃を受けたのに乗じ積極的な加害行為に出たなどの特別な事情」があれば防衛の意思が欠けるとも判示している。しかし、防衛の意思を防衛の認識と解すると、積極加害行為に出る場合にも、急迫不正の侵害等の存在の認識は欠けることはないので、このような結論を認めるには、防衛の意思に「認識を超えた意思的要素（防衛の目的）が含まれている」と解さざるをえなくなる（大阪高判平11・10・7判タ1064-234参照）。この点に関して、**【53】**参照。

●**参考文献**●　鬼塚賢太郎・判解昭46年度242、前田雅英・警研49-9-57

53 急迫性の意義——積極的加害意思の存在する場合の処理

最1小決昭和52年7月21日（刑集31巻4号747頁・判時863号33頁）　　参照条文　刑法36条、204条

> 防衛状況の発生前から、防衛者に積極的加害意思が存在する場合には、侵害の急迫性が欠けるか。

●**事実**●　C派に属する被告人Xらは、集会の会場に、赤旗、ヘルメット、鉄パイプ等を持ち込んで集会の準備を進めていたところ、K派の者10数名が押しかけてきたため、木刀、鉄パイプでK派の1名に攻撃を加え、K派は立ち去った。しかし、K派が必ず再び襲撃してくると考えたXらは、集会場の入口にバリケードを築いたところ、K派が来襲し、バリケート越しに鉄パイプを突出したり投げ込んだりしたため、Xらも鉄棒で突き返すなどして応戦しているうち、駆けつけた警察官により逮捕された。

第1審は、Xらの共同暴行につき、K派の襲撃があらかじめ予期され、そのために闘争用の道具を準備していたとしても、そのことからただちに急迫性が失われるものではないとして正当防衛の成立を認め、闘争用道具の準備も、防衛目的以上の共同加害目的を欠き、凶器準備集合罪を構成しないとした。

これに対して原審は、第2の攻撃はXらが当然に予想していたところであって、不正の侵害であっても、急迫性はなかったというべきであるとして破棄・差し戻した。弁護人は、【52】に反するなどとして上告した。

●**決定要旨**●　上告棄却。「所論引用の判例（最判昭和46年11月16日【52】）は、何らかの程度において相手の侵害が予期されていたとしても、そのことからただちに正当防衛における侵害の急迫性が失われるわけではない旨を判示しているにとどまり、所論のように、侵害が予期されていたという事実は急迫性の有無の判断にあたって何の意味ももたない旨を判示しているものではないと解される……。刑法36条が正当防衛について侵害の急迫性を要件としているのは、予期された侵害を避けるべき義務を課する趣旨ではないから、当然又はほとんど確実に侵害が予期されたとしても、そのことからただちに侵害の急迫性が失われるわけではないと解するのが相当であり、これと異なる原判断は、その限度において違法というほかはない。しかし、同条が侵害の急迫性を要件としている趣旨から考えて、単に予期された侵害を避けなかったというにとどまらず、その機会を利用し積極的に相手に対して加害行為をする意思で侵害に臨んだときは、もはや侵害の急迫性の要件を充さないものと解するのが相当である。そうして、原判決によると、Xは、相手の攻撃を当然に予想しながら、単なる防衛の意図ではなく、積極的攻撃、闘争、加害の意図をもって臨んだというのであるから、これを前提とする限り、侵害の急迫性の要件を充さないものというべきであって、その旨の原判断は、結論において正当である」。

●**解説**●　1　急迫性とは、侵害が間近に差し迫っていることである（【52】）。そして、侵害に関する予期が存在しても急迫性は失われない。本決定も、「急迫性は、当然又はほとんど確実に侵害が予期されただけで失われるものではない」とした。しかし「その機会を利用し積極的に相手に対して加害行為をする意思で侵害に臨んだときは失われる」としたのである。

2　その機会を利用して積極的加害意思で行為に及ぶときは、積極的な侵害以外の何ものでもなく、とうてい防御とはいえず急迫性を欠くとする（香城敏麿「正当防衛における急迫性」判タ768-29）。積極的加害意思が存在すると、防衛（防御）行為ではなく侵害行為に変質するとするのである。単に強い攻撃「意思」が存するからといって相手の攻撃の急迫性が減ずるとするのは、わかりづらいが、侵害が予見されるのに緊急状況にあえて臨み反撃行為を行った場合の一部について、正当防衛の成立を否定するという判断は妥当なものである。

3　積極的加害意思があるので緊急性が欠けるとされる判例は、(a)侵害を予期し、積極的に加害する意思で相手方に出向いて加害行為をした場合や、(b)侵害を予期し、その機会を利用し相手に積極加害をする意思で侵害を待ち受けて加害行為をした場合、(c)自制すれば侵害を招かなかったのに、積極加害をする意思で相手の挑発に乗り、または相手を挑発して侵害を招き、相手に加害行為をした場合である（香城・前掲判タ768-28）。

4　これを整理し直すと、①重大な侵害行為を予期している場合で、②その侵害が発生する蓋然性が高く、③その場に出向く（待ち受ける）必要性が低いにもかかわらず、急迫不正の侵害を回避しないで反撃行為を行った場合である。積極加害をする意思で相手方に出向いて加害行為をする（侵害を待ち受ける）というのは、その「意図・意思」が重要なのではなく、③の要件が重要である。①②③の要件によっては、侵害状況に陥らないように退避する義務が認められる。その結論は、日本型の正当防衛概念からは、妥当なものといえよう（【51】参照）。

5　本決定は「積極的加害の意思」が存在した事案につき急迫性が欠けるとするが、【52】は、憎悪の念をもち攻撃を受けたのに乗じ積極的な加害行為に出たなどの特別な事情があれば、防衛の意思が欠けるとする。また、最判昭和60年9月12日（刑集39-6-275）が、専ら攻撃の意思に出たものであれば防衛の意思が欠けるとした。

6　判例は、(a)不正の侵害に対し現に反撃行為に及ぶ時点、すなわち防衛（反撃）行為の実行時における本人の意思内容については防衛意思の問題であり、(b)不正の侵害を予期した事前の時点、すなわち反撃行為に及ぶ以前（反撃行為の予備ないし準備段階）における意思内容が問題とされる場合は、急迫性の問題であると整理することは可能である（安廣・後掲参考文献305頁）。

●**参考文献**●　香城敏麿・判解昭52年度235、曽根威彦・判時886-158、安廣文夫・曹時41-3-305

54 自招侵害と「反撃に出ることが正当化される状況」

最2小決平成20年5月20日（刑集62巻6号1786頁・判時2024号159頁）　　参照条文　刑法36条、204条

相手方の攻撃に先立ち相手方に対して暴行を加え、自ら侵害を招いた場合と正当防衛。

●事実●　被害者Aは、午後7時30分ころ、自転車にまたがったまま、歩道上に設置されたごみ集積所にごみを捨てていたところ、徒歩で通りかかった被告人Xが不審と感じて声をかけたことから、両名は言い争いとなった。

そしてXは、いきなりAの左頬を手拳で1回殴打し、直後に走って立ち去った（第1行為）。Aは、「待て」などといいながら、自転車でXを追いかけ、上記殴打現場から約26.5m先を左折して約60m進んだ歩道上でXに追いつき、自転車に乗ったまま、水平に伸ばした右腕で、後方からXの背中の上部または首付近を強く殴打した（第2行為）。

Xは、上記Aの攻撃によって前方に倒れたが、起き上がり、護身用に携帯していた特殊警棒を衣服から取り出し、Aに対し、その顔面や防御しようとした左手を数回殴打する暴行を加え、同人に加療約3週間を要する顔面挫創、左手小指中節骨骨折の傷害を負わせた（第3行為）。そして、第3行為が傷害罪に該当するとして起訴された。Xは正当防衛にあたると主張したが、原審は、Aの攻撃（第2行為）は急迫の侵害にあたらないとして正当防衛状況になかったとした。Xは正当防衛が成立すると主張して上告した。

●決定要旨●　上告棄却。「前記の事実関係によれば、XはAから攻撃されるに先立ち、Aに対して暴行を加えているのであって、Aの攻撃は、Xの暴行に触発された、その直後における近接した場所での一連、一体の事態ということができ、Xは不正の行為により自ら侵害を招いたものといえるから、Aの攻撃がXの前記暴行の程度を大きく超えるものでないなどの本件の事実関係の下においては、Xの本件傷害行為は、Xにおいて何らかの反撃行為に出ることが正当とされる状況における行為とはいえないというべきである。そうすると、正当防衛の成立を否定した原判断は結論において正当である」。

●解説●　1　当初から加害意思をもって臨み、予定した反撃に対して「防衛行為」を行う事案は、かなりの場合、防衛者自らが、相手の攻撃行為の誘引となり、自招侵害と呼ばれることも多い（広義）。

2　ただ、自招侵害は、(イ)【53】のような典型的な積極加害類型の他、(ロ)本件のような、故意行為で挑発した場合（積極的加害意思までは認定できない）、(ハ)過失で挑発してしまったような場合など、様々な態様が存在する。

3　当初から積極的加害意思もって反撃（攻撃）した(イ)の類型に関しては、【53】以来、「積極的に相手に対して加害行為をする意思で侵害に臨んだときは、急迫性の要件を充さない」として、正当防衛性を否定してきた。

たしかに、相手の侵害反撃を計画に組み込んで自ら挑発行為を開始したような場合は、相手の侵害に対する防衛行為のように見えても、はじめから「一連一体の攻撃」と評価しうるのであり、防衛行為ではない。判例は、この類型を「急迫性」が欠けると説明してきたといえよう。

4　それに対し本決定は、(ロ)の類型に関し、Aの攻撃（第2行為）は、Xの第1行為に触発されたその直後における近接した場所での一連、一体の事態で、Xは不正の行為により自ら侵害を招いたものといえるから、Xの第3行為は反撃行為に出ることが正当とされる状況における行為とはいえないとした。

そして、行為の一連一体性に加えて、Aの攻撃がXの暴行の程度を大きく超えるものでないとされた。程度を大きく超えれば、第2行為がXの防衛行為を可能とするだけの違法性を帯びることになる。

5　本決定は、正当防衛を否定する根拠を、急迫性の欠如に求めず、「反撃行為に出ることが正当とされる状況（正当防衛状況性）」が欠けるとした。第2行為が正当（不正ではない）とは言い切れないし、【53】のように「急迫性が欠ける」とも断じにくかったと考えられる。

ただ、それ以上に、「急迫性に関する積極的加害意思論【53】」は、裁判員に正確に理解してもらうことが困難であるとの指摘（司法研修所編『難解な法律概念と裁判員裁判』19頁以下）があり、「正当防衛が認められるような状況にあったか否か」という「分かりやすい判断対象」への修正が要請されていた。

6　本決定の登場により、要件を細密化するのではなく、裁判員にとって判断しやすい「反撃行為をすることが正当か」「正当防衛状況性」という要件を用いることが、裁判実務の主流になると予想された。

7　しかし、その後、「正当防衛状況性」という抽象的な説明では、裁判員は本質的なところを理解して意見を述べられないという批判が、有力な実務家から投げかけられた（大コメ(2)〈3版〉528頁）。当事者と裁判員に対して当該事案でどのような要素を検討すべきかを明確に説示せずに、「正当防衛状況性」に関する審理・評議を進めるのは無理があるという指摘である。

8　その結果、【51】が、①行為者と相手方との従前の関係、②予期された侵害の内容、③予期の程度、④侵害回避の容易性、現場に出向く必要性・とどまる相当性、⑤対抗手段の準備の程度、⑥実際の侵害行為の内容と予期された侵害との異同、⑦侵害に臨んだ状況およびその際の意思内容等を総合的に考量して、急迫性の問題として判断すべきであると判示した。

9　本件の事案は【51】のように「侵害の予見」が問題となるわけではないが、①挑発した以上攻撃は予期したものといえるし、第2暴行は、それを大きく超える侵害ではなく、③特殊警棒を用意しており、④Aが新たな攻撃に出ているわけでもないので、【51】の基準からも急迫性が否定されよう。

●参考文献●　三浦透・判解平20年度404、橋爪隆・平20年度重判174、髙山佳奈子・圊総8版54

55 過剰防衛と「急迫不正の侵害」の終了時点

最2小判平成9年6月16日（刑集51巻5号435頁・判時1607号140頁）　　参照条文　刑法36条、204条

> もみ合いの際、勢い余って2階手すりに上半身を乗り出してしまった者の片足を持ち上げて、階下に転落させた行為は過剰防衛にあたるか。

●**事実**●　被告人Xは、アパート共同便所で小用を足していた際に、日ごろから折り合いが悪かったAに、突然背後から鉄パイプで頭部を1回殴打され、さらにAが振りかぶった鉄パイプを取り上げようとしてもみ合いになり、アパート2階通路に移動した。そしてXは、Aから鉄パイプを取り上げたが、同人が両手を前に出して向かってきたため、その頭部を鉄パイプで1回殴打した。そして、再度もみ合いになり、Aが鉄パイプを取り戻しXを殴打しようとしたため、Xは1階に通じる階段の方へ向かって逃げ出したところ、Xを追ったAが2階通路端に設置されていた転落防止用手すりの外側に勢い余って上半身を前のめりに乗り出した姿勢になった。Aがなおも鉄パイプを手に握っているのを見て、Xは、Aの左足を持ち上げて同人を手すりから約4m下のコンクリート道路上に転落させた。Xの一連の暴行により、Aは入院加療約3か月を要する傷害を負った。

　第1審・原審は、Xが転落させる行為に及んだ際、Aが手すり外側に上半身を乗り出し容易には元に戻りにくい姿勢となっていたので、急迫不正の侵害は終了するとともに、Xの防衛の意思も消失したとし、過剰防衛にもあたらないとした。X側が上告。

●**判旨**●　破棄自判。「Aは、Xに対し執ような攻撃に及び、その挙げ句に勢い余って手すりの外側に上半身を乗り出してしまったものであり、しかも、その姿勢でなおも鉄パイプを握り続けていたことに照らすと、同人のXに対する加害の意欲は、おう盛かつ強固であり、Xがその片足を持ち上げて同人を地上に転落させる行為に及んだ当時も存続していたと認めるのが相当である。また、Aは、右の姿勢のため、直ちに手すりの内側に上半身を戻すことは困難であったものの、Xの右行為がなければ、間もなく態勢を立て直した上、Xに追い付き、再度の攻撃に及ぶことが可能であったものと認められる。そうすると、AのXに対する急迫不正の侵害は、Xが右行為に及んだ当時もなお継続していた」と判示した上で、ただ、「AのXに対する不正の侵害は、鉄パイプでその頭部を1回殴打した上、引き続きそれで殴り掛かろうとしたというものであり、同人が手すりに上半身を乗り出した時点では、その攻撃力はかなり減弱していたといわなければならず、他方、Xの同人に対する暴行のうち、その片足を持ち上げて約4m下のコンクリート道

路上に転落させた行為は、一歩間違えば同人の死亡の結果すら発生しかねない危険なものであったことに照らすと、鉄パイプで同人の頭部を1回殴打した行為を含むXの一連の暴行は、全体として防衛のためにやむを得ない程度を超えたものであったといわざるを得ない」として、過剰防衛を認めた。

●**解説**●　**1**　過剰防衛が問題となる判例は、相当性の程度を超えたか否か、すなわち過剰防衛か正当防衛かが争点になることが多いが、本件では、急迫不正の侵害が存在したか否か、すなわち過剰防衛か単なる傷害罪かが争われた。第1審・原審が、正当防衛も過剰防衛も成立しないとしたのに対し、最高裁は急迫不正の侵害は存在すると判断した（約4m下の道路上に転落させた行為の危険性などから一連の暴行は、全体として防衛のためにやむを得ない程度を超え正当防衛とはいえないという点は、異論の少ないところであろう。【56】参照）。

　2　刑法36条にいう**急迫**とは、法益の侵害が現に存在しているか、または間近に押し迫っていることを意味する（【52】）。過去の侵害と将来の侵害を正当防衛の領域から排除する点に、急迫性の実践的な意義がある。過去の侵害は、侵害が終わってしまっている以上、防衛はできず原状を回復するための自救行為のみが問題となる。

　3　ただ、「過去の侵害に対する攻撃」と、攻撃者が不正侵害を停止したり逃げ出した場合に追撃する量的過剰防衛（最判昭26・3・9刑集5-4-500、最判昭34・2・5刑集13-1-1参照）との限界は微妙である。

　東京高判平成6年5月31日（判時1534-141）は、被害者（息子）が酒に酔って高齢の被告人と掴み合いとなり、被告人が被害者を足払いにして転倒させ、うつ伏せになった被害者の背中に馬乗りとなった上、頸部を締めつけて殺害した事案において、馬乗りとなった時点では、被害者の被告人に対する急迫不正の侵害が終了したとはいえず、その後に被害者の頸部を両腕で締めて殺害した被告人の行為は過剰防衛にあたるとし、急迫性を否定した原審の判断を覆している。

　4　急迫不正の侵害の継続性の評価は微妙であるが、①攻撃が一応中断するに至った経緯、②攻撃者と防衛者の力関係、③中断前に行った防衛行為と中断後に行った「防衛行為」の侵害の重大性などを慎重に勘案して判断する必要がある。

　本件では、相手方は執拗な攻撃の挙げ句に手すりに身を乗り出し、なおも鉄パイプを手に握り続けていたことなどからすると、間もなく態勢を立て直して再度の攻撃に及ぶことが考えられ、急迫不正の侵害はなお継続していたと評価しうる。

●**参考文献**●　飯田喜信・判解平9年度91、河村博・研修596-11、橋爪隆・J1154-133、川端博・判評481-48、日高義博・現代刑事法1-1-69

56 財産権の防衛と相当性

最1小判平成21年7月16日（刑集63巻6号711頁・判時2097号154頁）　　参照条文　刑法36条、208条

> 財産権を防衛するために身体の安全を侵害しても、防衛手段としての相当性の範囲にあるといえるか。

●**事実**●　被告人X（不動産業「F宅建」代表取締役）らとA不動産会社との間で土地の共有持分などの争いのあった中で、高裁判決で決着していたにもかかわらず、「係争中のため本件建物への立入を禁ずる」と記載された看板を、A社社員Bが、工事中のX方建物に取り付けようとしたので、XがBの胸部等を両手で突いた暴行行為が正当防衛にあたるかが争われた。Bは、Xに押されて後退し、転倒したが、それはXの力のみによるものではなく、Bが大げさに後退したことと本件看板を持っていたこととが相まって、バランスを崩したためである可能性が否定できないと認定されている。本件当時、Bは48歳、身長約175cmの男性であり、Xは74歳、身長約149cmの女性で要介護1の認定を受けていた。

そして、A社側は、Xらに対し執拗な嫌がらせを繰り返し、Bがほぼ毎日現場に来て威圧的に工事の中止を求めて妨害し、脅迫して工事を中止させた上、工事が続行されないように、残っていた工事用足場を買い取った上、建物の入口付近に鉄パイプを何本も取り付けて出入り困難な状態とし、「足場使用厳禁」等と記載した看板を取り付けるなどした事実が認定されている。

原審は、過剰防衛としてXに科料9900円を科したのに対し、弁護側が正当防衛等を主張して上告した。

●**判旨**●　破棄自判。最高裁は、「Bらが立入禁止等と記載した本件看板を本件建物に設置することは、Xらの本件建物に対する……共有持分権、賃借権等を侵害するとともに、F宅建の業務を妨害し、Xらの名誉を害するもの」とし、「本件暴行の際、Bらはなおも本件看板を本件建物に取り付けようとしていたものと認められ、その行為は、Xらの上記権利や業務、名誉に対する急迫不正の侵害に当たるというべきであ」り、「そして、Xは、BがCに対して本件看板を渡そうとしたのに対し、これを阻止しようとして本件暴行に及び、Bを本件建物から遠ざける方向に押したのであるから、Bらによる上記侵害からXらの権利等を防衛するために本件暴行を行ったものと認められる」。「さらに、Bらは、……本件以前から継続的にXらの本件建物に対する権利等を実力で侵害する行為を繰り返しており、本件における上記不正の侵害はその一環をなすものである。一方、XとBとの間には体格差等があることや、……Bが後退して転倒したのはXの力のみによるものとは認め難いことなどからすれば、本件暴行の程度は軽微なものであった」とした。そして、「本件暴行は、Xらの主として財産的権利を防衛するためにBの身体の安全を侵害したものであることを考慮しても、いまだBらによる上記

侵害に対する防衛手段としての相当性の範囲を超えたものということはできない」として、原判決および第1審判決を破棄し、無罪を言い渡した。

●**解説**●　1　判例は、急迫不正の侵害に対する防衛行為は「侵害に対する防衛手段として相当性を有するものであること」としている（最判昭44・12・4刑集23-12-1573）。防衛行為の相当性が欠ければ違法性阻却を認めることはできないが、急迫不正の侵害に対して防衛のために行っていれば、過剰防衛として刑の任意的減軽・免除の対象となる。

2　相当性は、①法益の相対的な権衡と、②防衛手段の相当性の2つの面から判断される。すなわち、①保全しようとする権利ないし利益と、防衛行為によって害される侵害者側の利益との比較衡量、ならびに②防衛行為自体の態様の相当性の総合判断である。

なお、裁判員裁判においては、侵害の予期、自招侵害などの問題がなく防衛の意思に争いのない基本類型においては、**相当性を急迫性と区別せず、「相手方の攻撃に対する防御として許されるものか」**という形で、判断の対象を示す場合も見られる。

3　法益の相対的権衡とは、保全すべき法益（現に保護された法益との関係）に比し、防衛行為がもたらした侵害が著しく不均衡ではないということを意味する。正当防衛は緊急避難と異なり、守るべき権利を超えた侵害も正当化するが、それは無制限ではなく一定の法益のバランスが必要である。日本では、豆腐数丁のために生命を奪う行為は、いかに必要性があろうとその程度を超え相当性を欠くとされる（藤木英雄『刑法講義総論』169頁）。財物を守るために生命身体に侵害を加えることは、原則として相当性を欠くとされてきた。

4　本件では、財産権を守るために身体を害する行為が防衛行為として相当であるとした、注目すべき判例である。第1審・原審が、非常に軽い刑ではあるが、有罪とせざるをえないと考えたのは、「財産に比して重大な法益と考えられる身体の侵害」は相当性を欠くという原則を重視した点にあったと想像される。しかし、法益の衡量も相当性判断の「1つの要件」であるにすぎない。

最高裁は、①不正の侵害行為以前の事情であるBらの侵害行為が執拗で悪辣であったことも考慮し、さらに、②XとBとの間には体格差等があること、③暴行の程度は軽微なものであった点を考慮し、④財産的権利を防衛するためにBの身体の安全を侵害したものであっても、相当性の範囲を超えたものではないと判断した。

財物を守るために傷害を加えた事案を正当防衛とした例として高松高判平成12年10月19日（判時1745-159）参照。

●**参考文献**●　増田啓祐・判解平21年度287、橋田久・判例セレクト10年27、門田成人・法セ658-119、橋爪隆・刑事法ジャーナル21-83、前田・最新判例分析60

57 「やむを得ずにした行為」の意義——法益衡量と行為態様の相当性

最2小判平成元年11月13日（刑集43巻10号823頁・判時1330号147頁）　参照条文　刑法36条　暴力行為等処罰法律1条（刑法222条）　銃砲刀剣類所持等取締法

> 保全利益と侵害利益の相対的均衡と行為態様の相対性。

●**事実**●　被告人Xは、自動車の駐車に関するいざこざから、Aに対し「言葉遣いに気をつけろ」といったところ、AはXに対し、「お前、殴られたいのか」といって手拳を前に突きだし、足を蹴り上げる動作をしながら近づいてきた。そのため、Xは、年齢も若く体格的にも優れたAから本当に殴られるかもしれないと思って怖くなり、Xの車の方へと後ずさりしたところ、Aがさらに目前まで追ってくるので、後ろに向きを変えてXの車の傍らを走って逃げようとしたが、その際車内に菜切包丁を置いていることを思い出し、これでAを脅してその接近を防ぎ、危害を免れようと考え、刃体の長さ約17.7cmの菜切包丁を取り出し、右手で腰のあたりに構えたうえ、約3m離れて対峙しているAに対し、「殴れるのなら殴ってみい」といい、これに動じないで「刺すんやったら刺してみい」といいながら2、3歩近づいてきた同人に対し、さらに「切られたいんか」と申し向けた。

　第1審は、Xが喧嘩を予想し優位に立とうと包丁を手にして先制行為に出たものと認められるとして、正当防衛等の主張を斥け、凶器を示して脅迫した点につき、暴処法1条等によりXを罰金3万円に処した。これに対し原審は、Xの所為は過剰防衛行為として問擬すべきであるとした。X側が上告。

●**判旨**●　破棄自判（被告人は無罪）。「原判決が、素手で殴打しあるいは足蹴りの動作を示していたにすぎないAに対し、Xが殺傷能力のある菜切包丁を構えて脅迫したのは、防衛手段としての相当性の範囲を逸脱したものであると判断したのは、刑法36条1項の『已ムコトヲ得サルニ出テタル行為』の解釈適用を誤ったものといわざるを得ない。……年齢も若く体力にも優れたAから『お前、殴られたいのか。』と言って手拳を前に突き出し、足を蹴り上げる動作を示されながら近づかれ、さらに後ずさりするのを追いかけられて目前に迫られたため、その接近を防ぎ、同人からの危害を免れるため、やむなく本件菜切包丁を手に取ったうえ腰のあたりに構え、『切られたいんか。』などと言ったというものであって、Aからの危害を避けるための防御的な行動に終始していたものであるから、その行為をもって防衛手段としての相当性の範囲を超えていたものということはできない」として、Xの第1所為を正当防衛とした。さらに包丁携帯行為も、正当防衛行為の一部を構成するので、銃刀法22条違反の罪も成立しないとした。

●**解説**●　1　刑法36条の「やむを得ず」の意義に関し、**最判昭和44年12月4日**（刑集23-12-1573）は、「『已ムコトヲ得サルニ出テタル行為』（やむを得ずにした行為）とは、急迫不正の侵害に対する反撃行為が自己または他人の権利を防衛する手段として必要最小限度のものであること、すなわち反撃行為が、侵害に対する防衛手段として相当性を有することを意味」するとしている。

　2　相当性（必要最小限度性）は、「侵害者を顕著な危険にさらすことなく比較的容易にとることのできる有効性のある最小限のもの」といってもよく、より具体的には、①保全しようとする権利・利益と、防衛によって害される侵害者側の利益との比較衡量、ならびに②防衛行為による侵害者に対する加害の態様の2つを中心に、侵害者の不正の度合等も加味して総合判断される。

　3　この点に関して、**最判昭和44年12月4日**は、被害者が被告人の左手の中指と薬指をつかんでねじあげ、被告人は、痛さのあまりふりほどこうとして右手で同人の胸の辺を1回強く突き飛ばし、同人を仰向けに倒してその後頭部を駐車自動車の後部バンパーに打ちつけさせ、治療約45日間を要する頭部打撲症の傷害を負わせた事案に関し、原審が生じた傷害の結果の大きさにかんがみ防衛の程度を超えたいわゆる過剰防衛であるとしたのに対し、**防衛手段として相当性を有する以上、その反撃行為により生じた結果がたまたま侵害されようとした法益より大であっても、その反撃行為が正当防衛行為でなくなるものではないとして相当性を認めた。**

　4　そこで、最高裁は②を重視すると評されることが多い。たしかに「生じた結果」のみではなく、行われた行為自体も防衛した利益と衡量する必要がある。しかし、最高裁が、相当性判断において生じた結果の重大性を無視しているわけではない。

　5　たとえば、重大な侵害でしかも守るべき権利を上回る利益を侵す防衛行為の必要性は、他の手段がかなり困難である場合にのみ認められる。また、防衛者が侵害を十分に予見しうる事情が存在した場合などは、より軽微な防衛方法の選択の容易性が高まることになる。

　6　本件事案でも、相当性を「行為態様」のみを基準に考えていたならば、素手に対して包丁を用いた以上、原審のように過剰防衛とせざるをえなかったように思われる。最高裁は、「兇器を用いた手段は穏当ではないかもしれないが、Xの置かれた状況と比較して、防御的な行動に終始した、その意味で脅迫行為としての侵害性がさほど強くないXの行為は、相対的均衡を満たしている」と考えたといえよう。

　7　武器対等の原則とは、侵害に相応した防衛行為の危険性でなければならないということを分かりやすく表現したものであるが、絶対的なものではない。侵害行為時により軽微な手段を選択しえた場合には、より軽度の危険性を伴う行為の選択の可能性の程度が問題となるし、現に生じた結果も違法性判断にとっては重要である。

●**参考文献**●　川口宰護・判解平元年度329、日高義博・判時1346-228、橋田久・[百]総8版52

58 量的過剰の限界(1)—防衛行為の一連一体性

最1小決平成20年6月25日（刑集62巻6号1859頁・判時2009号149頁）　参照条文　刑法36条

> 正当防衛行為にあたる暴行の後、新たに行った暴行は、どの範囲まで過剰防衛となりうるのか。

●**事実**●　被告人X（当時64歳）は、以前にも因縁を付けられて暴行を加えられたことがあるA（当時76歳）に、「ちょっと待て」と呼びかけられ、今回も同様のことになるのではないかと考えたものの、Aのいうとおり移動したところ、Aがいきなり殴りかかり、Xをフェンスまで押しつけ、自己の体とフェンスとの間に挟むようにしてひざや足で数回けったため、Xもけり返したりなどした。そこにAの仲間のBおよびCが近付いてきたため、Xは、「おれはやくざだ」などと威嚇し、Aを押し離すようにしながら、その顔面を1回殴打した。

すると、Aは、その場にあったアルミ製灰皿（直径19cm、高さ60cmの円柱形をしたもの）をXに向けて投げつけたので、Xは、同灰皿を避けながら、同灰皿を投げつけた反動で体勢を崩したAの顔面を右手で殴打すると、Aは、頭部から落ちるように転倒して、後頭部をタイルの敷き詰められた地面に打ちつけ、仰向けに倒れたまま意識を失ったように動かなくなった（第1暴行）。

Xは、憤激のあまり、動かなくなって仰向けに倒れているAに対し、その状況を十分に認識しながら、「おれを甘く見ているな」などと言い、腹部等を足蹴にしたり、足で踏みつけたりし、さらに、右ひざを曲げて、ひざ頭を腹部にぶつけるなどの暴行を加え（第2暴行）、肋骨骨折等の傷害を負わせた。そして、付近の病院へ救急車で搬送されたAは、6時間余り後に、頭部打撲による頭蓋骨骨折に伴うクモ膜下出血によって死亡した。死因となる傷害は第1暴行によって生じたものであった。

第1審は、Xは、防衛の程度を超え、Aに対し第1・第2暴行を加えて死亡させたもので、過剰防衛による傷害致死罪が成立するとし、懲役3年6月の刑を言い渡した。Xの控訴に対し原審は、Xの第1暴行は正当防衛にあたるが、第2暴行は、Aの侵害が明らかに終了した後のもので、防衛の意思も認められず、過剰防衛も成立する余地はないから、第2暴行によって生じた傷害について傷害罪が成立するとし、懲役2年6月の刑を言い渡した。Xは、第1・第2暴行は一体のものとして評価すべきで、前者について正当防衛が成立する以上、全体につき正当防衛を認めるべきであるなどと主張して上告した。

●**決定要旨**●　上告棄却。「第1暴行により転倒したAが、Xに対し更なる侵害行為に出る可能性はなかったのであり、Xは、そのことを認識した上で、専ら攻撃の意思に基づいて第2暴行に及んでいるのであるから、第2暴行が正当防衛の要件を満たさないことは明らかである。そして、両暴行は、時間的、場所的には連続しているものの、Aによる侵害の継続性及び

Xの防衛の意思の有無という点で、明らかに性質を異にし、Xが前記発言をした上で抵抗不能の状態にあるAに対して相当に激しい態様の第2暴行に及んでいることにもかんがみると、その間には断絶があるというべきであって、急迫不正の侵害に対して反撃を継続するうちに、その反撃が量的に過剰になったものとは認められない。そうすると、両暴行を全体的に考察して、1個の過剰防衛の成立を認めるのは相当でなく、正当防衛に当たる第1暴行については、罪に問うことはできないが、第2暴行については、正当防衛はもとより過剰防衛を論ずる余地もないのであって、これによりAに負わせた傷害につき、Xは傷害罪の責任を負うというべきである」として原判断を支持した。

●**解説**●　1　侵害行為の終了後に行われた反撃行為については、過剰防衛にもなりえない。しかし、判例は、侵害行為の終了時点を緩やかに認定し、実質的には侵害行為の終了後に引き続き行われた反撃行為を、それ以前の正当防衛行為とともに全体的に考察して1個の過剰防衛の成立を認める場合がある。

2　最決平成21年2月24日（【59】）は、類似した事案について、第1暴行と第2暴行は、急迫不正の侵害に対する一連一体のものであり、同一の防衛の意思に基づく1個の行為と認めることができるから、全体的に考察して1個の過剰防衛としての傷害罪の成立を認めるのが相当であると判示した。

3　それに対し、本件においては、第1暴行と第2暴行については、①時間的・場所的には連続しているものの、②Aによる侵害の継続性およびXの防衛の意思の有無という点で、明らかに性質を異にし、③抵抗不能状態のAに激しい態様の第2暴行に及んでいるので、④その間には断絶があるとして、反撃を継続するうちにその反撃が量的に過剰になったものとは認められず、1個の過剰防衛の成立を認めるのは相当でないとした。

4　たしかに、正当防衛行為から勢いあまって過剰な行為に及んだとはいえないと解されよう。抵抗不能であり、侵害の急迫性は失われている。ただ、第1暴行と接着しているので、なお量的過剰と評価する余地が残りうるように見えるが、本件では、第2暴行時には、Aはすでに動けなくなっており、それを十分認識して行われた第2暴行は、攻撃のために行った行為（防衛の意思を欠く行為）であると解されるので、第1暴行との間に「断絶がある」と評価されたものと思われる。

それに対して、【59】は、非常に類似した事案に見えるが、被害者が机にあたって押し倒され、反撃や抵抗が困難な状態になったといっても、意識を失って動けなくなった後に攻撃した場合とは異なり、一連の防衛行為といわざるをえなかったといえよう。

●**参考文献**●　松田俊哉・判解平20年度488、前田・最新判例分析56、林幹人・判時2038-14、山本輝之・平20年度重判176

59 量的過剰の限界(2)—防衛行為の一個性

最1小決平成21年2月24日（刑集63巻2号1頁・判時2035号160頁）　　参照条文　刑法36条、204条

> 反撃を加え侵害者の抵抗がなくなった後の追撃をどこ
> まで防衛行為と評価するのか。

●**事実**●　覚せい剤取締法違反の罪で起訴され、拘置所
に勾留されていた被告人Xが、同拘置所内の居室にお
いて、同室のAに対し、折り畳み机を投げつけ、その
顔面を手挙で数回殴打するなどの暴行を加えてAに加
療約3週間を要する左中指腱断裂および左中指挫創の傷
害を負わせたとして、傷害罪で起訴された事案である。
　原審は、上記折り畳み机による暴行については、A
の方からXに向けて同机を押し倒してきたため、Xは
その反撃として同机を押し返したもの（第1暴行）であ
り、これにはAからの急迫不正の侵害に対する防衛手
段としての相当性が認められるが、同机に当たって押し
倒され、反撃や抵抗が困難な状態になったAに対し、
その顔面を手拳で数回殴打したこと（第2暴行）は、防
衛手段としての相当性の範囲を逸脱したものであるとし
た。そして、第1暴行と第2暴行は、Aによる急迫不
正の侵害に対し、時間的・場所的に接着してなされた一
連一体の行為であるから、両暴行を分断して評価すべき
ではなく、全体として1個の過剰防衛行為として評価す
べきであるとし、罪となるべき事実として、「Xは、A
が折り畳み机をXに向けて押し倒してきたのに対し、
自己の身体を防衛するため、防衛の程度を超え、同机を
Aに向けて押し返した上、これにより転倒したAの顔
面を手けんで数回殴打する暴行を加えて、Aに本件傷
害を負わせた」旨認定し、過剰防衛による傷害罪の成立
を認めた。その上で、原判決は、本件傷害と直接の因果
関係を有するのは第1暴行のみであるところ、同暴行を
単独で評価すれば、防衛手段として相当といえることを
酌むべき事情の1つとして認定し、Xを懲役4月に処
した。X側が上告。

●**決定要旨**●　上告棄却。弁護側の、本件傷害は正当
防衛である第1暴行によって生じたもので、第2暴行
が防衛手段としての相当性の範囲を逸脱していたとし
ても、過剰防衛による傷害罪が成立する余地はなく、
暴行罪が成立するにすぎないとの上告に対し、最高裁
は「XがAに対して加えた暴行は、急迫不正の侵害
に対する一連一体のものであり、同一の防衛の意思に
基づく1個の行為と認めることができるから、全体的
に考察して1個の過剰防衛としての傷害罪の成立を認
めるのが相当であり、所論指摘の点は、有利な情状と
して考慮すれば足りるというべきである」と判示した。

●**解説**●　1　本決定は、Xが第1暴行を行ったとこ
ろ、Aがそれによって反撃や抵抗が困難な状態になっ
ていたにもかかわらず、顔面を手拳で殴打するという第
2暴行を行ったという事実に関し、両暴行は、急迫不正

の侵害に対する一連一体のものであり、同一の防衛の意
思に基づく1個の行為と認めることができるから、全体
的に考察して1個の過剰防衛とした。
　2　ただ、同じ第1小法廷の最決平成20年6月25日
（【**58**】）が、正当防衛にあたる第1暴行については、罪
に問うことはできないが、第2暴行は、正当防衛はもと
より過剰防衛を論ずる余地もないとした。しかし、両判
決に矛盾があるわけではない。【**58**】は、被害者がさら
なる侵害行為に出る可能性はなく、被告人はそのことを
認識していたのであり、侵害の継続性および被告人の防
衛の意思の有無という点で、本件と明らかに性質を異に
し、両暴行の間には断絶がある。
　3　これに対し、本決定は、「本件傷害と直接の因果
関係を有するのは第1暴行のみであり、同暴行を単独で
評価すれば、防衛手段として相当といえる」という原判
決の判断を前提としつつ、第1暴行と第2暴行は、1個
の過剰防衛（傷害罪）とすべきで、防衛行為として相当
な第1行為から傷害結果が生じた点は、有利な情状とし
て考慮すれば足りるとした。
　4　それに対しては、傷害結果が「違法性のない」第
1暴行によって生じたものである以上、第2暴行が防衛
手段としての相当性の範囲を逸脱していたとしても、過
剰防衛による傷害罪が成立する余地はなく、暴行罪が成
立するにすぎないともいえそうである。
　しかし、本件事案は、被害者が机に当たって押し倒さ
れ、反撃や抵抗が困難な状態になったといっても、【**58**】
の事案のように、意識を失って動けなくなった後に攻撃
した場合とは異なる。やはり、拘置所内の居室における
争いであり、侵害の急迫性が消失したとはいえず、一連
の防衛行為といわざるをえない。
　第1暴行が、それのみを取り出せば「手段として相
当」であったとしても、それが含まれる「分断して考え
るべきではない一連の過剰防衛行為」から傷害が生じた
ときには、その傷害結果を正当化することはできない。
　5　東京地判平成6年7月15日（判タ891-264）も、酩
酊中の被害者から絡まれた被告人が、憤激の情と防衛の
意思をもって、被害者の胸部を両手で思いきり突き飛ば
してコンクリート路面上に仰向けに転倒させ（第1暴行）、
身動きしなくなった被害者を被告人が助け起こしたとこ
ろ、ポケットを探るような仕草を示したので、ナイフで
も出すのではないかと誤信し、近くにあった木の棒で多
数回殴打する暴行（第2暴行）を加えた事案について、
「両暴行は動機面においても共通性、連続性が認められ
ることなどからして、両暴行を一体的に評価し、包括し
て1個の傷害致死罪の成立を認めるのが相当である」と
し、包括して1個の傷害致死罪と認められる本件犯行に
対して、**刑法36条2項を適用する余地はない**とした。

●**参考文献**●　前田雅英・研修734-3、松田俊哉・判解平21年度1、
深町晋也・平21年度重判177、香城敏麿『刑事事実認定(上)』261

60 盗犯等防止法1条1項における「相当性」

最2小決平成6年6月30日（刑集48巻4号21頁・判時1503号147頁）　参照条文　盗犯等防止法1条1項　刑法199条

> 盗犯等防止法1条1項の「相当性」は、刑法36条の相当性といかに異なるか。

●**事実**●　高校生Ｘ（申立人）は、Ｘから金員を喝取しようとするＡら中学生7名に人通りの少ない場所へ連行され、一方的に暴行を受け、2度ほど逃げ出そうとしたものの、大声で助けを求めたり抵抗したりせず、もっぱら防御の姿勢に終始するうち、暴行が数分間に及んだため、やむなく所携のナイフを取り出し、身をかがめたまま前にいた中学生の足を目がけてナイフを突き出したが、かすめた程度に終わったので、すぐ体を半回転させたところ、目前に今にも素手で殴りかかろうとしているＡを見て、それまでのＡの言動に対する腹立ちもあり、やられる前に刺してやれと思い、Ａが死亡することがあっても構わないという認識の下に、Ａの上半身にぶつかるようにして前に出て、その左胸部をナイフで突き刺し、Ａを心臓刺創により失血死させた。

　以上の事実につき、横浜家庭裁判所はＸの反撃行為は過剰防衛にあたると認定し、Ｘを中等少年院に送致する旨決定した。これに対して、Ｘ側が抗告したところ、東京高等裁判所は抗告を棄却した。これに対してＸ側が再抗告を申し立てた。

●**決定要旨**●　上告棄却。盗犯等防止法1条1項の「正当防衛が成立するについては、当該行為が形式的に規定上の要件を満たすだけでなく、現在の危険を排除する手段として相当性を有するものであることが必要である。そして、ここでいう相当性とは、同条項が刑法36条1項と異なり、防衛の目的を生命、身体、貞操に対する危険の排除に限定し、また、現在の危険を排除するための殺傷を法1条1項各号に規定する場合にされたものに限定するとともに、それが『やむを得ずにした行為』であることを要件としていないことにかんがみると、刑法36条1項における侵害に対する防衛手段としての相当性よりも緩やかなものを意味すると解するのが相当である」。

　「Ｘの行為は、強盗に着手した相手方の暴行が、メリケンサック以外の凶器等を用いておらず、Ｘの生命にまで危険を及ぼすようなものではなかったのに、ナイフを示して威嚇することもなく、いきなりＡの左胸部をナイフで突き刺し死亡させたものであり、Ｘ1人に対して相手方の数が7名と多く、本件現場が昼間とはいえ人通りの少ない場所であることなどの事情を考慮しても、Ｘの本件行為は身体に対する現在の危険を排除する手段としては、過剰なものであって、前記の相当性を欠くものであるといわざるを得ない」。

●**解説**●　1　盗犯等防止法1条1項は、①本件のような盗犯を防止し、財物を取還しようとする場合、②凶器を携帯して侵入しようとする者を防止しようとする場合、そして③退去しない者を排斥しようとする場合には、「自己又は他人の生命、身体又は貞操に対する現在の危険を排除する為犯人を殺傷したときは刑法36条1項の防衛行為ありたるものとす」と規定する。つまり、本件のような状況で、現在の危険を排除するために犯人を殺傷した場合は、「やむを得ずにした」という要件を必要とせずに正当防衛となり、違法性が阻却されることになる。

　2　本決定は、最高裁として初めて、盗犯等防止法1条1項における正当防衛においても相当性が要件となり、しかも刑法36条1項における正当防衛の相当性よりも緩やかなものであると判示したものである。

　学説上、盗犯等防止法1条1項における正当防衛の特則が刑法36条1項における正当防衛の単なる解釈上の注意規定にすぎないのか、それとも正当防衛の成立範囲を拡張したものであるのかという争いがある。

　3　いかに盗犯を防止するためではあっても、相当性の判断を一切不要とするのは妥当ではない。法益の均衡をあまりにも失する防衛は、正当化しえない（東京地判平9・2・19判時1610-151参照）。36条1項における正当防衛は、侵害されようとした法益が限定されていないのに対して、盗犯等防止法においては侵害されようとした法益が「生命、身体又は貞操」に限定されているのも、「やむを得ず」という文言の欠如にもかかわらず相対的法益衡量を要求している根拠とみることができよう。

　4　逆に、相当性判断は、刑法と全く同じであると解するのも不合理である。正当防衛は違法性の有無に関わる問題であるから、一元的な違法性判断を重視する立場からは、36条1項における正当防衛と盗犯等防止法における正当防衛は同一であるべきとすることも不可能ではないが、刑法における正当防衛と盗犯等防止法における正当防衛の法的要件は異なるし、相当性が多義的でかつ微妙な判断である以上、できる限り実質的・具体的な対応が必要なのである。

●**参考文献**●　小倉正三・判解平6年度16、山中敬一・法教170-76、佐伯仁志・J1116-136

61　過失犯と緊急避難・過剰避難

東京地判平成21年1月13日（判タ1307号309頁）　　参照条文　刑法37条、211条

前方の乗用車が急に自己の車線に進出して来たので、衝突を回避するために車線変更したことから生じた事故に関し、過失責任を問いうるか。

●**事実**●　片側3車線の国道において、被告人Xがワンボックスカーを運転して第2車線を進行していたところ、前方の第1車線から青色乗用車が第2車線に進出して来たことから、これを見たXが第3車線に進出したところ、後方から第3車線を自動二輪車で進行して来たAに急制動を余儀なくさせて自動二輪車もろとも転倒させ、全治約6週間を要する傷害を負わせたという自動車運転過失致傷罪の事案である。

　過失犯の成否と、緊急避難にあたるか否かが争われた。より具体的には、第3車線への進出を、衝突を回避するのに必要最小限にとどめていれば、本件結果の発生を回避することができたのかという点と、Xは進出をその限度にとどめることが可能であったのかが争点であった。

●**判旨**●　東京地裁は、第3車線への進出・進行を必要最小限にすべき義務について検討し、青色乗用車に突然進出され、衝突を回避するために急遽右にハンドルを切ったといっても、①X車両は青色乗用車よりも5m程度は後方にいたのであって、②X車両は時速30km以内であって、比較的低速で走行しており、③Xは、第1車線に停止車両の車列があり、そこから進出して来る車両もありうるという程度の予測は可能であったことなどを指摘した上、第3車線への進出をA車両の進行を妨げない限度に抑えながら、青色乗用車との衝突を避けて進行することは可能であったと認定した。

　そして、「合図や安全確認をせずに進路変更をすることは、変更先の車線を走行する車両に対する危険の高い行為であり、やむなくそのようにして進路変更をせざるを得ない場合であっても、運転者には、これらの車両の進行を可能な限り妨げないように、他の車線への進出を最小限に抑えるべき注意義務があることは明らかである。しかるに、Xは、青色乗用車との衝突を回避するために必要な程度を超え、かつA車両の進行を妨げない限度を超えて、第3車両通行帯へ車体の相当部分を斜めに進入させ、同通行帯中央付近を走行していたA車両の進路前方を塞ぐ程度にまで至ったのであるから、上記注意義務に違反した過失が認められる」とした。

　そして、緊急避難の主張については、右にハンドルを切って第3車線に進出した行為は、突然進出して来た青色乗用車との衝突による身体傷害という自己の身体に対する現在の危難を避けるための行為であったと認めた上で、衝突の回避に必要な程度を超えてA車両の進行を妨げるところまで大きく進出しているので、「その行為は、刑法37条1項の『やむを得ずにした行為』であったとは認められず、緊急避難の成立は認められない」とした。ただ、進路変更することが唯一確

実な方法であったのであり、Xは、「この避難のための回避手段の行使の方法を誤り、回避に必要な程度を超えて進出し、Aに傷害を負わせたものである。そうすると、Xの本件行為は、現在の危難から避難するための行為が適切さを欠いたためにやむを得ない程度を超えたものであり、過剰避難に該当すると解すべきである」と判示して、刑の免除を言い渡した。

●**解説**●　1　過失による緊急避難も考えうるが（大阪高判昭45・5・1判タ249-223、東京高判昭45・11・26【63】）、緊急避難の場合には、基本的に補充性が要求されるので、刑法37条が適用される以前に結果回避可能性を欠くとして無罪とされる場合が多いことになる。「結果を回避する可能性がなかった」という結果回避可能性の判断は、「そのような行為をせざるをえなかった」という補充性判断と類似するからである。

　2　本件も、衝突を回避するのに必要最小限にとどめていれば、本件結果の発生を回避することができ、かつ、Xは進出をその限度にとどめることが可能であったとして、その限度を超えて第3車線の中央付近まで進出したXの行為について過失を認めると同時に、緊急避難の成立を否定した。ただ、進路前方に突然進出して来た車両との衝突を避けるための過剰避難にあたるとして、刑の免除を言い渡した。

　3　過失犯の注意義務違反の前提としての「結果回避可能性」と、緊急避難の「やむを得ずにした行為」とは完全に同一の判断とまではいえないが、実質的にはほぼ重なる。そして東京地裁も判示しているように、衝突の回避に必要な程度を超え、かつA車両の進行を妨げない限度を超えた進出について過失が認められるが、だからといって、必要な程度を超えて進出した行為が避難のための行為でなくなるわけではない。著しく相当性を超えた防衛行為のみが過剰防衛にもならないのと同様、必要な程度を超えた避難でも、著しく相当性を超えない限り過剰避難とはなりうる。

　4　過剰避難が実際に問題となるのは、法規に違反した自動車運転行為である。東京高判昭和57年11月29日（刑月14-11=12-804）は、ひどい暴行から逃れるために行った酒気帯び運転について、堺簡判昭和61年8月27日（判タ618-181）も、発熱した幼女を病院に運ぶため最高制限速度50kmの道路を88kmで走行した事案について、過剰避難にあたるとして刑の免除を認めた。

　一方、大阪高判平成7年12月22日（判タ926-256）は、自動車同士のトラブルで身の危険を感じた者が急発進で右折したため、対向車線を直進して来たオートバイの運転者を死亡させた事案につき、「補充性・相当性を欠く」として過剰避難にもあたらないとしている。

　本件が、進路に突然進出して来た車両との衝突を避けるための「最善ではない行為」に過剰避難を認めたのは妥当である。

●**参考文献**●　林幹人・判タ1332-31、門田成人・法セ662-131

62 補充性を欠く場合と過剰避難

大阪高判平成10年6月24日（高刑51巻2号116頁・判時1665号141頁）　　参照条文　刑法37条、108条

暴力団事務所に監禁されていた者が、監禁状態から脱出するため事務所に放火した場合と過剰避難の成否。

●事実●　被告人Xは、暴力団事務所に拉致・監禁された上、連日暴行を加えられたため、同事務所に放火して騒ぎを起こし、その隙に逃亡するしかないと考え、Aら7名が現に住居に使用し、現にEら5名がいるO市所在の木造の事務所に放火しようと企て、事務所1階出入口付近通路において、脱ぎ捨てた自己の着衣に灯油を染み込ませてライターで点火し、これを事務所内に持ち込んで、その火を同室の壁、天井板等に燃え移らせて放火し、同室の約18m²を焼損した。

原審が、本件放火は避難行為として補充性を満たすものではないとの判断を示しながら、過剰避難の成立を認めたのに対し、検察側が、過剰避難の要件を不当に緩和したものであるとして控訴した。

●判旨●　大阪高裁は、補充性に関し、Xのケガは逃走が困難となるほどではなく、組員らによる監視の程度も厳しいものではなくその隙を突いて逃走することも不可能ではなかったと認められるとし、「逃走の手段として放火する以外に他にとるべき方法がなかったとはいえない」とする。そして、Xは翌日には入管局に出頭することが予定されており、Aの支配下から解放される見込みがあった上、行動の自由の侵害の程度は甚だしいものではなく、身体の安全についても、比較的軽い暴行が想定されていたのであって、「放火行為により不特定多数の生命、身体、財産の安全、すなわち公共の安全を現実に犠牲にすることは、法益の均衡を著しく失する」とし、「補充性及び条理のいずれの観点からしても『やむを得ずにした行為』であったとは認められない」と判示した。

次に、原審が過剰避難の成立を認めた点について、「緊急避難では、避難行為によって生じた害と避けようとした害とはいわば正対正の関係にあり、原判決のいう補充性の原則は厳格に解すべきであるところ、過剰避難の規定における『その程度を超えた行為』（刑法37条1項ただし書）とは、『やむを得ずにした行為』としての要件を備えながらも、その行為により生じた害が避けようとした害を超えた場合をいうものと解するのが緊急避難の趣旨及び文理に照らして自然な解釈であって、当該避難行為が『やむを得ずにした行為』に該当することが過剰避難の規定の適用の前提であると解すべきである（最判昭35・2・4刑集14-1-61参照。もっとも、『やむを得ずにした行為』としての実質を有しながら、行為の際に適正さを欠いたために、害を避けるのに必要な限度を超える害を生ぜしめた場合にも過剰避難の成立を認める余地はあると考えられる）。そうすると、本件においては、他に害の少ない、より平穏な態様での逃走手段が存在し、かつ、本件放火行為が条理上も是認し得るものとはいえない以上、過剰避難が成立する余地はない」とした。

●解説●　1　過剰避難は、一般的に過剰防衛とパラレルに考えられている。すなわち、「緊急避難の程度を超えた場合を過剰避難という。第1は、やむを得ない程度を超えた場合であり、第2は法益の権衡を破った場合である」と説明されてきた。しかし判例には、第1の場合に過剰防衛を認めないものが見られる。それが本件や、**最判昭和35年2月4日**（刑集14-1-61）、東京高判昭和46年5月24日（判タ267-382）である（さらに【63】参照）。

2　腐朽しいつ落下するかもしれない危険な吊橋をダイナマイトを使用して爆破した行為につき、原審が過剰避難であるとしたのに対し、最判昭和35年2月4日は「危険を防止するためには、通行制限の強化その他適当な手段、方法を講ずる余地のないことはなく、本件におけるようにダイナマイトを使用してこれを爆破しなければ右危険を防止しえないものであったとは到底認められない」とし、「緊急避難を認める余地なく、従ってまた過剰避難も成立しえない」と判示した。

3　「現在の危難」が存在する以上、法益の権衡を欠き相当性を超えれば、常に過剰避難を認めるとすると、不当な結論に至りうる。正当防衛を「公的機関による法的保護を求めることが期待できないとき」に限定する判例からは（【51】）、不正の侵害に反撃するのではなく、正の危難を避ける緊急避難において、現在の危難が存在する場合すべてに減免の余地を認めることは、条理上肯定しえないであろう（最大判昭24・5・18刑集3-6-772）。

たしかに過剰避難は、理論的に、「補充性・相当性が完全に認められ、法益の権衡のみが十分でない場合」に限られるわけではないが、手段の相当性を著しく逸脱した場合は、含まれない。

4　本件や最判昭和35年2月4日のように、法益権衡を満たさず補充性も欠くのみならず、著しく不相当な手段を用いた事案の場合には、判例は、そもそも、過剰防衛の前提となる「緊急避難（状況）でない」と考えているといえよう。

正当防衛においても、著しく不相当な防衛手段は防衛のための行為とはいえない（最判昭33・2・24刑集12-2-297参照）。正当防衛以上に限定的に解される緊急避難においては、他の手段が比較的容易である場合や、補充性があっても著しく相当性を欠く態様の行為は、避難のための行為とはいえない。本判決が括弧内で指摘する「『やむを得ずにした行為』としての実質」とは、避難のための行為であることを意味していると思われる。

●参考文献●　木村光江・研修640-3、橋爪隆・判例セレクト99年28、吉田宣之・判評498-37

63 自招危難

東京高判昭和45年11月26日（東高時報21巻11号408頁・判タ263号355頁）　　参照条文　刑法37条、211条〔当時〕

「現在の危難」を自らを招いた場合に、緊急避難は認められるか。

●**事実**●　被告人Xは、大型貨物自動車（ダンプカー・「X車両」）を運転中、かなりの降雨量のため路面が湿潤していて滑走しやすい状況であり、道路前方に横断歩道が設置されていることを知っていたところ、間断なく続いてくる対向車のために、横断歩道を渡ろうとしていた歩行者を発見しにくい状態であったから、横断歩道上を横断中の歩行者のあることをおもんぱかり、その直前で一時停止しうるようあらかじめ速度を調節して進行し、かつ同横断歩道を横断中の歩行者を認めた場合には、同横断歩道の直前で一時停止し、その通過を待って進行すべき業務上の注意義務があるのに、これを怠り、制限速度時速40kmの本件道路を、漫然従前の時速約45kmで進行を続けたばかりでなく、同横断歩道を右から左に向けて小走りで横断していた被害者Aを右斜め前方約30mの地点に認めたのに、警音器を鳴らして警告したのみで、その直前に至るまで制動措置もとらずに進行を続けた各過失により、自車をAに衝突させて、負傷させた。

　Xは、業務上過失致傷罪〔当時〕で起訴されたが、X側は、前記対向車の走行状態、歩道上の歩行者の存在、X車両の大きさ、本件道路状況を考慮すれば、もし、Xが急ブレーキをかけるなどすれば、X車両は滑走して横転、横向きまたは歩道に乗りあげ、あるいは対向車線内に乗り入れたりすることは、経験則上明らかであり、Xは、急ブレーキをかけることで発生するであろう、左側歩道上のB'ら3名の歩行者の生命身体に対する損傷、対向車との衝突という、本件事故に比してより大きな現在の危難を避けるために、Xが急ブレーキをかけなかったのはやむを得ずにした行為であって、緊急避難行為にあたると主張した。しかし、原審は、「Xの判示所為が緊急避難の要件を備えているとは認められない」として緊急避難の成立を否定したため、X側が控訴した。

●**判旨**●　控訴棄却。「行為者が自己の故意又は過失により自ら招いた危難を回避するための行為は、緊急避難行為には当らないと解すべきところ、本件についてみるに、……所論が主張するように、X車両が急ブレーキをかけた場合には、X車両は滑走して横転、横向き又は歩道上に乗りあげ或いは対向車線に入り、歩道上の歩行者や対向車に与えるという現在の危険があったとしても、それは、そもそも、Xが道路交通法第70条に明定されている、道路、交通およびX車両等の状況に応じ、他人に危害を及ぼさないような速度と方法で運転しなかったために自ら招いたものと認められる。すなわち、前叙認定の如く、Xが横断歩道に接近するにあたり、歩道上の歩行者の安全を保護するため、横断歩道直前で一時停止ができるに足りる

適当な速度の調整を行なわなかったがためである。されば、……Xの原判示所為が緊急避難の要件を備えていないと認めた原判決には、所論の如き事実の誤認ないし法令適用の誤りは存しない」。

●**解説**●　1　降雨中の道路でダンプカーを運転中、歩道の歩行者3名や反対車線の自動車への衝突を避けるため、あえてブレーキをかけず、道路前方の横断歩道を横断中のA1人を負傷させた本件行為は、「現在の危難」を自ら招いた自招危難といえるが、東京高裁は、行為者が故意または過失により自ら招いた危難を回避するための行為には、緊急避難は成立しないと判示した。

　2　自招危難について、大判大正13年12月12日（刑集3-867）は、緊急避難の規定は、公平正義の観念に立脚し、他人の正当な利益を侵害してなお自己の利益を保つことを得させようとするものであるから、行為者の有責行為により自ら危難を招いた場合には、社会の通念に照らして、やむを得ずにした避難行為と認めることはできないとし、緊急避難の「相当性」を否定した。ここにいう「公平正義の観念」に基づき「社会の通念に照らし」て緊急避難を否定した判断の内実を、(a)緊急避難権の濫用である、あるいは(b)社会的相当性が否定されるとする一般理論と関連づけて説明することも、一方では可能ではあろう。

　3　他方、正当防衛の領域では、近年、自招防衛に関する判例法理の展開がみられる。【51】・【54】判例によれば、正当防衛の急迫不正の侵害という緊急状況下で、公的機関による法的保護を求めることが期待できないときに、私人自らの対抗行為を例外的に許容したものであるという刑法36条の趣旨に照らせば、当該状況を自ら招いた者は、あえて正当防衛を認めて保護する必要性はないとすることになる。

　4　まして、正当防衛と異なり、不正な行為を行っていない者の法益を侵害することを正当化する緊急避難は、自ら落ち度のある行為をしたような場合に適用されることは「条理上肯定し得ない」と解されよう（最大判昭24・5・18刑集3-6-772参照）。

　この判例の考え方は、自らの不正な行為によって緊急避難状況を招いた者には、あえて緊急避難の成立を認めるという保護を与える必要がないという、(c)要保護性の欠如でも、説明しうる。

　5　なお、前記の自招防衛に関する近時の判例の見解の趣旨を自招避難にも及ぼし、たとえば、危難が、自招行為により触発された、一連、一体の事態で、自招行為の程度を大きく超えるものではないなどの場合には、対抗行為は、その行為に出ることが正当とされる状況における行為ではなく、「現在の危難」または「やむを得ずにした行為」にはあたらないとして、緊急避難の成立要件の存在を否定するという説明も可能であろう。

　6　本件は、上記いずれの見解からも、緊急避難を認めることはできないであろう。

●**参考文献**●　安田拓人・大コメ(2)〈3版〉702

64 第三者に生じた反撃結果—狭義の正当防衛の錯誤

大阪高判平成14年9月4日（判タ1114号293頁）　　参照条文　刑法36条、38条、208条、205条

急迫不正の侵害に対して反撃したところ、意図しない客体に結果が生じた場合の処断。

●**事実**●　被告人Xは、平成10年7月4日午前零時20分ころ、S市路上において、実兄（当時21歳）のAほか4名とともに、B（当時17歳）ら10名の男女と喧嘩をすべく対峙したところ、同人らから木刀等で攻撃を加えられ、その場に停車させていたXの普通乗用自動車の運転席に逃げ込んだ際、同車後方付近で、AがBと木刀を取り合っているのを認め、同車をBに衝突させる暴行を加えようと決意し、直ちに同車を運転し、AおよびBの方向を目がけて時速約20kmで約15.5m後退進行させ、Bの右手に同車左後部を衝突させるとともに、Aに同車後部を衝突させた上、その場に転倒させて轢過する各暴行を加え、肝臓挫滅等の傷害を負わせて出血性ショックにより死亡させた。

　原審は、Xは、Aを助けるためにBに向けて車を急後退させて追い払おうという暴行の故意があったと認定し、その「暴行の結果、意図していなかったとしても、Aに本件車両を衝突させ轢過して死亡させたのであるから」、Bに対する暴行罪のほか、Aに対する傷害致死罪が成立するのは明らかであるとした。これに対し、弁護人は、Xには暴行の故意がないから無罪であるなどと主張して控訴した。

●**判旨**●　破棄自判。大阪高裁は、「防衛行為の結果、全く意図していなかったAに本件車両を衝突・轢過させてしまった行為について、どのように考えるべきか問題になる。不正の侵害を全く行っていないAに対する侵害を客観的に正当防衛だとするのは妥当でなく、また、たまたま意外なAに衝突し轢過した行為は客観的に緊急行為性を欠く行為であり、しかも避難に向けられたとはいえないから緊急避難だとするのも相当でないが、Xが主観的には正当防衛だと認識して行為している以上、Aに本件車両を衝突させ轢過してしまった行為については、故意非難を向け得る主観的事情は存在しないというべきであるから、いわゆる誤想防衛の一種として、過失責任を問い得ることは格別、故意責任を肯定することはできないというべきである」と判示して、Xを無罪とした。

●**解説**●　1　攻撃者甲に対し防衛行為として反撃したところ、第三者に加害結果が生じた場合、たとえば、たまたま通りかかった丙を傷害してしまった乙の傷害罪の成否に関しては、(a)正当防衛説、(b)緊急避難説、(c)誤想防衛説が対立する。

2　不正の侵害を全く行っていない第三者に対する侵害を客観的に正当防衛だとするのは妥当ではない。そこで、緊急避難の成否が問題となるように思われる。たしかに、丙を犠牲にするしか方法がない場合に自己を守るためにやむを得ず甲に向かって突き飛ばした場合には、丙に対する緊急避難の成否が問題となりうる。しかし、意図しないAを轢いてしまった本件行為は、「現在の危難を避けるためやむを得ずにした行為」とは言いにくい。Aへの加害は、避難に向けられた行為ではないのである。

3　大阪高裁は、Xが主観的に正当防衛だと誤認して行った行為は、誤想防衛の一種として故意責任が否定されるとしたのである。

　たしかに、Xは急迫不正の侵害の存在を認識し、侵害に対して必要（相当）と認定された行為を、それと認識して行ったのであり、主観的には正当防衛なのである。正当防衛と認識して行為した場合には、行為者は規範には直面せず、故意非難を向けえない。事実の錯誤の問題として故意の存在は否定される。

4　たしかに、甲を殺そうとして誤って隣に立っていた乙を殺せば、法定的符合説からは殺人既遂罪が成立するので、甲の急迫不正の侵害に対し傷害（暴行）の故意で反撃し隣の乙を傷害した場合にも乙に対する傷害罪が成立するように見える。しかし、急迫不正の侵害だと思いそれに対する防衛行為として反撃している以上、主観的には完全に正当防衛だと認識して行為している。それ故、故意非難を向けうる主観的事情は存在しないのである。

5　この点に関連して本判決は、「XにとってAは兄であり、共に相手方の襲撃から逃げようとしていた味方同士であって、暴行の故意を向けた相手方グループ員とでは構成要件的評価の観点からみて法的に人として同価値であるとはいえず、暴行の故意を向ける相手方グループ員とは正反対の、むしろ相手方グループから救助すべき『人』であるから、自分がこの場合の『人』に含まれないのと同様に、およそ故意の符合を認める根拠に欠けると解するのが相当である。この観点からみても、本件の場合は、たとえBに対する暴行の故意が認められても、Aに対する故意犯の成立を認めることはできないというべきである」として、事実の錯誤論からも、Xに傷害致死罪が成立しないとする。

6　しかし、親乙を殺害しようとつけ狙う甲を殺そうとしたら、誤って乙を殺害してしまったような場合、殺人罪の故意犯は成立すると考えるべきであろう。

　本件は、あくまで、「正当防衛と認識しているので故意非難ができない」ということを理由に、無罪とすべきである。

●**参考文献**●　鈴木左斗志・固総8版58、齊藤彰子・金沢法学47-1-333、佐久間修・判例セレクト03年28

65 誤想過剰防衛

最 1 小決昭和62年 3 月26日（刑集41巻 2 号182頁・判時1261号131頁）　　　参照条文　刑法36条、38条

> 防衛状況を誤信し、しかも相当性の程度を超えた場合の処断。

●**事実**●　本件被害者 B 男（身長約160cm・体重約60kg）は、A 女らと飲食し、酩酊した A を帰宅させようと店外へ連れ出したところ、A が大声を出して暴れたため、A ともみ合いとなり、A が路面に転倒した。被告人 X（身長約180cm・体重約80kg）は、空手 3 段等の腕前を有する来日 8 年の英国人で、日本語の理解力は不十分であったが、A が転倒するのをたまたま目撃し、B が A に暴行を加えているものと思い込み A を助け起こそうとした。その際、A が「ヘルプ　ミー」と叫んだので、X が B の方に向きを変え、攻撃をやめるようにという意味で両手を差し出して B に近づいたところ、B がボクシングのファイティングポーズのような姿勢をとったため、B が自分にも殴りかかってくるものと誤信した X は、自己および A の身体を防衛するため、とっさに空手技である回し蹴りをして、左足を B の右顔面付近に当て、同人を路上に転倒させて頭蓋骨骨折等の傷害を負わせ、8 日後に死亡させた。

　第 1 審は、X の行為につき、急迫不正の侵害を誤想したものであるが、防衛の程度を超えていないため誤想防衛として故意が阻却され、かつ誤想したことにつき過失はないとして、無罪を言い渡した。検察官の控訴に対し、原審は、X の行為は防衛行為としての相当性を欠き、しかも、回し蹴りを行うことについて X に錯誤はないから、いわゆる誤想過剰防衛にあたるとし、X の所為につき傷害致死罪の成立を認め、刑法36条 2 項の規定に準拠して刑を減軽し、懲役 1 年 6 月・執行猶予 3 年を言い渡したため、X から上告がなされた。

●**決定要旨**●　上告棄却。「本件回し蹴り行為は、X が誤信した B による急迫不正の侵害に対する防衛手段として相当性を逸脱していることが明らかであるとし、X の所為について傷害致死罪が成立し、いわゆる誤想過剰防衛に当たるとして刑法36条 2 項により刑を減軽した原判断は、正当である」。

●**解説**●　1　(1)誤想防衛論自体につき説が対立していることに加え、(2)誤想防衛や誤想過剰防衛とはいかなる事案を指すのかということに曖昧な面があり、誤想過剰防衛に関する議論に若干の混乱が見られる。

　ただ、(1)正当防衛自体の評価的な問題についての誤信が法律の錯誤であることに争いはなく、違法阻却事由を基礎付ける事実に関する錯誤は、判例・多数説は、事実の錯誤として故意を阻却するということで議論は、ほぼ収束している。

　(2)一般に誤想過剰防衛として論じられる事例は、急迫不正の侵害が存在しないのに（客観面）、存在すると誤信し（主観面）、しかも相当性の程度を超えた場合を指す（狭義の誤想過剰防衛）。そして、相当性に関する認識内容により、①相当な防衛行為を行う認識の場合と、②相当性を超える行為を認識して行う場合に分かれる。

　判例は、②の場合を誤想過剰防衛としているといってよい。ただ、①の場合も、急迫性の事情に誤想があり、過剰な行為を行っている以上、誤想過剰防衛と呼ぶ場合がある（さらに【66】のような事案も誤想過剰防衛として扱うことがある）。

　2　本件の事案は、空手有段者の X が、A に B が暴行を加えていると誤信し A を助けるべく両者の間に割って入ったところ、B が防御のため両拳を胸の前あたりに挙げたのを自分に殴りかかってくるものと誤信して自己および A の身体を防衛するために回し蹴りを B の顔面付近に当て、その結果後日死亡するに至らせたというものであるから、②の事例といえよう。

　3　従来の学説は、本件のような事案を中心に、(a)誤想防衛説（故意犯の成立を否定し過失犯の余地を認める）、(b)過剰防衛説（故意犯が成立する）が対立し、判例は(b)説に従うと整理されてきた。

　故意の有無という視点から考察すると、本件の「急迫不正の侵害が存すると誤信しつつ、行為が相当でないことも認識していた②（本件）の場合」は、故意が存在する。急迫の事情は認識していても、過剰性の認識が存する以上、正当防衛の事実に関する主観面を備えているとはいえず、誤想防衛として故意が否定されることはないからである。

　一方、「急迫不正の侵害が存すると誤信しつつ、行為も相当だと認識していた①の場合」は、誤想防衛として故意が否定され、過失犯が成立する余地があるのみである。

　4　ただ、広い意味での誤想過剰防衛の問題は、誤想防衛（過失犯）か過剰防衛（故意犯）かという「二者択一」の形で割り切ることは妥当でない。故意犯が否定されて過失犯が成立する場合にも過剰防衛として刑の減免の余地は考えられるからである。

　5　刑法36条 2 項の刑の減免を認めるべきか否かは、過剰防衛を責任減少説で説明するか違法減少説で説明するかによる。前者によれば、主観的に急迫であると思ってあわてている以上、責任は軽くなる。後者は、「過剰結果を生ぜしめようと、不正な侵害に対して防衛行為を行っている以上違法性は減少する」と考えるため、急迫不正の侵害が客観的に存在する場合に減免を認めうる。

　36条 2 項の根拠は、違法性と責任の双方の減少によると解すべきで、本件の場合には客観的違法性の減少が全くない以上、刑の免除まで認めるべきではない。ただ、責任の減少が存在することも否定できない以上、刑の減軽を認める余地はある。

●**参考文献**●　岩瀬徹・判解昭62年度100、佐久間修・昭62年度重判153、坂下陽輔・[百]総 8 版60

66 「過剰性の認識」の認定

最3小判昭和24年4月5日（刑集3巻4号421頁）　　参照条文　刑法36条、38条、205条2項（平成7年改正前）

> 急迫不正の侵害に対する反撃が、やむことを得ない程度を超えていることの認識を有したか否かと誤想過剰防衛。

●**事実**●　被告人Ｘは被害者Ａ（74歳）の長男で、別居していたが、引き揚げて来たＸの義弟ＣがＡと同居し、Ｘの弟Ｂが復員して、これらの者がＸとＡとの間に介在するようになってから次第に不仲となった。昭和22年4月15日、ＡとＸのいずれが耕作するかについて争いのあった隠居田をＸが馬耕で掘り起こしに着手したことから、ＡおよびＢとＸとの間に口論が始まり、ＡがＸの胸倉をとる等したが、午後3時半ころＸは隙を見てＢとＡとの万能を持って自宅に逃げ帰った。ところがＡはＸを追って勝手土間に入り棒様のものを手にしてＸに打ちかかって来た。逃げ場を失ったＸは、Ａの急迫不正の侵害に対して自己の身体を防衛するため、その場にあった斧を斧とは気づかず何か棒様のものとのみ思いこれを手にしてＡに反撃を加えたが、昂奮のため防衛の程度を越し、その斧の峯および刃でＡの頭部を数回殴りつけて同人をその場に昏倒させ、よってＡに頭蓋腔に達する右顳顬頂部陥没骨折の裂創等を負わせ、右顳顬頂骨陥没骨折から起こった頭蓋腔の出血による脳圧迫のため、Ａをして同月21日午後8時30分ころ居宅隠居家で死亡するに至らしめた。

原審は、Ｘの行為は、刑法205条2項（尊属傷害致死〔当時〕）に該当するが、過剰防衛行為であるとして、刑法36条2項を適用して刑を減軽した。これに対して、弁護人は、Ｘは過剰の事実を認識していなかったのであるから、誤想防衛であり無罪であるとして上告した。

●**判旨**●　上告棄却。「原審は斧とは気付かず棒様のものと思ったと認定しただけでたゞの木の棒と思ったと認定したのではない、斧はたゞの木の棒とは比べものにならない重量の有るものだからいくら昂奮して居たからといってもこれを手に持って殴打する為振り上げればそれ相応の重量は手に感じる筈である、当時74歳（原審認定）の老父（原審は被害者が実父Ａであることの認識があったと認定して居るのである）が棒を持って打ってかゝって来たのに対し斧だけの重量のある棒様のもので頭部を原審認定のように乱打した事実はたとえ斧と気付かなかったとしてもこれを以て過剰防衛と認めることは違法とはいえない」。

●**解説**●　1　誤想過剰防衛に関する議論が複雑なのは、誤想過剰防衛とはいかなる事案を指すのかということ自体に曖昧な面があるからである。一般に誤想過剰防衛として論じられる事例は、急迫不正の侵害が存在しないのに（客観面）、存在すると誤信し（主観面）、しかも相当性の程度を超えた場合を意味する（狭義の誤想過剰防衛：さらに、相当性に関する認識内容により、①相当な防衛行為を行う認識の場合（【65】）と②相当性を超える行為を認識して行う場合にわかれる）。

ただ、本件のような、急迫不正の侵害は存在しているが相当性の程度を超え、しかも超えていることに認識を欠く（相当だと思っている）場合も、誤想過剰防衛と呼ばれる場合がある。客観的過剰防衛だが誤信した内容によっては誤想防衛となるからである。相当性の程度を超えていることの認識があれば過剰防衛となる。しかし、相当だと誤信していた場合には、主観的には、急迫不正の侵害があると誤信し、それに対して相当な反撃をしたと思って行為している以上、誤想防衛ということになるのである。

2　本件Ｘの認識が、急迫不正の侵害に対し相当だと思って行為したと認定しえた場合には、故意犯の成立は認めえない。行為者の主観面に着目すれば、急迫不正の侵害の点に関しても、また「やむを得ない」という点に関しても、主観的には完全に正当防衛として行為する認識が存在することになり、行為者に故意非難を向けることはできないからである。構成要件該当事実はあるが、完全に正当な行為と認識して行為している以上、責任故意が欠ける。

行為を相当だと誤信したことに過失があれば過失致死罪の成立が認められる（過失致死罪が成立する場合にも、過剰防衛として刑の減免は考えられる）。

3　問題は、やむことを得ない反撃の認識があったか否かである。最高裁は、「斧だけの重量のある棒様のもので頭部を……乱打した事実はたとえ斧と気付かなかったとしてもこれを以て過剰防衛と認めることは違法とはいえない」と認定した。逃げ場を失いとっさに側にあった棒で反撃したのであるから、反撃の過剰性の認識を認定することは酷なようにも思われるが、老人の頭部を斧だけの重量のある棒様のもので数回殴りつける行為は、客観的には過剰防衛であるとも考えられ、少なくとも段打の途中からは、そのように行為をしていることの認識は否定しえないから、相当性の認識に欠け誤想防衛として故意を否定するわけにはいかないとした最高裁の判断は、合理的なものといえよう。

判例の故意論においては「このような事実の認識があれば故意非難が可能か」という視点が、実質的基準となっているのである（前田『刑法総論講義7版』161頁参照）。

4　本件のような、客観的に急迫不正の侵害が存在する場合には、36条2項について責任減少説を採用しようと、違法減少説を採用しようと傷害致死罪の過剰防衛として刑の減免が認められる。責任減少説によれば、急迫性が客観的に存在しようがしまいが、主観的に急迫であると思ってあわてている以上、責任は軽くなる。違法減少説によっても、「過剰結果を生ぜしめようと、不正な侵害に対して防衛行為を行っている以上違法性は減少する」と考えるため、急迫不正の侵害が存在する場合に減免を認めるべきだということになる。

●**参考文献**●　橋田久・百総6版56

67 責任能力の総合判定

最1小決平成21年12月8日（刑集63巻11号2829頁・判タ1318号100頁）　　参照条文　刑法39条、205条

統合失調症の病的体験に直接支配されて引き起こされたものか否かは、どのように認定されるのか。

●**事実**●　統合失調症の疑いと診断され、措置入院を繰り返していた被告人Xが、隣家に住むYとその家族から盗聴などの嫌がらせを受けていると思い込んで悪感情を抱くようになった。平成16年6月1日午後10時過ぎに、Xが金属バットを振り上げてY宅に向かって来たため、Yの妻が警察へ通報したこと等により一旦収まったものの、同月2日午前4時過ぎころ、「お前が警察に言うたんか」といいながら、Yの頭部を金属バットで殴りつけた後、Yの頭部、顔面をサバイバルナイフで多数回にわたって切りつけ、その胸部等を突き刺すなどして殺害した事案である。

　第1審は、医師Nの鑑定に従い、人格障害の一種である統合失調型障害であるが、本件犯行時、是非弁別能力および行動制御能力が著しくは減退していなかったことが明白であるとして完全責任能力を認めたのに対し、原審から鑑定を命じられた医師Sは、本件犯行は統合失調症の病的体験に直接支配されて引き起こされたものであり、本件犯行当時心神喪失であったという鑑定を行った。しかし、原審は、Xは是非弁別能力ないし行動制御能力が著しく減退する心神耗弱の状態にあったとした。X側が上告。

●**決定要旨**●　最高裁は、生物学的、心理学的要素についても、究極的には裁判所の評価にゆだねられるべき問題であり、**専門家たる精神医学者の精神鑑定等が証拠となっている場合においても、鑑定の前提条件に問題があるなど、合理的な事情が認められれば、裁判所は、その意見を採用せずに、責任能力の有無・程度について、Xの犯行当時の病状、犯行前の生活状態、犯行の動機・態様等を総合して判定することができる**とした。そして、「裁判所は、特定の精神鑑定の意見の一部を採用した場合においても、責任能力の有無・程度について、当該意見の他の部分に事実上拘束されることなく、上記事情等を総合して判定することができる」とし、「原判決が、……S鑑定について、責任能力判断のための重要な前提資料であるXの本件犯行前後における言動についての検討が十分でなく、本件犯行時に一過性に増悪した幻覚妄想が本件犯行を直接支配して引き起こさせたという機序について十分納得できる説明がされていないなど、鑑定の前提資料や結論を導く推論過程に疑問があるとして、Xが本件犯行時に心神喪失の状態にあったとする意見は採用せず、責任能力の有無・程度については、上記意見部分以外の点ではS鑑定等をも参考にしつつ、犯行当時の病状、幻覚妄想の内容、Xの本件犯行前後の言動や犯行動機、従前の生活状態から推認されるXの人格傾向等を総合考慮して、病的体験が犯行を直接支配する

関係にあったのか、あるいは影響を及ぼす程度の関係であったのかなど統合失調症による病的体験と犯行との関係、Xの本来の人格傾向と犯行との関連性の程度等を検討し、Xは本件犯行当時は是非弁別能力ないし行動制御能力が著しく減退する心神耗弱の状態にあったと認定したのは、その判断手法に誤りはなく、また、事案に照らし、その結論も相当であって、是認することができる」として、上告を棄却した。

●**解説**●　1　責任能力が問題となる事案の中心は、統合失調症による幻覚妄想に影響されて犯行に及んだ場合である。そこでは、「幻覚妄想が本件犯行を直接支配して引き起こさせた」と評価できるかが問題となる。

　裁判所は、医師による病気の程度の判断を前提に、①動機と病的異常との関係、②違法性の意識の有無、③病識・病感の程度、④意識の清明度、記銘能力の完全度、⑤幻覚・妄想の直接支配の有無等を総合し、本来の人格傾向から全く乖離した行為か否かを問題とすべきとする。

　2　司法精神医学界には、精神障害が人の意思や行動の決定過程への影響をある程度判定することはできるとする可知論と、精神障害が人の意思決定等にどのように影響するかは知りえないとする不可知論が存在する。不可知論は、精神医学的診断と責任能力の判定（司法）との間にあらかじめ合意を形成しておき（慣例）、それに従って責任能力を判定する。その典型例が、統合失調症という精神医学的診断が確定すれば、その者は常に責任無能力と判定するという伝統的方法であった。

　3　それに対して、最決昭和58年9月13日（判時1100-156）や最決昭和59年7月3日（刑集38-8-2783）は、基本的には可知論を前提としているといってよい。総合判定は、可知論と親和性がある。ただ、精神医学の世界では、両論のいずれかを徹底する見解は少なく、「本来の人格傾向」とはそもそも何を指すのかが曖昧だという指摘も存在することに注意を要する。

　4　本件では、「統合失調症の病的体験に直接支配されて引き起こされた」とした部分を採用しなかった点が問題となり、最高裁は、原審の判断を支持した。

　本件では、①犯行の直前および直後にはその症状はむしろ改善しているように見受けられるし、幻覚妄想の内容は、通常相手方を殺傷しようと思うような非常に切迫したものとまではいえず、「お前が警察に言うたんか」との発言等に照らすと、Xが幻覚妄想の内容のままに本件犯行に及んだかどうかにも疑問の余地があるとしたのである。そして、本件犯行は暴力容認的なXの本来の人格傾向から全くかい離したものではなく、統合失調症による病的体験に犯行の動機や態様を直接に支配されるなどして犯されたものではないとしたのである（病的体験に強い影響を受けたことにより犯されたものであることは間違いないので、心神耗弱の状態にあったと認めた）。

●**参考文献**●　前田・最新判例分析71、任介辰哉・判解平21年度646、安田拓人・㊁総8版72、林美月子・平22年度重判202

68 原因において自由な行為の法理

大阪地判昭和51年3月4日（判時822号109頁・判タ341号320頁）　　参照条文　刑法39条　暴力行為等処罰法律1条

原因において自由な行為の法理が故意犯に認められる余地はあるのか。

●事実● 被告人Xは、過度に飲酒してしばしば暴力を振るい、前年にも複雑酩酊による心神耗弱となり、刃物を用いた強盗未遂事件を犯し、保護観察付きの執行猶予判決を受け、特別遵守事項として禁酒を命じられていたが、犯行前日午後5時から8時ころまでに日本酒7ないし9合を飲酒したことによる病的酩酊（心神喪失）状態で、午前1時半ころタクシーに乗り、運転手の左手首を背後から左手で摑み、右手で肉切包丁を示して暴行、脅迫を加えたが運転手が隙を見て車外に逃げ出した、という事案である。大阪地裁は、犯行開始時には強盗の意思はなかったとして強盗未遂の訴因は認めなかったが、暴力行為等処罰法1条の示凶器暴力脅迫罪の成立を認めた。

●判旨● 「行為者が責任能力のある状態で、自ら招いた精神障害による責任無能力又は限定責任能力の状態を犯罪の実行に利用しようという積極的意思があるから、その意思は犯罪実行の時にも作用しているというべきであって、犯罪実行時の行為者は、責任無能力者としての道具……又は限定責任能力者としての道具……であると同時に、責任能力のある間接正犯たる地位も持つ。……従って、故意犯についてはその実行行為時に……責任能力のある間接正犯としての法的定型性の具備、行為と責任の同時存在を共に認めることができる」。

「本件犯行前飲酒を始めるに当たっては、積極的に責任無能力の状態において犯罪の実行をしようと決意して飲酒したとは認められないから、確定的故意のある作為犯とはいえないけれども、右飲酒を始めた際には責任能力のある状態にあり、自ら任意に飲酒を始め、継続したことが認められ、他方飲酒しなければ死に勝る苦痛に襲われ飲酒をせざるをえない特殊な状態にあったとは認められず、前叙認定したようにXは、その酒歴、酒癖粗暴歴ないし犯歴、前記判決時裁判官から特別遵守事項として禁酒を命じられたことをすべて自覚していたと認められるので、偶々の飲酒とはいえないのみならず、右飲酒時における責任能力のある状態のもとでの注意欠如どころか、積極的に右禁酒の義務に背き、かつ、飲酒を重ねるときは異常酩酊に陥り、少なくとも限定責任能力の状態において他人に暴行脅迫を加えるかも知れないことを認識予見しながら、あえて飲酒を続けたことを優に推断することができるから、暴行脅迫の未必の故意のあるものといわざるをえない」。

●解説● 1　原因において自由な行為とは、自らを責任無能力（ないしは限定責任能力）状態に陥れて犯罪結果を生ぜしめた場合に、原因行為を根拠に可罰性を認める理論である。責任能力は実行行為の時に存在しなければならないが、本件のように、自らの故意・過失により、責任無能力状態を創り出して犯行に及んだ場合まで不可罰とするのは一般人の法感情に反するとされるのである。

2　従来、本判決のように、原因において自由な行為を、責任無能力の状態の自分を「道具」として利用して犯罪を実行したものと説明する見解が有力であった。間接正犯が他人の行為を利用して犯罪を実行するのとほぼ同一だとするのである。そして、間接正犯においては、「利用する行為」に実行の着手を認めることができるという立場から、原因において自由な行為の場合も「原因行為（飲酒行為）」に実行行為性を認めうるとする。実行の着手時期を早めることにより「同時存在の原則」を堅持するのである（構成要件モデル）。

3　だが、この説には批判が強い。まず、実行の着手時期が、早すぎるとされる。たとえば、責任無能力の凶暴な状態を利用して人を殺そうとして酒を飲み、飲みすぎて眠ってしまっても殺人未遂罪は成立することになるが、それではあまりに不合理だとされるのである。そして、限定責任能力の場合にこの理論を適用しないのは、責任無能力に陥った場合と比較して不均衡であるとも批判される（【70】参照）。

4　このような批判に対応して、間接正犯論を準用する立場の主張者は理論を修正し、当該理論の適用範囲を限定する。原因行為自体に構成要件（殺人罪）の定型性がなければ、実行行為性は認められえないとする。当然、酒を飲んだだけでは、殺人罪の実行行為性は認められない。

ただこのように考えると、故意犯の場合にはほとんど原因行為には定型性が欠けることになる。過失犯・不作為犯は定型性が緩やかなので原因において自由な行為の理論は認めやすいとされるが、事実上は原因において自由な行為否定説にかなり近い。過失犯の場合には、原因において自由な行為を認めなくても、容易に原因行為時に注意義務を設定しうるからである。

5　ただ、暴行の故意は殺意などよりは認めやすい。飲酒をすれば「朦朧とする」「乱暴に及ぶ」などと認識しうる場合は多いであろう。本件大阪地判も、「酒に酔った状態を利用（認容）した強盗」は考えにくいが、「酒に酔った状態を利用（認容）した暴行脅迫」は一応考えられるとしたのである。

●参考文献● 嘉門優・回総8版78、曽根威彦『刑法の重要問題（総論）』113、林幹人『刑法の基礎理論』119、大谷實・昭51年度重判150

69 実行行為と責任能力

長崎地判平成4年1月14日（判時1415号142頁・判タ795号266頁）　　参照条文　刑法39条2項、205条

> 実行行為の継続中に限定責任能力となった場合と原因において自由な行為。

●**事実**●　被告人X（77歳）は、簡易保険の生前剰余金の受取りをめぐって某日午後2時ころ妻A（72歳）と口論となり、Aに対し手拳で頭部・顔面等を殴打し、さらに剰余金を引き出すと言い張るAに対し、その後同日午後11時ころまでの間、腹立ち紛れに焼酎を飲み酩酊の度を強めながら、数次にわたり、手拳で頭部・顔面等を殴打し、背部等を足蹴にする暴行を加えた上、居間に向かって押し倒し、同間にうつ伏せに倒れたAをなおも叩こうと同間に入ろうとした際、敷居につまずき、頭をガラス戸に強打したことから一層激昂し、Aの背部・臀部等を足で踏みつけ、肩叩き棒で頭部を滅多打ちするなどの暴行を加え、よって、Aに頭部・顔面および胸背部打撲による皮下出血、筋肉内出血ならびに胸骨骨折および肋骨骨折による胸腔内出血等の傷害を負わせ、同日午後11時ころ、Aを同傷害に基づく外傷性ショックにより死亡させたものである。

Xは傷害致死罪で起訴されたが、弁護人は本件犯行当時、Xは多量の飲酒のため、Aに致命傷を与えた最終段階においては心神耗弱の状態にあったから、刑法39条2項に基づいて刑の減軽をすべきであると主張した。

●**判旨**●　「Xは、酩酊に至るに十分な量の酒を飲んでおり、右飲酒によって、本件犯行の初めの時期には単純酩酊の状態にあったが、その後、本件犯行の中核的な行為を行った時期には複雑酩酊の状態になっていたものであって、右状態において、Xの是非善悪を弁別する能力は著しく減退していた。すなわち被告人は犯行途中より心神耗弱の状態になったと認めるのが相当であると判断される」。

「本件は、同一の機会に同一の意思の発動にでたもので、実行行為は継続的あるいは断続的に行われたものであるところ、Xは、心神耗弱下において犯行を開始したのではなく、犯行開始時において責任能力に問題はなかったが、犯行を開始した後に更に自ら飲酒を継続したために、その実行行為の途中において複雑酩酊となり心神耗弱の状態に陥ったにすぎないものであるから、このような場合に、右事情を量刑上斟酌すべきことは格別、Xに対し非難可能性の減弱を認め、その刑を必要的に減軽すべき実質的根拠があるとは言いがたい。そうすると、刑法39条2項を適用すべき

ではないと解するのが相当である」。

●**解説**●　1　本件判例は、原因において自由な行為の理論を適用したと説明されることも多い。自らの原因で、限定責任能力状態に陥り、犯罪結果を生ぜしめたからである。

2　**原因において自由な行為**の説明としては、(a)責任能力の存在した原因行為時点に実行行為の開始（実行の着手）を認めようとするもの（構成要件モデル：大阪地判昭58・3・18判時1086-158）と、(b)実行の着手の時点は責任能力を欠く結果行為に求めつつ、可罰性を認めるもの（責任モデル）とに大別され、後者は①同時存在の原則を修正することにより実行行為時には責任能力は必要ないとする立場と、②未遂処罰（実行の着手）は結果行為時まで待つ必要があるが、全体の犯罪の実行行為は原因行為時にも認められるとする立場に分かれる。そして、近時は、後者の考え方が有力である。すなわち、責任能力と実行の着手は同時存在していなくてもよいのである。

3　たとえば、責任能力は具体的犯行時にはなくても、無能力状態を有責に招いた原因行為時に存在していればよいとし、無能力状態を有責に惹起した以上、責任非難は可能だとする。また、結果行為が原因時の責任能力によって支配可能である限り責任非難は可能であるとも説明される。さらに、責任非難は違法な行為をなす最終的な「意思決定」に対して向けられるとされ、その時点で責任能力があれば、実行行為を含む「行為全体」に対して責任を問いうるとする説明も有力である。

4　そもそも、行為と責任能力の同時存在の原則は、「行為が実質的に責任非難可能な状態で実行されたこと」を要求しているのであり、形式的な同時性が絶対の要件であるわけではない。そうだとすれば、本判決は「同時存在の原則修正型の原因において自由な行為の理論」を適用したという必要もないように思われる。長崎地裁は「被告人に対し非難可能性の減弱を認め、その刑を必要的に減軽すべき実質的根拠があるとは言いがたい」とするのみで、実行の最中一貫して完全な責任能力がなくても、結果について完全な責任非難が可能である旨を明らかにしたにすぎないものともいえる。

ただ、このような判示が多く見られることからしても、原因において自由な行為は、間接正犯類似の考え方より、同時存在の原則修正型の方が自然なのである。

●**参考文献**●　曽根威彦・判評405-48、山中敬一・法セ37-8-134、前田雅英・百総5版66、三上正隆・百総8版74

70 限定責任能力と原因において自由な行為

最3小決昭和43年2月27日（刑集22巻2号67頁・判時513号83頁）　参照条文　刑法39条　道路交通法（昭39改正前）117条の2第1号、118条1項1号

犯行時に限定責任能力であった者についても、原因において自由な行為の法理は認められるか。

●**事実**●　被告人Ｘは自己所有の自動車を運転して配達を終えた後、バーで3〜4時間ほど飲酒し、自己の自動車の駐車場所に引き返そうとしたが、付近の路上に駐車してあった他人所有の軽四輪貨物兼乗用自動車を窃取し、血液1mℓにつき0.5mg以上のアルコールを身体に保有し、その影響により正常な運転ができないおそれがある状態で上記軽四輪自動車を運転し、途中で乗車させたＡを畏怖させて金品を喝取したものである。なお、Ｘは当時心神耗弱の状態にあった。

第1審が、窃盗、酒酔い運転、恐喝の各罪の成立を認めたのに対し、原審は、第1審判決を破棄自判して、物の他人性の認識につき証明が不十分であるとして窃盗につき無罪とし、酒酔い運転と恐喝について、酒酔い運転に心神耗弱の減軽をしないほか、第1審判決のとおり法令を適用して懲役6月に処した。なお、原審は、職権で酒酔い運転について次のように判示した。

「Ｘは……飲み終われば酔って再び自動車を運転することを認識しながらビール20本くらいを飲んだ後……自動車を運転して本件犯行に至ったものと認められ……、Ｘが他の者に自動車の運転を代るようあらかじめ依頼してあったとか、あるいは自分の自動車の保管を依頼するなど、乗車運転しないで帰宅する考えであったことを示すものは何もない。従って、Ｘは、心神に異常のないときに酒酔い運転の意思があり、それによって結局酒酔い運転をしているのであるから、運転時には心神耗弱の状態にあったにせよ、刑法第39条第2項を適用する限りではない。この点においてもまた原判決には判決に影響を及ぼすことの明らかな事実の誤認があり、かつ法令の適用に誤りがあるものとしなければならない」。

これに対し、酒酔い運転の行為時点において心神耗弱の状態にあったと認定しながら、飲酒行為以前のＸの状態を根拠として刑法39条2項の適用がないとした点に法令違背があるとして、上告がなされた。

●**決定要旨**●　上告棄却。「本件のように、酒酔い運転の行為当時に飲酒酩酊により心神耗弱の状態にあったとしても、飲酒の際酒酔い運転の意思が認められる場合には、刑法39条2項を適用して刑の減軽をすべきではないと解するのが相当である」。

●**解説**●　1　原因において自由な行為の法理を肯定す

る学説においても、限定責任能力の場合には同法理を否定する説（刑の減軽を認める説）と、肯定する説（刑の減軽を認めない説）が対立する。

(a)否定説は、一般の心神耗弱者の犯行が、たとえどのような動機に出た場合にもその刑が減軽されるのに、自己の心神耗弱状態を利用した場合には、単にその動機の点だけを根拠に刑の減軽を否定するのは妥当ではないと主張する。これに対し、(b)肯定説は、「否定説では心神喪失の場合には、同法理により完全な刑が適用されるのに対し、心神耗弱状態で犯罪を実現した場合には、むしろより大きな責任非難をすべきなのに刑が減軽されてしまうことになり不合理である」とする。

2　道具理論（間接正犯論）を援用して原因において自由な行為の理論を認める学説は、限定責任能力の場合には同理論を認めない。限定的ではあっても責任能力が存在した以上、「道具」たりえないからである。これに対し、同時存在の原則を修正する等により結果と密接に結びついた原因行為時に責任能力があれば足りると考える立場の学説は、心神喪失の場合と心神耗弱の場合を区別することなく原因において自由な行為の法理を肯定する。両者ともに原因行為に責任が認められる以上、完全な責任能力に基づく犯罪行為だからである。

3　たとえば、暴力団員が殴り込みをかけ傷害行為を行おうとして、その際勢いをつけようと覚せい剤を使用していたため限定責任能力状態に陥っていたとしても、**責任能力を有する時点と限定責任能力時の行為との関連性が強い場合には**（支配関係があると評価しうる場合には）、**完全な責任能力を問いうる**。この点は、責任無能力の場合と何ら変わりはない。ここでも能力時の行為と結果行為との密接な関連が必要なのである。

4　本決定は、ビールを20本飲んで、自動車を運転した行為が、酒酔い運転の罪に問われた事案につき、「行為当時に心神耗弱の状態にあったとしても、飲酒の際酒酔い運転の意思が認められる場合には刑法39条2項を適用して刑の減軽をすべきではない」としている。この決定要旨だと、原因行為と実行行為との緊密な関連が認められなくても、原因において自由な行為の理論を適用し39条を排除するようにも見える。しかし、本件事案は、はじめから自動車を運転して帰る意思で酒を飲んだもので、しかも酒酔い運転して帰る意思を持っていたと認定されている。そうだとすれば、飲酒行為と酒酔い運転行為の強い関連性を認めうるといえよう。

●**参考文献**●　中空壽雅・百総8版80、桑田連平・判解昭43年度14、平野龍一・警研45-2-117

71　12歳の少年を利用した強盗と共同正犯

最1小決平成13年10月25日（刑集55巻6号519頁・判時1768号157頁）　　参照条文　刑法60条、236条

> 12歳の息子を利用して強盗を行った親と強盗の共同正犯。

●**事実**●　スナックのホステスであった被告人Xは、生活費に窮したため、同スナックの経営者A子から金品を強取しようと企て、長男Y（当時12歳10か月、中学1年生）に対し、「ママ（A）のところに行ってお金をとってきて。映画でやっているように、金だ、とかいって、モデルガンを見せなさい」などと申し向け、覆面をしエアーガンを突きつけて脅迫するなどの方法により同女から金品を奪い取ってくるよう指示命令した。Yは嫌がっていたが、Xは、「大丈夫。お前は、体も大きいから子供には見えないよ」などといって説得し、犯行に使用するためあらかじめ用意した覆面用のビニール袋、エアーガン等を交付した。これを承諾したYは、上記エアーガン等を携えて1人で同スナックに赴いた上、上記ビニール袋で覆面をして、Xから指示された方法によりAを脅迫したほか、自己の判断により、同スナック出入口のシャッターを下ろしたり、「トイレに入れ。殺さないから入れ」などと申し向けて脅迫し、同スナック内のトイレに閉じ込めたりするなどしてその反抗を抑圧し、A所有に係る現金約40万1000円およびショルダーバッグ1個等を強取した。Xは、自宅に戻って来たYからそれらを受け取り、現金を生活費等に費消した。

第1審・原審とも共同正犯の成立を認めたため、X側が上告。

●**決定要旨**●　上告棄却。「本件当時Yには是非弁別の能力があり、Xの指示命令はYの意思を抑圧するに足る程度のものではなく、Yは自らの意思により本件強盗の実行を決意した上、臨機応変に対処して本件強盗を完遂したことなどが明らかである。これらの事情に照らすと、所論のようにXにつき本件強盗の間接正犯が成立するものとは、認められない。そして、Xは、生活費欲しさから本件強盗を計画し、Yに対し犯行方法を教示するとともに犯行道具を与えるなどして本件強盗の実行を指示命令した上、Yが奪ってきた金品をすべて自ら領得したことなどからすると、Xについては本件強盗の教唆犯ではなく共同正犯が成立するものと認められる」。

●**解説**●　1　本決定は、ドイツの学説に倣って、教唆犯を中心に共犯を説明してきたわが国の共犯学説に、大きな転換を迫るものであった。従来の学説は、①基本的に実行行為を行わない正犯は考えられない以上、共謀共同正犯は理論として認められず、②間接正犯とは人を介して犯罪を行った場合のうち、教唆が認められない場合であるとしてきた。しかし、本決定の「強盗の共謀共同正犯」という結論が広く受け入れられ、共謀共同正犯が

完全に定着した。

2　学説においても、本決定のような共同正犯の理解が身分なき故意ある道具に関して主張されてきた。公務員Yが妻Xに賄賂を受け取らせた場合、Xには公務員という身分が欠けている以上収賄罪（197条）の構成要件に該当しえず、いかなる従属性説によってもYは教唆犯たりえない。そこでYは収賄罪の間接正犯となるとする説明が多かったが、しかし、Xが賄賂罪に関する事情を十分に知っている以上、Yを間接正犯とするのは不自然である。そこでXとYを共同正犯と構成する説が有力化したのである。

3　本件事案が、教唆犯でも間接正犯でもなく共同正犯であるとされたことにより、②教唆と間接正犯に関する議論も転換せざるをえなくなった。かつての学説からすれば、本件事案は要素従属性の問題と考えられ、極端従属性説に従えば、刑事未成年Yを利用して犯罪行為を行わしめたXは、正犯Yに責任の要件が欠ける以上、教唆とはなりえず間接正犯とすることになると考えられた。しかし、12歳の児童に窃盗をそそのかしたXが常に窃盗の正犯となるというのは妥当ではない。そこでこのような事例を教唆としうる制限従属性説が有力化するのである。しかし、逆に12歳の児童の利用が常に教唆となるとする結論も、同様に、不合理なのである。

4　そもそも、利用者Xが間接正犯たりうるかは、被利用者Yの行為が「構成要件該当性と違法性を有する」か「構成要件該当性と違法性と有責性を有する」かという形式論では決定しえない。Yの正犯性は、「Yが犯罪の中心となっていたか」「XがYをどの程度制御していたか」などによって判断されなければならない（【**72**】参照）。「教唆」の成否は、この正犯性が否定された後に論じられねばならない。

5　しかし、間接正犯にならない場合、教唆の成否のみを検討すればよいわけではない。わが国の実務では伝統的に正犯が犯罪の中心で、共犯は従たる存在であるとされ、「直接」実行したか否かのみで正犯か否かを決定すべきでないと考えられてきた。

そしてわが国では、形式的には教唆として扱いうる行為をも含め、当罰性の高い関与行為がまず共同正犯として類型化される。処罰範囲の形式的決定が困難な広義の共犯の領域においては、「他者と共同することにより正犯と同視し得るだけの関与をしたか否か」という基準により、重要な犯罪関与行為を類型化することが現実的なのである。共同正犯性の有無の判断の方が、「処罰に値する教唆」の基準より明確である。そして、共同正犯と評価しえない部分について、「重大な教唆・幇助」のみを選別すべきなのである。本件で問題となった強盗罪は、窃盗罪より間接正犯を認めにくい。その意味でも本決定の「共同正犯」という構成は妥当なものといえよう。

●**参考文献**●　前田・最新判例分析124、島田聡一郎・平13年度重判156、平木正洋J1247-153、十河太朗・同志社法学292-272

72 12歳の少女を利用した窃盗と間接正犯——教唆との限界

最1小決昭和58年9月21日（刑集37巻7号1070頁・判時1093号149頁）　　参照条文　刑法235条

12歳になる養女に窃盗を命じる行為と間接正犯の成否。

●**事実**●　被告人Xは、12歳になる養女Yを連れて、遍路姿で四国88カ所札所および霊場巡りの旅を続けていたが、宿泊費用等に窮した結果、Yを利用して巡礼先の寺などから金員を窃取しようと考え、日ごろからXの言動に逆らう素振りを見せるたびに顔面にタバコの火を押しつけたり、ドライバーで顔をこすったりするなどの暴行を加えて、自己の意のままに従わせていたYに対して、窃盗を実行するように命じた。Xの暴行を恐れたYは、嫌々ながらも13回にわたって窃盗を実行した。

　第1審および原審は、Xを窃盗の正犯（間接正犯）として認定したが、弁護人は、Yには是非善悪の判断能力が十分にあり、顔にタバコの火を押しつけられたりはしたが、Yは未だ絶対的強制下にあったというわけではなく、主体的に盗みという行為を行ったのであって、「Yの行為は構成要件に該当し、違法なものであるが、Yが刑事未成年であるが故に犯罪が成立しないにすぎない。Yに盗みを命じたXの行為は窃盗の教唆になるのは格別、窃盗の正犯にはならないと解すべきである」と主張して、さらに上告した。

●**決定要旨**●　最高裁は、上告趣意は単なる法令違反の主張であって適法な上告理由にあたらないとした上で、さらに職権によって次のように判示し上告を棄却した。「Xは、当時12歳の養女Yを連れて四国88カ所札所等を巡礼中、日頃Xの言動に逆らう素振りを見せる都度顔面にタバコの火を押しつけたりドライバーで顔をこすったりするなどの暴行を加えて自己の意のままに従わせていた同女に対し、**本件各窃盗を命じてこれを行わせた**というのであり、これによれば、Xが、自己の日頃の言動に畏怖し意思を抑圧されているYを利用して右各窃盗を行ったと認められるのであるから、たとえ所論のようにYが是非善悪の判断能力を有する者であったとしても、Xについては本件各窃盗の間接正犯が成立すると認めるべきである」。

●**解説**●　1　かつては、本件のような事案は要素従属性論で説明されてきた。そして、(a)**極端従属性説**に従えば、刑事未成年者を利用して犯罪行為を行わしめた被告人は、正犯に責任の要件が欠ける以上教唆とはなりえないとされ、間接正犯となるとされた。本決定も「刑事未成年の少女の利用」を間接正犯にしたのであるから、極端従属性説に従ったかに見える。しかし、本決定が間接正犯性を認めた根拠は「畏怖・抑圧されている者の利用」という点にあり、必ずしもYが刑事未成年であったという点ではない。極端従属性説で説明するのであれば、刑事未成年というだけで、間接正犯となる。

　2　他方、(b)**制限従属性説**によれば、Yが構成要件に該当し違法な行為を行った以上、Xは教唆になり、最高裁は制限従属性説を否定したことになる。畏怖・抑圧されて反抗できなかったという点もYの責任の減少・欠如と考える以上、やはりXは教唆のはずである。

　3　そもそも、(b)制限従属性説を採用し間接正犯の成立範囲を決定することには問題がある。たとえば、3歳の幼児に窃盗をそそのかした場合、形式的には責任の要件が欠ける場合なので教唆犯になってしまう。しかし、この結論は明らかに不合理であろう。そこで、制限従属性説論者も間接正犯とする。たとえば、「幼児にはそもそも行為が存しない」という説明がなされるのである。

　4　現在では、被告人が間接正犯たりうるかは、正犯者の行為が「構成要件該当性と違法性を有する」か、「それに加えて有責性まで有する」かという形式論（要素従属性論）では決定しえないとされている。

　利用者の「正犯性」の有無と要素従属性は、本来別の問題である。正犯性の基準は実質的には「Yがどの程度行動の自由を奪われていたか」、裏返せば「Xが自ら実行したと同視しうるか」という点にある。12歳の少女であっても、決定要旨のような状態で利用した場合には、Xに正犯性を認めうる。「教唆」の成否は、この正犯性が否定された後に論じられねばならない。

　5　**大阪高判平成7年11月9日**（判時1569-145）は、日ごろからXの言動に畏怖している10歳の少年Aに、交通事故現場に落ちているバッグをとって来させた行為について、窃盗の間接正犯を認めている。

　「日ごろ怖いという印象を抱いていたXからにらみつけられ、その命令に逆らえなかったのも無理からぬものがあると思われる。そのうえ本件では、Aは、Xの目の前で4、5m先に落ちているバッグを拾ってくるよう命じられており、命じられた内容が単純であるだけにかえってこれに抵抗してXの支配から逃れることが困難であった」とし、「Aの行った窃盗行為も、Xの命令に従ってとっさに、機械的に動いただけで、かつ、自己が利得しようという意思もなかったものであり、判断及び行為の独立性ないし自主性に乏しかったということができる」ので、Xが窃盗の間接正犯であるとした。

　6　大阪高判平成7年11月9日の場合は、XとAの間には、親子関係のような強い関係は存在せず、また、命令に従わなくとも、直ちに大きな危害がXから加えられるような状態ではなかった。しかし、①日ごろから「怖い」という印象を抱いていた成人Xからにらみつけられ、②単純な機械的な財物の移動行為のみを行い、③自らは利得しようという意思はなかったAを利用したというのであるから、Xは、自己が直接窃盗行為をする代わりに、Aに命じて自己の窃盗目的を実現させたものであり、X自ら窃盗行為を行ったと評価しうるであろう。

●**参考文献**●　渡辺忠嗣・判解昭58年度275、品田智史・百総8版150、山本輝之・警研56-9-70、内田文昭・判タ530-64

73 間接正犯の意図と窃盗教唆

松山地判平成24年2月9日（判タ1378号251頁）　　参照条文　刑法61条、235条

間接正犯の意図で窃盗を働きかけたところ、客観的には教唆となってしまった場合の罪責。

●**事実**●　造園業者Vは、T市の造成地で、ユンボ（パワーショベル）を使用して造成作業を行い、ユンボの始動鍵をつけたままにして作業を続けていた。元暴力団組長X（被告人）は、何らの処分権限もないにもかかわらず、Yに対し、本件ユンボをVに断ることなく売却、搬出するよう申し向け、Yは中古車販売業者との間で本件ユンボを32万円で売買する合意をした。中古車販売業者は、運送業者を帯同して現地を訪れ、運送業者をして本件ユンボを大型トラックで搬出させ、Yに32万円を支払った。

●**判旨**●　松山地裁は、以下のように判示して、Xに窃盗罪の教唆犯の成立を認めた。

「Yは自ら規範の障害に直面しているというべきであるから、もはやXが『情を知らない』Yを道具として使用したと評価することはできない。また、YはXのことをある程度恐れていたことがうかがわれるが、これを超えて、XがYの行為を支配していたと認めるべき根拠はなく、かえって、Yは本件ユンボの売却代金の過半を手にしているのであるから、Yが幇助犯にとどまるということはなく、Xをもって故意ある幇助的道具を使った間接正犯に問うこともできない。他にXのYに対する処分依頼行為が窃盗の間接正犯（単独犯）としての実行行為に該当するというべき事情も見当たらないから、Xの行為が窃盗の間接正犯に当たるという検察官の主張は、採用できない」。

「YがXに処分権限なきことを知りながら、中古車販売業者に対して本件ユンボを売却し、情を知らない同社従業員らにその搬出を依頼した行為は、窃盗（間接正犯）の実行行為に該当するから、Yは、窃盗の正犯に当たるというべきである。この点、XがYに正犯意思があったことを認識していれば、黙示の共謀（共同実行の意思）を認定することができ、窃盗の共謀共同正犯に当たるというべきであるが、XがYの正犯意思を認識していない場合は（すなわち、間接正犯の故意であった場合は）、Xは、Yに本件ユンボの売却方を依頼し、その結果、Yが本件ユンボを売却するという窃盗の実行行為に及んでいるのであるし、間接正犯の故意はその実質において教唆犯の故意を包含すると評価すべきであるから、刑法38条2項の趣旨により、犯情の軽い窃盗教唆の限度で犯罪が成立すると認められる。

しかしながら、XがYの正犯意思を認識していたか否かを確定することは取調べ済みの全証拠をもってしても不可能であるから、結局、犯情の軽い窃盗教唆の限度で犯罪の成立を認めるべきである。そして、判示窃盗教唆の事実は、間接正犯形態の訴因に明示された事実の一部が認定できない場合であるから、その実

質において、間接正犯の訴因の縮小認定形態と解され、これを認定するためには訴因変更を要しないというべきである」。

●**解説**●　1　日本では、狭義の共犯は実際には非常に少ない。特に教唆犯は、裁判統計上「稀少な存在」である。本件は、非常に貴重な事例なのである。

しかし、本判例は「通常の教唆犯」を認めたものではないことに注意を要する。「主観的には間接正犯の意図で窃盗をするよう働きかけたところ、客観的には教唆行為となってしまった場合に、窃盗教唆を認めた」という例なのである。松山地裁は、錯誤論で処理し「Xは、Yに本件ユンボの売却方を依頼し、その結果、Yが本件ユンボを売却するという窃盗の実行行為に及んでいるのであるし、間接正犯の故意はその実質において教唆犯の故意を包含すると評価すべきであるから、刑法38条2項の趣旨により、犯情の軽い窃盗教唆の限度で犯罪が成立すると認められる」とした。この説明自体は、錯誤論として特には違和感を感じないであろう。

2　ただ、そもそも、「教唆行為」が存在したといえるかは微妙な面がある。教唆の「故意」がないというだけではなく、そもそも教唆行為が存在したといいうるかに議論の余地がある。たしかに、この事案のXに、窃盗の間接正犯を認めることは困難であろう。YがXに処分権限のないことを知りながら、ユンボを売却し搬出させた行為は、窃盗の実行行為に該当するから、Yは窃盗の正犯にあたり、Yの行為を支配していたという特段の事情が認定されていない以上、Xには正犯としての窃取行為が存在しないように見える。

3　ただ、「道具」として利用しようと働きかけた行為が「窃盗教唆」と評価しうるのであろうか。別の言い方をすれば、窃盗の間接正犯と窃盗の教唆犯とは、客観的・実質的に重なり合うのかという問題である。かつて有力であった形式的な構成要件解釈によれば、「間接正犯と『修正された構成要件としての教唆』は全く別個のもの」とすべきことになりそうである。しかし、それはあまりに形式的な考え方であり、実質的には、松山地裁のいうように、客観的教唆行為の存在を認定することも可能ではあろう。ただ、あくまで、その意味で、間接正犯は完成しておらず、主観的には教唆犯でもない場合の処罰の間隙を埋めるために、「解釈として認められた教唆犯」なのである。その意味では、「間接正犯が完全には認定できないので、教唆犯として処罰の間隙を埋めた」ということも可能である。

4　もとより、松山地裁の「Yの正犯意思を認識していたか否かの確定は取調べ済みの全証拠をもってしても不可能」であるという点に異を唱えるものではないが、X・Yの窃盗罪の共同正犯を認める方向での起訴・訴訟追行が自然であった事案であり、その方向での立証活動を、今一歩行うべき事案であったようにも思われる。

●**参考文献**●　前田・最新判例分析119、門田成人・法セ90-145

74　故意ある幇助的道具

横浜地川崎支判昭和51年11月25日（判時842号127頁）　　参照条文　刑法60条、62条　覚せい剤取締法

> 犯罪事実を認識しつつ直接犯罪行為を行った者が幇助犯となる場合。

●**事実**●　横浜地裁の認定した事実は、被告人 X は、法定の除外事由がないのに、午後 8 時ころ、都内のホテルロビーにおいて、Y が Z に対し覚せい剤粉末約50 g を代金50万円で譲り渡すに際し、同取引の数量、金額、日時、場所を Y に連絡し、同ホテル付近道路で Y から同覚せい剤を受け取り、ホテルロビーで Z に手渡し、Y の上記犯行を容易にさせてこれを幇助したというものである。

これに対し、本件の本位的訴因は、「X は、法定の除外事由がないのに、ホテルロビーにおいて、Z に対し、覚せい剤粉末50 g を代金50万円で譲り渡したものである」というものであり、予備的訴因は「X は、Y と共謀の上、法定の除外事由がないのに右同様の犯行をした」というものであった。

●**判旨**●　「X は、Z から 1 g 1 万円の覚せい剤50 g の世話を依頼されて Y に連絡し、取引の日時場所も Y に知らせたが、同人から自身で取引するため判示ホテルに赴く旨を聞いたため、相手と引き合わすために判示日時頃同ホテルに行き、X について同所附近に来た Y が取引相手が快くない Z であることを見聞了知して、X に覚せい剤を手渡すや、同人も本件覚せい剤の取引当事者は Y と Z であることを認識しながら、これを Z に渡したもので、同人からその代金50万円を受け取ると、そのままこれを Y に渡し、同人からは 1 円の分配も受けていないものであるから、X が単独で Y から覚せい剤50 g を購入して Z に売却したとは到底認め得ないのであって、本位的訴因［譲渡罪の直接正犯］は採用の限りではなく、さりとて X が Y と共謀して Z に右覚せい剤を譲り渡したことを認むべき証拠は存しないから、予備的訴因［譲渡罪の共同正犯］そのものは認定することができない。

しかし、X が覚せい剤50 g を Z に手渡した客観的事実は動かしえないものであるところ、右所為における X は、覚せい剤譲渡の正犯意思を欠き、Y の Z に対する右譲渡行為を幇助する意思のみを有したに過ぎないと認めざるをえないのであって、いわゆる正犯の犯行を容易ならしめる**故意のある幇助的道具**と認むべく……、これを正犯に問擬することはできない」として、X を幇助犯として懲役 1 年10月に処した。

●**解説**●　1　形式的にみれば、X は覚せい剤を手渡しており、「Z に覚せい剤を譲り渡した」といえないことはない。そして、ドイツの強い影響の下、「直接行為

した者」を正犯として捉える傾向の強いかつての通説からは、実行行為に関与している本件 X を幇助に問擬することに抵抗があったように思われる。

2　しかし、判例は、正犯性をそのような学説より実質的に捉らえる（その結果、学説の激しい批判の中で、共謀共同正犯の考え方を発展させ、定着させた（【71】【76】参照））。そして間接正犯も、「唆す行為が教唆犯に該当しない場合に例外的に認められる」というドイツ型の要素従属性の考え方とは異なり、実質的に正犯性があるか否かを問題にする（【72】）。

3　判例の認める「故意ある幇助的道具」もその典型例である。**最判昭和25年 7 月 6 日**（刑集 4-7-1178）は、甲（社長）が乙（運転手）を使って食料管理法違反の米を運ばせる行為につき、乙は甲の手足として行為したとして甲を正犯とした。構成要件行為は「運ぶ行為」であり、それを行ったのは乙以外には考えられないというような議論も、論理的には成り立ちうるが、食管法違反の罪を実質的に実行したのは甲であり、乙は甲の手足として行為した「道具」にすぎないと判例は捉えている。実質的に犯罪行為を行った者が正犯である。そして、このような「実質的正犯者理解」は、本件にも見られるように、一貫して存在するものなのである。

4　本件では、覚せい剤販売者と購入者の間に X が介在して売買が行われた場合について、販売依頼者 Y を正犯とし X を幇助とした。たしかに、形式的にみると「売買行為」は X が行っているようにも見えるが、薬物を入手したり代金を支払っているのは Z であり、売却の利益は Y に帰属し、X はそれを手伝ったにすぎない。実質的に Y と Z が売買の主体と評価しうることは明らかである。そうだとすれば、Y を正犯とすべきであり、売買の実行行為の一部を行ったとしても、X は「幇助」にとどまるのである。ただ、X が「覚せい剤売買に関与して金を儲けよう」と認識し相当の利益を得ているような場合には、Y と X は原則として共謀共同正犯の関係に立つと考えるべきである。

5　**大津地判昭和53年12月26日**（判時924-145）も、他人に頼まれるまま、覚せい剤の水溶液を他人に注射した事案について、自らまたは他人に覚せい剤を使用させようとの積極的意図を有していたとは認め難く、覚せい剤使用の正犯意思を欠き、他人の覚せい剤使用行為を幇助する意思を有したにすぎないと認めざるをえないから、いわゆる正犯の犯行を容易ならしめる故意のある幇助的道具と認めるべく、これを正犯に問擬することはできないとして使用罪の共同正犯ではなく、幇助犯にとどまるとしている。

●**参考文献**●　香川達夫・昭52年度重判155、小西秀宣・研修371-67

75 行為共同・犯罪共同

最1小決昭和54年4月13日（刑集33巻3号179頁・判時923号21頁）　　参照条文　刑法60条、199条、205条

共同正犯は同一の犯罪を共同するのか。

●事実● 被告人Y（暴力団組長）、X（未成年の組員）ら7名は、巡査Aが組の資金源の1つである風俗営業店（スナック）に関し強硬な立入調査をしたとして、Aに暴行・傷害を加える旨を順次共謀し、派出所前でAら警察官に挑戦的な罵声・怒声を浴びせていたが、応答したAの言動に激昂したXが未必の殺意をもって小刀でAの下腹部を1回突き刺し、同人を失血死させた。

第1審は、X・Yらの行為は、刑法60条、199条に該当するが、X以外の者は傷害もしくは暴行の意思で共謀したのであるから、刑法38条2項により60条、205条1項の罪で処断すべきであるとし、原審もこれを維持した。これに対し、X以外には殺意がなかったのであるから、Xが殺人を犯したからといって、Yらに殺人罪が成立するのは疑問であるなどとして上告した。

●決定要旨● 上告棄却。「殺人罪と傷害致死罪とは、殺意の有無という主観的な面に差異があるだけで、その余の犯罪構成要件要素はいずれも同一であるから、暴行・傷害を共謀したYら7名のうちのXが、……Aに対し未必の故意をもって殺人罪を犯した本件において、殺意のなかったYら6名については、殺人罪の共同正犯と傷害致死罪の共同正犯の構成要件が重なり合う限度で軽い傷害致死罪の共同正犯が成立するものと解すべきである。すなわち、Xが殺人罪を犯したということは、Yら6名にとっても暴行・傷害の共謀に起因して客観的には殺人罪の共同正犯にあたる事実が実現されたことにはなるが、そうであるからといって、Yら6名には殺人罪という重い罪の共同正犯の意思はなかったのであるから、Yら6名に殺人罪の共同正犯が成立するいわれはなく、もし犯罪としては重い殺人罪の共同正犯が成立し刑のみを暴行罪ないし傷害罪の結果的加重犯である傷害致死罪の共同正犯の刑で処断するにとどめるとするならば、それは誤りといわなければならない。しかし、前記第1審判決の法令適用は、Yら6名につき、刑法60条、199条に該当するとはいっているけれども、殺人罪の共同正犯の成立を認めているものではないから、第1審判決の法令適用を維持した原判決に誤りがあるということはできない」。

●解説● 1 共同正犯に関する(a)行為共同説とは、構成要件を離れた「行為」を2人以上の者が共同で行い、各自が自己の犯罪を実現するという考え方で（数人数罪）、異なる罪名についても共同正犯の成立を認める。これに対し、(b)犯罪共同説は、1つの犯罪を複数人が共同して実行すること（数人一罪）が必要だとする考え方である。

2 ただ現在は、行為共同説といっても、犯罪としての類型性を無視することは許されない以上、各自がそれぞれの犯罪を共同実行したと認められなければならない（やわらかい行為共同説）。他人の行為との共同関係が、成立する犯罪類型の重要部分を占めていなければ、一部行為の全部責任の効果は認められない。共同実行という以上、構成要件の重要部分を共同する必要がある。ただ、各自の共同正犯は別個の罪名たりうる。本件の場合、XとYには殺人罪と傷害致死罪の共同正犯が成立する。

3 他方、犯罪共同説も、現在は(c)部分的犯罪共同説が主流である。正犯と共犯の構成要件が異なっていても、両者が同質的で重なり合う範囲で共犯の成立を認める考え方である。

かつては、本件の事案のX・Yには殺人罪の共同正犯が成立し、殺意のないYは傷害致死の範囲で科刑されることになるというかたい部分的犯罪共同説が有力であった。ただ、犯罪の成立と科刑を分離させる点に強い批判が向けられ、重なり合う軽い罪の範囲、つまり本件のX・Yの場合は傷害致死罪の範囲内で1個の共同正犯が成立するという考え方（やわらかい部分的犯罪共同説）に移行していった。

4 最高裁は、かつてはかたい部分的犯罪共同説を採用していたが、本決定は明示的に同説を否定した。そして、行為共同説の方向に動き出したように見える。本決定は、殺意のない者に傷害致死罪の共同正犯、殺意ある者に殺人の共同正犯の成立を認めたと読む方が自然である。やわらかい部分的犯罪共同説によれば、殺意のあるXには傷害致死罪の共同正犯が成立し、それに加えて殺人罪の単独正犯を認めざるをえなくなるが、両者の罪数関係の説明は困難である。さらに、死の結果がYの行為から生じたような場合には、Xに単独犯の殺人「既遂」を認めることはできないであろう。しかし、傷害致死の共同正犯として死の結果が帰責されるXに、傷害致死に加えて殺人未遂の成立を認めるのも不自然である。

5 ただ、**最決平成17年7月4日（【12】）**は、入院中の患者を退院させてその生命に具体的な危険を生じさせた上、その親族から患者に対する手当てを全面的にゆだねられた者につき、殺意を認定し、不作為による殺人罪が成立するとしたものであるが、「被告人には、不作為による殺人罪が成立し、殺意のない患者の親族との間では保護責任者遺棄致死罪の限度で共同正犯となる」とした。本件決定が触れていなかった「殺意のある者の罪名」について、殺人罪が成立することを明言し「**保護責任者遺棄致死罪の限度で共同正犯となる**」としたのである。ここで重要なのは、「殺意ある者にも保護責任者遺棄致死罪の共同正犯が成立する」とはしなかった点である。共同正犯の間で成立する罪名が異なることを当然の前提とした上で、共同関係を基礎付ける部分を「限度で」という形で明示したものとみるべきである。

●参考文献● 中野次雄・警研54-6-43、土本武司・判タ387-43、藤井敏明・J1309-127

76 共謀共同正犯の意義──練馬事件

最大判昭和33年5月28日（刑集12巻8号1718頁・判時150号6頁）　　　参照条文　刑法60条、199条

共謀共同正犯の意義。

●**事実**●　昭和26年12月ころ、練馬区内の会社の争議に際し、第2組合の委員長A、および紛争の処理にあたったB巡査に対する反感が、第1組合員の間で高まった。政党軍事組織の地区委員長Xと、地域細胞の責任者Yは、AとBに暴行を加えようと計画し、具体的な実行の指導ないし連絡についてはYがその任にあたることを決めた。Zほか数名がZ方、Wほか数名はW方に集合し、それぞれBおよびAの襲撃について協議したが、たまたまAの所在が不明であったことから、Yの連絡示唆によって他のグループもBの襲撃計画に合流しZほか数名が、深夜、Bを詐って路上に誘い、鉄管や丸棒で後頭部等を乱打し、Bを脳損傷により現場で死亡させた。

　第1審および原審が、現場に参加しなかったX・Y両名を含め傷害致死の共同正犯を認めたのに対し、被告人側は、憲法31条や個人責任の法理を援用して上告した。

●**判旨**●　上告棄却。「共謀共同正犯が成立するには、2人以上の者が、特定の犯罪を行うため、共同意思の下に一体となって互に他人の行為を利用し、各自の意思を実行に移すことを内容とする謀議をなし、よって犯罪を実行した事実が認められなければならない。したがって右のような関係において共謀に参加した事実が認められる以上、直接実行行為に関与しない者でも、他人の行為をいわば自己の手段として犯罪を行ったという意味において、その間刑責の成立に差異を生ずると解すべき理由はない。さればこの関係において実行行為に直接関与したかどうか、その分担または役割のいかんは右共犯の刑責じたいの成立を左右するものではないと解する」。

　「数人の共謀共同正犯が成立するためには、その数人が同一場所に会し、かつその数人間に1個の共謀の成立することを必要とするものでなく、同一の犯罪について、甲と乙が共謀し、次で乙と丙が共謀するというようにして、数人の間に順次共謀が行われた場合は、これらの者のすべての間に当該犯行の共謀が行われたと解するを相当」とする。

●**解説**●　1　共謀共同正犯論とは、実行行為を分担しないが、共謀に加わった者を共同正犯とする理論である。判例は、日本的「共犯・正犯概念」（前田『刑法総論講義7版』325頁）を基に、謀議で主導的役割を果たしたが実行に関与しなかった中心人物を、教唆ではなく、共同正犯と扱っていく。そして、本判決により、(a)直接実行行為に関与しない者も、他人の行為をいわば自己の手段として犯罪を行ったという意味において、刑責に差異はないとして、実務上の共謀共同正犯論が確立した。

　2　第2次世界大戦前から(b)共謀により同心一体的共同意思主体が形成され、そのうちの1人の実行は「意思主体」の活動と評価可能となるとする共同意思主体説により共謀共同正犯は基礎付けられていた。ただ、共同意思主体に対する責任は、民法の組合理論を類推し各個人に帰しうるとする説明には（西原春夫『刑法総論』325頁参照）、個人責任の原則に反するとの批判があった。

　3　1970年代までは、共謀共同正犯には共同実行が存在しない以上、共同正犯たりえないとする、(c)共謀共同正犯否定説が有力だったといってよい。制限的（限縮的）正犯概念が有力で、共同「正犯」についても客観的実行行為性が厳格に要求されていた。実行の分担がない以上共同「正犯」たりえないという、「実行行為概念を中心とした形式的犯罪論」であった。

　4　しかし、1980年代に入ると、共謀共同正犯否定説の中心であった団藤博士が、裁判官として「共同者に実行行為をさせるについて自分の思うように行動させ本人自身がその犯罪実現の主体となったものといえる」場合には、客観的な実行行為を全く行わなくとも共同正犯と認め、共謀共同正犯の存在を肯定した（最決昭57・7・16【77】）。学説が、国民の規範意識を反映した実務に適合していった象徴的変化とみることができる。と同時に、形式的犯罪論の骨格とも呼ぶべき「実行行為」の形式性・統一性が瓦解し、実質的犯罪論に転換する象徴的事例であった。

　5　本判例の考え方は、直接実行しない間接正犯の「正犯性」を手がかりに、共謀者に実行行為性を求めようとするものともいえるが、間接正犯は本来単独の正犯性を認めるための概念であり、共同正犯は、要件が間接正犯よりは緩やかでよく、完全に道具になって実行する必要はない。ただ、相互に利用し合い、各自の意思を実行に移すことを内容とする謀議が必要なのである。

　6　共謀共同正犯の成立には、客観的に、共謀に参加した者の誰かが実行に着手したことを前提に、実行行為を分担したと評価できるだけの謀議の存在と共謀者内での地位が認定されなければならない。「共同実行性」が認められるだけの重要な役割を果たしたか否かが、謀議の内容・関与者間での力関係、その後の行為なども勘案して客観的に判断される。意思を通じ他人の行為を手段として犯罪を実現したといえるかという判断である。

　7　もとより、共謀の存在が緩やかに認定されれば処罰が拡大するので、慎重な運用が必要ではある。判例には、「共謀」の認定などを厳しく行うことによって、共謀共同正犯の成立範囲をかなり厳格に解する志向も見られることに注意を要する（札幌高判昭60・3・20判タ550-315）。

　8　共謀には、犯罪実行の際に形成される現場共謀もあるが、犯行以前の段階で形成される事前共謀がかなりの割合を占める。また、必ずしも共謀者全員が集まらなくても、数人の間で、その内のある者を介して形成されることもある（順次共謀）。

●**参考文献**●　岩田誠・判解昭33年度399、藤木英雄・圖総2版158、下村康正・刑法の判例〈第2版〉120、浅田和茂・圖総6版152

77 共謀共同正犯と刑法60条の解釈

最1小決昭和57年7月16日（刑集36巻6号695頁・判時1052号152頁）

参照条文 刑法60条、62条
大麻取締法24条2号

> 共謀共同正犯論の承認。

●**事実**● 被告人Xは、大麻密輸入を計画したYから、その実行を依頼されたが、大麻取締法違反の罪で執行猶予中の身であったため断った。ただ、大麻を入手したい欲求にかられ、知人のZに事情を明かして協力を求め、同人をYに引き合わせるとともに、密輸入した大麻の一部をもらい受ける約束の下に、その資金の一部をYに提供した。YはWを現地買付け役、Zを運び屋としてタイ国に派遣し、両名は大麻1414gを携行して大阪国際空港に到着したが、税関で発覚・逮捕された。

第1審は、大麻密輸と関税法違反の罪の共同正犯の成立を認めた。Xらの控訴に対して原審は、量刑不当の主張は認め第1審判決を破棄したが、幇助犯にすぎないという主張は退けた。そこで弁護人は、Xの刑責は幇助犯にとどまり、共謀共同正犯の成立を肯定した原判断は誤りであるとして上告した。

●**決定要旨**● 上告棄却。Xは、大麻密輸入の実行依頼は断ったが、大麻を入手したい欲求にかられ、「知人のZに対し事情を明かして協力を求め、同人を**自己の身代りとして**Yに引き合わせるとともに、密輸入した大麻の一部をもらい受ける約束のもとに、その資金の一部をYに提供したというのであるから、これらの行為を通じXが右Y及びZらと本件大麻密輸入の謀議を遂げたと認めた原判断は、正当である」。（なお団藤重光裁判官の補足意見が付されている。「わたくしは、もともと共謀共同正犯の判例に対して強い否定的態度をとっていた。しかし、社会事象の実態に即してみるときは、実務が共謀共同正犯の考え方に固執していることにも、すくなくとも一定の限度において、それなりの理由がある。……もちろん、罪刑法定主義の支配する刑法の領域においては、軽々に条文の解釈をゆるめることは許されるべくもないが、共同正犯についての刑法60条は、改めて考えてみると、一定の限度において共謀共同正犯をみとめる解釈上の余地が充分にあるようにおもわれる。……おもうに、正犯とは、基本的構成要件該当事実を実現した者である。……本人が共同者に実行行為をさせるについて自分の思うように行動させ本人自身がその犯罪実現の主体となったものといえるようなばあいには、利用された共同者が実行行為者として正犯となるのはもちろんであるが、実行行為をさせた本人も、基本的構成要件該当事実の共同実現者として、共同正犯となる」）。

●**解説**● 1 かつて、判例と学説が最も激しく対立したのが、共謀共同正犯を認めるか否かであった。判例は、第二次世界大戦以前から、積極的に解してきたのに対し、多くの学説は激しく反発してきた（【76】参照）。正犯とは、実行行為を行う者であり、共同「正犯」も、少なく

とも実行の一部は分担しなければならず、共謀に参加しただけの者を共同正犯と認めることは、刑法の基本原則に反するとされた。そして、この論陣の中心には団藤裁判官がいた（団藤重光『刑法綱要総論 初版』302頁以下）。

2 しかし、特に【76】の大法廷判決以降、共犯事件の98％近くが共同正犯で占められ、その過半が「共謀共同正犯」であった（前田『刑法総論講義 7版』324頁）。

そこで、団藤裁判官は「社会事象の実態に即してみるときは、実務が共謀共同正犯の考え方に固執していることにも……それなりの理由がある。一般的にいって、法の根底にあって法を動かす力とし働いている社会的因子は刑法の領域においても度外視することはできないのであり、共謀共同正犯の判例に固執する実務的感覚がこのような社会事象の中に深く根ざしたものであるからには、従来の判例を単純に否定するだけで済むものではない」とし、刑法60条には、「一定の限度において共謀共同正犯をみとめる解釈上の余地が充分にある」としたのだと思われる。

3 実務が共謀共同正犯概念を必要だと考えた実践的な理由は、犯罪計画立案の中心人物が、実行に直接参加しない場合が多いという点にある。そのような者を教唆で処断することは、わが国の正犯概念とは相容れない。「犯罪の中心人物が正犯（共同正犯）である」との意識が、「実行した者が正犯である」というドイツ型の共犯条文構成の下でも、維持され続けたように思われる。

4 学説の批判の中核部分は、「共犯者の供述などにより共謀の存在が緩やかに認定され処罰が不当に拡大する」というものであった。しかし、判例には、「共謀」の認定などを厳しく行うことによって、共謀共同正犯の成立範囲をかなり厳格に解する傾向が見られる（札幌高判昭60・3・20判タ550-315など参照）。

5 そして、実行行為の一部分担は必須ではないが、刑法60条の「実行」が存在すると評価できるだけの共謀関係、意思の連絡が認定されなければならない。「共同実行性」が認められるだけの重要な役割を果たしたか否かが、謀議の際の発言内容・その後の行為などから客観的に判断される。「意思を通じ他人の行為をいわば自己の手段として自己の犯罪を実現したといえるか」が、共同正犯性の主要判断基準となる（【76】参照）。

6 たしかに、共同正犯か幇助かは、主観のみでは区別しえないが、実行行為を行ったか否かのみでも区別しえない。謀議参加者を「犯罪実現の主体」と解しうるかは、関与者の犯罪行為全体における役割の実質的分担にも着目しなければならない（【76】参照）。

本件の場合、Yから大麻密輸入計画を持ちかけられたXが、自分の代わりにZを実行犯として紹介したが、大麻の一部をもらい受ける約束の下に、資金の提供までしているのであって、「Xの犯罪」といいうる。

●**参考文献**● 木谷明・J778-70、橋本正博・囲総8版156、中野次雄・警研56-1-70、前田雅英・警論63-8-149

78 未必の故意による共謀共同正犯

最3小決平成19年11月14日（刑集61巻8号757頁）　　参照条文　刑法60条　廃棄物処理法16条　廃棄物処理法
（平16法40号改正前）25条1項8号

不法投棄することを確定的に認識していたわけではないものの、不法投棄に及ぶ可能性を強く認識しながら、それでもやむを得ないと考えてその処理を委託した場合、委託された者を介して他の者により行われた廃棄物の不法投棄について、共謀共同正犯の責任を負うか。

●**事実**●　K県Y市に本店を置き、港湾運送事業、倉庫業等を営む被告人X社の代表取締役等であった被告人Yらは、X社がC市内の借地に保管中の硫酸ピッチ入りのドラム缶6000本の処理を、その下請会社の代表者であったWに委託したところ、同ドラム缶のうち361本が北海道内の土地に捨てられたことにつき、X社の業務に関し、Wらと共謀の上、みだりに廃棄物を捨てたものとして、廃棄物の処理及び清掃に関する法律所定の不法投棄罪に問われた。

ドラム缶の処理に困っていたX社の窮状を知ったWは、本件ドラム缶の処理を請け負った上、仲介料を取って他の業者に丸投げすることにより利益を得ようと考え、その処理を請け負う旨X社に対し執拗に申し入れ、Yらは協議を重ねた末、Wや同人の仲介で実際に本件ドラム缶の処理にあたる者らが、これを不法投棄することを確定的に認識していたわけではないものの、不法投棄に及ぶとの可能性を強く認識しながら、それでもやむを得ないと考えてWに処理を委託したことが認定されている。

Yらは、Wらとの共謀や、不法投棄の故意を否認したが、第1審・原審は、Wらとの不法投棄の共謀共同正犯を認定した。弁護人は、最決平成15年5月1日（刑集57-5-507）の射程を逸脱している等と主張して上告した。

●**決定要旨**●　上告棄却。最高裁は、共謀共同正犯の成否について職権で判断し、「原判決が是認する第1審判決の認定によれば、Wにおいて、X社が上記ドラム缶の処理に苦慮していることを聞知し、その処理を請け負った上、仲介料を取って他の業者に丸投げすることにより利益を得ようと考え、その処理を請け負う旨X社に対し執ように申し入れたところ、Yら5名は、Wや実際に処理に当たる者らが、同ドラム缶を不法投棄することを確定的に認識していたわけではないものの、**不法投棄に及ぶ可能性を強く認識しながら、それでもやむを得ないと考えてWに処理を委託した**というのである。そうすると、Yら5名は、その後Wを介して共犯者により行われた同ドラム缶の不法投棄について、**未必の故意による共謀共同正犯の責任を負う**というべきである。これと同旨の原判断は正当である」とした。

●**解説**●　1　共謀共同正犯を認めるためには、共謀に参加した者の誰かが実行に着手しなければならない。そして「実行」と評価できるだけの共謀関係が認定されなければならないのである。ここでは、「共同実行性」が認められるだけの重要な役割を果たしたか否かが、謀議の際の発言内容・その後の行為などから客観的に判断されるのである。判例の表現を用いれば、「意思を通じ他人の行為をいわば自己の手段として犯罪を実現」（**【76】**）する必要があるといえよう。共同して犯罪を行う意思を形成するだけの共謀が必要であり、実行を全く分担しない以上、**単なる意思の連絡または共同犯行の認識の存在だけでは足りない。**判例も形式的に共謀さえあればすべて共同正犯にしているわけではない。

2　ただ、そのことと、「**未必の故意による共謀共同正犯は成立しうるか**」ということは別個の問題である。犯罪結果を確定的に認識しつつ謀議に加わったわけではない本件のように、自己の管理するドラム缶の投棄行為に関して、それを依頼する立場にある者として、「不法投棄に及ぶ可能性を強く認識しながら、それでもやむを得ない」と考えていたというのであるから、「共同正犯性として投棄行為に関与した」と認めることは十分に可能である。

共同正犯の主観的成立要件としては関与者が正犯意思を持つことが必要である。共同「正犯」か否かの実質的限界は「自己の犯罪であるか他人の犯罪であるか」ということになろうが（松本時夫「共同正犯」『刑法の基本判例』66頁）、その判断に際しては、行為者の主観も考慮される。その際には、結果の確定的な認識が常に必要なわけではないことはいうまでもない。

3　本件裁判経過によれば、前掲最決平成15年5月1日の決定要旨において「暴力団組長である被告人が、自己のボディガードらのけん銃等の所持につき、直接指示を下さなくても、これを確定的に認識しながら認容し、ボディガードらと行動を共にしていたことなど判示の事情の下においては、被告人は、前記所持の共謀共同正犯の罪責を負う」とされていることが、「共謀共同正犯の成立には未必の故意では足りない」という議論のきっかけになったように思われる。

ただ、上記判例は、拳銃等の所持につき黙示的に意思の連絡があったといえるか否か、つまり暗黙の意思連絡（共謀）の有無が問題とされた事案である。そこでは、自らを警護するために当該拳銃等を所持していることを確定的に認識していたことが、共謀共同正犯の成立にとって重要な意味を持つことは当然である。しかし、事案によっては、未必的な故意での共謀はいくらでも考えられる。教科書的には、「未必的故意によっても共謀共同正犯は成立しうる」ということになる。

●**参考文献**●　松田俊哉・判解平19年度453、北村喜宣・平20年度重判50、林幹人・判時1886-3

79 黙示の共謀共同正犯

最2小決平成30年10月23日（刑集72巻5号471頁・判時2405号100頁）

参照条文　刑法60条
自動車運転処罰法2条5号

自動車運転処罰法2条5号の危険運転致死傷罪の共同正犯の成立に必要な共謀の要件。

●**事実**●　ＸとＡは、事故を起こした交差点の2km以上手前の交差点において、赤色信号に従い停止した第三者運転の自動車の後にそれぞれ自車を停止させた後、信号表示が青色に変わると、共に自車を急激に加速させ、強引な車線変更により前記先行車両を追い越し、制限時速60kmの道路を時速約130km以上の高速度で連なって走行し続けた末、信号機が約32秒前から赤色を表示していたのに、本件交差点において赤色信号を殊更に無視する意思で時速100kmを上回る高速度でＡ車、Ｘ車の順に連続して本件交差点に進入させ、左方道路から信号に従い進行してきたＢ運転の普通貨物自動車（Ｃ、Ｄ、Ｅ、ＦがＡ乗）にＡがＡ車を衝突させて、ＣおよびＤを車外に放出させて路上に転倒させた上、ＸがＸ車でＤをれき跨し、そのまま車底部で引きずるなどし、Ｂ、Ｃ、ＤおよびＥを死亡させ、Ｆに加療期間不明の骨折等の傷害を負わせた。

　原審は、ＸおよびＡが、いずれも、赤色表示を意に介することなく、自車を本件交差点に進入させたものとして、自動車運転処罰法2条5号にいう赤色信号を「殊更に無視し」たことが推認でき、ＸおよびＡは、本件交差点に至るに先立ち、赤色信号を殊更に無視する意思で両車が本件交差点に進入することを相互に認識し合い、そのような意思を暗黙に相通じて共謀を遂げたとして、Ａ車との衝突のみによって生じたＢ等に対する死傷結果を含む危険運転致死傷罪の共同正犯を認定した第1審判決を是認した。

　弁護側は、明示的な意思の連絡がない限り危険運転致死傷罪の共謀は認められない等として上告した。

●**決定要旨**●　上告棄却。「ＸとＡは、互いに、相手が本件交差点において赤色信号を殊更に無視する意思であることを認識しながら、相手の運転行為にも触発され、速度を競うように高速度のまま本件交差点を通過する意図の下に赤色信号を殊更に無視する意思を強め合い、時速100kmを上回る高速度で一体となって自車を本件交差点に進入させたといえる」とし、「ＸとＡは、赤色信号を殊更に無視し、かつ、重大な交通の危険を生じさせる速度で自動車を運転する意思を暗黙に相通じた上、共同して危険運転行為を行ったものといえる」から、Ｘには、Ａ車による死傷の結果も含め、危険運転致死傷罪の共同正犯が成立すると判示した。

●**解説**●　1　学説においても、共謀共同正犯は広く認められ、共謀共同正犯と実行共同正犯の区別の意味は、薄れてきている。本件では、共謀の意義が争われているが、両者は「危険運転行為」は行っており、両者に「意思の連絡」があったかが争点であったともいえよう。

　そもそも、意思の連絡は、共謀と連続的なものとして解釈されている。共謀は、単なる意思の連絡または共同犯行の認識の存在を前提に、それ以上のものが要求されているともいえるが、質的に異なるものとは解されていない（条解刑法4版補訂版242頁）。

　2　共同正犯は、通常、犯罪の確定的認識を前提に強い主観的結びつきを根拠として共同正犯性を認めるが、確定的な認識は必須ではない。廃棄物の処理を申し入れてきた乙が、不法投棄することを確定的には認識しなかったものの、その可能性を強く認識しながら、それでもやむを得ないと考え、廃棄物の処理を委託した甲らは、不法投棄につき未必の故意による共謀共同正犯の責任を負う（【78】）。

　3　共謀は、黙示的にもなされうる。最決平成15年5月1日（刑集57-5-507）は、暴力団組長が、自己のボディガードが自発的に警護のためけん銃等を所持していることを確定的に認識し、それを当然のこととして認容し黙示的に意思の連絡があったといえ、さらに、組織的結びつきを考えれば、組長が本件けん銃等を所持させていたと評しうるとして、組長にも共謀共同正犯が成立するとした。

　4　本件でも、Ｘ・Ａ間の明示の共謀は認定されていないが、原審は、赤色信号を確定的に認識したＸ・Ａが、本件交差点に至る前に、赤色信号を殊更に無視する意思で両車が本件交差点に進入することを相互に認識し合い、そのような意思を暗黙に相通じて共謀を遂げた上、各自が高速度による走行を継続して本件交差点に進入し、上記危険運転の実行行為に及んだとして共同正犯成立を認めた。

　5　原審に対し「相互に相手の暴走行為を認識しつつ、相当程度の距離にわたって高速走行を継続していた」という事実のみでは、共謀共同正犯を基礎付ける心理的因果性を認めえず、「相手が赤色信号を殊更無視して走行を継続するだろうから、自らも同様の走行を継続するという意思が相互に形成され、それに基づき、互いの意思決定がさらに強化されつつ、本件走行がなされたという事情」が重要であると指摘された（星・後掲参考文献167頁）。

　6　それに対して最高裁は、ＸとＡは、相手が本件交差点において赤色信号を殊更に無視する意思であることを認識しながら、相手の運転行為にも触発され、高速度のまま交差点を通過する意図の下に赤色信号を殊更に無視する意思を強め合ったので、共同して危険運転行為を行ったといえるとしたのである。

　7　本決定の意義は「暗黙に相通じて共謀を遂げた」の内容を、「殊更に無視する意思を強め合った」という形で展開した点にある。「相手の犯意を強める」のは幇助にすぎないが、一緒に居酒屋で飲んでいて、飲み直すために移動中の事件であり、両者がともに危険行為を行っている本件のような場合は、共同正犯といえる。

●**参考文献**●　久禮博一・ジュリ1534-98、曲田統・平30年度重判160、星周一郎・平29年度重判167

80 不作為の共同正犯

東京高判平成20年10月6日（判タ1309号292頁）　　参照条文　刑法60条、199条

殺害を止めなかった者の共同正犯性の判断に際し、共謀の態様・内容と、作為義務はどのように勘案されるか。

●事実●　被告人X女がAに性的関係を迫られたという話を聞いた被告人YとZ・Wらは、Aに腹を立て、XにAを駐車場に呼び出させAを問い詰めたが、Aは強姦したとは認めず、他方XはAに強姦されかけたなどと繰り返したので、Aは突然逃げ出した。Zらは一層怒りを募らせ、Aを探し出してZら6名でAに凄惨な暴行を加え、Aは意識を失った。ZらはAを病院に連れて行くようVに命じたが、警察に通報されることを恐れて、Aを殺害することとし、ZはVに対して、Aを殺害するよう命じた。そして、X・Y・Zら全員が殺害場所付近に移動した上で、VがAを池に落として殺害した。

原審は、Zら6名は順次、Aに対して集団で暴行を加える旨の共謀を成立させ、一連の暴行を行ったもので、殺害については、Zら6名と車に分乗して殺害現場までAを運搬する行為を共同することにより、暗黙のうちに相互の犯意を認識し、殺害を共謀したものであると認定した。そして、その実質的理由としては、各犯行が一連のもので、共犯者全体における意思連絡ないし協力関係が継続していたこと、X・Y両名において、反対したり、阻止する行動に出ておらず、警察、家族または知人等に通報し救助を求めることが困難であったとは言い難いのに、それをしていないこと、Xは、事情を説明して共犯者らの怒りを鎮めることが可能であったのに、それをしなかったことなどの事実を挙げている。X側が控訴。

●判旨●　控訴棄却。東京高裁は「本件のように、現場に同行し、実行行為を行わなかった者について共同正犯としての責任を追及するには、その者について不作為犯が成立するか否かを検討し、その成立が認められる場合には、他の作為犯との意思の連絡による共同正犯の成立を認めるほうが、事案にふさわしい場合がある」とし、この場合の意思の連絡は、「共謀者による支配型や対等関与型を根拠付けるようなある意味で内容の濃い共謀は必要でないというべきである。その代わり、不作為犯といえるためには、不作為によって犯行を実現したといえなければならず、その点で作為義務があったかどうかが重要となるし、不作為犯構成により犯罪の成立を限定するほうが、共謀内容をいわば薄める手法よりもより適切であるといえる」とし、本件は、Xの話をきっかけに、強姦などされていなかったのに、そう誤解したZらにおいて、Aに暴力を振るう可能性があることを十分認識しながら呼び出し行為に及んでいるものであって、これは身体に危険の及ぶ可能性のある場所にAを誘い入れたものといえる。そして、Aに会う相手であるZ、W、Yのいずれもが、呼び出す前の段階でAに対して怒りを持っていたこ

とを考えると、危険が生じた際にAを救うことのできる者はXのほかにはいなかったといえる。しかも、Xが実はこうですと言えない理由は全くない」とした。

「Yは、Xの言葉が本当だと思っていたが、Aの逃走後には、Aが一度痛い目にあったほうがいいと積極的に思っていたものであって、他方で、Xから話を聞いて、まず自らがAに怒りを感じたものであるし、Xを大声で叱るなどしてZ、Wが聞き付ける素地を作り出した上、Zの怒る言動等を認識しながらも、Aの呼び出しを求めるなどして、これを押し進めたことからすると、Xと同様に、身体に危険の及ぶ可能性のある場所にAを積極的に誘い入れたものということができる。そうすると、Yは、Aが暴行を加えられている場面で、Aへの暴行を制止する行為をしていることが認められるものの、これは、Yが予想した以上の暴行が加えられていたためと考えられ、身体に危険の及ぶ可能性のある場所にAを誘い入れた者としては、警察や知人等に通報するなどして犯行の阻止に努めるべきであった」としてX、Yには、不作為犯としての殺人罪の共同正犯が成立するとした。

●解説●　1　共謀の認定と共同正犯性の認定は、理論的には別の問題と構成できるが、実際にはほとんど重なる。「一部実行すら行っていないのに共同正犯性を認める根拠」となる共謀の事実は、結局、実質的に共同正犯と評価できるだけの関与をしているのかという問題となる。実行犯の作為での殺害を止めなかった者の共同正犯性は、共謀の態様・内容と、「殺害防止義務」の程度を総合して判断されざるをえない。

2　大阪高判平成13年6月21日（判タ1085-292）は、1歳2か月の幼児をこたつの天板に叩きつけて死亡させた母親に、確定的殺意を認め、その意図を知りながら母親の行動を制止しなかった夫との間に共謀共同正犯を認めた。幇助でなく、共同正犯とするに際しては、自己の犯罪といえるだけの、共謀関係、結果防止義務が認定されているといえよう。

3　本判決は、身体に危険の及ぶ可能性のある場所にAを積極的に誘い入れたXには、警察や知人らに通報するなどして犯行の阻止に努めるべき作為義務があったとして不作為の共同正犯を認めた。しかし、殺害の謀議に参加して、重要な役割を果たしている以上、作為の殺人罪の共同正犯とすることも可能であるように思われる。Yも、殺害に至る共同意思の形成に大きく関わったので、共同正犯性が認められたとも考えられる。

4　なお、父と母が意思を通じて、乳児の面倒を見なかったような場合を考えれば、不作為の共同正犯が認められることは争いない。そして、一方に作為義務がなくても、不作為の共同正犯は成立する。

● 参考文献 ●　前田・最新判例分析104、菊池則明『刑事事実認定重要判決50選〈補訂版〉（下）』211、中森喜彦・近大法科大学院論集7-125

81 不作為の共同正犯と幇助の限界

名古屋地判平成9年3月5日（判時1611号153頁）　　参照条文　刑法60条、62条1項、199条

> 瀕死の重傷を負わせ遺棄して死亡させた事案で、暴行に加わらなかった者が遺棄行為に関与した場合の罪責。

●事実●　正犯者であるY・Zらは共謀の上、Aの頭部、顔面等をビール瓶、ほうきの柄などで数十回殴打するなどの暴行を加え、さらに場所を移動して繰り返し暴行を加え、自力で行動することができなくなる瀕死の重傷を負わせた。そしてYらは、Aを直ちに病院に搬送して適切な医療措置を講ずれば同人の死亡の結果を防止できたのに、犯行を隠蔽するため遺棄して殺害しようと共謀し、堤防上から中腹付近に蹴り落として木曽川河川敷雑木林内に引きずって同所に放置して立ち去り、よって同人を死亡させた。その際、被告人Xは、Y・ZらがAを遺棄して殺害しようとしていることを知りながら、Yらに命じられて、他の者とAの身体を引きずるなどして河川敷雑木林内へ移動させた。

検察側は、Xの行為は、不作為の殺人の共謀共同正犯にあたると主張した。

●判旨●　名古屋地裁は、検察官の「Xは、Aに対する遺棄行為前に、YらがAに加えた暴行によってAが瀕死の重傷を負ったことや、YらがAを殺害する意思を有していることを認識しながら、こうしたYらとAを木曽川堤防上から蹴り落とし、自らもAを河川敷雑木林内に引きずる暴行を加えて立ち去ったものであるから、XにもAを救護すべき義務が発生した」との主張に対し、「Aが堤防上から川側の中腹付近に蹴り落とされる前にXがYらと検察官が主張するような共謀を遂げたとは認め難いから、Aが木曽川堤防上から蹴り落とされた行為についてXの刑事責任を問うことはできない。また、Aを堤防中腹付近から堤防下に下ろそうとしたときには、Xは、YらがAに対して殺意を有していることを認識しており、その上で、Yらに命じられてその遺棄行為を手伝うことにしたのであるから、Aを堤防中腹付近から堤防下に下ろそうとした後の行為は、Xについて、**救護義務（不作為による殺人の作為義務）発生の根拠**となるものではない。そこで、更に検討すると、先に認定したように、Xは、Yらに暴行を受けた後、Yらに随行していたものにすぎない。そして、自らがAを殺害しなければならないような動機はなく、事前の共同謀議にも加わっていないから、Xには**正犯意思を認め難い**だけでなく、訴因となっているXが関与した行為も、Yらの**不作為による殺人行為のうちの遺棄行為**にすぎず、しかも、その行為自体、それだけでは**Aの死亡との間に因果関係のないもの**である。そうすると、このようなXの行為は、Yらの不作為による殺人行為を容易にしたものとして、その**幇助に当たる**」と判示した。

●解説●　1　本判決ではいくつかの犯罪事実が問題となったが、瀕死のAを、その段階から殺意をもって放置する共謀が成立した以降の行為を問題とする。この部分について、殺害目的で共謀したY・Zらの正犯者に、不作為の殺人罪が成立することは、問題ないであろう。自力で行動することのできない瀕死の重傷を負わせたのであるから、こうした先行行為に基づく作為義務として、Aを救護すべき義務があり、義務を尽くしていれば救命することはできたからである。

2　問題は、殺害目的の遺棄の謀議には加わらず、その後の放置行為を共同実行したXの罪責である。名古屋地裁は、Xには作為義務が欠け、実際に関与した遺棄行為は死との因果関係が認められず、その関与は不作為の殺人を容易にしたにすぎないので幇助にあたると判断した。

3　ただ、死にそうな状態にあった被害者を認識しつつ、たとえ遺棄する作業に入った段階からであっても、共同正犯者が殺意を有することを十分に認識しつつ加わった場合、それ以前の状況をもいわば承継して、広く不作為の殺人罪の共謀共同正犯を認めてよいようにも思われる。Xの行った遺棄行為が、Aの死期を早めるなどの直接的因果性を有しないとしても、共同正犯として加わることによって、相互に因果性が生じ、Xの帰責範囲は、すでに生じていた「瀕死の状態」とXの行為が組み合わさることにより生じる結果にまで及ぶとも考えられる。また、遺棄行為により、死期が早まりはしないものの、救助されにくくなり、その範囲では因果性が認められる（だからこそ、本判決も幇助犯の成立は認めたのである）。

4　しかし、通常の承継的共犯でも、近時の判例においては、「先行事情を積極的に利用」した場合に限って承継を認める中間説が有力である（【184】参照）。単独犯への途中からの共同の場合にも、構成要件の重要部分に因果的に影響を与えたと評価できるだけの関与が必要であり、物理的因果性が弱い場合には強い心理的な因果性が必要で、特に、かなり明確な正犯者意思が要求されざるをえない。

5　本件の場合、Xはあくまで従たる参加者で、正犯者意思は欠いているといえよう。そして、前述のように、補助としての因果性は認定できるので、Xは不作為の殺人の幇助犯となる。なお、名古屋地裁は、不作為の殺人の共同正犯者には、それぞれに作為義務が存在しなければならないかのような判示を行っているが、後から共謀に加わることによって結果との因果性が発生したと認定できれば、必ずしも作為義務は必要ない場合も考えうることに注意しなければならない。

●参考文献●　林幹人・判評475-54、神山敏雄・現代刑事法1-5

82 過失の共同正犯

最3小決平成28年7月12日（刑集70巻6号411頁・判時2372号126頁）　　参照条文　刑法60条、211条

過失の共同正犯の成立要件。

●事実●　本件は、【46】のA市花火大会歩道橋事故（「本件事故」）に関するもので、A警察署長、B地域官（警備本部指揮官）、警備会社支社長・警備統括責任者等が業務上過失致死傷罪に問われたが、それに加えて、A警察署副署長Xが、検察審査会法に基づき、業務上過失致死傷罪で強制起訴された。

　Xは、警察事務全般にわたり署長を補佐し、本件警備計画にも助言し、市との検討会に出席するなどした。事故当日も警備副本部長として署長の指揮権を適正に行使させる義務を負い、現場警察官との電話等により情報を収集し、署長に報告、進言するなどしていた。

　一方、B地域官は、現場において配下警察官を指揮して参集者の安全を確保すべき業務に直接従事し、警備会社と連携して情報収集することが可能で、機動隊の出動についても、自己の判断で緊急を要する場合は自ら直接要請する方法により実現できる立場にあった。

　本件事故については、最終死傷結果が生じた平成13年7月28日から公訴時効が進行し、5年の経過によって公訴時効が完成する。そこで、検察官の職務を行う指定弁護士は、平成22年6月18日にBの業務上過失致死傷罪が確定した点に着目し、XとBは「共犯」に該当し、Xに対する関係でも公訴時効が停止していると主張した。

●決定要旨●　最高裁は、XとBが刑訴法254条2項にいう「共犯」に該当するとの主張に対し、そのためには、両者に業務上過失致死傷罪の共同正犯が成立する必要があるとし、「業務上過失致死傷罪の共同正犯が成立するためには、共同の業務上の注意義務に共同して違反したことが必要であると解されるところ、以上のようなA警察署の職制及び職務執行状況等に照らせば、B地域官が本件警備計画の策定の第一次的責任者ないし現地警備本部の指揮官という立場にあったのに対し、Xは、副署長ないし署警備本部の警備副本部長として、署長が同警察署の組織全体を指揮監督するのを補佐する立場にあったもので、B地域官及びXがそれぞれ分担する役割は基本的に異なっていた。本件事故発生の防止のために要求され得る行為も、B地域官については、本件事故当日午後8時頃の時点では、配下警察官を指揮するとともに、署長を介し又は自ら直接機動隊の出動を要請して、本件歩道橋内への流入規制等を実施すること、本件警備計画の策定段階では、自ら又は配下警察官を指揮して本件警備計画を適切に策定することであったのに対し、Xについては、各時点を通じて、基本的には署長に進言することなどにより、B地域官らに対する指揮監督が適切に行われるよう補佐することであったといえ、本件事故を回避するために両者が負うべき具体的注意義務が共同のものであったということはできない。Xにつき、B地域官との業務上過失致死傷罪の共同正犯が成立する余地はない」と判示した。

●解説●　1　過失による教唆や幇助は認められないが、過失の共同正犯の成否に関しては、争いがある。(a)行為共同説は、「行為を共同にする意思があれば足り、結果を共同にする意思を必要としない」として、過失犯共同正犯肯定説を採り（木村亀二『刑法総論』405頁）、(b)犯罪共同説は、「結果に対応する意思のないところで、その共同ないし共同実行ということはあり得ない」とし、過失共同正犯否定説とが対立してきた（団藤重光『刑法綱要総論 3版』393頁）。ただ、過失犯にも実行行為性を認める説が有力化し、過失犯の共同正犯を認める説が増加する（福田平『全訂刑法総論 5版』273頁参照）。

　2　そして、犯罪共同説に立脚しつつも「危険の予想される状態において、事故防止の具体的対策を行うについての相互利用・補充という関係に立ちつつ結果回避のための共通の注意義務を負う者の共同作業上の落度が認められるときが、過失犯における共同実行である」とする考え方が有力化し（藤木英雄『刑法講義総論』294頁）、「相手にも守らせるような義務を相互に含む注意義務」が認められる場合に過失の共同正犯が成立するとされた（大塚仁＝福田平『刑法総論Ⅰ』381頁〔大塚〕）。

　3　理論的にも、共同正犯の実質である一部実行の全部責任は、過失犯においても考えうる。過失犯においても「行為」を共同して結果に影響を与える場合は考えられるからである。また、過失単独正犯でも結果の認識は要求されない以上、過失共同正犯において「結果についての意思の連絡」は、必ずしも必要ない。

　4　大審院は、過失の共同正犯に消極であったが（大判明44・3・16刑録17-380）、最判昭和28年1月23日（刑集7-1-30）以来判例は、過失の共同正犯を認めている。同判決は、飲食店共同経営者X・Yが、ウィスキーと称する液体をメタノール含有につき十分注意せず販売した事案につき、過失によるメタノール含有飲料販売罪の共同正犯とした。そして、本決定が、刑法犯について、過失の共同正犯を正面から認めた。

　5　本決定は、過失共同正犯の要件（共同過失）について、業務上過失致死傷罪の共同正犯が成立するためには、共同の業務上の注意義務に共同して違反したことが必要であると明示した。

　6　共同の注意義務の共同違反の具体例としては、逐次交代して一方が電気溶接し他方が監視する作業を行っていた際、いずれの溶接行為の火花が原因かは特定できないが、遮蔽措置を講じなくても大丈夫だとの相互の意思連絡の下、溶接作業という実質的危険行為を共同して遂行したと認められ、業務上失火罪の共同正犯が認められた判決がある（名古屋高判昭61・9・30高刑39-4-371）。そして、地下で炎を用いる作業に従事していた2人が、洞外に退出するにあたりランプを確実に消火したことを相互に確認せずに立ち去り、火災を発生させた事案について、過失行為を共同して行ったとされた（東京地判平4・1・23判時1419-133）。

● 参考文献 ●　三上潤・判解平28年度139、前田雅英・捜査研究790-41、成瀬幸典・法教435-178

83 共同正犯と過剰防衛

最 2 小決平成 4 年 6 月 5 日（刑集46巻 4 号245頁・判時1428号144頁）

参照条文　刑法36条 2 項、60条、199条

共同正犯の一方に過剰防衛状況が存在した場合、それが存在しない他方に、刑法36条 2 項の効果は認められるのか。

●**事実**●　被告人 X は、友人 Y の居室から飲食店 M に架電し勤務中の女友達と話していたところ、店長 A に一方的に電話を切られて立腹し、電話をかけ直し取次を求めたが、拒否された上、侮辱的な言葉を浴びせられて憤慨し、M に押しかけようと決意し、同行を渋る Y を強く説得し、包丁を持たせて一緒にタクシーで M に向かった。X は、タクシー内で、自分も A とは面識がないのに、Y に対し、「おれは顔が知られているからお前先に行ってくれ。喧嘩になったらお前を放っておかない」等といい、さらに、A を殺害することもやむを得ないとの意思の下に、「やられたらナイフを使え」と指示するなどして説得し、M 付近に到着後、Y を同店出入口近くに行かせ、少し離れた場所で同店から出て来た女友達と話をしたりして待機していた。Y は、内心では A に対し自分から進んで暴行を加えるまでの意思はなかったし、面識のない A からいきなり暴力を振るわれることもないだろうと考え、M 出入口付近で X の指示を待っていたところ、意外にも同店から出て来た A に X と取り違えられ、いきなりえり首を摑まれて引きずり回された上、手拳で顔面を殴打されコンクリートの路上に転倒させられて足蹴にされ、抵抗したが頼みとする X の加勢も得られず、再び路上に殴り倒されたため、自己の生命身体を防衛する意思で、とっさに包丁を取り出し、X の指示通り包丁を使用して A を殺害することになってもやむを得ないと決意し、X との共謀の下に、包丁で A の左胸部等を数回突き刺し、急性失血により同人を死亡させた。

原審は、Y に関し、A の暴行は急迫不正の侵害でありこれに対する反撃が防衛の程度を超えたものであるとして過剰防衛の成立を認めたが、X については、A が攻撃してくる機会を利用し Y に包丁で反撃を加えさせようとしていたもので、積極的な加害意思で侵害に臨んだものであるから急迫性を欠くとし、過剰防衛の成立を認めなかった。これに対して X 側は、過剰防衛の効果は共同正犯者に及ぶ等として上告した。

●**決定要旨**●　上告棄却。「共同正犯が成立する場合における過剰防衛の成否は、共同正犯者の各人につきそれぞれの要件を満たすかどうかを検討して決するべきであって、共同正犯者の 1 人について過剰防衛が成立したとしても、その結果当然に他の共同正犯者についても過剰防衛が成立することになるわけではない。原判決の認定によると、X は、A の攻撃を予期し、その機会を利用して Y をして包丁で A に反撃を加えさせようとしていたもので、積極的な加害の意思で侵害に臨んだものであるから、A の Y に対する暴行は、積極的な加害の意思がなかった Y にとっては、急迫不正の侵害であるとしても、X にとっては急迫性を欠くものであって（最決昭52・7・21【53】参照）、Y につ

いて過剰防衛の成立を認め、X についてこれを認めなかった原判断は、正当として是認することができる」。

●**解説**●　1　（共謀）共同正犯者間において、一方（防衛行為者）にとって正当防衛が認められる状況が存在し、他方にそのような状況が欠ける場合、共同正犯者間で罪責に差が生じるのであろうか。

(a)共同正犯者間では「違法性は連帯する」ので、両者の行為はともに正当化されるという説明も考えられる。違法性は客観的なもので、行為者ごとに異ならないとする。

2　しかし、(b)共同正犯の場合、一方の正当防衛事情は他の者に常に連帯的に影響するとはいえない。X・Y が A・B を傷害することを共謀し、それぞれが 1 人ずつ少し離れた場所で暴行を加えた場合、A との関係で X に正当防衛状況が存在したからといって、Y が B との関係で正当防衛状況になるわけではない。客観的に把握した急迫性であっても、その意味では相対的なのである。ただ、X は A に対して傷害罪は成立しないものの、Y に心理的に働きかけて共同して B を傷害している以上、両者の傷害罪の共同正犯は免れえない。

3　本決定は、殺人の共同正犯者の一方が急迫不正の侵害に対し過剰に防衛した事案につき、その者に過剰防衛を認め、他方には、急迫性がない以上過剰防衛を認めることはできないとした（なお、一方が防衛状況にあり他方が防衛状況にない場合の処理を問題にしており、Y が正当防衛の場合にも同様の扱いになろう）。

（共謀）共同正犯者間において、一方（防衛行為者）にとって急迫だが、他方には急迫でない状況は考えられる。その場合、共同実行を行い結果を惹起した以上、一方の共同正犯者に正当防衛事情が存在しても、他方の行為が正当化されたり過剰防衛行為と評価されることはないように思われる。

4　判例は、基本的には、共同正犯の理解においては行為共同説であり、構成要件も、正当防衛といえるかも、基本的に各行為者ごとに考えているといえよう。そして、「積極的加害意思」という主観的事情を正当防衛の成否の要件として重視する以上、共同正犯者間で、違法性判断は個別化する。

5　「違法性は連帯する」というような抽象的な命題から、具体的な結論を導くことは危険であるが、X・Y が A 1 人を傷害しようと共謀し、X が見つけて正当防衛状況下で傷害を負わせたような場合、X の正当防衛による結果（その意味で法秩序が「単独犯であれば誰にも帰責しえないと考えた結果」）を Y に帰責させる必要はないと解する余地もないとはいえない。しかし、判例はそのような結論は採用していない。

6　そもそも本件は過剰防衛なので「違法な結果」であり、両者に帰責される。共同正犯者の刑の減免において、行為者ごとに具体的に判断されることになる。

●**参考文献**●　小川正持・J1011-98、松原芳博・回総 8 版182、曽根威彦・判評410-45、川端博・研修540-21、橋本正博・平 4 年度重判116、橋田久・甲南法学35-1-103

84 防衛の共謀の射程

最3小判平成6年12月6日（刑集48巻8号509頁・判時1534号135頁）　　参照条文 刑法36条2項、60条、205条

> 正当防衛を共同したところ、1人が防衛行為終了後に加害行為を行った場合の処断。

●事実●　被告人Xは、Y等数名と夜間歩道上で雑談していたところ、酩酊して通りかかったAと言い争いとなり、AがXの仲間の女性Sの髪を引っ張る等の乱暴を始めたため制止したが、AはSの髪を摑んだまま車道を横断して、向かい側の駐車場入口までSを引っ張っていった。Xらが追いかけて暴行を加えてSの髪から手を放させたものの、AはXらに悪態をつきなおも応戦する気勢を示しながら、後ずさるように駐車場奥へと移動した。Xら4名もほぼ一団となってAを駐車場奥へ追いつめる格好で追って行った。その間、駐車場中央でYが、応戦の態度を崩さないAに手拳で殴りかかり、顔をかすった程度で終わったため、再度殴りかかろうとしたがZがこれを制止し、さらに駐車場奥でYが制止を振り切ってAの顔面を手拳で殴打し、そのためAは転倒してコンクリート床に頭部をぶつけ、加療約7か月半を要する傷害を負った。

原審は、AがSの髪を摑んだ時点から、YがAを最終的に殴打するまでのXら4名の行為は、意思連絡の下に行われた一連一体のものであり、その全体について共同正犯が成立し、過剰防衛にあたるとした。これに対し、弁護人が追撃行為はYの単独正犯であるとして上告した。

●判旨●　破棄自判。「本件のように、相手方の侵害に対し、複数人が共同して防衛行為としての暴行に及び、相手方からの侵害が終了した後に、なおも一部の者が暴行を続けた場合において、後の暴行を加えていない者について正当防衛の成否を検討するに当たっては、侵害現在時と侵害終了後とに分けて考察するのが相当であり、侵害現在時における暴行が正当防衛と認められる場合には、侵害終了後の暴行については、侵害現在時における防衛行為としての暴行の共同意思から離脱したかどうかではなく、新たに共謀が成立したかどうかを検討すべきであって、共謀の成立が認められるときに初めて、侵害現在時及び侵害終了後の一連の行為を全体として考察し、防衛行為としての相当性を検討すべきである」。そして、AがSの髪を放すに至るまでの「反撃行為」と、その後の「追撃行為」に分けた上で、反撃行為については「いまだ防衛手段としての相当性の範囲を超えたものということはできない」として正当防衛を認め、追撃行為については、「一団となっていたからといって、Xら4名の間にAを追撃して暴行を加える意思があり、相互にその旨の意思の連絡があったものと即断することができない」とし、「追撃行為については新たに暴行の共謀が成立

したとは認められないのであるから、反撃行為と追撃行為とを一連一体のものとして総合評価する余地はな」いので、これらを一連一体のものとして過剰防衛にあたるとした原判決を破棄・自判してXに無罪を言い渡した。

●解説●　1　一旦意思の連絡により共同正犯関係が発生したとしても、共謀内容とは別個の行為が、新たな犯意の下で実行された場合には、共同正犯の責任は、後の犯行には及ばない場合がある（共謀の射程）。

本件の場合も、女性の髪を摑んだことに対する「反撃行為」（正当防衛）と、駐車場奥での「追撃行為」は分けて考えるべきである（両者が一連の行為であるとすれば、Xの罪責は、共同正犯からの離脱の問題として処理されることになり、Yを制止していないXには、離脱が認められない）。

2　ここで重要なのは、X・Yらが正当防衛行為を共謀したという点である。複数人が共同して防衛行為を行い、さらに一部の者が相当性を超えて攻撃を続けた場合には、はじめに「防衛する」という意思の連絡があり、防衛を超えた加害についての意思の連絡は、通常は存在しない。「防衛しよう」という合意には、「積極的に犯罪行為を犯す」という合意は含まれておらず、そこから発する心理的因果性は、「一部実行の全部責任」という共同正犯効果の基礎とはならない。

3　そこで、共同防衛者の一部の者の積極加害については、心理的な面も含め、因果性が通常は存在しないし、Xの共同正犯としての故意責任も及ばない。「助けよう」と共同した者に、一部の者の積極的攻撃まで帰責すべきではないということである。それは、「傷つけようと共同した者」に、他の者が殺害した結果について傷害致死の責任を問う場合とは区別しうる（結果的加重犯の共同正犯）。

4　ただ、Yの追撃行為は、Aがなおも応戦の構えをとっていたことなどから、急迫性はなお存在していたと考えられ、過剰防衛となると思われる。そこで、Yに対し、Aによる侵害の急迫性が継続していたとすると、本判決のように「反撃行為と追撃行為とを一連一体のものとして総合評価する余地はない」とするのは、矛盾しているようにも見える。しかし、Y等と共同して反撃行為を行ったXが追撃行為についても共同正犯の罪責を負うか否かは、反撃時の共謀の射程がYの追撃行為にまで及んでいるかという判断であり、その判断は、共同正犯者の一員に侵害の急迫性が継続していたのかという判断とは異なるのである。新たな攻撃は、急迫性が継続している状況下でも考えられる。

●参考文献●　川口政明・判解平6年度212、十河太朗・回総8版198、前田雅英・回総4版194、船山泰範・判評448-69、野村稔・法教177-72、小田直樹・平6年度重判142、室井和弘・研修607-61

85 承継的共同正犯

最2小決平成24年11月6日（刑集66巻11号1281頁・判タ1389号109頁）　　参照条文　刑法60条、204条

暴行により傷害を受けた者に、さらに意思を通じて加わり暴行を加え傷害した者の刑責の範囲。

●事実●　Y・Zは、午前3時ころ、駐車場付近（第1現場）において、誘い出したVに対し、右手親指を石で殴打したほか、複数回手拳で殴り、足で蹴り、背中をドライバーで突くなどの暴行を加え、Wに対し、複数回手拳で顔面を殴打し、顔面や腹部を膝蹴りし、足をのぼり旗の支柱で殴打し、背中をドライバーで突くなどした。そしてYらは、Wを車のトランクに押し込み、Vも車に乗せ、別の駐車場（第2現場）に移動し、Wに対しドライバーの柄で頭を殴打し、金属製はしごや角材を投げつけ、複数回手拳で殴ったり足で蹴ったりし、Vに対してもはしごを投げつけ、複数回手拳で殴ったり足で蹴ったりする暴行を加え、Vらを負傷させた。

かねてVを捜して制裁しようとしていた被告人Xは、Yから連絡を受け、午前4時過ぎに第2現場に到着し、VらがYらから暴行を受けて抵抗が困難であることを認識しつつYらと共謀の上、Wに対し、Xが角材で背中、腹、足などを殴打したり蹴りつけ、はしごを何度も投げつけたほか、Yらが足で蹴り、Zがはしごで叩いたりし、Vに対し、Xがはしごや角材や手拳で頭、肩、背中などを多数回殴打するなどの暴行を午前5時ころまで続けた。そして共謀加担後に加えられたXの暴行の方がそれ以前のYらの暴行よりも激しいものであった。

Xの加担前後の一連の暴行により、Wは、約3週間の安静加療を要する打撲等の傷害を負い、Vは約6週間の安静加療を要する右母指基節骨骨折、打撲等の傷害を負った。

この事実に関し、原審は、Xは、Yらの行為や傷害結果を認識・認容し、これを制裁目的による暴行という自己の犯罪遂行の手段として積極的に利用する意思の下に、一罪関係にある傷害に途中から共謀加担した以上、共謀加担前のYらの暴行による傷害を含め承継的共同正犯として責任を負うとした。X側が上告。

●決定要旨●　共謀加担前の傷害を含めて共同正犯の成立を認めた原判決は責任主義に反する等とする上告に対し、最高裁は以下のように判示して、上告を棄却した。

「Xは、Yらが共謀してVらに暴行を加えて傷害を負わせた後に、Yらに共謀加担した上、金属製はしごや角材を用いて、Wの背中や足、Vの頭、肩、背中や足を殴打し、Wの頭を蹴るなど更に強度の暴行を加えており、少なくとも、共謀加担後に暴行を加えた上記部位についてはVらの傷害を相当程度重篤化させたものと認められる。この場合、Xは、共謀加担前にYらが既に生じさせていた傷害結果については、Xの共謀及びそれに基づく行為がこれと因果関係を有することはないから、傷害罪の共同正犯としての責任を負うことはなく、共謀加担後の傷害を引き起こすに足りる暴行によってVらの傷害の発生に寄与したことについてのみ、傷害罪の共同正犯としての責任を負うと解するのが相当である。原判決の……認

定は、Xにおいて、VらがYらの暴行を受けて負傷し、逃亡や抵抗が困難になっている状態を利用して更に暴行に及んだ趣旨をいうものと解されるが、そのような事実があったとしても、それは、Xが共謀加担後に更に暴行を行った動機ないし契機にすぎず、共謀加担前の傷害結果について刑事責任を問い得る理由とはいえない」として、Xの共謀加担前にすでに生じていた傷害結果を含めてXに傷害罪の共同正犯の成立を認めた原判決は解釈を誤ったとした（ただ、本決定は、千葉勝美裁判官の補足意見で、強盗罪につき承継的共同正犯の成立を認めている）。

●解説●　1　承継的共同正犯に関しては、(a)一個の犯罪を共に行うもの全体について帰責するとする見解に対し、(b)自己の行為と因果性がある範囲においてのみ責任を負うべきであって関与前の事実について責任を負うべきではないとする説が対立する。しかし、欺罔後の財物受取りのみに関与した者が詐欺の共同正犯となりえないのは不当だとされる。中間説として、(c)先行者が生じさせた結果は承継しないが、先行者が生じさせた犯行を容易にする状態を、後行者が利用して犯罪を実現したときには、後行者も犯罪全体について責任を負うという説が有力である。

2　判例は、(1)一罪の途中からの関与は、事情を認識して意思を通じて加わった以上、全体について承継的共同正犯が認められ（【86】参照）、さらに、(2)強盗罪・強制性交罪のような結合犯の場合は、暴行・脅迫行為と財物奪取・姦淫行為をそれぞれ別個に処罰することが可能であるが、後から財物奪取・姦淫行為のみに関与した者も、強盗罪・強制性交罪の承継的共同正犯となりうるとする。本件も、これらの罪については、関与前の暴行・脅迫の承継を認めている（【87】参照）。

3　しかし、(3)共謀参加時に傷害を認識したとしても、すでに生じてしまっていた傷害結果の承継は認められない。本決定も、「共謀加担前にYらが既に生じさせていた傷害結果については、Xの共謀及びそれに基づく行為がこれと因果関係を有することはないから、傷害罪の共同正犯としての責任を負うことはな」いとした。「既に生じてしまっていた傷害結果そのもの」については、承継しないことについては争いない。

4　なお、決定要旨は「抵抗が困難になっている状態を認識しつつ利用して更に暴行に及んだ」という点を重視したかに見える原審を批判している。3の趣旨の範囲内であれば妥当であるが、上記(c)説を否定する趣旨であれば妥当でない（【88】参照）。

5　そして、傷害罪・傷害致死罪については、207条が存在し、傷害結果が、共謀関与前の暴行と共謀して参加した後の暴行のいずれによってそこまで重篤化したかが不明の場合、両暴行が「同一機会」といえる限り、両者に傷害結果の刑事責任を問いうる。そして「負傷し、逃亡や抵抗が困難になっている状態を利用して更に暴行に及んだ場合」と認定しうる場合には、承継的共同正犯性が認めやすくなることは否定できない。

●参考文献●　前田・最新判例分析97、小林憲太郎固総8版164

86 詐欺罪と承継的共同正犯

最3小決平成29年12月11日（刑集71巻10号535頁・判時2368号15頁）　　参照条文　刑法60条、246条

共犯者の欺罔行為後に、「だまされたふり作戦」の開始を認識せずに、共謀の上被害者から発送された荷物の受領行為に関与した者は、詐欺未遂罪の共同正犯の責任を負うか。

●**事実**●　被告人Xは、氏名不詳者（Y）らと共謀の上、「数字選択式宝くじ（ロト6）に必ず当選する特別抽選」に選ばれたと誤信しているAに、Yが電話で、「契約に違反したので100万円を支払う必要があり、Aさんの100万円が間に合わなかったので、立て替えて払ったが、別人が送ったことがばれて、297万円の違約金を払わなければならなくなりました。半分の150万円を準備できますか」などとうそをいって150万円の交付を要求し、AにO市内の空き部屋に現金120万円を配送させ、Xが配送業者から受け取る方法により、現金をだまし取ろうとした。

ただ、Aはうそを見破り、警察官に相談して「だまされたふり作戦」を開始し、現金が入っていない箱を指定された場所に発送した。一方、Yから報酬を条件に荷物の受領を依頼されたXは、詐欺の被害金を受け取る役割である可能性を認識しつつこれを引き受け、「だまされたふり作戦」を認識せず、Aから発送された荷物を受領した。

第1審は、Yの欺罔行為後にX・Yの間の共謀がなされたが、「だまされたふり作戦」により、欺罔行為と荷物の受領との間に因果関係が認められず、詐欺罪の結果発生の危険性にも寄与していないとして、Xは詐欺未遂罪の共同正犯の罪責を負わないとして、Xに無罪を言い渡した。

検察の控訴に対し原審は、欺罔行為後に共謀し、Aによる財物交付の部分のみに関与したXは、①個人の財産に対する罪である詐欺罪においてはこれを直接侵害するものではなく、錯誤に陥った者から財物の交付を受ける点に同種の法益侵害性の中心があり、財物交付の部分のみに関与した者についても、その役割の重要度等に照らせば詐欺罪の正犯性も肯定できるとして、詐欺罪の承継的共同正犯を認めうるとした。そして、②Xが加担した段階で、詐欺未遂として処罰すべき法益侵害の危険性があったかという点に関し、一般人が、その認識しえた事情に基づけば結果発生の不安感を抱くであろう場合には、法益侵害の危険性を肯定してよく、本件で「だまされたふり作戦」が行われていることは一般人において認識しえず、X・Yも認識していなかったから、これを法益侵害の危険性の判断に際しての基礎とすべきではなく、Xの本件受領行為を外形的に観察すれば、詐欺の既遂に至る現実的危険性があったということができ、詐欺未遂罪の共同正犯が成立すると判示した。X側が上告。

●**決定要旨**●　弁護側の上告に対し最高裁は、「Xは、本件詐欺につき、共犯者による本件欺罔行為がされた後、だまされたふり作戦が開始されたことを認識せずに、共犯者らと共謀の上、本件詐欺を完遂する上で本件欺罔行為と一体のものとして予定されていた本件受領行為に関与している。そうすると、だまされたふり作戦の開始いかんにかかわらず、Xは、その加功前の本件欺罔行為の点も含めた本件詐欺につき、詐欺未遂罪の共同正犯としての責任を負う」として、上告を棄却した。

●**解説**●　1　一罪の実行行為へ、途中から事情を認識して意思を通じて加わった場合、原則として、全体について刑責が及ぶ。乙が殺意を持って重大な暴行を加えた後に甲が殺害の意思を通じて加わり軽度の暴行を加えた場合、乙の暴行のみが死因であっても、甲は殺人の共同正犯となる（大阪高判昭45・10・27判時621-95）。監禁罪の途中からの関与者にも全体について承継的共同正犯が成立する（東京高判昭34・12・7高刑12-10-980）。略取誘拐罪についても、その後の監禁行為に関与すれば共同正犯となる（東京高判平14・3・13東高時報53-1＝12-31）。

2　本件において、Xは欺罔行為には関与していないが、それと一体のものとして予定された「受領行為」は、詐欺罪の実行行為の重要部分であるといえ、欺罔行為の存在を認識しつつそれを実行した以上、詐欺罪の共同正犯性は認められよう。原審が、「交付を受ける点に詐欺罪の法益侵害性の中心がある」というのも、同様の点を指摘したものと解することができる。

3　詐欺未遂罪（の共同正犯）が成立するには、Xが共謀した段階で、法益侵害に至る現実的危険性が認められなければならないが、「だまされたふり作戦」が行われれば、財産が奪われる危険性はないようにも思われる。第1審も「犯人側・被害者側の状況をも観察し得る一般人」の認識内容を基礎とすれば、箱から現金は抜かれているのであるから、危険性は認められないとした。

4　これに対し、原審は「その場に置かれた一般人が認識しえた事情に基づけば結果発生の不安感を抱くであろう場合には、法益侵害の危険性がある」として、詐欺未遂時の当罰性を認めた。

5　最高裁は、欺罔行為と一体のものとして予定されていた本件受領行為に関与した以上「だまされたふり作戦の開始いかんにかかわらず、Xは、その加功前の本件欺罔行為の点も含めた本件詐欺につき、詐欺未遂罪の共同正犯としての責任を負う」とした。この決定要旨は、原審の結論を妥当なものとしたことは明らかであるが、原審の危険性判断をそのまま採用したわけではない。共謀時・受領行為時に現実的危険が存在しなくても、それと不可分一体の欺罔行為時に危険性が認められれば、詐欺未遂の共同正犯が成立するとしたにすぎない。

6　そして、「一般人の認識しうる事情を基に危険性」を判断するとしても、「どのような一般人なのか」「どの程度の危険性があればよいのか」は、必ずしも明確ではない。少なくとも本件具体的な事実関係を前提とすれば、詐欺未遂罪が成立するという結論が重要で、その理論構成については慎重な対応をしているのである。

●**参考文献**●　前田雅英・捜査研究806-9、川田宏一・J1520-108、安田拓人・法教451-143、豊田兼彦・圖総8版166

87 承継的共同正犯と同時傷害の特例

大阪高判昭和62年7月10日（高刑40巻3号720頁・判時1261号132頁）　　参照条文　刑法60条、204条

> 後から暴行に加わった者の傷害罪の承継的共犯の成否と、同時傷害の特例の射程。

●**事実**●　情交関係のあったB子がAから金員の立替払いをさせられていたこと等を知って憤慨したZは、他の者と共謀の上、Aの居室およびAを連行するタクシー内で、Aの顔面を殴打し、さらに事務所内においても、木刀やガラス製灰皿でその顔面、頭部を殴打する等の暴行を加え、これら一連の暴行により傷害を生じさせた。そこにXが現れ、顔面から血を流しているAの姿やB子の説明などから、いち早く事態の成り行きを察知し、ZらがAに対し暴行を加えて負傷させた事実を認識・認容しながら、自らもこれに共同して加担する意思で、Aの顎を手で2、3回突き上げる暴行を加え、その後、YもAの顔面を1回手拳で殴打した。原審は、Xに傷害罪の共同正犯を認めた。X側が控訴。

●**判旨**●　破棄自判。「いわゆる承継的共同正犯が成立するのは、後行者において、先行者の行為及びこれによって生じた結果を認識・認容するに止まらず、これを自己の犯罪遂行の手段として積極的に利用する意思のもとに、実体法上の一罪を構成する先行者の犯罪に途中から共謀加担し、右行為等を現にそのような手段として利用した場合に限られる」としつつ、先行者が遂行中の一連の暴行に、後行者がやはり暴行の故意をもって途中から共謀加担したような場合には、1個の暴行行為がもともと1個の犯罪を構成するもので、後行者は1個の暴行そのものに加担するのではない上に、後行者には、被害者に暴行を加えること以外の目的はないのであるから、後行者が先行者の行為等を認識・認容していても、他に特段の事情のない限り、先行者の暴行を、自己の犯罪遂行の手段として積極的に利用したものと認めることができ」ないとした。

その上で大阪高裁は、207条との関係を補足する。甲の暴行終了後乙が甲と共謀の上暴行を加えたが、いずれの暴行による傷害か判明しないときには、乙の刑責が暴行罪の限度に止まるという本判決の結論は、甲と意思連絡なく乙が同時に（別個に）暴行を加えた場合に、乙にも傷害の帰責を認める207条の結論と均衡を失するように見えるが、「刑法207条の規定は、2人以上で暴行を加え人を傷害した場合において、傷害を生じさせた行為者を特定できなかったり、行為者を特定できても傷害の軽重を知ることができないときには、その傷害が右いずれかの暴行（又は双方）によって生じたことが明らかであるのに、共謀の立証ができない限り、行為者のいずれに対しても傷害の刑責を負わせることができなくなるという著しい不合理を生ずることに着目し、かかる不合理を解消するために特に設けられた例外規定」であり、本件先行者は、後の暴行にも関与している以上、傷害罪の刑責を問われるのであって、刑法の上記特則の適用によって解消しなけ

ればならないような著しい不合理は生じないので、「右特則の適用がなく、加担後の行為と傷害との因果関係を認定し得ない後行者については、暴行罪の限度でその刑責が問われるべきこととなる」とした。

●**解説**●　1　承継的共同正犯に関する【85】の解説にある(c)説を基礎づける判決である。(b)説のように、形式的に共犯の「因果性」を強調してしまうと、関与前の事象を帰責することは、一切不可能となってしまう。ただ、先行者の実体法上の一罪に共謀加担することも要求しており、(a)説にも結びつく判示を行っている。ただ、一罪には、強盗罪のような結合犯も入りうることに注意を要する。

2　そして、本判決は、自己の犯罪遂行の手段として先行行為を積極的に利用したものとはいえないとして傷害罪の承継を認めなかった。たしかに、本件のような、関与前に生じていた傷害結果は、後から暴行を加えた者に帰責できない。

【85】は「抵抗が困難になっている状態を利用して更に暴行に及んだ」というような事情は、暴行を行った動機ないし契機にすぎず、承継を認める論拠にはなりえないとしたが、本判決も、いかに「利用しよう」と思っても、すでに生じてしまった傷害の責任を問われることはないとしたのである。

3　その意味で、本判決が示した「承継」の要件である「後行者において、先行者の行為・結果を自己の犯罪遂行の手段として積極的に利用する意思で加担し、現にそのような手段として利用した場合」という基準は、現在においても採用しうる基準といってよい。

4　Aに生じた傷害が、Xの参加以降に生じたものか否か特定しえなかったときも、傷害結果に影響を与えたという証明がない以上、Xは傷害罪の刑責を負わないように思われる。ただ、Zの暴行直後に意思の連絡なしにXが暴行を加え傷害結果を生ぜしめた場合には、いずれの行為が原因か特定しえなくても、刑法207条によりXに傷害罪の共同正犯を認める。この、因果性が欠ける場合にも傷害結果を認める207条の存在が、承継的共同正犯の成立範囲にも影響する。

5　本判決で重要なのは、207条を、「結果に誰も責任を負わなくなる不合理を回避するための例外規定」という形で限定的に解した点である（それは、本件事案に承継的共同正犯の適用を否定した結論と整合する）。そして、この判示に従う学説も登場してくる。共同正犯の処罰根拠において「因果性」を重視する見解からは、207条は原則に反する「例外」と解すべきことになる。

6　しかし、この判示は、【88】によって、正面から否定されるにいたった。207条は「結果に誰も責任を負わなくなる不合理を回避するための例外規定」ではないのである。共犯処罰において「因果性」をどの程度重視すべきかが、共犯論の最大課題なのである。

●**参考文献**●　堀内捷三・[百]総6版168、福田平・判時1276-213、内田文昭・判タ702-68

88 共犯の因果性と同時犯の特例

最3小決平成28年3月24日（刑集70巻3号1頁・判タ1428号40頁）　　参照条文　刑法60条、207条

後から暴行に加わった者に、関与前に生じた可能性のある傷害結果を帰責しうるか。

●**事実**●　被告人 X・Y の勤めるバーに、午前4時半ころ、A が女性2名とともに訪れ飲食したが、クレジットカードでの代金の決済ができなかった。話がつかないまま A が店外に出たので、X・Y は後を追いエレベーターホールで追いつき、約20分間にわたり、A の背部を蹴って3階へ至る階段踊り場に転落させ、さらに A をエレベーターに乗せ、顔面をエレベーターの壁に打ち付けて4階エレベーターホールに引きずり出し、Y がスタンド式灰皿に A の頭部を打ち付けるなどの暴行を加えた。その上、X は仰向けに倒れている A の顔面を拳や灰皿の蓋で殴り、頭部をつかんで床に打ち付け、Y も、A を蹴ったり殴るなどした（第1暴行）。

　A は、しばらく同店内の出入口付近の床に座り込んでいたが、午前7時49分頃、突然、走って店外へ出て行った。従業員 B は、直ちに A を追いかけ、4階から3階に至る階段の途中で、A に追いつき取り押さえた。同店で飲食していてその間の経緯をある程度認識していた被告人 Z は、B が A の逃走を阻止しようとしているのを見て、5分間に渡り、A に対し、階段の両側にある手すりを持って、自身の身体を持ち上げ、寝ている体勢の A の顔面、頭部、胸部付近を踏み付けた上、A の両脚を持ち、3階まで A を引きずり下ろし、サッカーボールを蹴るように A の頭部や腹部等を蹴り、いびきをかき始めた A の顔面を蹴り上げるなどした（第2暴行）。

　A は病院に救急搬送され、開頭手術を受けたが、急性硬膜下血腫に基づく急性脳腫脹のため死亡した。いずれの暴行からも死因となった急性硬膜下血腫を発生しうるが、いずれの暴行から死因となった急性硬膜下血腫が発生したかは判明しなかった。

　第1審は刑法207条の適用を否定し、X・Y に傷害罪が、Z に傷害致死罪が成立するとした。原審は第1審を破棄し、差し戻した。被告側が上告。

●**決定要旨**●　上告棄却。「第1審判決は、仮に第1暴行で既に A の急性硬膜下血腫の傷害が発生していたとしても、第2暴行は、同傷害を更に悪化させたと推認できるから、いずれにしても、A の死亡との間に因果関係が認められることとなり、『死亡させた結果について、責任を負うべき者がいなくなる不都合を回避するための特例である同時傷害致死罪の規定（刑法207条）を適用する前提が欠けることになる』」としたが、「同時傷害の特例を定めた刑法207条は、2人以上が暴行を加えた事案において、生じた傷害の原因となった暴行を特定することが困難な場合が多いことなどに鑑み、共犯関係が立証されない場合であっても、例外的に共犯の例によることとしている。同条の適用の前提として、検察官は、各暴行が当該傷害を生じさせ得る危険性を有するものであること及び各暴行が外形的には共同実行に等しいと評価できるような状況に

おいて行われたこと、すなわち、同一の機会に行われたものであることの証明を要するというべきであり、その証明がされた場合、各行為者は、自己の関与した暴行がその傷害を生じさせていないことを立証しない限り、傷害についての責任を免れないというべきである」。「刑法207条適用の前提となる前記の事実関係が証明された場合には、各行為者は、同条により、自己の関与した暴行が死因となった傷害を生じさせていないことを立証しない限り、当該傷害について責任を負い、更に同傷害を原因として発生した死亡の結果についても責任を負うというべきである（最判昭26・9・20刑集5-10-1937参照）。このような事実関係が証明された場合においては、本件のようにいずれかの暴行と死亡との間の因果関係が肯定されるときであっても、別異に解すべき理由はなく、同条の適用は妨げられないというべきである」として、第1審を破棄した原判決は相当であるとした。

●**解説**●　1　同時傷害の特例については、「疑わしきは被告人の利益に」という原則に抵触するおそれのある規定であり、できるだけ限定的に解釈すべきであるとする考え方も有力であったが、本決定は、被害者が死亡した場合にも刑法207条が適用になるという判断（最判昭26・9・20刑集5-10-1937）を再確認した。

　2　そして本決定は、刑法207条の意義に関し、「重い結果について、責任を負うべき者がいなくなる不都合を回避するための特例」とする、下級審や一部の学説（西田典之〔橋爪隆補訂〕『刑法各論 7版』48頁）の限定的な207条解釈を明示的に否定した。

　「同一の機会に行われたものであること」の証明がされた場合、「各行為者は、自己の関与した暴行がその傷害を生じさせていないことを立証しない限り、傷害についての責任を免れない」としたのである（207条の意義に関しては【120】も参照）。

　3　第1暴行ですでに重大な傷害が発生し、他者の第2暴行が同傷害をさらに悪化させたと推認できる場合でも、両暴行が同一の機会になされたものと立証されれば、各行為者は、自己の関与した暴行が死因となった傷害を生じさせていないことを立証しない限り、当該傷害について責任を負い、同傷害を原因として発生した死亡の結果についても、責任を負うとしたのである。いずれかの暴行と死亡との間の因果関係が肯定されるときであっても、各行為者に傷害致死罪が成立するとした。

　4　一方、【90】は、Y が暴行を加えた後、X・Y・Z が共同して暴行を加えて傷害を負わせたが、いずれの暴行が原因か判明しなかった場合に、両暴行を実行した Y のみならず、X・Z も207条により傷害罪になるとした。この判断は、本決定の結論と軌を一にするものといえよう。

●**参考文献**●　細谷泰暢・判解平28年度1、前田雅英・捜査研究789-50、玄守道・回各8版14、安田拓人・法教430-150、高橋則夫・平28年度重判172

89 同時犯と傷害を生じさせる危険性

最2小決令和2年9月30日（刑集74巻6号669頁・判時2478号144頁）　　参照条文　刑法60条、207条

> 同時傷害の特例を認めるには、暴行が当該傷害結果を生ぜしめる危険性が必要である。

●**事実**●　Yらは A のいる部屋に突入し、A に対しカッターナイフで右側頭部等に切り付け、顔面、腹部等を拳で殴り足で蹴るなどの暴行を加えた（第1暴行）。

被告人 X は約5分後に同部屋に踏み込み、Y に加勢しようと暗黙のうちに共謀を遂げ、包丁の刃先を A の顔面に向けた。

その後、X および Y は、A に対し、背部、腹部等を複数回蹴ったりするなどの暴行を加え、Y は、A の顔面を拳で殴り、千枚通しで A の左大腿部を複数回刺した（第2暴行）。

一連の暴行の結果、A は全治1か月間を要する第六肋骨骨折、全治2週間を要する右側頭部切創、上口唇切創等の傷害を負った。右側頭部等の切創は、Y の①暴行により、左大腿部刺創は、Y の千枚通を刺す行為により生じたが、第六肋骨骨折および上口唇切創は、いずれの暴行で生じたか不明であった。

原審は、X が共謀加担する前の Y らによる暴行と X の加担後の共同暴行は、いずれも第六肋骨骨折および上口唇切創を生じさせうる具体的危険性を有し、同一の機会に行われたものであるから、刑法207条の適用により、X は、第六肋骨骨折および上口唇切創についても傷害罪の責任を負うとした。

X の弁護人は、同時傷害の特例は、生じた傷害に責任を負う者がいなくなる不都合を回避するための特例で、A の傷害結果が第1暴行によるか、第2の共同暴行によるか不明な場合でも、Y は第2暴行にも参加しており傷害についての責任を負うから、X に207条は適用されない等と主張して上告した。

●**決定要旨**●　上告棄却。Y に傷害結果が帰責されうる以上、刑法207条の適用はないという弁護人の主張に対しては、「検察官が、各暴行が当該傷害を生じさせ得る危険性を有するものであること及び各暴行が外形的には共同実行に等しいと評価できるような状況において行われたこと、すなわち、**同一の機会に行われたものであることを証明した場合、各行為者は、自己の関与した暴行がその傷害を生じさせていないことを立証しない限り、傷害についての責任を免れない**（最決平28・3・24【88】参照）」とした上で、「刑法207条適用の前提となる上記の事実関係が証明された場合、更に途中から行為者間に共謀が成立していた事実が認められるからといって、同条が適用できなくなるとする理由はなく、むしろ同条を適用しないとすれば、不合理であって、**共謀関係が認められないときとの均衡も失する**というべきである」と判示した。

「本件において、X が共謀加担した前後にわたる一連の前記暴行は、**同一の機会に行われたものである**ところ、X は、第六肋骨骨折の傷害を生じさせ得る危険性のある暴行を加えており、刑法207条の適用により同傷害についての責任を免れない。これに対し、X は、**上口唇切創の傷害を生じさせ得る危険性のある暴行を加えていないから、同条適用の前提を欠いている**」とし、「原判決は、同条の解釈適用を誤った法令違反があるといわざるを得ないが、この違法は判決に影響を及ぼすものとはいえない」と判示した。

●**解説**●　1　本決定は、職権判断を示す中で、X が加えた暴行は、第六肋骨骨折の傷害を生じさせうる危険性があったと認められるが、上口唇切創の傷害を生じさせうる危険性があったとは認められなかったと認定し、原審の刑法207条の適法範囲を限定し、最決平成28年3月24日【88】より207条の適用範囲を限定したようにも見えるが、従来の解釈基準の具体的な適用例を示したものとみるべきである。

2　207条は、①どの行為が傷害結果を生ぜしめたか（ないし、より重い結果を生ぜしめたか）不明であること、②各暴行が当該傷害を生じさせうる危険性を有するものであること、③同一の機会に行われたものであることの証明がなされれば、傷害についての責任を免れないとする規定である（前田『刑法各論講義 7版』30頁）。

3　207条の成立は、いずれが傷害結果を生ぜしめたか不明の「同一機会の暴行」ということでは足りず、本件決定の指摘の通り、**傷害を生じさせうる危険性を有する**ものであることを要する。

ただ、②の「傷害を生じさせ得る危険性」を必要とする点は、生じた傷害結果と因果性が認められる暴行についてのみ帰責させるという趣旨でないことは言うまでもない。

4　本決定は、②の点に関し、同条の適用により当該傷害を帰責しうる要件としての「当該傷害を生じさせ得る危険性」を具体的に判断し、X の暴行には、第六肋骨骨折の傷害を生じさせうる危険性は認められるが、上口唇切創の傷害を生じさせうる危険性は認められないと認定したのである。

その危険性は、「少しでも可能性があればよい」、「無関係とはいえないかもしれない」というだけでは足りない（同時傷害の特例を適用しうる程度の「暴行」の認定に関しては、東京高判平25・8・1高検速報平25-100が参考となる。さらに、前田雅英「同時傷害の特例の認定」捜査研究778-55参照）。

5　弁護人が主張した「207条の限定解釈」は、すでに、傷害致死の事案に関し、最決平成28年3月24日【88】により否定されていた。本決定は傷害結果について同様の判断を確認し、さらに「同条を適用しないとすれば、不合理であって、共謀関係が認められないときとの均衡も失する」として、その実質的根拠をも明示し、この争いを実務上決着させた。

●**参考文献**●　内藤恵美子・J1555-109、小林憲太郎・令2年度重判120、前田雅英・捜査研究842-2、和田俊憲・法教484-131

90 同時傷害の特例と共犯関係が介在する場合

大阪地判平成9年8月20日（判タ995号286頁）　　参照条文　刑法207条

> 同時傷害の特例は、共犯関係が介在する場合にも適用されるか。

●事実●　X・Y・Zは飲酒し公衆電話の受話器を引きちぎるいたずらをしたりしながら歩道を歩いていたところ、受話器を引きちぎる行為を目撃したAが、その弁償を求めるべく追いかけて来て、少し遅れて歩いていたYに声をかけてきたことから、YはAに対しいきなりその顔面に頭突きをし膝蹴りを加えるなどのかなり激しい暴行を加えた。先を歩いていたXとZが異変に気付き振り返ったところ、YがAに暴行を加えていたことから両者が喧嘩をしているものと思い、Yに加勢しようとして暴行現場に駆け寄り、X・Y・Z3名共謀の上でAの頭部等を多数回足蹴にするなどの暴行を加え、その後Y単独でもさらに暴行を続けた。その結果、Aは骨折等の全治約1か月の傷害を負った。ただ、Aの傷害結果はXとZがYに加勢する前後いずれの暴行により生じたのか不明であった。

●判旨●　大阪地裁は、X・Zに傷害の承継的共同正犯が成立しないかという点に関し、両者がYの暴行を「自己の犯罪遂行の手段として積極的に利用する意思」を有していたとか、現にそのような手段として利用したとかの事実は認めることはできないから、両名には傷害の承継的共同正犯は成立しないと判示した上で、「一般に、傷害の結果が、全く意思の連絡がない2名以上の者の同一機会における各暴行によって生じたことは明らかであるが、いずれの暴行によって生じたものであるのかは確定することができないという場合には、同時犯の特例として刑法207条により傷害罪の共同正犯として処断されるが、このような事例との対比の上で考えると、本件のように共謀成立の前後にわたる一連の暴行により傷害の結果が発生したことは明らかであるが、**共謀成立の前後いずれの暴行により生じたものであるか確定することができないという場合にも、右一連の暴行が同一機会において行われたものである限り、刑法207条が適用され、全体が傷害罪の共同正犯として処断されると解するのが相当である。**けだし、右のような場合においても、**単独の暴行によって傷害が生じたのか、共同正犯の暴行によって傷害が生じたのか不明であるという点で、やはり『その傷害を生じさせた者を知ることができないとき』に当たることにかわりはないと解されるからである」**と判示した。

●解説●　1　本件事案を一部修正し、XとYとZが互いに何の意思の連絡もなく、路上で寝ていた泥酔者Cを数分間の間に蹴り、Cが傷害を負った事案を考えた場合、三者の暴行が同一の機会になされたと認められる限り、X・Y・Zは傷害罪の罪責を負う。まさに刑法207条の同時犯の特例が適用される典型的場面である。そうだとすると、本件X・Zにも、傷害罪を負わせる

べきである。
　ところが、本件のX・Zの罪責を、従来の通説的犯罪論で処理していくと、X・Zが共謀参加後の暴行と傷害の結果との間の因果関係につき証明がない以上、X・Zには傷害結果を帰しえないことになりそうである。しかし、X・Y・Zがバラバラに暴行を加え、傷害結果が誰の暴行から生じたか不明な場合に全員に傷害罪が成立することと、均衡を失する。
　2　そこで、X・Zに傷害罪の承継的共同正犯を認める処理が考えられる（【85】参照）。ただ本判決は、「承継的共同正犯を認めるには、後行者において、先行者の行為及びこれによって生じた結果を認識・認容するに止まらず、これを自己の犯罪遂行の手段として積極的に利用する意思のもとに、実体法上一罪を構成する先行者の犯罪に途中から共謀加担し、右行為等を現にそのような手段として利用した場合に限られる」という【87】の承継基準を用いて、その要件を満たしていないX・Zは、傷害結果を承継しないとした。たしかに、傷害罪の場合、本件のXとZに傷害結果を承継したとして帰責させるのは、かなり困難な面がある（【85】【87】）。
　3　そこで本判決は、本件事案に207条を適用してX・Zにも傷害罪の共同正犯を認めた。理論的には、Yが単独で加えた第1の暴行とX・Y・Zが共同して加えた第2の暴行が同一の機会のものと評価できる場合には、207条により、第1暴行と第2暴行のいずれについても傷害結果を帰責しうるとすることは可能である。
　4　もちろん、実質的に挙証責任を転換させる本条は、厳格に解釈すべきであり、共犯関係の存在する場合にまで拡張することは許されないとする説も存する。
　さらに、本件ではYは第1、第2暴行のいずれにも関与しており、傷害罪の罪責を負う。そこで、207条を「誰も責任を負わなくなる場合についての例外規定」と主張する説は、本件に207条の適用を認めない（西田典之（橋爪隆補訂）『刑法各論　7版』48頁、さらに【87】）。しかしそのような207条の限定的理解は、【88】により実務上、正面から否定された。
　5　さらに、実質的に考えても、Yの暴行後に、Xが意思を通じて暴行に加わった場合と、Yの暴行後に意思の連絡なしにXが暴行を加え傷害結果を生ぜしめた場合では、当罰性はむしろ前者の方が高く、少なくとも意思の連絡を欠く後者のみを207条の対象とすべきとする実質的根拠は存在しない。そして、両者を区別すべき条文上の根拠もない。共犯関係があるということは、207条を排除する理由にはならない。
　6　もっとも、207条が1で述べた事案につき、誰も傷害罪の罪責を負わないのは不合理なので設けられたという政策的側面があるので、Yが傷害罪の刑責を負う本件のような事案には、207条を適用する必要がないとすることも考えられる。しかし、Xの罪責の不均衡はやはり決定的であり、それを無視する条文上の手がかりは存在しないといわざるをえない。そこで、最高裁も、本判決の結論を支持することになったのである（【88】）。

●参考文献●　大山弘・法セ536-100、片山巌・研修631-19

91 身分の意義

最3小判昭和42年3月7日（刑集21巻2号417頁・判時474号5頁）　　参照条文　刑法65条
麻薬取締法64条2項、12条1項

> 「営利の目的」は刑法65条2項の「身分」となるか。

●事実●　韓国船の船員X（被告人）は、韓国在住のZが営利の目的で本邦に麻薬を密輸入しようとしているものであることを知りながら、その依頼に応じて、同船の船員である原審相被告人Yとともに多量の麻薬を韓国から神戸市内に携帯陸揚げし、もって麻薬を密輸入した。

第1審は、麻薬取締法64条2項にいわゆる営利の目的とは、自己または第三者のために財産上の利益を得または得させる目的をいい、必ずしも継続的、反復的に利益を図る目的を必要としないとして、Xらは、Zが営利の目的を持っていることを知った上で密輸入をした以上、少なくとも、第三者に財産上の利益を得させる目的はあったものというべく、同法64条2項にいう営利の目的に欠けるところはないとして、X・Y両名につき、営利目的輸入罪の共同正犯を認めた。原審も、XとYはZと共謀共同正犯の関係にあり、Xにつき営利の目的を是認した原判決は結局相当であるとして控訴を棄却した。X側が上告。

●判旨●　最高裁は、職権調査の上、Xに関する部分を破棄し、その所為につき、麻薬取締法64条1項、12条1項、刑法60条を適用した。「麻薬取締法64条1項は、同法12条1項の規定に違反して麻薬を輸入した者は1年以上の有期懲役に処する旨規定し、同法64条2項は、営利の目的で前項の違反行為をした者は無期若しくは3年以上の懲役に処し、又は情状により無期若しくは3年以上の懲役及び500万円以下の罰金に処する旨規定している。これによってみると、同条は、同じように同法12条1項の規定に違反して麻薬を輸入した者に対しても、犯人が営利の目的をもっていたか否かという犯人の特殊な状態の差異によって、各犯人に科すべき刑に軽重の区別をしているものであって、刑法65条2項にいう『身分によって特に刑の軽重があるとき』に当たるものと解するのが相当である。そうすると、営利の目的をもつ者ともたない者とが、共同して麻薬取締法12条1項の規定に違反して麻薬を輸入した場合には、刑法65条2項により、営利の目的をもつ者に対しては麻薬取締法64条2項の刑を、営利の目的をもたない者に対しては同条1項の刑を科すべきものといわなければならない。しかるに原判決およびその是認する第1審判決は、共犯者であるZが営利の目的をもっているものであることを知っていただけで、みずからは営利の目的をもっていなかったXに対して、同条2項の罪の成立を認め、同条項の刑を科しているのであるから、右判決には同条

および刑法65条2項の解釈適用を誤った違法があり、右違法は判決に影響を及ぼすものであって、これを破棄しなければ著しく正義に反するものと認められる」。

●解説●　1　刑法65条の身分とは、「男女の性別、内外国人の別、親族の関係等、公務員たるの資格のような関係に限らず、総て一定の犯罪行為に関する犯人の人的関係である特殊の地位または状態」とされてきたが（最判昭27・9・19刑集6-8-1083）、平成29年の刑法改正により強姦罪が被害者の性別を問わない強制性交等罪に変わったため、「男女の性別」は事実上除かれることになった。

2　65条1項の「その身分の存在により犯罪が構成される場合」を真正（構成的）身分と呼び、虚偽公文書作成罪（156条）や収賄罪（197条）の「公務員」、偽証罪（169条）の「宣誓した証人」、横領罪（252条）の「占有者」等がその具体例とされる。65条2項の「身分が刑の軽重に影響を与えるに過ぎない場合」が不真正（加減的）身分で、常習賭博罪（186条）における「常習者」、業務上横領罪（253条）の「業務上の占有者」、業務上堕胎罪（214条）の「医師」等が認められている。65条1項を違法性に関係する違法身分、65条2項を責任に関係する責任身分とする見解もあるが、65条2項の身分にも違法性が高い場合と責任が重い場合がある。

3　本判決は、Xには営利の目的が欠けていたとした上で、麻薬密輸入罪の営利の目的も「地位または状態」であり不真正身分であるとした。たしかに、身分概念は非常に広いが、「身分」という語の持つ通常の意義からは、一定の継続性のあるものに限定すべきであるようにも思われる。特に「目的」のような主観的事情は身分とはいいにくいとの指摘が強い。

4　たしかに、「営利目的」を身分とすれば、それのない輸入行為には軽い法定刑が定められており、営利目的のない関与者をその身分に応じた刑で処断するという形で、妥当な処理を導きうる（65条2項）。この点、営利目的が身分でないとすると、営利目的輸入罪を犯したZと単純な輸入罪を犯したXの共同正犯の成否が問題になり、犯罪共同説を徹底しようとすると、議論が複雑化する。ただ、現在は最高裁も行為共同説に近い考え方を採用するようになり（【75】参照）、異なる犯罪についての共犯の成立が広く認められるようになってきており、身分犯として扱った場合と同様の結論が導ける。65条の身分に一時的状態まで含ましめることも不可能ではないが、今後は本来の語義に近づけて解釈していくべきであろう。

●参考文献●　坂本武志・判解昭42年度48、福田平・警研39-8-127、武藤眞朗・囚総6版186

92 共犯と身分

最 3 小判昭和32年11月19日（刑集11巻12号3073頁）　　参照条文　刑法60条、65条、253条

> 身分のない者が業務上横領罪に関与した場合の処断。

●事実●　村長で同村新制中学校建設工事委員会の工事委員長である被告人 X は、同村助役および同委員会の工事副委員長として X を補佐していた Y と、当時同村収入役として出納その他の会計事務をつかさどり、かたわら前示中学校建設工事委員会の委託を受け、同校建設資金の寄付金の受領・保管その他の会計事務を管掌していた Z と共謀の上、酒食等の買い入れ代金を Z の業務上保管に係る前示寄付金の中から支払った。

　第 1 審は、単純に刑法253条を適用して被告人 X・Y に業務上横領罪の成立を認め、原審もこれを是認した。これに対し弁護人は、業務上横領罪は業務上自己の占有する他人の物を不法に領得する罪であり、X・Y に建設資金について事実上も法律上も、業務上の占有がなかったことは明らかであり、被告人らの行為が253条、65条 2 項、252条に該当するか否かは格別、第 1 審およびこれを是認した原審が刑法253条を適用したのは違法であるとして上告した。

●判旨●　破棄自判。「挙示の証拠によると、右 Z のみが……同村のため右中学校建設資金の寄附金の受領、保管その他の会計事務に従事していたものであって、X・Y はかかる業務に従事していたことは認められないから、**刑法65条 1 項により同法253条に該当する業務上横領罪の共同正犯として論ずべきものである。し**かし、同法253条は横領罪の犯人が業務上物を占有する場合において、とくに重い刑を科することを規定したものであるから、業務上物の占有者たる身分のない X・Y に対しては同法65条 2 項により同法252条 1 項の通常の横領罪の刑を科すべきものである。しかるに、第 1 審判決は X・Y の……所為を単に同法253条に問擬しただけで、何等同法60条、65条 1 項、2 項、252条 1 項を適用しなかったのは違法であり、この違法は原判決を破棄しなければ著しく正義に反する」。

●解説●　1　刑法65条 1 項と 2 項の関係について、判例は、(a) 1 項は構成的身分に関する規定で、2 項は加減的身分に関するものであると解する。ただ、(b) 1 項は構成的・加減的両身分犯の「成否」の問題であり、2 項は加減的身分犯のみの科刑につき定めたものとする有力説も存在する。非身分者についても身分犯の共犯が成立することを、1 項で「共犯とする」と表現したのであり、2 項は 1 項で共犯とされたもののうち非身分者の科刑について「通常の刑を科する」としたのであると説明する。同説は共犯の従属性を徹底させようとする立場で、正犯と共犯は常に同一の罪が「成立する」と解する。この他、(c) 1 項は違法身分に関する規定で、2 項は責任身分に関するものと解する見解もあるが、たとえば「業務上」という身分が主として違法性に関わるものであれば 1 項に該当することになり、不合理であると批判されている。

　2　65条 1 項の文言は、構成的身分についての規定と読むのが自然であり、犯罪の成否と科刑を分離してしまうのは問題で、しかも正犯と共犯は常に同じ犯罪を共同するわけではない。(a説のように解すべきであろう。)

　3　65条の基本的考え方は、(1)身分がなくても身分者を介して犯罪結果に因果的影響を与えた者は原則として共犯（共同正犯）として可罰的であるということが前提となっているといえよう。そして、(2)身分に応じて刑罰を変更する場合は、できるだけ条文にその旨を明らかにし、それに従って個別的な結論の妥当性・合理性を確保すべきだといえよう。2 項は加減的身分について、(1)の原則を当然の前提として含んだ上で、(2)の考えを明らかにしたのである。

　4　ただ立法者は、あらゆる事態を想定してすべての場合に加減規定を設けたわけではない。構成的身分犯の場合、減軽規定がない以上、すべての非身分者が身分者の犯罪の共犯となり、その法定刑が適用される。具体的妥当性を考慮すると、構成的身分の場合でも身分が存しないことによる減軽の余地が65条 1 項に定められている方が望ましいともいえよう。

　5　本件で最高裁は、業務性を欠き占有もない者が、業務上横領罪に加功した場合には、65条 1 項により全員に業務上横領罪（253条）が成立し、252条 1 項の刑を科すべきであるとした。このような処理は、「1 項は真正・不真正両身分犯の成否の問題、2 項は不真正身分犯のみの科刑の問題」とする説を採用したようにも見える。しかし、判例が、業務上横領罪に65条 1 項の適用を認めているのは、253条の身分が、非占有者との関係では「業務上の占有者」という真正身分だからである。ただ、占有者としての関係では「業務上」という不真正身分が問題となるので、2 項を適用して科刑を「業務上でないもの」にする必要があった。1 項により253条が成立する非占有者には、「業務上」という身分が欠ける以上、253条の科刑は不合理なのである。65条は、刑量量は身分に応じた妥当なものとすべきと考えているのである。

　最高裁の考え方は、最判令和 4 年 6 月 9 日（裁判所Webサイト）でも維持されている。

　6　なお、現在の38条 2 項の判例の考え方【75】に依拠するならば、成立罪名と科刑を分離すべきでなく、身分者には業務上横領罪の共同正犯が成立し、非業務者については、業務上という加減的身分が欠けるので、65条 2 項により単純横領罪（252条）の共同正犯の成立が認められると解する方が、合理的であるようにも思われる。しかし、65条 2 項は「身分のない者には通常の刑を科する」と明示しており、「重い罪によって処断することができない」とする38条 2 項とは異なるともいえる。

●参考文献●　吉川由己夫・判解昭32年度579、内田幸隆・百総 8 版190

93 事後強盗罪と共同正犯

大阪高判昭和62年7月17日（判時1253号141頁・判タ654号260頁）　　参照条文　刑法65条、238条、240条

> 事後強盗に暴行段階から関与した者は、共同正犯となりうるか。承継的共犯の問題か、共犯と身分の問題か。

●事実●　被告人Ｘは、共犯者Ｙ・Ｚと共謀の上、商店のカー用品売場において、時価980円相当のサイドリングマスコット1個を窃盗し、その直後、同店前駐車場において、同店警備員Ａから窃盗の現行犯人として逮捕されそうになるや、逮捕を免れる目的をもって、Ａに対しこもごも暴行を加え、加療約10日を要する傷害を負わせた。これに対し、原審は、窃盗行為は、Ｘが最初にマスコットを手に取り着衣の下に隠し入れた時点で既遂に達しており、Ｙ・Ｚは、その後Ｘに呼び寄せられて犯行の発覚防止に協力したにとどまるから、窃盗の共同正犯ではなく、したがって事後強盗の主体ともならないというべきであり、Ｘら3名について強盗致傷の共同正犯をもって擬律することは相当でないとし、Ｘの所為は、刑法240条前段（238条）に該当し、Ｘ・Ｙ・Ｚは傷害罪の限度で共同正犯となるとした。Ｘ側が控訴。

●判旨●　破棄自判。「原判決のように、共犯者2名がＸの犯行に関与するようになったのが、窃盗が既遂に達したのちであったとしても、同人らにおいて、Ｘが原判示マスコットを窃盗した事実を知った上で、Ｘと共謀の上、逮捕を免れる目的でＡに暴行を加えて同人を負傷させたときは、**窃盗犯人たる身分を有しない同人らについても、刑法65条1項、60条の適用により（事後）強盗致傷罪の共同正犯が成立すると解すべきである**から（なお、この場合に、事後強盗罪を不真正身分犯と解し、身分のない共犯者に対し更に同条2項を適用すべきであるとの見解もあるが、事後強盗罪は、暴行罪、脅迫罪に窃盗犯人たる身分が加わって刑が加重される罪ではなく、窃盗犯人たる身分を有する者が、刑法238条所定の目的をもって、人の反抗を抑圧するに足りる暴行、脅迫を行うことによってはじめて成立するものであるから、真正身分犯であって、不真正身分犯と解すべきではない。従って、身分なき者に対しても、同条2項を適用すべきではない。）、傷害罪の限度でのみしか刑法60条を適用しなかった原判決は、法令の解釈適用を誤ったものといわなければならない」。

●解説●　1　(a)事後強盗罪を真正身分犯と考え、65条についての判例通説を採用すれば、暴行脅迫のみに関与した者も、事後強盗罪の共同正犯となる（その結果、強盗致傷罪が成立する）。(b)事後強盗罪を不真正身分犯と考え、65条について団藤説に立てば、暴行脅迫のみに関与した者は65条2項により暴行・脅迫罪が成立することになる。それに対して、(c)事後強盗罪を、身分犯ではなく窃盗と暴行の結合犯と考える立場からは、結合犯についての承継的共同正犯を肯定すると、暴行脅迫のみに関与した者も、事後強盗罪の共同正犯となりうる。

2　しかし、事後強盗罪を結合犯と考える立場に対しては、窃盗に着手しただけで事後強盗罪の未遂を肯定することになり不当であるという批判が強い。

また、承継的共同正犯を認める点についても、承継的共同正犯は実行行為の途中から関与したことが必要で、実行行為のはじめ（暴行・脅迫）から関与したのなら「承継」はありえないとも批判される。

3　結合犯とは「独立して犯罪となる2個以上の行為を結合した特別の1個の構成要件」と定義され、「一部の行為への着手さえあれば、当該結合犯全体への実行の着手が認められる」とされている。そうだとすれば、事後強盗罪も窃取行為開始時から実行行為は継続しており、Ｙ・Ｚは「実行行為の途中」から関与したことになる。しかし、結合犯の代表例とされる強盗強姦罪の着手時期は強姦行為開始時だとされ、「強盗した後強姦しよう」との故意で強盗行為に着手したところで逮捕された場合は、強盗未遂にすぎない。そして、事後強盗罪の実行行為を実質的に考えると、暴行・脅迫行為によって開始されるといわざるをえない。いかに事後強盗の計画を持っていようと窃盗段階で逮捕されれば、事後強盗罪の実行行為は存在しないことは明らかだからである。

4　それ故、Ｘ・Ｙ・Ｚは事後強盗罪の実行行為の当初から共同しており、事後強盗罪が窃盗犯を主体とするので、「共犯と身分」が問題となる。判例の身分の定義（【92】参照）からすると、(a)事後強盗罪は窃盗犯人を主体とする身分犯と考えるのが自然である。問題は真正身分か不真正身分かという点に存する。

5　この点に関して、東京地判昭和60年3月19日（判時1172-155）は、(b)不真正身分とし、同説を採用する学説も見られた（藤木英雄『注釈刑法(6)』117頁）。それに対し、本件大阪高判は、「窃盗」を構成的身分とした。

たしかに、構成的身分であることが明確な横領罪の「占有者」、背任罪の「事務処理者」との比較からいっても構成的身分と考えるべきであろう。事後強盗罪を加減的身分犯だとすると、暴行・脅迫罪の加重類型となり、65条2項により科される「通常の刑」は暴行・脅迫罪の刑となる。だが、(a)事後強盗罪の基本的罪質は財産犯であり、窃盗犯人でなければ犯せない犯罪類型と解すべきで、構成的身分とすべきである。

6　なお、「構成的身分か加減的身分か」という選択は、実質的には「Ｘの窃盗行為という先行事情がＹにも及ぶか否か」の判断による。その判断構造は承継的共同正犯における「先行事情の承継の要否・可否」の判断構造とほぼ重なる。両者は「共犯者の内一方のみに存する事情が他の共犯者に影響するのか」という問題である点では共通しているからである。ただ、承継的共犯の場合には「一方のみに存する事情」が完全に時間的に先行して発生してしまっているため、他の共犯者（後行行為者）に帰責しうるとする説明が、身分犯の場合以上に困難になるのである。

●参考文献●　中森喜彦・判評353-70、本田稔・固総8版192

94 結果的加重犯と離脱

最1小決平成元年6月26日 （刑集43巻6号567頁・判時1315号145頁）　　参照条文　刑法60条、205条

共犯からの離脱はどのような場合に認められるのか。

●**事実**●　被告人Xは、Yの舎弟分であるが、両名はスナックで一緒に飲んでいた被害者Aの態度に憤激し、AをY方に連行し、意思を通じてAに対し約1時間ないし1時間半にわたり、手拳・竹刀・木刀等で暴行を加えた。その後、Xは、「おれ帰る」といってY方を立ち去ったが、Aにこれ以上制裁をやめるという趣旨のことを告げず、Yに対しても、以後にAに暴行を加えることをやめるように求めたり、あるいは同人を寝かせたり、病院に連れて行ってほしいなどと頼んだりはしなかった。その後ほどなくして、YはAの言動に再び激昂して、「まだシメ足りないか」と怒鳴って、顔を木刀で突くなどの暴行を加え、Aを頸部圧迫等により死亡するに至らしめた（死の結果が、Xが帰る前の暴行によって生じたものか、Yによる暴行によって生じたものかは明らかでなかった）。

第1審・原審が、XとYに傷害致死罪の共同正犯を認めたのに対し、弁護人は、共謀に基づくAに対する制裁としての暴行が終了した後の問題であるから、Xの立ち去った後のAに対する暴行の責任をXに問いえないとして上告した。

●**決定要旨**●　上告棄却。「事実関係に照らすと、Xが帰った時点では、Yにおいてなお制裁を加えるおそれが消滅していなかったのに、Xにおいて格別これを防止する措置を講ずることなく、成り行きに任せて現場を去ったに過ぎないのであるから、Yとの間の当初の共犯関係が右の時点で解消したということはできず、その後のYの暴行も右の共謀に基づくものと認めるのが相当である。そうすると、原判決がこれと同旨の判断に立ち、かりにAの死の結果がXが帰った後にYが加えた暴行によって生じていたとしても、Xは傷害致死の責を負うとしたのは、正当である」。

●**解説**●　1　「共犯者の1人が、犯罪遂行を中止した場合、それ以降生じた事態に関して、刑事責任を免れうるか」という問題は、従来、(a)**中止未遂規定**の適用の可否により対応しうると考えられてきた。そして、(1)共同正犯者（共犯者）の一部が任意に中止し、(2)結果発生を防止した場合に、(3)中止の効果が本人にのみ及ぶとされてきた（判例はさらに、共謀後（特に着手前）他の共犯者の了承を得て離脱した者にはその後の結果を帰責しないという共謀からの離脱を認めてきた）。

2　ところが、近時は、(b)**共犯関係からの離脱**の視点から理解する考え方が有力化した。そして、そのような動きに決定的な影響を与えたのが、本決定である。本件

は、「未遂」を問題にする余地がない傷害致死罪について、しかも共犯関係の解消を正面から問題にしたからである。この判例をきっかけに、共犯関与の途中で中止した行為者の刑責が問題となる類型は、必ずしも中止「未遂」の応用として処理すべきではないとされるようになる。そして、**共犯からの離脱**一般を正面から問題にすべきことが意識されるようになったのである。「共謀の射程が及んでいるか」という表現も、ほぼ同じ内容といってよい。

3　そして論点を整理すると、①関与を中断した共犯者がそれ以降に生じた結果や他の共犯者の行為につき責任を負うのか否か（具体的には、無罪なのか、未遂なのか、既遂なのか、加重結果を帰責するのか）という問題と、②関与を中断した者に、刑法43条の中止未遂の効果を認めるか否かの問題に大別することができる。本件は①の問題なのである。

4　本決定では、Xが帰った時点では、Yのさらなる加害のおそれが消滅していなかったのに、これを防止する措置を講ずることなく去ったにすぎないから、当初の共犯関係との因果性は解消していないとして、Xは傷害致死の責任を負うとした。最高裁は、①実行着手後においては、その後に犯罪が遂行される恐れを消滅させなければ、犯罪全体に対して共犯から離脱したとはいえないが、②犯罪が遂行されるおそれを消滅させた場合には、その後の共犯者の行為について共犯は成立せず、被告人が関与した時点までの行為について責任を負えば足りることを認めたといえよう。たしかに、犯罪遂行の危険が消滅し、その後の犯行は別個独立の犯罪であると評価しうる場合には、結果発生を阻止しなくとも、共犯の成立が否定されうる。

5　本件の原審である東京高判昭和63年7月13日（高刑41-2-259）も、「離脱する意思のあることを他の共犯者らに知らせるとともに、他の共犯者らに対してもこれ以上暴行を加えないことを求めて、現に加えている暴行を止めさせた上、以後は自分を含め共犯者の誰もが当初の共謀に基づく暴行を継続することのない状態を作り出している場合に限られ」るとしている。たしかに、そのような場合には因果性が切断されるが、「暴行を継続することのない状態」を厳格に解して、たとえば共犯者をその場から立ち去らせた後に離脱しなければならないとするのも行きすぎであろう。十分な説得等を行い心理的に共犯者側の攻撃的意思を解消し、また木刀等を片付けたりして物理的な因果性を除去するように努めれば、離脱を認めえたであろう。「因果性が結果（未遂の結果を含む）を帰責する必要はないという程度に弱いものか否か」という規範的な評価なのである。

●**参考文献**●　原田國男・判解平元年度175、前田雅英・判評373-64、星周一郎・法学会雑誌57-1-149、島岡まな・囗総8版194

95 着手前の共謀からの離脱と共謀関係の解消

最3小決平成21年6月30日（刑集63巻5号475頁・判時2072号152頁）　　参照条文　刑法60条、130条、240条

共犯者が住居に侵入後、強盗に着手する前に現場から離脱した者は共謀関係の解消が認められるか。

●**事実**●　被告人Xは、強盗を共同して実行してきた仲間から本件強盗に誘われ、犯行前夜自動車を運転して行って共犯者らとA宅の下見をするなどした後、共犯者7名との間で、A宅の明かりが消えたら、共犯者2名が屋内に侵入し、内部から入口の鍵を開けて侵入口を確保し、Xを含む他の共犯者らも屋内に侵入して強盗に及ぶという住居侵入・強盗の共謀を遂げた。

午前2時ころ、共犯者2名は、A宅の窓から地下1階に侵入したが、住居等につながるドアが施錠されていたため、一旦戸外に出て、別の共犯者に住居等に通じた窓の施錠を外させてその窓から侵入し、内側からドアの施錠を外して他の共犯者らの侵入口を確保した。見張り役の共犯者は、屋内にいる共犯者2名が強盗に着手する前の段階において、現場付近に人が集まって来たのを見て犯行の発覚を恐れ、屋内の共犯者らに電話をかけ、「人が集まっている。早くやめて出てきた方がいい」といったところ、「もう少し待って」などといわれたので、「危ないから待てない。先に帰る」と一方的に伝えただけで電話を切り、Xと共犯者らは話し合って一緒に逃げることとし、Xが運転する自動車で現場付近から立ち去った。

屋内にいた共犯者2名は、一旦A宅を出て、Xら3名が立ち去ったことを知ったが、当日午前2時55分ころ、現場付近に残っていた共犯者3名とともにそのまま強盗を実行し、その際に加えた暴行によってAら2名を負傷させた。

第1審は、Xらが犯行に及ぶことなく現場を離れている点について、Xが犯行をやめることを共犯者らが了承した事実はないし、共犯者らが犯行を実行するのを防止する措置を講じてもいないから、Xと共犯者らとの共犯関係が解消されたとも認められないとした。これに対し、弁護人は控訴したが、主張が退けられたので上告した。

●**決定要旨**●　上告棄却。「Xは、共犯者数名と住居に侵入して強盗に及ぶことを共謀したところ、共犯者の一部が家人の在宅する住居に侵入した後、見張り役の共犯者が既に住居内に侵入していた共犯者に電話で『犯行をやめた方がよい、先に帰る』などと一方的に伝えただけで、Xにおいて格別それ以後の犯行を防止する措置を講ずることなく待機していた場所から見張り役らと共に離脱したにすぎず、残された共犯者らがそのまま強盗に及んだものと認められる。そうすると、Xが離脱したのは強盗行為に着手する前であり、たとえXも見張り役の上記電話内容を認識した上で離脱し、残された共犯者らがXの離脱をその後知るに至ったという事情があったとしても、当初の共謀関係が解消したということはできず、その後の共犯者らの強盗も当初の共謀に基づいて行われたものと認めるのが相当で

ある」として、Xは強盗致傷についても共同正犯の責任を負うとした原判断を維持した。

●**解説**●　1　共同（共謀）からの離脱、共同正犯関係の解消の問題に関しては、(1)着手前の離脱の可否については、他の共犯者の離脱の了承の有無が基準とされ、(2)着手後の場合は、その後に犯罪が遂行される恐れを消滅させなければ、共犯（共謀）から離脱したとはいえないとされることが多かった（大塚仁『刑法概説総論　4版』348頁以下）。

2　たしかに、正犯者（共同正犯者）が実行行為に着手する前に共犯者が離脱した場合、着手後まで関与した場合に比して、与えた影響力は相対的に小さく、正犯者Xの実行の着手や結果発生と因果性が切断され、共犯者が未遂や既遂を免れる場合が比較的考えやすい。共謀により形成された心理的因果性も、完全な了承があれば切断されたと説明しやすい。

3　この点、福岡高判昭和28年1月12日（高刑6-1-1）は、Xが仲間のY・Zから強盗を持ちかけられてそれに応じ、「A女は老人の一人暮しだし家の間取りなどもよく知っている」と、A女宅の見取図を描きYに手渡した。しかしXは、実行の直前に強盗の非を悟り、「俺は降りさせてもらう」と電話で一方的に通告し、残ったY・Zが翌日A女宅に侵入し金員を強取したという事案に関し、「一旦強盗を共謀した者と雖も、該強盗に着手前、他の共犯者に対しこれより離脱すべき旨表意し該共謀関係から離脱した以上、たとい後日他の共犯者において、該犯行を遂行してもそれは、該離脱者の共謀による犯意を遂行したもの」とはいえないとし、強盗の共同正犯を否定し、強盗予備罪のみを認めた。

4　ただ、離脱者が関与時に情報や道具を提供したような場合には、単に離脱を表明し了承を得ただけでは、共謀関係が解消したとはいえない場合がありうるといえよう。

5　本決定は、共犯者が住居に侵入した後、強盗の着手前に、他の共犯者が実行者に電話で「先に帰る」などと一方的に伝えたことを認識して離脱しただけでは、格別それ以後の犯行を防止する措置を講じなかった以上、共謀関係の解消は認められないとした。①多人数による侵入強盗で、共同正犯者が被害者宅に侵入してしまっており、②自ら離脱を告げたのではなく、③X自身も前日に下見をした事実もあるような場合には、以後の犯行を防止する何らかの措置が必要だとしたといえよう。

その判断構造は、着手後の離脱（**【96】**）と質的に異なるものではない。「共犯者らの強盗が当初の共謀に基づいて行われたものと認めるのか否か」という判断においては、場合によっては、以後の犯行を防止する措置が必要となるのであり、着手後の離脱の要件と連続的であるといえよう。

●**参考文献**●　任介辰哉・判解平21年度165、曲田統・固総8版196

96 着手後の共同正犯からの離脱

名古屋高判平成14年8月29日（判時1831号158頁）　　参照条文　刑法60条、204条、208条

> 共同正犯者から犯行の途中で暴行を受けて失神した者
> は、それ以降の侵害結果に責任を負うか。

●**事実**● 被告人XはYらから、「F子がAに無理やり
毛を剃られて山中に置き去りにされた」という虚実の混
じった話を聞かされ、Aに制裁を加えると打ち明けられ
て協力を求められた。Xは、Aに制裁を加えることに同
意して、Yらと共謀の上、電話でAをH公園駐車場まで
おびき寄せ、午後8時30分ころ、運転席にいたAに対
し、Yが顔面を手拳で数回殴打し、同人を車外に引きず
り出した上、XおよびYが、こもごもAの顔面、頭部等
を足蹴にし殴打するなどの暴行を加えた（第1暴行）。Y
の暴行が予想以上に激しかったので、XがAをベンチに
連れて行って「大丈夫か」などと問いかけたのに対し、
勝手なことをしていると考えて腹を立てたYが文句をい
いと口論となった後、いきなりXを殴りつけて失神さ
せた。そしてYは、Xらをその場に放置したまま他の共
犯者と、Aを自動車に乗せて同人をK港岸壁まで連行し、
同日午後9時ころ、同所において、YがAの顔面を手拳
で殴打するなどの暴行を加えて（第2暴行）、加療約2週
間等のいくつかの傷害を負わせた。その一部は、第1暴
行から生じたのか第2暴行から生じたのか判明しえなか
った。

弁護人は、XがYと第1暴行を加えたことは間違いな
いが、Xは、Yの暴行が予想以上に激しかったので、こ
れを制止したところ、Yと口論となり、Yから顔面を殴
られて失神してしまったのであるから、ここにおいて、
Yとの共謀関係は解消しており、第2暴行については責
任を負う理由はないなどと主張したが、原審はこの主張
を認めなかった。X側が控訴。

●**判旨**● 破棄自判。「Yを中心としXを含めて形成
された共犯関係は、Xに対する暴行とその結果失神し
たXの放置というY自身の行動によって一方的に解消
され、その後の第2の暴行はXの意思・関与を排除し
てYらのみによってなされたものと解するのが相当で
ある。したがって、原判決が、Xの失神という事態が
生じた後も、XとYらとの間には心理的、物理的な相
互利用補充関係が継続、残存しているなどとし、当初
の共犯関係が解消されたり、共犯関係からの離脱があ
ったと解することはできないとした上、〔第2暴行〕の
傷害についてもXの共同正犯者としての刑責を肯定し
たのは、事実を誤認したものというほかない」とした。
ただ、第1の暴行の結果である傷害について共同正犯
者として刑責を負うだけでなく、第2暴行の各傷害に
ついても同時傷害の規定によって刑責を負うべきもの
であって、Aの被った最も重い傷が第1暴行による傷
害である本件においては、第2暴行による各傷害につ
いて訴因変更の手続をとることなく上記規定による刑
責を認定することが許されると解されるから、結局、

原判決が第2暴行の各傷害についてのXの責任を肯認
したことに誤りはなく、原判決の誤認は判決に影響を
及ぼすことが明らかなものとはいえないとした。

●**解説**● **1** かつて、共同正犯の実行の着手後の中止
は(1)共犯者ないし、共同正犯者の一部が任意に中止し、
かつ(2)結果発生を防止した場合にのみ認められ、そして
(3)中止犯の効果は、本人だけで他の共犯者には及ばない
とされていた。

2 それに対し、【94】は、実行着手後に犯罪が遂行
されるおそれを消滅させた場合には、その後の共犯者の
行為について共犯は成立せず、共犯が成立しない場合に
は、被告人が関与したまでの行為について責任を負うだ
けであるとした。その後の犯行が別個独立の犯罪である
と評価しうるような場合には、結果発生を阻止しえなく
とも共犯の成立が否定される余地を認めたともいえよう。

3 この点、東京地判昭和51年12月9日（判時864-
128）は、劇物所持罪に関し、離脱を肯定するには、現
実の所持者から劇物を取り戻すなどして占有を失わせる
かまたはそのための真摯な努力をしたにもかかわらず現
実の所持者が返還するなどせずに、以後の所持が当初の
共謀とは全く別個な同人の独自の新たな意思に基づくも
のと認められる特段の事情が必要であると判示した（さ
らに、東京地判平12・7・4判時1769-158参照）。

4 本判決は、X・Yらの共犯関係は、Xに対する暴
行と失神したXの放置というY自身の行動によって一方
的に解消され、その後の第2暴行はXの意思・関与を排
除してYらのみによってなされたものと評価した。

5 それに対し原審は、第2暴行は当初の共謀内容と
同一の動機、目的の下になされたものである上、Xに対
して暴行を加えて気を失わせた段階においても、共謀と
その実行行為によりもたらされた心理的、物理的な効果
は残存しており、共犯者がこれを利用してなお犯行を継
続する危険性があったとしており、Yの暴行によってX
が気を失ったことをもって、Xが共犯関係から離脱した
とか、共犯関係が解消されたとは解しえないとした。

6 因果性の有無といっても、結局は共犯関係を認め
るだけの関係が残存しているかどうかの規範的評価であ
り、その帰責判断には、「暴行を制止しようとしていた
こと」「一方的に殴打されて失神したこと」等の事情が
微妙に影響するのである。

7 本件では、離脱前のX・Yの共同行為と、離脱後
のYらの行為といずれが傷害結果の原因になったのか不
明の部分が残るので、207条の適用が問題となる。Yら
が加えた第2の暴行と、XとYが共同して加えた第1の
暴行が同一の機会のものと評価できる場合には、207条
により、第1暴行と第2暴行のいずれについても傷害結
果を帰責しうることに注意しなければならない。

●**参考文献**● 島田聡一郎・判評534-36、小林憲太郎・判評546-38、
高森高徳・研修654-153

97 ファイル共有ソフト制作・提供と著作権侵害罪の幇助

最3小決平成23年12月19日（刑集65巻9号1380頁・判時2141号135頁）
参照条文　刑法62条1項　著作権法23条1項（平16法92号改正前）、119条1号、120条の2第1号

> ファイル共有ソフトをホームページで継続して公開・配布する行為は、それを利用した者が著作権法違反行為を犯した場合に、当該犯罪の幇助犯となるか。

●**事実**●　被告人 X は、ファイル共有ソフト Winny を制作し、自己のホームページ上で公開、配布し、Y・Z が、法定の除外事由がなく、著作権者の許諾を受けずに、著作物であるゲームソフト、映画ファイルの情報が記録されているハードディスクと接続したコンピュータを用いて Winny を起動させて、同コンピュータにアクセスしてきた不特定多数のネット利用者に情報を自動公衆送信しうるようにした、著作物の公衆送信権を侵害した著作権法違反行為を幇助したとして起訴された。

第1審が、著作権法違反行為の幇助犯として有罪としたのに対し、原審は、Winny は有用性があるとともに著作権侵害にも用いうるという価値中立のソフトであると認定し、ソフトを違法行為の用途のみ、またはこれを主要な用途として使用させるようにインターネット上で勧めて提供する場合にのみ幇助犯が成立するとし、X には幇助犯は成立しないとした。検察官側が上告。

●**決定要旨**●　上告棄却。最高裁は、「刑法62条1項の従犯とは、他人の犯罪に加功する意思をもって、有形、無形の方法によりこれを幇助し、他人の犯罪を容易ならしむるものである。すなわち、幇助犯は、他人の犯罪を容易ならしめる行為を、それと認識、認容しつつ行い、実際に正犯行為が行われることによって成立する」とし、原審のように「当該ソフトの性質（違法行為に使用される可能性の高さ）や客観的利用状況のいかんを問わず、提供者において外部的に違法使用を勧めて提供するという場合のみに限定することに十分な根拠があるとは認め難く、刑法62条の解釈を誤ったものであるといわざるを得ない」とした。その上で、Winny を著作権侵害に利用するか、その他の用途に利用するかは、あくまで個々の利用者の判断に委ねられている以上、「幇助犯が成立するためには、一般的可能性を超える具体的な侵害利用状況が必要であり、また、そのことを提供者においても認識、認容していることを要する」とし、①具体的な著作権侵害を認識、認容しながら、その公開、提供を行い、実際に当該著作権侵害が行われた場合や、②同ソフトを入手する者のうち例外的とはいえない範囲の者が同ソフトを著作権侵害に利用する蓋然性が高いと認められる場合で、提供者もそのことを認識、認容している場合がそれにあたるとした。

そして「本件 Winny の公開、提供行為は、客観的に見て、例外的とはいえない範囲の者がそれを著作権侵害に利用する蓋然性が高い状況の下での公開、提供行為であったことは否定できない」としつつ、主観面

に関して、X は、「本件 Winny を公開、提供するに際し、本件 Winny を著作権侵害のために利用するであろう者がいることや、そのような者の人数が増えてきたことについては認識していたと認められるものの、いまだ、X において、Winny を著作権侵害のために利用する者が例外的とはいえない範囲の者にまで広がっており、本件 Winny を公開、提供した場合に、例外的とはいえない範囲の者がそれを著作権侵害に利用する蓋然性が高いことを認識、認容していたとまで」は認められないとし、著作権法違反罪の幇助犯の故意を欠くとした。

●**解説**●　**1**　幇助とは、実行行為以外の行為で正犯の実行行為を容易ならしめる行為を広く含む。片面的幇助も認められており、本件のように、正犯者と面識がなくても幇助は可能である。幇助には物理的・有形的な形態のもののみならず、犯罪に関する情報を提供したり精神的に犯意を強めるといった無形的なものも含まれるし、不作為による幇助も、不作為犯に対する幇助も、ともに認められる。

2　原審は、「通信の秘密を保持しつつ、情報の交換を可能にする有用性」を重視し、幇助罪が成立するのは、外部的に違法使用を勧めて提供するという場合のみに限定する。それに対し最高裁は、正犯の実行行為を容易ならしめたといえるためには、一般的（例外的とはいえない）可能性を超える具体的な侵害利用状況があれば足りるとし、本件行為は、客観的には著作権侵害の幇助に該当するとしたのである。

3　もっとも、故意の認定において、例外的とはいえない範囲の者がそれを著作権侵害に利用する蓋然性が高いことを認識、認容していたとまではいえないので故意がないとして、幇助犯の成立範囲を限定したのである。幇助犯には、当罰性の微妙な行為が含まれるため、主観面も総合して可罰範囲を限定することには、一定の合理性がある（東京高判平 2・12・10判タ752-246参照）。

4　ただ、幇助の故意の成立には、「例外的とはいえない範囲の者が著作権侵害に利用する蓋然性が高い」と、一般人ならば考える事実の認識があれば足りる。①開発宣言をしたスレッドへの侵害的利用をうかがわせる書込み、②本件当時の Winny の侵害的利用に関する雑誌記事などの情報への接触、③ X 自身の著作物ファイルのダウンロード状況などに照らせば、X において、Winny がかなり広い範囲（およそ例外的とはいえない範囲）で侵害的に利用され、流通しつつあることについての認識があったとも認められる。さらに、X が「著作権侵害の利用」に警告を発していた事実は、むしろ違法利用の蓋然性の高さを認識していたことを補強するものともいえよう（大谷剛彦裁判官反対意見参照）。

●**参考文献**●　髙橋直哉・囗総8版180、矢野直邦・判解平23年度344、前田・最新判例分析112

98 幇助の因果性

東京高判平成2年2月21日（判タ733号232頁）

参照条文　刑法62条、190条、240条　銃砲刀剣類所持等取締法
火薬類取締法

> 幇助の因果性はいかに判断されるのか。

●**事実**●　Yは、宝石商Aに対し、宝石等を多量に購入するなどと言葉巧みに働きかけて、宝石類、毛皮などの引渡しを受け、預かり保管していたが、Aを拳銃で殺害し預かり保管中の宝石類の返還を免れようと企て、当初、殺害場所として被告人Xの経営する会社ビルの地下室を予定したが、その後自動車内で殺害することに計画を変更し、Aを商取引名下に誘い出してA所有の普通乗用車に同乗させ、同車内においてAの頭部等を狙って拳銃を発射して殺害し、保管中の宝石類の返還を免れるとともに、付近の山林内に死体を埋没・遺棄するに先立ち、Aの携帯していた現金約40万円を抜き取った。

　Xは、①殺害場所として当初地下室が予定されていた段階で、拳銃の音が外部に漏れないように地下室の入口の戸の周囲の隙間をガムテープで目張りをしたり、換気口を毛布でふさぐなどの行為をし、②Yの計画変更後は、Yから暗に同行を求められるやYが宝石等の取引にかこつけて誰かを殺害し、その宝石等を奪う計画を実行に移すのではないかと察知し、Yと行動を共にすることは同人の強盗殺人の実行を助けることになるのではないかと認識しながら、Yの乗っている乗用車に追従して殺害現場に至り、Yらと共謀してAの死体を埋め遺棄した。

　Xの①と②の幇助行為と、自動車内で実行されたYの強盗殺人行為との因果性について、原審は、①の行為は「Aの生命等の侵害を現実化する危険性を高めたものと評価できる」ばかりでなく、②の行為もYの抱いていた強盗殺人の意図を強化したものとして幇助行為にあたると判示し、懲役5年に処した。X側が控訴。

●**判旨**●　破棄自判。東京高裁は、①の行為について、「Xの地下室における目張り等の行為がYの現実の強盗殺人の実行行為との関係では全く役に立たなかったことは、原判決も認めているとおりであるから、このような場合、それにもかかわらず、Xの地下室における目張り等の行為がYの現実の強盗殺人の実行行為を幇助したといい得るには、Xの目張り等の行為が、それ自体、Yを精神的に力づけ、その強盗殺人の意図を維持ないし強化することに役立ったことを要すると解さなければならない。しかしながら、原審の証拠及び当審の事実取り調べの結果上、YがXに対し地下室の目張り等の行為を指示し、Xがこれを承諾し、Xの協力ぶりがYの意を強くさせたというような事実を認めるに足りる証拠はなく、また、Xが、地下室の目張り等の行為をしたことを、自ら直接に、もしくはZらを介して、Yに報告したこと、または、Yがその報告を受けて、あるいは自ら地下室に赴い

てXの目張り等の行為がYに認識された事実すらこれを認めるに足りる証拠もなく、したがって、Xの目張り等の行為がそれ自体Yを精神的に力づけ、その強盗殺人の意図を維持ないし強化することに役立ったと認めることはできない」とした。

　一方、②の追従行為については、「Yも、Xが自己の後から追従して来ることを心強く感じていたこと」が認められ、「XがYらの車に追従すること自体がYの強盗殺人を幇助することになるとの故意をもって車に乗り込んで発進し、Yらの車に追従して殺害現場に至った以上、Xの強盗殺人幇助罪は成立し、発進後かりにXが車内で寝入った事実があったとしても、その事実は同罪の成立を妨げるものではな」いとして幇助の成立を認めた。

●**解説**●　1　幇助の因果性の判断に際しては、通常の条件関係ではなく、「正犯が幇助なしで実行した場合に比し、結果に重要な変更が生じたか否か」を問題にする学説が多い。「それをしなければ結果は発生しなかったであろう」と評価しうる幇助以外は不可罰であるとするのは、明らかに不合理だからである。

　2　そこで、現在の幇助の因果性論においては、(a)幇助行為は危険犯であり、結果発生の危険性を孕んでいるという意味では結果と関連するが、行為と結果との条件関係は問題にする必要がないとする立場や、(b)結果発生の態様等を具体的・個別的に理解し条件関係の存在を説明する立場等が見られる。

　3　しかし、現在、(c)条件関係に代えて「結果を促進（容易）したか否か」、ないしは「『理由』となったか否か」という基準を用いる立場が最も有力といえよう。ただ、現に生じた結果と幇助行為の結びつきは必要である。それ故、「結果発生の可能性の高まりが正犯の行為完成時まで及んでいること」を要求すべきであろう。

　4　幇助の因果性に関し、心理的な影響を含めて「結果発生の高まりが正犯者の行為に及んだか」を基準に判断すると、正犯に連絡をする事態が何も生じなくとも、夜間見張りをする行為は幇助に該当する。正犯者が、窃盗の犯行の間中、見張りがいると安心して遂行できた場合には、見張り行為は「促進した」といいうるのである。

　5　このような基準から本件の事案を考えると、①のXの目張りなどの行為は、物理的にYの犯罪行為の原因となったり促進したものでないし、心理的側面を考察しても、YはXの行為を認識していない以上、それにより犯意が強まったり安心して実行行為を遂行したとは認められないといえよう。

　それに対し、②の追従行為については、「Yも、追従して来ることを心強く感じていたこと」が認められる以上、幇助罪が成立することは明かである。

●**参考文献**●　山中敬一・関西大法学論集25-4＝6、内海朋子・
回総8版178

99 不作為の幇助

札幌高判平成12年3月16日（判時1711号170頁・判タ1044号263頁）　　参照条文　刑法62条、205条

夫のせっかんを制止せず、それにより子供が殺害された母親は、不作為の傷害致死幇助に該当するか。

●**事実**●　被告人X女は、自己が親権者となっていたA（当時3歳）を連れて、Yと内縁関係に入り、親権者兼監護者としてYのせっかんからAを保護すべき立場にあった。そして、YがAに対して、顔面、頭部に暴行を加えて死亡させた際、Yが暴行を開始しようとしたのを認識したのであるから、直ちに暴行を制止する措置を採るべきであり、かつ、これを制止してAを保護することができたのに、殊更放置しYの犯行を容易にした（傷害致死罪の不作為の幇助）として起訴された。

　原審は、Xの作為義務について、Aの唯一の親権者であり、Yが毎日のように激しいせっかんを繰り返していたことなどから、YがAに対して暴行に及ぶことを阻止すべき作為義務があったが、妊娠中のXもYの強度の暴行を恐れており、その作為義務の程度は極めて強度とまではいえないとし、胎児の健康にまで影響の及ぶ可能性もあったXとしてはYの暴行を実力により阻止することが極めて困難な心理状態にあったのであるから、XがYの暴行を実力により阻止することは著しく困難な状況にあり、また、不作為による幇助犯は「犯罪の実行をほぼ確実に阻止し得たにもかかわらずこれを放置したこと」が必要であるとし、Xの不作為を作為による傷害致死幇助罪と同視することはできないとして、Xに無罪を言い渡した。検察側が控訴。

　●**判旨**●　破棄自判。札幌高裁は、XはYの暴行を実力により阻止することが著しく困難な状況にあったとはいえなかったとした上で、不作為の幇助犯には「犯罪の実行をほぼ確実に阻止し得たにもかかわらずこれを放置した」という要件は不必要だとして、「XがYの側に寄って監視するだけでも、Yにとっては、Aへの暴行に対する心理的抑制になったものと考えられるから、右作為によってYの暴行を阻止することは可能であったというべきである。……XがYに対し、『やめて』などと言って制止し、あるいは、Aのために弁解したり、Aに代わって謝罪したりするなどの言葉による制止行為をすれば、Yにとっては、右暴行をやめる契機になった」とし、さらに「Xが身を挺して制止すれば、Yの暴行をほぼ確実に阻止し得たことは明らかであるところ、右作為に出た場合には、Yの反感を買い、自らが暴行を受けて負傷していた可能性は否定し難いものの、Yが、Xが妊娠中のときは、胎児への影響を慮って、腹部以外の部位に暴行を加えていたことなどに照らすと、胎児の健康にまで影響の及んだ可能性は低く、……XがYの暴行を実力により阻止することが著しく困難な状況にあったとはいえないことを併せ考えると、右作為は、Yの犯罪を防止するための最後の手段として、なおXに具体的に要求される作為に含まれるとみて差し支えない」とし、「Xが、本件の具体的状況に応じ、以上の監視ないし制止行為を比較的容易なものから段階的に行い、あるいは、複合して行うなどしてYのAに対する暴行を阻止することは可能であったというべきである」として、傷害致死罪の不作為の幇助犯の成立を認めた。

●**解説**●　1　XはAを保護すべき立場にあったとはいえるが、Yの暴行によりAは死亡したのであり、それを制止しなかったというXは、作為による傷害致死と同視することはできず、Xの不作為の傷害致死罪の共同正犯を認めることはできない。問題は、Xに傷害致死罪の幇助犯が成立するかである。

　2　**不作為による幇助犯**が成立するには、作為による幇助行為と同視できる関与の認定が必要で、①正犯者の犯罪実行を阻止すべき作為義務を有する者が、②犯罪の実行を阻止しえた場合に、③作為義務の程度および要求される行為の容易性等を総合的に衡量し、作為により結果発生を容易にしたと同視しうることを要する。

　3　本件原審は、①Aの年齢や身体状態、それまでのせっかんの状況から、Xの作為義務は強度なものであったが、②犯行をほぼ確実に阻止しえた場合にのみ作為義務を課しうるとし、X自身が強度の暴行を受けていたことなどを重視して、不作為の幇助を認めなかった。

　4　それに対し高裁は、②実行をほぼ確実に阻止しえたという要件は不要とした。たしかに、傷害致死罪の不作為の共同正犯の場合には、「自分の犯罪として関与した」といえるだけの関与に加え、結果防止の容易性もより強いものが要求されよう。しかし、**不作為による幇助**の成立には、作為で実行・結果発生を容易にしたと同視できれば足りるといえよう。

　原審は、「確実な結果防止手段」として「身を挺した制止」を設定し、それは不可能ではなかったものの、Yの暴行によるXや胎児への侵害を考えると、著しく困難であったとしたが、高裁は必ずしも困難ではなかったとした。

　5　たしかに、原審も結果阻止が「不可能」であったとはしていない。そして、Yの側に寄ってYが暴行を加えないように監視する行為、あるいは、Yの暴行を言葉で制止する行為をしなかったということは、Yの犯行を促進したと評価できないわけではない。Aを失ったXも被害者という面があるが、高裁が認定した事実の下では、不作為の幇助は成立しうる。

　6　**名古屋高判平成17年11月7日**（高検速報平17-292）は、A（当時4歳）の実母Xが、自宅に男子高校生Yを引き入れ、YがAに繰り返し暴行を加えるようになっていたにもかかわらず放置し、Yの暴行によりAが死亡した事案に関し、不作為の傷害致死幇助の成立を認めた。Xは、親権者としてAを保護すべき立場に加え、自らの責めによりAを危険に陥れたという先行行為も存在しており、不作為の幇助を認めたのは合理的である。そして、名古屋高裁も不作為による幇助犯においては、犯罪の実行をほぼ確実に阻止できたのに放置したとの要件を不要とした。

●**参考文献**●　安達光治・固総8版172、日高義博・警論53-12-61、橋本正博・平12年度重判148

100　包括一罪(1)

最1小決平成26年3月17日（刑集68巻3号368頁・判時2229号112頁）　参照条文　刑法204条

> 同一被害者に約4か月間暴行を繰り返し、種々の傷害を負わせた場合、包括一罪とすることができるか。

●事実●　被告人Xは、A（当時32歳）を威迫して自己の指示に従わせた上、同人に対し支給された失業保険金も自ら管理・費消するなどしていたが、(1)平成14年1月ころから同年2月上旬ころまでの間、A方等において、多数回にわたり、その両手を点火している石油ストーブの上に押し付けるなどの暴行を加え、全治不詳の右手皮膚剝離、左手創部感染の傷害を負わせ、(2)Dと共謀の上、平成14年1月ころから同年4月上旬ころまでの間、A方等において、多数回にわたり、下半身を金属製バットで殴打するなどの暴行を加え、全治不詳の左臀部挫創、左大転子部挫創の傷害を負わせた。

さらに、Xは他の者と共謀の上、自動車の運転等をさせていたE（当時45歳）に対し、平成18年9月中旬ころから同年10月中旬の間、O市内路上とS市内路上を走行中の自動車内、同所に駐車中の自動車内およびその付近の路上等において、頭部や左耳を手拳やスプレー缶で殴打し、下半身に燃料をかけ点火して燃上させ、頭部を足蹴にし、顔面をプラスチック製の角材で殴打するなどの暴行を多数回にわたり繰り返し、Eに入院加療約4か月間を要する、頭部打撲・裂創等の傷害を負わせた。

第1審・原審ともに、包括一罪の成立を認めたのに対し、弁護人は併合罪であるとし、各傷害の成立を具体的に認定すべきと主張し上告した。

●決定要旨●　上告棄却。「一連の暴行によって各被害者に傷害を負わせた事実は、いずれの事件も、約4か月間又は約1か月間という一定の期間内に、Xが、被害者との上記のような人間関係を背景として、ある程度限定された場所で、共通の動機から繰り返し犯意を生じ、主として同態様の暴行を反復累行し、その結果、個別の機会の暴行と傷害の発生、拡大ないし悪化との対応関係を個々に特定することはできないものの、結局は1人の被害者の身体に一定の傷害を負わせたというものであり、そのような事情に鑑みると、それぞれ、その全体を一体のものと評価し、包括して一罪と解することができる。そして、いずれの事件も、……罪となるべき事実は、その共犯者、被害者、期間、場所、暴行の態様及び傷害結果の記載により、他の犯罪事実との区別が可能であり、また、それが傷害罪の構成要件に該当するかどうかを判定するに足りる程度に具体的に明らかにされているから、訴因の特定に欠けるところはないというべきである」。

●解説●　1　包括一罪が問題となる場合は、①1個の行為から同一の構成要件内の数個の結果が生じた場合、②1個の行為から生じた数個の結果が異なる構成要件に及ぶ場合、③同一構成要件内の数個の行為が行われた場合、④数個の行為が異なる構成要件にまたがる場合である。

2　①1つの行為で複数人の所有物を盗んだ場合や、1つの放火行為で複数の家を燃やした場合も、一罪であ

るが、1個の行為で複数人を殺害した場合は、保護法益の重要性から、複数の殺人罪が成立する（観念的競合）。数人に対しケガをさせれば複数の傷害罪が成立する（同一人に対する複数のケガの場合は一罪）。

3　②の典型例が、ピストルによる殺人と衣服毀損の事案である。前者の構成要件該当性評価が類型的に後者を評価し尽くしているので包括して一罪となる。職務執行中の公務員に暴行を加えケガをさせた行為は、同時に公務執行妨害罪と傷害罪に該当し、包括一罪とすることはできず数罪が成立する（観念的競合）。

4　実際上最も問題となるのが③の類型である（**狭義の包括一罪**と呼ぶ場合がある）。まず、数個の行為が、時間的、場所的に近接し、同一の法益侵害に向けられている場合には包括一罪とされる（**接続犯**）。一夜の間に米俵を数回にわたり運び出す行為は一罪とされた（最判昭24・7・23刑集3-8-1373）。1時間弱のうちに同じ建物内で、2度の機会ではあるが、同一被害者に対し暴行を加え傷害を負わせた事案でも包括一罪とされた（東京高判昭52・10・24刑9-9＝10-636）。

5　さらに、時間・場所が近接していなくても、**数個の行為が1つの犯罪の実現を目指すためになされた場合**には、包括して一罪とされ得る。ピストルを5発発射し5発目で殺したような場合、4つの殺人未遂と殺人既遂ではなく、包括して殺人既遂一罪が成立する。個々の行為が、時間的に間隔があっても包括しうる。判例は、約5か月間で5回殺そうとして失敗し、6回目で殺害した事案を1個の殺人罪とし（大判昭13・12・23刑集17-980）、約4か月の間に38回も違法に麻薬を患者に交付した行為（最判昭32・7・23刑集11-7-2018）、被害者の子女を一流歌手として世に出すための運動費という名目で、1か月弱の間に5度にわたり金銭を騙取した行為（最決昭35・6・16裁判集刑134-87）につき包括して一罪を認めてきた。

6　そうだとすると、本決定が、4か月の間、限定された場所で共通の動機から同一被害者に繰り返し同様の暴行を繰り返し傷害を負わせた場合に包括一罪としたのは自然である。東京高判平成19年8月9日（東高刑時報58-1＝12-58）も、同一の被害者に対して続けて敢行された振り込め詐欺を、併合罪ではなく包括一罪としている。

7　判例は、「複数の行為を全体として1つの犯罪」と評価するには、**被害法益が1個ないし同一であること、犯行態様が類似していること、犯行日時・場所が近接していること、犯意が単一で継続していること**等を重視するのである（最判昭31・8・3刑集10-8-1202）。

なお、不特定多数の異なる対象に対する行為でも包括一罪になることに注意を要する（**【101】**。なお、最決平5・10・29刑集47-8-98は、高速自動車道上の約20km（約10分）離れた2地点で速度違反した行為について、一罪に包括しえず併合罪であるとした）。

8　④の数個の行為が異なる構成要件にまたがる場合に包括一罪が成立する典型が、いわゆる**不可罰的事後行為**である。

● 参考文献 ●　辻川靖夫・判解平26年度75、宮川基・冝総8版204、松澤伸・判評679-12

101　包括一罪(2)──連続一罪

最2小決平成22年3月17日（刑集64巻2号111頁・判時2081号157頁）　　参照条文　刑法246条1項

> 2か月間に多数の通行人から、募金と称して総額約2480万円の現金を騙し取った行為は包括して一罪を構成するか。

●**事実**●　被告人Xが、約2か月の間、関西の主要都市路上において、真実は、募金の名の下に集めた金について経費や人件費等を控除した残金の大半を自己の用途に費消する意思であるのに、これを隠して、虚偽広告等の手段によりアルバイトとして雇用した事情を知らない募金活動員らを上記各場所に配置し、「幼い命を救おう！」等と連呼させるなどして、不特定多数の通行人に対し、NPOによる難病の子供たちへの支援を装った募金活動をさせ、多数の通行人に、それぞれ1円から1万円までの現金を寄付させて、多数の通行人から総額約2480万円の現金を騙し取ったという街頭募金詐欺の事案である。

　第1審は、これを包括して1つの詐欺罪を構成すると解して、Xを懲役5年および罰金200万円に処し、原審も第1審の判断を是認して控訴を棄却した。X側は、詐欺罪は個人法益に対する罪であり、本件街頭募金詐欺については、募金に応じた者ごとに犯罪が成立し、それらは併合罪の関係に立つとし、各犯罪の訴因も不特定であるなどと主張して上告した。

●**決定要旨**●　上告棄却。最高裁は、現に募金に応じた者が多数存在し、それらの者との関係で詐欺罪が成立していることは明らかであるとした上で、「この犯行は、偽装の募金活動を主宰するXが、約2か月間にわたり、アルバイトとして雇用した事情を知らない多数の募金活動員を関西一円の通行人の多い場所に配置し、募金の趣旨を立看板で掲示させるとともに、募金箱を持たせて寄付を勧誘する発言を連呼させ、これに応じた通行人から現金をだまし取ったというものであって、**個々の被害者ごとに区別して個別に欺もう行為を行うものではなく、不特定多数の通行人一般に対し、一括して、適宜の日、場所において、連日のように、同一内容の定型的な働き掛けを行って寄付を募るという態様のものであり、かつ、Xの1個の意思、企図に基づき継続して行われた活動であった**と認められる。加えて、このような街頭募金においては、これに応じる被害者は、比較的少額の現金を募金箱に投入すると、そのまま名前も告げずに立ち去ってしまうのが通例であり、募金箱に投入された現金は直ちに他の被害者が投入したものと**混和して特定性を失う**ものであって、個々に区別して受領するものではない。以上のような本件街頭募金詐欺の特徴にかんがみると、これを一体のものと評価して包括一罪と解した原判断は是認でき

る」とした。

●**解説**●　1　同一構成要件内の数個の行為が行われた場合、どの範囲で包括一罪となりうるのか。

　これまで、(1)拳銃を5発発射して5発目で殺したような数個の行為が1つの犯罪の実現を目指すためになされた場合、(2)たとえば、賄賂の要求・約束・収受した場合や、人を逮捕して引き続き監禁した場合のように、数個の異なる行為を包括して一罪と評価する場合が考えられる。それに加えて、(3)一夜の間に米俵を数回にわたって運び出す行為を一罪と評価することが認められ（最判昭24・7・23刑集3-8-1373）、接続犯と呼ばれてきた。

　2　昭和22年まで、刑法55条に連続犯の定めを置き、接続犯ほど場所的・時間的に接近してはいないが、同一構成要件に該当する行為を繰り返した場合を連続犯と呼んで一罪（包括一罪）と認めてきたが、全てに既判力が及び刑事責任が追及できなくなるのは不合理だとして同規定は削除された。しかし、連続犯的考え方を一切認めないのも合理的ではないので、判例は、連続犯の一部を解釈により包括一罪としてきた（連続一罪）。

　3　このような類型の包括一罪にあたるとするには、①被害法益が1個ないし同一であること、②犯行態様が類似していること、③犯行日時・場所が近接していること、犯意が単一で継続していること等が必要であろう（最判昭31・8・3刑集10-8-1202）。被害法益の同一性と犯意の継続性が、「同一構成要件に該当する複数の行為を全体として1つの犯罪として評価する」ために必要な主要要件ということになる。

　4　財産犯は、基本的に、被害者ごとに一罪を構成する。類似の詐欺行為を連続的に行ったということのみでは、包括一罪性を認めることはできない。

　本決定が、包括一罪と認めた実質的理由は、①不特定多数の通行人一般に対し、連日のように、同一内容の定型的な形で寄付を募るという態様で、②Xの1個の意思に基づき継続して行われた活動であり、③被害者は名前も告げずに立ち去り、投入された現金は直ちに他の現金と混和して特定性を失うものであって、個々に区別して受領するものではないということにある。「併合罪として各個の罪について被害額を明示しなければならない」とすることが明らかに不合理だということを考慮して、包括一罪としたといえよう。

　5　なお、**最決平成26年3月17日（【100】）**は、4か月の間、限定された場所で共通の動機から1人の被害者に繰り返し同態様の暴行を繰り返し傷害を負わせた場合、全体を一体のものと評価し、包括して一罪とした。

●**参考文献**●　家令和典・J1422-128、丸山雅夫・判評643-28、早渕宏毅・研修743-13、前田・最新判例分析201

102 包括一罪(3)──暴行と脅迫の罪数関係

東京高判平成7年9月26日（判時1560号145頁）　　参照条文　刑法208条、222条

> 暴行を加えた後、脅迫的言辞を申し向ける行為は、暴行罪とは別個に脅迫罪を構成するか。

●事実●　被告人Xは、ビデオテープをAに貸していたところ、同人から返還されたものが画質の悪いもののように見え、そのため同人にダビングしたテープにすり替えられたのではないかという疑念を抱き、同人を問い詰めるため、BとCを同道してA方に赴き、同人に対し、「お前テープをすり替えただろう」などと抗議したが、Aがこれを否定したため、押し問答のような状態が続き、口論の挙句、やにわに平手で同人の顔面を殴打し、さらに「男のけじめをつけろ」などと語気鋭く申し向けた。原審は、暴行罪と脅迫罪の成立を認めた（併合罪）。X側が控訴。

●判旨●　東京高裁は、暴行罪の成立を認めた上で、「ところで、相手に暴行を加えた後に、引き続き、自己の要求に従わなければなお相手の身体等に同内容の危害を加える旨の気勢を示した場合には、その脅迫行為は、先の暴行罪によって包括的に評価されて、別個の罪を構成しないものと解するのが相当であるところ、右にみたとおり、Aに対する本件脅迫は、Xが、Aに加えた本件暴行に引き続き、『男のけじめをつけろ』と語気鋭く申し向けて、同内容の危害を同人に加える旨の気勢を示したものと認められるのであるから、本件脅迫は、別個の罪を構成しないものと解すべきである」として、脅迫罪の成立を否定した。

●解説●　1　罪数論の中で、論者によりその意義が最も異なるのが包括一罪である。あえて定義すれば、「単純一罪ではなく、外観上は数個の罪を構成するように見えるが、法条競合とはいえず、しかも一罪と評価されるものの総称」ということになろう。しかし、いずれにせよ「一罪しか成立していない」と評価される場合なのである。数罪が成立するが、立法者が1つの罪を定める際に、複数の行為・結果、他の犯罪類型のことも考慮に入れて法定刑を定めている場合といってもよい。

2　包括一罪は、1個の行為で数個の結果を発生させた場合や、数個の行為ではあるが同一の構成要件に該当する行為を行った場合に認められることが多いが、本件事案のように、数個のしかも異なる構成要件に該当する行為に関しても考えられる。

数個のしかも異なる構成要件にまたがる行為について包括一罪が成立する代表例が、いわゆる**不可罰的事後行為**である。たとえば、盗んだ財物を毀棄しても毀棄罪としては処罰しない。窃盗罪の処罰により財物窃取後の違

法状態は評価し尽くされていると考えられているのである。盗んだ財物を処分しても横領罪で処罰しないのも同様の理由からである。

3　また、偽造通貨と知らないで取得し、それと知った上で行使する行為を、軽い罰金で処罰する偽造通貨知情後行使罪（152条）と詐欺罪の関係も、この類型の包括一罪である。すなわち、偽造通貨行使行為は詐欺罪の実行行為を伴う（ないしは1個の行為で両罪を犯す）ことが多い。そして両者を数罪とすると、詐欺罪の重い刑罰が適用され、152条が軽い法定刑を定めた意味が失われる。そこで、軽い152条に重い詐欺罪が吸収され包括して一罪になるとするのである。

本件の暴行行為と脅迫行為の場合、法定刑はほぼ同じであり（ただし、暴行罪のみ拘留・科料が規定されている）、類型的に、「脅迫は暴行に評価し尽くされている」とはいえない。ただ、本件のような両者の接着性と、すでに加えられたものと基本的に同内容の危害を加えるという脅迫の内容からすると、殴打についての暴行罪一罪で評価すれば十分だといえよう。

4　1個の行為から生じた数個の結果が異なる構成要件に及ぶ包括一罪の典型例が、ピストルによる殺人と衣服の損壊の問題である。このような事例を、付随犯と呼ぶこともある。この類型は、法条競合とつながり、他方では観念的競合と境を接する。ここでも、一罪性の基準は、1つの構成要件該当性評価が類型的に他方を評価し尽くしていると評価できるか否かにかかっている。

5　この点に関する最近の判例として、**東京地判平成7年1月31日**（判時1559-152）は、被告人が路上において、D（当時37歳）に対し、同人が掛けていた眼鏡の上からその顔面を手拳で殴打する暴行を加え、眼鏡を路上に落下させてレンズ1枚を破損させるとともに、上記暴行により、同人に加療約2週間を要する傷害を負わせた行為について、「この点の罪数について検察官は、傷害罪と器物損壊罪が成立して両者は観念的競合の関係に立つと主張する。しかしながら、眼鏡レンズの損壊は、顔面を手拳で殴打して傷害を負わせるという通常の行為態様による傷害に随伴するものと評価できること、傷害罪と器物損壊罪の保護法益および法定刑の相違に加え、本件における結果も、傷害は加療約2週間を要する顔面挫創兼脳震盪症等であるのに対し、レンズ破損による被害額は1万円であることに照らすと、本件のような場合は検察官主張のような観念的競合の関係を認める必要はなく、重い傷害罪によって包括的に評価し（量刑にあたってレンズを破損させた点も考慮されることはもちろんである）、同罪の罰条を適用すれば足りる」と判示している。

●参考文献●　尾崎道明・研修581-11、只木誠・判評457-73、林幹人「罪数論」『刑法理論の現代的展開 総論Ⅱ』278

103　牽連犯か併合罪か

最1小判平成17年4月14日（刑集59巻3号283頁・判時1897号3頁）　　参照条文　刑法45条、54条1項、220条、249条

> 恐喝の手段として監禁が行われた場合、恐喝罪と監禁罪は、牽連犯の関係にあるか。

●**事実**●　被告人Xが共犯者らと共謀の上、Aから風俗店の登録名義貸し料名下に金品を喝取しようと企て、Aを監禁し、その際にAに対して加えた暴行により傷害を負わせ、これら監禁のための暴行等により畏怖しているAをさらに脅迫して現金および自動車1台を喝取したという監禁致傷、恐喝の事案である。

第1審は、監禁致傷の事実と恐喝の事実が併合罪であるとして同法47条本文、10条による加重をした上、Xを懲役2年に処した。原判決も、監禁致傷行為が恐喝目的に出たものであるとしつつ、恐喝罪と併合罪となるとした。

Xは、原審は監禁罪と恐喝（未遂）罪とが牽連犯の関係に立つとした大判大正15年10月14日（刑集5-456）と相反する旨の判例違反（刑訴法405条3号）を主張し、上告した。

●**判旨**●　上告棄却。最高裁は「所論引用の大判大正15年10月14日刑集5巻10号456頁は、人を恐喝して財物を交付させるため不法に監禁した場合において、監禁罪と恐喝未遂罪とが刑法54条1項後段所定の牽連犯の関係にあるとしたものと解される。ところが、原判決は、Xが共犯者らと共謀の上、Aから風俗店の登録名義貸し料名下に金品を喝取しようと企て、Aを監禁し、その際にAに対して加えた暴行により傷害を負わせ、さらに、これら監禁のための暴行等により畏怖しているAを更に脅迫して現金及び自動車1台を喝取したという監禁致傷、恐喝の各罪について、これらを併合罪として処断した第1審判決を是認している。してみると、原判決は、これら各罪が牽連犯となるとする上記大審院判例と相反する判断をしたものといわざるを得ない。

しかしながら、恐喝の手段として監禁が行われた場合であっても、両罪は、犯罪の通常の形態として手段又は結果の関係にあるものとは認められず、牽連犯の関係にはないと解するのが相当であるから、上記大審院判例はこれを変更し、原判決を維持すべきである」とした。

●**解説**●　1　「犯罪の手段若しくは結果である行為が他の罪名に触れるとき」が牽連犯であり、その最も重い刑により処断される。牽連犯でないと評価されれば、併合罪となり処断の仕方がかなり異なってくる。具体的には、最も重い刑を科すのか（牽連犯）、長期の1.5倍までの刑を科すのか（併合罪）の差であり、手続法的には公訴事実の同一性・裁判の既判力の範囲が及ぶか（牽連犯）、及ばないか（併合罪）の相違である。

2　ここで問題となるのは、いかなる場合に手段と結果の関係が認められるかである。かつては、行為者が主観的に犯罪の手段とし結果と考える場合を指すという主観説も存在したが、現在は「犯罪の手段とは或犯罪の性質上其手段として普通に用いられる行為をいうのであり、又犯罪の結果とは或犯罪から生じる当然の結果を指すと解すべきであるから、牽連犯たるにはある犯罪と、手段若しくは結果たる犯罪との間に密接な因果関係がなければならない」（最判昭24・7・12刑集3-8-1237）という客観説が通説となっている。

3　もっとも、客観的な基準によるとしても、「犯人が現実に犯した罪がたまたま手段結果の関係にあるだけでは牽連犯とはいい得ない」（前掲最判昭24・7・12）のであって、「類型的に手段結果の関係に立つ場合」を選び出す必要がある。

4　もちろん具体的事案によっては併合罪になりうる場合も考えられるが、実務上牽連犯の関係に立ちうる代表的な犯罪類型を挙げると、まず住居侵入罪と窃盗罪、強盗罪、強姦罪、傷害罪、殺人罪、放火罪の各犯罪類型は牽連犯の関係となるとされている。さらに、文書偽造・有価証券偽造罪と偽造文書・偽造有価証券行使罪は牽連犯となり、偽造文書・偽造有価証券行使罪と詐欺罪も牽連犯となる。

5　判例上、密接に結びついた犯罪類型に見えるにもかかわらず牽連犯と認められなかったものとしては、保険金目的の放火に関して、放火罪と保険金に対する詐欺罪、殺人罪とその直後の死体遺棄罪、堕胎とそれにより母体外に排出された「人」の殺害に関する堕胎罪と殺人罪、監禁行為の最中に生じた傷害についての監禁罪と傷害罪等がある。これらの罪はそれぞれ併合罪とされたのである。そして、最決昭和58年9月27日（刑集37-7-1078）も、身代金目的の拐取罪・身代金要求罪と監禁罪とは、併合罪の関係にあるとした。

6　たしかに監禁罪と恐喝罪との罪数関係については、本件で弁護側が主張したように、大判大正15年10月14日ほかが牽連犯であると判示してきた。しかし最高裁は、逮捕監禁罪と暴行罪（最決昭43・9・17刑集22-9-853）、監禁罪と強姦致傷罪（前掲最判昭24・7・12）、さらに、監禁罪と殺人罪（最判昭63・1・29刑集42-1-38）は牽連犯とはならないとしてきたのである。

7　恐喝は犯行の手段として、監禁することが典型の1つであるとはいえても、それが類型的にみて一般的であるとまではいえず、犯罪の一体性、処罰の一回性を根拠付けるほどの犯罪類型としての関連性は認め難い。この点は、監禁罪と傷害罪、強姦罪、殺人罪等との関係とほぼ同様であるといえよう。

本判決は、形式上は（大審院の）判例を変更したものではあるが、監禁罪と他罪との罪数関係について牽連犯性を否定してきた一連の最高裁判例の流れを前提とすれば、ごく自然な判断を示したものといえよう。

●**参考文献**●　前田巌・判解平17年度117、内山良雄・囲総8版208、只木誠・刑事法ジャーナル3-100

104 科刑上一罪と重点的対照主義

最1小判令和2年10月1日（刑集74巻7号721頁・判時2529号109頁）

参照条文　刑法54条1項、130条
埼玉県迷惑行為等防止条例

科刑上一罪の関係にある数罪の「最も重い刑」。

●事実●　被告人XはYと共謀の上、パチンコ店の女子トイレ内に盗撮用カメラを設置する目的で、共犯者において侵入した上、女性の姿態を同所に設置した小型カメラで撮影し、もって公共の場所において、人を著しく羞恥させ、かつ、人に不安を覚えさせるような卑わいな行為をしたという事案であり、建造物侵入罪と埼玉県迷惑行為防止条例2条4項（盗撮）違反の罪（同条例12条2項1号）が成立し、両罪は刑法54条1項後段の牽連犯の関係にある。

第1審は、建造物侵入罪の法定刑は3年以下の懲役または10万円以下の罰金であり、埼玉県迷惑行為防止条例違反の罪の法定刑は6月以下の懲役または50万円以下の罰金であるから、最判昭和23年4月8日（刑集2-4-307）によれば、Xに対する処断は、主刑のうち重い刑種の刑のみを取り出して軽重を比較対照し、重い罪である建造物侵入罪の法定刑によることになり、罰金刑の多額は10万円となるとの判断を示し、これによると罰金刑の選択は相当でないとしてXに懲役2月、執行猶予3年の判決を宣告し（検察官の求刑は罰金40万円）、原審も上記判断を是認してXの控訴を棄却した。

Xは、罰金刑の多額が10万円となるとした点において、名古屋高金沢支判平成26年3月18日（高検速報平成26-140）と相反するなどとして、上告した。

●判旨●　原判決および第1審判決を破棄し、さいたま簡易裁判所に差し戻した。

「金沢支部判決は、住居侵入罪と、法定刑が2年以下の懲役若しくは30万円以下の罰金又は拘留若しくは科料である暴行罪とが刑法54条1項後段の牽連犯の関係にある事案で、各罪の主刑のうち重い刑種の刑のみを取り出して軽重を比較対照した際の重い罪及び軽い罪のいずれにも選択刑として罰金刑の定めがあり、軽い罪の罰金刑の多額の方が重い罪の罰金刑の多額よりも多いときは、罰金刑の多額は軽い罪のそれによるべきものと解するのが相当であるとして、処断刑の罰金刑の多額は30万円となると判示している。

昭和23年判例は、併科刑又は選択刑の定めがある場合の法定刑を対照して、その軽重を定めるについては、刑法10条のほか、複数の主刑中の重い刑のみについて対照をなすべき旨を定めた刑法施行法3条3項をも適用しなければならないとするもので、本件のような科刑上一罪の事案において重い罪及び軽い罪のいずれにも選択刑として罰金刑の定めがある場合の罰金刑の多額についてまで判示するものではなく、軽い罪のそれによることを否定する趣旨とも解されない。この点については、最高裁判所の判例がなく、金沢支部判決は刑訴法405条3号にいう判例に当たり、原判決は、これと相反する判断をしたものである。

そして、本件のように、数罪が科刑上一罪の関係にある場合において、各罪の主刑のうち重い刑種の刑のみを取り出して軽重を比較対照した際の重い罪及び軽い罪のいずれにも選択刑として罰金刑の定めがあり、軽い罪の罰金刑の多額の方が重い罪の罰金刑の多額よりも多いときは、刑法54条1項の規定の趣旨等に鑑み、罰金刑の多額は軽い罪のそれによるべきものと解するのが相当である」とし、名古屋高裁金沢支部判決は正当で変更する必要は認められず、原判決は、最高裁判例がない場合に高等裁判所の判例と相反する判断をしたものであるとした。

●解説●　1　刑法54条1項が科刑上一罪について「その最も重い刑により処断する」としているのは、それらの行為に社会的事実としての一体性があり、そうでない場合に比べて違法性または責任が低いことから、処罰の1回性により、併合罪の場合よりもこれを軽く扱うことが合理的であるという趣旨である。

2　判例は、「重い刑」の決め方については、懲役刑と罰金刑などの併科刑または選択刑が定められている罪の比較は、重い刑種である懲役刑に着目して行う（重点的対照主義：最判昭23・4・8刑集2-4-307）。ただ、軽い罪との関係における下限の定め方や併科刑の扱いなどについて、争点は残されていた。

3　最判昭和28年4月14日（刑集7-4-850）は、重い罪には罰金刑の選択刑があるが、軽い罪には罰金がない場合、54条1項の「最も重い刑」は、最も重い刑を定めている法条によって処断するという趣旨とともに、他の法条の最下限の刑よりも軽く処断することはできないという趣旨を含むとして、この場合罰金刑を選択することはできない旨判示した。

4　そのような中で、最決平成19年12月3日（刑集61-9-821）は、重い罪には罰金刑の選択刑がなく、軽い罪には罰金刑の任意的併科が定められている事案で、54条1項の規定の趣旨等に鑑み、重い罪の懲役刑に軽い罪の罰金刑を併科することができる旨判示した。

54条1項は、「最も重い罪の刑」ではなく「最も重い刑」と規定しており、軽い罪において任意的併科とされている罰金刑を重い罪の懲役刑に併科できるとすることも規定の文言に反しないし、実質的にも、「軽い罪だけを犯した場合であれば罰金刑も併科されるのに、重い罪をも犯した場合には、必ず罰金併科を免れる」というのは不合理だからであろう。

5　本件においては、「最も重い刑」を建造物侵入罪の法定刑だと解すると、刑種の選択で罰金刑を選択した場合、多額が10万円となり、軽い刑の埼玉県迷惑行為防止条例違反の罰金の多額50万円より低くなってしまい、重い罪を犯したために罰金額が低くなるという不均衡が生ずるので、罰金刑の多額は条例違反の罪のそれによるべきものとしたのである。

●参考文献●　根崎修一・J1566-141、只木誠・令2年度重判118、高橋直哉・法教485-161

105　1個の行為—観念的競合の成否

最大判昭和49年5月29日（刑集28巻4号114頁・判時739号36頁）

参照条文　刑法54条、211条前段
道路交通法117条の2第1号

観念的競合における「1個の行為」の意義。

●**事実**●　被告人Xは、ウイスキーのポケット瓶1本半および清酒4合を飲み、普通乗用自動車を運転して時速約70kmで進行中、酒の酔いのため前方注視が困難な状態に陥ったが、そのまま運転を継続し、車道右端を歩行中のAに衝突させ、Aを全身打撲傷等により死亡させた。

第1審は、酒酔い運転の罪（道交法117条の2第1号）と業務上過失致死罪（刑法211条前段）との併合罪として処断し、原審も、両罪を併合罪と判断した。Xは、両罪は観念的競合の関係にあるというべきであり、原判決は居眠り運転の罪と業務上過失致死傷罪との観念的競合を認めた最決昭和33年4月10日（刑集12-5-877）に違反すると主張して上告した。

●**判旨**●　上告棄却。「刑法54条1項前段の規定は、1個の行為が同時に数個の犯罪構成要件に該当して数個の犯罪が競合する場合において、これを処断上の一罪として刑を科する趣旨のものであるところ、右規定にいう1個の行為とは、**法的評価を離れ構成要件的観点を捨象した自然的観察のもとで、行為者の動態が社会的見解上1個のものと評価を受ける場合をいうと解すべきである。**

ところで、本件の事例のような、酒に酔った状態で自動車を運転中過って人身事故を発生させた場合についてみるに、もともと自動車を運転する行為は、その形態が、通常、時間的継続と場所的移動とを伴うものであるのに対し、その過程において人身事故を発生させる行為は、運転継続中における一時点一場所における事象であって、前記の自然的観察からするならば、両者は、酒に酔った状態で運転したことが事故を惹起した過失の内容をなすものかどうかにかかわりなく、社会的見解上別個のものと評価すべきであって、これを1個のものとみることはできない。

したがって、本件における酒酔い運転の罪とその運転中に行われた業務上過失致死の罪とは併合罪の関係にあるものと解するのが相当であり、原判決のこの点に関する結論は正当というべきである。以上の理由により、当裁判所は、所論引用の最高裁判所の判例を変更して、原判決の判断を維持するのを相当と認める」。

●**解説**●　1　観念的競合、すなわち1個の行為にして数個の罪名に触れる場合の解釈論上の争点は、1個の行為の意義にある。1個の行為でないと評価されれば、併合罪となる（なお、観念的競合には1個の行為が異なる複数の構成要件に該当するように見える場合のほかに、1個の行為が同一の構成要件に数回該当するように見える場合も含む。たとえば、1個の行為で複数の人間を殺害したり、1個の文書で複数の人間を虚偽告訴した場合である。これらの事例は

観念的競合か併合罪かという問題よりは、観念的競合か評価上一罪かが争われることになる）。

2　行われた行為が、それ以上細分することができず1個の行為といわざるをえない場合に、その行為が構成要件該当行為である場合は観念的競合といわざるをえない。他方、一応は分けて考えることができる場合には、両者が事実上どれだけ重なり合っているかで判定することになる。相互の行為の全部が完全に重なり合う必要はない。

たとえば、職務執行中の公務員に暴行を加えて負傷させた場合には、傷害罪と公務執行妨害罪の観念的競合となるし、犯跡隠蔽の目的で放火して死体を損壊した場合には、放火罪と死体損壊罪が成立し観念的競合となる。

3　1個の行為の意義に関して最高裁は、本判決において法的評価を離れ構成要件的観点を捨象した自然的観察の下で、行為者の動態が社会的見解上1個のものと評価を受ける場合という一般的基準を示した。そして、酒酔い運転の罪と業務上過失致死傷罪は1個の行為とはいえないし、居眠り運転も業務上過失致死傷罪とは併合罪の関係にあるとした。それまでは、酒酔い運転（居眠り運転）行為自体が業務上過失致死傷罪の実行行為と考えられ、観念的競合であるとされてきたのである。これに対し、無免許運転と酒酔い運転は1個の行為であり観念的競合とされる（最判昭49・5・29刑集28-4-151）。

4　最大判昭和51年9月22日（刑集30-8-1640）は、道交法上の救護義務違反と報告義務違反についても、両義務を無視して立ち去ったという動態が1個のものと評価しうるし、「轢き逃げ」という社会類型的行為でまとめることができるとして観念的競合とした。一応は分けて考えることができる行為が存在する場合には、両者が事実上どれだけ重なり合っているかを、法的評価ではなく、自然的・事実的に検討することになる。最高裁は、「いずれも交通事故の際『直ちに』履行されるべきものとされており、運転者等が右2つの義務に違反して逃げ去るなどした場合は、社会生活上、しばしば、ひき逃げというひとつの社会的出来事として認められている。最大判昭和49年5月29日［本判決］のいわゆる自然的観察、社会的見解のもとでは、このような場合において右各義務違反の不作為を別個の行為であるとすることは、格別の事情がないかぎり、是認しがたい」としたのである。

さらに、営利目的で覚せい剤を国内に持ち込みそのまま通関線を突破しようとした場合、覚せい剤取締法の覚せい剤輸入罪と関税法上の無許可輸入罪は観念的競合であり（最判昭58・9・29刑集37-7-1110）、不正な電気機器を電話機に取り付け信号の送出を妨げる行為と電話料金算定の基礎となる度数計の作動を不能にした行為につき、有線電気通信妨害罪と偽計業務妨害罪の観念的競合を認めている（最決昭61・2・3刑集40-1-1）。

●**参考文献**●　本吉邦夫・判解昭49年度107、佐伯和也・**回**総8版210、中山善房・刑法雑誌21-2

106　児童ポルノとわいせつ物とかすがい理論

最1小決平成21年7月7日（刑集63巻6号507頁・判時2062号160頁）

参照条文　刑法45条、54条1項、175条
児童買春法7条4項・5項

わいせつ図画でもある児童ポルノDVD等の販売（提供）行為と、販売（提供）目的で所持する行為の罪数関係。

●事実●　被告人Xは、(1)前後16回にわたり、4名の者に対し、児童ポルノでありわいせつ図画であるDVD-R合計21枚およびわいせつ図画であるDVD-R合計67枚を不特定または多数の者に販売して提供し、(2)自宅において、児童ポルノでありわいせつ図画でもあるDVD-R合計20枚およびわいせつ図画であるDVD-R合計136枚を不特定もしくは多数の者に提供または販売する目的で所持したという事案である。

原審は、複数のわいせつ図画販売と所持とは包括一罪であり、児童ポルノであり、かつわいせつ図画でもあるDVDを販売したときは、児童ポルノ提供罪とわいせつ図画販売罪との観念的競合で、同様のDVDを所持したときは児童ポルノ所持罪とわいせつ図画所持罪との観念的競合であるとして、児童ポルノでありわいせつ図画でもあるDVDの提供（販売）とその所持が複数回なされた場合を包括一罪とした。弁護側は、実質的に、その罪数処理などを争って上告した。

●決定要旨●　上告棄却。最高裁は「児童買春、児童ポルノに係る行為等の処罰及び児童の保護等に関する法律2条3項にいう児童ポルノを、不特定又は多数の者に提供するとともに、不特定又は多数の者に提供する目的で所持した場合には、**児童の権利を擁護しよう**とする同法の立法趣旨に照らし、同法7条4項の児童ポルノ提供罪と同条5項の同提供目的所持罪とは併合罪の関係にあると解される。しかし、児童ポルノであり、かつ、刑法175条のわいせつ物である物を、他のわいせつ物である物も含め、不特定又は多数の者に販売して提供するとともに、不特定又は多数の者に販売して提供する目的で所持したという本件のような場合においては、わいせつ物販売と同販売目的所持が包括して一罪を構成すると認められるところ、その一部であるわいせつ物販売と児童ポルノ提供、同じくわいせつ物販売目的所持と児童ポルノ提供目的所持は、それぞれ社会的、自然的事象としては同一の行為であって観念的競合の関係に立つから、結局以上の全体が一罪となるものと解することが相当である」とした。

●解説●　1　刑法175条の構成要件に該当するわいせつ図画の販売と販売目的所持は、性風俗秩序を保護法益

とし、いずれも反復・継続することが予想されるものであるから、同一の意思の下に数個の行為が行われても包括一罪である。

2　児童買春法7条の罪を、わいせつ図画罪と同様のものと考えれば、提供行為と提供目的の所持行為は包括一罪と解することになろう。ただ、児童買春法は、児童の権利保護をも目的としており、提供罪等の保護法益は、刑法175条とは異なる。その点を重視すれば、併合罪となる。本決定の第1の意義は、児童の権利を擁護しようとする児童買春法の立法趣旨を根拠に、併合罪説を採ることを明示したことにある。

3　そして最高裁は、①わいせつ図画販売罪と販売目的所持罪は包括一罪であり、②児童ポルノ提供罪と提供目的所持罪とは併合罪であるが、③児童ポルノでありかつわいせつ図画である物の販売行為は、自然的・社会的に同一の行為が、別の視点からみて児童ポルノ提供罪とわいせつ図画販売罪に該当するので観念的競合の関係にあり、販売（提供）目的所持についても同じ関係にあるので、④いわゆるかすがい理論により全体が一罪となるとした。少なくとも本件のように、児童ポルノ罪とわいせつ図画罪が、その対象物の性質の見方によって異なる犯罪と評価されるということからすれば、このような結論は合理的である。

4　なお、**最決平成21年10月21日**（刑集63-8-1070）は、児童に淫行をさせる行為をするとともに、性交等に係る姿態をとらせて撮影して、電磁的記録媒体に描写して児童ポルノを製造した事案に関し、児童に性交等をさせて撮影して「児童ポルノを製造した場合においては、被告人の児童福祉法34条1項6号に触れる行為と児童ポルノ法7条3項に触れる行為とは、一部重なる点はあるものの、両行為が通常伴う関係にあるとはいえないことや、両行為の性質等にかんがみると、それぞれにおける行為者の動態は社会的見解上別個のものといえるから、両罪は、観念的競合の関係にはなく、併合罪の関係にある」とした。

5　そして、**東京高判平成24年11月1日**（判時2196-136）は、公衆トイレ内で児童の陰部を触る等のわいせつ行為をした事案に関し、監禁罪と強制わいせつ罪は観念的競合の関係にあり、わいせつ行為の際にこれらの姿態を撮影して児童ポルノを製造した場合においては、強制わいせつ罪と児童買春・児童ポルノ等処罰法7条3項の児童ポルノ製造罪は併合罪の関係にあるとしている。

● 参考文献 ●　鹿野伸二・判解平21年度186、三浦透・判解平21年度463、小名木明宏・平25年度重判168

107　併合罪加重による処断刑

最１小判平成15年７月10日（刑集57巻７号903頁・判時1836号40頁）　　参照条文　刑法47条、220条、235条

> 併合罪加重は、加重した処断刑をつくりその範囲内で１個の刑を量定するのか、各罪についての刑を量定しこれを総合して加重された１個の刑を言い渡すのか。

●**事実**●　下校途中の女子小学生を略取した上、その後９年余りにわたってこれを被告人Ｘ方に監禁し、傷害を負わせるとともに（略取、逮捕監禁致傷）、その間、被害者に着せるための下着（時価合計2464円）を万引した（窃盗）という事案である。

　第１審は、逮捕監禁致傷罪と窃盗罪の併合罪加重による処断刑の上限が懲役15年（当時）になるという考え方に立ち、懲役14年を言い渡した。「犯情に照らして罪刑の均衡を考慮すると、Ｘに対しては、逮捕監禁致傷罪の法定刑の範囲内では到底その適正妥当な量刑を行うことができない」とし、「同罪の刑に法定の併合罪加重をした刑期の範囲内」で刑を量定した。

　これに対して原審は、刑法47条の趣旨からは併合罪中の最も重い罪につき定めた法定刑の長期を1.5倍の限度で超えることはできるが、併合罪を構成する個別の罪について、その法定刑を超えることは許されないとし、逮捕監禁致傷罪と窃盗罪の併合罪全体に対する刑を量定するにあたっては、たとえば、逮捕監禁致傷罪につき懲役９年、窃盗罪につき懲役７年と評価して全体について懲役15年に処することはできるが、逮捕監禁致傷罪につき懲役14年、窃盗罪につき懲役２年と評価して全体として懲役15年に処することは許されず、逮捕監禁致傷罪については最長でも懲役10年の限度で評価しなければならないとして、第１審判決を破棄し、Ｘに対し懲役11年を宣告した。これに対し、検察側が上告した。

●**判旨**●　最高裁は「刑法47条は、併合罪のうち２個以上の罪について有期の懲役又は禁錮に処するときは、同条が定めるところに従って併合罪を構成する各罪全体に対する統一刑を処断刑として形成し、修正された法定刑ともいうべきこの処断刑の範囲内で、併合罪を構成する各罪全体に対する具体的な刑を決することとした規定であり、処断刑の範囲内で具体的な刑を決するに当たり、併合罪の構成単位である各罪についてあらかじめ個別的な量刑判断を行った上これを合算するようなことは、法律上予定されていないものと解するのが相当である。また、同条がいわゆる併科主義による過酷な結果の回避という趣旨を内包した規定であることは明らかであるが、そうした観点から問題となるのは、法によって形成される制度としての刑の枠、特にその上限であると考えられる。同条が、更に不文の法規範として、併合罪を構成する各罪についてあらかじめ個別的に刑を量定することを前提に、その個別的な刑の量定に関して一定の制約を課していると解するのは、相当でないといわざるを得ない。

　これを本件に即してみれば、刑法45条前段の併合罪の関係にある第１審判決の判示第１の罪（未成年者略取罪と逮捕監禁致傷罪が観念的競合の関係にあって後者の刑で処断されるもの）と同第２の罪（窃盗罪）について、同法47条に従って併合罪加重を行った場合には、同第１、第２の両罪全体に対する処断刑の範囲は、懲役３月以上15年以下となるのであって、量刑の当否という問題を別にすれば、上記の処断刑の範囲内で刑を決するについて、法律上特段の制約は存しないものというべきである」とし、原判決には刑法47条の解釈適用を誤った法令違反があるとして原判決を破棄した上で、第１審判決は量刑判断を含め、首肯するに足りると認められ、これを維持するのが相当であると自判した。

●**解説**●　１　本件犯行当時の逮捕監禁致傷罪の法定刑は懲役３月以上10年以下であり（221条、220条、204条）、略取罪の法定刑は懲役３月以上５年以下であるが、両罪は観念的競合の関係にあるため、重い逮捕監禁致傷罪の刑により処断されることになる。窃盗罪の法定刑は、懲役10年以下である（235条）。宣告刑は、両罪が併合罪であるため、47条に従って定まる処断刑の範囲内で決定されることになる。

　問題は、47条が、原審の主張するように、「併合罪を構成する個別の罪について、その法定刑を超えることは許されない」とする趣旨か否かにある。

　２　47条本文は、「併合罪のうちの２個以上の罪について有期の懲役又は禁錮に処するときは、その最も重い罪について定めた刑の長期にその２分の１を加えたものを長期とする」と規定しており、本件に即していえば、処断刑の上限を懲役15年とすることについて、文理上の制約は存在しない。

　また、同条ただし書は、「それぞれの罪について定めた刑の長期の合計を超えることはできない」と規定しているが、原審のように、併合罪を構成する各罪についてまず個別に刑を試算した上で合算するという考え方を採るとすれば、ただし書の「それぞれの罪について定めた刑の長期の合計を超えること」は、論理上生じえないことになる。その意味で原審の解釈には無理がある。

　３　原審は、処断刑の範囲を拡張するため、略取および逮捕監禁致傷罪に軽微な窃盗罪を追加し、併合罪加重によって刑の上限を懲役15年にまで引き上げることが正義に反すると考えているようである。しかし、下着窃盗が被害女性の監禁を続けるための手段として犯されたものであって、通常の万引事案とは同列に論じえないこと、常習性が顕著に認められたこと等の事情を勘案すると、本件窃盗罪を量刑上かなり重大な事案と評価することも可能であるように思われる。

●**参考文献**●　永井敏雄・判解平15年度383、只木誠・平15年度重判162、曽根威彦・現代刑事法５-10-44

108　併合罪と死刑・無期の選択

最2小決平成19年3月22日（刑集61巻2号81頁・判時1966号159頁）　　　　参照条文　刑法45条、46条

併合罪関係にある複数の罪のうちの1個の罪のみでは死刑または無期刑が相当とされない場合に、その罪について死刑または無期刑を選択することは可能か。

●**事実**●　本件は、住居侵入、強盗致傷、強制わいせつ、強盗強姦、強盗、窃盗等多数の犯罪行為が問題とされたが、争いになったのは、各罪の構成要件該当性判断ではなく、罪数関係であった。

被告人Xについては、①共犯者と共謀の上、10軒の住居に侵入し、強盗強姦5件、強盗致傷・強制わいせつ1件、強盗・強制わいせつ3件等を実行し、②単独で、2軒の住居に侵入し、強盗致傷1件、窃盗1件を行ったという事実が認定されている。第1審は、これらのうちの強盗強姦5件についてそれぞれ無期懲役刑を選択した上、うち1件の無期懲役刑をもってXを処断した。

これに対し、Xは量刑不当等を主張し控訴したが、原審は、本件の事案全体に照らして第1審判決に量刑不当はない旨の判断を示して、控訴を棄却した。

Xは上告したが、そのうち「有罪判決の法令の適用において、併合罪関係にある数罪のうちの1個の罪について無期懲役刑を選択できるのは、その罪のみで無期懲役刑に処するのが相当な場合に限られ、刑法46条2項はその趣旨を示すものである」旨の主張につき、最高裁は、職権で判断した。

●**決定要旨**●　上告棄却。「刑法46条は、併合罪関係にある複数の罪のうち1個の罪について死刑又は無期刑に処するときは、一定の軽い刑を除き、他の刑を科さない旨を規定しているところ、これは、1個の罪について死刑又は無期刑に処するときに、その結果科されないこととなる刑に係る罪を不問に付する趣旨ではなく、その刑を死刑又は無期刑に吸収させ、これらによってその罪をも処罰する趣旨のものと解される。したがって、併合罪関係にある複数の罪のうちの1個の罪について死刑又は無期刑を選択する際には、その結果科されないこととなる刑に係る罪を、これをも含めて処罰する趣旨で、考慮できるというべきであり、当該1個の罪のみで死刑又は無期刑が相当とされる場合でなければそれらの刑を選択できないというものではない。なお、刑種の選択は量刑の一部であるので、他の犯罪事実の存在、内容をその事情の1つとして考慮することが許されるのは、当然である」。

●**解説**●　1　本件での実質的争点は「有罪判決の法令の適用において、併合罪関係にある数罪のうちの1個の罪について無期懲役刑を選択できるのは、その罪のみで無期懲役刑に処するのが相当な場合に限られるのか」という点である。

2　宣告刑を導く順序は、①構成要件および法定刑を示す規定の適用、②科刑上の一罪の処理、③刑種の選択、④累犯加重、⑤法律上の減軽、⑥併合罪処理（併合加重や、死刑、無期刑選択の場合に他の刑を科さないとするなどの処理）、⑦酌量減軽、⑧宣告刑の決定、ということになる。

3　上告趣意は、このうちの⑤までは、併合罪関係にある複数の罪について、それぞれ独立して罪ごとに罰条の適用、科刑上一罪の処理等を行い、刑種の選択を経た後も、なお罪ごとに累犯加重、法律上の減軽をするため、刑種の選択は、当該1個の罪のみを判断対象にしなければならないはずであるとする。

そして刑法46条は、併合罪関係にある複数の罪のうちの1個の罪について死刑または無期刑を選択する場合には、一定の軽い刑を除き他の刑を科さない旨を規定している。これは一般に併合罪処理方法における吸収主義といわれるものであるが、この吸収主義によって、他の刑が「科されない」という意味は、処罰されないという趣旨である。したがって、この観点からも無期刑を選択するかどうかは、当該1個の罪のみを対象にして、それが無期刑に相当する場合でなければならないはずであると主張したのである。

4　実務上は、複数の罪についてその全体を考慮して無期刑や死刑を選択するという量刑判断を行っている。これは、上告趣意が前提とする「科されなくなる刑に係る罪は処罰しないという趣旨である」という考え方とは矛盾する。刑種の選択の時点においても、最終的に科されなくなる刑に係る罪を処罰する趣旨で考慮することはできないことになるからである。

その意味で、判例は、科されなくなる刑に係る罪も、選択された死刑または無期刑に含めて処罰する趣旨であると解してきたといえよう。刑種の選択にあたっては、科されなくなる刑も含めた事件の全体を考慮して判断するのが合理的だと考えられてきたのである。

5　また、吸収主義の意義を「処罰されない」という趣旨に限定する論理的必然性や、立法趣旨が存在するわけでもない。

最高裁は、本決定によって、刑法46条の「併合罪関係にある複数の罪のうち1個の罪について死刑又は無期刑に処するときは、一定の軽い刑を除き、他の刑を科さない」という規定について、これは、1個の罪について死刑または無期刑に処するときに、その結果科されないこととなる刑に係る罪を不問に付する趣旨ではなく、その刑を死刑または無期刑に吸収させ、これらによってその罪をも処罰する趣旨のものであることを明示し、議論の混乱を防いだものといえよう。

●**参考文献**●　芦澤政治・判解平19年度51、山火正則・判評602-37、小池信太郎・判例セレクト07年30、只木誠・法セ増刊3-175

109　虚偽が含まれている捜査機関への申告と自首の成否

最 1 小決令和 2 年12月 7 日（刑集74巻 9 号757頁・裁時1758号 6 頁）　　　参照条文　刑法42条 1 項、199条、202条

> 虚偽が含まれている捜査機関への申告は、自首の成立要件である「自己の犯罪事実の自発的な申告」にあたるか。

●**事実**●　被告人 X は、自宅で、A をその嘱託を受けることなく殺害した後、この事実が捜査機関に発覚する前に、嘱託を受けて A を殺害した旨の虚偽の事実を記載したメモを遺体のそばに置いた状態で、自宅の外から警察署に電話をかけ、自宅に遺体があり、そのそばにあるメモを見れば経緯が分かる旨伝えるとともに、自宅の住所を告げ、その後、警察署において、司法警察員に対し、嘱託を受けて A を殺害した旨の供述をした。

弁護人は、殺人に関し、A の嘱託があったとして嘱託殺人罪の成立にとどまる旨主張するとともに、嘱託殺人罪ではなく殺人罪が成立する場合でも、X には自首が成立する旨主張した。

第 1 審は、犯罪事実の重要な部分について虚偽の供述を意図的にしていることから、自首は成立しないとした。

原審も、嘱託の有無という重要な事実関係の相違があり、この点に係る自白の有無は捜査および裁判の帰趨を大きく左右し、実態に反する嘱託の存在を作出して述べる申告内容から、犯人の実勢な反省悔悟の態度を見て取ることもできず、刑の減軽事由とされている自首の制度趣旨に適合しないとして控訴を棄却した。X 側が上告。

●**決定要旨**●　上告棄却。「[上記]事実関係によれば、X は、嘱託を受けた事実がないのに、嘱託を受けて A を殺害したと事実を偽って申告しており、自己の犯罪事実を申告したものということはできないから、刑法42条 1 項の自首は成立しないというべきである。これと同旨の第 1 審判決を是認した原判決は、正当である」。

●**解説**●　1　刑法上の自首が刑の任意的減軽事由とされる理由は、一般に、①犯罪の捜査および犯人の処罰を容易にして訴訟手続の円滑な運用に寄与するという刑事政策の理由が挙げられ、副次的には、②犯人の悔い改めによる責任非難の減少も考慮されるとされる。

2　刑法42条 1 項の自首の要件は、捜査機関に発覚する前に、自己の犯罪事実の自発的な申告をすることである。犯罪事実の申告とは、形式的には、犯罪構成要件に該当する、違法かつ有責の事実を申告することであると解されている。「犯罪事実」が、どこまで具体的で正確なものである必要があるのかについては、特に、虚偽の申告が含まれている場合に、上記①②の視点から、実質的評価が必要となる。

3　自首の成否の基準としては、抽象的には、虚偽が重要部分に関わるか否かによるといわざるをえない（条解刑法　4 版補訂版191頁参照）。

重要な部分の範囲は明確でなく、しかも該当性判断は裁判段階で明らかになることも多い。このような不明確

で事後的なことを含む事情を基準にすることは、被疑者にとって好ましくない面はある。しかし、罪刑法定主義が問題となる犯罪の成否の判断とは、自ずと異なる面があることに注意しなければならない。あくまでも、任意的減軽という刑事政策的判断なのである。もちろん、解釈者の恣意性を防ぐために、判例の分析作業を中心に、基準の類型化・精緻化が必要であることは当然である。

4　この点、最決昭和60年 2 月 8 日（刑集39-1-1）は、無免許運転中に転落事故を起こし同乗者を負傷させた Y が、一旦は「同乗者がいなかった」と虚偽の申告をしたが、のちに全面的に真実を述べた事案につき、自首の成立を認めている。このような場合は、重要部分に関する虚偽の申告により捜査を混乱させているので、後から正しい犯罪事実を告げても、自首を認めるべきではないようにも思われるが、捜査機関に一旦は虚偽を含む申告をしたのちに全面的に真実を述べた以上、犯罪の捜査、さらには処罰を容易にして訴訟手続の円滑な運用に寄与したと評価しうる。

5　一方、最決平成13年 2 月 9 日（刑集55-1-76）は、拳銃 1 丁と実包 4 発をを所持し、対立する暴力団組織事務所の出入口方向に向けて銃弾 4 発を発射した Z が、約 1 か月後に、他の拳銃 1 丁に発射を装う偽装工作をした上で、これを司法警察員に対し提出し、発砲したのは自分であり、使用した拳銃を持って来た旨を申告した事案について、「Z は各犯行について、捜査機関に発覚する前に自己の犯罪事実を捜査機関に申告したのであるから、その際に使用したけん銃について虚偽の事実を述べるなどしたことが認められるとしても、刑法42条 1 項の自首の成立を妨げるものではない」と判示した。

6　Z は拳銃を実包とともに所持していたこと（加重所持罪）と発射したことを申告している以上、用いた拳銃を示さなくとも、両罪の自白をしたと評価しうる。「犯罪構成要件事実」の申告自体には虚偽が含まれておらず、拳銃が捜査機関に渡っている以上、その虚偽性は鑑定等により容易に明らかにされるもので、捜査混乱の程度は重大とはいえないであろう。

7　それに対し本件は、嘱託の有無という「重要な事実関係」に齟齬がある。刑法199条と202条では法定刑も非常に異なっているのであり、正しい刑事司法から遠ざかる運用に導く危険がある。嘱託を受けて A を殺害した旨の虚偽の供述に止まらず、虚偽のメモを遺体のそばに置くなどしており、自首の制度趣旨に逆行するものである。

そして、軽い罪責に止めるため、実態に反する嘱託の存在を作出して行った申告には、犯人の真摯な反省悔悟の態度を看取することもできないといえよう。

X の申告は、刑の減軽事由とされている自首の制度趣旨のいずれにも適合せず、自首の成立を認めるべき対象とはいえないとした結論は、妥当なものといえよう。

●　**参考文献**　●　原口伸夫・令 3 年度重判133、十河太朗・法教488-142、浅沼雄介・研修876-15

110　犯罪供用物の没収

最１小決平成30年６月26日（刑集72巻２号209頁・判時2437号98頁）　　参照条文　刑法19条１項２号

性犯罪の実行者が、犯行を隠し撮りしたデータを蔵置したデジタルビデオカセットは、刑法19条１項２号にいう「犯罪行為の用に供した物」として、没収が可能か。

●**事実**●　マッサージ店を経営する被告人Ｘが、マッサージを受けに来た女性３名に対して強いてわいせつな行為をし、また、女性１名を強いて姦淫したほか、Ｘからアロマに関する指導を受けていた女性に対して、強いて姦淫しようとしたがその目的を遂げなかったという、強姦未遂、強姦、強制わいせつ被告事件について、第１審は、各罪の成立をいずれも認めて、Ｘを懲役11年に処した。

そして、第１審は、犯罪行為を撮影した画像を蔵置したデジタルビデオカセットは、Ｘの犯行を心理的に容易にし、実行に積極的に作用するものであるとして、「犯行を促進したもの」として刑法19条１項２号所定の「犯罪行為の用に供した物」に該当するとして没収した。

Ｘの控訴に対し、原審はその結論を維持し、ビデオカセットの没収に関しても、隠し撮りをし被害者にそのことを知らせて捜査や刑事訴追を免れようとする行為は、「本件各実行行為と密接に関連する行為といえる」とし、「実行行為と密接に関連する行為の用に供し、あるいは供しようとした物と認められるから、刑法19条１項２号所定の犯行供用物件に該当する」と判示した。Ｘ側が上告。

●**決定要旨**●　Ｘの上告に対し、上告趣意は、刑訴法405条の上告理由にあたらないとした上で、以下のように、職権で判断した。

「Ｘは、本件強姦１件及び強制わいせつ３件の犯行の様子を被害者に気付かれないように撮影しデジタルビデオカセット４本に録画したところ、Ｘがこのような隠し撮りをしたのは、被害者にそれぞれその犯行の様子を撮影録画したことを知らせて、捜査機関にＸの処罰を求めることを断念させ、刑事責任の追及を免れようとしたためであると認められる。以上の事実関係によれば、本件デジタルビデオカセットは、刑法19条１項２号にいう『犯罪行為の用に供した物』に該当し、これを没収することができると解するのが相当である」。

●**解説**●　１　刑法19条１項２号にいう「犯罪行為の用に供した物」とは、犯罪行為のために使用された物であり、犯罪行為の実行そのものに不可欠な要素となっている物である必要はない。本件原審が判示した、「実行行為と密接に関連する行為」のためであれば、「供した」といえる。

２　実行行為の終了後に、実行行為や逃走を容易にするなど、犯罪の成果を確保する目的でなされた行為において使用された物も、犯罪行為の用に供された物と解さ

れてきた。たとえば、鶏を窃取した後に、これを運搬しやすいようにするため鶏の首を切るために使用した切出しまたはナイフも、窃盗の結果を確保するための用に供したものとして、これらを没収することが認められてきた（東京高判昭28・６・18高刑６‑７‑848）。

３　本件決定要旨にあるように、隠し撮りの目的が、「被害者にそれぞれその犯行の様子を撮影録画したことを知らせて、捜査機関にＸの処罰を求めることを断念させ、刑事責任の追及を免れようとしたため」と認定できるのであれば、「犯罪行為の用に供した物」といえよう。

４　ただ、Ｘは、隠し撮りの目的は、「後に利用客との間でトラブルになった場合に備えて防御のために撮影したものである」と主張している。現在、犯罪やトラブル防止のため、様々な店舗などで、いわゆる「防犯カメラ」が多くの場所に設置されていることからすると、Ｘの主張にも一定の説得性が存在するようにも見える。

５　しかし、原審によれば、「本件デジタルビデオカセットの映像を法廷で流されたくなかったら示談金ゼロで告訴の取下げをしろと要求された」旨の被害者の供述が認定されており、「Ｘのいう利用客との間でトラブルになった場合に備えての防御とは、単に自己に有利な証拠として援用するために手元に置いておくことにとどまらず、被害者が被害を訴えた場合には、被害者に対して前記映像を所持していることを告げることにより、被害者の名誉やプライバシーが侵害される可能性があることを知らしめて、捜査機関への被害申告や告訴を断念させ、あるいは告訴を取り下げさせるための交渉材料として用いることも含む趣旨と認められる」と判示されている。

６　この認定を踏まえて、原審は、犯行を隠し撮りし、実行行為終了後に被害者にそのことを知らせて捜査や刑事訴追を免れようとする行為は、「各犯行による性的満足という犯罪の成果を確保し享受するためになされた行為であるとともに、捜査や刑事訴追を免れる手段を確保することによって犯罪の実行行為を心理的に容易にするためのものといえるから、本件各実行行為と密接に関連する行為といえる」としたのである。

７　なお、弁護側は、「犯行供用物件に該当するためには、撮影者に犯罪を実行しているという違法性の認識が必要である」が、「違法性の認識を有している人物であれば、犯行を促進し容易にするためにわざわざ犯行を立証する証拠を残しておくはずがない」とし、画像データは、犯行を立証する証拠としてＸに不利に用いられる可能性があると主張した。しかし原審は、「犯行を促進し容易にする側面を有するものであることは明らかである」として退けている。そもそも、犯行供用物件該当性の主観的要件としては、「行為者において、当該犯罪行為に該当する事実を認識し、実行行為ないしこれと密接に関連する行為に利用する目的を有していれば足り、当該犯罪行為が違法であることまで認識している必要はない」といえよう。

●**参考文献**●　河原雄介・研修844‑27、安田拓人・法教457‑134

111　追徴

最3小決平成16年11月8日（刑集58巻8号905頁・判時1881号47頁）　　参照条文　刑法197条1項、197条ノ5（平7改正前）

複数の収賄者（共同正犯者）に対する追徴はどのように行うか。

●**事実**●　当時茨城県北茨城市長であった被告人Xと、その支援者で非公務員であるYとが共謀の上、Yにおいて、Xの職務に関連してゴルフ場開発業者から現金合計1億5000万円の賄賂を収受したが、X・Y両名間におけるその分配、保有および費消の状況は不明であるというものである。

第1審・原審とも、収賄の共同正犯者が共同で収受した賄賂について、上記のように状況が不明である場合は、賄賂の総額を均分した金額を各自から追徴すべきものとした。被告人側が上告。

●**決定要旨**●　上告棄却。「刑法197条ノ5の規定による没収・追徴は必要的に行うべきものであるが、本件のように収賄の共同正犯者が共同して収受した賄賂については、これが現存する場合には、共犯者各自に対しそれぞれ全部の没収を言い渡すことができるから、没収が不能な場合の追徴も、それが没収の換刑処分であることに徴すれば、共犯者ら各自に対し、それぞれ収受した賄賂の価額全部の追徴を命じることができると解するのが相当であり、賄賂を共同収受した者の中に公務員の身分を有しない者が含まれる場合であっても、異なる扱いをする理由はない。

もっとも、収受された賄賂を犯人等から必要的に没収、追徴する趣旨は、収賄犯人等に不正な利益の保有を許さず、これをはく奪して国庫に帰属させるという点にあると解される。また、賄賂を収受した共犯者ら各自からそれぞれその価額の全部を追徴することができるとしても、追徴が没収に代わる処分である以上、その全員に対し重複してその全部につき執行することが許されるわけではなく、共犯者中の1人又は数人について全部の執行が了すれば、他の者に対しては執行し得ないものであることはもちろんである（最決昭30・12・8刑集9-13-2608、最決昭33・4・15刑集12-5-916参照）。

これらの点に徴すると、収賄犯人等に不正な利益の保有を許さないという要請が満たされる限りにおいては、必要的追徴であるからといって、賄賂を共同収受した共犯者全員に対し、それぞれその価額全部の追徴を常に命じなければならないものではないということができるのであり（最大判昭33・3・5刑集12-3-384参照）、裁判所は、共犯者らに追徴を命じるに当たって、賄賂による不正な利益の共犯者間における帰属、分配が明らかである場合にその分配等の額に応じて各人に追徴を命じるなど、相当と認められる場合には、裁量により、各人にそれぞれ一部の額の追徴を命じ、あるいは一部の者にのみ追徴を科することも許されるものと解するのが相当である」とし、原判決は、「共同収受した賄賂について、共犯者間におけるその分配、保有及び費消の状況が不明である場合には、賄賂の総額

を均分した金額を各自から追徴すべきものと解されるとして、X・Y両名に対し、上記収受した賄賂の総額を2等分した金額である7500万円を各人からそれぞれ追徴する旨言い渡した第1審判決を是認したものであるところ、収受した賄賂の総額を均分した金額をX・Yから追徴するものとしたことには相応の合理性があると認められ、また、各追徴の金額を合算すれば収受された賄賂の総額を満たすから、必要的追徴の趣旨を損なうものでもない」。

●**解説**●　1　追徴は、①犯罪時に没収可能な一定の物が、②事後的に、法律上・事実上没収不能となった場合に認められる裁量的処分で、没収すべき物に代わるべき金額を国庫に納付するよう命ずる処分である（19条の2）。それ故、そもそも没収しえない非有体物や犯人以外の所有に属する物は追徴できない。

2　賄賂罪については特別規定が置かれている（この他、特別刑法の中には、19条の没収対象物件以外についても没収を認めたり（銃刀法36条）、第三者没収をかなり広く認めるものも見られる（酒税法54条等）。そして、特に注目すべきなのが、麻薬新条約に対応するために立法された麻薬特例法の没収・追徴規定である）。

賄賂が没収できない場合には、その価額について追徴される。没収できないとは、①饗応や芸妓の演芸のように本来的に没収に馴染まない場合や、②収受された後に費消されたり、滅失した場合、さらには③他の物と混同し、または情を知らない第三者の所有に移って没収が不能となった場合等である。追徴すべき価額の算定は、賄賂が収受された時期を基準に行われる（最大判昭43・9・25刑集22-9-871）。

3　本決定は、収賄の共同正犯者が共同して収受した賄賂については、共犯者各自に対し、公務員の身分の有無にかかわらず、それぞれその価額全部の追徴を命ずることができるし、また、収賄犯人等に不正な利益の保有を許さないという要請が満たされる限りにおいて、相当と認められる場合には、裁量により、各自にそれぞれ一部の額の追徴を命じ、あるいは一部の者にのみ追徴を科することも許されることを明らかにした。

4　薬物の追徴に関し、**最判平成15年4月11日**（刑集57-4-403）、は、薬物犯罪を遂行する過程において費消・使用されるものとして、犯人が他の共犯者から交付を受けた財産は、麻薬及び向精神薬取締法等の特例法2条3項にいう薬物犯罪の犯罪行為により得た財産にあたらないとし、また、**最決平成17年7月22日**（刑集59-6-646）は、規制薬物の譲渡を犯罪行為とする場合における「薬物犯罪の犯罪行為により得た財産」とは、規制薬物の対価として得た財産そのものをいうと解すべきであるから、同法11条1項1号による没収や同法13条1項前段による追徴にあたっては、当該財産を得るために犯人が支出した費用等を控除すべきものではないとしている。

●**参考文献**●　前田巖・判解平16年度521、丸山雅夫・平16年度重判159、川端博・判評574-42、和田俊憲・J1355-126

112　幇助犯からの追徴

最3小判平成20年4月22日（刑集62巻5号1528頁・判時2005号149頁）　参照条文　麻薬特例法11条1項、13条1項　刑法62条1項

> 幇助犯から麻薬特例法11条1項、13条1項により没収・追徴できるのは、幇助犯が薬物犯罪の幇助行為により得た財産等に限られるか。

●事実●　被告人Xは、覚せい剤密売組織における「売り子」であり、業として行う覚せい剤等の営利目的譲渡行為を幇助したとして起訴された。事実関係には争いがなく、第1審は懲役および罰金刑を言い渡すとともに、正犯らが薬物等の譲渡代金として得た薬物犯罪収益を、麻薬特例法の追徴規定により、幇助犯Xから全額没収・追徴したところ、Xは、量刑不当を理由に控訴した。

　原審は、麻薬特例法の没収・追徴について、薬物犯罪収益等を得ていない者からこれを没収・追徴することはできないとの解釈を示した上、本件薬物の売上金である薬物犯罪収益は、正犯が得たものであり幇助犯であるXが得たものではないとして、第1審がXに対して言い渡した没収・追徴が違法であるとして職権で第1審判決を破棄した。これに対し、検察官が判例違反などを根拠に上告した。

●判旨●　上告棄却。「麻薬特例法11条1項（2条3項）、13条1項は、その文理及び趣旨に照らし、薬物犯罪の犯罪行為により得られた財産等である薬物犯罪収益等をこれを得た者から没収・追徴することを定めた規定であると解される。これを幇助犯についてみると、その犯罪行為は、正犯の犯罪行為を幇助する行為であるから、薬物犯罪の正犯（共同正犯を含む。）がその正犯としての犯罪行為により薬物犯罪収益等を得たとしても、幇助犯は、これを容易にしたというにとどまり、自らがその薬物犯罪収益等を得たということはできず、幇助したことのみを理由に幇助犯からその薬物犯罪収益等を正犯と同様に没収・追徴することはできないと解される。そして、上記各条文の解釈によれば、幇助犯から没収・追徴できるのは、幇助犯が薬物犯罪の幇助行為により得た財産等に限られると解するのが相当である。したがって、これと異なる上記大阪高等裁判所及び東京高等裁判所の各判例は、いずれもこれを変更し、原判決は、その判断が相当なものとして、これを維持すべきである」。

●解説●　1　追徴は、①犯罪時に没収可能な一定の物が、②事後的に、法律上・事実上没収不能となった場合に認められる裁量的処分で、没収すべき物に代わるべき金額を国庫に納付するよう命ずる処分である（19条の2）。それ故、そもそも没収しえない非有体物や犯人以外の所有に属する物は追徴できない。

　2　麻薬特例法による幇助犯からの没収・追徴に関して最高裁の判例は存在しなかったが、大阪高判平成9年3月26日（判時1618-150）、東京高判平成17年6月3日（高刑58-2-1）は、麻薬特例法の没収・追徴につき、共

同正犯、教唆犯、幇助犯等の共犯を含む犯人全員からこれをすべきであって、幇助犯が得ていない薬物犯罪収益等についても幇助犯から没収・追徴すべきであるとしていた。しかし本件原審は、これと異なる判断を下したのである。

　3　麻薬特例法の条文は、没収についてはこれを言い渡すべき対象者を特定せず単に「没収する」とのみ規定されており、追徴については「その価額を犯人から追徴する」と規定している。また、没収の一般規定である刑法19条2項は「犯人以外の者に属しないものに限り」没収できると定め、「犯人」には狭義の共犯も含まれると解されている。そして、薬物犯罪の禁圧のためには資金源を断つために没収・追徴を広く認めるべきであるとの政策判断から、実務的には、幇助犯からも正犯と同じように没収・追徴できるとの解釈を採用してきたと思われる。

　4　これに対し本判決は、このような実務の主流の取扱いに従っていた大阪高裁および東京高裁の各判決を変更したのである。

　たしかに、麻薬特例法において没収の対象とされる「薬物犯罪収益」とは、「薬物犯罪の犯罪行為により得た財産」であるから、幇助犯がその犯罪行為により「得た」といえなければ、その財産等は没収できないし追徴もできないと考える最高裁の解釈は自然であろう。ただ、実質的争点は、薬物犯罪の禁圧のためにどのような制裁まで用いるべきかという考慮と、幇助犯であるXの利益を奪うことの「不合理性」との考量であった。

　5　薬物の追徴に関し、最判平成15年4月11日（刑集57-4-403）は、薬物犯罪を遂行する過程において費消・使用されるものとして、犯人が他の共犯者から交付を受けた財産は、麻薬及び向精神薬取締法等の特例法2条3項にいう薬物犯罪の犯罪行為により得た財産にあたらないとし、また、最決平成17年7月22日（刑集59-6-646）は、規制薬物の譲渡を犯罪行為とする場合における「薬物犯罪の犯罪行為により得た財産」とは、規制薬物の対価として得た財産そのものをいうと解すべきであるから、同法11条1項1号による没収や同法13条1項前段による追徴にあたっては、当該財産を得るために犯人が支出した費用等を控除すべきものではないとしている。

　6　なお、賄賂罪について追徴の特別規定が置かれているが、最決平成16年11月8日（【111】）は、収賄の共同正犯者が共同して収受した賄賂については、共犯者各自に対し、公務員の身分の有無にかかわらず、それぞれその価額全部の追徴を命ずることができ、また、収賄犯人等に不正な利益の保有を許さないという要請が満たされる限りにおいて相当と認められる場合には、裁量により、各自にそれぞれ一部の額の追徴を命じ、あるいは一部の者にのみ追徴を科することも許されることを明らかにしている。

●参考文献●　鹿野伸二・判解平20年度323、前田巖・J1301-81

最新重要判例 250 刑法
各論

113 延命治療の中止と殺人罪の実行行為性

最3小決平成21年12月7日（刑集63巻11号1899頁・判時2066号159頁）　　参照条文　刑法199条、202条

> 昏睡状態にあった患者から、気道確保のため挿入されていた気管内チューブを抜管した医師の行為は、殺人罪を構成するか。

●事実●　A（当時58歳）は、気管支ぜん息の重積発作を起こし、心肺停止状態で病院に運び込まれ、救命措置により心肺は蘇生したが、意識は戻らず、人工呼吸器が装着されたまま、集中治療室（ICU）で昏睡状態が続いた。医師である被告人Xは、Aの家族に、Aの意識の回復は難しく植物状態となる可能性が高いことなどを説明した。その後、Aに自発呼吸が見られたため人工呼吸器を取り外したが、痰を吸引する等のため、気管内チューブは残された。

Xは、脳の回復は期待できないと判断し、呼吸状態が悪化した場合にも再び人工呼吸器を付けることはしないことにつき家族の了解を得た。そして、XはAをICUから一般病棟個室へ移し、Aの妻らに、一般病棟に移ると急変する危険性が増すことを説明し、急変時に心肺蘇生措置を行わないことなどを確認した（なお、入院後、Aの余命等を判断するために必要な脳波等の検査は実施されず、A自身の「終末期の治療のについての考え方」も明らかではなかった）。

Xは、Aの家族からの要請に基づき、Aが死亡することを認識しながら、気道確保のために鼻から気管内に挿入されていたチューブを抜き取るとともに、呼吸確保の措置も採らなかったところ、予期に反して、Aが身体をのけぞらせるなどして苦もん様呼吸を始めたため、Xは、鎮静剤を静脈注射するなどしたが、これを鎮めることができなかったため、同僚医師の示唆に基づいて筋弛緩剤を静脈注射の方法により投与し、その後ほどなくAの呼吸と心臓が停止した。

第1審は、死期が切迫している場合にあたらず、抜管行為も治療を尽くしていない時点でされた本件行為は殺人罪に該当するとし、原審も、終末期の患者の治療中止に関しては、①患者の自己決定権と、②医師の治療義務の限界のいずれにおいても適法とできなければ殺人罪を認めざるをえないとし、本件では、抜管行為が患者の意思に基づいていたとも治療義務が限界に達していたとも認められないとした。

Xは、本件抜管は法律上許容される治療中止であるなどと主張して上告した。

●決定要旨●　上告棄却。最高裁は、「Aが気管支ぜん息の重積発作を起こして入院した後、本件抜管時までに、同人の余命等を判断するために必要とされる脳波等の検査は実施されておらず、発症からいまだ2週間の時点でもあり、その回復可能性や余命について的確な判断を下せる状況にはなかったものと認められる。

そして、Aは、本件時、こん睡状態にあったものであるところ、本件気管内チューブの抜管は、Aの回復をあきらめた家族からの要請に基づき行われたものであるが、その要請は上記の状況から認められるとおりAの病状等について適切な情報が伝えられた上でされたものではなく、上記抜管行為がAの推定的意思に基づくということもできない。以上によれば、上記抜管行為は、法律上許容される治療中止には当たらないというべきである。そうすると、本件における気管内チューブの抜管行為をミオブロックの投与行為と併せ殺人行為を構成するとした原判断は、正当である」と判示した。

●解説●　1　医療技術の発達により、生命維持装置により生存を維持している患者の延命治療を打ち切ることの可否という深刻な問題が生じている。本人の完全な承諾が存在しない場合も多く、構成要件としては、殺人罪が問題にならざるをえない。

生命維持装置を機能させないということを不作為と構成し、積極的に殺害したと同視できる事情の存否を検討することにより、殺人罪に該当しないとして処罰範囲を限定する主張もあるが、本件最高裁は、気管内チューブの抜管行為と筋弛緩剤投与行為とを併せて作為の殺人実行行為と認めた。

2　そして、①入院後、余命等を判断する検査は実施されず、②発症から2週間の時点で回復可能性や余命について的確な判断を下せる状況にはなかったし、③抜管を要請したAの家族も、病状等について適切な情報を得ておらず、④Aの推定的意思に基づくということもできないとして、法律上許容される治療中止にはあたらないと判示した。

3　尊厳死や積極的安楽死については、慎重ではあるものの、正当化を認める考え方が多数といえよう。ただ、正当化の基本には、インフォームドコンセントに基づく、患者の真摯な同意がなければならない。それがあって、「患者の生命の短縮」も可能となる。この点につき、本決定は、本人の意思が不明な場合に、家族の承諾でも正当化される余地を認めた。しかしながら上記抜管行為が、病状等について家族に適切な情報が伝えられた上でされたものではなく、Aの推定的意思に基づくということもできないとしたのである。

4　もとより、刑法は承諾殺人罪等を犯罪として規定している以上、真摯な同意があるというだけでは、治療中止は正当化されえない。残された生命が限られたものであることに加え、本件第1審以来問題とされてきた、「治療行為の限界」も考慮されなければならない。

●参考文献●　入江猛・判解平21年度557、小田直樹・平22年度重判200、土本武司・判評627-19

114　自殺関与罪と殺人罪の限界(1)

最2小判昭和33年11月21日（刑集12巻15号3519頁・判時169号28頁）　　参照条文　刑法199条、202条

相手が追死してくれると信じていることを利用した心中と殺人罪。

●**事実**●　被告人Xは、料理屋の接客婦Aと馴染みになり、やがて夫婦約束までした。しかし、遊興のため多額の借財を負い、両親からはAとの交際を絶つよう迫られたXは、Aに別れ話を持ちかけたが、同女はこれに応ぜず、心中したいと言い出した。Xはその熱意に動かされてしぶしぶ心中の相談に乗ったが、その3日後、同女と紀州南端の山中に赴いたときには、心中する気持ちは消えていたものの、追死するつもりであるように見せかけ、あらかじめ買い求めて用意した青化ソーダの致死量をAに与えたところ、同女はこれを飲みくだし、その場で中毒死した。

第1審は、殺人罪の成立を認めてXを懲役8年に処した。弁護人は、殺人罪にはあたらないと主張して控訴したが、原審はこれを容れず、量刑不当の主張だけを認めて刑を懲役6年に減じたのみであったため、弁護人は、さらに上告した。

●**判旨**●　上告棄却。「Aは自己の死そのものにつき誤認はなく、それを認識承諾していたものであるが故に刑法上有効な承諾あるものというべく、本件Xの所為を殺人罪に問擬した原判決は法律の解釈を誤った違法があると主張するのであるが、本件AはXの欺罔の結果Xの追死を予期して死を決意したものであり、その決意は真意に添わない重大な瑕疵ある意思であることが明らかである。そしてこのようにXに追死の意思がないに拘らずAを欺罔しXの追死を誤信させて自殺させたXの所為は通常の殺人罪に該当する」。

●**解説**●　1　自殺関与・嘱託殺人罪と殺人罪の区別が問題になるのが、いわゆる心中の事案である。心中でも無理心中は単なる殺人に該当するが、合意による心中は刑法202条の問題となる。相互に精神的幇助があり、両者が自ら生命を絶つ場合は自殺関与罪、相互に相手を殺害する場合には承諾殺人罪が成立する。これに対し、片方を欺罔ないし脅迫して心中に追い込むような、瑕疵ある意思に基づく心中は、自殺関与なのか殺人罪なのかが問題となる。

2　本件は、Xが追死するごとく装い、Aに青化ソーダを与え、飲ませて死亡させたという事案につき、本人の死の決意は真意に添わない重大な瑕疵があるとし、通常の殺人罪に該当するとしたものである。

かつて学説ではこのような事案の処断につき、(a)202条説と、(b)199条説が激しく対立した。(a)説は、幼児に対し「死んでもまた生き返る」と騙すような場合は殺人罪だが、本件のように、Aが死の意味を十分理解し自ら死を選んだ場合には、死ぬこと自体に何ら錯誤はないと主張する（平野龍一『刑法概説』158〜9頁、山口厚『刑法各論　2版』15頁・法益関係的錯誤説）。これに対し(b)説は、行為者の追死が自殺の決意にとって本質的であれば、自殺についての自由な意思決定が奪われるから、被害者を利用した殺人の間接正犯であるとする（団藤重光『刑法綱要各論　3版』400頁）。

3　たしかに、被害者が「死ぬこと」を認識していさえすれば、いかに重大な動機の錯誤があろうと殺人の余地はなく、同意殺人ないし自殺関与となるというのは、あまりに形式的で、妥当ではない。治癒する病気なのに「がんで、2週間しか命はない」と騙して、生きる気力を失った患者の嘱託を得て安楽死を施す医師は殺人罪に該当すると解すべきである。しかし逆に、「どんな些細な錯誤でも存在すれば、すべて普通殺である」とするのも行きすぎである。

4　やはり、「自から死を選んだか否か」という規範的評価により、199条と202条の限界を判断することにならざるをえない。欺罔手段の用いられた場合には、重要な事実についての錯誤の有無を吟味することになる。本当のことを知っていたら、殺害を嘱託しなかった（自殺しなかった）場合は、202条には該当せず、殺人罪が成立する。

嘘の内容を伝えて手術に同意させた場合も、自己の身体に関する錯誤なので同意の効果は認められず、傷害罪の構成要件に該当することになる。

5　だが、特に自殺関与罪か殺人罪かが問題となる場合には、錯誤の重要性に加えて、殺人罪としての実行行為性と殺意が認められるか否かを実質的に検討しなければならない。「本当のことを知らせなかった」ということに加え、殺人罪に該当すると判断するには、積極的に殺したと同視しうる事情が必要である。殺人の間接正犯（【8】）や不作為の殺人（【12】）の成立範囲は限定されているのであり、錯誤に陥らせる働きかけの有無とその内容が検討されなければならない。また、殺意の認定において、被告人の認識が厳密に認定されなければならない。

6　比較的近時では、福岡高判平成15年8月29日（高検速報平15-153）が、Yのために多数の手形を偽造していたB女が自殺しようか迷っていたのに対し、その気もないのに「一緒に死のう」などと告げてYが追死する旨誤信させてBに死を決意させ、Bに殺害を依頼させてYがBを殺害した事案に関し、普通殺人罪の成立を認めている。

●**参考文献**●　高橋幹男・判解昭33年度722、佐伯仁志・囲各8版4、小川賢一・研修667-113

115 自殺関与罪と殺人罪の限界⑵

福岡高宮崎支判平成元年３月24日（高刑42巻２号103頁・判タ718号226頁）　　参照条文　刑法199条、202条

> 老人を執拗に脅迫して自殺に追い込む行為は殺人罪を構成するか。

●事実●　被告人Ｘは、当時66歳の独り暮らしの女性Ａから750万円の金員を欺罔手段で借り受けたが、その返済の目途が立たなくなり、Ａを自殺するよう仕向けることを企て、ＡがＢに金員を貸したことが出資法に違反しており刑務所に入ることになるなどと虚偽の事実を述べて脅迫し、不安と恐怖におののくＡを「警察の追及から逃すため」という口実で17日間にわたり諸所を連れ回ったり、自宅や空家に１人で潜ませ、その間体力も気力も弱ったＡが知り合いや親戚と接触するのを断ち、身内に迷惑がかかるのを避けるためにも自殺する以外にない旨、執拗に慫慂してＡを心理的に追い詰め、犯行当日には、警察の追及が間近に迫っていることを告げて恐怖心をあおる一方、Ｘとしてもこれ以上庇護してやることはできない旨告げて突き放し、Ａ自ら農薬を嚥下させて死亡させた。

上記事実につき、原審は、強盗殺人罪の成立を肯定したが、その前提となる殺人の成否につき、被害者を欺罔して心理的に追い詰め自殺を慫慂して自殺させた場合は殺人罪が成立するとした。これに対し、弁護人は、Ａの自殺は真意に基づくものであるから、自殺教唆にとどまる旨等主張して控訴した。

●判旨●　控訴棄却。「自殺とは自殺者の自由な意思決定に基づいて自己の死の結果を生ぜしめるものであり、自殺の教唆は自殺者をして自殺の決意を生ぜしめる一切の行為をいい、その方法は問わないと解せられるものの、犯人によって自殺するに至らしめた場合、それが物理的強制によるものであるか心理的強制によるものであるかを問わず、それが自殺者の意思決定に重大な瑕疵を生ぜしめ、自殺者の自由な意思に基づくものと認められない場合には、もはや自殺教唆とはいえず、殺人に該当するものと解すべきである。……出資法違反の犯人として厳しい追及を受ける旨のＸの作出した虚構の事実に基づく欺罔威迫の結果、Ａは、警察に追われているとの錯誤に陥り、更に、Ｘによって諸所を連れ回られて長時間の逃避行をしたあげく、その間にＸから執拗な自殺慫慂を受けるなどして、更に状況認識についての錯誤を重ねたすえ、もはやどこにも逃れる場所はなく、現状から逃れるためには自殺する以外途はないと誤信して、死を決したものであり、Ａが自己の客観的状況について正しい認識を持つことができたならば、およそ自殺の決意をする事情にあったものとは認められないのであるから、その自殺の決意は真意に添わない重大な瑕疵のある意思であるというべきであって、それがＡの自由な意思に基づくものとは到底いえない。したがって、Ａを右のように誤信させて自殺させたＸの本件所為は、単なる自殺教唆行為に過ぎないものということは到底できないのであって、Ａの行為を利用した殺人行為に該当するものである」。

●解説●　1　自殺関与・嘱託殺人罪と殺人罪の区別に関しては、自殺者を脅迫し、そのような瑕疵ある意思に基づき自殺させる事例も問題となる。本件は警察に追われているかのごとく欺罔し、さらに自殺する以外にないと脅迫した事案につき、自殺教唆ではなく、殺人罪と評価した。

2　脅迫による殺人罪と自殺関与罪の限界を判別するには、①自殺にあたるかという自殺関与罪の観点と、②殺人行為といえるかという殺人罪の観点とを区別して検討する必要がある（【114】）。

3　まず、①自殺にあたるか否かは、自殺が自己の決定（真意）に基づくか否かにより犯罪の成否が決定される。脅迫に関しては、その脅迫が意思の自由を奪うほど強度のものであれば殺人罪の可能性が生ずる。広島高判昭和29年６月30日（高刑７-６-944）は、妻の浮気を邪推した夫から毎日虐待され、「これ以上夫の圧迫を受けるよりむしろ死んだ方がましである」と考え自殺した事案につき、暴行・脅迫が意思の自由を奪うほどではなかったとして、刑法199条でなく202条の成立を認めた。自殺の決意を生ぜしめたとしたのである。

4　脅迫の程度が意思の自由を奪う程度であるとされる場合には、次に②殺人罪としての実行行為性が認められるかが問題となる。つまり、積極的に殺害したと同視しうる事情が必要である。特に不作為の場合には、死との因果関係が認められても作為義務が欠ける場合があり、殺人罪の実行関与性が認められないことがありうる。

5　本件は、欺罔と脅迫の双方が作用した事案であるが、ここでも、「自殺（同意）が真の自己決定に基づくか否か」という規範的評価が必要である。そして、老女が自殺せざるをえなくなった経緯を見れば、生命そのものに関する直接の錯誤は存在しないものの、長期間にわたる周到に計画された欺罔により生きる意欲を失っていったものであり、それに独り暮らしの老人に対する執拗な脅迫を考え合わせれば、自らの自発的真意に基づく自殺とはいえないと解される。そして、殺人罪の実行行為性が認められるともいえよう。

●参考文献●　安達光治・囲各７版６、角田正紀・研修495-51、曽根威彦・法セ430-117

116 殺人予備罪—他人予備の成否

東京高判平成10年6月4日（判時1650号155頁）　　参照条文　刑法60条、201条

サリン生成用化学プラントの建設等に関与した者は殺人予備罪にあたるか。

●**事実**●　宗教法人教団に所属する被告人Xが、不特定多数の者を殺害する目的で、教団代表者Aおよび教団所属の者多数と共謀の上、平成5年11月ころから同6年12月下旬ころまでの間、教団施設およびその周辺の教団施設等において、サリン生成化学プラントを完成させ、さらに、サリン生成に要する原材料である化学薬品を調達し、これらをサリンの生成工程に応じて本件プラントに投入し、これを作動させてサリンの生成を企てたという事案である。

原審が、殺人予備罪を認めたのに対し、X側が控訴した。

●**判旨**●　控訴棄却。東京高裁は、殺人予備行為の始期に関し、「平成5年11月ころの段階では、既にサリン生成工場としての第7サティアンが完成していたこと、効率的で量産可能な5工程から成るサリン生成方法が考案されてその生成に成功していたこと、70トンのサリンの生成に向けて必要な大量の原材料の購入が始まっていたことの諸事情が存するのであって、Aらが企図した殺人の実行行為に不可欠なサリンにつき、その生成工程がほぼ確立され、量産へ向けての態勢に入ったものといえるから、同時点以降のサリンの大量生産に向けてされた諸行為は、大量殺人の実行のために必要であるとともにその実行の危険性を顕在化させる準備行為として殺人予備罪に該当すると解される」として殺人予備行為の始期を平成5年11月ころと認め、「所論は、本件プラントの第4工程が稼働したのは1回だけであり、しかも同工程に構造上の欠陥があったため生成されたジフロが回収されなかったし、第5工程は全く稼働していないということを挙げて、本件プラントは未完成であったから殺人予備罪が成立しないというが、右のとおり、平成5年11月ころ以降のサリンの大量生産に向けてされた諸行為が殺人予備行為と評価されるのであって、所論指摘のような事情は殺人予備罪の成否に影響を与えない。……また、平成7年1月1日の時点で、本件プラントが未完成のまま閉鎖され殺人の実行に着手することが不可能になったから、殺人予備罪は成立しないともいうが、そのようなことによって平成5年11月ころから平成6年12月下旬ころまでの間にされた殺人予備行為が不可罰になるわけのものではない」とした。

そして、殺人予備の犯意に関して「所論は、殺人予備罪が成立するためには予備行為を行った者が自ら殺人を実行する目的を有していることが必要であるから、大量殺人の目的を有しないXに殺人予備罪の成立を認めることはできないという。しかし、殺人予備罪の成立には、自己の行為が殺人の準備行為であることの認識があれば足り、その殺人が自ら企図したものであるか共犯者である他の者が企図したものであるかは、その成否を分ける要件ではないと解される。したがって、X自身に大量殺人の意図がなくても、自己の行為がAらの企図する殺人の準備行為であることの認識がある以上、殺人予備罪が成立するといわなければならない」と判示した。

●**解説**●　1　殺人予備とは、殺害の実行の着手にいたる以前の準備行為一般を意味する。たとえば、殺害のための凶器を準備して、被害者の家の周りをうろつくとか、不特定の人の殺害の目的で毒入り飲料を道端に置く行為などである。ただ、準備行為のすべてが予備罪として可罰的であるわけではなく、殺害目的との関係で一定程度の危険性は必要で、しかも実際上、目的地との距離、準備の程度など客観的にその危険性が顕在化した時点で刑事システムに取り込まれることになる。ただ、非常に危険で人を殺傷する以外の目的の考えられない爆弾やサリンのような化学薬品を製造すれば、それを目的地まで運搬しなくても、殺人予備罪に該当しうる。

2　東京高裁は、企図した殺人の実行行為に不可欠なサリンにつき、その生成工程がほぼ確立され、量産へ向けての態勢に入ったものといえるから、同時点以降のサリンの大量生産に向けてされた諸行為は、大量殺人の実行のために必要であるとともにその実行の危険性を顕在化させる準備行為として殺人予備罪に該当すると解されるとして、平成5年11月には、殺人罪の構成要件実現のための客観的な危険性という観点から、実質的に重要な意義を持ち、客観的に相当の危険性の認められる程度の準備が整えられたとしたものである。

3　殺人予備罪は殺人行為を自ら遂行する目的が必要だとされる。たしかに、他人の行う殺人行為のための準備は、通常は殺人罪の幇助となる。その意味では、予備行為を行った者が自ら殺人を実行する目的を有していることが必要であるということになる。

しかし、正犯者の殺人行為着手前に検挙された場合には、実行従属性の要請から殺人幇助（の未遂）は成立しないことになり不合理である（殺人予備罪の幇助の成立は可能であるが）。特に、サリン製造のように重大な準備行為を行い予備段階で検挙された場合には、従来は殺人幇助罪によって評価すれば十分であるとされていたが、表には出なかった殺人予備罪が顕在化し適用されるべきである。ただ、本件のような「共犯関係」にある正犯者（A）に、殺人目的が存在する必要はあろう。

●**参考文献**●　山中敬一・平10年度重判144、安里全勝・山梨学院大学法学論集44-43

117 傷害の意義(1)

最３小決平成24年１月30日（刑集66巻１号36頁・判時2154号144頁）　　参照条文　刑法204条

> 昏酔させる行為と傷害罪。

●**事実**●　K 大学附属病院の眼科医師であった被告人 X（当時31歳）は、同病院第二臨床研究棟内において、あらかじめ、同僚の ID とパスワードを使って勝手に処方箋を作成してフルニトラゼパム(＊)を含有する錠剤（睡眠薬）を入手してすりつぶしておいたものを、平成21年３月21日、シュークリームに混入させ、当直医として勤務していた A 女（同大学院生。32歳）に提供し、事情を知らない A に食べさせて、A に約６時間にわたる意識障害および筋弛緩作用を伴う急性薬物中毒の症状を生じさせ、同３月27日、同病院の研究室において、医学研究中であった A が机上に置いていた飲みかけの缶入りのお茶に上記同様の睡眠薬の粉末および麻酔薬を混入し、事情を知らない A に飲ませて、A に約２時間にわたる意識障害および筋弛緩作用を伴う急性薬物中毒の症状を生じさせたものである。

第１審は懲役８月の実刑を言い渡し、原審も、この判断を維持した。X 側は、本件程度の昏酔は傷害罪を構成しないなどと主張して上告した

＊フルニトラゼパムは、睡眠導入剤で、入院患者などに、中途覚醒および早朝覚醒の改善の目的で用いられることが多いとされ、また、他の催眠薬に反応しない慢性または重度の不眠症の短期間の治療を目的として用いられるとされている。一部の薬物と併用した場合に、脱抑制作用や健忘作用があるので、乱用あるいは犯罪目的で利用されることがあり、用法・用量に関し、「必ず指示された服用方法に従ってください。」等と記されている。

●**決定要旨**●　上告棄却。「所論は、昏酔強盗や女子の心神を喪失させることを手段とする準強姦において刑法239条や刑法178条２項が予定する程度の昏酔を生じさせたにとどまる場合には強盗致傷罪や強姦致傷罪の成立を認めるべきでないから、その程度の昏酔は刑法204条の傷害にも当たらないと解すべきであり、本件の各結果は傷害に当たらない旨主張する。しかしながら、上記事実関係によれば、X は、病院で勤務中ないし研究中であった A に対し、睡眠薬等を摂取させたことによって、約６時間又は約２時間にわたり意識障害及び筋弛緩作用を伴う急性薬物中毒の症状を生じさせ、もって、A の健康状態を不良に変更し、その生活機能の障害を惹起したものであるから、いずれの事件についても傷害罪が成立すると解するのが相当である。所論指摘の昏酔強盗罪等と強盗致傷罪等との関係についての解釈が傷害罪の成否が問題となっている本件の帰すうに影響を及ぼすものではなく、所論のような理由により本件について傷害罪の成立が否定されることはないというべきである。したがって、本件につき傷害罪の成立を認めた第１審判決を維持した原判断は正当である」。

●**解説**●　1　刑法239条は「人を昏酔させてその財物を盗取した者は、強盗として論ずる」と定めている。薬品や酒などを用いて被害者の意識作用に一時的または継続的障害を生ぜしめ、財物に対し有効な支配を及ぼしえない状態に陥らせて財物を奪う行為を強盗と同様に処断する。強盗罪と昏酔強盗罪との関係は、強制性交等罪と準強制性交等罪との関係と類似する。

239条の手段である昏酔させる方法には制限がない。殴打して失神させるのは通常の強盗罪の手段であるが、泥酔させたり、睡眠薬、麻酔剤で昏酔させたり（横浜地判昭60・2・8刑月17-1＝2-11）、催眠術を施したりする場合は、本罪の実行行為となる。その意味で、本件の睡眠薬を飲ませる行為は、財物を奪う目的で行われれば、本罪の実行行為となりうる。昏酔は、完全に意識を喪失させる必要はない（東京高判昭49・5・10東高時報25-5-37）。

2　そうなると、準強盗犯人が、「6時間にわたる意識障害及び筋弛緩作用を伴う急性薬物中毒の症状」を生ぜしめた場合には、240条の強盗致傷罪に該当するのではないかという問題が生じる。そして、睡眠薬等を用いた昏睡強盗を繰り返し、飲酒酩酊下での薬効等により死亡させた場合には昏睡強盗致死罪（240条）が成立するのである（水戸地判平11・7・8判時1689-155）。睡眠薬中毒により、難聴や失明などの重篤な後遺症が残れば、昏酔強盗致傷罪が成立するといわざるをえない。

3　しかし、財物を盗取する目的で、本判例の事案程度の睡眠導入剤を飲ませて一時的に意識障害等を生ぜしめても、昏酔強盗致傷罪には該当しえないであろう。準強盗の手段として評価し尽くされる「昏酔」である以上、240条を構成する傷害には該当しない。そこで、ここでも、意識障害等を生ぜしめる行為が、240条の「傷害」に該当しない以上、204条の傷害とはなりえないという議論が生じうる。しかし、それは昏酔強盗で処断することができる場合には、そのように処理するのが合理的だということにすぎず、204条の傷害罪を構成するか否かは、別論なのである。

4　なお、239条の解釈としては、「昏酔させてその財物を盗取した者」の文言から、財物を盗取するに適する程度に被害者を「昏酔させること」が必要だということが導かれうる。そうすると、睡眠薬を飲まされて眠気を感じるものの、意識がはっきりしている場合、気分はともかく行動にほとんど不具合を感じないような場合には、昏酔強盗にも該当しないであろう。しかし、財物を奪うのに適する程度の意識障害と傷害罪を構成するだけの生理機能の障害は、尺度が異なるのである。昏酔強盗罪を構成しない程度の睡眠薬投与行為でも、傷害罪に該当することは十分考えられる。少なくとも、本件は傷害罪にあたるとすべきである。

●**参考文献**●　辻川靖夫・判解平成24年度9、薮中悠・百各8版10、前田・最新判例分析134

118 傷害の意義⑵

最2小決平成17年3月29日（刑集59巻2号54頁・判時1915号156頁）　　参照条文　刑法204条

> 隣家に向けて連日ラジオの音声等を大音量で鳴らし続け、慢性頭痛症等の傷害を負わせた行為と傷害罪。

●事実● 被告人Xは、かねてから確執がある隣家のAらに向けて、自宅から嫌がらせのためラジオの音声や目覚まし時計のアラーム音を流し始め、約1年半の間にわたり、連日早朝から深夜・未明まで鳴らし続けるなどして、隣人Aに精神的ストレスを与え、全治不詳の慢性頭痛症等の傷害を負わせたとして、傷害罪により起訴された。ひどい時期には、ラジオを連日朝7～8時から翌午前1～2時まで継続的に大音量で鳴らし、その間や未明に複数の目覚まし時計も断続的に鳴らし、家族や警察官の制止も一切聞かないという状態で、その音量の最大値は、地下鉄や電車の車内等の騒音に匹敵すると認定されている。

Xは、公判で、その行為は暴行の実行行為にも傷害の実行行為にもあたらず、暴行の故意も傷害の故意もないなどと主張したが、第1審・原審ともに、暴行によらない傷害の実行行為に該当し、その故意もあるとして傷害罪の成立を認めた。これに対し、X側が上告。

●決定要旨● 上告棄却。最高裁も「第1審判決の認定によればXは、自宅の中で隣家に最も近い位置にある台所の隣家に面した窓の一部を開け、窓際及びその付近にラジオ及び複数の目覚まし時計を置き、約1年半の間にわたり、隣家のAらに向けて、精神的ストレスによる障害を生じさせるかもしれないことを認識しながら、連日朝から深夜ないし翌未明まで、上記ラジオの音声及び目覚まし時計のアラーム音を大音量で鳴らし続けるなどして、同人に精神的ストレスを与え、よって、同人に全治不詳の慢性頭痛症、睡眠障害、耳鳴り症の傷害を負わせたというのである。以上のような事実関係の下において、Xの行為が傷害罪の実行行為に当たる」と判示した。

●解説● 1 傷害罪の実行は通常、暴行（物理的な有形力の行使）によってなされる。本件に類似した事案で、騒音を暴行と認めた判例として、多数名が室内の被害者の間近で大太鼓等を連打した事案に関する、最判昭和29年8月20日（刑集8-8-1277）がある。騒音そのものが「暴行」にあたれば、結果的加重犯としての傷害罪が成立しうることは当然である。音波を物理的な空気振動として利用したとみられる場合も存在することは疑いない。しかし、音としての物理力は弱く暴行とみることはできない場合でも、それによって、傷害結果を生ぜしめる場合もかなり存在する。

2 大阪高判平成24年3月13日（判タ1387-376）は、相手方と向かい合って立った状態で一定の距離を保った

まま前進し、相手方を後ずさりさせる行為が傷害罪の実行行為としての暴行にあたるとされた（後ずさりした被害者が後ろ向けに転倒し、ブロック塀で頭部を強打して重傷を負った事例）。

3 有形力の行使がなくても、無形的な手段による傷害罪も考えうるのである。被害者を欺罔して毒物を服用させ下痢を起こさせたり、脅迫して精神病に追い込む場合も傷害罪となることは当然である。判例は、嫌がらせの電話で精神に異常をきたした場合にも傷害罪を認めている（東京地判昭54・8・10判時943-122）。無言電話等によりPTSD（【128】参照）を生ぜしめた場合も傷害罪を構成する（福岡高判平12・5・9判時1728-159、東京地判平16・4・20判時1877-154）。

教室設例として用いられる「詐称誘導」、すなわち落し穴に被害者自ら落下させてケガをさせた場合も、傷害罪となりうる。被害者の行為を利用した傷害を認めた判例として、暴行・脅迫を加え「命が惜しければ指を歯でかんでつめろ」と命じ、被害者にそのとおりにさせた行為についての鹿児島地判昭和59年5月31日（判タ531-251）がある。

4 その意味で、本件のように、大音量のラジオなどにより慢性頭痛症等に陥らせた場合は傷害罪を構成することは、判例の流れからみて当然である。本件第1審判決は、Xの生ぜしめた騒音の程度がAの身体に物理的な影響を与えるものとまではいえず、暴行にあたらないとした上で、傷害罪の実行行為は、人の生理的機能を害する現実的危険性があると社会通念上評価される行為であって、そのような生理的機能を害する手段については限定がなく、無形的方法によることも含むとし、Xの行為は、その期間、時間帯、騒音の程度等に照らすと、Aに対して精神的ストレスを生じさせ、睡眠障害等の症状を生じさせる現実的危険性のある行為と評価できるから、傷害の実行行為にあたるとして、傷害罪の成立を認め、控訴審判決、本決定もこれを維持した。

5 ただ、単なる嫌がらせの騒音で偏頭痛が生じたというだけでは刑法204条の構成要件該当性は認められず、そのような症状に追い込む認識という「傷害の故意」が必要である（もとより、具体的な病名・症状等を認識する必要はない）。本件では、傷害の未必的故意も認定された。

6 結果としての「傷害」の意義に関しては、身体の完全性の侵害と解する見解、生理機能の障害と解する見解、この両方を含むとする折衷説があるが、判例は、基本的に人の身体の生理的機能の障害をいうとしている。本件の慢性頭痛症、睡眠障害、耳鳴り症等も当然傷害である。さらに生理機能の障害の中には、PTSDの症状も傷害罪に含まれる（【128】参照）。

●参考文献● 大野勝則・判解平17年度59、林幹人・判時1919-3、小西聖子『トラウマの心理学』34

119　胎児傷害

最3小決昭和63年2月29日（刑集42巻2号314頁・判時1266号3頁）　　参照条文　刑法211条

> 胎児の段階で与えた障害が出生後に傷害として発現した場合に傷害罪は成立するか。

●**事実**●　N会社代表取締役社長であった被告人Xは、工場長Yとともに同工場の業務全般を統括し、操業およびこれに伴う危険発生防止等の業務に従事していた。同工場はかねて工場廃水を水俣湾に排出していたが、やがて同湾の魚介類を摂取していた周辺住民の間に原因不明の疾病が多発し、昭和35年5月にはいわゆる水俣病として問題化し、その間昭和33年7月の厚生省公衆衛生局長作成の関係機関宛て文書などにより、水俣病と同工場廃水の関連が指摘され、少なくとも、そのころ、X・Yは、同工場廃水に水俣病の原因となる有毒物質が含有されていることを認識しうる状況にあった。それにもかかわらず、X・Yは、昭和33年9月から同35年6月末ころまでの間、同工場のアセトアルデヒド製造工程で副生した塩化メチル水銀を含有する廃水を水俣川河口海域に排出し、同海域の魚介類を塩化メチル水銀により汚染させ、同海域から捕獲された魚介類を摂取するなどした多数の人を水俣病に罹患させ死傷に致した（そのうち、魚介類を直接摂取した5名（全員死亡）および母親の胎内において母親が摂取した魚介類の影響を受け、いわゆる胎児性水俣病に罹患しつつも出生した2名の計7名について起訴された）。

第1審は、上記のような公訴事実どおりの認定をした上で、胎児性水俣病に罹患しつつも存命している1名を含めた被害者5名に関する業務上過失致死傷罪については、公訴時効が完成しているとして免訴の判断を示し、残りの被害者2名についてのみ業務上過失致死罪を認めた。これに対し、X・Yは控訴したが、原審はこれを棄却し、両被告人は不服として上告した。

●**決定要旨**●　上告棄却。「現行刑法上、**胎児**は、**堕胎の罪において独立の行為客体として特別に規定されている場合を除き、母体の一部を構成するものと取り扱われている**と解されるから、業務上過失致死罪の成否を論ずるに当たっては、**胎児に病変を発生させることは、人である母体の一部に対するものとして、人に病変を発生させることにほかならない**。そして、胎児が出生し人となった後、右病変に起因して死亡するに至った場合は、結局、人に病変を発生させて人に死亡の結果をもたらしたことに帰するから、病変の発生時において客体が人であることを要するとの立場を採ると否とにかかわらず、同罪が成立するものと解するのが相当である」。

●**解説**●　1　胎児に故意または過失により危害を加え

たところ、その結果が生まれた後の「人」に傷害・奇形を生じさせたとしても、分娩時期を早めたわけではないので堕胎罪には該当しない。そこで傷害罪、過失傷害罪にあたるといえるかが争われたのが本件である。

2　現行法上胎児を人と認めることはできないので、(a)「胎児」に対する傷害罪は認められないとすることが、自然な解釈論のように見える。しかし、本件のような場合に、そのような結論を採用することに、判例学説は躊躇せざるを得なかった。

3　そこで、(b)母親に対する傷害罪を認めることが考えられた。この考え方は、(イ胎児を母体の一部とする見解と、(ロ)母親の健康な子どもを産む機能・能力を害するとする見解を含む。(ロ)は、一般に「傷害とは生理機能の障害である」と説明されるため説得力を持つ面もあるが、母親の機能の侵害というよりは、やはり、胎児自体が侵害されたとみるのが自然であろう。

4　そこで本決定は、(イ胎児を母体の一部とする見解を採用した。このような理解は、社会通念とも、最も整合性があるとはいえるが、そのように考えると、形式的には、自己堕胎は不可罰である自傷行為ということになってしまう。そこで最高裁は、「胎児は、堕胎の罪において独立の行為客体として特別に規定されている場合を除き、母体の一部を構成するものと取り扱われている」とするのである。判例は、**自己堕胎罪の処罰根拠**を、胎児の生命・身体のみに限定してはいないのである。

5　学説では、(c)**胎児の段階で加えられた害が生まれた「人」に生じた時点で傷害罪が成立する**とする見解が、有力に主張された（本件第1審も、このような考え方を採用していた）。しかし、通説である一部露出説によれば、母体外において直接侵害することができることを理由に人として厚く保護しようとするわけで、傷ついた子を産ませるのと生まれた子を傷つけるのとは、明確に区別されるはずである。さらに、傷害罪は状態犯であり、結果発生と同時に犯罪が完成する以上、胎児に侵害が及べばそこに既遂を認めざるをえない。

6　現代社会においては、薬物やX線などで胎児を侵害する可能性が高い。これらのうちのどこまでを傷害罪や過失傷害罪で処罰するかは、政策的にも困難な課題である。判例も、同乗の妊婦が交通事故の衝撃により早産し、その子が死亡した事案につき、運転者には業務上過失致死傷罪の責任を問うべきでないとしたものがある（秋田地判昭54・3・29刑月11-3-265）。一方で、類似の事案に致死罪の成立を認めたものがある（静岡地判平18・6・8判例集未登載）。

●**参考文献**●　金谷利廣＝永井敏雄・判解昭63年度137、林幹人＝田宮裕・警研62-5-28、金澤文雄・判タ682-76、大谷實・法セ33-7-127、田中優輝・［百］各8版6

120 同時傷害における同一の機会

東京高判平成20年9月8日（判タ1303号309頁）　　　参照条文　刑法60条、207条

刑法207条が適用になるには、複数の暴行の間にどのような関係が必要か。

●**事実**●　被告人XおよびYが第1現場においてVに対して暴行を加え、その後、Zが第2現場においてVに対して暴行を加え傷害したという事案で、3名のいずれかの暴行によりVの傷害の結果が発生したが、いずれの暴行によるものであるかは認定し難いという事案であった。各暴行現場の間には、時間的に約1時間20分の差、場所的に約20km前後の移動があった。

検察官は、被告人3名の事前共謀により暴行がなされ、その暴行により傷害結果が発生したものであって、被告人3名には傷害罪の共同正犯が成立するものであるとして起訴し、原審は、公訴事実どおり、3名の事前共謀に基づく傷害罪の共同正犯が成立するとしたが、被告人側は、共謀は成立していなかったなどとして控訴した。

●**判旨**●　東京高裁は原判決を破棄し自判した。被告人3名が当初からVに対して暴行を加える旨共謀し、第1現場および第2現場における各暴行がこの共謀によるものであるとした原判決は、事実を誤認したものであるとした上で、同時傷害の成否につき以下のように判示した。

「Vに生じた顔面打撲及び外傷性脾損傷の結果は、いずれも、X及びYが共謀の上、第1現場において加えた暴行によるものであるのか、Zが第2現場において加えた暴行によるものであるのかを確定することはできない」。「第1現場における暴行と第2現場における暴行との間には、時間的に約1時間20分の差、場所的に約20km前後の移動があるものの、……X及びYが第1現場においてVに対して暴行を加えた後、自動車に乗せ、引き続きVを詰問するなどしたり、Zにも連絡を取るなどしながら、第2現場に到着し、X及びYが下車した後に、Xから連絡を受けたZが、上記自動車内に残っていたVに対して暴行を加えたものであって、これらの暴行は、Vが被告人3名のいずれかの支配下に置かれていた一連の経過の下でのものである。また、被告人3名はO商事の役員又は従業員であるところ、Vに対して無断で出勤しなくなったなどの前記の疑惑について問い詰めるなどしなければならないと考え、最終的には被告人3名がいずれもVに対して暴行を加えたのも、O商事の従業員であったVの行動を契機とするものであって、X及びYの共謀による暴行とZの暴行とは、その経緯、動機も基本的には同一である。さらに、Zは、X及びYがVに対して暴行を加えたことを認識して自らもVに対して暴行を加えており、X及びYも、Zとの間で暴行についての共謀までは至っていなかったものの、ZがVを詰問すること自体は十分に予期、認識していたことが認められる。

このような経緯からすれば、上記の時間的、場所的な間隔の程度の下で、第1現場における暴行及び第2現場における暴行は相競合して敢行されたものであっ

て、被告人3名の各暴行は、社会通念上同一の機会に行われた一連の行為と認めることができ、被告人3名は、刑法207条により、Vの傷害結果についての責任を負うことになる」として、共同正犯の成立を認めた原判決の量刑よりも軽い懲役刑（付執行猶予）を言い渡した。

●**解説**●　**1**　刑法207条が成立するためには、同一場所において同時に暴行を加えることまでを要するものではないが（大判昭11・6・25刑集15-823）、複数の暴行が同一機会に行われた場合を要する。ただ、時間、場所が多少異なっていても同条は成立しうる。

2　本件は、約1時間20分の差、場所的に約20km前後の移動があるものの、これらの暴行が、①暴行を加えた者のいずれかが被害者を支配下に置いていたという一連の経過の下でのものであり、②その経緯、動機も基本的には同一であること、③後に暴行を加えた者は、先に暴行が加えられたことを認識していたこと、④先に暴行を加えた者も、後に暴行を加えた者が被害者を詰問すること自体は十分に予期、認識していたこと、などの事情から、各暴行は、社会通念上同一の機会に行われた一連の行為と認めることができるとされた。

3　判例の中には、XとYが約1か月にわたりAに連日のように暴行を加え、最後はXが真夜中から午前7時半ころにかけて、Yが同午前9時ころにそれぞれ暴行を加えた事案を同一機会とし（東京高判昭38・11・27東高時報14-11-186）、1名が午前零時30分ころまで、事務所入口およびその前の広場で暴行を加え、もう1名が午前零時30分すぎころから上記広場で暴行を加えた事案に207条の適用を認めたものもある（東京高判昭47・12・22判タ298-442）。また、A地点におけるXの暴行とB地点におけるYの暴行が20分、2〜3km離れていても207条は適用されるとしたものも見られる（福岡高判昭49・5・20刑月6-5-561）。

これに対し、XとYが、それぞれAに対し殴打するなどの暴行を加えて顔面打撲の傷害を負わせた傷害事件について、X・Yの各暴行は、時間的には約1時間50分の隔たり、場所的には約27.8kmの車による移動があり、X・Yは全く別個の動機や原因で暴行を加えており、両者は互いに面識がないので、社会通念上同一の機会に行われた一連の行為と認めることはできないとした例もある（広島高岡山支判平19・4・18裁判所webサイト）。

4　暴行と傷害結果の因果性の立証の困難性を回避するという本条の基礎にある政策を強調していけば、ある程度離れた場所・時間において発生した場合にも、因果性が不明確ならば本条を適用することが可能となる。しかし、因果性を推定するものである以上、意思の連絡はともかく、客観的に共同実行がなされたといいうる（ないしは同視しうる）事情は必要となる（札幌高判昭45・7・14高刑23-3-479）。

なお、207条の意義に関して【88】【89】参照。

●**参考文献**●　森田邦郎・研修728-85、中川深雪・警論63-8-168、前田・最新判例分析100、同・捜査研究778-55

121　幅寄せと暴行

東京高判平成16年12月1日（判時1920号154頁）　　参照条文　刑法205条、208条、刑法1編7章

> 執拗な車両による追跡行為を繰り返した結果、被害者がさらなる暴行から免れるため車外に出て逃走中に転落死した場合に、傷害致死罪が成立するか。

●**事実**●　被告人Xらが、A車両にカーブで幅寄せされたとして立腹し、X車両自ら対向車線に進出するなど危険な方法でA車両と併走し、追い越そうとし、X車両を、A車両に最短1m以下と極めて接近させるいわゆる幅寄せ行為を頻繁に行い、かつ、A車両を強引に追い越してその前に斜めに割り込む進路妨害を数回行うなどして約3kmにわたって執拗に追跡し、A車両の前にX車両を斜めに割り込ませて停止させ、約10分間にわたり、A車両を足蹴するなどの行為を継続したところ、Aが、隙を見て逃走し、見通しの利かない場所を疾走し、同所から約276m離れた場所にあったコンクリート製欄干に気付かないまま、段差につまずいて欄干を飛び越え、約11.5m下のアスファルト舗装された地面に転落し、死亡するに至ったというものである。

●**判旨**●　東京高裁は、幅寄せ行為について「結果的には幸いA車両が停止して交通事故には至らなかったものの、Aが運転を誤る可能性は極めて高かったといわざるを得ない。少なくとも……交通量が多く、幅員の狭い国道4号線バイパスに入った段階以降は、A車両をして、Xの車両ないし他車両や、欄干等路上施設との接触はおろか、橋上からの転落等重大な交通事故を惹起させる可能性が極めて高かったといえる。このことは、A車両が普通貨物自動車であり、X車両に比して車両が大きく、Aが職業運転手で運転技量に劣るところはなく、さらに、当時気象条件に問題はなく、幅寄せや進路妨害をした現場の地形が急なカーブ等危険場所ではなかったとしても同様である。そうすると、**本件追跡行為はAの身体に対する不法な有形力の行使すなわち暴行に当たる**ということができる。その際に、X車両が実際にAの身体やA車両に接触する必要はなく、前記の接触等の実質的な危険性があれば足りるというべきである。そう解さないと、四輪車同士の場合には、そもそも運転者である被害者の身体への直接の接触などは想定し難い上に、被害車両への接触が必要となると、例えば、追跡行為によりX車両をA車両と接触させて、ガードレール等に激突させてAを死亡させた場合には傷害致死罪が成立するのに、Aがとっさのハンドル操作でX車両との接触は避けたものの結局ガードレール等に激突して死亡した場合には同罪が成立しないことになり、接触という極めて偶然の出来事の有無により結論が大きく異なることになってしまい、これは、事態の実質から見て、到底妥当とはいえない。しかも、暴行罪の成立には身体との接触が必要であると解する説が、所論の引

用する裁判例のように仮に自動車の場合には自動車との接触が必要であるというならば、それは、あまりに便宜的な解釈態度というべきであろう」とした。

そして、A車両を停止させた後、約10分間にわたり、Aに対し怒号しつつ、A車両の運転席ドア、方向指示灯等を数回足で蹴り、キャビンの屋根に上って屋根を数回踏みつけ、屋根に座って運転席ドアガラスを数回靴の踵で蹴り、アンテナを折り曲げ、手拳で運転席ドアガラスを数回殴打し、運転席ドアを数回足蹴するなどの行為を継続したことは、暴行に該当するとした上で、全体として、Xらが、執拗な追跡の末にA車両を停止させ、A車両の運転席等に強い攻撃を加えたという一連の行為は、Aに対する暴行に該当し、Xらの暴行行為およびその故意を認定することができるとした。

そして、因果関係については、「Aが、後ろを振り返りながら疾走し、必死に逃走する過程において、見通しの利かない場所で、段差につまずいてコンクリート製欄干から転落するということは、Aの逃走行為の一環として引続き生起したことであり、前記の具体的な状況の下では予想外の出来事とはいえない。したがって、Aが転落した結果、同所において左後側頭部打撲によるくも膜下出血により死亡したことは、Xらの前記暴行と因果関係を有するということができる」と判示した。

●**解説**●　1　本判決は、暴行罪の成立には、行為者の車両が実際に被害者の身体や被害車両に接触する必要はなく、接触や交通事故を惹起するなどの実質的な危険性があれば足りると判示した。判例・通説の考えに従ったものであるが（東京高判昭50・4・15刑月7-4-480、東京高判平12・10・27東高時報51-103）、暴行罪が成立するためには身体的接触を要するとする見解も有力であることに注意しなければならない（現在は、自動車運転処罰法2条5号の危険運転致死傷罪の可能性もある）。

2　本件ではAの行為が介在して死の結果が生じた場合の因果関係も争われた。そして東京高裁は、一連の暴行により、後ろを振り返りながら疾走せざるをえなくなり、必死に逃走する過程において、見通しの利かない場所で、段差につまずいてコンクリート製欄干から転落するということは、具体的な状況の下では予想外の出来事とはいえないとして、因果関係を肯定した。Aがさらなる危難を避けるためにXらの一瞬の隙を見て逃走することはむしろ合理的な行動であり、極度に畏怖狼狽していたAが、合理的な判断ができないままに、とっさの判断の下に方向を定めて逃走する行為は、著しく不自然・不合理とはいえず、欄干からの転落は、逃走行為の一環として生起したことであり、予想外の出来事とはいえないとして致死罪の帰責を認めた判断は妥当である。

●**参考文献**●　曲田統・法学新報113-3＝4-571

122 暴行の意義

最3小決昭和39年1月28日（刑集18巻1号31頁・判時365号80頁）　　参照条文　208条

……振り回す行為は、暴行に……

……A と屋台のおでん屋を出……借入交渉が思うように進……B から「やくざ者には店……開き、気分がむしゃくしゃ……酒を飲んで酩酊し、つい……て文句をいって来い」と……きそうになり、とめても……らせるために脅そうと考……日本刀の抜き身を何回か……A の腹に刀が突き刺さり、……づく失血のため死亡する……

……罪の成立を認め、原審も、……すために日本刀の抜き身を……もなおさず A に対する暴……X は暴行の意思をもって……暴行により A に……傷害を……亡するに至らしめたもので……

……る暴行とは、人の身体に対……をいうものであるが、本件……動を制止するためで何ら不……身体に向って攻撃を加える……るから、A に対する暴行とい……本件は過失致死をもって論ず……上告した。

……は事実誤認、単なる法令違反……告理由にあたらないとしたう……記のように判示し、上告を棄却した。「原判決は、判示のような事情のもとに、狭い4畳半の室内でAを脅かすために日本刀の抜き身を数回振り廻すが如きは、とりもなおさず同人に対する暴行というべきである旨判断したことは正当である」。

●解説●　1　本件事案では、「日本刀の抜き身を数回振り廻す行為」が刑法208条の暴行に該当するか否かが問題となる。暴行であれば、その結果 A を傷害したのであるから、「暴行の結果的加重犯」でもある傷害罪に該当し、さらに死の結果が生じた場合には傷害致死罪が成立する。もし、暴行でなく脅迫にすぎないということになれば、傷害罪は成立せず、死の結果はせいぜい過失により生じたものということになる（210条）。この結論についての考慮が、本件の一見すると広い暴行概念を導いているとも考えられる。

2　暴行概念の拡大には、傷害罪の未遂が存在しないことも影響している。傷害の故意で暴行を加えたが、傷害の結果が発生しなかった場合は、暴行罪で処理するのである（大判昭4・2・4刑集8-41、最判昭25・11・9刑集4-11-2239）。その結果、ケガをさせようと足を狙って石を投げたところ、それで傷害が発生しなかったような場合、暴行罪の成立を認めるのである。

3　暴行とは、人の身体に向けられた有形力の行使と定義される。しかし、これは暴行罪における暴行概念であり、刑法上はそれ以外にも様々な暴行概念が用いられる。その基本は「有形力の行使」であるが、それが向けられる対象と有形力の強弱で区分される。(1)最広義の暴行概念は騒乱罪（106条）におけるそれで、人ないし物に向けられた有形力の行使を意味する。次に(2)広義の暴行概念が公務執行妨害罪（95条1項）や強要罪（223条1項）で用いられる。人に向けられた有形力の行使に限られるが、ただし身体に直接向けられる必要はなく、間接暴行を含む。人に向けられていれば足りる。次に、(3)狭義の暴行罪の暴行が位置し、最後に(4)強盗罪（236条）で用いられる最狭義の暴行概念がある。人の反抗を抑圧するに足る程度の強度が必要だとされるのである。それらは、それぞれ別個に議論されるように見えるが、相互に関連している。特に、公務執行妨害罪の間接暴行の考え方は、208条の解釈にも微妙に影響しているようにも思われる。

4　208条の有形力の行使の具体例としては、殴打等の典型例の他に、①髪を根元から切る行為（大判明45・6・20刑録18-896）、②塩を振りかける行為（福岡高判昭46・10・11刑月3-10-1311）、故意に人に向かって農薬を撒布する行為（東京高判昭34・9・30東高時報10-9-372）、人の乗っている走行中の自動車に石を命中させる行為（東京高判昭30・4・9高刑8-4-495）、⑤女性に抱きつき帽子で口を塞ぐ行為（名古屋高金沢支判昭30・3・8高裁刑裁特2-5-119）、⑥他人が手に持っている空き缶を蹴る（名古屋高判昭26・7・17高裁刑判特27-131）等も含むとするのが判例である。

5　そして、人の身体に対する有形力の行使といっても、人に向けられていれば足り、物理的接触は不要とされる。それ故、本件のように、狭い室内で日本刀を振り回す行為は、暴行に該当することになる。

投石が命中しなかった場合も暴行にあたるとされる。さらに有形力といっても、物理的な力に加え、音・光・電気などのエネルギーも含むとされる。それ故、拡声器を使って耳元で大声を発する行為は暴行罪に該当することになる（大阪地判昭42・5・13下刑9-5-681）。

6　なお、暴行を加えて引き続き、「男のけじめをつけろ」と語気鋭く申し向けて、同内容の危害を加える旨の気勢を示した脅迫行為は、暴行罪によって包括的に評価されて、別個の罪を構成しない（【102】）。

●参考文献●　堀江一夫・判解昭39年度8、斉藤誠二・警研38-10-111、内田博文囲各3版14

123 危険運転致死傷罪

最3小決平成23年10月31日（刑集65巻7号1138頁・判時2152号15頁）　　参照条文　刑法208条の2第1項前段
（平19法54改正前）

> 刑法208条の2第1項前段には、アルコールの影響により前方を注視してそこにある危険を的確に把握して対処することができない状態も含まれるか。

●**事実**●　被告人Ｘが、運転開始前に飲んだ酒の影響により、前方の注視が困難な状態で普通乗用自動車を時速約100kmで走行させ、折から、前方を走行中の被害車両右後部に自車左前部を衝突させ、その衝撃により、被害車両を左前方に逸走させて橋の上から海に転落・水没させ、被害車両に同乗していた3名を死亡させたほか、運転者およびその妻に傷害を負わせた事案である。

　第1審は、事故現場に至るまで蛇行運転などを行っていないこと、事故直前に急制動等の措置を講じていること、本件事故後のＸの言動には、Ｘが相応の判断能力を失ってはいなかったことをうかがわせる事情が多数存在することなどから、危険運転致死傷の成立を否定した。これに対し原審は、アルコールの影響により、正常な運転が困難な状態で本件事故を起こし、かつ飲食店員等に対し相当酩酊した事実を認める発言をしたり、同乗者から普段とは異なる危険な状態での運転を指摘され、これを認識する発言をしていること、酒を飲むと判断が遅れたり、気が大きくなったりして、正常な運転ができないことも知っていた旨を日頃供述していること等を挙げて、アルコールの影響による正常な運転の困難性を基礎付ける事実の認識に欠けるところはなく、危険運転致死傷罪の故意も認められるとした。これに対しＸ側が上告した。

●**決定要旨**●　上告棄却。「刑法208条の2第1項前段における『アルコールの影響により正常な運転が困難な状態』であったか否かを判断するに当たっては、事故の態様のほか、事故前の飲酒量及び酩酊状況、事故前の運転状況、事故後の言動、飲酒検知結果等を総合的に考慮すべきである」とし、「刑法208条の2第1項前段の『アルコールの影響により正常な運転が困難な状態』とは、アルコールの影響により道路交通の状況等に応じた運転操作を行うことが困難な心身の状態をいうと解されるが、アルコールの影響により前方を注視してそこにある危険を的確に把握して対処することができない状態も、これに当たるというべきである。……本件は、飲酒酩酊状態にあったＸが直進道路において高速で普通乗用自動車を運転中、先行車両の直近に至るまでこれに気付かず追突し、その衝撃により同車両を橋の上から海中に転落・水没させ、死傷の結果を発生させた事案であるところ、追突の原因は、Ｘが被害車両に気付くまでの約8秒間終始前方を見ていなかったか又はその間前方を見てもこれを認識できない状態にあったかのいずれかであり、いずれであってもアルコールの影響により前方を注視してそこにある危険を的確に把握して対処することができない状態にあったと認められ、かつ、Ｘにそのことの認識があったことも認められるのであるから、Ｘは、ア

ルコールの影響により正常な運転が困難な状態で自車を走行させ、よって人を死傷させたものというべきである」。

●**解説**●　1　平成26年に自動車運転処罰法2条1号に移行したが、アルコールまたは薬物の影響により正常な運転が困難な状態で四輪以上の自動車を走行させて人を死傷させた者を罰する旧刑法208条の2第1項は、交通事故対策として最も重要な規定の1つであり、要件の解釈も刑法上の犯罪であったときのものはそのまま維持されている。アルコールとは、基本的には酒類のことであるが、アルコール分を含むものであれば足り、必ずしももっぱら飲料用に作られたものである必要はない。

　2　正常な運転が困難な状態とは、道路および交通の状況等に応じた運転操作を行うことが困難な心身の状態であるとされてきた。道路交通法上の酒酔い運転で問題とする「正常な運転ができないおそれのある状態」であっても、運転が困難な場合にあたるとは限らない。現実に適切な運転操作を行うことが困難な心身の状態にあることを要し、アルコール・薬物の影響により、前方の注視が困難になったり、アクセル、ブレーキ、ハンドル等の操作を意図したとおりに行うことが困難になる場合を意味するとされてきたのである（千葉地松戸支判平15・10・6判時1848-159、東京地判平14・11・28判タ1119-272、東京地八王子支判平14・10・29判タ1118-299、薬物に関するものとして名古屋高判平16・12・16高検速報平16-179）。

　3　最高裁は、本件決定により、「アルコールの影響により正常な運転が困難な状態」の意義を拡げたといえよう。罪刑法定主義を重視し、本条の文言を忠実に解釈すれば、第1審の判断の方が、むしろ自然ですらある。立法者も、「正常な運転が困難な状態」、すなわち、「アルコールの影響により道路交通の状況等に応じた運転操作を行うことが困難な心身の状態」には、「アルコールの影響により前方を注視してそこにある危険を的確に把握して対処することができない状態」まで含まれるとは解していなかったように思われる。しかし、このような解釈は、論理的に十分成り立ちうるし、国民の視点から見て「不当」なものともいえない。今後の自動車事故関連の立法に際しては、本件の各審級に対する評価も、十分に意識する必要があろう。

　4　具体的な結論を導く上では、「本件道路上においては、Ｘが自車を走行させた条件の下では、前方を向いている限り、先行する被害車両を遅くとも衝突の約9秒前（約150m）からは認識できる状況にあったにもかかわらず、Ｘは、被害車両の直近に至るまでの8秒程度にわたり、その存在に気付かないで自車を走行させて追突し、本件事故を引き起こした」という事実が、最も重要であったといえよう。血中アルコール濃度はともかく、このような程度にまで影響が及んでいれば、本罪は成立しうると判断したのである。

●**参考文献**●　岩崎邦生・判解平23年度226、星周一郎・平23年度重判153、同・法学会雑誌53-1-210、前田・最新判例分析143

124 胎児と人の限界

最3小決昭和63年1月19日（刑集42巻1号1頁・判時1263号48頁）　　　参照条文　刑法199条、214条、219条

満26週に入った胎児を母体外に排出させ、約54時間後に死亡するに至らしめた行為と、業務上堕胎罪、遺棄致死罪。

●事実●　被告人Xは優生保護法（当時・現在は母体保護法）上の指定医師として人工妊娠中絶等の医療業務に従事していたが、当時16歳の妊婦Aから堕胎の嘱託を受けてこれを承諾し、胎児が母体外において生命を保続することのできない時期（事件当時は厚生省発衛第252号厚生事務次官通知により「満23週以前」とされていた。現在は「満22週未満」と改められている）を超えていると判定しながら、同女に対し堕胎措置を施し、その結果妊娠満26週に入った胎児（体重約1000ｇ）を母体外に排出させ、業務上堕胎を行った。Xは10％程度にせよ本件生産児の生育可能性を認識しながら、Aが養育に意欲を示さず消極的または拒否的であったので、当該未熟児の保育に必要な医療措置を施すこともなく、自己の医院の休養室にバスタオルに包んで放置し、出生後約54時間後に死亡するに至らしめた。

第1審は、本件胎児は「母体外において、生命を保続することのできない時期」になかったことは明らかで、Xの本件胎児の母体外への排出行為は優生保護法上の人工妊娠中絶にはあたらず、業務上堕胎罪が成立するとし、また、Xには生育可能な新生児に対して「生存に必要な保護」をなす保護責任があったのに、Aと黙示的な意思連絡の上、本件嬰児の生存に必要な保護を与えず死に至らしめているので、Aとの不作為による共同正犯として保護者遺棄致死罪が成立するとした。原審は弁護人らの控訴を棄却したため、弁護人らはさらに上告した。

●決定要旨●　上告棄却。「Xは、産婦人科医師として、妊婦の依頼を受け、自ら開業する医院で妊娠第26週に入った胎児の堕胎を行ったものであるところ、右堕胎により出生した未熟児（推定体重1000ｇ弱）に保育器等の未熟児医療設備の整った病院の医療を受けさせれば、同児が短期間内に死亡することはなく、むしろ生育する可能性のあることを認識し、かつ、右の医療を受けさせるための措置をとることが迅速容易にできたにもかかわらず、同児を保育器もない自己の医院内に放置したまま、生存に必要な処置を何らとらなかった結果、出生の約54時間後に同児を死亡するに至らしめた……［以上］……Xに対し業務上堕胎罪に併せて保護者遺棄致死罪の成立を認めた原判断は、正

当としてこれを是認することができる」。

●解説●　1　生命・身体に対する罪の客体は「人」であり、胎児を含まないため、胎児そのものに対する傷害や殺人、さらに遺棄罪は認められない。胎児は堕胎罪の対象とされるのみである。

2　胎児から「人」に変わる時点に関して、一般に母体から一部露出した時点で人となるとする**一部露出説**が通説・判例であるとされる。しかし、母体から一部露出すれば全て人となるとすると、生存可能性の全くない時期における中絶により、生きて母体外に出た「人」が、しばらくした後死亡した場合に、保護責任者遺棄致死罪や殺人罪が成立してしまう可能性が生じる。

3　堕胎罪の**堕胎**とは、胎児を母体内で殺すことのみならず、自然の分娩期に先立って胎児を母体外に排出する行為も含む。人工妊娠中絶により胎児が生存したまま母体外に排出される場合は多い。それを殺害、あるいは放置する行為が、全て殺人罪、ないし遺棄致死罪に該当するとなると、一方で、母体保護法上、胎児が母体外において生命を保持することのできない時期（現在の厚生労働省の通達では満22週未満）に胎児を母体外に出す行為は、人工妊娠中絶として一定の要件の下で正当化されることと、実質的に矛盾することになるのである。堕胎行為は正当化されても、殺人罪等で処罰されるのであれば、母体保護法の違法阻却の意味を没却することになりかねない。少なくとも、広く人工妊娠中絶が行われているわが国の現実からすると、著しく不合理な結論になってしまう。

4　このような不都合を回避するためには、母体外で独立して生存する可能性のない段階の胎児は、たとえ母体外にあっても殺人罪、あるいは遺棄罪の客体としての「人」には含まないと解釈せざるをえない。そうだとすると、現時点では満22週未満は「人」ではなく、この間は体外への排出は堕胎罪により保護され、堕胎の結果排出後に生命が絶たれることは堕胎罪に評価し尽くされていると解される。これに対し22週以降に排出された場合は、生存して一部露出した時点で人となる。

5　本件は26週、約1000ｇの胎児を堕胎して母体外に排出して放置し、死亡させたもので、十分生存可能な嬰児に対する行為であるから、母体から露出した時点で「人」として保護するに値する。（保護責任者）遺棄致死罪が成立するのは当然である。

●参考文献●　原田國男・判解昭63年度1、中谷瑾子・研修480-3、同・J935-146、大谷實・判タ670-57、松原和彦・国各8版18

125　保護責任者遺棄致死罪の客体

東京高判昭和60年12月10日（判時1201号148頁・判タ617号172頁）　　参照条文　刑法211条後段、217条、218条、219条

> 泥酔者も遺棄の客体に含まれるか。遺棄の故意はどの程度の認識まで必要か。

●**事実**●　被告人 X は泥酔状態の内妻 A に対し、酔いを醒ますため風呂に入るよう命じ、午後5時ころ同女が着衣のまま水を張った浴槽内に入ったのを見て一旦就寝し、午後11時ころ風呂場をのぞくと同女がまだ浴槽内の水に浸り大声を出していたので、風邪をひかせないように浴槽の栓を抜き水を落としたものの、間もなく酔いも醒めて自分で風呂から上がって衣服も着替えるだろうと思い、そのまま放置したところ、A は午前3時ころ、風呂場内において、寒冷に基づく心衰弱により死亡した。原審は保護責任者遺棄致死罪を認めたので、X 側が控訴した。

●**判旨**●　東京高裁は、破棄自判し、重過失致死罪の成立を認めた。「午後11時頃の段階でも、A は……大声で泣いたり、笑ったり、何か喋っていたものであって、その意識が朦朧となるとか、意識不明になっているとか……の状態ではなかったことが認められ……X は、浴槽内の水を落すために栓を抜いたが、X としては同女の右のような状態から、同女に対してはその程度の処置で十分と思っていたのであり、……同女が極度に衰弱しているとの認識もなく、また直に介護しなければその生命身体に危険が生ずるであろうとの認識も全くなかった」のであるから、「X に保護者遺棄致死罪にいうところの、保護者として A を風呂場に放置しかつ遺棄したとの故意責任を問うことはできない」。ただ、「内縁の夫であり、同一家屋内に他者はいない状況下の X としては、……同女を直に浴槽から連れ出し、濡れた着衣を脱がせて乾いた衣類に着替えさせ、暖をとらせたうえ睡眠させるなどのことをして、その生存に必要な保温の措置を講ずべき注意義務があった」のに、X は「同女をそのままにして自分は就寝したところに重大な過失がある」。

●**解説**●　1　単純遺棄罪（217条）の客体は、老年、幼年、身体障害または疾病のために扶助を必要とする者である。保護責任者遺棄罪（218条）の場合は、老年者、幼年者、身体障害者または病者とのみ定める。しかし、後者の場合にも「扶助を必要とする者」であることは当然のことと解されている。扶助を必要とするとは、(a)助力がなければ通常の日常生活を営むことができない場合と解する見解もあるが、本罪を生命に対する危険に対する罪と解する以上は、(b)助力を得なければ生命に対する危険から身を守ることのできない場合とすべきである。

2　幼年者の意義に関して、東京地判昭和63年10月26日（判タ690-245）は、14歳から2歳までの実子4人をマンションに置き去りにし、うち1人を栄養失調症にさせた母親について、保護責任者遺棄、同致傷罪の成立を認めている。

3　特に曖昧な点が残るのが、疾病のために扶助を必要とする場合である。通常の内科的病人は当然であるが、精神病者、白痴、負傷者、極度に飢えている者もここに含まれる。大分地判平成2年12月6日（判時1389-161）は、愛人との同棲生活継続のため実子である13歳の少年を保護しなかったため飢餓死させた事案に関し、痩せ衰え衰弱し、食物も受け付けず、歩行も困難になったこの少年を保護責任者遺棄致死罪の客体とした。妊婦は病者ではない。

遺棄罪の客体は制限列挙であるため、溺れかけている者、熟睡中の者、手足を縛られている者、道に迷った者は、いかに生命の危険があろうと含まれないことになる。

4　泥酔者も病者に入るとするのが判例である。最決昭和43年11月7日（判タ229-252）は、情交関係にある被害者 A 女が、真夜中に駅前で酔いつぶれているのを見つけ、同女宅に連れ帰ろうとしたが、路上に座り込んで動こうとしないので、酔いを醒まさせるため、徐々に衣類を剝ぎ取り、全裸にしたが、それでも歩こうとしないので、ついに、たんぼの中に放置して帰宅したところ、1月の寒い時期であったため、A 女は凍死したという事案に関し、「A が当時、高度の酩酊により身体の自由を失い他人の扶助を要する状態にあったと認められるときは、これを刑法218条1項の病者にあたるとした原判断は相当である」とした。

5　それに対し、本判決は、水風呂に入っている泥酔状態の内妻をそのまま放置して死亡させた事案について、保護責任者遺棄致死罪の成立を否定した。「風呂の中で A は大声で泣いたり、笑ったり、何か喋っていたものであって、その意識が朦朧となるとか、意識不明になっているとかの状態ではなかった」という判示などからは、遺棄罪の客体の「疾病のため扶助を必要とする者」に該当しないと判断したともとれないことはないが、本件においては、X の認識が「遺棄罪の故意」として十分なものではなかったことが重視されている。「同女が極度に衰弱しているとの認識」、「直に介護しなければその生命身体に危険が生ずるであろうとの認識」が、必要だとされたのである。たしかに、遺棄罪の基本は生命に対する危険犯である以上、「危険の認識」が必要である。そして、客観面においても、生命の危険につながる程度に重いものに限られるのである。

●**参考文献**●　大谷實・法セ387-113、渡部保夫・判評336-56、曽根威彦＝日高義博ほか『現代刑法論争Ⅱ』17

126 救命可能性の程度と遺棄致死罪の成否

札幌地判平成15年11月27日（判タ1159号292頁）　　　参照条文　刑法218条

妻が母から頭部を階段に打ちつけられるなどして出血し保護を要する状態であったのに放置した場合、死亡結果との因果関係は認められるか。

●事実●　被告人Xは、Aと婚姻し実母のBと同居していたが、BとAの不和に思い悩んだXは、幾度となく無理心中を図るなどしたが未遂に終わっていた。

Xは、午後8時40分ころから自宅2階の寝室で、Aと飲酒していたが、Aが不満を言い出したので、睡眠導入剤をAの酒に溶かして飲ませ、就寝させた。

午前零時50分ころ、2階寝室で就寝していたXは、「ゴンゴン」という音が聞こえたため、2階階段踊り場付近まで様子を見に赴いたところ、階下でBがAに暴行を加えているのを認めたので、1階に降りBをAから離した。Aは頭部から多量に出血し転倒していたので、Xは、Aの容体を確認し、Bと血痕等を拭くなどした後、Bを自室に戻した。Aは、意識は混濁し、脈拍は感じにくく出血も続いていたが、呼吸をしている状態であった。

XはAを放置して死亡させれば、AとBとのいさかいで思い悩むことはなくなるが、救急車の派遣を求めれば、Bの犯行が発覚するので、Aの生存に必要な措置を講ずることなくこれを放置することを決意し、寝室に戻った。Aは、午前1時ころから午前3時ころまでの間に、頭部の20か所にも及ぶ挫裂創から多量の失血があり死亡した。

●判旨●　札幌地裁は、Xが救急車の派遣を求めれば、救急隊員による適切な止血措置を施され、病院に搬送されて輸血等の救命措置が講じられ、止血措置を施すことは十分に可能であり、特段病気に罹患していなかったAの救命可能性はかなり高いことなどに照らせば、「XがAの救命のために執るべき措置を施した場合、Aが救命された可能性は相当程度あったものと認められる」としたが、一方で、Aはすでに多量に出血しており、救命措置を施されなければ、その後数分から30分程度で死亡する状態になっていたと考えられ、「本格的な救命措置は病院に搬送された後に初めてなし得ること、救急隊がX宅に到着してからAが病院に搬送されるまでには約40分ないし45分間程度の時間を要することなどを総合すれば、Xが執るべき救命措置を施したとしても、Aが救急車で病院に搬送される途中に死亡した可能性を否定することはできない」とも認定した。

そして、「XがAの生存を認識していた以上、特段の事情のない限り、Xは、救急車を要請するなどの措置を講ずれば、その可能性の大小はともかくとして、Aが救命される可能性が存在すると認識していたと認めるのが相当である」とし、Xが適切な救命措置を講じていれば救命される可能性があったのであるから、Xは保護責任者にあたるものと認められるとし、「Xが執るべき救命措置を講じたとしても、Aが死亡した

可能性は否定できないから、XがAに対する保護責任を果たさなかったことと、Aの死亡との間に因果関係を認めることについては、なお合理的な疑いが残る」として、保護責任者遺棄罪の成立が認められるとした。

●解説●　1　救命（結果回避）可能性は、(1)保護責任者遺棄罪の実行行為性（作為義務）と、(2)遺棄行為との因果関係の有無の判断の双方で問題となる。

2　まずX側は、救命行為を行ったとしても、Aの死亡の結果を回避できなかったのであれば、結果回避可能性がない以上、刑法218条の保護義務が欠けると主張した。

たしかに、保護責任も、救護によって死亡の結果を阻止しうる状況にあることを前提とするのであり、救命の可能性は必要であると解されている。

3　ただ、「結果を、ほぼ間違いなく回避しえなかった」からといって、遺棄罪の実行行為性が欠ける（ないしは保護義務が否定される）わけではない。遺棄行為といえるには、救命が確実ではなくても足り、救命が可能であればよい。遺棄罪処罰に必要な、結果回避可能性とは、本件のように、「救急車を呼んでいれば助かった可能性がある」というもので十分であるといえよう。保護責任を肯定するには、救命の「可能性」は必要であるが、「確実性」までは必要ないとしたのである。

4　札幌地判昭和61年4月11日（高刑42-1-52.【13】の第1審）も、被害者の救命可能性が100％であったということはできないとして、被告人の放置行為と死亡結果との間の因果関係を否定したが、「適切な救急医療措置を加えられることによって生命の危険を脱する可能性があったことを否定することができず、……『病者』として法律上保護される適格性を備えていた」と判示し、救命可能性が存在することを根拠にして、保護責任者遺棄罪の成立を認めた。

5　本件の場合、次に問題となるのは、その死亡推定時間からいっても、Xが階下に降りた段階で迅速に対応していれば、救命の可能性があったと認定されたことにより、死亡結果について保護責任者遺棄致死罪は成立しえないのかという点である。

この点、【13】は、不作為の因果関係に関して、救命が「十中八九」可能であれば、刑法上の因果関係があるとした。たしかに「死の結果」を被告人に帰責するには、80％ないし90％の確率を証明しなければならないわけではないが、救命されたことが「ほぼ間違いない」とはいえなければならないであろう。

6　事案を少し変えて、殺意があった場合を考えてみると、結果回避が不可能であれば、不作為の実行行為性が欠ける可能性が出て来る。ただ、「十中八九」救命が可能でなければ、未遂も含めて殺人罪は成立しないというのは妥当ではない。不作為犯の実行行為性を基礎づける「結果回避可能性（救命可能性）」は、因果性判断とは明確に異なるものなのである。

● 参考文献 ●　前田・最新判例分析147、南由介・判例セレクト05年35

127 偽計による監禁罪の成否

最1小決昭和38年4月18日（刑集17巻3号248頁）　　参照条文　刑法220条

> オートバイの荷台に人を乗せて疾走する行為は監禁にあたるか。偽計による監禁の成否。

●**事実**●　被告人Xは顔見知りの被害者A女を強姦しようとし、甘言をもって同女をXが運転する原動機付自転車荷台に同乗させ、A宅を通り過ぎても停止せず、Aが「降ろして欲しい」と懇願したにもかかわらずなお約1000m疾走し、Aが自ら自転車から飛び降り自宅に逃げ帰るのを追ってさらにAをとらえ暴行を加え目的を遂げようとしたが、Aが抵抗したためこれを果たさなかった。その際にAは全治約5日間を要する擦過傷等の傷害を負った。

なお、Aはその後上記のような辱めを受けたことを苦にして自殺している。第1審は監禁傷害罪の成立を認め、X側の控訴も原審は棄却した。X側はさらに上告した。

●**決定要旨**●　上告棄却。「Aを姦淫する企図の下に自分の運転する第2種原動機付自転車荷台にAを乗車せしめて1000mに余る道路を疾走した所為をもって不法監禁罪に問擬した原判決の維持する第1審判決の判断は、当審もこれを正当として是認する」。

●**解説**●　1　監禁とは、一定の区域からの脱出を、不可能もしくは著しく困難にすることをいう。一定の時間的継続性が必要である。一定の区域とは壁や柵などで囲まれていなくてもよい。そこで、本件の事案のように、オートバイを疾走させその荷台から降りられなくする場合も含む。しかし、一般の路上までは含まない。たとえば、眼鏡をかけなければ歩けない人からそれを奪い、その場に立ち往生させる行為は監禁ではない。

2　「著しく脱出を困難にする」とはいかなる場合を指すのかについても、実質的解釈を要する。もとより、有形的方法で脱出を困難にすることが典型である。部屋に鍵をかけるとか、自動車に乗せて疾走することによる監禁が最も通常のものといえよう。本件の、オートバイの荷台に乗せて疾走するのも有形的方法による監禁である。判例では、泳いで上陸しようと思えばできる程度に岸から離れた小舟に乗せる行為も、監禁にあたるとする（最判昭24・12・20刑集3-12-2036）。これに対し、労働争議において十数名で被害者を取り囲む行為は、監禁に該当しないとした判例もある（東京高判昭36・8・9高刑14-6-392）。

3　逮捕・監禁両罪ともに、無形的方法による場合を想定することはできる。まず、脅迫を手段とする場合が考えられる。たとえば、「そこを動くと殺す」といって脅す場合である。ただ、相当程度の強いものに限られるであろう。最決昭和34年7月3日（刑集13-7-1088）は、「施錠をはずして、監禁の場所外に逃れることができる場合でも、脅迫行為により後難を恐れるの余りその場を脱出できなくさせて行動の自由を拘束したときは、不法に監禁した場合に当たる」としている。ただこの場合は単なる脅迫による監禁ではないことに注意しなければならない。有形力による監禁が成立した後の監禁状態の維持に関しては、軽度の手段で足りるのである。

羞恥心による監禁も考えられるが、たとえば、単に服を隠しただけでは、脱出を著しく困難にしたとはいえない。それに加えて、脱出困難性を高める特殊な事情が必要と思われる。恐怖心による監禁として、高い所にいる人の梯子を外す行為が挙げられるが、この場合は有形的手段によるものと評価することも可能である。

4　無形的手段による監禁のうち最も問題となるのが、偽計手段による監禁である。この問題は、瑕疵ある意思に基づく同意の問題（【114】）といってもよい。判例は、偽計による監禁罪を認めてきた。最決昭和33年3月19日（刑集12-4-636）は、被害者を親のところに連れて行くと騙して車に乗せ、気づいた被害者が停止を要求したのに無視して疾走した事案につき、監禁の方法には「偽計によって被害者の錯誤を利用する場合をも含むと解するを相当とする」とし、被害者が気づく以前をも含め監禁罪を認めた原判決を肯定した。

5　なお、本件では、被害者が気づいた以降の1000mの監禁行為について起訴されたので、それを監禁と解したのであり、必ずしも、「それ以前の行為が監禁罪を構成しない」と積極的に判示したものではない。

たしかに、ホテルの客室でドアロックが壊れ外に出られなくなっている被害者から電話で直してくれるよう要求された者が「修繕はしばらく不能です」と虚偽の事実を申し述べて被害者の脱出を不能とする場合などは、錯誤により「外出できない理由」について納得しているものの、自由が奪われていること自体についての承認は存在しない。明確に意思に反して閉じこめられているといえる。これに対し強姦目的で自動車に乗せる事案では、当該目的に気づく前は、被害者には自由を奪われているという意識はなかったのであり、意思に反した自由の侵害は認められない。

6　しかし、前述の最決昭和33年3月19日や、広島高判昭和51年9月21日（判時847-106）は、騙して車に乗せた事案につき、監禁の方法には偽計によって被害者の錯誤を利用する場合を含むとし、被害者が気づく以前をも含め監禁罪を認めるのである。現に意思に反して自由を奪われていなくても、一般人から見て類型的に「行動の自由を奪う行為」であれば、監禁罪の成立は認められる。判例は、基本的には「本当のことを知ったら乗らなかったであろうから、被害者の自由は侵害されている」と考えているといえよう。この考え方は、後述の「可能的自由」を保護すべきだとする理論や推定的意思を重視する立場と表裏をなす。

●**参考文献**●　川添万夫・判解昭38年度33

128　監禁致傷罪の成否と PTSD

最2小決平成24年7月24日（刑集66巻8号709頁・判時2172号143頁）　　　参照条文　刑法204条、221条

監禁行為あるいはその手段として（ないしその機会に）行われた暴行、脅迫により被害女性が PTSD を発症した場合に、監禁致傷罪は成立するか。

●事実●　被告人 X が、複数の女性を暴行・脅迫手段を用いて不法に監禁し、その結果、各被害者について、監禁行為やその手段等として加えられた暴行、脅迫により、生命や身体に脅威を及ぼし、一時的な精神的苦痛やストレスを感じたという程度にとどまらず、強い恐怖、無力感または戦慄を伴うような精神的外傷体験をさせて、外傷後ストレス障害（PTSD）の特徴的な精神症状が継続して発現するに至らしめた場合に、監禁致傷罪の成否が問題となった。

第1審は、全事件について PTSD（そのうちの1事件についてはさらに解離性障害）を認定し、X に監禁致傷罪が成立するとして有罪を言い渡したが、弁護側が、各被害女性の被害申告は信用できず、鑑定意見等の信用性も否定されるべきであるから、「致傷」の事実を認めることはできないし、そもそも PTSD のような犯罪被害の事後的な影響について広く「傷害」概念に含めることは、厳格であるべき刑法解釈を弛緩させ、不当に処罰範囲を拡大させるものである等として控訴した。

これに対し、原審東京高判平成22年9月24日（東高時報61-211）は、PTSD について詳細な判示を行い、監禁致傷罪の成立を認めた。医学的に診断される傷害が、通常一定の治療行為が必要とされる程度に達するものである限り、刑法上の傷害に該当することには異論がないとした上で、「PTSD は、医学上の概念であり、強い精神的外傷（生命や身体に脅威を及ぼし、強い恐怖、無力感又は戦慄を伴うような外傷体験）への暴露に続いて、特徴的ないくつかの症状が発現してくるものであるが、既に、精神医学の現状において特定の精神疾患として認知されているといってよい」とし、PTSD については、世界的に共通の診断基準と訓練を受けた専門家でないと実施できない診療方法がほぼ確立しており、「専門機関において、少なくともこれらに依拠した適切な診断が行われる限り、その結果として判定される PTSD は、単に精神的に一時的な苦痛あるいはストレスを被ったなどというレベルを超えたものと見ざるを得ず、刑法上の傷害に該当することは否定し難いというべきである」とした。

そして、「精神医学界において、特定の精神疾患として認知されている以上、法益保護の観点からは、前記のような PTSD を刑法上の傷害の概念から一律に排除するのは妥当でないと考えられるし、精神医学界等における上記のような批判や議論を踏まえつつ、現在周知されてきた基準により当該診断が適切に行われる限りは、不当に処罰範囲が拡大することもないというべきであるから、この点の所論は採用できない」とした。X 側が上告。

●決定要旨●　上告棄却。最高裁は、原審の判断を踏まえ、「X は、本件各被害者を不法に監禁し、その結果、各被害者について、監禁行為やその手段等として加えられた暴行、脅迫により、一時的な精神的苦痛やストレスを感じたという程度にとどまらず、いわゆる再体験症状、回避・精神麻痺症状及び過覚醒症状といった医学的な診断基準において求められている特徴的な精神症状が継続して発現していることなどから精神疾患の一種である外傷後ストレス障害（以下「PTSD」という。）の発症が認められたというのである。所論は、PTSD のような精神的障害は、刑法上の傷害の概念に含まれず、したがって、原判決が、各被害者について PTSD の傷害を負わせたとして監禁致傷罪の成立を認めた第1審判決を是認した点は誤っている旨主張する。しかし、上記認定のような精神的機能の障害を惹起した場合も刑法にいう傷害に当たると解するのが相当である。したがって、本件各被害者に対する監禁致傷罪の成立を認めた原判断は正当である」と判示した。

●解説●　1　心的外傷後ストレス症候群（PTSD：Post-Traumatic Stress Disorder）とは、犯罪被害者だけでなく、自然災害、戦争、事故などの被害者が、体験した悲惨、残酷な外傷性の記憶がよみがえり、事件・事故に関連した場所を回避しようとしたり、常に緊張状態を強いられ睡眠障害に陥るなどの症状が1か月以上持続するものをいう。

2　脅迫によりトラウマ（心的外傷）や恐怖心などが継続する心的外傷後ストレス障害（PTSD）を生ぜしめる場合も傷害になりうるが（無言電話による場合として、東京地判平16・4・20判時1877-154、富山地判平13・4・19判タ1081-291参照）、204条に該当するものといえる程度か否かの判定は微妙である（福岡高判平12・5・9判時1728-159は、段打されたことにより外出できなくなったり、不眠になった10歳の少年と34歳の女性について、暴行の程度が治療を要するほど強度のものではなく、受けた心理的ストレスも暴行罪の構成要件により評価できる範囲内のものであるとした。さらに、東京高判平22・6・9判タ1353-252参照）。

3　なお、本件のような、外傷体験により被害者が PTSD 等に罹患したことを内容とする「傷害」に該当するか否かが問題になる場合には、少なくとも鑑定等により、これらの精神疾患に詳しい専門医による診断結果を踏まえ、当該犯罪による傷害の有無および程度を認定するのが相当というべきである（前掲東京高判平22・9・24）。

●参考文献●　辻川靖夫・判解平24年度249、島岡まな・平24年度重判解157、前田雅英・捜査研究773-30

129 法人に対する脅迫罪

高松高判平成8年1月25日（判時1571号148頁）　　　参照条文　暴力行為等処罰に関する法律1条　刑法222条

> 会社の活動に関し危害を加える旨の告知は、会社に対する脅迫罪となるのか。

●**事実**●　被告人Xは政治結社の総裁であり、Yも別の政治結社の会長であるが、四国電力のダムの流入物を管理していたB社の集積した流木が燃える火災が発生したことを聞知するや、両名は共謀の上、四国電力松山支店副支店長Aに対し、政治結社の肩書の付いた名刺を手渡した上、こもごも「今回の火災は、ずさんな業者に請け負わせた四国電力の責任じゃ。四国電力がこのことできちんとした対応をせんかったら、伊方原発の反対運動を起こすぞ。今後、四国電力は、B建設と契約しないと約束しろ」などと申し向けて、四国電力の営業活動等にいかなる妨害をも加えかねない気勢を示した。

原審は、暴力行為等処罰に関する法律1条の団体示威脅迫罪にあたるとした。これに対し、X側が控訴した。

●**判旨**●　高松高裁は、「刑法222条の脅迫罪は、意思の自由を保護法益とするものであることからして、自然人を客体とする場合に限って成立し、法人に対しその法益に危害を加えることを告知しても、それによって法人に対するものとしての同罪が成立するものではなく、ただ、法人の法益に対する加害の告知が、ひいてその代表者、代理人等として現にその告知を受けた自然人自身の生命、身体、自由、名誉または財産に対する加害の告知にあたると評価され得る場合には、その自然人に対する同罪が成立するものと解され、このことは、同条を構成要件の内容として引用している暴力行為等処罰に関する法律1条の団体示威脅迫罪においても異ならない」とし、原判決が、「脅迫行為の加害の対象を『四国電力株式会社の営業活動等』とし、具体的な脅迫文言についても『伊方原発の反対運動を起こすぞ。』などともっぱら同社の営業等に向けられたと解されるものばかりを摘示し、害悪の告知を受けた相手方についても、個人ではなく同社の業務活動に関する役職者の表示と解される『四国電力株式会社松山支店副支店長A』としていること、そして、右の同社の営業活動等に対する加害の告知が、ひいて現にその告知を受けた右A自身の法益に対する加害の告知にあたると評価され得ることを示すような事情は全く摘示していないことに照らすと、原判決は、もっぱら前記会社自体に対する団体示威脅迫の事実を認定、判示し、これに暴力行為等処罰に関する法律1条（同刑法222条1項）を適用したものと解するほかはない」として、原判決を破棄し、差し戻した。

●**解説**●　**1**　本件では、政治団体員であることを誇示し「原発の反対運動を起こすぞ」などということが、電力会社に対する脅迫にあたるかが問題となった。告知内容が、一般人を畏怖させる程度のものであるとはいえよう。問題は、会社（法人）が、脅迫罪の被害者たりうるかにある。

2　名誉毀損罪の客体に法人が含まれるのと同様に、(a)脅迫罪の客体に法人も含まれるとも解しうるが、(b)脅迫罪は意思の自由を保護法益とするものであり、自然人のみを客体とし、法人は客体に含まれないという説が有力である。

3　脅迫罪は、人の生命・身体・自由・名誉または財産に対し害を加うべきことを告知する犯罪である。逮捕監禁罪と並んで説明されることが多く、人の自由に対する罪と説明されることが多いが、実態としては、「法益が侵害されるのではないかという恐怖感を生ぜしめる罪」であり、安心感・安全感が保護法益だということもできよう。少なくとも、脅迫は「直接に意思決定の自由を侵害する行為」ではない。また、脅迫罪の成立には、現実に恐怖心が生じたことは必要ない。

4　その意味では、刑罰を用いて、企業などについても「法益が侵害されるのではないかという恐怖感」を排除する意味は考えられ、法人に対しても、脅迫罪が成立しうるようにも考えられる。しかし、現行刑法典は、「個人の生命・身体・自由・名誉・財産が害されるおそれ」が問題である以上、本判決が判示したように、「法人に対して」の脅迫罪の成立は原則として考えられないといえよう。

5　「自然人」に対し、その生命、身体、自由、名誉または財産に危害を加えることを告知する場合に限るのである。それ故、法人の代理人、代表者などの自然人に対する害悪の告知とみられる場合に限って脅迫罪の成立が認められる。

6　この点に関して、大阪高判昭和61年12月16日（判時1232-160）も、暴力団員が、建設会社土木管理部長らに対し、暴力団員であることを示す名刺を差し出し、こもごも「地元の業者を使わないと、今後仕事ができないようにする」などと同社の営業等にいかなる危害を加えるかもしれない旨気勢を示した事案に関し、法人に対して脅迫罪は成立せず、それら法人の法益に対する加害の告知が、ひいてその代表者、代理人等として現にその告知を受けた自然人自身の生命、身体、自由、名誉または財産に対する加害の告知にあたると評価されうる場合に自然人に対する同罪の成立が肯定されるとしている。

7　たしかに、法人の名誉の侵害は考えられる。そして、法人の財産への加害は考えられるともいえよう。その意味で、法人に対する脅迫行為を想定することも不可能ではないが、それらの行為は、基本的には、業務妨害罪や信用毀損罪に該当する範囲で処罰の対象とすべきであろう。ただ、会社への害悪を受けた個人にとっても、会社への危害は「自己の名誉と財産」の一部と評価しうる場合があることに注意しなければならない。

●**参考文献**●　北村篤・研修581-21、森本益之・判評346-73

130 別居中の親権者が長女を連れ去る行為と国外移送略取罪

最２小決平成15年３月18日（刑集57巻３号371頁・判時1830号150頁）　　参照条文　刑法35条、226条１項

オランダ国籍の者が、別居中の妻において監護養育していた長女をオランダに連れ去る目的でら致したことは、国外移送略取罪にあたるか。

●**事実**●　被告人Ｘは、オランダ国籍を有する外国人であり、来日後、日本人女性Ａと婚姻したが、その後別居していたところ、平成10年５月に長女Ｂが生まれ、Ｂは当初からＡが監護養育していた。Ｘは、Ａ・Ｂとの同居を希望したが、Ａはこれに応じず、逆に離婚調停の申立てをするなどしたが不調に終わった。平成12年９月、Ｘは入院したＢを見舞った際、Ａ・Ｂと同居等の話を有利に進める等のためＢをオランダに連れ帰る決心をし、同月25日午前３時15分ころ、病室に忍び込み、ベッドに寝ていたＢを、両足を引っ張って逆さに吊り上げ、脇に抱えて連れ去り、自動車に乗せて、中国経由でオランダに行くため上海行きのフェリーに搭乗させようとした。

弁護人は、Ｘの行為は略取にあたらないし、仮にあたるとしても、親権の範囲内であり正当行為であるなどと主張して無罪を主張したが、第１審は、親権の名の下で自己の欲求を満たすがための一方的な行為にすぎず、親権者の子に対する裁量行為とは到底いえないし、正当な親権の行使とも認められないとし、原審も第１審を支持した。Ｘ側が上告。

●**決定要旨**●　上告棄却。「Ｘは、共同親権者の１人である別居中のＡのもとで平穏に暮らしていたＢを、外国に連れ去る目的で、入院中の病院から有形力を用いて連れ出し、保護されている環境から引き離して自分の事実的支配下に置いたのであるから、Ｘの行為が国外移送略取罪〔当時〕に当たることは明らかである。そして、その態様も悪質であって、Ｘが親権者の１人であり、Ｂを自分の母国に連れ帰ろうとしたものであることを考慮しても、**違法性が阻却されるような例外的な場合に当たらないから、国外移送略取罪の成立を認めた原判断は、正当である**」。

●**解説**●　1　親が実子の略取誘拐罪の主体になりうるかは、同罪の保護法益論と深く関わる。略取誘拐罪の保護法益（特に未成年者拐取罪の保護法益）に関しては、従来、(a)被拐取者の自由（および安全）であるとする説、(b)被拐取者に対する監護権、親権とする説、(c)原則として被拐取者の自由が保護法益であるが、それに加えて監護権が侵された場合も本罪は成立するという立場（大判明43・９・30刑録16-1569、大判大７・11・11刑録24-1326、大判大13・６・19刑集3-502）が対立してきた。

2　(a)(c)説では、被拐取者の自由等の侵害が認められる以上、親であっても犯罪を構成するが、(b)説では、本件のような「親権者の略取」は法益侵害が認められないことになる。ただ、いかにＸが親であるとしても、

Ａの監護権を侵害していることは明らかで、(b)説でも拐取罪は成立しうるといわざるをえない。

3　別居中の夫婦間の子の奪い合いについて、どの範囲で拐取罪の成立を認めるべきかは、離婚率の上昇した現代社会においては、特に現実性のある困難な課題であり、問題は、(a)(b)(c)説のいずれを採用するかという、抽象的・形式的レベルの議論では解決しえない。

本件のように、実際に子を監護養育していない親もかなり存在しうる。それらの者も、親権者であることに変わりはなく、その者が実子を自己の事実的支配下に置こうとすることは自然のことで、法的にも原則として許さざるをえない。そして、日々流動する夫婦間においての子の奪い合いに、「略取誘拐罪」の適用という形で国家が介入することには謙抑的でなければならない。あくまでも、子の福祉を最優先した問題解決が図られなければならない（なお、最判平５・10・19民集47-8-5099、最判平６・４・26民集48-3-992参照）。

4　その意味で、略取誘拐罪の構成要件解釈も実質的なものでなければならない。そこで、親権者の行為のうち、行為態様などからみて侵害性の強いもののみを拐取行為とすることも考えられる。これは、財産犯の保護法益論における「平穏な占有説」の考え方と類似する。

しかし、略取誘拐罪の実行行為については、「略取し、又は誘拐した者は」と規定されているだけで、主体により行為態様の区別を設けていないので、父母による子の奪い合いに関して行為態様等の制限を設けることは、困難な面がある。

5　「自己の支配下に置く正当な根拠を有する者の行為」を特に正当化するのであるとすれば、やはり実質的違法性阻却の判断が必要である。たとえ親権者であっても、他方の親が監護養育している子をその生活環境から引き離し事実的支配下におけば、略取誘拐罪の構成要件に該当すると解すべきである。その上で、①連れ去る行為の目的、②その態様、③あえて実力行使に出なければならない必要性・緊急性等を考慮して正当化の余地を判断すべきである。

6　本決定は、まさにＸの行為が国外移送略取罪にあたることは明らかであるとした上で、Ｘが親権者の１人であることなどを考慮しても違法性が阻却されるような例外的な場合にあたらないと判示した【48】と軌を一にするものといえよう。

7　なお、実家から出て再婚することに反対していた両親が娘を説得して実家に連れ戻そうと考え、孫を連れ帰った行為が未成年者誘拐罪に問われた事案に関し、構成要件該当性を認めた上で、計画的犯行ではなく、「祖父母」が幼児を直前まで平穏に生活していた住居に連れ戻した点に照らせば、その安全をおびやかすものともいえないなどとして、執行猶予付きの刑にした判例が注目される（最判平18・10・12判時1950-173）。

●**参考文献**●　福崎伸一郎・判解平15年度７、吉田敏雄『現代刑法講座４巻』177以下、菱川孝之・J1272-155

131　身代金目的拐取罪

最2小決昭和62年3月24日（刑集41巻2号173頁・判時1229号155頁）　　　参照条文　刑法225条の2

安否を憂慮する者の意義。

●**事実**●　被告人XはS相互銀行に対して預金返還請求を交渉していたが、自ら経営する金融業の資金や生活費の金策に窮したのでS銀行の代表取締役社長A（当時65歳）を人質に取って、同人の安否を憂慮する同銀行幹部に身代金3億円を交付させることを決意し、Yら3名と共謀して改造拳銃、自動車、手錠等を準備して、昭和59年12月17日午前8時45分ころ、K市の路上においてAが社長車で通行するのを待ち伏せ、社長車の運転手とともに略取してホテルの一室に連れ込み、11回にわたりAからS銀行専務Bらに対して「事情は後で話すから現金3億円を準備してくれ。居場所は言えない」などと電話させて身代金を要求したが、警察に居場所を発見され未遂に終わった。その際、Aに手錠をかけたことなどの暴行により加療5日間を要する傷を負わせた。

第1審は、刑法225条の2に定める「近親其他被拐取者の安否を憂慮する者」の意義について、被拐取者と近しい親族関係その他これに準ずる特殊な人的関係があるため被拐取者の生命または身体に対する危険を親身になって心配する立場にある者をいうとし、本件のAとBとは特に親近な関係にあったと認定して、Xを懲役10年に処した。これに対してXは控訴したが、原審判決は控訴を棄却したので、X側がさらに上告した。

●**決定要旨**●　上告棄却。「刑法225条の2にいう『近親其他被拐取者の安否を憂慮する者』には、単なる同情から被拐取者の安否を気づかうにすぎないとみられる第三者は含まれないが、被拐取者の近親でなくとも、被拐取者の安否を親身になって憂慮するのが社会通念上当然とみられる特別な関係にある者はこれに含まれるものと解するのが相当である。本件のように、相互銀行の代表取締役社長が拐取された場合における同銀行幹部らは、被拐取者の安否を親身になって憂慮するのが社会通念上当然とみられる特別な関係にある者に当たるというべきであるから、本件銀行の幹部らが同条にいう『近親其他被拐取者の安否を憂慮する者』に当たるとした原判断の結論は正当である」。

●**解説**●　1　身代金目的拐取罪は、「近親者その他略取され又は誘拐された者の安否を憂慮する者」の憂慮に乗じて、財物を交付させる目的をもって人を拐取する行為（225条の2第1項）、それらの者の憂慮に乗じて財物を交付させまたは要求する行為（同条2項）、被拐取者を収受した者が、それらの者の憂慮に乗じて財物を交付させまたは要求する行為（227条4項）を処罰する。これら

の3類型共通に、近親者その他被拐取者の安否を憂慮する者の憂慮に乗ずることが要求されているのである。ただ、1項の類型は、2項、4項と異なり、憂慮に乗じて財物を交付させる目的で拐取するという目的犯であるため、現に憂慮する者が存在する必要はない。

2　憂慮する者の意義につき、近親者については問題がないが、「その他安否を憂慮する者」にどのような者が該当するかは必ずしも明確ではない。学説上は、里子に対する里親、住み込み店員に対する店主などがこれにあたるとされているが、広く知人その他も含むとする説や、逆に事実上の保護関係が存在するような場合に限定する学説もある。この点に関し、本決定は、親族関係に準ずるような特殊な人間関係があるため被拐取者の生命または身体に対する危険を親身になって心配する立場にある者がこれにあたるとした上で、銀行幹部もそれに含まれるとした。

3　たしかに一般的な従業員と雇主の関係すべてを含むとするのは広すぎるし、知人一般が含まれうるとするのも行きすぎであろう。ここで重要なのは、個人的に長年世話になっている場合のように、近親者間と同視しうるだけの「人的情愛関係」の存否であろう。この点につき、大阪地判昭和51年10月25日（判タ347-307）は、「被拐取者の生命・身体に対する危険を回避するためには、いかなる財産的犠牲をもいとわない特別な人間関係」が必要であるとし、被拐取者が10年余りにわたり従業員として働いてきた者であっても、その雇主は「安否を憂慮する者」には該当しないとした。

4　「人的情愛関係」といった抽象的内容を客観化することは困難ではあるが、1つの手がかりとして「いかなる財産的犠牲をもいとわないか否か」という基準も有用だと思われる。そうだとすると、まさに具体的事案ごとの判断とならざるをえないが、上記のような関係が認められる限りで銀行幹部も「憂慮する者」に該当する余地はあろう。

5　なお、銀行の従業員を連れ去り監禁し、銀行幹部に身代金を要求した事案につき、東京地判平成4年6月19日（判タ806-227）は、被拐取者と銀行幹部との間に個人的交際関係が全くなくても、終身雇用制のわが国の会社組織においては、会社側が社員ら生活全般を保護しようとする関係にあるとし、「誘拐された者が一般行員であっても、都市銀行の代表取締役はその行員の安否を親身になって憂慮するのが社会通念上当然と見られる特別な関係にある」として、銀行の代表取締役を「被拐取者の安否を憂慮する者」にあたるとした。

●**参考文献**●　池田眞一・判解昭和62年度85、虫明満・判評345-73、日高義博・法教85-114、齋野彦弥・囮各8版28

132 強制わいせつ罪における主観的超過要素

最大判平成29年11月29日（刑集71巻9号467頁・判時2383号115頁）　　　参照条文　刑法176条

> 強制わいせつ罪において、行為者の性的意図は、一律に同罪の成立要件となるか。

●事実● 被告人Xは、Aから金を借りようとしたところ、金を貸すための条件として被害女児とわいせつな行為をしてこれを撮影し、その画像データを送信するように要求されたので、被害者（当時7歳）が13歳未満の女子であることを知りながら、X方において、被害者に対し、Xの陰茎を触らせ、口にくわえさせ、被害者の陰部を触るなどのわいせつな行為をしたという事案で、強制わいせつ罪にあたるとして起訴された。

Xは最判昭和45年1月29日（刑集24-1-1）を援用し、「自分の性欲を刺激興奮させるとか満足させるという性的意図」はなく強制わいせつにはあたらないと主張したのに対し、第1審は、「犯人の性的意図の有無によって、被害者の性的自由が侵害されたか否かが左右されるとは考えられない」とし、最判昭和45年判例は相当でないと判示した。

原審も、行為者の性的意図の有無は同罪の成立に影響を及ぼすものではないとして弁護側の主張を退けた。X側が上告。

●判旨● 上告棄却。最高裁大法廷は、行為者の性的意図を同罪の成立要件とする昭和45年判例の解釈は、その後の社会（意識）の変化を踏まえればもはや維持し難いとした。

そして、行為そのものが持つ性的性質が明確で、直ちにわいせつな行為と評価できる行為がある一方、「当該行為が行われた際の具体的状況等をも考慮に入れなければ当該行為に性的な意味があるかどうかが評価し難いような行為もある。その上、同条［刑法176条］の法定刑の重さに照らすと、性的な意味を帯びているとみられる行為の全てが同条にいうわいせつな行為として処罰に値すると評価すべきものではない」とし、個別具体的な事情の1つとして、行為者の目的等の主観的事情を判断要素として考慮すべき場合がありうることは否定し難いとしつつ、「故意以外の行為者の性的意図を一律に強制わいせつ罪の成立要件とすることは相当でなく、昭和45年判例の解釈は変更されるべきである」とした。

そして、本件は、「当該行為そのものが持つ性的性質が明確な行為であるから、その他の事情を考慮するまでもなく、性的な意味の強い行為として、客観的にわいせつな行為であることが明らかであり、強制わいせつ罪の成立を認めた第1審判決を是認した原判決の結論は相当である」とした。

●解説● 1 強制わいせつ罪は、わいせつの行為という客観的構成要件要素の認識を超えた主観的要素がなければ処罰しえないとされてきた（傾向犯）。たとえば、医師が裸の患者に触れても強制わいせつ罪にならないのは、わいせつな主観的傾向がないからであると説明される。

しかし、刑法176条は目的犯の場合とは異なり、条文に「わいせつ傾向」は規定されていない。

2 そして、最判昭和45年1月29日が、復讐目的で女性を裸にする行為に関し、「強制わいせつ罪が成立するためには、その行為が犯人の性欲を刺戟興奮させまたは満足させるという性的意図のもとに行われることを要し、婦女を脅迫し裸にして撮影する行為であっても、これが専らその婦女に報復し、または、これを侮辱し、虐待する目的に出たときは、強要罪その他の罪を構成するのは格別、強制わいせつの罪は成立しないものというべきである」と判示し、約50年間にわたり「判例」とされてきた。

3 傾向犯を認める最大の論拠は、それを要件としなければ処罰範囲が決定しえないという点であった。ただ、完全な治療行為であれば、いかにわいせつ目的があろうと処罰すべきではないし、逆に性的羞恥心を著しく害する行為を、それと認識しつつ行為するのであれば、わいせつ目的が欠けても処罰に値するとも考えられる。

被害者の側からみれば十分な法益侵害を被っているし、被告人の側からみても、「わいせつ傾向」が認められなければ処罰に値する責任非難ができないわけではないといえよう。

4 昭和45年判決の当時と比べ、女性の地位・権利に関する意識等は大きく変化した。その後、全裸にして写真を撮る行為は、性的羞恥心を与えるという明らかに性的意味のある行為であり、そのことを認識しながら行った以上、それを材料に脅して働かせる目的でも、強制わいせつ（致傷）罪に該当するとした判決（東京地判昭62・9・16判タ670-254）が蓄積していく。

平成期にも、復讐したいとの感情を抱きわいせつ行為をした事案に関し、強制わいせつ罪は性的自由侵害行為を処罰するものであり、客観的に被害者の性的自由を侵害する行為がなされ、行為者がその旨認識していれば、同罪の成立に欠けることはないというべきであるとし、強制わいせつ致傷罪の成立を認めた判決も見られた（東京高判平26・2・13高検速報平26-45）。

5 その後、さらに男女共同参画の流れが進み、平成16年に性犯罪の法定刑の変更がなされた前後から、国民の意識は明らかに変わっていった。性犯罪被害者の視点が強まることにより、「性的な侵害が生じ、行為者がそのことを認識して実行している以上、行為者にわいせつの意図が存在しなくても強制わいせつ罪の構成要件該当性を認めるべきである」との考えが強まった。その意味で、本判決による判例変更は、当然のものであった。

6 ただ、本判決が指摘するように「行為者の主観面も含めた具体的状況等をも考慮に入れなければ、行為に性的な意味があるか判断し難い行為」も存在する。そのような事案においては、客観的な行為の認識を超えた「性欲を刺戟興奮させまたは満足させるという性的意図」が構成要件該当性判断にとって重要な意味を有する。

● 参考文献 ● 木村光江・平29年度重判156、成瀬幸典・法教449-129、馬渡香津子・J1517-78、和田俊憲・画各8版30

133　準強制性交等罪の抗拒不能

名古屋高判令和2年3月12日（判時2467号137頁）　　参照条文　刑法178条、219条

> 準強制性交等罪の要件としての「抗拒不能」の意義。

●事実●　被告人Xは、実子A女に中学2年の頃から、性交を行うようになり、高校を卒業するまでの間、週に1、2回程度の頻度で行われていた。Aは抵抗していたが、Xの行為を制止するには至らず、性交の頻度は増していった。そのような中で、Xは、①平成29年8月12日の朝、Aとともに、Aの勤務先建物を訪れ、その会議室においてAと性交に及び、②平成29年9月11日、Aを同乗させてホテルに行きAと性交に及んだという事実に関し、Xは準強制性交等罪で起訴された（求刑懲役10年）。

原審は、刑法178条2項の要件である心理的抗拒不能とは、「性交を承諾・認容する以外の行為を期待することが著しく困難な心理状態」にあるとし、本件各性交当時におけるAの心理状態は、性交に応じなければ生命・身体等に重大な危害を加えられるおそれがあるという恐怖心から抵抗することができなかったような場合や、相手方の言葉を全面的に信じこれに盲従する状況にあったことから性交に応じるほかには選択肢が一切ないと思い込まされていたような場合などの心理的抗拒不能の場合とは異なり、抗拒不能の状態にまで至っていたと断定するには合理的な疑いが残るとし、無罪を言い渡した。これに対し、検察側は、抗拒不能の状態にあったと主張して控訴した。

●判旨●　名古屋高裁は本件行為時にAが抗拒不能の状態にあったことを認めなかった原判決の判断には論理則、経験則等に照らして不合理な点があるとし、原判決を破棄し、Xに懲役10年を言い渡した。

抗拒不能の意義に関し、最判昭和24年5月10日（刑集3-6-711）等が強姦罪〔当時〕の「暴行又は脅迫」の程度につき、「相手方の抵抗を不可能ならしめる程度のものであることまでは要せず、抵抗を著しく困難ならしめる程度のもので足る」としていることとの均衡から、178条の「抗拒不能」についても、「相手方の年齢・性別、相手方との関係、犯行に至る経緯、犯行の行われた時間・場所・周囲の状況その他具体的事情を踏まえ、相手方において物理的又は心理的に抵抗することが著しく困難な状態であれば足りる」とする。

この点、原判決は、「逆らうことが全くできない状態」あるいは「人格を完全に支配」さらには「服従・盲従せざるを得ないような強い支配従属関係」といった、厳しい成立範囲を要求し抗拒不能の状態にまで至っていたとは断定しえないとした点について、「原判決は、Xは、Aが中学2年生の頃よりAの抵抗を排してその意に反する性的行為を繰り返し、Aは、Xによる性的虐待や暴力を通じ、抵抗してもその甲斐なく性交をされてしまうという経験を繰り返したことで、Xの性交の求めに対しては抵抗する意思・意欲を奪われた状態にあったこと、加えて専門学校入学後は、Xからその学費ばかりか生活費まで借金という形にされて返済を求められ、経済的な負い目まで感じるよ

うになりその状態は更に強まっていたために、本件行為当時において、それが意に反する性交でありながら特段の抵抗をすることなくこれに応じていたことを認めている。このような認定を前提にすれば、本件行為当時、AにとってXからの性交要求を拒否するなどすることが著しく困難な心理状態にあった、すなわち**抗拒不能状態にあったことは優に推認される**」とした（最決令和2年11月4日のX側上告棄却により確定）。

●解説●　1　本件犯行の実行直前の平成29年7月13日に監護者性交罪（刑法179条2項）が施行された。

監護者性交罪は、親であること等を利用した性交等を強制性交と同様に処罰するものであるが、客体は18歳未満に限られる。19歳であった本件被害者には適用できず、刑法178条で立件、起訴されたものである。

2　178条の準強制性交等罪は、「人の心神喪失若しくは抗拒不能に乗じ、又は心神を喪失させ、若しくは抗拒不能にさせて」、性交等するなど、177条の暴行や脅迫と同程度に相手の性的自由を侵害した場合に限って成立する。本件のように、19歳の者に対しては、親であろうと、通常の強制性交等罪と「同程度」の抗拒不能状態を作出した場合でなければ強制性交ではない。

3　ただ、監護者性交罪の新設は、成人に対しても、とりわけ十代の場合には、「抗拒不能状態」の解釈において「監護者であること」が、実質的に勘案されうる。

4　原審は、抗拒不能には、「人格を完全に支配し、服従・盲従せざるを得ないような強い支配従属関係」や、「選択肢が一切ないと思い込まされていたような場合」が必要だと判示したが、それらは、著しく困難な程度と同義ではない。

5　たしかに責任能力論における抗拒不能においては、「命令性の幻聴や作為体験のような行動を支配する精神症状の有無」、「病的体験が犯行を直接支配する関係にあったのか」が重視されることが多い（前田『刑法総論講義7版』305頁）。しかし、178条の抗拒不能には、そこまでの状況は必ずしも必要ない。

6　下級審の中には、教会信者の少女に対し、指示に従わなければ地獄に堕ちて永遠に苦しみ続ける旨説教して姦淫した事案（京都地判平18・2・21判タ1229-344）、性交しなければ病気を治療できない等と騙されて、医療行為と誤信していた場合に、178条の成立が認められてきた（名古屋地判昭55・7・28判時1007-140、東京地判昭62・4・15判時1304-147参照）。監護者性交罪（刑法179条2項）成立以前でも、これらの行為は、178条で可罰的とされてきたのである。

なお、下級審の中には、性的自由・自己決定権を強調し、瑕疵があるにせよ「性交」には同意している以上不可罰であるとするものもあった（東京地判昭58・3・1刑月15-3-255参照）。

7　冒頭に示した事実が認定されている以上、「未成年に近い年齢」の被害者にとって、「抗拒不能」であったと解すべきである。

●参考文献●　前田雅英・捜査研究835-30、仲道祐樹・法時92-5-4、嘉門優・刑事法ジャーナル66-115

134 強制わいせつ致傷罪(1)

最1小決平成20年1月22日（刑集62巻1号1頁・判時2000号160頁）　　　参照条文　刑法181条1項、178条1項

> 準強制わいせつ行為をした者が、わいせつな行為を行う意思を喪失した後に、逃走するため被害者に暴行を加えて傷害を負わせた場合、強制わいせつ致傷罪が成立するか。

●**事実**●　被告人Ｘが、深夜、Ａ女宅に侵入し、就寝中のＡが熟睡のため心神喪失状態であることに乗じ、その下着の上から陰部を手指でもてあそんだが、これに気付いて覚せいしたＡが、Ｘに対し、「お前、だれやねん」などと強い口調で問いただすとともに、Ｘ着用のＴシャツ背部を両手で摑んだところ、Ｘはその場から逃走するため、Ａを引きずるなどし、その結果、Ａに対し、傷害を負わせたという住居侵入、強制わいせつ致傷等の事案である。

　Ｘ側は、上告趣意において、本件傷害の結果は、Ｘがわいせつ行為を終了した後の逃走中に発生したものであり、これについて刑法181条1項を適用したことは、法令の解釈適用を誤っているなどと主張した。

●**決定要旨**●　最高裁は上告を棄却しつつ、職権で、「本件の事実関係によれば、Ｘは、Ａが覚せいし、ＸのＴシャツをつかむなどしたことによって、わいせつな行為を行う意思を喪失した後に、その場から逃走するため、Ａに対して暴行を加えたものであるが、Ｘのこのような暴行は、上記準強制わいせつ行為に随伴するものといえるから、これによって生じた上記Ａの傷害について強制わいせつ致傷罪が成立する」旨判示した。

●**解説**●　1　刑法240条の場合と同様、181条の傷害の結果は、(a)わいせつ行為ないし暴行・脅迫から直接生じたものに限るという説は少数で、(b)強制性交等の機会に行われた密接関連行為から生じたもので足りると解されている（最決昭43・9・17刑集22-9-862）。ただ、(c)240条には「よって」という文言が欠けており、厳密な因果関係を要求していないとして、240条の場合の方がより広い範囲で成立するとする説もあることに注意しなければならない（【179】）。

　2　たとえば、強姦されそうになり、全裸で逃げたため石や草木などでケガをした場合や（最決昭46・9・22刑集2-6-769）、モーテルに連れ込まれ全裸にされた被害者がトイレに行くと騙して、浴室の窓から3ｍ下の地上に飛び降り骨折した事案（京都地判昭51・5・21判時823-110）に、強制性交等致傷の成立が認められている。

　3　しかし、「強制性交等の機会」に生じた傷害をすべて含むと解するのだとすれば妥当ではない。たとえば、姦淫の目的で暴行行為に着手したところ、被害者がかねてから恨みを持っていた女性であることに気付き、傷害を加えた場合、181条を構成するとは思われない。

　4　本件のように準強制わいせつ行為終了後の暴行により生じた傷害も、原則として181条を構成しない。事後強盗罪に相当する規定は存在しない。ただ、最高裁は本決定により、「準強制わいせつ行為に随伴するものといえるから、これによって生じた上記Ａの傷害について強制わいせつ致傷罪が成立する」とした。

　たしかに、事後の暴行であっても、時間的および場所的関係において、それに先立つわいせつ目的の暴行脅迫と接着して行われていて、逃走のための行為として、通常随伴する行為の関係にあるとみられるものは、これらを一体として当該（準）強制わいせつの犯罪行為とみるべきもので、これによって傷害の結果を生じた場合には、もっぱら逃走の目的で加えた暴行から傷害が生じた場合でも、強制わいせつ致傷罪が成立しうる。最高裁は、「準強制わいせつ行為に随伴する」と表現した。随伴というためには、準強制わいせつ行為との時間的、場所的近接性・連続性が必要である。逃走目的は、この種事案に類型的に伴うといえよう。

　5　財物を奪った直後に殴った場合は、通常の強盗と評価しうるであろう。それと同様に、強制性交等の直後の暴行も、一定の範囲では「強制性交等の際の暴行」とみることは可能である。それは、死亡直後の者から財物を奪う行為が窃盗と評価しうるのと類似した考え方であると考えることもできる。

　6　強制性交等罪の事案であるが、姦淫後の逃走目的の暴行について、181条の成立を認めた大阪高判昭和62年3月19日（判時1236-156）は、下級審裁判例ではあるが注目に値する。「既に姦淫の意思を喪失して専ら逃走を容易にしようとの意思であったにすぎないとしても、時間的及び場所的関係において、それに先立つ姦淫目的の暴行脅迫と接着して行われているのであって、逃走のための行為として通常随伴する行為の関係にあるとみられ、これらを一体として当該強姦の犯罪行為が成立するとみるべきもので、これによって傷害の結果を生じた場合には強姦致傷罪が成立すると解すべき」との判示は、本決定とほぼ同旨といえよう。

　7　なお、原因となった暴行ないし姦淫行為と傷害結果との間の相当因果関係の有無の判断は、微妙な場合が多い。最決昭和36年1月25日（刑集15-1-266）は、強姦しようとして下半身を裸にしたところ、寒さと被害者の異常体質のため被害者がショック状態に陥ったので、被告人は被害者が死んだと誤信しそのまま放置して凍死せしめた事案について、181条1項が成立するとした。行為時の特殊事情と犯人の過失行為の介在した事案であるが、妥当な結論である。なお、これまで被害者が自殺した場合は、強制性交等致死罪として起訴されてこなかった。

●**参考文献**●　三浦透・判解平20年度1、天田悠・圃各8版32、中空壽雅・平20年度重判184、辰井聡子・J1416-102

135　強制わいせつ致傷罪(2)

東京高判平成12年2月21日（判時1740号107頁・判タ1057号265頁）　　参照条文　刑法181条、176条前段、238条

電車内で強制わいせつ行為を終了した後、車外に逃走して逮捕を免れる目的で暴行を加えて被害者に傷害を負わせた場合、強制わいせつ致傷罪が成立するか。

●**事実**●　被告人Xは走行中の電車内において、A子（当時16歳）に対し、左手をパンティーの中に差し入れ、強いてわいせつな行為をした上、駅に停車中の同電車内において、Xを逮捕しようとしてその右腕を摑んだAに対し、右腕を前に突き出して強く振り払う暴行を加えて全治約1か月間を要する左中指骨骨折、左手関節捻挫等の傷害を負わせた。

　原審は、Xは強制わいせつ行為を終了した後、逮捕されることを免れる目的でAに暴行を加えた結果、Aに傷害を負わせたことが明らかであって、刑法238条のような規定が存在しない以上、本件犯行は強制わいせつ致傷罪には該当しないと判示し、強制わいせつ罪と傷害罪の併合罪の成立を認めた。

　これに対し検察側が、Aの傷害の原因となったXの暴行は、Xの行った強制わいせつ行為と時間的、場所的に接続し、強制わいせつ行為に通常随伴すると認められる一連、一体の行為であると認められるから、上記の暴行によりAに傷害を負わせたXに強制わいせつ致傷罪が成立するとして控訴した。

●**判旨**●　東京高裁は、原審に事実誤認があったとして、以下のように認定した。Xは、「電車内が非常に混雑し、Xの横に立っていたAの身体に自分の腕が触れたことから同女に劣情を催し、左手を同女のパンティーの中に差し入れ、同女の陰部を指で撫でまわすなどの強制わいせつ行為をした。そして、……乗降ドアが開くため、わいせつ行為の継続を断念して左手指をパンティーから抜いたところ、その直後にAから上着の左袖口を右手でつかまれたので、これを振り切り、乗降ドアから降りて逃走しようとした。すると、今度はAから右腕を同女の両手でつかまれ、『この人痴漢です。』と叫ばれたため、Xは、同電車内の同じ位置において、Aを振り切って逃走する目的で、Aにつかまれた右腕を前に突き出して強く振り払う暴行を加え、その結果、同女に全治約1か月間を要する左中指末節骨骨折等の前記傷害を負わせた。Xは、こうしてAを振り切り、開いた乗降ドアから駅のホームに降りて逃げようとしたが、Aの前記の声を聞いて集まってきた駅員らにより現行犯逮捕された。……Xが Aにつかまれた右腕を前に突き出して強く振り払った行為は、Xが右経緯により強制わいせつ行為を終了した直後に、強制わいせつ行為が行われたのと全く同じ場所で、被害者から逮捕されるのを免れる目的で行われたものであると認められるから、強制わいせ

つ行為に随伴する行為であったということができる。そして、Xは、強制わいせつ行為に随伴する右行為によってAに前記傷害を負わせたものであるから、このような場合、Xに強制わいせつ致傷罪の成立を認めるのが相当である」。

●**解説**●　1　強制わいせつ行為から傷害が生じた場合(a)わいせつ行為ないし暴行・脅迫から直接生じたものに限るという説は支持が少なく、(b)強制性交等の機会に行われた密接関連行為から生じたもので足りると解されている（【134】）。

　2　判例は、大判明治44年6月29日（刑録17-1330）以来、死傷を惹起した行為が強制わいせつ・強姦罪に随伴するものであれば、強制わいせつ・強姦致死傷罪が成立するとしている。強制わいせつの場合も、犯行の機会に生じたものであれば致傷に該当すると考えられてきた。

　3　それでは、本件のように、電車内で強制わいせつ行為を終了した後、その場で被害者に腕を摑まれたため、車外に逃走して逮捕を免れる目的で、腕を前に突き出して強く振り払う暴行を加えた結果被害者に傷害を負わせた場合についても、181条を適用すべきなのであろうか。

　4　強制わいせつ致傷罪における傷害の結果は、わいせつ行為から生じた場合のみでなく、手段たる暴行、脅迫から生じた場合を含む。むしろ、暴行から傷害が生じた場合が典型とすらいえる。問題は、手段たる暴行から直接生じたとはいえない場合である。

　5　本件のように、痴漢行為につき逮捕を逃れるための暴行の場合、本件原審は、窃盗犯が逮捕を免れるために暴行を加えれば強盗になるとする238条のような特別規定が存在しない以上、強制わいせつ致傷罪は成立せず、強制わいせつ罪と傷害罪の併合罪が成立するとした。

　6　たしかに、強盗の場合、窃盗犯人がその犯行の機会の継続中に逮捕を免れるために暴行を加えそれによって傷害した場合、犯行（財物奪取）後の行為であっても、暴行が事後強盗罪の実行行為を構成するために、強盗傷人罪（240条）に該当することになる。強制わいせつの場合、そのような規定を欠く以上、明らかにわいせつ行為やその手段としての暴行が終了した後の行為は致傷罪を構成しないようにも見える。

　7　しかし、事後強盗（窃盗）の事案と同じ暴行を、「逮捕を免れる目的のない強盗犯人」が行った場合、事後強盗にはならないが、「結果的に逮捕を免れさせた暴行」がよほど現場から時間的・距離的に離れていない限り、やはり強盗の機会の傷害と評価され、240条が適用される。そうだとすれば、本件も強制わいせつの機会の暴行による傷害と解するべきである。「機会」には犯行直後も含まれうる。

●**参考文献**●　山田利行・研修651-37、甲斐行夫・警論54-9-218、岩井宜子・判評524-42

136 住居侵入罪の保護法益

最2小判昭和58年4月8日（刑集37巻3号215頁・判時1078号153頁）　　参照条文　刑法130条

郵便局管理権者の意思に反した局舎内への平穏な立入りは建造物侵入罪を構成するか。

●事実●　労働組合である全逓地方支部の役員である被告人Xを含む8名の全逓組合役員（いずれも大槌郵便局には勤務しない者）は、共謀の上、春季闘争の一環として、昭和48年4月18日午後9時30分ころ、大槌郵便局の未だ施錠されていなかった通用門から入り、宿直員（全逓大槌分会長）に「おい来たぞ」と声をかけながら、宿直員の黙認の下に、同局舎郵便発着口から土足のまま局舎内に立ち入り、局舎の書庫、引き戸、ガラス窓、机、ロッカー、出入口等に「合理化粉砕」等と記載したビラ約1000枚を糊で貼付したが、同日午後10時過ぎごろ、見回りに来た局員らに発見され、Xらにビラ貼りを制止する局長との間で若干の応酬の後、同日午後10時45分ころ同局舎を退去した。

第1審は、郵便局舎内への立入り行為は、管理権者たる局長の意思に反するものであるが、建造物の平穏を害するに至っておらず、未だ刑法130条の建造物侵入罪の構成要件に該当しない、としてXらに無罪を言い渡した。これに対し原審は、「侵入する」とは、立ち入ることにより建造物の事実上の管理支配を侵害し、もって当該建造物内の事実上の平穏を害することにほかならず、管理権者の意思に反する立入りは原則として建造物侵入罪を構成するものといえるとした上で、本件ではその立入りを拒否ないし禁止する十分の措置を採らず、立入り拒否の意思が外部に表明されたとはいえなかったとして、本件立入りは管理権者の意思に反したものとはいえないとした。これに対し、検察側が上告した。

●判旨●　破棄差戻。「刑法130条前段にいう『侵入し』とは、他人の看守する建造物等に管理権者の意思に反して立ち入ることをいうと解すべきであるから、管理権者が予め立入り拒否の意思を積極的に明示していない場合であっても、該建造物の性質、使用目的、管理状況、管理権者の態度、立入りの目的などからみて、現に行われた立入り行為を管理権者が容認していないと合理的に判断されるときは、他に犯罪の成立を阻却すべき事情が認められない以上、同条の罪の成立を免れないというべきである」。

●解説●　1　住居侵入罪の保護法益に関しては、(a)家(父)長権を基本とした法的住居権と考える旧住居権説と、(b)事実上の住居の平穏説、さらにそれらを批判して登場した(c)新住居権説が対立する。

そして、住居侵入罪の実行行為である「故なく侵入する」行為につき、(a)(c)の住居権説が住居権者の意思に反する立入りか否かを問題とするのに対し、(b)事実上の住居の平穏説はその立入り行為が客観的に平穏か否かによ

り判断するとする。

2　事実上の住居の平穏説と新住居権説とが対立してきたが、そのような中で、最高裁が新住居権説を採用する判断を示したのが本判決である。

第2次大戦後、それまで通説・判例であった旧住居権説に対し、①住居権概念が曖昧で、②家父長権と結びついた住居権は現行憲法の理念に反し、③住居権を誰に帰属させるかという問題が生ずるとして厳しい批判が加えられ、その結果事実上の住居の平穏を住居侵入罪の保護法益であるとする平穏説が主張され、判例も事実上の平穏説を採用するに至った（最判昭51・3・4刑集30-2-79）。

3　しかし、平穏説に対しても、①社会の平穏と結びつきやすく、社会法益の残滓が見られ、②侵入行為の態様、特に侵入目的を重視する点で行為無価値的であり、③「平穏」の内容が曖昧であるとの批判がなされ、戦前の家父長権と離れた新住居権説が有力となった。新住居権説は、家父長権ではなく居住者の自己決定権やプライバシーの積極的保護を重視する点に特色がある。住居権を「住居に誰を立ち入らせ、誰の滞留を許すかを決める自由」と説明し直すことにより、住居侵入罪の個人法益（自由）に対する罪としての性格を、平穏説以上に徹底し、1960年代から有力化した個人の自由・自己決定権を重視する結果無価値型刑法理論と一致するものであった。

4　しかし、新住居権説は処罰範囲を拡大する側面もないわけではない。本判決のように、管理権者（郵便局長）の意思に反する余地はあるものの、宿直員の黙認の下に平穏に立ち入る行為につき、平穏説からは不可罰とされやすいからである（逆に平穏ではない立入りではあるが住居権者の意思に反しない場合には、平穏説の方が新住居権説よりも処罰範囲が広がる。しかし、このような事例に関しては、平穏説からも被害者の同意を根拠に住居侵入罪の成立が否定される）。

「住居権か平穏か」という二者択一の議論ではなく、住居（建造物）侵入罪の構成要件性においても、処罰価値に影響する諸事情は、総合的に考慮されるべきである。

5　さらに、新住居権説では特に官公庁の建物への侵入の場合、管理権者の意思を過度に強調することによる問題がある。管理権者のプライバシー的利益保護のために住居侵入罪を適用する必要はないであろう。そのような建物への侵入行為は、建物内の業務活動等に対する効果を考慮して当罰性を判断すべきであろう。そうだとすると、客観的に平穏な侵入であったかという視点も、なお重視すべきように思われる。そして、最高裁も、侵入態様を重視するようになっていることに注意を要する（【137】【138】参照）。

●参考文献●　森岡茂・判解昭58年度63、十河太朗・固各7版34、前田雅英・昭58年度重判160、大谷實・判評298-48、木藤繁夫・警論36-7-143

137　表現の自由と建造物侵入罪—立川自衛隊官舎事件

最2小判平成20年4月11日（刑集62巻5号1217頁・判時2033号142頁）　　　参照条文　憲法21条　刑法130条

> 自衛隊宿舎（集合住宅）の各室玄関ドアの新聞受けに政治的な意見を記載したビラを投函する目的で、金網フェンス等で囲まれるなどしたその敷地部分等に立ち入る行為は、刑法130条前段の罪にあたるか。

●事実●　被告人Xらが、自衛隊イラク派遣に反対する趣旨のビラを防衛省T宿舎各室玄関ドア新聞受けに投函する目的で、管理者および居住者の承諾を得ないで、同宿舎の敷地に立ち入り、建物の階段1階出入口から4階の各室玄関前まで立ち入ったことが住居侵入罪に問われた。弁護人は、①本件の公訴提起は公訴権濫用にあたり、公訴棄却の判決がなされるべきであり、②このような事実関係の下では住居侵入罪の構成要件該当性も違法性も認められないと主張した。

第1審は、Xらの各立入り行為は住居侵入罪の構成要件に該当するが、法秩序全体の見地からして、刑事罰に値する程度の違法性があるものとは認められないとして、無罪とした。それに対して原審は、ビラ投函目的での自衛隊官舎（敷地および階段等）への立入り行為につき、いわゆる可罰的違法性を欠くとはいえないとした。X側が上告。

●判旨●　上告棄却。最高裁は、各棟の1階出入口から各室玄関前までの部分は、人の看守する邸宅にあたり、宿舎敷地のうち建築物が建築されていない部分は、人の看守する邸宅の囲繞地として、邸宅侵入罪の客体になり、Xらの行為は刑法130条前段に該当するとし、立入りの態様、程度、管理者からその都度被害届が提出されていることなどに照らすと、法益侵害の程度が極めて軽微なものであったとはいえないとした上で、憲法21条1項との関係について、「Xらによるその政治的意見を記載したビラの配布は、表現の自由の行使ということができる。しかしながら、憲法21条1項も、表現の自由を絶対無制限に保障したものではなく、公共の福祉のため必要かつ合理的な制限を是認するものであって、たとえ思想を外部に発表するための手段であっても、その手段が他人の権利を不当に害するようなものは許されないというべきである（最判昭59・12・18刑集38-12-3026参照）。……本件でXらが立ち入った場所は、防衛庁の職員及びその家族が私的生活を営む場所である集合住宅の共用部分及びその敷地であり、自衛隊・防衛庁当局がそのような場所として管理していたもので、一般に人が自由に出入りすることのできる場所ではない。たとえ表現の自由の行使のためとはいっても、このような場所に管理権者の意思に反して立ち入ることは、管理権者の管理権を侵害するのみならず、そこで私的生活を営む者の私生活の平穏を侵害するものといわざるを得ない。したがって、本件Xらの行為をもって刑法130条前段の罪に問うことは、憲法21条1項に違反するものではない」と判示した。

●解説●　1　本判決は、自衛隊宿舎敷地（建築物が建築されていない部分）は、人の看守する邸宅の囲繞地と認定した上で、ビラ投函目的の侵入行為を130条前段で罰することは、合憲であるとした。ビラ投函目的の侵入行為を130条前段で罰することは、合憲であるとした。ビラ投函という目的の住居侵入行為をどの範囲で刑事罰の対象としうるかは、結局、侵入した場所の特徴、侵入時の態様、侵入時間帯、侵入継続時間の長短、被害者の同意の有無などによって決定される法益侵害の大きさと、侵入目的の持つ「法的に評価しうる価値」との衡量で決まるといってよい（【136】、さらに東京地判平7・10・12判時1547-144参照）。

2　まず**目的の正当性**であるが、第1審の指摘するとおり、ビラの投函自体は、憲法21条1項の保障する政治的表現活動の一態様であり、同法22条1項により保障される商業的宣伝ビラの投函に比して、いわゆる優越的地位が認められているといえよう。問題は、原審が指摘したように、本件のようなビラの配布のために、認定されたような形で管理されている建造物等に立ち入ってよいかという実質的判断である。表現の自由対住居権者のプライバシー権という大括りな比較考慮は、あまり意味がない。

3　そこで**手段の相当性**が問題となる。住居侵入罪の法益侵害の大小は、侵入態様によっても規定される。憲法上認められた目的と比較衡量される法益侵害は、平穏侵害の程度と不可分の関係にある。

第1審は、本件立入り行為の態様自体は、T宿舎の正常な管理およびその居住者の日常生活にほとんど実害をもたらさない穏当なもので、各立入り行為が居住者のプライバシーを侵害する程度は相当に低く、相当性の範囲を逸脱したものとはいえないと評価したのに対し、原審は、ビラ投函を防止する対策がとられ、居住者らからの抗議等を受けながら、なおも、その居住者の目の届かない所で、引き続きビラの投函を続行したことなどを挙げて、相当性を欠くとしている。

本件行為時には、治安の変化に伴い、マンションの安全性に関する住民の規範意識も大きく変化してきていた。プライバシー権の侵害に加え、より広い住居の安全の視点も考慮されなければならない。そして、「刑法を用いてまで守ってほしいと国民が考える利益」には、自己決定権・プライバシー権侵害より広い「住居の平穏」が含まれてきた。

4　共同住宅の場合、「ビラを見たい者が1人でも存在する可能性があれば違法性は欠ける」というのも、逆に、「1人でも『絶対に入って来てほしくない』という者がいれば、法益侵害性が認められる」というのも妥当ではない。複数の権利者が存在し、その意思が必ずしも統一されていない可能性がある場合には、客観的侵入態様の一般人からみた危険性が問題にされるべきであろう。「推定的同意」という概念より、平穏侵害といった方が、国民（裁判員）にはわかりやすいように思われる。

●参考文献●　山口裕之・判解平20年度203、曽根威彦・曹時65-5-1、関哲夫・平20年度重判186

138 ビラ配布目的の侵入と管理権者の意思

最2小判平成21年11月30日（刑集63巻9号1765頁・判時2090号149頁）　　　　参照条文　刑法130条前段

政党ビラ配布を目的とするマンション共用部分への立
入りは刑法130条前段に該当するか。

●**事実**●　被告人Xは、政党ビラの配布を依頼され、午
後2時ころ、Wマンション玄関出入口から玄関ホール、
1階廊下を経てエレベーターに乗って7階まで行き、順
次3階まで降りていく中で、各居室のドアポストに本件
ビラを投函したという事案で、住居侵入罪に問われた。
本件マンションは、住戸部分につながる出入口にはガラ
ス製ドアがあり、そこを入った玄関ホール右側の壁には
掲示板と集合郵便受けが設置され、その奥にさらにガラ
ス製ドアがあり、その手前の左側に管理人室がある構造
になっていた。そして、掲示板には、チラシの投函を禁
ずる旨の管理組合名義の貼り紙がなされていた。
　第1審は、マンション共用部分へのビラ配布目的の立
入りが刑罰をもって禁じられているとの社会通念は確立
しているとはいえないとし、①貼り紙は商業ビラの投函
等を禁止する趣旨にすぎないと読むことができ、②オー
トロックシステムは設置されておらず、③管理人が滞在
していない時間帯も多く、④外階段を通じて出入りする
こともでき、⑤Xが事前に立入禁止の警告を受けたこと
もなく管理組合の意思を来訪者に伝える実効的な措置が
採られていたとはいえないなどとして、本件立入り行為
は正当な理由を欠く侵入行為ではないとした。
　これに対し原審は、本件マンションの構造等に加え、
ビラ配布のための部外者の立入りを許容していないこと
をXが知っていたことなどを併せ考慮すると、その立入
りのための玄関ホールへの立入りを含め、刑法130条前
段の住居侵入罪を構成すると認めるのが相当であるとし、
①「ビラ配布目的の立ち入り禁止」は、住民の総意に沿
うもので、②ビラに記載された情報を伝達するために各
住戸のドアポストへの配布が必要不可欠な伝達方法とは
いえないし、③住民らの許諾を得ることなく7階から3
階までのドアポストにビラを投函しながら滞留した行為
が相当性を欠くことは明らかであり、違法性は阻却され
ないとして、第1審判決を破棄した。X側が上告。

●**判旨**●　上告棄却。最高裁も、表現の自由は公共の
福祉のため必要かつ合理的な制限を受けるのであり、
思想を外部に発表するための手段であっても、その手
段が他人の権利を不当に害するようなものは許されな
いとし、「本件でXが立ち入った場所は、本件マンシ
ョンの住人らが私的生活を営む場所である住宅の共用
部分であり、その所有者によって構成される本件管理
組合がそのような場所として管理していたもので、一
般に人が自由に出入りすることのできる場所ではない。
たとえ表現の自由の行使のためとはいっても、そこに
本件管理組合の意思に反して立ち入ることは、本件管
理組合の管理権を侵害するのみならず、そこで私的生
活を営む者の私生活の平穏を侵害するものといわざる
を得ない」と判示した。

●**解説**●　1　本判決は、マンションの共用部分は、分
譲された住戸部分に付随しており、住民らの生活の平穏
に配慮する必要が強く認められる空間であるから、各住
戸と一体をなして刑法130条前段の住居にあたると解さ
れるとした、原審判断を維持した（なお、【137】参照）。
　2　実質的争点は、ビラ配布を目的とした共用部分立
入り行為が、正当な目的のない住居の侵入にあたるかに
ある。原審判決は、本件マンションの構造、立入り行為
が管理組合の意思に反しXがそれを知っていたことを認
定し、集合住宅に部外者の立入りが広く認められている
ような社会情勢にはなく、貼り紙は第1審判決のように
限定して解釈する余地はなく、オートロックシステム不
設置や管理人の非常駐、外階段による出入り可能性など
は、この判断を左右するものではないとした。
　そして、最高裁は、共用部分への立入りは管理権を侵
害するのみならず、私生活の平穏を侵害するとして原審
の判断を維持した。
　3　判例は、侵入の目的を重視する。虚偽の内容を記
入した傍聴券を携帯して参議院を傍聴する行為（東京高
判平5・2・1判時1476-163）、国体開会式妨害目的で陸上
競技場に一般観客を装って立ち入った行為について、
130条の成立を認めている（仙台高判平6・3・31判時1513-
175）。さらに、【149】は暗証番号盗撮目的での銀行への
立入りについて、管理権者（銀行支店長）の意思に反す
る立入りであることは明らかであるから、その立入りの
外観が一般の現金自動預払機利用客のそれと特に異なる
ものでなくても、建造物侵入罪が成立するとしている。
　4　住居権説と「本当のことを知ったら同意しなかっ
た以上同意を欠く」とする考え方を結びつけると、住居
侵入罪の成立範囲は拡大する。しかし、本判決では、共
用部分への侵入態様が住民の法益を侵害するものである
ことが認定されているという点が重要で、この点につき
最高裁は私生活の平穏を害するという表現を用いている。
　侵入態様の侵害性の評価を無視し、「管理権者の意思
に反する」という点のみを強調するのは、関連するもの
を広く総合考量するという判例の判断方式からみても、
不自然であろう。【149】も、侵入後に、暗証番号を盗撮
するために業務妨害行為に及んでいる事案についての判
断なのである。
　5　最高裁は、「私生活の平穏を侵害するものでなけ
れば、処罰が違憲となる場合があり得る」ともしている。
「管理権を侵害するのみならず、そこで私的生活を営む
者の私生活の平穏を侵害するもの」のみに限定解釈すれ
ば、違憲とはならないということになろう。表現の自由
との衡量を踏まえた実質的違法性判断により、35条で適
法とされる可能性もある。ただ、130条は「正当な理由
がないのに、」という限定が付された、規範的な構成要
件であり、130条の解釈の中で、管理権者の意思に反す
ることと、私生活の平穏を害する程度が、併せて衡量さ
れることになるのである。

●**参考文献**●　西野吾一・判解平21年度532、木村光江・国各7版
36、十河太朗・平22年度重判208

139　コンクリート製の塀と建造物

最1小決平成21年7月13日（刑集63巻6号590頁・判時2095号154頁）　　　参照条文　刑法130条前段

捜査車両を確認する目的で、高さ2m40cm、上部幅22cmの警察署の塀の上によじ上る行為は、建造物侵入罪に該当するか。

●事実●　被告人Xは、大阪府Y警察署の捜査車両を確認する目的で、同警察署署長Aが看守する同警察署東側コンクリート塀の上によじ上り、人の看守する建造物に侵入したとして起訴された事案である。Y警察署は、敷地の南西側に庁舎建物が設置され、敷地の南側と西側は道路に接し、敷地の東側と北側に塀が設置され、敷地の北側には車庫および倉庫、敷地の東側には自転車置場が設置され、庁舎建物との間が中庭となっている。外部からの出入口は、「許可なく関係者以外の立ちいりはお断りします」などと記載された署長名の掲示板がある正面出入口に事実上限られ、他の出入口には「来客の方は正面玄関へお回りください」等と貼り紙がなされ、事実上通行できないようになっていた。正面出入口は、執務時間中、受付のカウンター内には常時職員が待機しており、監視モニターと併せて、入庁者の動静を注視する態勢がとられていた。そして、本件塀は、大阪府が所有する敷地上に設置された高さが約2m40cm、上部の幅が約22cmのコンクリート製であり、上部に立って移動することも十分可能であって、上部に立てば、捜査車両等が駐車する中庭等を見渡すことができるが、塀の外側の地上からは中庭等を見渡すことはできないようになっていた。

第1審は、130条の「建造物」に囲繞地の周囲の塀は含まれないとして無罪を言い渡したのに対し、原審は、建造物には、建物自体に加えその囲繞地が含まれ、本件塀等に囲まれた土地が本件庁舎建物の囲繞地に該当することは、明白であり、本件塀の上によじ上る行為は本件囲繞地への侵入行為にあたるとして、第1審判決を破棄した。X側が上告。

●決定要旨●　上告棄却。X側の上告に対し最高裁は、「本件塀は、本件庁舎建物とその敷地を他から明確に画するとともに、外部からの干渉を排除する作用を果たしており、正に本件庁舎建物の利用のために供されている工作物であって、刑法130条にいう『建造物』の一部を構成するものとして、建造物侵入罪の客体に当たると解するのが相当であり、外部から見ることのできない敷地に駐車された捜査車両を確認する目的で本件塀の上部へ上がった行為について、建造物侵入罪の成立を認めた原判断は正当である」と判示した。

●解説●　1　本決定は、これまで議論されてこなかった「囲繞地の周囲の『コンクリート製の塀』が建造物に該当するか」という問題に関して、積極的な判断を示したものである。

2　刑法130条の『建造物』には、建物そのものに加え、その囲繞地を含む。大学の研究所の周囲に一時的に

設けた金網の柵を押し倒して入った場合は、囲繞地に侵入したものとして、建造物侵入罪となる（最判昭51・3・4刑集30-2-79）。また、東京高判平成5年7月7日（判時1484-140）は、「囲繞地であるためには、その土地が、建物に接してその周辺に存在し、かつ、管理者が外部との境界に門塀等の囲障を設置することにより、建物の付属地として、建物利用のために供されるものであることが明示されれば足りる」として、避難場所に指定され住民に開放されていた小学校の校庭も建造物（囲繞地）たりうるとした。

3　そして、本件第1審・原審でも、囲繞地の周囲の塀も、囲繞地といえるか否かが論じられた。第1審は、①囲繞地も建造物に含まれるとの解釈は拡張解釈であり、罪刑法定主義の原則に照らせば、周囲の塀をも含むとの解釈と含まないとの解釈とがありうるとすれば、後者を選択すべきとした。そして実質的にも、②建造物の管理権を保護する理由は、結局、建造物内の空間におけるプライバシー権や業務遂行権等の保護に帰するものとも考えられ、管理者が塀を管理しているからといって、その管理権を建造物侵入罪により当然保護すべきであるとも解し難いし、③囲繞地の周囲の塀が含まれないと解すると、塀の上に立ったり歩いたりする行為が同条により処罰されず、相当でないかのようにも思われるが、そもそも、刑法解釈において処罰の必要性を優先させて考えることは相当でないとした。

4　それに対し、原審は、「囲繞地への侵入を処罰するのは、建物の附属地として門塀等を設置するなどして、外部との交通を制限し、外来者がみだりに出入りすることを禁止している場所に故なく侵入することによって、建造物自体への侵入若しくはこれに準ずる程度に建造物の管理権が害されるか又は脅かされることから保護しようとする趣旨に出たものである」とし、本件塀等に囲まれた土地が本件庁舎建物の囲繞地に該当することは、明白であるとした。たしかに、警察署の塀の上に立ったり歩いたりする行為を建造物侵入罪によって処罰しなければならないという実質的判断には合理性がある。

5　そして最高裁は、本件「塀」が「建造物」の一部を構成するとして、その当罰性を一層明確にした。たしかに、大学研究所の周囲の金網の柵（前掲最判51・3・4）は囲繞地の境界を示すもので、それ自体が建造物か否かを論じる余地はないが、本件塀は、高さ約2.4m、幅約22cmのコンクリート製である。単に、敷地を他から明確に画する機能にとどまらず外部からの干渉を排除する作用を果たしており、その形状からも本件庁舎建物の利用のために供されている工作物といえよう。警察署の捜査車両を確認する目的で塀の上によじ上る行為は、平穏侵害説からいっても、住居権説からいっても、実質的に侵入に該当すると解することは十分可能である。

●参考文献●　上岡哲生・判解平21年度205、松原久利・平21年度重判181、前田雅英・研修717-3、大口奈良恵・研修721-93

140 医師の守秘義務と正当業務行為

最２小決平成24年２月13日（刑集66巻４号405頁・判時2156号141頁）　　参照条文　刑法35条、133条

医師の知識、経験に基づく診断を含む医学的判断を内容とする鑑定を命じられた医師が、知り得た人の秘密を漏らす行為は正当化されうるか。

●**事実**●　少年が自宅に放火し家族３名を殺害した事件に関し、家庭裁判所から当該少年の精神鑑定を命ぜられた精神科医Ｘ（被告人）が、ジャーナリストから取材等を受けるうちに、その要望を受けて、家庭裁判所から鑑定資料として貸出しを受けていた捜査記録等を、このジャーナリストに閲覧させるなどして、業務上知り得た少年およびその父親の秘密を漏らしたという事案である。

第１審および原審は、Ｘが、家庭裁判所から少年事件について、「１　少年が本件非行に及んだ精神医学的背景、２　少年の本件非行時及び現在の精神状態、３　その他少年の処遇上参考になる事項」という鑑定事項につき、精神科医としての知識、経験に基づく、診断を含む精神医学的判断を内容とする鑑定を命じられ、その実施に際し、鑑定資料として少年らの供述調書等の写しの貸出しを受けていたところ、正当な理由がないのに、同鑑定資料や鑑定結果を記載した書面を第三者に閲覧させ、少年およびその実父の秘密を漏らした行為が、秘密漏示罪（134条１項）に該当するとした。Ｘ側は、告訴権の範囲などを争って上告した。

●**決定要旨**●　上告棄却。「所論は、鑑定医が行う鑑定はあくまでも『鑑定人の業務』であって『医師の業務』ではなく、鑑定人の業務上知った秘密を漏示しても秘密漏示罪には該当しない、本件で少年やその実父はＸに業務を委託した者ではなく、秘密漏示罪の告訴権者に当たらない旨主張する。

しかし、本件のように、医師が、医師としての知識、経験に基づく、診断を含む医学的判断を内容とする鑑定を命じられた場合には、その鑑定の実施は、医師がその業務として行うものといえるから、医師が当該鑑定を行う過程で知り得た人の秘密を正当な理由なく漏らす行為は、医師がその業務上取り扱ったことについて知り得た人の秘密を漏示するものとして刑法134条１項の秘密漏示罪に該当すると解するのが相当である」（さらに、「『人の秘密』には、鑑定対象者本人の秘密のほか、同鑑定を行う過程で知り得た鑑定対象者本人以外の者の秘密も含まれるというべきである。したがって、これらの秘密を漏示された者は刑訴法230条にいう『犯罪により害を被った者』に当たり、告訴権を有すると解される」と判示した）。

●**解説**●　１　争点は、Ｘが漏示した秘密は、鑑定という医師の業務上知り得たものか、あくまで「鑑定人」

の業務上知り得たものであって、「医師」の業務上知り得たものではなく、鑑定人については守秘義務に関する規定や罰則規定が設けられていない以上、Ｘの行為は刑法134条１項にはあたらないかという点にあった。

２　本決定は、秘密漏示罪における「その業務上取り扱った」との要件は、医師については、その免許を前提に、専門的知見および経験に基づき継続的に行う事務に関して人の秘密を取り扱うことをいうと解されるから、Ｘが少年につき行った精神鑑定は、秘密漏示罪における医師の「業務」にあたるとした。構成要件をやや拡張する解釈ではあるが、最高裁によって、確定したものとなった。

３　本件で１審以来最も激しく争われたのは、正当化事由の有無である。Ｘは、(a)少年に対する誤った世間の認識を正すという少年の利益を図る目的や、取材に対する協力という公益目的でジャーナリストに供述調書等を閲覧させるなどした漏示行為には正当な理由があると強く主張した。これに対し、１審は、少年らに関する誤った世間の認識を正してもらおうとしたというＸの思いは、未だ主観的なものにとどまる上、少年審判手続の進行中にその記録を自由に閲覧させ、少年らのプライバシー等に関わる内容も漏示していたこと等に照らすと、(b)取材協力行為とみても正当な理由に基づくものとは認められないとして、正当化されないとした。

４　憲法学の領域では、表現活動が重視され、マスコミに関連する利益を重視する傾向も見られるが、少なくとも本件事案においては、Ｘの行為が「取材に対する協力という公益目的」などで正当化しえないことに異論は少ないであろう。

５　公務員の守秘義務違反に関連し報道機関の取材活動や報道行為の正当化が争われた最決昭和53年５月31日【**49**】では、沖縄返還に関する秘密電文を外務省職員をそそのかして漏洩させた新聞記者の行為が問題となったが、最高裁は、「報道のための取材の自由もまた、憲法21条の精神に照らし、十分に尊重に値する」とした上で、「その手段・方法が法秩序全体の精神に照らし相当なものとして社会通念上是認されるものである限りは、実質的に違法性を欠き正当な業務行為というべきである」と判示した。最高裁は、情報入手に際し被告人が情交関係を利用した点も考慮して、手段が不相当だとして正当化を認めなかった。基本的には被告人の行為の目的である報道の利益と、それにより生じる国家の（つまり国民全体の）不利益が衡量され、また秘密をあえて公表せざるをえない必要性、緊急性がどれだけあったか、他の手段・方法はなかったのか等を総合的に考量して実質的違法性が判断されるのである。

●**参考文献**●　前田・最新判例分析168、矢野直邦・判解平24年度89、辰井聡子・メディア囲２版12、佐久間修・医事法囲２版56

141　名誉毀損罪の公然性

最1小判昭和34年5月7日（刑集13巻5号641頁）　　参照条文　刑法230条

被害者の家族や2、3名の村人に「Aの放火を見た」などと発言するのは、公然と事実を摘示したことになるか。

●**事実**●　被告人Xは昭和31年4月6日午後10時過ぎころ、寝室の窓越しに炎が見えたので不審を抱き外を見たところ、自宅の庭先（10mほど離れた所）で菰が燃えているのを発見し消火に駆けつけた。その際たまたま現場付近で男の姿を見かけ、それが近所のAだと思い込んだXは、5月20日ころには自宅においてAの弟Bおよび村会議員Cに対し、さらに6月10日ころにはA方においてAの妻D、長女Eおよび近所の婦人F・G・Hらに対し、問われるままに「Aの放火を見た」「火が燃えていたので同人を捕えることは出来なかった」旨を述べた。その結果、この噂が村中に相当広がった。

第1審が名誉毀損罪の成立を認めたのに対し、被告人側が控訴した。原審は、Aが放火犯人だという噂が村中に相当広まった点についても触れて、「Xは特殊の関係により限局せられた者に対してのみ事実を摘示したものではなく不定の人に対してなしたものというべく要するにXの行為は事実の摘示を不定多数の人の視聴に達せしめうる状態において行われたものとなすべきである」として刑法230条の成立を認めた。

これに対して弁護人は、Xの上記発言は個人の住居内において対談相手から質問されたのに答えたものにすぎず、積極的な事実の発表ではないから、公然事実を摘示したことにならない等と主張して上告した。

●**判旨**●　上告棄却。「原判決は第1審判決の認定を維持し、Xは不定多数の人の視聴に達せしめ得る状態において事実を摘示したものであり、その摘示が質問に対する答としてなされたものであるかどうかというようなことは、犯罪の成否に影響がないとしているのである。そして、このような事実認定の下においては、Xは刑法230条1項にいう公然事実を摘示したものということができる。……本件記録およびすべての証拠によっても、Aが本件火災の放火犯人であると確認することはできないから、Xについてはその陳述する事実につき真実であることの証明がなされなかったものというべく、Xは本件につき刑責を免れることができない」。

●**解説**●　1　刑法230条は、公然と事実を摘示し人の名誉を毀損した者を処罰する。名誉としては、人の評価とは独立した客観的なその人の人格的価値そのものを意味する「内部的名誉」も考えられるが、ただ、内部的名誉は外部からの力によって影響されえない以上、刑法の

保護の対象にもなりえない。そこで、社会が与える評価としての「外部的名誉」を保護するのが名誉毀損罪であると解されている。侮辱罪も公然と行うことを要件としており、侮辱罪の保護法益も外部的名誉であるとするのが多数説・判例となっている（大判大15・7・5刑集5-303。なお、名誉感情については【144】参照）。「公然性」は、広義の名誉毀損罪の中核的要件なのである。

2　公然とは、不特定または多数人が知りうる状態である。不特定または多数ということは、特定であっても多数なら該当し、少数であっても不特定なら、公然なのである。また知りうる状態であれば足り、現実に知る必要はない。そして判例は、かなり少数・特定人に対してでも、公然であるとしているといえよう。

3　本判決は、自宅でAの弟と村会議員に、そしてA宅でAの妻・娘・その他村人3人に、「Aは放火犯である」と言った事案について不特定の人に対してなされたものといえるとした。

そして、公然性概念の弛緩の理由としては、判例の伝播可能性の重視の姿勢を挙げることができる。判例は古くから、「公然たることは必ずしも事実の摘示を為したる場所に現在せし人員の衆多なることを要せず。関係を有せざる2、3の人に対して事実を告知したる場合と雖も他の多数人に伝播すべき事情あるに於ては之を公然と称するに妨げ」なしとしてきた（大判大8・4・18新聞1556-25）。転々と伝わる可能性があれば特定の少数人に対して摘示しても公然だと考えるわけである。そして、学説の中でも、配布先が特定少数であっても、文書が転々して多人数が知りうる場合を公然とする見解が有力である。

4　たしかに、社会的評価を低下させる危険性で足りるとする考え方を徹底していくと、「広く伝わる可能性」で既遂に達するとすることもできよう。しかし、名誉侵害が必要であるとする以上は、当該行為それ自体で社会に当該情報を流布したといえねばならないであろう。近時の判例も、伝播可能性を重視するものの「伝播可能性がないので公然性を欠く」という形で、公然性を限定しているものもあることに注意を要する。東京高判昭和58年4月27日（判時1084-138）は、高校教諭が売春事件で書類送検されたとの虚偽の手紙を、県教育委員会、校長、PTA会長に送った行為を伝播可能性がないとしている。

なお、本件では230条の2の事実証明についても争われ、最高裁は処罰阻却事由説を採る旨判示した（【142】参照）。

●**参考文献**●　竜岡資久・判解昭34年度164、藤木英雄『刑法の判例』208、平川宗信『刑法の基本判例』110、中山研一・判時1097-214、佐藤結美・圖各8版40、前田雅英・法教36-80

142 名誉毀損罪における事実の真実性に関する錯誤

最大判昭和44年6月25日（刑集23巻7号975頁・判時559号25頁）　　参照条文　刑法230条の2

> 相当な根拠に基づいて摘示した事実の真実性が証明されなかった場合の擬律。

●**事実**●　被告人Ｘは、Ｙ新聞社を経営し「夕刊Ｙ」を発行していたが、ある日の夕刊に「吸血鬼Ａの罪業」と題し、Ａ本人または同人の指示の下に、同人経営の新聞社の記者が、和歌山市役所土木部の某課長に向かって「出すものを出せば目をつむってやるんだが、チビリくさるのでやったんや」と聞こえよがしの捨てぜりふを吐いた上、今度は上層の某主幹に向かって「しかし魚心あれば水心ということもある、どうだ、お前にも汚職の疑いがあるが、一つ席を変えて1杯やりながら話をつけるか」と凄んだ旨の記事を掲載し頒布した。

第1審はＸに刑法230条1項を適用し、原審も、Ｘには名誉毀損の故意が阻却される等の主張を退けた。弁護人は憲法21条違反等を主張して上告した。

●**判旨**●　破棄差戻。「刑法230条の2の規定は、人格権としての個人の名誉の保護と、憲法21条による正当な言論の保障との調和をはかったものというべきであり、これら両者間の調和と均衡を考慮するならば、たとい刑法230条の2第1項にいう事実が真実であることの証明がない場合でも、行為者がその事実を真実であると誤信し、その誤信したことについて、確実な資料、根拠に照らし相当の理由があるときは、犯罪の故意がなく、名誉毀損の罪は成立しないものと解するのが相当である。これと異なり、右のような誤信があったとしても、およそ事実が真実であることの証明がない以上名誉毀損の罪責を免れることがないとした当裁判所の判例（最判昭34・5・7【141】）は、これを変更すべきものと認める。……Ｘが本件記事内容を真実であると誤信したことにつき、確実な資料、根拠に照らし相当の理由があったかどうかを慎重に審理検討したうえ刑法230条の2第1項の免責があるかどうかを判断すべきであったので、右に判示した原判決の各違法は判決に影響を及ぼすことが明らかであり、これを破棄しなければいちじるしく正義に反するものといわなければならない」。

●**解説**●　1　昭和22年、憲法改正を受けて、表現の自由と名誉の保護との調和を図るため、「真実の摘示」を不処罰とする刑法230条の2が新設された。同条1項は、①行為が公共の利害に関する事実にかかり（事実の公共性：私的事実に関する最判昭56・4・16刑集35-3-84参照）、②その目的がもっぱら公益を図るためのものであるとき（目的の公益性）、③事実が真実であると証明があったときは、これを罰しないとする原則を規定する。

2　刑法230条の2の不処罰根拠に関し、(a)処罰阻却事由説と(b)違法阻却事由説が対立してきた。真実性の挙証責任を被告人に負わせている事実からも、(a)説の方が

解釈としては妥当であり、判例（【141】）の採用する見解であった。一方学説は、憲法上の表現の自由に基づく真実の公表は単に処罰を免れるばかりではなく積極的に正当な行為と評価されなければならないとして、(b)説を支持するものが多かった。

3　(a)、(b)両説の差は、被告人が真実性の証明に失敗した場合に初めて表面化する。(a)説によれば、真実性の証明を果たせなかった以上、いかなる根拠に基づいた発言であろうと処罰は免れえない。まさにこの帰結が(b)説から「表現の自由を無視するもの」と批判されることになったわけである。これに対し、違法阻却事由説によれば、積極的な悪意からでなく真実だと思って摘示した以上、違法阻却事由を構成する事実に錯誤が生じたのであり、故意責任を問いえないということになる。多数説は、違法阻却事由の錯誤を事実の錯誤としているからである。

4　しかし、真実と軽信した者まで不可罰とする結論は、不当に名誉の保護を軽視するもので、また230条の2が被告人に挙証責任を転換し名誉の保護を図ったことが完全に没却されてしまうことにもなる。しかし逆に、いかに十分な取材に基づこうと最終的に証明に失敗したならば必ず処罰されるとなると、表現の自由は過度に萎縮してしまうと考えられた。そこで、両説の帰結のほぼ中間に位置する「相当な根拠に基づいた摘示であれば、真実と証明しえなくとも不可罰とする」という結論が広く承認されていく。

5　このような学説の動きの中で、本件判決は、処罰阻却事由説に立脚した先例を変更し、事実が真実であることの証明がない場合でも、誤信したことにつき相当の理由があるときは、犯罪の故意がないとした。しかし、判示の「理論構成」は必ずしも明確ではなく、いかなる錯誤論によったのか、さらには、違法阻却事由の対象を修正するという考え方を採用したのか、明らかではなかった（なお、【143】も参照）。

6　このような理論的混乱の中、確実な資料・根拠に基づいた事実の摘示は表現の自由の正当な行使で正当行為であるとの主張が有力化していく。それまで、故意の存否の材料とされてきた「相当な根拠に基づいたか否か」という判断を違法論の領域に移したのである。ただ、「確実な根拠に基づいて確信した場合、違法性が阻却される」という理論は、違法論を過度に主観化するものとして批判を浴びた。

しかし、確信したから正当なのではなく、相当な資料に基づく発言は客観的に価値が高いので正当な行為となるとすることも十分可能であろう。このような正当化事由説に立てば、230条の2はこの相当性とは別個の結果的に真実と証明されたことによる処罰阻却事由と位置付けられることになる。そして、そうすることにより、挙証責任の転換の点などを無理なく説明できる。

●**参考文献**●　藤木英雄・法協86-10-1、福田平・回各2版48、安達光治・回各8版44

143 インターネットと名誉毀損

最1小決平成22年3月15日（刑集64巻2号1頁・判時2075号160頁）　　参照条文　刑法230条

インターネット上の表現行為と「摘示した事実が真実である」と信じたことについての相当な理由。

●**事実**● 被告人Xは、フランチャイズによる飲食店「ラーメンW」の加盟店等の募集および経営指導等を業とする株式会社B食品の名誉を毀損しようと企て、平成14年10月から同年11月にかけて、自己の開設したホームページにおいて、「『ラーメンW』で食事をすると、飲食代の4〜5％がカルト集団の収入になります」などとB食品がカルト集団である旨の虚偽の内容を記載した文章などをそれぞれ掲載し続け、これらを不特定多数の者に閲覧させ、もって公然と事実を摘示してB食品の名誉を毀損したものであるという事案である。

第1審は、Xが、インターネット上でB食品の社会的評価を低下させる上記表現行為に及んだということは認められるものの、Xが摘示した事実は「公共の利害に関する事実」に係るもので、主として公益を図る目的で行ったものであり、インターネットの個人利用者として要求される水準を満たす調査をせず真実かどうか確かめないで発信したものとはいえないので、Xに対して名誉毀損の罪責は問えないとして、無罪を言い渡した。

これに対し原審は、Xは、公共の利害に関する事実について、主として公益を図る目的で本件表現行為を行ったものではあるが、摘示した事実の重要部分について真実であることの証明がなく、Xが真実と信じたことについて相当の理由も認められないとして、Xを有罪とした。X側が上告。

●**決定要旨**● 上告棄却。最高裁は、X側の、「摘示した事実を真実と信じたことについては相当の理由がある」との上告に対し「個人利用者がインターネット上に掲載したものであるからといって、おしなべて、閲覧者において信頼性の低い情報として受け取るとは限らないのであって、相当の存否を判断するに際し、これを一律に、個人が他の表現手段を利用した場合と区別して考えるべき根拠はない。そして、インターネット上に載せた情報は、不特定多数のインターネット利用者が瞬時に閲覧可能であり、これによる名誉毀損の**被害**は時として深刻なものとなり得ること、一度損なわれた名誉の回復は容易ではなく、インターネット上での反論によって十分にその回復が図られる保証があるわけでもないことなどを考慮すると、インターネットの個人利用者による表現行為の場合においても、他の場合と同様に、**行為者が摘示した事実を真実であると誤信したことについて、確実な資料、根拠に照らして相当の理由があると認められるときに限り、名誉毀損罪は成立しない**ものと解するのが相当であって、より緩やかな要件で同罪の成立を否定すべきものとは解されない（最大判昭44・6・25【142】参照）」と判示した。

●**解説**● 1　本決定は、真実性の誤信に関する【142】の結論を維持しつつ、【142】が「誤信に相当な理由がある場合は故意がない」としたのに対し、端的に「**名誉毀損罪が成立しない**」として客観的な判断に置き換えたものである。ただ、相当性の内容は同一である。

2　インターネット上での情報は、その伝播性の早さと広範さとに特徴がある。その意味では、名誉毀損罪の法益侵害性は高い。

3　だが、本件第1審は、公共の利害に関し公益目的で表現行為に及んだ場合、インターネットの個人利用者に対して要求される水準を満たす調査を行えば、「Xが摘示した事実を真実と信じたことについては相当の理由がある」と解すべきで、名誉毀損罪は成立しないとした。実質的には、そう解さなければ、ネット個人利用者の真実の表現行為がいわゆる自己検閲により萎縮し、ひいては憲法21条によって要請される情報や思想の自由な流通が確保されないとした。

4　しかし、個人利用者がインターネット上に掲載したものであるからといって、国民は必ずしも「信頼性の低い情報」として受け取るとは限らない。個人のネット情報だということを理由に、類型的に、他の表現手段を利用した場合と「質的に異なる」と考えるべきではない。「表現行為が自己検閲により萎縮する」という問題は、いかなるメディアでも同様に問題となるのであり、いずれのメディアも、名誉を毀損される側の利益保護という観点からの制約が必要である。

5　むしろ、インターネット上の情報は、不特定多数のインターネット利用者が瞬時に閲覧可能であり、これによる名誉毀損の被害は極めて深刻なものとなりうること、一度流された情報は、永遠に消えない可能性が高いことを重視すべきである。また、インターネット上での反論は可能だが、そのことと、一旦生じた名誉侵害が修復されることとは全く別問題で、「反論」が議論（被害）を拡大することにもなりかねない。

6　インターネットの個人利用者による表現行為の場合においても、他の場合と同様に、①名誉侵害の程度、②摘示事実の公共性の程度、③摘示事実に関する資料・根拠の確実性（事実の持つ客観的価値の大小）、④表現方法がそのメディアにおける通常の枠を超えている程度、⑤問題となった表現活動を行う必要性等の比較衡量により、名誉毀損罪の成否は実質的に判定されねばならない。

7　最高裁は、Xが商業登記簿謄本、市販の雑誌記事、インターネット上の書き込み等の資料に基づいて、摘示した事実を真実であると誤信したことは認めた上で、このような資料の中には一方的立場から作成されたにすぎないものもあり、関係者に事実関係を一切確認しなかったことなどから、誤信に相当の理由があるとはいえないとした。

●**参考文献**● 家令和典・判解平22年度1、前田・最新判例分析160、丸山雅夫・平22年度重判210

144 法人に対する侮辱罪

最１小決昭和58年11月１日（刑集37巻９号1341頁・判時1099号35頁）　　参照条文　刑法231条

> 感情の存在しない法人に対し、侮辱罪は考えられるのか。

●事実●　被告人Ｘは、知人の交通事故に関しＡ保険株式会社の顧問弁護士Ｂと交渉を続けていたが、ＢおよびＡ社関係者に圧迫を加えて交渉を有利に進めようと企て、数名の者と共謀の上、昭和57年７月30日午前２時30分ころから午前３時30分ころまでの間、Ａ社の所在するビル１階玄関柱に、管理者の許諾を受けないで、「Ｔ社の関連会社であるＡ社は、悪徳Ｂ弁護士と結託して被害者を弾圧している、両社は責任をとれ！」と記載したビラ12枚を糊で貼付し、公然Ａ保険株式会社およびＢを侮辱するとともに、みだりに他人の所有する工作物に貼り札をした。

第１審は、Ａ保険会社およびＢに対する侮辱罪と軽犯罪法１条33号の成立を認め、Ｘを拘留25日に処した。Ｘ側から、量刑不当の控訴がなされたが、原審はこれを棄却したため、Ｘ側は、再度量刑不当を主張して上告した。

●決定要旨●　上告棄却。「なお、刑法231条にいう『人』には法人も含まれると解すべきであり（大判大15・３・24刑集５-117参照）、原判決の是認する第１審判決が本件Ａ保険株式会社を被害者とする侮辱罪の成立を認めたのは、相当である」。

●解説●　1　侮辱罪の実行行為は、公然と「人」を侮辱する行為である。「人」である以上、いかに社会的名声が高い競争馬でも、本罪の客体にあたらないことは明らかである。

この点、名誉毀損罪の客体である「人」には、幼児や精神障害者も当然含まれるとされ、法人、さらに法人格を持たない団体も人であるとされている。団体の社会的評価は考えられるし、団体を構成する人々の抱く感情も副次的ではあるが考慮されるべきである。ただ、特定の団体と呼べるものでなければならないであろう。

それでは、この「人」に法人は含まれるのであろうか。この点が本件で問題となった。

2　現在、侮辱とは、事実を摘示せずに人の社会的評価を害し、名誉感情を害する表示を行うことであると解されている。

ただかつては、もっぱら、(a)**侮辱を名誉感情の侵害とのみ捉える説**（本件団藤重光、谷口正孝意見）と、(b)**名誉毀損罪と保護法益は同一で、事実の摘示の有無の点が異なるとする説**が対立してきた。

3　なお、(b)説を採用するにせよ、事実の摘示の有無は微妙であることに留意しておく必要がある。「税金泥棒」とか「売国奴」等といった抽象的な事実を怒鳴ったり、ビラに書いて貼り出したりして侮蔑するのが典型で

ある。また、身体障害者に向かって「めくら」等と罵声を浴びせる行為は、具体的な事実の摘示に至らない侮辱行為と解すべきであろう（大判大15・７・５刑集５-303）。

4　本決定は、侮辱罪の「人」にも法人が含まれるとする判例の考え方を踏襲した。ただ、刑法231条は名誉「感情」に対する罪であり、感情のない法人に対する侮辱罪は考えられないとする、団藤重光・谷口正孝裁判官による少数意見が付されている。社会が与える評価としての**外部的名誉**を保護するのが名誉毀損罪であり、本人が自分自身に対して持つ主観的な価値意識としての**名誉感情**を保護するのが侮辱罪であると主張し、「感情」を持たない法人には侮辱罪は考えられないとするのである。

5　しかし、侮辱罪の正しい本質（保護法益）は客観的に決定されるのであろうか。本件のようなビラの貼付行為を、侮辱罪で処罰することが妥当であるか否かという実質的・規範的判断と無関係に、侮辱罪の保護法益が名誉感情である以上、法人に対して同罪は成立しえないと、論理必然に言い切ることは、説得性にやや欠ける。

6　もちろん、「条文の文言を説明しやすいか否か」という点は、重要である。多数説・判例は、名誉毀損罪と侮辱罪をともに外部的名誉に対する罪とし、その差を事実の摘示に求めるが、230条との法定刑の差は、事実の摘示の有無では説明しきれないという指摘は、一定の説得性を有する。侮辱にも事実の摘示を伴う場合が考えうるとするのである。231条の文言上も、「事実ヲ摘示セスト雖モ」（現行では「事実を摘示しなくても」）とは「事実の摘示の有無を問わず」という意味であるから、事実の摘示のあった場合も含むと主張する。

7　しかし、230条で「公然と事実を摘示し」と規定し、それを受けて231条で「事実を摘示しなくても、公然と人を侮辱した者」と規定する以上、「事実を摘示しなくても」とは、「事実を摘示せずに」と読むのが自然であろう。そして、より根本的な問題として、侮辱罪も公然性を要件としている。感情を害する罪だとするならば、本人１人に対する場合も処罰すべきことになるはずである。

8　さらに、多数意見（および中村治朗補足意見）は、①事実を摘示して行うのと、客観的根拠を示さない主観的評価の言明では、重さに差が認められるし、②他人の社会的地位を害するに足る事実の摘示があれば、230条になると反論している。やはり、条文の素直な解釈と、一般通常の「侮辱概念」からは、多数意見が妥当である。

9　もとより、名誉毀損罪や侮辱罪の保護法益としての「社会的評価」は、被害者の名誉感情と切り離して判断することはできない。しかし、それは、一般人からみた客観的名誉感情の侵害であり、法人について十分考えることはできよう。

●参考文献●　龍岡資晃・判解昭58年度403、川口浩一・回各８版46、木藤繁夫・警論37-4-147、内田文昭・判タ532-64、竹内正・判評307-63、斎藤豊治・法セ30-3-150

145 信用の意義

最3小判平成15年3月11日（刑集57巻3号293頁・判時1818号174頁）　　参照条文　刑法233条

> 「信用」は、人の支払能力または支払意思に対する社会的な信頼に限定されるか。

●事実●　被告人Xは、コンビニエンスストアで買った紙パック入りオレンジジュースに次亜塩素酸イオン等を成分とする家庭用洗剤を注入した上、警察官に対して、上記コンビニエンスストアで買った紙パック入りオレンジジュースに異物が混入していた旨の虚偽の申告をし、警察職員からその旨の発表を受けた報道機関をして、上記コンビニエンスストアで異物の混入されたオレンジジュースが陳列、販売されていたことを報道させた。この行為が信用毀損罪を構成するかが争われた。

Xは、信用毀損罪にいう「信用」は、人の支払能力または支払意思に対する社会的な信頼をいい、販売される商品の品質に対する社会的な信頼は含まれない旨主張していた。

これに対し原審は、刑法233条にいう「信用」には、人の支払能力または支払意思に対する社会的な信頼のほか、販売する商品の品質等に対する社会的な信頼が含まれるとして、Xが粗悪な商品を販売しているという虚偽の風説を流布して、上記コンビニエンスストアが販売する商品の品質に対する社会的な信頼を毀損した行為につき、同条が定める信用毀損罪の成立を認めた。これに対し、X側が上告した。

●判旨●　上告棄却。「所論引用の大審院の判例のうち、大判大正5年12月18日刑録22輯1909頁及び大判昭和8年4月12日刑集12巻5号413頁は、人の支払能力又は支払意思に対する社会的な信頼を毀損しない限り、信用毀損罪は成立しないとしたものであるから、原判決は、上記大審院の各判例と相反する判断をしたものといわなければならない。

しかし、刑法233条が定める信用毀損罪は、経済的な側面における人の社会的な評価を保護するものであり、同条にいう『信用』は、人の支払能力又は支払意思に対する社会的な信頼に限定されるべきものではなく、販売される商品の品質に対する社会的な信頼も含むと解するのが相当であるから、これと異なる上記大審院の各判例は、いずれもこれを変更し、原判決を維持すべきである」。

●解説●　1　刑法典35章の信用及び業務に対する罪は、名誉と財産の中間に位置づけうる経済的信用と、業務活動を保護法益とする罪を規定する。そこで、信用とは経済的名誉ないし、経済的側面からみた社会的評価のことであるとされる。かつては(a)人の経済面における価値、つまり支払能力、または支払意思に対する社会的信頼をいうと解されてきた。この限定は古い判例による（大判明44・4・13刑録17-557、大判大5・6・1刑録22-854）。

それに対して、本判決は、実質的にそれを変更し、(b)**販売される商品の品質に対する社会的な信頼も含む**としたのである。

2　大判大正5年12月18日（刑録22-1909）は、販売される商品の粗悪不良を流布した事案、そして大判昭和8年4月12日（刑集12-413）は、旅館で所定のサービスが受けられないことを流布した事案について、信用毀損の成立を否定していた。前掲大判明治44年4月13日、大判大正5年6月1日等は、抽象的に「人の支払能力又は支払意思に対する社会的な信頼」に限定したのであるが、前掲大判大正5年12月18日や大判昭和8年4月12日は、具体的に、販売される商品の品質に対する社会的な信頼は含まれない旨を判断していたのである。

3　ただ、人の経済的な側面での社会的な信頼を毀損したということから、「信用」を人の支払意思または支払能力に限定することが論理必然に導かれるわけではない。当時の判例が、商品の粗悪不良や、旅館サービスの不十分さの指摘が本条を構成しないとしたのは、当然、当時の社会・経済状況を前提としていた。信用の概念に関する「支払能力又は支払意思に対する社会的信頼」という狭い枠を取り払うと、信用概念が過度に拡張することを恐れた面もあるが、やはりこの程度の侵害行為には処罰の必要性を強く感じないという社会的評価が存在したのだと思われる。

4　名誉毀損罪と財産犯の中間に位置する信用毀損罪は、人の経済的な側面での社会的な信頼を保護するものであり、人の人格的な評価を保護する名誉毀損罪と区別される上、財産犯におけるような直接的な財産的な損害を発生させるまでの必要はないとする考え方は、今も基本的には維持しうる。しかし、だからといって、「信用」を人の支払意思または支払能力に対する社会的な信頼に限定する必要はないように思われる。人の支払意思または支払能力が信用に含まれることは疑いないが、より広い範囲で保護すべき「信用」に関連する利益が形成されてきたとも考えられる。

5　現代における、広告・宣伝の社会経済的意義などを勘案すれば、信用毀損にいう「信用」は、本判決のいうように、販売する商品の品質に対する社会的な信頼を含むと解するのが相当であろう。経済活動が多様化してきている近年においては、「信用」の意義を人の支払意思または支払能力と解するのは、狭きに失する。現在の社会経済活動を前提に考えれば、信用毀損罪が対象とすべき行為態様の一面しか捉えていないきらいがあるように思われる。一定の品質の商品を引き渡す債務や一定のアフターサービスを行うべき債務を負う場合、その履行意思や能力は、人の経済的側面における価値として、金銭債務の履行意思または能力と同様に保護の対象に含まれるものと解される。

●参考文献●　山口雅高・判解平15年度93、松澤伸・J1286-128、山本光英・判評546-42

146 公務員の公務に対する業務妨害—強制力説

最 2 小決平成12年 2 月17日（刑集54巻 2 号38頁・判時1704号169頁）　　　参照条文　刑法233条、234条

> 公職選挙法上の選挙長の立候補届出受理事務は、業務妨害罪にいう「業務」にあたるか。

●**事実**●　被告人 X は、平成 4 年11月施行の町長選挙の立候補届出に赴き、受付順位のくじ引きに先立つ立候補資格確認に際し、「供託証明書や戸籍抄本を提示せよという規定はどこにあるのか」などと係員に執拗に追及して確認を断念させ、またくじをなかなか引こうとせずに、くじの方法の変更を求め、突然「気を付け」と大声を発するなどして、選挙長の立候補届出受理の事務を遅延させた。

さらに X は、平成 5 年 7 月施行の衆議院議員選挙立候補受付の際にも、係員に新聞紙の包みを差し出し、汚物が入っているかのような言動をし、また、包みを係員が開けたところ、中に「あほ」などと記載した書面しかなかったため、資格確認ができなければくじに参加できないと係員が告げると、X は書類を提出したが、マジックハンドでくじを引こうとし、くじ引きを30分余り遅延させた。さらに、X が必要書類の記載を行わなかったため、選挙長が制限時間を設けたところ「誰がそんなことを決めたんや」などと怒号した上、所持していたボールペンを机上に叩きつけた。

第 1 審は、選挙長の立候補届出受理事務は、強制力を行使する権力的公務ではないので、業務妨害罪の業務にあたるとし、原審も同様の理由により、業務妨害罪の成立を認めたため、X 側が上告。

●**決定要旨**●　上告棄却。「なお、本件において妨害の対象となった職務は、公職選挙上の選挙長の立候補届出受理事務であり、右事務は、**強制力を行使する権力的公務ではないから、右事務が刑法233条、234条にいう『業務』に当たるとした原判断は、正当である**」。

●**解説**●　1　公務を妨害した場合に業務妨害罪が成立するかにつき、暴行・脅迫による妨害の場合に成立する公務執行妨害罪（95条 1 項）との関係も含め、学説は複雑に対立する。

2　古くは、業務妨害罪の業務に公務も含まれるとする積極説も存在したが、積極説は、暴行・脅迫により公務を妨害した場合に国家法益に対する罪（公務執行妨害罪）と個人法益に対する罪（業務妨害罪）とが特別法・一般法の関係に立つことになり不合理だと批判された。

3　第 2 次大戦前は、(a)**公務は業務に含まれないとする消極説**が有力で、公務員たる校長の失脚を図って教育勅語の謄本を教室の天井裏に隠す行為に関し、業務妨害罪の成立が否定されていた（大判大 4 ・ 5 ・21刑録21-663）。最高裁も戦後当初は、業務に公務は含まれないとして、現行犯逮捕しようとした警察官に暴行・脅迫を加える行為に業務妨害罪は成立しないとしていた（最判昭26・7・18刑集 5 - 8 -1491）。

4　昭和30年代から、(b)**公務振分説**が有力化した。警察官の逮捕行為のような権力的公務は業務に含まれないが、旧国鉄職員の業務等は、**非権力的私企業的公務**なので業務妨害罪が成立するとした（団藤重光『刑法綱要各論 3 版』535頁、最判昭35・11・18刑集 14-13-1713、最判昭41・11・30刑集20- 9 -1076）。鉄道の運行や大学の業務のように私人も通常行っているような非権力的・私企業的公務は含まれるとしたのである。

5　しかし、「権力的公務は業務に含まれない」とすると妥当な結論が得られない場合が生じる。

最決昭和62年 3 月12日（刑集41- 2 -140）は、県議会の活動を威力で妨害した事案について、業務妨害罪の成立を認めた。議会の会議は「国民の権利義務を規制することに関連する権力的な作用」であるが、威力による妨害から保護されないのは妥当でないとし、新たな基準を提示する。議会の活動に加え、消防署の事務（最決平 4 ・11・27刑集46- 8 -623）等も「私企業的ではない」として、業務妨害の対象から除くことは妥当ではない。そこで判例は、(c)**強制力を行使する権力的公務でなければ業務にあたる**とするにいたる（強制力説）。

6　本決定は、強制力説に依拠して、公職選挙法上の選挙長の立候補届出受理事務に対する威力業務妨害罪を認めたものである。この他、路上の段ボール小屋等を撤去するなどの環境整備工事自体も、「業務」にあたるとされている（最決平成14・ 9 ・30【147】）。

7　強制力を行使する権力的公務が、強制力の行使により職務執行されようとしている場合には「業務」にあたらず、それ以外の公務は「業務」に該当し、威力業務妨害罪の対象となると解すべきである

警察官の逮捕等の「強制力を行使する権力的公務」を業務妨害罪の対象から除外するのは合理的である。実力による妨害行為を排除する制度（自力執行力）が準備されており、業務妨害罪による保護に適しない類型と考えられ、暴行・脅迫を手段とする場合に公務執行妨害罪が成立する場合があるにとどまる（限定積極説）。強制力行使が許される場合は、威力などによる妨害が当然予定されているともいえる。

8　そのような観点からは、警察官に偽計手段を用いて逮捕を免れるような場合は、強制力の行使により職務が執行される場合であり、業務妨害罪にあたらないが、警察官の職務でも、強制力の行使による職務執行でない場合であれば業務妨害罪を構成する。虚偽内容の電話でパトカーを出動させる行為も、偽計業務妨害罪に該当する（なお、偽計手段により、強制力の行使を伴うように見える職務を妨害した事案に関し【148】参照）。

●**参考文献**●　永井敏雄・判解昭62年度137、朝山芳史・J1178-87、佐久間修・平12年度重判154、塩見淳・固各 8 版48

147　公務に対する業務妨害と要保護性

最1小決平成14年9月30日（刑集56巻7号395頁・判時1799号17頁）　　参照条文　刑法234条

新宿駅の「動く歩道工事」のため都職員が行った段ボール小屋の撤去作業は、威力業務妨害罪で保護に値する業務にあたるか。

●**事実**●　被告人X・Yは、新宿路上生活者の支援団体の指導者的立場にある者であるが、東京都が新宿駅西口の地下通路で進めようとしていた「動く歩道」の設置工事に伴い、都職員らが路上生活者が住む段ボール小屋を撤去するための作業に着手しようとしたところ、X・Yが座り込みをしていた多数の者らとともに、「帰れ、帰れ」とシュプレヒコールを繰り返し、鶏卵、花火等を投げつける等し、工事の開始を約2時間20分遅らせた。

第1審は、撤去作業は原則として行政代執行による必要があるので、本件行為は強制力を行使する権力的公務にあたり業務妨害罪の業務から除かれるとした（さらに、行政代執行によらないという手続上の瑕疵があるので、公務執行妨害罪で保護される公務にも該当しないとした）。

これに対し原審は、威力業務妨害罪で保護される業務には強制力を行使する権力的公務は含まれないが、本件行為は、都職員には実力を行使する意思はなく、かつ、そのための体制を整えておらず、強制力を行使する権力的公務にあたらないとして、刑法234条に該当するとした。これに対し被告人側が上告した。

●**決定要旨**●　上告棄却。最高裁も【146】などを引用して、「本件において妨害の対象となった職務は、動く歩道を設置するため、本件通路上に起居する路上生活者に対して自主的に退去するよう説得し、これらの者が自主的に退去した後、本件通路上に残された段ボール小屋等を撤去することなどを内容とする環境整備工事であって、強制力を行使する権力的公務ではないから、刑法234条にいう『業務』に当たると解するのが相当であり、……このことは、……段ボール小屋の中に起居する路上生活者が警察官によって排除、連行された後、その意思に反してその段ボール小屋が撤去された場合であっても異ならないというべきである」とした。

さらに、本件工事が威力業務妨害罪における業務として保護されるべきものといえるかどうかについて検討し、「上記のように路上生活者の意思に反して段ボール小屋を撤去するに及んだものであったが、本件工事は、公共目的に基づくものであるのに対し、本件通路上に起居していた路上生活者は、これを不法に占拠していた者であって、これらの者が段ボール小屋の撤去によって被る財産的不利益はごくわずかであり、居住上の不利益についても、行政的に一応の対策が立てられていた上、事前の周知活動により、路上生活者が本件工事の着手によって不意打ちを受けることがないよう配慮されていたということができる。しかも、東

京都が道路法32条1項又は43条2号に違反する物件であるとして、段ボール小屋を撤去するため、同法71条1項に基づき除却命令を発した上、行政代執行の手続を採る場合には、除却命令及び代執行の戒告等の相手方や目的物の特定等の点で困難を来し、実効性が期し難かったものと認められる。そうすると、道路管理者である東京都が本件工事により段ボール小屋を撤去したことは、やむを得ない事情に基づくものであって、業務妨害罪としての要保護性を失わせるような法的瑕疵があったとは認められない」と判示した。

●**解説**●　1　公務員の公務と業務妨害罪の関係については、本決定により、強制力説が定着したといえよう。強制力を行使する権力的公務は刑法234条にいう「業務」にあたらず、公務執行妨害罪が成立する場合があるにとどまるが、それ以外の公務は234条にいう「業務」に該当し、業務妨害罪の対象となるという基準である（【146】）。

2　本件では、本件工事は意思に反して行うことを当然に予定したものではなく、環境整備工事であることを理由に、強制力を行使する権力的公務ではないとした。実際上は路上生活者の意思に反して撤去された点を考慮に入れても、本件工事が強制力を行使する権力的公務でないことに変わりはないとの判断を示したのである。

3　本決定において注目すべき点は、本件工事が威力業務妨害罪における業務としての要保護性が認められるか否かを吟味した点にある。業務妨害罪においても、風俗営業法で禁止されている「景品買い」の要保護性が論じられたことがある（横浜地判昭61・2・18判時1200-161。暴力団員らがパチンコ店に対する嫌がらせを行った行為が業務妨害罪にあたるとされた）。

4　妨害行為の対象が「公務」である場合には、要保護性が問題となるのは当然である。違法な公務に対して抵抗することは許されうる。しかし、「いかに軽微なものであっても行政法上違法な措置であれば要保護性が否定される」と考えるべきではない。

道路法等の解釈は分かれており、適法とも違法とも断じることは難しいが（塩野宏「法治主義の諸相」法教142-16参照）、本件工事が刑法上保護されるかを判断する上では、必ずしもこの点の適法性についての行政法的違法判断に連動するものではない。

5　業務である場合には、必ずしも執行の平穏性は重要ではなく、行政法規が護ろうとした法益の侵害の程度・規定からの逸脱の程度が重視されなければならない。より具体的には、本件行為の目的の公共性の大きさ、被害者の被る被害の大きさ、執行にあたっての行政的対策の存否、事前の周知活動、行政代執行手続をとることの困難性などを勘案して、業務としての要保護性の有無は判断される。

●**参考文献**●　朝山芳史・判解平14年度163、前田雅英・圖各6版48、島田聡一郎・法教271-116

148 公務に対する偽計業務妨害

東京高判平成21年3月12日（高刑62巻1号21頁・判タ1304号302頁）　　参照条文　刑法233条、234条

> 虚偽の情報を通報して、警察官の職務を妨害する行為と偽計業務妨害罪。

●事実●　被告人Xは、そのような意図がないのに、インターネット掲示板に、JRのT駅において無差別殺人を実行する旨の虚構の殺人事件の実行を予告し、これを不特定多数の者に閲覧させ、閲覧者からの通報を介して、警察署職員をして、T駅構内およびその周辺等への出動、警戒等の徒労の業務に従事させ、その間、同人らをして、Xの予告さえ存在しなければ遂行されたはずの警ら、立番業務その他の業務の遂行を困難ならしめたという偽計業務妨害の事案である。

原審が偽計業務妨害罪の成立を認めたのに対し、Xが、①警察官の職務は一般的に強制力を行使するものであるから、「業務」にあたらず、②Xの行為は軽犯罪法1条31号の「悪戯など」にとどまる等として控訴した。

●判旨●　控訴棄却。東京高裁は「本件のように、警察に対して犯罪予告の虚偽通報がなされた場合……、警察においては、直ちにその虚偽であることを看破できない限りは、これに対応する徒労の出動・警戒を余儀なくさせられるのであり、その結果として、虚偽通報さえなければ遂行されたはずの本来の警察の公務（業務）が妨害される（遂行が困難ならしめられる）のである。妨害された本来の警察の公務の中に、仮に逮捕状による逮捕等の強制力を付与された権力的公務が含まれていたとしても、その強制力は、本件のような虚偽通報による妨害行為に対して行使し得る段階にはなく、このような妨害行為を排除する働きを有しないのである。したがって、本件において、妨害された警察の公務（業務）は、強制力を付与された権力的なものを含めて、その全体が、本罪による保護の対象になると解するのが相当である」とし、さらに「不特定多数の者が閲覧するインターネット上の掲示板に無差別殺人という重大な犯罪を実行する趣旨と解される書き込みをしたものであること、このように重大な犯罪の予告である以上、それが警察に通報され、警察が相応の対応を余儀なくされることが予見できることなどに照らして、Xの本件行為は、その違法性が高く、『悪戯など』ではなく『偽計』による本罪に該当するものと解される」と判示した。

●解説●　1　本件では、偽計による公務に関しての業務妨害罪の成立が問題となった。公務に対しては、本来、公務執行妨害罪の規定で対処することが予定されているが、同罪の手段は暴行または脅迫に限定されており、本件のような偽計による妨害に対しては同罪の適用はない。公務と業務妨害罪との関係については、【146】で見たよ

うに、①公務もすべて業務にあたるという無限定積極説、②「権力的か否か」など公務の内容によって業務性を限定する公務振分説、③権力的公務は「業務」にあたらないが、それ以外の公務は「業務」に該当しうるとする限定積極説が対立してきたが、現在は④強制力を行使する権力的公務は「業務」にあたらず、公務執行妨害罪が成立する場合があるにとどまるが、それ以外の公務は「業務」に該当するという強制力説が判例上ほぼ確立したといってよい。

2　そこで、本件のXは、警察官の職務は一般的に強制力を行使するものであるから、「業務」にあたらないと主張した。

しかし、強制力の行使と関連するからといって、警察官の業務のすべてを業務妨害罪の対象から除くことは妥当でない。警察官によるパトカーの出動は、偽計業務妨害罪の対象になりうると考えられる。**横浜地判平成14年9月5日**（判タ1140-280）は、虚偽の犯罪事実を通報して海上保安庁職員の行政事務、パトロール業務、出動待機業務等を妨害した事案について、偽計業務妨害罪の成立を認めている。

3　強制力を行使する権力的公務が業務から除外される理由は、それが、威力・偽計による妨害行為を排除するに足りる法的根拠と実力を備えているので、業務妨害罪で保護する必要がないからだと考えられる。また、私人が警察官に対し暴行・脅迫に至らない威力をもって抗議するような事例につき、正当化事由のない限りすべて業務妨害罪で処罰すべきだとするのは行きすぎであり、刑法が公務執行妨害罪の手段を暴行・脅迫に限定した趣旨を実質的に否定することになるように思われる。

4　この点に関し、本判決は、「『強制力を行使する権力的公務』が本罪にいう業務に当たらないとされているのは、暴行・脅迫に至らない程度の威力や偽計による妨害行為は強制力によって排除し得るからである」とし、「警察官の職務に一般的に強制力を行使するものが含まれるとしても、本件のような妨害との関係では、その強制力によってこれを排除できず、本罪による保護が必要である」とする。

5　**名古屋高金沢支判平成30年10月30日**（WJ）は、ユーチューバーが薬物犯罪を装い、警察官を騙して捜査活動を行わせ、それを動画撮影しようとした行為に、偽計業務妨害罪の成立を認めたが、「業務中に警察官がその遂行の一環として強制力の行使が想定される場合が含まれるとしても、本件行為が行われた時点では、そもそも、その強制力を同行為に対して行使し得るはずはなく、その偽計性を排除しようにもそのすべはない」として、「本件業務は、偽計業務妨害罪における『業務』に当たると解するのが相当で」あるとした。

●参考文献●　前田雅英・最新判例分析174、原口伸夫・法学新報121-1=2-235、安田拓人・法教467-131、大鶴基成・研修649-13

149 暗証番号盗撮と偽計業務妨害

最1小決平成19年7月2日（刑集61巻5号379頁・判時1986号156頁）　　参照条文　刑法130条、233条

ATM利用客のカードの暗証番号等を盗撮するためのビデオカメラを設置した現金自動預払機の隣にある現金自動預払機を、一般の利用客を装い相当時間にわたって占拠し続けた行為は、偽計業務妨害罪にあたるか。

●事実●　被告人Xは、A銀行のATM利用客のカードの暗証番号、名義人氏名、口座番号等を盗撮するため、ATMが複数台設置されている、行員が常駐しない無人の銀行支店出張所に営業中に立ち入り、うち1台のATMを相当時間にわたって占拠し続けることを共謀し、2回にわたって実行した。具体的には、盗撮用ビデオカメラと受信機および受像機の入った紙袋を持って、目標の出張所に立ち入り、盗撮用ビデオカメラを設置し、その隣のATMの前の床に受信機等の入った紙袋を置いた。そして、盗撮用ビデオカメラを設置したATMの前からは離れ、隣の受信機等の入った紙袋を置いたATMの前に、交替で立ち続け、これを占拠し続けた。隣のATMを占拠し続けたのは、受信機等の入った紙袋が置いてあるのを不審に思われないようにし、併せて盗撮用ビデオカメラを設置したATMに客を誘導するためであった。その間、Xらは、入出金や振込等を行う一般の利用客のように装い、受信機等の入った紙袋を置いたATMで適当な操作を繰り返すなどし、相当時間経過後、再び盗撮用ビデオカメラを設置したATMの前に行き、盗撮用ビデオカメラを回収し、受信機等の入った紙袋を持って出張所を出た。2回のATMの占拠時間は、1時間30分以上、あるいは約1時間50分間であった（なお、Xが上記行為に及んでいた間には、Xら以外に他に客がいない時もあったことが認定されている）。

第1審・原審とも、偽計業務妨害罪の成立を認めたので、X側が上告。

●決定要旨●　上告棄却。最高裁は、暗証番号等の盗撮目的で営業中の銀行支店出張所へ立ち入った行為について「同所の管理権者である銀行支店長の意思に反するものであることは明らかであるから、その立入りの外観が一般の現金自動預払機利用客のそれと特に異なるものでなくても、**建造物侵入罪が成立するものというべきである**」とした上で、業務妨害について以下のように判示した。

「Xらは、盗撮用ビデオカメラを設置した現金自動預払機の隣に位置する現金自動預払機の前の床にビデオカメラが盗撮した映像を受信する受信機等の入った紙袋が置いてあるのを不審に思われないようにするとともに、盗撮用ビデオカメラを設置した現金自動預払機に客を誘導する意図であるのに、その情を秘し、あたかも入出金や振込等を行う一般の利用客のように装い、適当な操作を繰り返しながら、1時間30分間以上、あるいは約1時間50分間にわたって、受信機等の入った紙袋を置いた現金自動預払機を占拠し続け、他の客が利用できないようにしたものであって、その行為は、**偽計を用いて銀行が同現金自動預払機を客の**

利用に供して入出金や振込等をさせる業務を妨害するものとして、偽計業務妨害罪に当たるというべきである」。

●解説●　1　刑法233条の偽計とは、人を欺罔、誘惑し、あるいは他人の錯誤または不知を利用する違法な行為である。

2　偽計による業務妨害の具体例としては、①駅弁が不潔、非衛生的であるという葉書を旧国鉄の旅客課長に出した行為（大判昭3・7・14刑集7-490）、②購読者を奪う目的で、紛らわしい名前に改名して体裁も酷似させた新聞を発行し続ける行為（大判大4・2・9刑録21-81）、③漁場の海底の海上からはわかりにくい所に障害物を沈めておいて漁網を破損する行為（大判大3・12・3刑録20-2322）、さらに、④通話の際電話料金を課すシステムを回避するマジックホンという機械を電話に取り付けた行為（最決昭59・4・27刑集38-6-2584）、⑤デパートの売り場の布団に前後16回にわたり計469本の縫針を混入させた行為（大阪地判昭63・7・21判時1286-153）、⑥業務用電力量計に工作をしメーターを逆回転させて使用電力量より少ない量を指示させた行為（福岡地判昭61・3・3判タ595-95、福岡地判昭61・3・24判タ595-96）、⑦3か月の間に970回の無言電話を中華料理屋にかける行為に関し、相手を甚だしく困惑させる行為（東京高判昭48・8・7高刑26-3-322）等がある。

3　積極的に人を欺く場合（①⑥）に加え、何らかのひそかな手段（③）、不正なものなのに正常であるかのように装う場合（②④）、真実と異なる外観を作出する手段が用いられる場合も含む。さらに「威力」を用いない形での業務妨害行為のうち、当罰性の高いもの（⑤⑦）が取り込まれてきている。

4　このような判例の蓄積の中で、本決定は、盗撮していることが不審に思われないようにするとともに、カメラを設置している預払機に客を誘導する意図であるのに、その情を秘し、あたかも一般の利用客のように装い、1時間30分間以上、あるいは約1時間50分間にわたって、1つの預払機を占拠し他の客が利用できないようにした行為は、偽計業務妨害罪にあたると判断した。

5　233条は「その業務を妨害した者」として結果犯であることを表示している。しかし、本件でいえば、何人の客が利用をどれだけの時間妨げられ、銀行の業務が具体的にどれだけ妨害されたかの立証は必要ない。妨害行為を行った時間帯に利用者がほとんどいなくても、既遂に達すると考えられる。そこで、判例の中には、「業務の『妨害』とは、現に業務妨害の結果の発生を必要とせず、業務を妨害するに足る行為をもって足る」とするものが見られる（最判昭28・1・30刑集7-1-128）。このように、侵害犯を具体的危険犯の形態を利用して表現することも、処罰範囲を不当に拡大することなく明確化することに役立つのであれば、許されるといえよう。

●参考文献●　山口裕之・判解平19年度193、塩谷毅・平19年度重判175、伊藤栄二・研修712-15

150 威力業務妨害罪の「威力」の意義

最1小判平成23年7月7日 (刑集65巻5号619頁・判時2130号144頁)　　参照条文　刑法234条

卒業式直前に国歌斉唱のとき着席してほしいと大声で呼び掛け、これを制止した教頭らに対して怒号するなどし喧噪状態に陥れるなどした行為と威力業務妨害。

●**事実**●　都立I高等学校の校長は、都教育長が発出した通達を受け、同校卒業式において、国歌斉唱の際、生徒、教職員を始め、来賓や保護者にも起立を求めることとし、全員が起立して国歌を斉唱する旨記載された卒業式実施要綱を作成した。

本件卒業式に来賓として出席することとなっていた同校の元教諭Xは、当日午前9時30分ころ、卒業式が実施される体育館に赴き、開式前に体育館内の保護者席を歩いて回り、ビラを配り始めた。Xのビラ配布の報告を受け体育館に到着した教頭は、Xにビラ配布をやめるよう求めたが、Xは、これに従わずにビラを配り終え、同席の最前列中央まで進んで保護者らの方を向いて、同日午前9時42分ころ、校長らに無断で、大声で、本件卒業式は異常な卒業式であって国歌斉唱のときに立って歌わなければ教職員は処分される、国歌斉唱のときにはできたら着席してほしいなどと保護者らに呼び掛け、その間、教頭から制止されても呼び掛けをやめず、Xを移動させようとした教頭に対し、怒号するなどした。遅れて体育館に入場した校長も、Xに退場を求めるなどし、教頭も退場を促したところ、Xは、怒鳴り声を上げてこれに抵抗したものの、午前9時45分ころ、体育館から退場した。校長は、その後も体育館に隣接する場所で抗議を続けるXに対し、校外に退出するよう求めるなどしていたため、卒業生が予定より遅れて入場し、本件卒業式は予定より約2分遅れの午前10時2分ころ、開式となった。

Xが、威力業務妨害罪に該当するとして起訴されたのに対し、弁護側は、本件行為は「威力」に該当しない、あるいは可罰的違法性を欠くなどとして、業務妨害の成立を争ったが、第1審は、これらの主張を排斥し罰金20万円に処した。X側は、事実誤認、法令適用の誤りなどを理由に控訴したが、原審も、これらの主張を排斥して、控訴を棄却した。X側が上告。

●**判旨**●　上告棄却。「Xが大声や怒号を発するなどして、同校が主催する卒業式の円滑な遂行を妨げたことは明らかであるから、Xの本件行為は、威力を用いて他人の業務を妨害したものというべきであり、威力業務妨害罪の構成要件に該当する」。

「所論は、Xの本件行為は、憲法21条1項によって保障される表現行為であるから、これをもって刑法234条の罪に問うことは、憲法21条1項に違反する旨主張する。

Xがした行為の具体的態様は、上記のとおり、卒業式の開式直前という時期に、式典会場である体育館において、主催者に無断で、着席していた保護者らに対して大声で呼び掛けを行い、これを制止した教頭に対して怒号し、Xに退場を求めた校長に対しても怒鳴り声を上げるなどし、粗野な言動でその場を喧噪状態に陥れるなどしたというものである。表現の自由は、民主主義社会において特に重要な権利として尊重されなければならないが、憲法21条1項も、表現の自由を絶対無制限に保障したものではなく、公共の福祉のため必要かつ合理的な制限を是認するものであって、たとえ意見を外部に発表するための手段であっても、その手段が他人の権利を不当に害するようなものは許されない。Xの本件行為は、その場の状況にそぐわない不相当な態様で行われ、静穏な雰囲気の中で執り行われるべき卒業式の円滑な遂行に看過し得ない支障を生じさせたものであって、こうした行為が社会通念上許されず、違法性を欠くものでないことは明らかである。したがって、Xの本件行為をもって刑法234条の罪に問うことは、憲法21条1項に違反するものではない」。

●**解説**●　1　刑法234条にいう威力とは、人の意思を制圧するに足りる勢力を用いることで、暴行・脅迫に限らず、地位や権勢を利用する場合を含むと定義される（最判昭28・1・30刑集7-1-128参照）。

2　問題は、「人の意思を制圧するに足りる勢力」の意義である。ピケット（労働争議中に労働組合員が事業所等の入口を固めて、スト破りを見張る行為）による妨害が判例上最も多く見られる形態といえよう。さらに、具体的事案としては、食堂に蛇をばらまいたり、数人で怒鳴り散らし騒然とさせる行為、議場で発煙筒を焚く行為等が挙げられる。近時では、開会中の参議院本会議場において、首相が答弁している演壇に向かって傍聴席からスニーカーを投げつける行為（東京高判平5・2・1判時1476-163）、国体ソフトボール会場の開始式で掲揚された日の丸旗を引き降ろして焼失させた行為（福岡高那覇支判平7・10・26判時1555-140）がある。

3　近時の最高裁判例として、最決平成4年11月27日（刑集46-8-623）は、消防署職員であったXが仲が険悪であった消防長Aの事務机の引出し内にマーキュロクロム液で赤く染めた猫の死骸を入れ、ロッカー内のAの作業服上衣左胸ポケットに犬の糞を入れ、臭気や形状により著しい不快、嫌悪の情を抱かせ執務を不可能ならしめた行為について、「Aが執務に際して目にすることが予想される場所に猫の死がいなどを入れておき、Aにこれを発見させ、畏怖させるに足りる状態においた本件の一連の行為は、Aの行為を利用する形態でその意思を制圧するような勢力を用いたものということができるから、刑法234条にいう『威力ヲ用ヒ』た場合に当たると解するのが相当」とした。

4　本件行為が、234条にいう威力に該当することは問題ないが、本件では、表現の自由との関係が問題とされた。この点も、判例の基準からは正当化しえないことになろう。「起立を強制できない」との主張も、原審は「保護者について国歌斉唱時の起立に協力を求める関係にある旨判示するのみ」として退けている。

●**参考文献**●　小森田恵樹・判解平23年度69、山本高子・法学新報120-7＝8-317、照沼亮介・平23年度重判155

151　財産犯の保護法益—占有説

最3小決平成元年7月7日（刑集43巻7号607頁・判時1328号151頁）　　参照条文　刑法235条、242条

> 所有権者の財物の取戻し行為でも、他人の占有に属する物を窃取したものとして窃盗罪を構成する。

●事実●　被告人Xは、自動車金融の形式で、客に対し自動車の時価2分の1から10分の1程度の融資金額を提示した上、買戻約款付自動車売買契約書に署名押印させて融資をしていた。契約内容は、借主が自動車を融資金額でXに売り渡して所有権と占有権をXに移転し、返済期限に相当する買戻期限までに融資金額に利息を付した金額を支払って買戻権を行使しない限り、Xが自動車を任意に処分できるというものであったが、契約当事者間では借主が契約後も自動車を保管利用することができるとされていた。Xは自動車を転売した方が格段に利益が大きいため、借主が返済期限に遅れれば直ちに自動車を引き揚げて転売するつもりであったが、客にはその意図を秘し、契約書の写しを渡さなかった。借主は、契約後も従前どおり自動車を保管し使用していたが、Xらは、一部の自動車については返済期限の前日または当日、その他の自動車についても返済期限の翌日未明または数日中に、合鍵を用いたりレッカー車に牽引させて、借主に無断で自動車を引き揚げ、数日中に転売した。

第1審・原審は、高金利につき出資法違反、自動車の引揚げにつき窃盗罪の成立を認めた。弁護人は、引揚げ行為を権利行使であると主張して上告した。

●決定要旨●　上告棄却。「Xが自動車を引き揚げた時点においては、自動車は借主の事実上の支配内にあったことが明らかであるから、かりにXにその所有権があったとしても、Xの引揚行為は、刑法242条にいう他人の占有に属する物を窃取したものとして窃盗罪を構成するというべきであり、かつ、その行為は、社会通念上借主に受忍を求める限度を超えた違法なものというほかはない」。

●解説●　1　本決定は、最高裁が採用してきた占有説（所持説）を踏襲することを明示したものである。さらに「自己の財物の窃取」の事例に違法阻却の余地を認めた点に意義がある。

自己の財物の窃取、騙取等については、刑法242条が、「自己の財物であっても、他人が占有する」ものであるときは、他人の財物とみなす。この「他人が占有する」の解釈をめぐり、本権説・所持説が激しく対立してきた。

2　(a)本権説は、「他人の占有」を法的権原に基づくものに限り、適法な根拠に基づかない占有は、窃盗罪の客体として保護に値しないとする。これに対し(b)所持説は法的権原の有無を問わず、所持を広く保護の対象とする。その中間に、盗んだ直後の窃盗犯の占有のように「平穏でない」占有は保護に値しないとする(c)平穏占有

説が存在する。

3　戦前の判例は本権説を採用していたが、最高裁はこれを覆し、「その所持者が法律上正当にこれを所持する権原を有するかどうかを問わず物の所持という事実上の状態それ自体が独立の法益として保護され」ることを認め（最判昭34・8・28刑集13-10-2906、最判昭35・4・26刑集14-6-748)、所持説を採用するに至った。本決定も、「自動車は借り主の事実上の支配内にあったから、仮にXにその所有権があったとしても、Xの引揚行為は、刑法242条にいう他人の占有に属する物を窃取したもの」であるとしており、所持説の立場を維持している。

4　ただ、従来は区別されてこなかったが、242条の自己の所有物の取戻しとして論じられてきた問題には、**所有権者が適法な根拠なく取り戻す場合**（担保に供した自己の物を騙取するような場合）と、**適法な取戻しによる場合**（たとえば、所有者が窃盗犯人から取り戻す場合）とがある。本決定の事案は、所有権者が買戻期限の切れた自己の自動車を引き揚げたというもので、当初の自動車売買契約自体の有効性には争いが残るものの、後者の型に属する。そして、本決定の最大の特色は、権利行使型の事案について、「その行為は、社会通念上借主に受忍を求める限度を超えた違法なものというほかはない」ことを理由に、窃盗罪の成立を認めた点にある。

5　従来本権説・所持説で争われた争点は、構成要件該当性の問題としての被害者の占有根拠が適法か否かという点のみであった。たしかに無権利型の事例に関しては、占有の適法性が、そのまま窃盗罪の処罰の可否に直結する。しかし、**権利行使型**の場合には、たとえ占有が適法で窃盗罪の構成要件該当性には該当しても、行為者の側の権利行使としての違法阻却の余地が残るのである。

6　この、権利行使としての違法阻却判断を最初に示したのは、**最判昭和30年10月14日**（刑集9-11-2173）であった。債権者が脅迫により債権を回収した事案につき、「権利を実行することは、その権利の範囲内であり且つその方法が社会通念上一般に認容すべきものと認められる程度を逸脱するときは違法とな」るとした。そして本決定は、この文言をほぼそのまま踏襲したのである。結論的には窃盗罪の成立が認められたが、権利行使型の自己の物の取戻しに関し、違法阻却の余地があることを示したことが、本決定の最大の意義である。

7　本決定の調査官解説において、本件は、自己の所有物の取戻しの問題に関し、事実上の占有ないしは所持という概念に絞りをかけ、構成要件の面から妥当な結論を導こうとするのではなく、違法性阻却の面から妥当な結論を導こうとするものであると解説されている（香城・参考文献参照）。

● 参考文献 ●　香城敏麿・判解平元年度222、木村光江・判評375-63、同・平元年度重判155、林幹人・判時1387-3、上嶌一高・圖各8版54

152　誤振込みされた金銭と財産犯

最2小決平成15年3月12日（刑集57巻3号322頁・金法1697号49頁）　　　参照条文　刑法246条

> 誤った振込みがあることを知った受取人が、その情を秘して預金の払戻しを受けた場合と詐欺罪。

●**事実**●　税理士Aは、被告人Xを含む顧問先からの税理士顧問料等の取立てを、集金事務代行業者であるB社に委託していた。B社は顧問先の預金口座から自動引落としの方法で顧問料等を集金し、これを一括してA指定の預金口座に振込送金していたが、Aの妻が、誤って振込送金先をC銀行D支店のX名義の普通預金口座に変更する旨の届出をしたため、B社では集金した顧問料等合計約75万円を同口座に振り込んだ。そして、Xは、通帳の記載から、入金される予定のないB社からの誤った振込みがあったことを知ったが、これを自己の借金の返済に充てようと考え、上記支店において、窓口係員に対し、誤った振込みがあった旨を告げることなく、その時点で残高が92万円余りとなっていた預金のうち88万円の払戻しを請求し、同係員から即時に現金88万円の交付を受けた。Xが交付を受けた行為の詐欺罪該当性が問題となった。

第1審・原審とも、詐欺罪の成立を認めたので、X側が上告。

●**決定要旨**●　上告棄却。「振込依頼人と受取人であるXとの間に振込みの原因となる法律関係は存在しないが、このような振込みであっても、受取人であるXとC銀行との間に振込金額相当の普通預金契約が成立し、Xは、C銀行に対し、上記金額相当の普通預金債権を取得する（最判平8・4・26民集50-5-1267参照）。

しかし他方、記録によれば、銀行実務では、振込先の口座を誤って振込依頼をした振込依頼人からの申出があれば、受取人の預金口座への入金処理が完了している場合であっても、**受取人の承諾を得て振込依頼前の状態に戻す、組戻し**という手続が執られている。また、受取人から誤った振込みがある旨の指摘があった場合にも、自行の入金処理に誤りがなかったかどうかを確認する一方、振込依頼先の銀行及び同銀行を通じて振込依頼人に対し、当該振込みの過誤の有無に関する照会を行うなどの措置が講じられている」。これらの措置は、安全な振込送金制度を維持するために有益なものであり、振込依頼人、受取人等関係者間での無用な紛争の発生防止の観点からも、社会的にも有意義なものであり、「銀行にとって、払戻請求を受けた預金が誤った振込みによるものか否かは、直ちにその支払に応ずるか否かを決する上で重要な事柄であるといわなければならない。これを受取人の立場から見れば、受取人においても、銀行との間で普通預金取引契約に基づき継続的な預金取引を行っている者として、自己の口座に誤った振込みがあることを知った場合には、銀行に上記の措置を講じさせるため、誤った振込みがあった旨を銀行に告知すべき**信義則上の義務**があると

解される。**社会生活上の条理**からしても、誤った振込みについては、受取人において、これを振込依頼人等に返還しなければならず、誤った振込金額相当分を最終的に自己のものとすべき実質的な権利はないのであるから、上記の告知義務があることは当然というべきである」とし、誤振込みを知った受取人が、その情を秘して預金の払戻しを請求することは、詐欺罪の欺罔行為にあたり、また、誤振込みの有無に関する錯誤は同罪の錯誤にあたるので、錯誤に陥った銀行窓口係員から預金の払戻しを受けた場合には、詐欺罪が成立するとした。

●**解説**●　1　本件では、Xと振込先の銀行との間に振込金額相当の普通預金契約が成立し、Xは銀行に対し、上記金額相当の普通預金債権を取得するにもかかわらず、刑法上は詐欺罪を構成するのかが問題となる。

財産犯の保護法益に関し、他の法領域の評価との齟齬の問題は、従来から様々な形で問題にされてきた。他人性、禁制品、不法原因給付等、いずれも**私法上の権利性とは一応独立して財産の刑法上の保護を図っている。**「財産犯は私法上の権利のみを基準に形式的に成否を考える」という意味での本権説は否定されざるをえない。

2　本決定においても、最高裁は、民法上は普通預金債権を取得し、金額の払戻しを受ける行為も、詐欺罪を構成するとしたのである。その実質的根拠は、銀行実務において組戻し手続が行われている以上、社会生活上の条理からも、誤振込みについては、受取人において、これを振込依頼人等に返還しなければならず、「誤った振込金額相当分を最終的に自己のものとすべき実質的な権利はない」という点にある。このような考慮自体は妥当なものであると思われるが、本権説的な発想からは、「私法上払戻し請求を行う権利のある金銭について財産犯が成立するのは不当である」という異論も予想される。

3　しかし、判例はあくまで、組戻しを含め銀行取引上著しい混乱が生じるから、Xに、最終的に自己のものとすべき実質的な権利はないとしたのであり、積極的に、「誤振込みされた金額は、名義人に実質的に帰属すべきである」と判断したわけではない。

4　なお民事判例である**最判平成20年10月10日**（民集62-9-2361）は、ZらがEの自宅から窃取した預金通帳等を用いてEの夫の定期預金の口座を解約し、その解約金をEの普通預金口座に振り込んだものであり、本件振込みにはその原因となる法律関係が存在しないという事案について、払戻しを受けることが当該振込みに係る金員を不正に取得するための行為であって、詐欺罪等の犯行の一環をなす場合であるなど、著しく正義に反するような特段の事情が存在しない限りは、Eが本件振込み金について払戻しを請求することは権利の濫用とはならないとしている。

●**参考文献**●　宮崎英一・判解平15年度112、伊東研祐・J1294-168、松澤伸・圖各8版106、木村光江・現代刑事法65-110

153　犯罪行為に利用された預金口座からの払戻し行為と財産犯

東京高判平成25年9月4日（判時2218号134頁）　　参照条文　刑法235条

詐欺行為により現金が振り込まれたことを知った受取人が、その情を秘して預金の払戻しを受けた場合と窃盗罪。

●**事実**●　被告人Xが、他の者と共謀の上、①銀行に開設されたA社名義の普通預金口座に詐欺等の犯罪行為により現金が振り込まれているのに乗じて、預金払戻しの名目で現金をだまし取ろうと考え、真実は預金の払戻しを受ける正当な権限がないのに、払戻請求書と同口座の預金通帳を提出して払戻しを請求する方法により、B銀行C支店行員から、同支店に開設されたA社名義の普通預金口座からの預金払戻しの名目で現金200万円をだまし取り、②同日、D銀行E支店に開設されたA社名義の普通預金口座への入金が詐欺等の犯罪行為により振込入金されたものであることを知りながら、同支店に設置されたATMに、同口座のA社名義のキャッシュカードを挿入して、同支店支店長管理の現金約100万円を引き出して、③①と同様の方法により、同支店の行員から、同支店に開設されたA社名義の普通預金口座からの預金払戻しの名目で現金700万円をだまし取ったという事案に関し、原審は、それぞれ詐欺罪と窃盗罪の成立を認めた。X側が控訴。

●**判旨**●　控訴棄却。東京高裁は、「A社名義の預金口座への振込金が詐欺等の被害者によって振り込まれたものであっても、A社は、銀行に対し、普通預金契約に基づき振込金額相当の普通預金債権を取得することになると解され（最判平8・4・26民集50-5-1267参照）、XはA社の代表者であることに鑑み、原判決が、Xがした本件の各預金引出し行為は、正当な権限に基づかないものであって欺もう行為に当たり、Xが現金自動預払機から預金を引き出した行為は窃盗罪に該当するとしている点について」職権で判断を加えるとし、各銀行は、預金債権を有する口座名義人から、その預金債権の行使として自己名義の通帳やキャッシュカードを用いて預金の払戻し請求がされた場合、預金が法令や公序良俗に反する行為に利用され、またはそのおそれがあると認められる場合には、その預金取引を停止し、またはその預金口座を解約することができるものと定めており、「犯罪利用預金口座等に係る資金による被害回復分配金の支払等に関する法律（救済法）」が、犯罪利用預金口座等である疑いがあると認めるときは、当該預金口座等に係る取引の停止等の措置を適切に講ずるものとすると定めており、本件各銀行も、警察からの情報提供によって、当該預金口座が詐欺等の犯罪に利用されているものであることが分かれば、救済法に基づき、当該預金口座を凍結して払戻しには応じないこととしていることが認められるとした上で、「銀行が犯罪利用預金口座等である疑いがある預金口座について口座凍結等の措置をとることは、普通預金規定に基づく取扱いであるとともに、救済法の期待するところでもあることから、銀行としても、救済法の趣旨に反するとの非難を受けないためにも、

また、振り込め詐欺等の被害者と振込金の受取人（預金口座の名義人）との間の紛争に巻き込まれないためにも、このような口座については当然口座凍結措置をとることになると考えられる。そうすると、詐欺等の犯罪行為に利用されている口座の預金債権は、債権としては存在しても、銀行がその事実を知れば口座凍結措置により払戻しを受けることができなくなる性質のものであり、その範囲で権利の行使に制約があるものということができる。したがって、上記普通預金規定上、預金契約者は、自己の口座が詐欺等の犯罪行為に利用されていることを知った場合には、銀行に口座凍結等の措置を講じる機会を与えるため、その旨を銀行に告知すべき信義則上の義務があり、そのような事実を秘して預金の払戻しを受ける権限はないと解すべきである」とし、「Xは、本件各犯行の時点では、A社名義の預金口座が詐欺等の犯罪行為に利用されていることを知っていたと認められるから、Xに本件預金の払戻しを受ける正当な権限はないこととなり、これがあるように装って預金の払戻しを請求することは欺もう行為に当たり、Xがキャッシュカードを用いて現金自動預払機から現金を引き出した行為は、**預金の管理者ひいて現金自動預払機の管理者の意思に反するものとして、窃盗罪を構成するというべきである**」と判示した。

●**解説**●　**1**　かつては、誤振込みされた金銭の引出し行為が、窃盗罪ないし詐欺罪に該当するかが争われたが【**152**】参照）、実務の運用は、財産犯が成立するということで固まったといってよい。本判決は、詐欺等の犯罪行為により振り込まれた現金を引き出す行為についての窃盗罪、詐欺罪の成立根拠を詳細に判示している。

2　東京高判平成6年9月12日（判時1545-113）は、送金銀行の手違いで自己の普通預金口座に過剰入金された金員を、自己のキャッシュカードを用いて現金自動支払機から引き出したことが、窃盗罪にあたるとし、東京地判平成17年8月1日（判例マスター）と東京高判平成17年12月15日（東高時報56-1=12-107）は、振り込め恐喝の関係者からの依頼を受け、その被害者が入金した他人名義の預金口座から、同口座のキャッシュカードを用いて現金を引き出した事案について、窃盗罪の成立を認めた。

3　東京高判平成18年10月10日（東高時報57-1=12-53）は、振り込め詐欺の犯人らから依頼を受け、詐欺の被害者が振込入金した他人名義の預金口座のキャッシュカード等の交付を受け、同名義人になりすまし、同口座の預金を現金自動預払機により払い出した行為についても、窃盗罪が成立するとし、名古屋高判平成24年7月5日（高検速報平24-207）は、振り込め詐欺により得られた金員が口座間振替により自己名義口座に入金された場合に、自己名義口座からのATMによる引出行為について窃盗罪の成立を認めている。

●**参考文献**●　今井誠・捜査研究768-16、福嶋一訓・警察公論69-5-88、内田幸隆・法教別冊413-34

154 財物の他人性

最3小決昭和61年7月18日（刑集40巻5号438頁・判時1210号138頁）　　参照条文　刑法242条、260条

民事上所有権に争いのある建物は「他人の建造物」といえるか。

●事実● 被告人Ｘは、Ｎ県漁連の取引業者であったが、入札したあわびの価格が暴落したことから、売買契約をめぐって争いが生じ、Ｘは県漁連に対し、「取引はやめる」と連絡したが、県漁連側は「落札した以上受け取る義務がある」旨返答した。県漁連は、売買代金債権保全の必要性を感じ、Ｘに、「本件売買契約に基づく代金債権額等、県漁連に対する債務が1億円余であり、これを4回に分割して支払う」という債務確認ならびに支払い誓約書に署名押印させ、さらに、同債権担保のため、Ｘ所有の本件建物・その敷地等の不動産について、極度額1500万円の根抵当権設定契約を締結させその登記をした。そして県漁連は、Ｘらに対し、入金済みの分を除いた約5800万円の売掛代金の支払いを求める訴えを提起し、裁判所は原告の主張を認め、Ｘらに、5700万円および遅延損害金の支払いを命ずる判決を言い渡し確定した。県漁連は、前記根抵当権設定契約に基づき、裁判所に任意競売の申立てをし、同競売手続において本件建物を競落して同支部の競落許可決定を受け、同競落を登記原因とする所有権移転登記をした。そして、県漁連の申立てにより、本件建物等の引渡命令が発せられ、執行官が同命令の執行のため本件建物に臨み、引渡しの履行を勧告したところ、憤激したＸは、手斧で同建物の床柱等に切りつけ、19カ所を切損した。

第1審は、Ｘの本件建物に対する根抵当権設定の意思表示は、県漁連職員の「根抵当権の設定は形式だけにすぎない」との言辞を信じてなしたもので、その取消しの意思表示をしていたから、建物の所有権は損壊当時も依然としてＸにあった可能性を否定することはできないとし、本件建物が刑法260条の「他人の」建造物であったことについて合理的な疑いを容れない程度に証明があったとはいえないとして、Ｘを無罪とした。

これに対し、原審は、県漁連の詐欺の成立を否定し、したがってＸによる取消しの意思表示の有無については判断するまでもないとして、第1審判決を破棄し、Ｘに建造物損壊罪を認めた。弁護人より上告がなされた。

●決定要旨● 上告棄却。「刑法260条の『他人の』建造物というためには、他人の所有権が将来民事訴訟等において否定される可能性がないということまでは要しないものと解するのが相当であり、前記のような本件の事実関係にかんがみると、たとえ第1審判決が指摘するように詐欺が成立する可能性を否定し去ることができないとしても、本件建物は刑法260条の『他人の』建造物にあたるというべきである」。

●解説● 1 財産犯の客体は、他人の物（財物）と財産上の利益である。財物といえるためには、有体物（有体性説）で一定程度の価値があることが必要であるが、さらに、誰かの所有に属していなければならない。無主物については財産犯は成立しない（もっとも、元の所有者が放棄してもすべて無主物となるとは限らない。たとえば、ゴルフ場内の池に落ちてゴルファーが放棄したゴルフボールは無主物のようにも見えるが、ゴルフ場の所有物であると評価することもできる（最決昭62・4・10刑集41-3-221））。

2 所有権の対象ではあるが自己の物の場合も、原則として財産犯は成立しえない。財産犯は「他人の物」に限って処罰する（なお242条について【151】参照）。この意味での他人性が、(a)民法上の解釈で決定されるという説に対し、(b)刑法上の視点も加味して判断すべきとしたのが本決定である。刑法260条の建造物損壊罪は、「他人の建造物又は艦船」を損壊する罪であるが、他人性には、「他人の所有権が将来民事訴訟において否定される可能性がないということまで要しない」とした。

3 本件の建造物については、抵当権の有効性が民事上争われていたが、このような場合でも他人性はあるとしたのである。財産犯における他人性は、民法上の所有権の帰属によるとする民法従属説と、他人に社会観念上一応尊重すべき経済的利益があると認められれば足りるという独立説が対立するが、本決定は後者を採用することを明言した。

4 独立説の見解は、財産犯で保護される物が、必ずしも完全な法的権利の対象となっているものに限られないということからも是認される。麻薬や覚せい剤は所持自体が禁じられているが（禁制品）、それを盗めば窃盗罪が成立する（最判昭24・2・15刑集3-2-175）。また、公職選挙法違反の事前運動の選挙ポスターにシールを貼る行為も、違法なポスターであっても保護に値する財物にあたる以上毀棄罪が成立する（最決昭55・2・29刑集34-2-56）。このように、財産犯の保護客体となるか否かは、他の法領域での違法性の有無の観点のみではなく、刑法としての保護の必要性、当罰性の観点から総合的に判断されるのである。

そして、独立説は、判例が所持説を採用することとも符合するといえよう。

●参考文献● 安廣文夫・判解昭61年度202、只木誠・固各8版158、香川達夫・昭61年度重判165、土本武司・判評354-75、林幹人・J897-64

155 一時使用と不法領得の意思

最2小決昭和55年10月30日（刑集34巻5号357頁・判時982号154頁）　参照条文　刑法235条

数時間後に返還する意思で乗用車を深夜勝手に乗り回す行為は窃盗罪となるか。

●**事実**●　被告人Xは、他人所有の高級乗用車（当時の価格で250万円相当）を、広島市周辺を乗り回した上午前5時30分ころまでには元の場所に返しておく意思で、午前零時ころ、市内の給油所駐車場から乗り出し、同日午前4時10分ころに検挙されるまで、これを乗り回した。

第1審および原審が、窃盗罪の成立を認めたのに対し、被告人側は、元の場所に返しておく意思だったので、不法領得の意思の不存在を主張して上告した。

●**決定要旨**●　上告棄却。「なお、原判決及びその是認する第1審判決によれば、Xは、深夜、広島市内の給油所の駐車場から、他人所有の普通乗用自動車（時価250万円相当）を、数時間にわたって完全に自己の支配下に置く意図のもとに、所有者に無断で乗り出し、その後4時間余りの間、同市内を乗り廻していたというのであるから、たとえ、使用後に、これを元の場所に戻しておくつもりであったとしても、Xには右自動車に対する不正領得の意思があったというべきである」。

●**解説**●　1　不法領得の意思とは、(a)権利者を排除して他人の物を自己の所有物としてその経済的用法に従いこれを利用もしくは処分する意思（大判大4・5・21刑録21-663）である。学説では、前段すなわち(b)権利者を排除して、所有権者として振る舞う意思とするもの、逆に後段部分の(c)経済的用法（ないし本来的用法）に従って処分する意思とするもの、さらに(d)不法領得の意思不要説が対立する。これらは、不法領得の意思の内容を、①自ら所有権者として振る舞う意思と②物の経済的（本来的）用法に従って利用・処分する意思に分けて論ずることにより、議論はかなり明確化する。つまり、(a)説は①②双方を必要とし、(b)説は①を、(c)説は②をそれぞれ必要とする立場なのである。

2　不法領得の意思必要説は本権説と、不要説は所持説と親近性を有するとされたが、所持説を採用する判例は必要説を採用しており、両者に明確な対応関係は見られない。そもそも、不法領得の意思必要説といっても、複雑に分かれているのである。

3　これらのうち、**一時使用**した後返却する意思で占有を侵害する行為を使用窃盗として不処罰とするのが、①を必要とする立場、すなわち(a)と(b)である。この両説は、返還意思のある場合には「所有権者として振る舞う意思に欠ける」とするのである。これに対し、①を不要

とする(c)、(d)説からは、返却の意思があっても可罰的であるとされる。

ただ、①必要説の(a)、(b)説も、すべての一時使用を不可罰とするわけではない。たとえ一時的にでも完全に権利者を排除して自己の所有物であるかのごとく振る舞うときは不法領得の意思があるとしたり、一時使用でも価値を費消する意思があれば領得の意思があるとして、自動車等の一時使用を可罰的とする学説が有力なのである。これらは、①の意味での不法領得の意思不要説と極めて近いといわざるをえない。このように事実上一時使用を広く不可罰とする学説が存在しないのは、近時、自動車や、企業の機密資料等の高価な物の無断使用が問題となることが多く、一時使用でも領得罪としての当罰性を備えている事案が増えてきていることが背景となっている。

4　判例は財物の一時使用を基本的には不可罰と解してきたとされる（大判大9・2・4刑録26-26）。ただ、一時使用でも乗り捨てる意思があれば不法領得の意思が認められるとされてきた（最判昭26・7・13刑集5-8-1437）。

しかしその後、乗り捨てる意思がなく元の場所に返還する意思があっても、他人の自動車を相当長時間乗り回したり（東京高判昭33・3・4高刑11-2-67）、盗品運搬等の違法な目的で自動車を無断使用した場合（最決昭43・9・17裁判集刑168-691）につき、窃盗罪の成立を認める判例が登場する。これに対し、単純に数時間乗り回すだけの意思で無断使用した場合についても、不法領得の意思の存在を認めたのが本決定である。

5　たしかに、一時使用であればすべて不可罰とするのは、自動車の長時間の無断使用等を考えれば合理的でないことは明らかである。その意味で、返却の意思がありさえすれば所有権者として振る舞う意思が欠けるとする窃盗不成立説は説得性が欠ける。しかし、刑務所に入りたいため交番のそばで財物を窃取しその足で自首したような場合まで窃盗で処罰するのもまた不合理であろう（広島地判昭50・6・24刑月7-6-692）。そうだとすれば、返還の意思の有無という主観面よりも、客観的にみて、権利者の利用が実際にどれだけ侵害されたかにより、処罰の可否が決定されると考えられる。しかし、未遂の場合には、占有移転後の事実がないため、判例は「所有権者として振る舞う意思」を用いているといえよう。

6　窃盗罪は、処罰に値する程度の占有侵害があって初めて構成要件該当性が認められる。それは財産的価値のごく軽微な物が刑法上の財物にあたらないのと同様に、軽微な占有侵害も、構成要件に該当する侵害にあたらないのである。ごく短時間の一時使用の不可罰性を導くための「所有権者として振る舞う意思としての不法領得の意思」の実質は、上記の趣旨で理解すべきである。

●**参考文献**●　木谷明・判解昭55年度203、伊藤亮吉・圖各8版66、園田寿・昭56年度重判168

156 コピー目的の一時持出しと不法領得の意思

札幌地判平成5年6月28日（判タ838号268頁）　　参照条文　刑法235条

正規の手続を履践して住民基本台帳閲覧用マイクロフィルムを借り出し、短時間区役所外に持ち出した行為は窃盗罪を構成するか。

●**事実**●　被告人XはY・Zと共謀の上、S市の住民に関するデータベースを作成して利益を得ようと考え、同市区役所内の指定した場所で希望者に閲覧を許している住民基本台帳閲覧用マイクロフィルムを、閲覧のための正規の手続を履践して借り受け、無断で閲覧コーナーから持ち出し、トイレで被告人Yに手渡し、Yは外で待機していたZとともに他所で複写し、数時間後に役所に持ち帰り、トイレでXに手渡し、Xが区役所に返還した。

●**判旨**●　「本件マイクロフィルムの財物としての価値は、前記のフィルム自体の価値をはるかに超えていることは明らかである。しかし、それは、あくまでも有体物たる本件マイクロフィルムの財物としての経済的価値が、それに化体された情報の価値に負うところが大きいということを意味するに過ぎない。このように、本件マイクロフィルムについて財物性を肯定することは、同フィルムを離れた情報それ自体の財物性を認めることを意味するわけではないのである……」。

「本件マイクロフィルムは……区役所の職員に無断で閲覧コーナーから持ち出すことはいっさい許されていないことが明らかである。……このような本件マイクロフィルムを、複写する目的で所定の閲覧場所から持ち出すことは、まさに、権利者を排除して他人の物を自己の所有物と同様にその経済的用法に従いこれを利用もしくは処分する意思、すなわち不法領得の意思に基づくものであると認められる。そして、本件マイクロフィルムの場合、右のような不法領得の意思を為すに要する時間は極く短時間を以て足るのであるから、被告人らが本件マイクロフィルムを数時間後に返却するつもりであったことや現にそのように返却したことは被告人らの不法領得の意思の存在の認定を妨げる事情とはならない」。

●**解説**●　1　まず、本件マイクロフィルムそのものの価値は小さいので、**財物性**が問題となる。窃盗罪の保護の客体としての財物といえるためには、処罰に値する程度の価値が必要だからである。ただ、マイクロフィルム自体は財産的価値がそう大きくはないかもしれないが、「財物といえない」というほど軽微でないことは明らかである。そして従来、「価値の高い情報を化体したフィルム」に財物性を認めてきた。

2　さらに、Xのように閲覧を許可された者は、許可されている時間中はマイクロフィルムを指定された範囲内の任意の場所で独占的に占有でき、しかもマイクロフィルムを持ち出していた時間は短時間にすぎないから、占有侵害がないのではないかという点が問題となる（【155】参照）。特に本件の場合、「公開された情報」である。ただ、情報そのものは公開されていても、フィルムは閲覧コーナーから持ち出すことは禁じられており、管理権者の事実的支配が及んでいたと解さざるをえず、無断の持出しは窃盗罪に必要な占有侵害と評価しえよう。

3　次に、Xはコピーの目的で持ち出しており、**不法領得の意思**の存否が問題となる。まず、Xの行為が領得罪を構成するのかという意味で、「経済的（本来的）用法に従い利用・処分する意思」の有無が問題となる。財物の用法に従った利用・処分を目的とする場合のみが領得罪なのであって、たとえば、壊すために占有を奪うのは毀棄罪にすぎない。このような意味での不法領得の意思を不要とすると、壺を奪って相手の面前で壊しても窃盗になってしまう可能性がある。占有侵害とその認識がある以上すべて窃盗だとする不要説を採用すると、毀棄、隠匿の成立範囲が不当に狭くなるといわざるをえない。

4　財物の経済的利用が領得の基本である。また、領得行為は「日常よく行われる類型的行為」だから処罰の必要性が高いともいえる。

マイクロフィルムのコピー目的の持出し行為を考えた場合、①経済的利得性という点では、マイクロフィルムそのものを販売して代価を得るような直接的な利得行為ではないが、コピーしてその内容を販売するという目的は、フィルムを破棄するような目的とは異なり、利得性が認められよう。そして、②フィルムをコピーするという利用法も、それ自体のデータを直接読み取ることではないにせよ、改ざんする等の場合に比し、その本来的用法に含まれうるように思われる。それ故、Xには不法領得の意思が認められる。

5　なお、Xにはフィルムを返却する意思がある。しかし、「返還意思のある一時使用であればすべて不可罰である」とすることが、合理的でないことは明らかである。一時使用の可罰範囲の問題は、「その物の形状・本質からして余りにも軽微な時間・距離の占有侵害は、窃盗罪として処罰に値しない」という客観的事実があれば、不法領得の意思も認められないことになる。本件のXらのように、情報を獲得するためそれを含んだ文書等をコピーしたりダビングしたりする目的の一時的持出し行為の場合、短時間の持出しでも利益侵害性が高い以上、処罰に値する占有侵害があり、不法領得の意思が認められる。

●**参考文献**●　野口元郎・研修580-59、木村光江『主観的犯罪要素の研究』193

157 廃棄するだけの意図と不法領得の意思

最2小決平成16年11月30日（刑集58巻8号1005頁）　参照条文　刑法159条1項、161条1項　民事訴訟法99条、109条　郵便法（平14改正前）66条

> 他人宛の送達書類を、廃棄するだけの意図で他人を装って受領する行為について、詐欺罪における不法領得の意思が認められるか。

●**事実**●　被告人Xは、金員に窮し、支払督促制度を悪用して叔父Aの財産を不正に差し押さえ、強制執行することなどにより金員を得ようと考え、XがAに対して6000万円を超える立替金債権を有する旨内容虚偽の支払督促を申し立てた上、裁判所から債務者とされたA宛に発送される支払督促正本および仮執行宣言付支払督促正本について、共犯者がAを装って郵便配達員から受け取ることで適式に送達されたように外形を整え、Aに督促異議申立ての機会を与えることなく支払督促の効力を確定させようと企てた。そこで、共犯者において、2回にわたり、あらかじめXから連絡を受けた日時ころにA方付近で待ち受け、支払督促正本等の送達に赴いた郵便配達員に対して、自らAの氏名を名乗り出て受送達者本人であるように装い、郵便配達員の求めに応じて郵便送達報告書の受領者の押印または署名欄にAの氏名を記載して郵便配達員に提出し、共犯者を受送達者本人であると誤信した郵便配達員から支払督促正本等を受け取った。なお、Xは、当初からA宛の支払督促正本等を何らかの用途に利用するつもりはなく、速やかに廃棄する意図であった。

第1審・原審とも、詐欺罪の成立を認めたので、X側が上告。

●**決定要旨**●　上告棄却。最高裁は、郵便送達報告書の受領者の押印または署名欄に他人である受送達者本人の氏名を冒書する行為は、有印私文書偽造、同行使罪に該当するとした上で、本件においてXは、「郵便配達員から正規の受送達者を装って債務者あての支払督促正本等を受領することにより、送達が適式にされたものとして支払督促の効力を生じさせ、債務者から督促異議申立ての機会を奪ったまま支払督促の効力を確定させて、債務名義を取得して債務者の財産を差し押さえようとしたものであって、受領した支払督促正本等はそのまま廃棄する意図であった。このように、郵便配達員を欺いて交付を受けた支払督促正本等について、廃棄するだけで外に何らかの用途に利用、処分する意思がなかった場合には、支払督促正本等に対する不法領得の意思を認めることはできないというべきであり、このことは、郵便配達員からの受領行為を財産的利得を得るための手段の1つとして行ったときであっても異ならないと解するのが相当である。そうすると、Xに不法領得の意思が認められるとして詐欺罪の成立を認めた原判決は、法令の解釈適用を誤ったものといわざるを得ない」としたが、有印私文書偽造、同行使罪の成立は認められるほか、その余の各犯行の罪質、動機、態様、結果およびその量刑などに照らす

と、原判決を破棄しなければ著しく正義に反するものとは認められないとした。

●**解説**●　1　第1審判決は、「財物は、一般的には、その存在ないしは利用に価値があるから、騙取した財物を廃棄するつもりであったときには、不法領得の意思を欠くことになる。しかし、ある種の財物（約束手形や借用証書）は、その不存在ないしは利用を妨げることが、そのまま特定の者（約束手形の振出人や消費貸借の借主）の経済的利益等になることがあるから、その不存在ないしは利用を妨げることがそのまま特定の者の利益になる財物については、その特定の者が廃棄するつもりでその財物を騙取したとしても、その特定の者については、その財物を廃棄することが、『その経済的ないし本来的用法に従いこれを利用もしくは処分する』ことになると解するべきであり、やはり不法領得の意思を認めるのが相当である」として、本件Xの行為は、「仮執行宣言付支払督促正本に基づきAの財産を差し押さえることが可能な経済的利益を不正に得ようとしていたものであるから、騙取した支払督促正本等については廃棄するつもりであったとしても、Xらにとっては、それが『その経済的ないし本来的用法に従いこれを利用もしくは処分する』意思にほかならない」として詐欺罪の成立を認めた。

2　原判決も、「支払督促手続を不正に利用して、債務者とされたAの財産を差し押さえるために、郵便配達員から支払督促正本等を債務者本人を装って騙し取って、支払督促の効力を生じさせるとともに、債務者から督促異議申立ての機会を奪いながら、仮執行宣言を付すための期間の計算を開始させ、仮執行宣言により強制執行力を得、仮執行宣言付支払督促の確定する期間の計算を開始させるなど、権利義務に関する法律文書である支払督促正本等の本来の法的、経済的効用を発現させようとしていたのであるから、Xらが債務者本人を装って郵便配達員から支払督促正本等を騙し取ったのは、その財物の経済的ないし本来的用法に従いこれを利用もしくは処分するという積極的な利用・処分目的に基づくものといえる」とした。

3　不法領得の意思を要求するのは、経済的利得が得られる場合や、そのものの本来的な利用により利便が得られる処罰価値の高い（発生しやすい）場合を選別するためである。本件のように、投棄、隠匿の意思のみであることが明確な場合には、領得罪とはできない。たしかに当該財物の廃棄が同時に明確な経済的利得を伴う場合には、領得意思を認めうる場合があるが、本件では、支払督促正本を廃棄しても、すぐに債務名義が得られて財産的利得が得られるわけではない。Aの財産を差し押さえることが可能な状態を作るというだけでは、投棄、隠匿の意思が明確なので、領得行為とはいえない。

●**参考文献**●　井上弘通・J1304-169、木村光江・刑事法ジャーナル2-76、伊藤渉・J1360-156、髙橋直哉・回各8版64

158 犯跡隠蔽目的の財物持出しと不法領得の意思

大阪高判昭和61年7月17日（判時1208号138頁・判タ624号234頁）　　参照条文　刑法181条、235条、236条、242条、240条後段

> 強制性交等致傷の犯人が、犯跡隠蔽のため被害者を殺害するとともに金品を奪取した場合と強盗殺人未遂罪。

●事実●　被告人Ｘが、スナック内で暴行を加えてＡ女を人事不省に陥らせた強制性交等致傷に該当する行為を行った後、犯行の発覚を防止すべく同女殺害を企て、Ａの頸を絞めて失神させたが、その様子から同女が死んだと思い、犯跡隠蔽のため、同スナックに押し入った強盗が金品を奪取してＡを殺害したように見せかけようとして、店外で投棄する目的でＡの金品を所携のバッグ内に詰め込んだのち、さらに、Ａが息を吹き返すのではないかとの不安から、とどめを刺す意図のもとに包丁でＡの前頸部を2回突き刺し上記バッグを携えて同店を立ち去ったという事案である。

原審は、金品奪取につき、Ａが一連の暴行により失神し反抗抑圧状態にあるのに乗じて強取したものと認定し、Ｘに強盗殺人未遂罪の成立を認めた

これに対し、大阪高裁は、被害者の反抗を抑圧した後に犯意を生じて財物を奪取した場合に強盗罪が成立するのは、被害者の畏怖状態を利用しまたはこれに乗ずる意思でした場合に限るとし（高松高判昭34・2・11高刑12‐1‐18参照）、本件のように、Ａが失神し、Ｘもまた死亡したとの認識にあった状況においては、畏怖状態を利用し、またはこれに乗ずる意思およびその事実があったとはいえず、上記金品奪取は強取にあたらないとした（この論点に関しては【176】【177】参照）。さらに、不法領得の意思に関して以下のように判示した。

●判旨●　破棄自判。「一般に不法領得の意思とは、『権利者を排除し、他人の物を自己の所有物と同様にその経済的用法に従いこれを利用または処分する意思』をいうものと解されているところ……、なるほどＸは、Ａ所有にかかる現金12万円等在中の布製バッグなど原判示の金品の一部を自宅に持ち帰っていたこと、またＸは、原判示の金品のほかに、わざわざＡが当時腕にはめていた女物腕時計をも持ち去ろうとして、これを腕から取り外すなどの挙に出ていることがそれぞれ認められ、これらの事実はいずれも本件におけるＸの領得意思の存在を強く窺わせるものではあるが、他方、……、Ｘが原判示の金品を持ち去ったのは、あくまでも自己の犯跡を隠蔽するところにその眼目があったこと、また搬出品の中には、例えばビール瓶の破片やコップなどのように、Ｘの本件犯行を裏付ける証拠品とはなりえても、それ自体財物としての価値がないか若しくは極めて乏しいために、もともと経済的用法に従った利用等が考えられない物が多数含まれていること、そしてＸは、本件犯行後の逃走中ほどなく右搬出品の一部を道路脇の側溝に投棄しているが、その際、自己の先行する犯行には全く関係がなく、しかも経済的価値の高い男物腕時計をも共にこれを投棄していること、そのうえＸは、本件犯行時

自己の所持金として現金約4万円を持っていたもので、格別金銭的に困窮した状況にもなかったことがそれぞれ認められるところであるから、これらの事実をも併せ勘案すると、前記金品は当初そのすべてを投棄する意図のもとに持ち去ったが、その後投棄の段階で気が変わり、現金等在中の布製バッグを持ち帰ったとするＸの弁解供述にも、むげには排斥できないものがあり、そうした場合、Ｘの当初の領得意思の存在はこれを認めることができない」として、1審を破棄した上で、自判し、強制性交等の犯行の発覚を防止しようと、殺意をもって、頸部を絞めつけたり文化包丁で前頸部を刺し傷害を負わせたが、殺害の目的は遂げなかったという殺人未遂罪の成立を認めた。

●解説●　1　領得行為を重く処罰する理由は、「財物の経済的利用という動機が、より強い非難に値し、より強く禁圧する必要がある」ということにあるので、利得・享益の直接性が強いか否かと、物の本来的・典型的用法か例外なのかを総合考慮して、毀棄罪と領得罪の限界が判断される。

2　本件のような、強制性交等罪の犯人等が犯跡を隠蔽するため投棄する目的で金品を奪取し持ち帰った場合は、利得・享益の直接性が欠け、財物の本来的・典型的用法とはいえず、「犯跡隠蔽のための投棄の意思」であり、不法領得の意思は、原則として否定されよう（ただ、「物取りの犯行に見せかける場合」は、犯跡隠蔽の一態様であるにもかかわらず、不能領得の意思が認められる場合が多いことに注意を要する【159】参照）。

殺害の犯行の発覚防止のため、腐敗しない貴金属類を別の場所に投棄しようと死体から剝がした事案（東京地判昭62・10・6判時1259-137）、覚せい剤事犯の累が自己に及ぶのをおそれ、覚せい剤を廃棄する意思で奪った事案（福岡地小倉支判昭62・8・26判時1251-143）が、不法領得の意思を欠くとされたのも同様の判断であろう。不正なロムにすり替える意図でパチスロ遊技機の正規ロムを取り外して持ち去った行為も、無利得とはいえないが、例外的な目的の類型と評価され領得性が否定されている（名古屋高判平19・8・9判タ1261-346）。

3　ただ、被害者に対する報復を主な目的とし、物取りを装うことも考えて、財布に加え貴金属類を持ち去ったが、プラスチックケースに入れて庭に埋めていた場合には、物を破棄したり隠匿したりすることに加えて他の利用の余地が否定できず、不法領得の意思が認められる場合がある（【159】）。

4　また、当初からの強盗の犯意が認定され、犯跡隠蔽のため他者による強盗であるように偽装することを企図し、被害者2名を殺害後に財物奪取に及んだ場合に例外があることに注意を有する（長崎地佐世保支判昭58・3・30判時1093-156）。

●参考文献●　大谷実・法セ389-118、木村光江『主観的犯罪要素の研究』193

159　報復目的の財物の持ち去りと不法領得の意思

東京高判平成12年5月15日（判時1741号157頁）　　参照条文　刑法235条

> 被害者に対する報復を主な目的とする財物強取行為は強盗（致傷）罪となるか。

●**事実**●　被告人Ｘは、長年交際があって別れたＡ女に対し、怨念の気持ちから木の棒にタオルを巻いたもので殴打したところ、Ａが「殺さないで。これを持っていって」と哀願されたため、事前から考えていた物取りの犯行と装うために、現金等が入ったバッグを持ち去り、現場から逃げる途中に、バッグから財布を抜き取ってそのバッグを捨て、自宅に戻った後、**財布から現金を抜き取って、金額、金種を記載して封筒に入れてこれを保管**していた（第1の犯行）。その際、Ａには全治10日を要する頭部打撲の傷害を負わせた。さらに後日、Ｘは、放火目的でＡが経営するスナックに侵入したものの、放火を断念し、物取りの犯行と装うために、店舗内から財布、ネックレス、指輪を持ち去ろうとしたところ、警備員に発見され、現金その他の金品を現場に放置するなどして逃げ、**自宅に持ち帰った財布から現金を抜き取って金額、金種を書いて封筒に入れて保管し、ネックレスや指輪もプラスチックケースに入れて自宅の庭に埋めていた**（第3の犯行）。

　原審が、前半の行為について強盗致傷罪、後半の行為について放火予備罪と窃盗罪の成立を認めたのに対しＸ側から控訴がなされた。

●**判旨**●　控訴棄却。「Ｘは、前記のように、金員そのものを強奪したり盗んだりするのを主目的としてはいなかったとはいえ、単に物を廃棄したり隠匿したりする意思からではなく、第1の犯行では事前から物取りを装う意図を有していて、Ａが生命を守るのと引替えに自分のバッグを提供したのに乗じてそのバッグを奪っており、第3の犯行ではその場で物取りを装おうと考え、その意図を実現するのに相応しい前記金品を持ち出して所有者の占有を奪っているのであるから、すでに右の事実関係からして、いずれの場合も、Ｘには**不法領得の意思があった**ものというべきである。Ｘは、各犯行後に、取得した金品の一部を廃棄したり、保管し続けて、費消・売却等の処分行為をしていないが、そのことで不法領得の意思が否定されることにはならない」。

●**解説**●　1　単に物を損壊または隠匿する意思をもって占有を奪取する行為は、領得罪を構成しない（大判昭9・12・22刑集13-1789）。領得罪が、法益侵害性においてはより大きいとも評価できる毀棄罪と比べ重い処罰が予定されている根拠は、その財物から何らかの利益を享受する意図があり、それだけ国民にとって誘惑的な行為で、厳しく禁圧する必要性が高いことにある。

　そこで、領得にとって、①経済的利益を得るという側面と、②本来的用法に従って利用するという面がともに重要な意味を有する。まず、①直接利得・享益の動機が明確であれば、例外的な用い方であろうと、それによって直接利益を得ることを目指している以上、領得の類型に入れて禁圧すべきである。一方、②その物の典型的な利用の場合には、利得動機の有無にかかわらず財産侵害の強い誘因となりうる。

　2　被害者に復讐する目的で、財物を奪い保管する行為は、利得・享益性が低い。小学校の教員が、校長を失脚させようとして教育勅語を教室の天井裏に隠した行為（大判大4・5・21刑録21-663）、仕返しのために被害者の家からチェーンソーを持ち出して、数百m離れた海中に投棄した行為や（仙台高判昭46・6・21高刑24-2-418）、酩酊していたいたずら半分に逃がす目的でインコを鳥籠ごと持ち出し追跡されて100mほど離れた公園に投げ捨てた行為（東京高判昭50・11・28東高時報26-11-198）、新参の海女に対する嫌がらせのため、ジャージ、浮き袋等を持ち出し他人の田畑や海中に投棄した行為（東京高判平18・4・3高検速報平18-84）等がその例である。

　3　犯行を隠すために、証拠物・遺留物を移動させて廃棄する行為は、そこに「他人の物」が含まれていても、不法領得の意思は認められず、財産犯を構成しない。

　そして、東京地判昭和62年10月6日（判時1259-137）は、殺害の犯行の発覚防止のため、腐敗しない貴金属類を別の場所に投棄しようと死体から剝がした事案について、不法領得の意思を否定した。福岡地小倉支判昭和62年8月26日（判時1251-143）も、**覚せい剤事犯の累が自己に及ぶのをおそれ、覚せい剤を廃棄する意思で奪った事案**について不法領得の意思を否定した（**【158】**参照）。

　4　判例上、判断が最も微妙なのが、本件のように物取りに見せかける目的が混在する場合である。大阪高判昭和61年7月17日（**【158】**）は、強姦犯人が犯行の発覚を恐れ被害者の殺害を企てて失神させ、さらに強盗に見せかけるために投棄する目的で金品を奪取したが、結局は持ち帰った場合にも、被告人の主観は投棄の意思であり、不法領得の意思はないとした。

　5　それに対し本件では、物取りに見せかけることが主たる目的であったとしながらも、「単に物を廃棄したり隠匿したりする意思」からではなかったとして、不法領得の意思を認めた。**【158】**と異なった判断をしたようにも見えるが、①財布から現金を抜き取って、金額、金種を記載して封筒に入れてこれを保管したり、②貴金属類もプラスチックケースに入れて自宅の庭に埋めていた等、投棄・隠匿の意思で行ったとは断定しえないので、**不法領得の意思が認められたといえよう**。「強奪したり盗んだりするのを主目的としてはいなかったとはいえ」、廃棄・隠匿意思からではなく行ったので、不法領得の意思を認めたのであり、廃棄・隠匿の意思が明確な場合にのみ不法領得の意思が否定されると判示したわけではない。物取りに見せかける目的で奪い、犯行が覚知しないように処分した場合であれば、領得行為とはいえない。

●**参考文献**●　山火正則・判評354-71、角田正紀・研修480-85

160 窃取直後の出頭と不法領得の意思

広島高松江支判平成21年4月17日（高検速報平成21年205頁）　　参照条文　刑法236条

奪った現金を自首の際にそのまま提出するつもりであった場合に、不法領得の意思は認められるか。

●事実●　被告人Xは、手持ちの現金が減り、将来に対する不安から、強盗をして生活費を増やそうという意図のもとに、深夜、人気のないコンビニエンスストアを選び、店内にいたアルバイト従業員に刃物を突き付けて金銭を要求したとして、強盗未遂罪で起訴された事実に関し、原審公判廷において、「体調が悪く、生活に不安を覚え、刑務所に入って服役しようと考え、犯行当日の午前2時ころ、居ても立ってもいられなくなって、コンビニ強盗をし、相手が金を出してくれたらそれを持ってそのまま近くの駐在所に行って警察官に強盗したと言って自首しようと考えていた」と供述した。そして、服役の手段として強盗行為を行おうと考えて犯行に及んだもので、奪った現金は自首の際にそのまま提出するつもりであった旨主張した。

原判決は、Xが犯行後に自首して服役すること自体が目的で、奪った金銭は自首の際にそのまま提出するつもりであったと認定し、不法領得の意思が認められないとして強盗未遂罪の成立を否定した。

これに対し、検察が、刑務所に入ることのみを目的として強盗を働こうとしたとのXの弁解は採用できないから、Xには不法領得の意思を優に認めることができるというべきであるとして控訴した。

●判旨●　広島高裁松江支部は、①健康状態も良くないことから生活費等に困窮することが十分予想される状況にあり、②客が少ない深夜のコンビニエンスストアに出向き従業員に現金を要求しており、金銭奪取に対する強い意欲が窺われ、③自首するつもりであったのであれば、犯行に及ぶ前に身辺整理をすると考えられるのに、当時の生活をそのままにして本件犯行に及んでおり、④逮捕当日は、「生活費が欲しくて犯行に及んだ」旨一貫して供述し、その後、供述内容を変遷させたが、その変遷についての合理的な説明はないこと等の事実によれば、Xが金銭奪取目的で本件犯行に及んだことは明らかであると認定した。そして、「専ら刑務所に入ることのみを目的として本件犯行に及んだとは認められない」とした上で、「なお、仮に、Xの前記弁解が虚偽でないとしても、強盗罪、強盗未遂罪の成立に必要とされる不法領得の意思は、『権利者を排除し他人の物を自己の所有物と同様にその経済的用法に従いこれを利用し又は処分する意思』（最判昭26・7・13等）とされるところ、そこでいう『経済的用法に従いこれを利用し又は処分する意思』とは、単純な毀棄又は隠匿の意思をもってする場合を排除するという消極的な意義を有するに過ぎないと解されるのであり、奪った現金を自首の際にそのまま提出するつもりであったというのは、要するに他人の財物を奪って所有者として振る舞う意思であったことに何ら変わりはなく、単純な毀棄又は隠匿の意思をもってする場合には当たらないから、不法領得の意思を否定することにはならないというべきである」とし、原判決を棄却した。

●解説●　1　不法領得の意思とは、権利者を排除して他人の物を自己の所有物としてその経済的用法に従いこれを利用もしくは処分する意思である（大判大4・5・21刑録21-663）。そして、不法領得の意思の内容を、①使用窃盗の可罰性を判断するための「自ら所有権者として振舞う意思」と、②主として毀棄罪との区別に用いる「物の経済的（本来的）用法に従って利用・処分する意思」に分けて論ずることも多いが、本件などのように、明確に両者を分けて論じることが妥当でない場合がある。

2　本判決は「所有者として振る舞う意思であったことに何ら変わりはなく、単純な毀棄又は隠匿の意思をもってする場合には当たらない」としているのである。

3　問題は、専ら「その場で自首して刑事施設に入る目的」で窃取するような場合である。不法領得の意思の必要性の論拠としてしばしば用いられる、「その場で毀棄する目的で一旦占有を奪う行為」は窃盗にならないという点は、一般に認められているといえよう。それは、占有の侵害態様・時間が軽微であるというだけでなく、「即座に毀棄する」という目的が明確であれば領得とは言えない、とする趣旨である。

4　もっとも、「自首目的で商品を奪取する」という抽象的・一般的な類型化では、不法領得の意思の有無は判断できない。奪取した後の自首までの時間的場所的距離や、店の状況、奪取の態様などを勘案しなければ、権利者を排除して所有物として用法に従い利用する意思は認定しえない。本件の具体的状況下では、たとえもっぱら自首目的であっても、出頭までに一定の時間を要すると思われ、不法領得の意思を認めうるように思われる。さらに、本件の場合は、もっぱら刑務所に入ることのみを目的としていたとはいえないとされた点も重要である。

5　それに対して、広島地判昭和50年6月24日（刑月7-6-692）は、刑務所で服役することを企図し、当初から窃盗犯人として自首するつもりでステレオパックを窃取した事案について、不法領得の意思を認めなかった。直ちに100m以内の近接した派出所に被害品を携えて出頭し、これを証拠品として任意提出しており、経済的用法に従った利用または処分の意思は全く認めることができないし、自己を窃盗犯人とするためまさしく他人の所有物としてふるまったのであって、自己の所有物と同様にふるまう意思があったといえないとしたのである。

両者の結論は、必ずしも矛盾するものではない。本件では、自首が主な目的だったとは認定されておらず、金銭に関する強盗の事案だったからである。

●参考文献●　木村光江『主観的犯罪要素の研究』267以下

161　占有の意義(1)—窃盗罪か占有離脱物横領罪か

最3小決平成16年8月25日（刑集58巻6号515頁・判時1873号167頁）　　参照条文　刑法235条

公園のベンチ上に置き忘れられたポシェットを領得した行為は窃盗罪にあたるか。

●**事実**●　被告人Xは、前刑出所後いわゆるホームレス生活をし、置引きで金を得るなどしていたものであるが、午後5時40分ころ、大阪府内の私鉄駅近くの公園のベンチに座った際に、隣のベンチでAらがポシェットをベンチ上に置いたまま話し込んでいるのを見かけ、もし置き忘れたら持ち去ろうと考えて、本を読むふりをしながら様子を窺っていた。Aは、午後6時20分ころ、本件ポシェットをベンチ上に置き忘れたまま、友人を駅の改札口まで送るため、友人とともにその場を離れた。Xは、Aらがもう少し離れたら本件ポシェットをとろうと思って注視していたところ、Aらは、置き忘れに全く気付かないまま、駅の方向に向かって歩いて行った。Xは、Aらが、公園出口にある横断歩道橋を上り、ベンチから約27mの距離にあるその階段踊り場まで行ったのを見たとき、自身の周りに人もいなかったことから、今だと思ってポシェットを取り上げ、それを持ってその場を離れ、公園内の公衆トイレ内に入り、ポシェットを開けて中から現金を抜き取った。他方、Aは、上記歩道橋を渡り、約200m離れた私鉄駅の改札口付近まで2分ほど歩いたところで、ポシェットを置き忘れたことに気付き、ベンチの所まで走って戻ったものの、すでに本件ポシェットはなくなっていた。午後6時24分ころ、Aの後を追って公園に戻って来た友人が、機転を利かせて自身の携帯電話で本件ポシェットの中にあるはずのAの携帯電話に架電したため、トイレ内で携帯電話が鳴り始め、Xは慌ててトイレから出たが、Aに問い詰められて犯行を認め、通報により駆けつけた警察官に引き渡された。

原審は、Aが、約200m離れた駅改札口付近まで来た際に置き忘れに気付き公園まで走って戻っており、ポシェットの現実的握持から離れた距離および時間は、極めて短く、Aは置き忘れた場所を明確に認識しており、持ち去った者についての心当たりを有していたことなどを挙げて、Xが被害品を不法に領得した際、Aのポシェットに対する実力支配は失われていなかったとして、Aの占有継続を認め、窃盗罪に該当するとした。X側が上告。

●**決定要旨**●　上告棄却。「Xが本件ポシェットを領得したのは、Aがこれを置き忘れてベンチから約27mしか離れていない場所まで歩いて行った時点であったことなど本件の事実関係の下では、その時点において、Aが本件ポシェットのことを一時的に失念したまま現場から立ち去りつつあったことを考慮しても、Aの本件ポシェットに対する占有はなお失われておらず、Xの本件領得行為は窃盗罪に当たるというべ

きであるから、原判断は結論において正当である」。

●**解説**●　1　窃盗罪を構成するために必要な占有、すなわち事実支配の有無の判断においては、①客観的支配の事実のほかに、②被害者の支配の意思の有無（さらにはその内容）が影響する。被害者が意識して特定の場所に置いた場合には、置いたことを失念した場合等に比較してより広い占有が認められる。

意識して置いた場合に比し、本件のように置き忘れたり落としたりした場合には、事実上の支配の範囲は限定される。

2　最判昭和32年11月8日（刑集11-12-3061）は、バスを待つ行列の移動中に傍らに置き忘れたカメラを約5分後、20m離れた所で気付いた場合には、なお被害者の実力支配下にあったとした。また、東京高判昭和54年4月12日（判時938-133）は、駅の窓口に一時財布を置き忘れ、1～2分後、15～16mの所で引き返した事例につき、被害者の占有があるとして窃盗罪を認めた。このように、被害者が所在を意識して置いた場合でなくとも、距離・時間が短ければ占有が認められうる。

3　もっとも、被害者が大規模スーパーマーケット6階のベンチ上に札入れを置き忘れたままその場を立ち去って地下1階に移動してしまい、付近には手荷物らしき物もなく、札入れだけが約10分間も上記ベンチ上に放置された状態にあった場合、被害者が札入れを置き忘れた場所を明確に記憶し、上記ベンチの近くに居合わせた者が札入れの存在に気付いており、持ち主が取りに戻るのを予期してこれを注視していたとしても、被害者の支配力が及んでいたとはいえない（東京高判平3・4・1判時1400-128）。

4　本決定は、占有の有無の判断において、意識して置いたか否かを重視しているといってよい。そして「27mしか離れていない場所まで歩いて行った時点であった」という、原審が判示していなかった事実を記録により認定し、そのような事実関係の下では、その時点において、Aが被害品のことを一時的に失念したまま現場から立ち去りつつあったことを考慮しても、Aの被害品に対する占有はなお失われていなかったとして、窃盗罪の成立を認めている（上田・後掲参考文献参照）。その意味で、占有継続の有無の判断にあたり時間的・場所的近接性を重視しているといってよいであろう。原審は、Aが被害品を取り戻すまでの事情を細かに検討しているが、重要なのは、領得行為実行時にAの占有の侵害が認められるか否かである（最判昭和32年では、証拠上、領得行為実行時点が確定できなかったという事情がある）。本件では、時間的にも置き忘れてからせいぜい数十秒が経過した程度であったと考えられるので、従来の判例の流れからいっても、当然の結論といってよいであろう。

●**参考文献**●　園田寿・平16年度重判163、上田哲・判解平16年度354、池田耕平・研修527-19

162 占有の意義(2)—封緘物

東京高判昭和59年10月30日 (刑月16巻9＝10号679頁・判時1147号160頁)　　参照条文　刑法235条、252条

> 預かった鞄の上蓋を開け中の現金を抜き取る行為は窃盗罪か横領罪か。

●**事実**●　新聞販売所の住み込み従業員であった被告人Xは、同販売所の食堂で、同僚Aが夕食のため近くの弁当屋に弁当を買いに行って帰るまでの間、Aの集金鞄（施錠されていないが、上蓋が閉まりその留め金が掛けてあった）を預かったが、Aが外出するや間もなく同集金鞄の上蓋を開け、在中現金のうちの17万円余りを抜き取り持ち逃げした。

原審は、これを窃盗と認定したが、弁護人は、同金員はXの現実的支配下にあったものであり、横領罪をもって処断されるべきものとして控訴した。

●**判旨**●　控訴棄却。「Xは、Aから施錠されていない集金かばんを預かったものであって、その在中物である現金に対してXの事実上の支配がある程度及んでいたことは否定しえないとしても、Xは、Aから右集金かばんを前記のように僅か二百数十m離れた店に弁当を買いに行って帰るまでの約30分の間、同人が自由に出入りする場所で看視するとの趣旨で預かったものであり、また、右集金かばんは、施錠されていなかったとはいえ、上蓋の止め金はかけられていて、Xがその在中物を取り出すことは許されていたものではないことにかんがみると、Xが右現金に対し排他的な事実上の支配をしていたものとは到底認めることはできず、Aにおいてなお右現金につき実質的な**事実的支配**を有していたものと認められる。したがって、Xが右集金かばんから現金を抜き取りこれをもって同専売所から逃走した行為は、Aの右現金に対する占有を侵害しこれを窃取したというべきことが明らかである」る。

●**解説**●　1　財物を包装したり封筒・容器等に入れて封印・施錠した物を委託された者が中身のみを領得する行為は窃盗罪であろうか、それとも委託物横領罪なのであろうか。判例は一貫してこれを窃盗罪とする。

2　占有の帰属に関しては、上下・主従の関係がしばしば問題となる。たとえば、売り場の店員が売り場の物を領得する行為の場合、店員に占有があれば横領となり、店主の占有が及んでいるとすれば窃盗となるが、判例・学説ともに占有は店主にあるとして窃盗の成立を認める。鉄道の車掌が乗務中の貨物列車から荷物を領得した場合

や、倉庫係員が在庫品を領得した場合にも窃盗罪の成立を認め、学説もそれを支持している。つまり、車掌や倉庫係員は事実上支配していなかったとされたわけで、占有概念は実はかなり抽象化している面がある。

3　また、旅館に宿泊して旅館の丹前等を着たまま外出した場合でも、丹前の占有は旅館に残っているとした判例もある（最決昭31・1・19刑集10-1-67）。微妙な事案だと思われるが、ここで奪取者と被害者のいずれがより強い事実支配を及ぼしているのかという点は、必ずしも重要ではないことに着目する必要がある。あくまで、被害者たる旅館の物に対する支配が窃盗罪として保護に値する程度のものか否かを問題にすべきである。そうだとすれば、窃盗罪を認めた結論は首肯できるし、図書館で館内閲覧で借り出した本を持って逃げる行為を窃盗罪とすることも妥当であるといえよう。

4　そして、郵便を運搬する局員が、封印してある郵便嚢の封印を破棄して中の郵便物を奪った事案（大判明44・12・15刑録17-2190）、縄を掛けた行李を預かった者が、その中から衣類をとった事案（最決昭32・4・25刑集11-4-1427）も窃盗だとされる。**封印等が存在する以上、中身については委託者に占有が残るとするわけである**。そして、**封を破らずに委託物全体を領得する行為は「自己の占有する他人の物」の領得であり横領罪となるとする**。本判決は、これらの判例を踏襲したものである。

5　この結論に対しては、全体をそのまま領得すれば5年以下の懲役の横領罪になり、内容物を抜き取れば10年以下の窃盗罪となるのは奇妙であるとの批判が強い。そこで、この不合理を回避するため、①内容物も含めすべて受託者が占有するとし、内容物のみ奪う行為も横領とする説と、②逆にすべて委託者に占有が残るとして、包装物全体を領得しても窃盗であるという説が主張された。

しかし、店の主人の商品に対する占有や旅館の丹前に対する占有の広さを認める以上、鍵を掛けて預けた場合には中身の占有は預けた者にあるといわざるをえない。逆に鞄なり行李を委託した以上、その物自体の領得は横領罪とする以外にはない。このような処理は、10年以下の懲役を科しうる業務上横領が広く適用される現実も考え合わせれば、具体的に不合理な結論を導くものとはいえない。預かった鞄を領得するのは横領であるが、預かった鞄をこじ開ける行為は「鍵を破る」という占有侵害を伴って中身を奪う行為として、窃盗と解すべきである。

●**参考文献**●　平山幹子・[百]各8版56、中山研一・法セ31-3-68

163　死者の占有

最2小判昭和41年4月8日（刑集20巻4号207頁・判時447号97頁）　　　参照条文　刑法235条、254条

自ら殺した被害者の腕から腕時計をもぎ取る行為は窃盗罪を構成するか。

●事実●　被告人Xは、昭和38年6月22日夜10時ころ、貨物自動車を運転中に見かけたA女を強いて姦淫しようと企て、家まで送ってやると欺き自車に同乗させてしばらく走行した後、周囲に人家の見られない草地内に引っ張り込んで強姦した。その直後、犯行の発覚と執行猶予の取消しを恐れてAを絞殺し、ついで各犯行隠蔽のため穴を掘って死体を埋めたが、その際、Aの腕に腕時計がはめられているのを見て、領得の意思を生じ、これをもぎ取った。

第1審・原審とも、強姦、殺人、死体遺棄のほかに腕時計奪取の点について窃盗罪の成立を認めたのに対して、弁護人は、腕時計奪取の点は占有離脱物横領罪にあたるにすぎないとして上告した。

●判旨●　上告棄却。「Xは、当初から財物を領得する意思は有していなかったが、野外において、人を殺害した後、領得の意思を生じ、右犯行直後、その現場において、Aが身につけていた時計を奪取したのであって、このような場合には、Aが生前有していた**財物の所持はその死亡直後においてもなお継続して保護するのが法の目的にかなうもの**というべきである。そうすると、Aからその財物の占有を離脱させた自己の行為を利用して右財物を奪取した一連のXの行為は、これを全体的に考察して、他人の財物に対する所持を侵害したものというべきであるから、右奪取行為は、占有離脱物横領ではなく、窃盗罪を構成するものと解するのが相当である」。

●解説●　1　人が死ねば財物に事実上の支配を及ぼしえず、常識的には死者には占有はない。そうだとすれば、占有者の死後財物を奪う行為は、せいぜい占有離脱物横領罪に該当するのみである。ただ、このような場合にも窃盗罪の成立する余地はありうる。窃盗罪の成否が、実際上最も争われてきたのは、被害者を殺害した後に財物奪取の意思が生じて奪った場合である。

2　この場合には、殺人罪に加えて(a)**占有離脱物横領罪**が成立するとする説、(b)**窃盗成立説**、(c)**強盗成立説**が対立する。そしてさらに、窃盗説は、(b)(イ)**全体として観察して死亡直後には生前の占有が保護される**という説と、(b)(ロ)**死者の占有それ自体を保護する**という説とに分かれる。そして強盗説は、「自己の殺害行為によって生じた被害者が抵抗不能となった状態を利用して所持品を奪取したものであるから強盗罪」であるとする。

3　最高裁は(b)(イ)**生前占有保護説**を採用している。被害者が殺害されるのを物陰から見ていた第三者が死体の傍らの財物を奪った場合は、占有離脱横領にすぎないが、自己の殺害行為を利用して奪っている場合には窃盗になると考えるのである。

ここでは、(b)(ロ)**死亡直後は生前の占有はなお保護すべきだ**としており、その結果、「死亡直後」をどう解するかが重要な問題となってくる。

4　「死亡直後」の解釈につき、被害者を殺害後3ないし86時間経過後に被害者の室内から財物を奪った行為を窃盗とした判例も存する（東京高判昭39・6・8高刑17-5-446）。しかし、9時間後に殺害現場の室内に戻って財物を持ち去る行為を、殺害とは別の機会で、死亡後「直ちに」とはいえないとして窃盗にあたらないとしたもの（東京地判昭37・12・3判時323-33）や、さらに被害者殺害後4ないし8時間経過後では占有離脱物横領でしかないとする判例（盛岡地判昭44・4・16判時582-110）もあり、その限界は微妙である。

5　たしかに、窃盗の成立を認めるならば、(b)(イ)説が妥当である。なぜなら、(b)(ロ)説のように、死者に占有があると言い切ってしまうと、死後何時間経っても窃盗罪の成立を認めざるをえず、不合理だからである。ただ、理論的には生前の占有を死後に保護するということを正面から広く認めることにも苦しい面がある。やはり例外として、生前に奪ったと同視できる場合にのみ、窃盗罪を認めるべきであろう。殴ったら気絶して、その後に財物を奪う意思が生じた場合は、窃盗ないしは強盗と解されることとのバランスからいって、被害者が死亡してごくごく直後の場合に、まだ生々しい死体から奪うのは窃盗としてよい。殺人の客体としての「人」が生きているか否かの判断と、窃盗や強盗の客体の「財物」に人の支配が及んでいるか否かの判断では、「死」の評価に微妙なズレが生じうるのである。

6　東京地判平成10年6月5日（判タ1008-277）は、強盗殺人罪の犯人が被害者を殺害した約4日後に、殺害現場とは別の、生前と同様の平穏な管理状態が保たれた施錠されている被害者の居室において、別個の新たな財物取得の犯意に基づいて金庫を持ち出した事案に関し、殺害の翌日に居室を物色して発見したが重くて運び出せずにいた耐火金庫を他者に依頼して運び出した以上、金庫についても被害者の占有が及んでいたとした。「殺害の現場とは全く別の、被害者の生前と何ら変わらない平穏な管理状態が維持され、施錠されている居室において財物を取る場合には、その外形的行為を客観的に観察する限り窃盗行為と何ら区別できないのであり、このような場合には、単に殺害の現場ないしその付近で財物を取得した場合とは異なり、場所的接着性はそれほど問題とならず、また、時間的な接着性についても相当程度緩やかに解するのが相当であり、本件程度の時間的接着性があるもとでは、窃盗罪として保護されるべき被害者の占有はなお存するものと認めるのが相当である」としているのが参考となる。

●参考文献●　海老原震一・判解昭41年度36、萩原玉味・回各2版62、小島陽介・回各8版60

164 窃取行為の意義(1)―「体感器」の使用

最2小決平成19年4月13日（刑集61巻3号340頁・判時1982号160頁）　参照条文　刑法235条

メダルの不正取得を目的として、電子機器を身体に装着してパチスロ機で遊戯する行為は、同機器がパチスロ機に直接には不正の工作ないし影響を与えないものであっても、窃盗罪の実行行為にあたるか。

●事実● 被告人Xは、その内蔵する電子回路の有する乱数周期を使用して大当たりを連続して発生する場合を抽選するパチスロ機「甲」からメダルを不正に取得しようと、その乱数周期をパチスロ機の乱数周期と同期させることによって、大当たりを連続して発生させる絵柄をそろえるための回胴停止ボタンの押し順を判定することができる機能を有する「体感器」と称する電子機器を身体に装着し、A店のパチスロ機「甲」55番台でパチスロ遊戯を行い、本体感器を用いて大当たりを連続して発生させる絵柄をそろえることに成功するなどし、合計約1524枚のメダルを取得したという窃盗の事案である。

なお、A店では不正なパチスロ遊戯を行うために使用されるいわゆる体感器のような特殊機器の店内への持込みを許しておらず、もとより体感器を用いた遊戯も禁止して、その旨を店内に掲示するなどして客に告知しており、Xもこのことを認識していた。

Xは、本件体感器を使用することは窃盗罪の構成要件に該当しないし、メダル1500枚余りにつき、本件体感器を使用して出したものかどうか明らかでないなどと争ったが、原審は、本件体感器が、パチスロ機に直接干渉して誤作動を起こさせないものであっても、体感器を使わない場合に比べ極めて高い確率で当選に至ることが可能であり、体感器を使用して大当たりを連続させることは、まさに不正な方法によりメダルの占有を取得するものであるとし、その使用とメダル取得との間に因果関係があることも明らかであるとしてメダル全部につき窃盗罪の成立を認めた。Xは上告に際しても、控訴審とほぼ同様の主張を行った。

●決定要旨● 最高裁は上告を棄却しつつ、職権で、以下のように判示した。「本件機器がパチスロ機に直接には不正の工作ないし影響を与えないものであるとしても、専らメダルの不正取得を目的として上記のような機能を有する本件機器を使用する意図のもと、これを身体に装着し不正取得の機会をうかがいながらパチスロ機で遊戯すること自体、通常の遊戯方法の範囲を逸脱するものであり、パチスロ機を設置している店舗がおよそそのような態様による遊戯を許容していないことは明らかである。そうすると、Xが本件パチスロ機『甲』55番台で取得したメダルについては、それが本件機器の操作の結果取得されたものであるか否かを問わず、被害店舗のメダル管理者の意思に反してその占有を侵害し自己の占有に移したものというべきである。したがって、Xの取得したメダル約1524枚につき窃盗罪の成立を認めた原判断は、正当であ

る」。

●解説● 1 パチスロとは、メダル投入口にメダルを入れ、絵柄の付いた3つのドラムを、スタートレバーを叩いて回転させ、その後それぞれのドラムをストップボタンを押して止め、そろった絵柄によって一定枚数のメダルが払い戻されるというものであるが、本件パチスロ機では、大当たりのゲーム中に、特定の絵柄を8回連続してそろえると、再び大当たりが出るようになっていた。本件体感器は、パチスロ機自体に不正な影響は及ぼさないものの、体感器に内蔵された電子回路を用いて、大当たりを続発させるストップボタンの押し順を解明し使用者に教えるという機能を有するものであった。

2 「窃取」とは、**財物の占有者の意思に反して、その占有を占有者から離脱させて自己または第三者の占有下に移すことである。**「意思に反する占有侵害」も、結局は、国民一般の視点から、類型化されなければならない。

3 本件では、被害を受けたパチンコ店が、体感器などの電子機器を使用した遊戯を禁止する旨を店内に掲示するとともにパチスロ機にも表示してこれを明確にしていた。しかも本件体感器を用いれば、通常ではありえない大当たりが続発することになるので、パチンコ店を営業する者にとってはもちろん、一般人からみても、**類型的に許容されないメダル取得行為であることは争いない**であろう。したがって、パチスロ機に直接には不正の工作ないし影響を与えないとしても、本件行為は「窃取」にあたるといえよう。

4 さらに最高裁は、**もっぱらメダルの不正取得を目的として体感器を使用する意図の下、これを身体に装着してパチスロ機で遊戯し取得したメダルについては、それが体感器の操作の結果取得されたものであるか否かを問わず、そのすべてについて窃盗罪が成立すると判断した。**

5 体感器の操作の結果取得したわけではないメダルも窃取された財物となるのであろうか。この点、体感器の操作を含む「占有者の意思に反した一連のメダル獲得行為」の一部に、体感器操作とは関係ないものが含まれていても、全体として、不正遊戯行為による取得メダルと評価しうることは問題ないであろう。

体感器を装着したものの、一切使用はしなかったような場合は、処罰に値する窃取行為が欠けるといえなくはないが、一時でも使用したことが認定できれば、不正なパチスロ機の使用という「占有者の意思」に基づかない窃取行為から、財物を得たといえる。そもそも、体感器自体もっぱら不正なメダル取得のためにのみ使用される電子機器であり、体感器を装着し機会を窺いながらパチスロ機で遊戯すること自体、本件パチンコ店がそれと知ったならば、そのままパチスロ台の席に座らせて遊戯を続けさせることはないものといえよう。

● 参考文献 ● 入江猛・判解平19年度132、林幹人・J1402-147、内田幸隆・平19年度重判177、江口和伸・研修709-23

165　窃取行為の意義(2)─既遂時期

東京高判平成21年12月22日（判タ1333号282頁）　　参照条文　刑法243条、43条本文

> 窃取する意図で、大型店舗家電売り場のテレビをレジで精算せずにトイレ内の洗面台下部の扉が付いた収納棚の中に入れた行為は窃盗既遂罪を構成するか。

●**事実**●　被告人Xは、大型店舗3階の家電売り場に陳列してあったテレビ（幅47cm・高さ40cm・奥行17cm・19インチ相当）を盗むために買い物カート上のかごに入れ、レジで精算せずに買い物カートを押したまま同店舗3階北東側にある男性用トイレに入り、トイレ内の洗面台下部に設置されている扉が付いた収納棚の中に本件テレビを隠し入れた。

その後、Xの言動に不審を感じた店員からの連絡で警備員が、Xが大きな紙袋を購入して精算をしている3階のレジに臨場し、Xがその紙袋を持ってトイレに向かったので、その後ろについてトイレに入り、本件テレビを発見した。

原審が窃盗既遂罪の成立を認めたのに対し、弁護側が未遂にとどまるとして控訴した。

●**判旨**●　控訴棄却。「Xは、本件テレビをトイレの収納棚に隠し入れた時点で、被害者である本件店舗関係者が把握困難な場所に本件テレビを移動させたのであり、しかも……Xが袋を買う際に不審を抱かれなければ、これを店外に運び出すことが十分可能な状態に置いたのであるから、本件テレビを被害者の支配内から自己の支配内に移したということができ、本件窃盗を既遂と認めた原判決は正当であって、原判決に事実の誤認はない。

所論は、本件店舗は7階建ての大型店舗であり、警備員が複数名配置され、監視カメラによる監視も行われていたことや本件テレビの大きさに照らせば、Xが店の従業員らに怪しまれずに本件テレビを店外に持ち出すことは困難または不可能であるから、Xが本件テレビを本件店舗内のトイレに設置された収納棚に隠しただけで、店外に搬出していない時点では、未だ本件店舗の占有を排除して自己の支配下に置いたとはいえない、という。

しかし、上記認定のとおり、Xが袋を購入する際の言動に不審を感じた店員の機転がなければ、Xは購入した袋に本件テレビを隠し入れて店外に持ち出すことが十分可能であったといえ、……自己の支配内に移したといえる」として、窃盗既遂罪の成立を認めた。

●**解説**●　1　窃盗の既遂時期については、判例では、自己の事実支配下に移したか否かを問題とする取得説によって判断されている。ただ、そもそも被害者が占有を失っているのか疑わしい場合が多い。本件のように、まだ被害店内のトイレ内に置いていた場合、窃盗の既遂となしうるのであろうか。

2　この点、判例の中には、かなり早い段階で既遂を認めるものが見られる。たとえば、他人の家の浴室内で

取得した指輪を後で取りに戻ろうと浴室の隙間に隠した時点で既遂を認めたものがある（大判大12・7・3刑集2-624）。これに対し、万引しようとショーウィンドーの指輪台から取り自己の手の中に入れたが、気付かれたと思いショーウィンドーの中に落として逃げた場合は、手中に入れても被害者の支配を侵害しておらず、自己の事実支配内に移していないとしたものがある（大阪高判昭60・4・12判時1156-159）。支配した時間があまりに短かったという点も、重要な意味を持ったと思われる。

3　侵入窃盗については、財物を屋外に運び出す必要はなく、荷造りして出口の方へ運べば既遂とされ（東京高判昭27・12・11高刑5-12-2283）、また商店の万引についても、商品（靴下）を懐中に収めたときは店外に出さなくても事実上の支配を得たとされている（大判大12・4・9刑集2-330）。このように、被害者の支配状態を完全に脱却する必要はなく、それをほぼ確実なものとした時点で既遂を認めるのである。

4　比較的新しい判例としては、**東京高判平成4年10月28日**（判タ823-252）が、小物35点をスーパーの買い物かごに入れ、店員の監視の隙を見て、レジを通過することなく買い物かごをレジ脇から、レジ外側に持ち出し、カウンター上に置いて、店備付けのビニール袋に商品を移そうとしたところで、店員に取り押さえられた事案について、レジで代金を支払わずに、その外側に商品を持ち出した時点で、商品の占有は被告人に帰属し、窃盗は既遂に達するとしている。そしてその理由を、「買物かごに商品を入れた犯人がレジを通過することなくその外側に出たときは、代金を支払ってレジの外側へ出た一般の買物客と外観上区別がつかなくなり、犯人が最終的に商品を取得する蓋然性が飛躍的に増大すると考えられるからである」としている。スーパーマーケット等における代金支払方法、商品の取扱い方などを前提とすれば、占有取得を認めたのは妥当である。

5　このほか、東京高判昭和63年4月21日（判時1280-161）が、深夜、エンジンをかけたままの乗用車に仲間を待機させ、道路から出入り自由な駐車場内に駐車中の乗用車からタイヤ4本を取り外し、そのうちの2本を抱えて駐車場出入口の方へ向かおうとしたところで被害者に発見され、タイヤを放置してそのまま逃げ去った事案につき、「タイヤ4本を完全に手中に収めることができなかったとはいえ、これを被害者の支配内から自己の支配内に移していたものということができる」と判示している。

また、フェンスで囲まれた工事現場内の自動販売機から硬貨ホルダーを外して立ち去ろうとしたところ、侵入時から気付いていた警備員が一部の出入口に施錠した上110番通報し、その結果駆けつけた警察官に現行犯逮捕されたという事案に関し、東京高判平成5年2月25日（判タ823-254）は、容易に脱出は可能であったとして窃盗の既遂を認めている。

●**参考文献**●　石渡聖名雄・研修763-15、山崎耕史・警論64-9-183

166 「狂言強盗」の擬律判断

神戸地姫路支判平成26年9月16日（LLI/DB：L06950465）　　参照条文　刑法130条、235条

> 他の共犯者とともに、被告人が被害者役となって強盗を自作自演し、被告人の勤務先に関連する財物を奪取するという、いわゆる狂言強盗の擬律判断の方法。

●**事実**●　警備会社の警備員であった被告人 X は、多額の借金の返済に窮した結果、被害現場の警備状況など職務上知り得た情報を悪用して金員を奪取することを考えた。

そこで、X は、①C が看守する建物に侵入し、C が管理する通帳等 8 点在中の金庫 1 個を窃取し、②インターネットを通じて共犯者を募り、これに応じた公判分離前相被告人 Y、および Y が誘い入れた同 Z と共謀のうえ、D 方に侵入し、D が所有・管理する現金や手提げ鞄を窃取した。

また、③X は、前記 Y および Z とともに、同じく X の勤務先の警備会社が警備を担当していた金融機関 J 協同組合 N 支店 B コーナーの ATM を狙って、X が被害者役となり、2 人組の強盗に ATM 内の現金を奪われたように振る舞う、いわゆる狂言強盗を行うこととし、同支店支店長 E が看守する B コーナーに従業員用出入口から施錠を外して、X、Y および Z が侵入し、同所において、金融機関 H 協同組合連合会代表理事 F が管理する現金2112万1000円を窃取した（なお、本件の報道によれば、その際には、あらかじめの打ち合わせどおりに、Y および Z において、X にスタンガンを当て、X を縛るなどして強盗を装ったとされている）。そして、X は、Y と同程度であり、Z に比べれば格段に多い770万円ないし780万円を、分け前として受け取った。

さらに、④X は、③により得た犯罪収益の帰属を仮装するため、X が管理する I 名義の銀行口座に、前記犯罪行為により得た犯罪収益のうち合計487万3000円を預け入れ、もって犯罪収益等の取得につき事実を仮装した。

X は、以上の①ないし④の事実につき、建造物侵入、窃盗、組織的犯罪処罰法違反などで起訴された。

●**判旨**●　神戸地裁姫路支部は、上記③の事実について、X は、分離前相被告人 Y および同 Z と「共謀の上、金員窃取の目的で、平成26年1月9日午前3時4分頃から同日午前3時35分頃までの間、J 協同組合 N 支店支店長 E が看守する兵庫県 H 市に所在する J 協同組合 N 支店 B コーナーに従業員用出入口から施錠を外して侵入した上、その頃、同所において、H 協同組合連合会代表理事 F が管理する現金2112万1000円を窃取し」たという事実に関して、建造物侵入、窃盗についての Y および Z との共同正犯の成立を認め、有罪とされた他の事実とともに、X を懲役5年6月に処した。

●**解説**●　1　本事件では、警備会社の警備員であった X が、自らの担当する金融機関支店や住宅等の警備状況など職務上知りえた情報を悪用して金員を奪取したなどの4つの事実で有罪とされた事案である。

2　以上のうち、③の事実に関しては、X が、共犯者2名とともに、X が被害者となる「強盗事件」を自作自演し、現金約2100万円余りを領得し、分け前として、770万円ないし780万円を受け取ったという「狂言強盗」の事案である。

この事実に対する擬律判断を検討すると、まず、X らが、B コーナーに立ち入った行為が、建造物侵入罪に該当することは疑いない。これが、管理権者である支店長 E の意思に反した平穏を害する立入りであることは明らかだからである。

3　次に、財物奪取に関しては、まず被害財物の占有関係を認定する必要がある。

X は、たしかに B コーナーの ATM の現金の警備等を担当している。しかし、共同保管関係が上下の関係にある場合には、上位者との信頼関係に基づき下位者がある程度の処分権を有するような場合を除き、原則として上位者に占有が認められる（最判昭23・7・27刑集2-9-1004など）。

また、財産犯の客体たる財物の占有は、事実上の支配という現実的概念である。そのことから、(a)観念的存在である法人には事実上の支配が観念できないため、占有の主体は自然人に限るとする説と、(b)法人も、機関である代表者を通じて事実上の支配が可能であるから占有の主体になりうるとする説とがある。

本件判決では、金融機関 H（法人）の代表理事 F（自然人）の占有が認定されている。

4　そして、X に対しスタンガンを当てるなどした行為は、それ自体は反抗を抑圧しうる程度の暴行ではある。しかしながら、本件では、当該行為は強盗を装うために行ったものであり、財物奪取に向けられたものではない。また、X らには強取の故意もないため、強盗の実行行為とはいえない。それゆえ、強盗が成立する余地はない。

5　このような場合には、行為類型や占有の帰属先、行為者の認識などを勘案して、事案に即した形で、財産犯の成否を検討すべきことになる。

本件の X らの当該行為については、金融機関 H の代表理事 F が占有する現金に対する占有侵害が認められ、それは、窃取の共同正犯となる。本件でも、③事実に関する公訴事実は窃盗（および建造物侵入）であり、本件神戸地裁姫路支部も窃盗等の成立を認定している（「狂言強盗」に関しては、名古屋高判平12・12・13高検速報平12-178も参照）。

6　なお、仮に、本件に誘われた Z が、狂言強盗ではなく、X に対する暴行が本当の強盗であると信じていたのであれば、Z は強盗の故意で窃盗を行ったという抽象的事実の錯誤、およびそのような認識のない X・Y との間での共犯の錯誤が問題となる。また、被害者役を演じたのが、代表理事 F から業務上の委託信頼関係に基づき現金の管理を委ねられていた上位者（たとえば支店長 E）であり、その者に占有が認められるのであれば、業務上横領罪の成否と、委託信頼関係に基づく他人の財物の占有者ではない X・Y との間での共犯の錯誤が問題となりうる。

●**参考文献**●　佐藤道夫＝麻生光洋・大コメ⑫〈3版〉288、河上和雄＝高部道彦・大コメ⑫〈3版〉459

167　実行行為を行わない共同正犯者の得た財物と財産犯

最1小決平成21年6月29日（刑集63巻5号461頁・判時2071号159頁）　　　参照条文　刑法235条

> 窃取した財物と窃取したとはいえない財物とが混在している場合の窃盗罪の成立範囲。

●**事実**●　被告人XおよびYらは共謀の上、不正な行為によりパチスロ機からメダルを窃取する目的で、パチンコ店パチスロコーナーに侵入し、Yが、パチスロ機に針金を差し込んで誤作動させる不正行為（「ゴト行為」）によりメダルを盗み、Xは不正行為自体は行っていないものの、店内の防犯カメラや店員による監視からYの行為を隠蔽する目的で、いわゆる「壁役」として隣の台でパチスロを行い、犯行の発覚を防いだり、Yから、窃取したメダルを受け取るなどして、約30分間にわたってメダル486枚を窃取したという事案である。

第1審は、X・Yらは、パチンコ店店長の管理に係るメダル486枚を窃取したとした。原審も、Yの座っていた台の下皿にあったメダルは72枚、Xの手元のドル箱に入っていたメダルは414枚であって、ドル箱内のメダルの一部は、Xがゴト行為によらずにパチスロ台で遊戯して出したものであるとした上で、Xが、①隠蔽目的で隣の台でパチスロをしていたこと、②Xが出したメダルもゴト行為によるメダルと合わせて換金し、3等分して分配する予定であったことを認定し、壁役であるXの遊技行為も、本件犯行の一部となっており、被害店舗もそのメダル取得を容認していないことは明らかで、Xの出したメダルも本件窃盗の被害品といえるとして、486枚のメダル全部について窃盗罪の成立を認めた。

Xは、壁役といえども、正当な遊技行為で取得したメダルについては窃盗罪は成立しない等として上告した。

●**決定要旨**●　上告棄却。Yがゴト行為により取得したメダルについては、X・Yの共同正犯として窃盗罪が成立するものの、Xが自ら取得したメダルについては、「Yがゴト行為により取得したメダルについて窃盗罪が成立し、Xもその共同正犯であったということはできるものの、Xが自ら取得したメダルについては、**被害店舗が容認している通常の遊戯方法により取得したものであるから、窃盗罪が成立するとはいえない。**そうすると、Xが通常の遊戯方法により取得したメダルとYがゴト行為により取得したメダルとが混在した前記ドル箱内のメダル414枚全体について窃盗罪が成立するとした原判決は、窃盗罪における占有侵害に関する法令の解釈適用を誤り、ひいては事実を誤認したものであり、本件において窃盗罪が成立する範囲は、前記下皿内のメダル72枚のほか、前記ドル箱内のメダル414枚の一部にとどまるというべきである」と判示した。ただ、414枚のうちの相当数もYが窃取したものであったと認められること等から、刑訴法411条の適用は認められないとした。

●**解説**●　1　パチスロ機を誤作動させる行為は、管理する店長の意思に反してメダルの占有を取得するもので、窃盗罪を構成することは争いない（【164】参照）。そして、その窃取行為を、店内の防犯カメラや店員による監視から隠蔽して犯行を容易にする行為（壁役としてパチスロを行う行為）も、共謀に基づいて行われている以上、窃盗罪の共謀共同正犯となることは問題ない。

2　原審は、さらに進んで、Xが、Yから、窃取したメダルを受け取るなどして、約30分間にわたる通常の遊戯方法により取得した414枚のメダルについても、メダル管理者の意思に反して窃取したものであるとした。

それに対し、最高裁は、Xが自ら取得したメダルについては、被害店舗が容認している通常の遊戯方法により取得したものであるから、窃盗罪が成立するとはいえないとしたのである。

3　たしかに、Xの壁役としての行為は、当初の共謀の枠内のものであり、その行為から得られたものも、窃盗の共謀の射程内のものであるように見える。そして、【164】は、「パチスロ店は、体感器を身体に装着しパチスロ機で遊戯すること自体を許容していない」として、当該パチスロ機で取得したメダルについては、体感器の操作の結果取得されたものであるか否かを問わず、被害店舗のメダル管理者の意思に反してその占有を取得したものであるとして、窃盗罪の成立を認めている。

4　しかし、本件の場合は、個別の台に針金を差し込んで行う不正であり、Xが、通常の台で、通常の遊戯方法によって得たメダルは、店長の意思に反して取得したとはいいにくい。そこで、最高裁は、【164】と一見矛盾する判断を示したのである（この考え方は、権利者が債権額を超えて喝取した場合、全額について恐喝罪が成立し、相当対価を支払って騙取しても詐欺罪が成立するという判例の考え方と、必ずしも矛盾はしない）。

5　それでは、X・Yらは何枚のメダルを窃取したことになるのであろうか。この点に関して、下級審判例には、「窃取した財物と窃取したとはいえない財物とが区別困難な以上、その全体について窃盗罪の成立を認める」としたものがある（東京高判昭43・4・26判タ225-217等。なお、東京地判平3・9・17判タ784-264参照）。このような考え方によれば、本件においても、ドル箱内のメダルのすべてについて窃盗罪が成立することになる。しかし、本決定は、「Yの手元の72枚のほか、Xの手元の414枚の一部にとどまる」とした。窃取したものと窃取したとはいえないものとの区別が困難というだけで、全体について窃盗罪が成立するという説明は、説得性に乏しい面がある。だが、明確に区別できたもののみについてしか立件できないというのも、明らかに不合理である。それ故、本件最高裁も、「414枚のうちの相当数」について、窃盗罪の成立を認めたのである。

●**参考文献**●　三浦透・判解平21年度143、松原芳博・[囲]各8版62、林陽一・平21年度重判183、木村光江・研修746-3

168 内縁の配偶者と刑法244条1項

最2小決平成18年8月30日（刑集60巻6号479頁・判時1944号169頁）　　参照条文　刑法244条1項

刑法244条1項は、内縁の配偶者に適用または類推適用されるか。

●**事実**● 被告人Xは、約4か月の間に前後7回にわたり、同居中の内妻Aが自宅内のAの金庫に保管していた現金合計725万円を、Aが不在の間に、鍵の専門業者を呼んで金庫の鍵を開けさせるなどして窃取した。

Xは、刑法244条1項を根拠にXの刑は免除されるべきであると主張したが、第1審は、244条1項の法理としてXが主張するような解釈は採りえないとした。これに対し、原審は、理論的には内縁の関係にある者についても、親族相盗例の類推適用の余地はあるが、事例判断として本件への類推適用は否定するとして、Xの主張を排斥した。

Xが上告し、第1審・原審と同様、親族相盗例の適用をすべきと主張した。

●**決定要旨**● 上告棄却。「刑法244条1項は、刑の必要的免除を定めるものであって、免除を受ける者の範囲は明確に定める必要があることなどからして、内縁の配偶者に適用又は類推適用されることはないと解するのが相当である。したがって、本件に同条項の適用等をしなかった原判決の結論は正当として是認することができる」。

●**解説**● 1 配偶者、直系血族および同居の親族の間において窃盗罪と不動産侵奪罪（およびその未遂罪）を犯した者はその刑を免除し、その他の親族に関するときは親告罪とする。免除は必要的であり、適用されると、非常に大きな効果を有する（ただ、現実の刑事裁判で刑の免除が言い渡されることはほとんどない）。

この特例は他の財産犯にも準用される（251条、255条）。ただし**強盗罪および毀棄罪には準用されず**、盗品等の罪についても親族間の犯罪につき独自の規定が存する（257条）。

2 なお、「家庭内での処理に委ねる」という要請は、現代日本社会では、次第に弱まってきているように思われる。児童虐待やドメスティックバイオレンスに関し、公的機関・刑事司法が家庭内に入り込んで介入することが許される（要請される）ようになってきている。

3 本件で問題となった、内縁の配偶者に適用または類推適用されるかという点については、あまり議論がなされてこなかったといえよう（なお、下級審裁判例として、東京高判昭26・10・5高裁刑判特24-114、仙台高判昭27・1・23高裁刑判特22-91、大阪高判昭28・6・30高裁刑判特28-51、名古屋高判昭32・7・24高裁刑裁特4-14=15-372、大阪高判昭48・11・20高検速報昭49-3などが、適用・類推適用を否定して

いる）。

4 この点、民事法領域では、古くから、最高裁が、内縁を法律上の婚姻に準ずる関係と捉えるなどして、内縁の配偶者にも民法760条の類推適用を認めたり（最判昭33・4・11民集12-5-789）、内縁関係を破綻させた第三者に対する不法行為による損害賠償請求を認める（最判昭38・2・1民集17-1-160）などの解釈を採用してきた。しかし、民事で、法律上の配偶者に認められる権利等を内縁関係にまで広げて解釈している分野は、内縁の配偶者の権利保護ないし生活保護等の観点に基づくものが中心で、「法領域ごとの相対性」は当然考慮されなければならない。

5 本条1項が刑の免除を認める理由としては、親族間でも犯罪の成立は否定しえないが、**法律は家庭内に立ち入らない方が好ましい場合もある**として政策的に刑の免除を認めたとする(a)**一身的刑罰阻却事由説**が多数説である。これに対し(b)**犯罪不成立説**は、(イ)家庭内であれば共同利用関係が存し財産的侵害の程度が軽いので可罰的違法性を欠く（**不可罰的違法性阻却事由説**）とか、(ロ)家庭内では個人の特有財産の意識が薄く期待可能性が欠ける（**期待不可能説**）と説明する。

たしかに、親族間の場合の刑の免除は、違法性・有責性の減少と無関係ではないであろうが、政策的な理由を付加することなしには刑法244条は説明しえない。免除が有罪判決の一種であること、さらに3項が親族でない共犯者についての適用を排除していることも併せて考えるなら、一身的刑罰阻却事由と解さざるをえない。

6 一身的刑罰阻却事由説に立ち、最近の「法は家庭に入らず」という原則を制限する流れを勘案すると、免除の範囲を拡張することには慎重であるべきであるように思われる。

また、244条1項が財産犯の刑についてのものであるという点に着目すると、被害者の財産に対し相続権を有する法律上の配偶者と、相続権のない内縁の配偶者との間には、本論点に関して一線が引かれうるという点も考慮される必要があるとの指摘も、説得力を有するように思われる。

現代の夫婦・家庭関係の複雑化を前提に考えると、親族相盗例が適用ないし類推適用される内縁関係をどのような基準で認めるかについては、いわゆる重婚的内縁関係等も含め、かなり微妙で難しい問題があることも軽視できないように思われる。

「刑の免除」がほとんど機能していないという最近の現実も踏まえれば、最高裁の結論は妥当なものと考えられる。

●**参考文献**● 芦澤政治・判解平18年度328、林幹人・平18年度重判167、日髙義博・専修ロージャーナル3-33、親家和仁・研修707-17

169　家裁選任後見人と刑法244条1項

最1小決平成20年2月18日（刑集62巻2号37頁・判タ1265号159頁）　　参照条文　刑法244条1項、253条、255条

家庭裁判所から選任された未成年後見人が、業務上占有する未成年被後見人所有の財物を横領した場合、刑法244条1項を準用しうるか。

●**事実**●　被告人Xは家庭裁判所により、孫の未成年後見人に選任されていたが、Xの息子夫婦（被後見人とは別居、共同被告人）と共謀の上、後見の事務として業務上預かり保管中の孫の貯金合計1500万円余りを引き出して横領した事案で、業務上横領罪で起訴された。

Xは未成年被後見人の祖母であるから、刑法255条が準用する同法244条1項により刑を免除すべきであると主張したが、第1審・原審とも、親族相盗例の適用はないと判示した。Xは親族相盗例に基づく刑の免除を主張して上告した。

●**決定要旨**●　上告棄却。「刑法255条が準用する同法244条1項は、親族間の一定の財産犯罪については、国家が刑罰権の行使を差し控え、親族間の自律にゆだねる方が望ましいという政策的な考慮に基づき、その犯人の処罰につき特例を設けたにすぎず、その犯罪の成立を否定したものではない（最判昭25・12・12刑集4-12-2543参照）。一方、家庭裁判所から選任された未成年後見人は、未成年被後見人の財産を管理し、その財産に関する法律行為について未成年被後見人を代表するが（民法859条1項）、その権限の行使に当たっては、未成年被後見人と親族関係にあるか否かを問わず、善良な管理者の注意をもって事務を処理する義務を負い（同法869条、644条）、家庭裁判所の監督を受ける（同法863条）。また、家庭裁判所は、未成年後見人に不正な行為等後見の任務に適しない事由があるときは、職権でもこれを解任することができる（同法846条）。このように、民法上、未成年後見人は、未成年被後見人と親族関係にあるか否かの区別なく、等しく未成年被後見人のためにその財産を誠実に管理すべき法律上の義務を負っていることは明らかである。

そうすると、未成年後見人の後見の事務は公的性格を有するものであって、家庭裁判所から選任された未成年後見人が、業務上占有する未成年被後見人所有の財物を横領した場合に、上記のような趣旨で定められた刑法244条1項を準用して刑法上の処罰を免れるものと解する余地はないというべきである」。

●**解説**●　1　刑法244条1項が刑の免除を認める理由の中心には、親族間でも犯罪の成立は否定しえないが、法律は家庭内に立ち入らないという政策的判断が存在する。

ただ、本決定は、親族である後見人については、そのような考慮はないとした。

2　第1審判決は、「被後見人は後見人との間に直接の対等な信任関係が構築できないから、家庭裁判所がその間に入り、被後見人に代わって後見人との間の信任関係を構築して監督し、被後見人の財産の管理、処分等を委ねていると見ることができる。後見人は、被後見人との間の信任関係に代わるものとしての家庭裁判所との間の信任関係を裏切って横領行為に及んだものであるから、家庭裁判所という親族でない第三者を巻き込んだことが明らかな本件犯行について、親族相盗例を適用して刑罰権の行使を差し控えるべき余地はない」としている。たしかに、「法は家庭に入らず」という政策判断の前提として、犯人と財物の所有者・委託者との間にも「親族」という関係が必要とされるともいえよう。

3　原審判決も同様に、親族相盗例は、財産犯がもっぱら親族間の親族関係に基づく関係において行われた場合にのみ適用があるとした上で、①未成年者の後見人は、法により未成年者の財産管理の権限を賦与されるとともに、家庭裁判所の監督を受けるなどするのであって、②親族関係に基づきその財産管理を委託されているものではない以上、親族だからといって法益侵害の程度が低くなる理由も、また、犯罪への誘惑が高くなる理由もなく、政策的配慮をする必要性は実質的にもないとした。ただ、後見人でも「親族」である以上、親族相盗例の基礎にある違法・責任の減少が、存在しなくなるわけではないともいえる。

4　この点に関して、最高裁は、**後見事務の公的性格**を重視し、親族相盗例の適用を否定した。民法は、公的性格を有する未成年後見人の義務について、被後見人の親族であるか否かによって何ら区別していないのに、未成年後見人がその義務に反して財産犯罪を行った場合、親族である未成年後見人のみが刑を免除されるとすることは、民法の規定との整合性も欠くこととなるといえよう。そもそも、後見制度を基礎付けている公的性格の重要性は、「法は家庭に入らず」という政策を、明らかに超えるものといえよう。そして、**家庭の自律性**が弱まってきていることも見逃せない。

なお、最高裁のように公的性格を重視すると、「任意後見契約に関する法律」に基づく任意後見人には、本件の判断は、直ちには及ばないといえよう。

5　その後、**最決平成24年10月9日**（刑集66-10-981）は、成年被後見人の養父である成年後見人が、後見の事務として業務上預かり保管中の成年被後見人の預貯金を引き出して横領したという業務上横領の事案で、家裁から選任された成年後見人の後見の事務は公的性格を有するものであって、成年被後見人のためにその財産を誠実に管理すべき法律上の義務を負っているのであるから、成年後見人と成年被後見人との間に刑法244条1項を準用して刑法上の処罰を免除することができないことはもとより、その量刑にあたりこの関係を酌むべき事情として考慮するのも相当ではないとした。

●**参考文献**●　家令和典・判解平20年度28、前田・最新判例分析182、林幹人・平18年度重判167

170 親族相盗例と親族関係の必要範囲

最2小決平成6年7月19日（刑集48巻5号190頁・判時1507号169頁）　　参照条文　刑法235条、244条

刑法244条の親族関係は、財物の所持者と所有者との間に必要か。

●**事実**●　被告人Xは、再従兄弟の関係（6親等の血族）にあるA方において、駐車中の軽トラックの中から、Aの保管していたB株式会社（代表取締役K）所有の現金2万6000円を窃取した。

第1審はXを窃盗罪で有罪としたが、Xは、Aとの間に同居していない親族の関係があるので、刑法244条1項後段（現在の2項）の適用があり、本件は親告罪とすべきであるが、Aからの告訴がない以上公訴棄却とすべきであると主張し控訴した。

原審は、「窃盗罪においては、財物に対する占有のみならず、その背後にある所有権等の本権も保護の対象とされているというべきであるから、財物の占有者のみならず、その所有者も被害者として扱われるべきであり、したがって、刑法244条1項が適用されるには、窃盗犯人と財物の占有者及び所有者双方との間に同条項所定の親族関係のあることが必要であり、単に窃盗犯人と財物の占有者との間にのみ又は窃盗犯人と財物の所有者との間にのみ右親族関係があるにすぎない場合には、同条項は適用されないと解すべきである」として、控訴を棄却した。

Xは、最判昭和24年5月21日（刑集3-6-858）が、244条の親族相盗例の親族関係は犯人と占有者との間に存すれば足り、その物件の所有者との関係は問わないとしている等と主張して上告した。

●**決定要旨**●　上告棄却。「窃盗犯人が所有者以外の者の占有する財物を窃取した場合において、刑法244条1項が適用されるためには、同条1項所定の親族関係は、窃盗犯人と財物の占有者との間のみならず、所有者との間にも存することを要するものと解するのが相当であるから、これと同旨の見解に立ち、Xと財物の所有者との間に右の親族関係が認められない本件には、同条項後段は適用されないとした原判断は、正当である」。

●**解説**●　1　刑法244条1項は、直系血族、配偶者および同居の親族の間において、窃盗罪、不動産侵奪罪を犯した者は、その刑を免除し、同条2項はその他の親族の場合は告訴を待ってその罪を論ずると規定する。この「親族の間」の意義に関しては、犯人と被害財物の所有者との関係を指すのか、占有者との関係をいうのかをめぐって、戦後直後より判例における紆余曲折があり、学説上も議論が多い。

2　いわゆる親族関係の範囲については、244条1項の基本的理解が結論に大きく影響するといわれる。伝統的な見解は、刑の免除を一身的処罰阻却事由であるとし、「法は家庭に入らず」という政策的規定であると説明する。違法性または責任が減少、もしくは阻却されることにより、犯罪の成立自体が否定される趣旨であるとする見解（犯罪不成立説）も存在するが、政策的な処罰阻却事由説が優勢である。

たしかに、親族間の財産侵害について違法性ないし責任が減少するという側面が全くないとはいえない。ただ、刑の免除は有罪判決の一種であることは明らかであり、条文の構造上犯罪不成立説を採用することは困難である。その意味では、本決定のような2項の親族の場合にも、親告罪である以上、犯罪不成立説から説明することはより一層難しい。

3　親族相盗の身分関係は、(a)行為者と占有者との間、(b)行為者と所有者との間、(c)占有者・所有者双方との間のいずれに必要なのかをめぐり争いが存する。戦前の判例は、所有者・占有者両方との間に身分関係が必要としてきたが、戦後の所持説を徹底した時期に、親族関係は占有者と犯人との関係について必要だとするに至る（前掲最判24・5・21）。その後の下級審判例は、(a)説と(c)説の間で揺れ動いてきた。そして本決定が、(c)説を採用することを明示したのである。

4　多数説も、行為者と占有者・所有者両方との間に身分関係を要求してきた。財産犯の保護法益を所持および本権とする立場から主張されるとともに、所持説の立場からも支持されている。これに対し、親族関係は犯人と所有者との間にあれば足るとする見解、占有者との間に存すればよいとする見解、さらにいずれか一方と犯人とが親族であればよいとする見解も存在する。

5　財産犯の構成要件解釈として、所持の侵害を重視する以上、占有者との関係が重要となる。ただ、244条のような政策的な規定は、財産犯の保護法益論から演繹的に解釈しきれるものでもない。政策的な処罰阻却事由説に立つ以上、所持者・所有者両方との間に親族関係を要求することにより244条の適用を限定することも可能である。「所有権者を含めた全関与者が家庭内になければ、家庭内での処理に任せず、通常の刑事司法システムで処理すべきである」といえるからである。

6　ただ、(c)説の論拠として、保護法益論における本権説を強調するのは問題がある。判例も所持説を堅持しており、本決定も本権説の帰結として導かれたものでないことは明らかである。法は家庭に入らずという政策的考慮を限定的に解する流れの中で、所有者と占有者の双方が家庭内にいる場合についてのみ適用することになったといえよう。

●**参考文献**●　今崎幸彦・判解平6年度56、木村光江・都大法学会誌36-1-275、中山研一・判評430-69、高橋直哉・判時1543-249、川口浩一・囲各6版68

171　不動産侵奪罪の「侵奪」の意義

最2小判平成12年12月15日（刑集54巻9号923頁・判時1739号149頁）　　参照条文　刑法235条の2

> 公立公園予定地の一部に無権原で簡易建物を建築する行為は、不動産侵奪罪にあたるか。

●**事実**●　被告人Xは、Yと共謀の上、中古家庭電器製品等の売場として利用する目的で、平成8年12月中旬ころ、東京都に無断で都市所有の空き地に木造ビニールシート葺き平屋建簡易建物（建築面積約37m²）を建築し、さらに引き続いて、そのころ、同所において、同簡易建物の西端に接続して同様の簡易建物（建築面積約27.3m²）を増築した。

第1審が刑法235条の2の成立を認めたのに対しXが控訴したところ、原審は、検証が行われた平成9年8月時点における建物の性状は、土台として角材がそのまま地面の上に置かれ、その隅等に長さ約3mの角材が柱として立てられ、柱、屋根部分等が釘を用いて組み立てられていたにすぎず、屋根も多数の角材等の上にビニールシートを掛け、さらに、その上に平板を当てて柱等に固定するなどしたもので、周囲はビニールシート等で覆い、公園の金網フェンスに接する部分は、針金等で同フェンスに結びつけられており、居住設備はないと認定し、さらに起訴の対象となった平成8年12月中旬時点における本件建物の性状を示す的確な証拠はなく、検証時のそれより規模が小さく構造が強度でなかった可能性があるとし、さらに、都の本件土地の管理状況は比較的緩やかなものであり、本件簡易建物は居住目的のものでなく、占有排除および占有設定の意思、相手方に与えた損害、原状回復の困難性も、さほど大きいものとはいえなかったとして、検証時の本件簡易建物の性状を前提にしても、不動産侵奪罪にいう「侵奪」にあたらないとして無罪とした。検察側が上告。

●**判旨**●　最高裁は「刑法235条の2の不動産侵奪罪にいう『侵奪』とは、不法領得の意思をもって、不動産に対する他人の占有を排除し、これを自己又は第三者の占有に移すことをいうものである。そして、当該行為が侵奪行為に当たるかどうかは、具体的事案に応じて、不動産の種類、占有侵害の方法、態様、占有期間の長短、原状回復の難易、占有排除及び占有設定の意思の強弱、相手方に与えた損害の有無などを総合的に判断し、社会通念に従って決定すべきものであることは、原判決の摘示するとおりである」。ただ、検証が行われた平成9年8月1日当時の本件土地の状況を前提にしても「容易に倒壊しない骨組みを有するものとなっており、そのため、本件簡易建物により本件土地の有効利用は阻害され、その回復も決して容易なものではなかったということができる。加えて、Xらは、本件土地の所有者である東京都の職員の警告を無視して、本件簡易建物を構築し、相当期間退去要求にも応じなかったというのであるから、占有侵害の態様は高度で、占有排除及び占有設定の意思も強固であり、相手方に与えた損害も小さくなかったと認められる。そして、Xらは、本件土地につき何ら権原がないのに、右行為を行ったのであるから、本件土地は、遅くとも、右検証時までには、Xらによって侵奪されていたものというべきである」とし、検証時における本件土地の占有状態によってもなお侵奪があったとはいえないとして無罪とした原審には法解釈の誤りおよび審理不尽の違法があるとし、原判決を破棄し差し戻した。

●**解説**●　1　不動産侵奪罪における侵奪とは、不法領得の意思をもって、他人の不動産につきその占有を排除し、自己または第三者の占有を設定することである。

本判決は、侵奪に関し「不動産の種類、占有侵害の方法、態様、占有期間の長短、原状回復の難易、占有排除及び占有設定の意思の強弱、相手方に与えた損害の有無などを総合的に判断し、社会通念に従って」決定する旨判示した。すでに下級審では用いられてきたが、判例として確立した意義は大きい。

2　ただ、その具体的適用は微妙である。占有侵害の態様が高度か、占有排除・占有設定意思が強固か、解体業者6名で1時間で解体撤去された（費用26万円）ことを「回復が容易でないもの」と解するか否か等々、全く同じ基準で同一の事実を前提にしているにもかかわらず、東京高裁と最高裁で評価が全く逆のものとなったのである。

その意味で、本判決の示した基準の具体的適用例として、「本件事案が侵奪に該当する」という判断こそが重要な意味を持つといえよう。

3　最高裁は、同日にもう1件不動産侵奪罪の成否に関する判断を示している。使用貸借の目的とされた土地の無断転借人が引渡しを受けた土地上の簡易施設を改造し本格的店舗を構築したことが不動産侵奪罪にあたるとした（最決平成12・12・15刑集54-9-1049）。鉄パイプをアスファルト面に穴を開けて差し込みトタンの波板とビニールシートで作られた仮設の店舗であったものを、鉄パイプを埋設してセメントで固定し、上部の鉄パイプを溶接し、内壁・床面・天井を有し、シャワーや便器を設置した8個の個室からなる本格的店舗に増築したもので、解体・撤去の困難さも格段に増加していた以上、本件土地に対する占有を新たに排除したものというべきであると判示した。この行為が「侵奪」にあたる点については、異論は少ないと考えられる。

● **参考文献** ●　福崎伸一郎・判解平12年度264、成瀬克典・
J1241-108

172 強盗罪の手段としての暴行・脅迫

福岡高判昭和63年1月28日（判時1269号155頁）　　　参照条文　刑法236条、249条

強盗罪と恐喝罪の限界。

●事実●　右翼団体に属する被告人Xは、女性関係をめぐるもめごとで被害者Aを痛めつけ、また因縁を付けて金員を奪取しようと考え、同じ団体のY・Zとともに、Aを自動車で人里離れた場所に連れ出し、模造刀を突きつけたり、顔面や腹部を殴ったり蹴ったりし、「叩き殺す」等といって脅し、「金で勘弁してくれ」と哀願するAに対し、250万円分の借用書を書かせた上、現金50万円を支払わせることにし、見張りつつ自宅に通帳を取りに帰らせ、銀行付近の駐車場まで同行して、預金40万円を引き出させ、駐車場で受領したが、Xらによる一連の暴行で、Aは加療約5日間を要する顔面打撲等の傷害を負った。原審はAを自宅に帰らせるなどしている状況から、反抗を完全に抑圧したとはいえず、恐喝罪と傷害罪が成立するとしたが、控訴審である福岡高裁判決は強盗致傷罪の成立を認めた。

●判旨●　破棄自判。「強盗罪にいう暴行、脅迫は、当該暴行、脅迫がその性質上社会通念により客観的に判断して相手方の反抗を抑圧するに足りると認められることを要し、かつそれで足りるものであり、**反抗の抑圧とは被害者側が完全に反抗の能力を失うことあるいは抵抗の意思を完全に喪失することを必要としない**と解されるところ、前記認定の事実、とりわけ、Aに加えられた暴行、脅迫の態様、過程、同人の畏怖状況並びに金員の調達及び交付状況等に照らすと、金員調達の過程においてもAがXらに反抗して財物奪取を免れる余地はなく、本件一連の暴行、脅迫が金員調達過程も含めAの反抗を抑圧するに足りるものであったことは否定できない」。

●解説●　1　強取といえるためには暴行ないしは脅迫が用いられる必要がある。暴行とは、不法な有形力の行使であり、脅迫とは、恐怖心を生ぜしめる害悪の告知であるが、強盗の手段としてのそれは、**相手の反抗を抑圧する程度に強度のものに限る**（最判昭24・2・8刑集3-2-75）。これに至らない程度の脅迫により交付させた場合は恐喝罪となる。もちろん、強盗の場合、外形上は被害者が財物を「差し出す」ことが多いが、これは意思に基づく交付ではなく、あくまで相手の意思に反して奪うのである。

2　なお、ぶつかりざまの単純なひったくりは窃盗であるが、自動車やオートバイ等を利用して走りながら奪う場合には、手放さなければ生命・身体に重大な危険をもたらすおそれのある暴行を用いており、**強盗となりうる**ことに注意しなければならない（**最決昭和45年12月22日刑集24-13-1882**）。

3　そして、本判決は、暴行・脅迫を受けた後、自宅に立ち戻り預金通帳を持ち出し銀行で現金の払戻しを受けて交付しても、強盗罪の成立を認めうるとした。

理論的な説明では、意思に反して奪う強盗罪と、相手が畏怖して交付する恐喝罪との区別は容易であるが、現実には両罪の限界が、非常に微妙なのである。

4　東京高判昭和59年10月25日（判時1153-236）は、別れた元の妻の家に金銭を奪う目的で押しかけ、縛って骨折などの傷害を負わせた後に、タンスの中の金銭を奪った行為について、恐喝罪（と傷害罪の観念的競合）の成立を認めた。この場合には、刑法240条の法定刑が非常に重いことも影響しているが、「反抗の抑圧」という基準が曖昧で幅広い裁量を許容していることを示している。

5　この「相手の反抗を抑圧するに足る程度」の判断基準については、(a)**主観説**と(b)**客観説**（最判昭23・11・18刑集2-12-1614）が対立する。

(a)主観説は、被害者が玩具のピストルで現に反抗が抑圧され行為者がそのことを予見して行為していれば強盗罪が成立すると主張する。しかし、客観的に強盗の手段と呼びえない暴行・脅迫しか加えられていないのに強盗罪の成立を認めることは妥当でないと批判されている。

6　ただ、(b)客観説を採用して一般人を標準に判定するとしても、暴行・脅迫自体の強度・態様に加え、被害者の人数・性別・年齢・性格、さらには犯行の時刻・場所を考慮して、社会通念に従って具体的に判断されねばならない。

7　具体的には、包丁等を突きつけ「静かにせよ」と脅迫する場合はもとより、主人不在の家に押し入り玩具のピストルを突きつける場合は被害者が玩具と認識していても強盗と認められ（東京高判昭32・8・26高裁刑裁特4-16-416）、靴べらを突きつける行為も、白光りがして先端がとがっている以上反抗を抑圧するに足るとされている（東京高判昭41・9・12判タ200-166）。また、銀行で窓口業務に従事している女子行員に対して、暴行を加えることなく、凶器を持っているような素振りも見せずに、顔をにらみつけながら「金を出せ」というのも強盗たりうる（東京高判昭62・9・14判時1266-149。さらに大阪高判平8・3・7判タ937-266参照）。

8　一方、札幌地判平成4年12月18日（判タ817-218）が、荷物の配達を装ってB宅に赴き、玄関内の財物を奪おうとB（老女）の口を背後からふさいで、風除室から玄関まで押し込みBとともに転倒したが、Bの強い抵抗と家人の気配などから犯行を断念した事案につき、恐喝未遂にすぎないと判断している（さらに大阪高判平9・8・28判時1626-153、東京高判平6・5・16東高時報45-1=2-32参照）。

● 参考文献　京藤哲久『刑法の基本判例』96、前田雅英・警論47-9-199

173 強盗手段を用いたが、畏怖したにとどまった場合

大阪地判平成4年9月22日（判タ828号281頁）　　参照条文　刑法54条、236条、249条

盗みの目的で反抗を抑圧する程度の脅迫を加えたが、恐怖心を生じさせたにとどまった場合。

●事実● タクシー会社に運転手として勤務していた被告人Xが、強引に退職させられたこと等に憤激し、同社の売上金を強取しようと企て、売上金を押送する同社営業課長Aの運転する自動車に同乗し、途中、売上金の入ったビニール袋を摑んで奪い取ろうとしたところ、逆に奪い返されたため、所携の出刃包丁をAの脇腹に突きつけて、売上金を強取しようとしたが、Aが売上金の入ったビニール袋を摑んで離さなかったことから奪うことができず、そのうち、Aが、これ以上抵抗すればXから危害を加えられかねないと畏怖しているのに乗じ、同ビニール袋を持ち去った。

●判旨● 大阪地裁は、自動車を運転中のAに対し、助手席から出刃包丁をいきなり脇腹付近に突きつけ現金入りの袋を奪い取ろうとする行為が、強盗罪の実行行為にあたるとした上で、「Aは、Xの右行為により相当程度畏怖しながらも、これに屈することなく、売上金の入ったビニール袋を離さず、袋が破れてそのはずみで日報の集計表等が車外に飛び出すまでこれを確保し、袋が破れた際、売上金の入ったビニール袋は一時Xの手に移ったが、それも瞬時のことで、Xは、Aから『拾って来い』と命じられ、即座にこのビニール袋を助手席において下車した事実が認められ、このような状況からすれば、この時点でも売上金は未だ強取されるに至っていないものと評すべきである」とし、最終的に、Aが畏怖しているのに乗じて、売上金の入ったビニール袋を持ち去った点に関しては、「Aが売上金を持ち去ることに抵抗しなかったのは、Xの先の脅迫行為により、その意思を制圧され、反抗を抑圧されていたためとまでは認めがたく、従って、強盗罪について既遂を認めることはできないが、当時、Aが……これ以上Xの要求を拒否して抵抗すれば何らかの危害を加えられかねないと畏怖していたことは明らかであり、そのため、不本意ながらもXの持ち去りを黙認して交付したものと認められる。……そして、Xは、右ビニール袋を持ち去るに際して、新たな脅迫行為にはでていないが、その時点でのAの畏怖は、それに先立ち、同じ財物に向けられた強盗行為としての脅迫によるものであるから、これに乗じて売上金を持ち去ったXの行為は恐喝罪を構成する」とし、強盗未遂罪と恐喝罪とは観念的競合の関係にあるとした。

●解説● 1 本件において、強盗手段が用いられているにもかかわらず恐喝罪の成立が認められるにいたった

のは、暴行・脅迫開始時と財物奪取時にかなり隔たりがある事案だったという点が強く影響している。そして、ビニール袋が破れて中身の一部が車外に飛び出したので、AはXに対し「拾って来い」と命じXがそれに一応は従ったことや、車には他者も同乗していたこと等を踏まえると、たしかに、包丁を突きつけて強盗に着手したが既遂に達せず、時間の経過した後に金銭を得た行為は、畏怖状態から得たもので、恐喝と解される。

2 これに対し、包丁を突きつけてすぐに畏怖したAから金銭を奪ったが、Aは反抗を抑圧されなかったという事案については説の対立が見られる。

Xは出刃包丁を突きつけており、強盗罪を構成する「反抗を抑圧するに足る暴行・脅迫」を行ったと解される。しかし、金銭の占有が奪われた時点では、Aは「反抗できないこともなかった」のであり、畏怖した結果持ち去るのを黙認したにすぎない。Aの反抗は抑圧されていなかったのだとすると、強盗罪が予定する因果経過の一部が欠けることになるのである。

3 強取といえるだけの暴行を加えたにもかかわらず相手が恐怖心から交付した場合の処断については、(a)強盗既遂説（最判昭24・2・8刑集3-2-75）と、(b)強盗未遂説とが対立している。自動車を用いたひったくりの事案に強盗を認める判例（最決昭45・12・22刑集24-13-1882参照）の考え方からすれば、反抗の抑圧が完全に存在しなくてもよいとするのは自然で、判例は(a)強盗説を採用することになろう。一方、(b)強盗未遂説は、強盗罪の客観的定型性を重視し、反抗抑圧の要件が欠ける以上強取といえないとするのであるが、実質的には、「実行行為としての強取行為は認められるが結果との因果関係が欠けるので未遂となる」と考えているものと思われる。

4 (a)説を徹底すると、暴行・脅迫を加えたが恐怖心すら生じず、憐憫の情から財物を手渡した場合まで強盗の既遂となるように思われる。そして、このような結論が不合理だとすると、(b)説が妥当だということになりそうである。だが、憐憫の情から交付した、その意味で暴行と財物移転の因果性が完全に切断されている場合を未遂とすることと、恐怖心を生ぜしめたような場合とは分けて考えることも可能である。

5 強盗罪は暴行・脅迫は伴うが、それはあくまで手段であって最終的には財物を奪う罪である。暴行・脅迫がなければ強取とはいえないが、それが認定されれば反抗の抑圧までは必ずしも必要ではないと解される。ただ、「暴行・脅迫」と無関係に財物の移転が生じた場合は、強取とはいえない。両者の間に一定程度の因果性は必要である。そして、暴行・脅迫の結果「畏怖」した場合は、通常の因果性の枠内にあると考えることができるのである。

●参考文献● 前田『刑法各論講義　7版』194

174 事後強盗罪の暴行の意義

大阪高判平成7年6月6日（判時1554号160頁）　　参照条文　刑法238条、240条

> 窃盗直後に店の付近で保安係から声をかけられ、これを足の裏で蹴って転倒させて逃走した場合に、事後強盗罪は成立するか。

●事実● 被告人X（当時36歳、身長180㎝）はY子と共謀の上、甲商店において、同店店長の管理に係るライター等42点を窃取し、その直後、同店から約30m離れた同店敷地内通路上において、上記犯行を目撃していた同店保安係A（当時62歳、170㎝）に「もしもし」と呼び止められるや、同人に対し、その胸部をサンダル履きの足の裏で踏みつけるように1回蹴ってその場に仰向けに転倒させる暴行を加え、加療3日間を要する挫傷を負わせた。原審は、Xに事後強盗罪（共同正犯）の成立を認めた。X側が控訴。

●判旨● 破棄自判。大阪高裁は、「①本件暴行は、両手がビニール袋等でふさがった状態で、サンダル履きの足を高く上げ、その足の裏でAの正面から胸の下付近を踏み付けるようにして1回蹴っただけのものであり、それ自体としては、さほど重い傷害を与えるような性質のものではないこと、②Xの意図も、Aが転倒している隙にY子を連れて逃走しようというものであって、右暴行によってAの逮捕意思を制圧しようというものではなかったこと、③AとX間には前示のような年齢差、体格の違いがあるが、他方で、Aは、同店の保安係として2年の経験を有し、声を掛けるまでの対応や転倒後の対応も落ち着いている上、体格も比較的大柄で、空手を学んだ経験もあったこと、④当時周囲にはXらの逃走を防ごうとする者がいなかったにせよ、現場は大規模スーパーマーケットの広大な敷地内の通路上で、近くには自動車駐車場や自転車駐車場等があり、時間帯から見ても、Aの逮捕意思等を低下させるような事情はなかったこと、⑤Aがそれ以上Xを追跡しなかったのも、Yが傍らに座り込んでいたため、既に共犯者の1人を確保できたも同然であったことが大きい理由であったと解されること等の事情が認められ、これらを総合考慮すると、Xの本件暴行は、いまだAの反抗を抑圧するに足りる程度には至っていなかったと解するのが相当である」として、窃盗罪の共同正犯の成立を認めた。

●解説● 1 XはAに傷害を負わせており、強盗致傷罪の成立が認められそうであるが、原審も、「致傷」は問題としていない。形式的には、生理機能の障害が生じていることは明らかであるが、刑法240条の傷害には該当しないと考えられたものと思われる（さらに、この程度であれば、204条の傷害にも該当しないと解される余地がある）。問題は、事後強盗罪が成立するか否かである。

2 事後強盗も強盗として評価される以上、その手段としての暴行・脅迫は「相手の反抗を抑圧するに足る程度のもの」でなければならない。ただ、判例の中に、事後強盗の手段としての暴行を、236条の場合より限定的に解する傾向が見られた。「犯人が逃走時に人に見つかれば一定の暴行を働くのは必然で、また逮捕しようとする者の積極的行為を排除しようとする以上、238条の暴行に関しては『反抗を抑圧する程度』を厳しく認定すべきである」とするものが見られるのである（浦和地判平2・12・20判時1377-145）。

これらの判例の限定的な解釈態度の背後には、事後強盗の法定刑の下限が5年とかなり重いこと、さらに各事案が暴行により傷害を負わせたものであるため、下限が7年以上（現在は6年以上）の強盗傷人罪（240条）が適用されて酷であるとの配慮が存在した。

3 ただ、「逮捕を免れる場合には通常より『重大な』暴行・脅迫が必要だ」とするのは、若干無理があろう。そもそも事後強盗ではない通常の強盗の場合でも、傷害結果が生じた場合に形式的な解釈を行うと刑が過酷なものとなりすぎる事情は存在しており、両者で暴行の程度に「質的な差」を設けるべきではないであろう。そして、たしかに、追いかけて来た者に体の一部を掴まれたのに、停止しないで引きずったり、振りほどくにとどまる場合は、強盗罪が予定する積極的な暴行を加えたとはいえないと解する余地はありうるのである。

4 その意味で、大阪高裁が「反抗を抑圧する程度の有無」を問題としたのは妥当である。ただ、本件暴行が、声をかけてきただけのAに対し、Xから積極的に先制攻撃を加えたものであり、Aが地面に仰向けに倒れ、軽微とはいえ傷害を負ったこと、暴行直後、窃取した物を入れた袋を持って、その場から逃走していることなどを勘案すると、強取といえないことはないようにも見える。

5 しかし、Xの暴行の態様は、サンダル履きの右足を高く上げ、その足の裏で正面からAの左胸の下付近を思い切り踏みつけるようにして1回蹴ったというもので、「相手を足で突き放した」という感じにもとれると認定されている。そして、共犯者Yがその場に立ち尽くしてしまったため、両手がふさがっていたこともあって、とっさにAを足で蹴ってその隙にYを連れて逃げようと考えたもので、Aは倒れた後すぐにYを確保し保安係事務室に同行したことなどが認められる。それ故、事後強盗に該当しないとした、大阪高裁の判断は合理的であるといえよう。

●参考文献● 前田雅英・警論47-10-191

175　強盗罪の要件たる暴行・脅迫の存在時期と2項強盗罪の成否

最1小決昭和61年11月18日（刑集40巻7号523頁・判時1216号142頁）　参照条文　刑法235条、236条、240条、246条

> 覚せい剤を取得した後に被害者を殺害しようとした行為と強盗罪。

●**事実**●　被告人Xは、対立する暴力団幹部Aを殺害し、Aが所持する覚せい剤を奪おうと画策し、覚せい剤の買い手がいるように装ってAに取引を申し込み、Aをホテルの一室に誘い出し、Yが「別室にいる買い手に見せなければ金を渡せないといっている」と申し向け、AはYに「預ける」といって覚せい剤1.4kgを手渡した。Yは、別室にいたXに「行ってくれ」と指示し、覚せい剤を持って逃走した。XはAのいる部屋に入り、A目がけて至近距離から弾丸5発を発射したところ、Aが防弾チョッキを着ていたので、重傷を負わせたにとどまった。

原審は、YはAから覚せい剤を奪取したもので、殺害と奪取が同時に行われたと同視できる程度に日時場所の密着性があるので、X（およびY）に対し、いわゆる1項強盗による強盗殺人未遂罪の成立を認め、第1審の判断を支持した。Xが上告。

●**決定要旨**●　上告棄却。最高裁は、本件覚せい剤の取得行為が詐欺罪にあたるのか、それとも窃盗罪なのか、いずれとも断じ難いとし、仮に奪取を認めるとしても、殺害が財物奪取の手段になっているといえるか否かに触れずに、原判決が強盗殺人未遂罪の成立を認めたことは支持できないとした。そして、Xが拳銃発射に及んだ時点では、Yは本件覚せい剤を手中にして逃走しており、占有はすでに確保されていたので、拳銃発射が本件覚せい剤の占有奪取の手段となっているとはいえず、強取したと評価することはできないとした。その上で、「Xによる拳銃発射行為は、Aを殺害して同人に対する本件覚せい剤の返還ないし買主が支払うべきものとされていたその代金の支払を免れるという**財産上不法の利益を得るためになされたことが明らか**であるから、右行為はいわゆる2項強盗による強盗殺人未遂に当るというべきであり……、先行する本件覚せい剤取得行為がそれ自体としては、**窃盗罪又は詐欺罪のいずれに当るにせよ**、前記事実関係にかんがみ、本件は、その罪と2項強盗殺人未遂罪のいわゆる包括一罪として重い後者の刑で処断すべきものと解するのが相当である」と判断した。

●**解説**●　1　本件では、覚せい剤を受け取った後にAを殺害しようとした行為が**覚せい剤奪取のための強盗殺人未遂**と評価できるのか、それとも、**財物の取返しを防ぐための2項強盗罪**になるのかが問題となる。そして、2項強盗だとすれば、Aから覚せい剤を取得し

た行為は、窃盗罪なのか詐欺罪なのか、さらに、2項強盗と詐欺（ないし窃盗）との罪数関係が問題となる。また、所持を禁じられた覚せい剤について、返還を免れる行為が2項強盗罪に該当しうるかも問題となる。

2　強盗罪は、暴行・脅迫を加え、被害者の反抗を抑圧して財物を奪取する犯罪である。それ故、本件のAを殺害しようとした行為は、覚せい剤取得後に行われたものである以上、覚せい剤強取の手段足りえないと考えるのが自然である。

もっとも、財物をひったくりつつ拳銃を相手の胸に発射する行為は、強盗罪である。さらに財物をまず奪っておいて、その後殴り倒す行為も強盗といわざるをえないであろう。形式的に「財物奪取後の暴行は強盗罪の実行行為たりえない」とするのは、合理的ではない。通常一般の「強盗概念」には、財物奪取行為と「同時」と評価できるほど時間的・状況的に接着した暴行は強盗手段に含む。ただ、本件は、同時と評価すべきではないように思われる。

3　覚せい剤の返還を免れる目的でAに傷害を負わせた行為が、2項強盗罪を構成するか否かについては、類型的に「利益を移転させるだけの行為」が行われたか否かの評価が問題となる（【185】参照）。覚せい剤取引において、覚せい剤取得後代金支払い前に譲渡人を殺害することは、事実上ほぼ完全に代金の支払いを免れることである。Xの行為は2項強盗罪（強盗殺人未遂罪）に該当するといえよう。

4　YがAから覚せい剤を取得した行為は、**窃盗罪と詐欺罪のいずれに該当するのであろうか**。人を欺罔して注意を他にそらせた隙に財物の占有を奪う行為、たとえば商店で洋服を試着している際に「ちょっと用足しに行く」といって逃走するような行為は、窃盗罪となるとされる。これに対し、「当り馬券をはずれだと偽り相手に放棄させ、後からこれを拾得する行為」は、一般に、全体として詐欺罪にあたるとされる。

本件のYの行為について、最高裁は、判断を示していない。ただ、AのYへの覚せい剤の瑕疵ある意思に基づく手交は、相手に渡し隔絶された別室に持って行かれること許容している以上、覚せい剤という特殊なものの取引でもあり、「交付」に該当すると評価する方が自然であるように思われる（【185】参照）。

なお、目的物が所持を禁じられた覚せい剤であっても、詐欺罪の成立は認められよう（最決昭55・2・29刑集34-2-56参照）。

そして、詐欺罪は強盗殺人未遂罪に評価し尽くされており、包括して一罪とすることになる（【102】【180】参照）。

●**参考文献**●　安廣文夫・判解昭61年度276、林幹人・警研59-6-47、林美月子・法教80-120、中森喜彦・判評342-55、本庄武・回各8版82

176　暴行後に生じた財物奪取意思（1）

札幌高判平成7年6月29日（判時1551号142頁）　　　参照条文　刑法235条、236条

強制性交等後に被害者が失神したと誤信して財物を奪った場合の罪責。

●**事実**●　被告人X・Yは、A子を強姦（強制性交等）することを共謀し、路上においてA子をワンボックスカー内にむりやり連れ込み、激しく抵抗したA子に対し、「殺すぞ」などといって脅迫し、A子の顔面を多数回にわたって殴打するなどして、全治6週間を要する傷害を負わせ、身動きしない状態となったA子を強姦し、その後Yは、A子のバッグ内からアドレス帳等を取り出し、運転席脇のコンソールボックス内に入れ、またXも、A子の腕時計を外してコンソールボックス内に入れた。A子が身動きしなくなった間、X・YはA子が失神しているものと思っていたが、実はA子は逆らえばまた殴られると考えて、X・Yの行為を止めようとしなかっただけであった。その後、車から降ろされる際に、A子がアドレス帳と自宅の鍵を返して欲しいと頼んだところ、X・Yは、アドレス帳は指紋が付いているから返せないなどといって鍵だけを返還したが、A子は逆らえばまた暴行を受けると考えて、それ以上の要求を断念した。

　原審は、X・Yには、強盗の犯意が欠けるとして、窃盗罪が成立するに止まるとした。検察側が控訴。

●**判旨**●　反抗抑圧者からの強盗の成立には新たな暴行・脅迫は不要だとする検察側の主張に対し、「所論によると、反抗不能状態の利用意思があれば強盗罪となり、それがなければ窃盗罪となることになろう。反抗不能状態の利用の意思については、暴行・脅迫により反抗不能状態を生じさせた者が、金品を取る犯意を生じて金品を取った場合は、特段の事情の認められない限り、その意思があるというべきであるが、そのような反抗不能状態の利用の意思があるにしても、**失神した状態にある被害者に対しては、脅迫をすることは全く無意味**というほかなく、同様に、失神した被害者に対して腹いせのために暴行を加えるような特段の事情のある場合は別として、そのような事情のない限り、**反抗不能の状態を継続するために新たな暴行を加える必要もないことは明らか**である。……犯意に関していえば、そのような被害者が意識を取り戻した場合又はその気配を感じた場合は別として、被害者が失神している場合は、もともと、脅迫をすることはもちろん、新たな暴行を加えることも考え難いから、犯人の主観としては、窃盗の犯意はあり得ても、暴行・脅迫による強盗の犯意は考え難いというべきであろう。他方、このような場合は、被害者の反抗もまた何ら論じる余地もないといわなければならない。さらに、被害者が金品を奪取されることを認識していないのであるから、被害者が失神している状態にある間に金品を取る行為

は、反抗不能の状態に陥れた後に金品を取る犯意を生じて、被害者に気付かれないように金品を盗み取る窃盗、更にいえば、殺人犯が人を殺した後、犯意を生じ死者から金品を取る窃盗とさほどの差異がないというべきである。……所論は、失神した被害者に対する関係では、新たな暴行・脅迫を問題にしないという限りでは、……その理由においてその立場をとることができないから、採用することはできない。……したがって、本件を窃盗罪とした原判決の認定は結論として誤りはない」。

　ただ、札幌高裁は、X・Yがアドレス帳の返還を拒否した行為につき、事後強盗の事実を認定できた可能性が大であったとして、札幌地裁に差し戻した。

●**解説**●　**1**　被害者の反抗を抑圧した者が、その後に犯意を生じて財物を奪取した場合、強盗説と窃盗説の激しい対立がみられる。(a)**窃盗説**は、財物奪取意思の生じた後に、新たに暴行・脅迫がなされることが必要だとする考え方で、(b)**強盗説**は、新たな暴行・脅迫は不要で、すでに生じている反抗抑圧状態を利用すればよいとする考え方である。

　2　本件では、「失神している者から奪う事例」が問題となった（主観面）。強盗説は、失神していた場合にも必ず強盗の成立を認めるわけではないが、その成立を否定すると、「反抗抑圧状態の一例である失神」について窃盗を認めることになり、自説の論拠が著しく弱くなる。

　ただ、札幌高裁も指摘するように、失神した者から奪ったら強盗だとすると、気付かない者からそっと奪う行為も強盗になる可能性がある。もとより、「犯人自ら作出した」失神に限るという反論があろうが、「犯人自ら作出した」気付かない状態を利用した場合、強盗になるのであろうか。やはり、失神させてその後財物を奪った場合は、窃盗と解すべきである。そうだとすれば、少なくとも本件X・Yには、強盗の故意は認めえない。失神より程度の強い「殺害」の場合も、窃盗か占有離脱物横領にすぎない。そして、反抗抑圧状態の事案でも、窃盗説を採用する判例が多い（ただし、強制性交等の現場では、強盗が認められることが多い点に注意を要する）。

　3　なお、反抗抑圧状態を利用して財物を取得する場合には、何もしていないように見えて、事実上新たな暴行・脅迫行為を伴うことが多い点に注意しなければならない。特に、強制性交等の場合には、被害者に強い恐怖心が生じているので、そのような場に行為者が留まっていること自体が強盗の積極的脅迫行為とも見られるからである。しかし、失神している場合には、被害者の心理を加味しえない以上、強盗の成立は考えにくいのである。

●**参考文献**●　江藤孝・判評456-67、河村博・研修575-15、同・警論49-6-216

177　暴行後に生じた財物奪取意思(2)

東京高判平成20年３月19日（高刑61巻１号１頁、判タ1274号342頁）　　　参照条文　刑法176条前段、236条１項

> 強制わいせつ目的で被害者を緊縛した後、新たに財物取得の意思を生じ、被害者の反抗が抑圧されている状態に乗じて財物を取得したときは、強盗罪が成立するか。

●**事実**●　被告人Ｘは、わいせつな行為をする目的で、Ａ女宅に侵入し、逃げ出そうとしたＡに対して顔面を手拳で数回殴り、布団にうつ伏せに寝かせた上、Ａの両手を後ろ手に縛り目隠しをする等の暴行を加え、その後、わいせつな行為に及び、前記暴行により、Ａに加療約４週間を要する鼻骨骨折等の傷害を負わせるとともに、わいせつな行為の最中および終了後に、それぞれ、Ａ所有の携帯電話および下着を奪うことを決めて、目隠と緊縛により、抵抗ができないＡから、Ａが気付かないうちに、携帯電話等を奪ったという事案で、住居侵入・強制わいせつ致傷罪と強盗罪で起訴された。原審は、検察の主張を認め、懲役５年を言い渡した。

Ｘは、携帯電話等を奪った際、財物奪取に向けられた暴行・脅迫をしていないし、Ａの畏怖状態を利用し、またはこれに乗じて財物を奪う意思もなかったのであるから窃盗罪が成立するにすぎないとして控訴した。

●**判旨**●　破棄自判（量刑不当）。「強制わいせつの目的による暴行・脅迫が終了した後に、新たに財物取得の意思を生じ、前記暴行・脅迫により反抗が抑圧されている状態に乗じて財物を取得した場合において、強盗罪が成立するには、新たな暴行・脅迫と評価できる行為が必要であると解されるが、本件のようにＡが緊縛された状態にあり、実質的には暴行・脅迫が継続していると認められる場合には、新たな暴行・脅迫がなくとも、これに乗じて財物を取得すれば、強盗罪が成立すると解すべきである。すなわち、緊縛状態の継続は、それ自体は、厳密には暴行・脅迫には当たらないとしても、逮捕監禁行為には当たりうるものであって、Ｘにおいて、この緊縛状態を解消しない限り、違法な自由侵害状態に乗じた財物の取得は、強盗罪に当たるというべきなのである。緊縛された状態にあるＡは、一切の抵抗ができず、Ｘのなすがままにまかせるほかないのであって、Ｘの目的が最初は強制わいせつであったが、その後財物取得の意思も生じて財物を取得しても、なすすべが全くない状態に変わりはないのに、その行為が窃盗にすぎないというのは、不当な結論であるといわなければならない。例えば、緊縛状態がなく、強制わいせつの目的による当初の暴行・脅迫により反抗を抑圧されたＡにＸが『これを寄越せ』とか『貰っておく』と言って財物を取った場合に、その言動が新たな脅迫に当たるとして強盗罪が成立するのであれば、緊縛され問答無用の状態にあるＡから財物を取った場合が強盗罪でないというのは、到底納得できるところではない」。そして、携帯電話等の奪取行為が、Ａの認識がないうちになされていた点について、「Ａは失神状態にはないし、Ｘも失神状態にあると誤信していたわけではなく、Ａに意識

があり、Ｘもそのことを認識していた状態の下で緊縛状態が継続していたのであるから、目隠しをされたＡが物を取られたことに気付いていなかったからといって、結論に差が生じるものでもない」。

●**解説**●　1　暴行・脅迫を加え被害者の反抗が抑圧された後に財物奪取の意思を生じた場合、窃盗とする判例も存在するが、強姦に伴う暴行・脅迫を加えた後の財物奪取の事案に関しては強盗の成立を認めた判例が多い。

一方通説は、反抗抑圧状態の者から取得する場合一般を窃盗としてきた。ただ、反抗抑圧後に新たな暴行・脅迫行為を伴ったと評価できれば強盗の成立を認めうるとする見解が、最近有力である。たしかに、反抗を抑圧した後であれば、通常より軽度の暴行・脅迫で奪取が認められる（東京高判昭48・3・26高刑26-1-85）。その意味で、強姦（強制性交等）の際財物を奪う場合、被害者に強い恐怖心が生じており、財物を要求したり、物理力を伴って被害者から奪取すれば、新たに強取がなされたといえる場合が多いとも考えられる。

2　本件では、緊縛状態が継続している場合には、なすすべが全くない状態に変わりはない以上窃盗にすぎないというのは不当で、新たな暴行脅迫がなくても強盗に問擬できるとした。緊縛という物理的拘束が、財物奪取後も被害者に加えられている以上、奪取時にも暴行的なものが加えられていると評価すべきであろう。

3　「新たな暴行脅迫の有無」に関しては、東京高判平成15年３月20日（判時1855-171）が、Ｙ・Ｚ両名が、Ｂ女が昏睡状態にあるのに乗じ、かつ、行動を共にしていたＣ女に対して脅迫的言辞を申し向けるなどして、その反抗を抑圧した上で、Ｂの財布を持ち去った一連の行為について、強盗罪の成立を認めている。

東京高裁は、Ｙ・Ｚ両名が、Ｂの着衣から財布を取り出した時点において、すでにＢは気絶しており、同人に対して新たな財物奪取の手段となる暴行・脅迫は認められないが、Ｙ・Ｚ両名が、財布の占有をＢから奪ってその確保をするためには、同人と同行していたＣの抵抗を排除する必要があり、Ｙ・Ｚの言辞、態度は、Ｃの反抗を抑圧するに十分な脅迫であると優に認められるとした。

暴行脅迫の相手方は、財物奪取の目的遂行の障害となりうる者に対して加えられれば足り、必ずしも財物を所持する者に加えられる必要はない（条解刑法 4 版補訂版756頁）。

4　大阪高判平成11年７月16日（判タ1064-243）は、強姦（強制性交等）の共犯者による実行行為継続中にそのような状態にあることを認識しつつ、被害者の鞄内から財布を奪った行為を強盗罪にあたるとした。原審が、「新たな暴行」はなされていないとして窃盗罪にあたるとしたのに対し、「被告人に財物奪取の犯意が生じた後に、被告人自身の行為による財物奪取に向けたあらたな特段の暴行又は脅迫がないのは、むしろ、その必要がないためと解される」としている。

●**参考文献**●　内田浩・回各 8 版86、出田孝一『刑事裁判の理論と実務』483

178　強盗致死罪と強盗の機会

東京高判平成23年1月25日（判時2161号143頁）　　参照条文　刑法240条

> 強盗犯人が強盗に引き続き、その罪跡を隠滅するため被害者に覚せい剤を注射して放置した行為は、強盗の機会に行われたものといえるか。

●**事実**●　被告人Xは、Vから金品を奪おうと考え、暴力団員Yに相談を持ち掛けたところ、Yから、自動車で拉致して金品を強取し、Vの記憶を飛ばし、被害を申告しても警察から信用されないようにするため、Vに覚せい剤を注射してどこかに捨ててくるように指示された。

Xは、共犯者らとともに、平成21年6月27日午後8時半ころ、Vを拉致して自動車内に監禁した上、車内でVの所持する金品を強取し、午後10時45分ころ、監禁する場所として用意していた部屋に連れ込もうとしたが、Vに抵抗されて失敗した。

XはYから、VをOダム付近の小屋に連れて行ってそこに監禁し最後にはVに覚せい剤を注射するように言われたため、共犯者とともに、Vを監禁した自動車で移動し、その途中でYと会い、Yから、覚せい剤を渡された上、Vに覚せい剤を注射して、S県内のSダムの橋の上から落とし、殺害するように指示された。

Xは、Vを監禁した自動車でSダムに赴き、28日午前3時ころ、共犯者に、Vをそこから落として殺害することを提案したところ、反対されたため、Vに覚せい剤を注射して人里離れたところに放置することにして、同日午前3時30分ころ、同共犯者の1人に覚せい剤溶液をVに注射させた。さらに、Xは、共犯者とともに、Vを監禁した自動車で山中に移動し、午前4時ころ、Vを自動車から降ろして立ち去り、Vをその場に放置し、Vは、付近の山中において、覚せい剤使用に続発した横紋筋融解症により死亡した。

原審が強盗致死罪の成立を認めたのに対し、弁護人は、①Vを用意していた部屋に監禁しようとして失敗してからは、Vから金品を強取することは諦めていた上、②最後の強取行為と覚せい剤注射行為まで、約6時間が経過しており、強盗現場からも約50km離れているから、本件強盗の手段となる行為とVの死亡との間に関連性は認め難いと主張して控訴した。

●**判旨**●　控訴棄却。東京高裁は、①について、強盗の意思を放棄していたということはできないとした上で、②について、「強盗とVの死亡の原因となった行為の場所及び時刻が離れていたとしても、X及び共犯者らは、当初から、罪跡を隠滅するため、Vに覚せい剤を注射して放置することを計画しており、実際にも、その計画に従って行動したものと認められる。個別にみると、場所の点では、Xらは、Vを監禁して

いる自動車で移動し、常時Vの間近に居続けて、強盗及び罪跡を隠滅する行為に及んだといえるのであり、また、時間の点でも、Xは、前述したように、暫くは強盗を継続するか、罪跡を隠滅する行為に移るかを決めかねていたものの、強盗の意思を放棄するや直ちに罪跡の隠滅に向けた行動を開始し、それを行うのに適当な場所まで移動した上、共犯者らと罪跡隠滅の方法を話し合い、Vに覚せい剤を注射して放置するに至っている。そうすると、**強盗と罪跡を隠滅する行為との間には、連続性ないし一体性がある**と認められるから、本件強盗の手段となる行為とVの死亡との関連性を認め難いとする所論は採用することができない」と判示した。

●**解説**●　1　刑法240条の致死傷結果については、(a)致傷結果は、強盗の手段である暴行から発生する必要があるとする説（238条の目的で行う暴行から発生する場合をも含むとする説もある）、(b)**強盗の機会に生じたもので足りるとする説**、(c)強盗の機会に行われた、強盗行為とその性質上密接な関連性を有する行為から発生する必要があるとする説が対立する。

2　判例は、(b)説を採用するとされることが多い（最判昭25・12・14刑集4-12-2548［強盗の際に乳幼児を殺害した例］）。逃走するにあたり追跡してきた家人を同家の入口付近で刺殺した場合は240条後段に該当するとしている（最判昭24・5・28刑集3-6-873）。

3　なお、強盗傷人の場合に比し、死の結果が生じた場合は強盗の機会がやや広く解されている。それは、傷害が逮捕を免れるために用いられることが多いのに比し、殺害は犯跡隠蔽手段として用いられることが多いためでもある。強盗の犯跡を隠蔽するため20分後に2km離れたところで殺害した事案（東京高判昭32・2・16東高時報8-4-99）、強取の約2時間後29km離れた地点で殺害した事案も強盗の機会に行われたとされた（福岡地小倉支判昭50・3・26刑月7-3-410）。また、岡山地判平成8年4月15日（判時1587-155）は、父に金員の無心をしたが拒絶されたため金品強取目的で同人を殺害したところ、母が帰宅したので口封じの目的で同女をも殺害した行為につき、強盗の機会においてその発覚を防ぐためのものであるとしている。

4　本件は、最後の強取行為から、死亡の原因となった覚せい剤の注射（山中に放置する行為）まで、約6時間経過し、強盗場所と注射し放置した場所とは約50km離れているが、強盗と罪跡隠滅行為との間の連続性・一体性を理由に、240条の成立を認めた。その際には、当初の明確な計画通りの犯行であったことが重視されている。

●**参考文献**●　川口浩一・平23年度重判159、金澤真理・法教別冊377-34、玉木将之・捜査研究729-64

179　認識していなかった者を傷害した場合と強盗の機会

東京地判平成15年3月6日（判タ1152号296頁）　　　　参照条文　刑法240条

> 強盗現場の店舗内に居合わせたが、その存在を犯人に
> 認識されていなかった者が、他の店員らが脅迫を受け
> ているのを見て畏怖し、その場から逃れようとして傷
> 害を負った場合と、強盗致傷罪の成否。

●事実●　被告人XはYと共謀の上、金員を強取しよ
うと企て、某日午前零時55分ころから同日午前1時こ
ろまでの間、S区内のビル2階にある中国式エステ店に
おいて、同店店長のBほか3名に対し、真正けん銃に
見せかけた所携のエアガンの銃口をその身体に向けるな
どして脅迫し、その反抗を抑圧した上、同店経営者A
女の管理に係る現金約6万円を強取し、その際、Aを
して、難を逃れるため同店の窓から路上に飛び降りさせ、
全治148日間を要する左手関節等の骨折の傷害を負わせ
たという事案である。
　弁護人は、XらはAに対して暴行・脅迫を加えてお
らず、Aは自らの意思で店内から脱出しようとして足
場に降りることができず、誤って転落し負傷したもので
ある以上は、Xに強盗致傷罪は成立せず、強盗罪の範
囲でのみ責任を負う旨主張した。

●判旨●　東京地裁は、「本件では、Xらにおいては、
犯行時Aが被害店舗内にいたことを認識していなか
ったにもかかわらず、Aの負った傷害の結果につい
ても責任を負うのかどうかが問題となる。……強盗致
死傷罪が成立するためには、単に強盗の現場において
致死傷の結果が発生したというだけではなく、通常強
盗に付随して行われるような強盗犯人の行為に基づき
傷害等の結果が発生したと評価できることを要すると
解される」とし「被害店舗は、3階建てビルの2階部
分にあって、……さほど広くない被害店舗に2人組で
押し入った上、その出入口近くにある待合室において、
Bらに対して、真正なけん銃と見まがうようなエア
ガンを突きつけて脅迫し同人らの反抗を抑圧したもの
であって、このような被害店舗内の状況及びXらの
犯行態様に照らすと、同店舗内にいた者は、仮にエア
ガンを突きつけられていなくとも、Xらからエアガ
ンを突きつけられ脅迫されているBらの状況を目に
すれば、Xらに発見されないで同店舗内から脱出す
ることが事実上困難であり、もしXらに発見されれ
ばBらと同様に脅迫されるであろうと考えるのが自
然であり、XらがBらにエアガンを突きつけて脅迫
した行為は、客観的には、その脅迫の威力を同店舗内
にいた者全員に及ぼしていたと評価することができ
る」。
　Aは、CがYからエアガンを突きつけられている
のを目撃し、恐怖心のあまり、被害店舗の窓から脱出
しようとして誤って地上に転落し、傷害を負ったもの
であるが、Xらは、「犯行時Aが被害店舗内にいると
の具体的な認識までは有していなかったとは言え、
……同店舗内にはまだXらによって発見されていな

い者が存在している可能性についても十分認識できた
と認められる。
　そして、Xら……犯行態様からすると、Xらは、
同店舗内において財物を強取するに当たって障害とな
る可能性のある者に対しては全て脅迫を加える意図を
有していたことが明らかであり、……被害店舗の従業
員らにエアガンを突きつけ脅迫するなどの強盗行為に
及んだ場合、直接エアガンを突きつけられていない者
であっても、恐怖心の余り、難を逃れるために被害店
舗から外に脱出しようとして怪我を負うことも考えら
れることからすれば、Aの判示傷害の結果は予測可
能な範囲内にあったと言える」とし、Xらにおいて、
Aが被害店舗内にいることについて具体的な認識を
有していなかったとしても、「Aの存在について十分
認識し得る状況にあり、XらがエアガンをBらに突
き付けた行為によって、客観的には、同店舗内にいた
Aに対しても脅迫が加えられていたと評価できる中
で、これによって畏怖したAが上記窓から地上に降
りようとして負傷した以上、Xらは強盗致傷罪の責
任を負うと解するのが相当である」と判示した。

●解説●　**1**　弁護人の主張した(a)強盗致傷罪におけ
る負傷の結果は暴行の意思による行為に基づいて生じる
ことを要するという説は支持が少なく、(b)強盗の機会に
生ずれば足りると解されている。
　2　問題は、Aの傷害結果が(b)強盗の機会に生じた
ものといえるかである。判例は、広く、被害者が強盗犯
人や強姦犯人から逃走する際に転倒するなどして傷害を
負った事例につき、強盗致傷罪や強姦致傷罪の成立を認
めている（最決昭32・10・18刑集11-10-2675、最決昭46・9・
22刑集25-6-769、最決昭59・7・6刑集38-8-2793、最決平
15・7・16刑集57-7-950）。
　3　本件の特徴は、犯人が傷害結果の生じた客体を全
く認識していなかったという点にある。東京地裁は、被
害者を強盗の手段たる脅迫の相手方には含めることはせ
ず、被害者の存在の認識可能性と脅迫意図を認定し、ま
た、「被害者の傷害結果の予測可能性」がXに存在した
とするのである。
　4　結果的加重犯の成否の判断については、重い結果
についての予見可能性がない場合でも構成要件該当性は
認められる。ただ、「強盗の機会」の判断においては、
傷害結果の生じた客体の存在の認識可能性とともに、傷
害結果の予見可能性の程度も考慮されるべきである。強
盗致傷罪という類型に該当することを認め、傷害結果を
帰責させる判断においては、必須の要件ではない「結果
の予見可能性」をも、総合判断の資料に加えることは、
当然のことといえよう。
　5　Xの実行したのは「脅迫」であるが、それによ
って生じた傷害結果も、240条を構成する（大阪高判昭
60・2・6高刑38-1-50参照）。

●参考文献●　内田浩・法教別冊294-34、佐藤陽子・北大法学論集
56-5-305

180 事後強盗罪と傷害罪—混合的包括一罪

名古屋高金沢支判平成3年7月18日（判時1403号125頁）　　参照条文　刑法238条、240条

> 第1暴行に引き続き事後強盗を構成する第2暴行を加え、いずれかの暴行から傷害結果が生じた場合の擬律。

●**事実**●　被告人Xは、信号待ちをしていた被害者Aの自転車前かごから手提げバッグ1個を窃取し、その際、これに気付いた同人から左手を摑まれるや、その取還を防ぎ、かつ、逮捕を免れるため、同人の腕を引っ張って同人を付近路上に転倒させた上（第1暴行）、普通貨物自動車に乗り込んでこれを発進させて逃走するにあたって、同車両前部に立ちはだかった同人に同車両を衝突させて同人を付近路上に転倒させる暴行（第2暴行）を加え、よって、Aに対し、加療3週間を要する外傷性頸部症候群等の傷害を負わせた。

原審は、まず、第1暴行は刑法238条の暴行には該当しないとし、第2暴行の時点に事後強盗罪の着手を認めるべきであるとした。そして傷害結果は、第1・第2暴行のいずれかから生じたことは明らかなのであるから、「疑わしきは被告人の利益」の鉄則に従い、第1の暴行により全部の結果が発生したものと認めるべきだとし、事後強盗罪と傷害罪の併合罪とした。X側が控訴。

●**判旨**●　名古屋高裁金沢支部は原審を破棄し、事後強盗罪と傷害罪とは包括一罪の関係に立つと自判した。「第1と第2の各暴行は、事後強盗罪の構成要件に該当する程度のものかどうかについてはそれぞれの評価を異にするが、互いに別個無縁のものでないばかりか、ともに本件窃取行為の直後、Aからの財物の取還をふせぎかつ逃走を図るためAに対して行った一連の犯行であり、暴行の点に限っていえば、逆に両暴行は前後一体のものとして観察されるのであるから、本件傷害にそれぞれの暴行のどちらがどの程度に寄与したかまでは不明だとしても、全体的には両暴行を原因としてその傷害が発生したことに間違いがない以上、本件傷害は不可分的に一連の両暴行に起因して生じた単純傷害とする限度で認定することができる（原判決のように暴行との因果関係について擬制的認定をするわけではない。）と同時に、第2の暴行とのみ結合する事後強盗罪の成立も認められるのであって、その両者の関係は、暴行途中で強盗の犯意を生じてそのまま暴行を継続し、その一連の暴行によって相手に傷を負わせたが、その傷害が、犯意を生じた時期の前後いずれの暴行によったのかが不明である場合とほぼ同視してよいものと考えられ、結局、全体的に観察して、前記のような前後一連の暴行に起因する単純傷害罪と第2の暴行による事後強盗罪とが混合した包括一罪が成立するものと解され、その処断は重い事後強盗罪の刑に従うべきものとするのが相当である」。

●**解説**●　1　本件第1暴行については、名古屋高裁も事後強盗の実行行為ではないと評価した。たしかに、自転車ごと倒れた者の手を振りほどこうとした行為は積極的な事後強盗の実行行為とはいえないと評価することは可能である。少なくとも原審によれば、事後強盗の犯意がその段階では認定し難い面があり、原審・控訴審の判断は不当なものとはいえない。これに対し、本件第2暴行は、「事後強盗罪の暴行」に該当することは否定できないように思われる。

2　このように、第1暴行は事後強盗罪の実行行為にはあたらないとし、第2暴行のみ刑法238条に該当するとすると、第1暴行と第2暴行のいずれから発生したかは確定しえない傷害結果の処理が複雑になる。原審は、傷害結果は第2暴行から生じたものではないとする。両暴行のいずれかから傷害結果が発生した以上、Xに帰責しなければならないが、「疑わしきは被告人の利益に」の観点から、第1の暴行により全部の結果が発生したものとするのである。これに対し、名古屋高裁金沢支部は「第1の暴行によって生じたとは限らない傷害の結果をも擬制的に包摂した犯罪事実を認定している」と批判する。

3　たしかに、第1の暴行によって生じたとは限らない傷害の結果を第1暴行によるものと認定することには無理がある。さらに、両暴行は、同一の法益の侵害に向けられた一連の行為であり、一体のものとして評価されるべきものである以上、一連の暴行から傷害が発生したとして、傷害罪の成立を認めるべきである。Xには、第1・第2暴行により傷害した事実についての傷害罪と、第2暴行以降の事後強盗罪が成立する。

4　それでは、両者の関係はどうなるのであろうか。第1暴行と第2暴行を一連のものとして包括的に評価するとすれば、傷害罪と事後強盗罪は包括一罪となり、重い事後強盗罪のみによって処断すべきもののようにも見える。数個の犯罪が成立し、異なる罪名にまたがり数個の法益侵害がある場合に、具体的妥当性の観点から一個の処罰でまかなうことを混合的包括一罪と呼ぶ。

しかし、本件の両罪は一部重なってはいるものの、事実のレベルでも、評価のレベルでも独立の対象と考えるべきであろう。罪名や保護法益の異なる罪を包括的に評価し、混合的包括一罪とすることはかなり困難である。

5　傷害結果を強盗致傷罪として評価することが許されないことは当然であるが、傷害は事後強盗罪に包括して評価すればよいとするのも行きすぎである。本件のように、罪質が実質的に「強盗傷人罪」に近い事案の存在することも考慮して、傷害罪と強盗罪との併合罪と構成する方が妥当である。

●**参考文献**●　前田雅英・判評402-61、池田耕平・研修534-13、山中敬一・法セ37-5-143

181　暴行・脅迫を加えて暗証番号を聞き出す行為と2項強盗

東京高判平成21年11月16日（判時2103号158頁・判タ1337号280頁）　　参照条文　刑法236条2項

脅迫を加えて暗証番号を聞き出すことは、不法に財産上の利益を得たことになるか。

●**事実**●　被告人Xは、金品窃取の目的でA方に侵入し、Aが寝ている隣室で財布が入ったバッグを発見し、見つかりにくい壁際にバッグを移動させた。その上で、バッグ内の財布に入っていたキャッシュカードを見て、脅して暗証番号を聞き出そうと決意し、包丁をAに突きつけながら、「一番金額が入っているキャッシュカードと暗証番号を教えろ。暗証番号を教えて黙っていれば、殺しはしない」などといって脅迫し、Aから暗証番号を聞き出した行為が、窃盗に加えて2項強盗に該当するかが問題となった。

　原審は、刑法236条2項の「財産上不法の利益」とは、「移転性」のある利益に限られ、犯人の利益の取得に対応した利益の喪失がAに生じることが必要であると解した上で、XがAから窃盗に係るキャッシュカードの暗証番号を聞き出したとしてもAの利益が失われるわけではないから、「財産上不法の利益を得た」とはいえないとして強盗罪の成立を否定し、強要罪が成立するにすぎないとした。検察官が、法令の適用の誤りを主張して控訴した。

●**判旨**●　破棄自判。東京高裁は以下のように判示して、2項強盗罪の成立を認めた。「キャッシュカードを窃取した犯人が、Aに暴行、脅迫を加え、その反抗を抑圧して、Aから当該口座の暗証番号を聞き出した場合、犯人は、現金自動預払機（ATM）の操作により、キャッシュカードと暗証番号による機械的な本人確認手続を経るだけで、迅速かつ確実に、Aの預貯金口座から預貯金の払戻しを受けることができるようになる。このようにキャッシュカードとその暗証番号を併せ持つ者は、あたかも正当な預貯金債権者のごとく、事実上当該預貯金を支配しているといっても過言ではなく、キャッシュカードとその暗証番号を併せ持つことは、それ自体財産上の利益とみるのが相当であって、キャッシュカードを窃取した犯人がAからその暗証番号を聞き出した場合には、犯人は、Aの預貯金債権そのものを取得するわけではないものの、同キャッシュカードとその暗証番号を用いて、事実上、ATMを通して当該預貯金口座から預貯金の払戻しを受け得る地位という財産上の利益を得たものというべきである」とし、「2項強盗の罪が成立するためには、財産上の利益がAから行為者にそのまま直接移転することは必ずしも必要ではなく、行為者が利益を得る反面において、Aが財産的な不利益（損害）を被るという関係があれば足りると解される」とし、「Aは、自らの預金をXによって払い戻されかねないという事実上の不利益、すなわち、預金債権に対する支配が弱まるという財産上の損害を被ることになるのであるから、2項強盗の罪の成立要件に欠けるところはない」とした。

●**解説**●　1　脅迫を加えて暗証番号を聞き出した行為が2項強盗に該当するかに関しては、(a)財産上の利益は移転性のあるものに限られるとする消極説が存在するが、本判決は、(b)移転性を要求する必要性はないとし積極説を採用した。

　2　たしかに、2項強盗罪の客体を「移転性のある利益」に限定することは妥当ではない。サービス（役務）を不正に提供させても、提供者からサービスが失われるわけではないので、サービスについては2項強盗が成立しなくなる可能性が生じる。さらに、被害者から情報を暴行・脅迫を加えて聞き出しても、被害者は、情報を失うわけではないので、2項強盗の成立の余地がないことになるが、1項強盗と同価値の行為でも処罰しえないことになってしまう。

　3　暴行・脅迫を用いて反抗できなくした被害者をATMに連行して被害者自身に現金を引き出させたり、ATM近くで脅して暗証番号を聞き出し、被害者をその場で確保しながら、犯人がATMを操作して現金を引き出した場合は、1項強盗が成立するであろう。それに比し、暴行・脅迫を用いて抵抗できなくし、脅迫して暗証番号を聞き出し、被害者を解放した後に犯人がATMを操作した場合は2項強盗になりえないとするのは、均衡を失する。

　4　たしかに、2項強盗の処罰範囲を確定するために、「財物を強取したのと同視できる」という基準は、必要かつ有効なものといえよう。しかし、だからといって、1項における「財物の占有の移転」と同じ関係が、2項の「利益の移転」にも求められるわけではない。

　「財物を強取したと同視できる」とは、被害者が事実上管理し提供することが可能な状態にある利益を、行為者が被害者の意思に反して容易に享受・利用できる状態にさせることも含むと考えるべきであろう（なお、神戸地判平17・4・26判タ1238-343参照）。

　5　暗証番号の聞き出し行為は、①行為者がカードを窃取して持っており、②暗証番号を聞き出すことができれば、原則として、③被害者の預貯金の払戻しを受けることができるという利益を得たと評価できる。

　神戸地判平成19年8月28日（研修724-111参照）は、「キャッシュカードの暗証番号を言え」と要求したが、被害者がこれに応じなかったため、殺意をもって鉄パイプの先端で被害者の顔等を3、4回突き刺すなどの暴行を加え殺害した事案について強盗殺人罪の成立を認めている。

　6　なお、被害者が虚偽の暗証番号を教える可能性もないとはいえず、暗証番号を聞き出しただけでは現実的かつ具体的な利益を得たとはいえないとの批判も考えられるが、反抗を抑圧するような暴行・脅迫が加えられれば「正しい暗証番号」を答える可能性もそれほど低くはないように思われ、暗証番号の聞き出しは「具体的かつ現実的な財産的利益を得る行為」と評価しうる。

●**参考文献**●　前田・最新判例分析193、田山聡美・圖各8版84

182 事後強盗——窃盗の犯行の機会の継続中

最2小判平成16年12月10日（刑集58巻9号1047頁・判時1887号156頁）　　　参照条文　刑法238条

> 「窃盗の犯行の機会の継続中」の具体的内容。

●**事実**●　被告人Xは、金品窃取の目的で、午後零時50分ころ、A方住宅に、1階居間の無施錠の掃出し窓から侵入し、同居間で現金等の入った財布および封筒を窃取し、侵入の数分後に玄関扉の施錠を外して戸外に出て、誰からも発見、追跡されることなく、自転車で約1km離れた公園に向かった。Xは、同公園で盗んだ現金を数えたが、3万円余りしかなかったため少ないと考え、再度A方に盗みに入ることにして自転車で引き返し、午後1時20分ころ、同人方玄関の扉を開けたところ、室内に家人がいると気付き、扉を閉めて門扉外の駐車場に出たが、帰宅していた家人のBに発見され、逮捕を免れるため、ポケットからボウイナイフを取り出し、Bに刃先を示し、左右に振って近づき、Bがひるんで後退した隙を見て逃走した。

原審は、Xが、盗品をポケットに入れたまま、当初の窃盗の目的を達成するため約30分後に同じ家に引き返したこと、家人は、Xが玄関を開け閉めした時点で泥棒に入られたことに気付き、これを追ったものであることを理由に、Xの脅迫は、窃盗の機会の継続中のものというべきであるとした。X側が上告。

> ●**判旨**●　最高裁は、「Xは、財布等を窃取した後、だれからも発見、追跡されることなく、いったん犯行現場を離れ、ある程度の時間を過ごしており、この間に、Xが被害者等から容易に発見されて、財物を取り返され、あるいは逮捕され得る状況はなくなったものというべきである。そうすると、Xが、その後に、再度窃盗をする目的で犯行現場に戻ったとしても、その際に行われた上記脅迫が、窃盗の機会の継続中に行われたものということはできない。したがって、Xに事後強盗罪の成立を認めた原判決は、事実を誤認して法令の解釈適用を誤ったものであり、これが判決に影響することは明らかであって、原判決を破棄しなければ著しく正義に反するものと認められる」として、原判決を破棄し高裁に差し戻した。

●**解説**●　1　事後強盗罪が成立するためには、窃盗犯人が、財物の取返しを防ぎ、逮捕の阻止、罪跡隠滅目的で、暴行・脅迫を加えることを要するが、この暴行・脅迫と窃盗行為との関係が問題となる。一般に、暴行・脅迫が、窃盗の現場の継続的延長とみられる場所でなされた場合（広島高松江支判昭5・9・27高裁刑判特12-106）、あるいは窃盗の現場またはその機会の継続中（福岡高判昭29・5・29高刑7-6-866）になされる必要がある。本判決も認めるように、一般に「窃盗の犯行の機会の継続中」であることが必要だとされる。

2　もっとも、財物の取返しを防ぐ目的の場合には、窃盗現場と密着している場合が多いであろうし、逆に罪跡隠滅目的は、現場から時間的・場所的にかなり離れていても認められることが多いであろう（犯行の発覚を恐れ、11時間後に被害者を殺害した場合に事後強盗罪と認めたものとして、千葉地木更津支判昭53・3・16判時903-109）。これに対し、特に機会継続中の有無が争われるのが、逮捕を免れる目的の場合である。

3　最決平成14年2月14日（刑集56-2-86）は、窃盗犯人が侵入した居宅の天井裏に潜み、約3時間後に駆けつけた警察官の逮捕を免れるために暴行を加えた事案について、「窃盗の犯行後も、犯行現場の直近の場所にとどまり、被害者等から容易に発見されて、財物を取り返され、あるいは逮捕され得る状況が継続していたのであるから、上記暴行は、窃盗の機会の継続中に行われたものというべき」だとして強盗致傷罪の成立を認めた。たしかに、従来の判例においても窃盗の被害者自身に対する暴行については、約30分後、1km余り離れた場所であっても「犯行の機会継続中」とされる（広島高判昭28・5・27高裁刑判特31-15）のに対し、現場から200mしか離れていなくとも、たまたま遭遇した警察官の職務質問を暴行により免れた場合には、事後強盗罪とはならないとしてきた。暴行の対象が、被害者自身ないし窃盗現場にいた者の場合と、たまたま付近に居合わせた第三者の場合とでは区別して理解される。

4　本判決も、①時間的・場所的要素を考慮した上で、②被害者側から追及され逮捕されうる状況が継続しているか否か、被害者などの「追及圏」からの離脱の有無を重視している。Xは、30分後ではあっても窃盗の後に発見、追跡されておらず、一旦は「安全」な状態になったから、窃盗の機会は継続していないと評価されたものと思われる。

5　同様に、東京高判平成17年8月16日（判タ1194-289）は、金品窃取の目的で被害者方に侵入し、その4畳半和室において手提げバッグを手に取り、そのまま被害者方を出ると誰からも追跡されることなく隣接する自宅に戻り、約10分ないし15分間逡巡するうち、窃盗現場を立ち去る際隣室の8畳和室で物音が聞こえたことから家人に自己の犯行が発覚したと考えて家人の殺害を決意し、再び被害者方に至り、同所8畳和室において、家人を殺害したという事案について、①誰からも追跡されずに自宅に戻り、その間警察へ通報されて警察官が出動するといった事態もなく、②盗品を自宅内に置いて被害者方に戻ったという事情の下では、被害者側の支配領域から完全に離脱したというべきであるから、窃盗の機会の継続中に行われたものということはできないと判示している。

●**参考文献**●　大野勝則・判解平16年度587、岡上雅美・固各8版88、只木誠・判評537-49

183　事後強盗の予備

最2小決昭和54年11月19日（刑集33巻7号710頁・判時953号131頁）　　参照条文　刑法237条、238条

> 窃盗を実行し、もし人に見つかったら脅す目的で凶器を持っていた場合、事後強盗の予備罪が成立するか。

●**事実**●　被告人Xは、ビルの事務所等に忍び込んで窃盗を働こうと思い立ち、ドライバー、ペンチ、ガラス切り、金槌、懐中電灯、手袋、サングラス等に加え、「窃盗に入りもし人に見つかったら脅す」という目的で模造拳銃、登山ナイフ（刃体約14.5cm）を用意して、ビル街に出たが経験がないため窃盗を実行できず、旧国電（JR線）に乗り時間を費やしていたが、翌日午前1時ころ、終着駅で下車させられ、駅構内からも追い出されてしまった。所持金が1000円にも満たず、下宿にも帰ることができないので、いよいよ盗みに入る決意を固め、盗みに入るのに適当な建物を物色しながらビル街の路上を徘徊していたところ、午前1時50分ころ、警察官の職務質問を受け、逮捕された。

　原審は、ナイフ、模造拳銃の携帯について、Xの意思は、盗品の取還を防ぎ、または逮捕を免れるために使用する意図の下にこれらを所持していたものと認定したうえ、刑法238条に「強盗ヲ以テ論ズ」〔当時〕とあるのは、同法236条の強盗と事後強盗とはその構成要件において共通するところが大きく、犯罪類型が近似しており、その危険性も特段の差異のないところから、事後強盗を強盗と同等に取り扱おうという趣旨であるから、強盗予備罪における「強盗ノ目的」に事後強盗の目的を含むと解して、強盗予備罪の成立を認めた。弁護人の上告趣意は、仮に、Xが原判決の認定するように、事後強盗の意思があったとしても、そのような意思しかない場合には、刑法237条に定める強盗予備罪は成立しないと解すべきであって、原判断には同条の解釈適用を誤った違法がある、と主張した。

> ●**決定要旨**●　上告棄却。「刑法237条にいう『強盗ノ目的』には、同法238条に規定する準強盗を目的とする場合を含むと解すべきであって、これと同旨の原判断は正当である」。

●**解説**●　1　刑法237条は、(a)**既遂結果を目的とした目的犯**である。もっとも、本条の「目的」は基本犯たる強盗罪の故意にすぎないとし、(b)**目的犯性を否定する学**説も存するが、**予備罪における故意は準備行為そのもの**の認識・認容であり、237条はそれを超えた主観的要素としての目的を要求している。

　2　この目的は未必的なものでは足りず**確定的なもの**でなければならない（大阪高判昭43・11・28大阪高裁刑速昭44-5）。予備罪処罰は極めて例外的であり、かつその構成要件の射程の広さを考えると、目的を確定的なものに限定するのが合理的だからである。ただ、**この目的は条**件付きのものでありうる。もし家人が目を覚ましたら殴り倒そうと鉄パイプを用意して植え込みに潜むような場合は、確定的な目的が存し本条に該当する。その意味で、事後強盗の目的での予備罪も考えられるのである。

　3　本決定は、もし誰かに発見されたときには脅して逃げるつもりで凶器を携帯して徘徊しているところを警官に職務質問された事案に関して、強盗予備罪の成立を認めた。

　4　これに対し(b)説は、事後強盗罪は、そもそも逮捕を免れるため等にとっさに暴行・脅迫を加える犯罪類型であり、そのような暴行を目的として予備をするということはありえないとする。また事後強盗は窃盗が前提であり、窃盗予備を罰しない以上、事後強盗予備を処罰するのは妥当でないとして判例を批判する。さらに、強盗予備に関する237条は、**事後強盗罪を規定した238条の前に規定されている**のであり、237条の「強盗」に事後強盗が含まれないことは明らかであるとする。

　5　しかし、たとえば、必ず警備員のいる所を通らねば脱出できないビルで窃盗を働く意図で凶器などを準備すれば、**事後強盗のための準備ということも十分考えられ**る。現に、大阪高判平成4年6月30日（判例集未登載）では、宝石店から高価な腕時計を奪うことを計画し、一方が店員の隙をみて、用意したコンクリートブロックでショーウィンドーを破壊して時計を奪い逃走し、他方が、もし追いかけてくる店員等がいれば、宝石店から少し離れた路地において暴行を加えて逮捕などを阻止し、逃走を容易にするという役割分担をしたという事案が問題となり、事後強盗を目的とする予備行為が認定されている。

　6　さらに窃盗の予備がなくとも、それとは別に事後強盗の予備という概念は、十分想定しうる。ただ、もし発見されたら確定的に事後強盗を犯す目的で準備行為を行うことは必要である。また、条文の文言は、常にその条文より前に置かれた条文の「語」を受けているとは限らないといえよう。

　7　そして、模造拳銃、刃体約14.5cmのナイフを用意して、駅近くのビルに入っており、当時でも警備員が見廻ることは広く行われていた以上、「居直り強盗（刑法236条）の目的」も認定しえたようにも思われる。

●**参考文献**●　高木俊夫・判解昭54年度331、前田雅英・警研52-7-71、中谷瑾子・判時972-194、遠藤聡太・回各7版88

184 昏酔強盗の共謀後の強取行為と承継的共同正犯

東京地判平成7年10月9日（判時1598号155頁・判タ922号292頁）　参照条文　刑法236条、239条

昏酔強盗を共謀した者の1人が暴行を加えて傷害を負わせ財物を奪った場合に、財物の奪取に関与した他の共謀者の罪責。

●事実●　同棲していたY男とZ女は、スナック経営者を睡眠薬で昏酔させ金品を奪う行為を繰り返していたが、遊び友達のX女（被告人）にも「薬飲ましてお金取っちゃおうよ」と昏酔強盗の計画を持ちかけ、3人でスナックSに行き、他の客が帰ったところで経営者Aに酒を勧め、さらにAのグラスに睡眠薬を入れて飲ませた。しかし、Aは意識が朦朧とし始めたものの、眠り込むまでには至らなかったので、Yは待ち切れず、Aの顔面を手拳で数回殴打し、さらに1回足蹴にしたため、同人は頭部顔面外傷の傷害を負い、気絶した。そして、YおよびZは、Aのバッグの中から現金等を奪い、Xも、Zに促されて、カウンターの上に置いてあったCD十数枚と、引出しの中にあった現金数千円を奪った。Xは、強盗致傷罪の共同正犯で起訴された。

●判旨●　東京地裁は、X・Y・Zに昏酔強盗の共謀を認めたが、「Xは、YがAに対して暴行を加え始めるまでの時点において、昏酔強盗の計画が暴行脅迫を手段とする強盗へと発展する可能性を認識していたとは認められず、また、Yが暴行を加えている時点においても、右暴行を認容してそれを自己の強盗の手段として利用しようとしたとまでは認められないので、XとYらとの間に暴行脅迫を手段とする強盗についての意思連絡があったと認定することはできない」とした。

　次に、「先行行為者が専ら暴行を加え、被害者の反抗を抑圧し、右暴行により傷害を与えた後に、財物奪取を共同して行った後行行為者については、強盗罪の共同正犯としての責任を負うものの、強盗致傷罪の共同正犯としての責任までは負わないものと解するのが相当である。何故なら、後行行為者は、財物奪取行為に関与した時点で、先行行為者によるそれまでの行為とその意図を認識しているのみでなく、その結果である反抗抑圧状態を自己の犯罪遂行の手段としても積極的に利用して財物奪取行為に加担しているのであるから、個人責任の原則を考慮に入れても、先行行為者の行為も含めた強盗罪の共同正犯としての責任を負わせるべきものと考えられるが、反抗抑圧状態の利用を超えて、被害者の傷害の結果についてまで積極的に利用したとはいえないのにその責任を負わせることは、個人責任の原則に反するものと考えられるからである」とし、Xには、強盗致傷罪ではなく、強盗罪の限度で共同正犯が成立するにとどまるとした。

●解説●　1　X・Y・Zの間には昏酔強盗の共謀が事前に成立し、その実行行為に着手してさらにYが強盗を行ったと認められる以上、後から財物奪取行為に関与したXは、強盗致傷罪の共同正犯に該当するようにも見える。しかし、東京地裁は、昏酔強盗とは手段方法が質的に異なっている暴行脅迫を手段とする強盗についての共謀が認められないのであれば、同暴行によって生じた致傷の結果について直ちにXに責任を負わせることはできないとする。つまり、昏酔の共謀が、事後の暴行・財物奪取行為には及んでいないと解した。

　2　Xは、睡眠薬を飲ませて眠らせた上で金品を取るという昏酔強盗の具体的な計画を持ちかけられてそれに加わっただけであり、被害者が昏酔しない場合に暴行脅迫を加えてでも財物を強取するという点を予測していなかったと認定される以上、あくまで昏酔強盗の未遂の罪責にとどめることも、十分合理性がある。

　全体を「強盗の共同正犯」と認めるには「昏酔行為と暴行以降の行為との因果性・一体性」が必要である。また、後半の暴行脅迫に関する「新たな共謀」を根拠づける事実は認められない。

　3　Xが昏酔強盗を教唆したところ、正犯者が通常の強盗を犯した場合、従来の抽象的事実の錯誤に関する判例の基準からすれば、昏酔強盗の既遂罪（教唆）が成立することになろう。ただ、このことと、本件事案において、Xに昏酔強盗の共同正犯の既遂を否定することとは、必ずしも矛盾しない。教唆と共同正犯では、処罰に必要な因果性の程度と許容される「教唆（共謀）内容と現に生じた実行行為の齟齬の程度」に差がありうる。

　4　前段の昏酔強盗と後段の強盗を分離して考えると、Yの暴行の後、XがZに促されて財物を奪った行為に関し、Xに強盗致傷罪の承継的共犯を認めるか否かが問題となる。そして、本判決は、反抗抑圧状態は積極的に利用しているから、強盗の共同正犯としての責任は負うが、傷害の結果まで積極的に利用したとはいえないから、致傷の責任を負わせるべきでないとした。

　ただ、利用関係・意思を強調していくと、Aの反抗抑圧を物陰から見ていた甲が財物を持ち去る行為も強盗になる余地が生じる。だが、甲は窃盗にしか問擬しえない。あくまでも、積極的に利用したことにより暴行脅迫に関与したのと同視しうるから強盗の共同正犯となるのである。ただ、共同正犯の場合には単独正犯に比し、因果性は若干緩やかで足りることに注意を要する（前田・参考文献486頁参照）。その意味で、共同正犯の場合には、自らは全く暴行・脅迫を行わなかったとしても、他の共同正犯者が惹起した共犯関係成立以前の反抗抑圧状態を利用して強盗を共同実行することは可能である。

●参考文献●　勝丸充啓・警論50-3-193、前田雅英・都大法学会誌38-2-477、齊藤誠二・法学新報105-4=5-321

185 窃盗と詐欺の限界

東京高判平成12年8月29日（判時1741号160頁・判タ1057号263頁）　　参照条文　刑法235条、246条

> 店員から差し出された商品を店外に持ち出した行為は、窃盗罪か詐欺罪か。

●事実●　被告人Xは、商品を詐取しようと企て、薬局店内において店主の妻Aに対し、近所の家具店の者と偽り、真実は代金支払いの意思も能力もないのに、中元の進物にする旨の嘘をいってテレホンカード80枚等を注文し、Aから枚数を確認するようにいわれると、これを手に取って数えるふりをした上、同人に対し、「今若い衆が外で待っているから、これを渡してくる。お金を今払うから、先に渡してくる」と嘘をいって、カードを店外へ持ち去った。

窃盗罪で起訴されたのに対し、原審は、Xは嘘の言葉などで店員の気をそらし、その隙に乗じてテレホンカードを持ち去ったのであるから、窃盗罪にあたると判示した。これに対しXは、詐欺罪が成立すると主張して控訴した。

●判旨●　破棄自判。「Xは、前記薬局から商品を詐取する意図のもとに、客を装って同薬局を訪れては機会を狙ううち、テレホンカードを騙し取る意思で、店番をしていたAに対し、80枚購入する旨の嘘の注文した上、さらに数日後これを受け取りに赴き、枚数を確認するようにと同人から販売ケースの上に差し出されたテレホンカードを手に取った際、……嘘を付いて、その旨誤信した同人に、テレホンカードの店外持ち出しを了解・容認させたもので、もし、AがXの申し出の嘘を見破っていれば、テレホンカードの店外持ち出しを容認せず、直ちに右申し出を拒むとともに、即時その場で代金の仕払いを要求したことは明らかである。これを要するに、Aは、Xの一連の虚言により、Xが近所の家具店の者であって、テレホンカードを購入してくれるものと誤信し、直ぐ戻って来て代金を支払う旨のXの嘘に騙されて、注文されたテレホンカード80枚をXに交付したものと認められる。したがって、Xの行為は、詐欺罪に該当することが明らかである」。

●解説●　1　1項詐欺罪は、錯誤に基づく相手方の財産的処分行為により、行為者が財物の占有を取得することが必要である。人を欺罔して注意を他にそらせその隙に財物の占有を奪う行為、たとえば商店で洋服を試着している際にちょっと用足しに行くといって逃走するような行為は、店主は洋服を一時見せただけで占有を相手に移転しておらず、騙取とはいえないから窃盗罪となる（広島高判昭30・9・6高刑8-8-1021）。

2　しかし、窃取と騙取の限界は、かなり微妙である。最判昭和26年12月14日（刑集5-13-2518）は、Yの虚言を誤信して現金を入れた風呂敷包みを被害者宅の玄関の上がり口の所に置いた後Yだけを玄関に残し、現金を事実上自由に支配することができる状態に置いたまま便所に赴いたところ、Yがその隙に現金を持って逃走したという事案に関し、詐欺罪の成立を認めた。騙取とは、犯人の施用した欺罔手段により、他人を錯誤に陥れ、財物を犯人自身またはその代人もしくは第三者に交付せしめるかあるいはこれらの者の自由支配内に置かしめることをいうのであって（大判大12・11・20刑集2-816）、Yは虚言を弄し、被害者をしてその旨誤信させた結果、同人をして任意に現金をYの事実上自由に支配することができる状態に置かせた上で、これを自己の占有内に収めたのであるから刑法246条1項にあたるとした。

3　洋服試着の事案は、欺罔して着用してもまだ被害者の占有支配も及んでおり逃走して初めて加害者が占有を取得したのに対し、最判昭和26年12月14日の事案は被害者が自らその場を離れたことにより、すでに得ていた事実上の支配を排他的にしたものであり、窃盗と評価するよりも、やはり詐欺とすべきようにも思われる。人の注意を他にそらせて占有を取得したと評価し、窃盗罪とすべきであるとの見解も有力である。

しかし、判例の用いる広い「占有概念」からすれば、走行中の貨物列車から貨物を車外に投棄した点で窃盗罪が既遂となるのと同じように、最判昭和26年12月14日の事案でも被害者は任意にYの事実支配内に置いたと評価することは十分可能である。

4　本件の場合、Aは窃盗の被害届を出し、Xも捜査段階で「店員の気をそらしその隙に乗じてテレホンカードを持ち去った」と供述をしていたが、東京高裁は事実関係を見直し、Aの処分行為があったとして詐欺罪の成立を認めた。たしかに、Aは騙されてカードの店外持ち出しを容認したのであり、それによってXはカードの占有を取得したと解するのが自然であろう。被害者の手元にある段階から釣銭が多すぎることを認識しつつ全額を受け取って持ち去る釣銭詐欺の場合と同様、1項詐欺が成立する。

5　なお、東京地八王子支判平成3年8月28日（判タ768-249）は、自動車販売店で購入客を装い車の見積書に虚偽の氏名等を書き込み、「ちょっと試乗してみたい」といって、営業員に単独試乗を勧められ、これを乗り逃げした行為について、「添乗員を付けなかった本件試乗車のZによる乗り逃げは、被害者がZに試乗車の単独乗車をさせた時点で、同車に対する占有が被害者の意思によりZに移転している」として詐欺罪の成立を認めている。自動車の有する機動性の高さを考えると、単独試乗させれば、ナンバープレートが取り付けられていても、試乗車に対する事実上の支配は失われたといえよう。

●参考文献●　山中敬一・法セ37-3-115、松下裕子・警察公論56-10-59

186 自己名義の預金通帳の交付を受ける行為と詐欺罪

最3小決平成19年7月17日（刑集61巻5号521頁・判時1985号176頁）　　参照条文　刑法246条1項

> 預金通帳を第三者に譲渡する意図を秘して、預金口座
> 開設を申し込み通帳等の交付を受ける行為と詐欺罪。

●**事実**●　被告人Xは、第三者に譲渡する預金通帳お
よびキャッシュカードを入手するため、Yと意思を通
じ、前後5回にわたり、Yにおいて、5つの銀行支店
の行員らに対し、真実は、自己名義の預金口座開設後、
同口座に係る自己名義の預金通帳およびキャッシュカー
ドを第三者に譲渡する意図であるのにこれを秘し、自己
名義の普通預金口座の開設と自己名義の預金通帳・キャッ
シュカードの交付方を申し込み、Yが、各銀行の総
合口座取引規定ないし普通預金規定等に従い、上記預金
通帳等を第三者に譲渡することなく利用するものと、行
員を誤信させ、各銀行の行員らから、Y名義の預金口
座開設に伴う同人名義の普通預金通帳1通およびキャッ
シュカード1枚の交付を受けた。さらにXは、Y・Z
と意思を通じ、Zにおいて、上記と同様に、自己名義の
普通預金口座の開設等を申し込み、Z名義の預金口座開
設に伴う同人名義の普通預金通帳1通およびキャッシュ
カード1枚の交付を受けた。

　上記各銀行においては、いずれもY・Zによる各預
金口座開設等の申込み当時、契約者に対し、総合口座取
引規定ないし普通預金規定、キャッシュカード規定等に
より、預金契約に関する一切の権利、通帳、キャッシュ
カードを名義人以外の第三者に譲渡、質入れまたは利用
させるなどすることを禁止していた。また、Y・Zに応
対した各行員は、第三者に譲渡する目的の存在がわかれ
ば、預金口座の開設や、預金通帳およびキャッシュカー
ドの交付に応じることはなかったと認定されている。

　Xに対し、第1審・原審が詐欺罪の共同正犯の成立
を認めたのに対し、Xらは自己名義で口座開設等を申
し込む行為は、詐欺罪を構成しないとして上告した。

●**決定要旨**●　上告棄却。詐欺罪の構成要件該当性に
ついて職権で、「銀行支店の行員に対し預金口座の開
設等を申し込むこと自体、申し込んだ本人がこれを自
分自身で利用する意思であることを表しているという
べきであるから、預金通帳及びキャッシュカードを第
三者に譲渡する意図であるのにこれを秘して上記申込
みを行う行為は、詐欺罪にいう人を欺く行為にほかな
らず、これにより預金通帳及びキャッシュカードの交
付を受けた行為が刑法246条1項の詐欺罪を構成する
ことは明らかである。Xの本件各行為が詐欺罪の共
謀共同正犯に当たるとした第1審判決を是認した原判
断に誤りはない」と判示した。

●**解説**●　1　最高裁は、「第三者に譲渡する目的」を
秘して通帳・キャッシュカードの交付を受けた行為を、
挙動による欺罔行為として、詐欺罪の成立を認めた。無
銭飲食における飲食物の注文の場合などと同様である。

　2　1項詐欺罪の客体は、他人の所持する他人の財物
である。ただ、刑法上の詐欺罪の客体としての財物とい
えるためには、処罰に値する程度の価値が必要である。
しかし、当該物の販売価格等の形式的な経済的価値のみ
でなく、客観的に評価しうる被害者の主観的価値や、現
実社会で用いられる利用方法とそれに基づく価値等も加
味して判断されなければならない。

　3　本件と関連して、**最決平成14年10月21日**（刑集56-
8-670）は、不正に入手した他人の国民健康保険被保険
者証を使用して同人名義の預金口座を開設し、貯蓄総合
口座通帳1冊の交付を受けたという事案に関し、「預金
通帳は、それ自体として所有権の対象となり得るもので
あるにとどまらず、これを利用して預金の預入れ、払戻
しを受けられるなどの財産的な価値を有するものと認め
られるから、他人名義で預金口座を開設し、それに伴っ
て銀行から交付される場合であっても、刑法246条1項
の財物に当たる」と明言した。

　詐欺罪の成立を否定すべきだとの見解も存在したが、
預金通帳が、振り込め詐欺等の手段として高額で取引さ
れている状況を踏まえれば、他人になりすまして預金口
座を開設して交付を受ける行為が246条1項の詐欺罪に
あたるとした判断は異論の少ないところといえよう。

　4　ただ、最決平成14年10月21日の射程は、銀行か
ら自己名義の預金通帳およびキャッシュカードの交付を
受ける行為が、欺罔行為にあたるかどうかについてまで
は及ばない。そして、平成15年1月に施行された「金
融機関等による顧客等の本人確認等に関する法律」（本
人確認法）により、マネーロンダリング防止の観点から、
取引にあたって金融機関に顧客等の本人確認が義務付け
られ、顧客等も本人特定事項を偽ってはならず、本人特
定事項を隠蔽する目的でこれに違反した者に対して罰金
が科されることになったことから、本件のような事案は、
本人確認法で対応すべきとする議論も生じた（さらに、
平成16年に同法が改正され、正当な理由のない預金通帳等の
譲渡等が広く処罰されることになった。なお、平成20年以降
は犯罪収益移転防止法違反として処罰されている）。

　5　246条1項にいう「人を欺く」とは、相手方がそ
の点に錯誤がなければ財産的処分行為をしなかったであ
ろうような重要な事実を偽ることである。本件の場合、
実行行為時に、銀行において各預金口座開設等の申込み
当時、預金契約に関する一切の権利、通帳、キャッシュ
カードを名義人以外の第三者に譲渡、質入れ等を禁止し
ており、銀行は「第三者に譲渡する目的」がわかれば、
預金口座の開設、通帳・キャッシュカードの交付に応じ
ることはなかったと認定されており、重要な事実の偽り
が存在するといえよう。不正利用を含め、口座、通帳の
「社会・経済的な価値」の高さもあり、当時の本人確認
法を超えた当罰性が存在するといえよう。

●**参考文献**●　前田厳・判解平19年度308、長井圓・平19年度重判
181、星周一郎・研修738-3、林幹人・判夕1272-62

187 第三者を搭乗させる意図で搭乗券の交付を受ける行為と詐欺

最1小決平成22年7月29日（刑集64巻5号829頁・判時2101号160頁）　　参照条文　刑法246条1項

> 第三者を搭乗させる意図を秘して自己に対する搭乗券の交付を受ける行為は、詐欺罪にあたるか。

●事実●　被告人Xは、Bらと共謀の上、航空機によりカナダへの不法入国を企図している中国人Yのため、航空会社係員を欺いて、関西国際空港発バンクーバー行きの搭乗券を交付させようと企てた。Bは、同空港のトランジット・エリア内で待機しているYに交付し、同人を搭乗者として登録されているBとして航空機に搭乗させてカナダに不法入国させる意図であるのにその情を秘し、あたかもBが搭乗するかのように装い、チェックイン・カウンターにおいて係員にBに対する航空券および日本国旅券を呈示して、搭乗券の交付を請求し、同係員をしてその旨誤信させて搭乗券1枚を交付させた。

　航空券に氏名が記載されている乗客以外の者の航空機への搭乗が、航空機の運航の安全上重大な弊害をもたらす危険性を含み、カナダ政府から、同国への不法入国を防止するために搭乗券の発券を適切に行うことを義務付けられており、それにより当該乗客以外の者を航空機に搭乗させないことが**航空運送事業の経営上重要性**を有していた等の理由から、航空券および搭乗券にはいずれも乗客の氏名が記載されており、本件航空係員らは、旅券の氏名および写真と航空券記載の乗客の氏名および当該請求者の容貌とを対照して、当該請求者が当該乗客本人であることを確認した上で、搭乗券を交付することとされ、確認ができない場合には搭乗券を交付することはなかった。そして、本件係員らは、搭乗券の交付を請求する者がこれをさらに他の者に渡して当該乗客以外の者を搭乗させる意図を有していることがわかっていれば、その交付に応じることはなかったと認定されている。

　第1審・原審とも、詐欺罪の成立を認めたので、X側が上告。

●決定要旨●　上告棄却。「以上のような事実関係からすれば、搭乗券の交付を請求する者自身が航空機に**搭乗するかどうか**は、本件係員らにおいてその交付の判断の基礎となる重要な事項であるというべきであるから、自己に対する搭乗券を他の者に渡してその者を搭乗させる意図であるのにこれを秘して本件係員らに対してその搭乗券の交付を請求する行為は、**詐欺罪にいう人を欺く行為にほかならず**、これによりその交付を受けた行為が刑法246条1項の詐欺罪を構成することは明らかである。Xの本件各行為が詐欺罪の共同正犯に当たるとした第1審判決を是認した原判断は正当である」。

●解説●　1　判例は、詐欺罪の成否を、「欺罔行為」「欺く行為」の有無を中心に判定する。その際に、判断の決め手になるのは重要な事項について欺いたかどうかである。そして、**重要な事項とは、被害者がそれについ**て本当のことを知ったならば処分（交付）しないであろうような事項なのである。その意味で、判例は、詐欺罪を「欺く罪」と捉えているといってよい。詐欺罪事犯の増加と社会における詐欺行為者に対する厳しい評価は、今後しばらくは続くように思われる。

　2　ただ、判例の中には、医師であると偽り適切な薬を販売した事案に関し、詐欺罪の成立を否定したものがあった（大決昭3・12・21刑集7-772）。判例が本権説を採用し、財産犯の処罰範囲を限定的に捉えていた時期のものではあるが、判例は、「本当のことを知ったら売らなかったであろう場合」のすべてを、財産犯として処罰する必要があるとは考えなかった時期も存在したといえよう。

　その意味でも、詐欺罪の保護法益を財産的なものにのみ局限すべきではないが、判例は現在でも、詐欺罪の財産犯的側面を重視しているといえよう。

　3　問題は、財産侵害の実質的理解である。大決昭和3年12月21日のように適切な薬が得られれば財産的損害はないともいえるが、有名な商標を偽造して同一の効能の薬品を販売すれば、社会通念上ブランド品の方が経済的価値を有するので、損害は認められる（大判昭8・2・15刑集12-126）。また、医師であると詐称して病院に勤務し診療行為に対する報酬として給料等の支払いを受けたような場合も、詐欺罪が成立するのは当然のように思われる（東京高判昭59・10・29判時1151-160）。

　4　しかし、**最決平成19年7月17日【186】**は、預金通帳等を第三者に譲渡する意図を秘して銀行の行員に自己名義の預金口座の開設等を申し込み預金通帳等の交付を受ける行為は、詐欺罪（刑法246条1項）にあたるとしている。通帳が一定の「経済価値」を有することもあるが、「より希薄な財産的価値」について、詐欺罪が成立するとされた。

　5　本決定は、「自己に対する搭乗券を他の者に渡してその者を搭乗させる意図であるのにこれを秘して本件係員らに対してその搭乗券の交付を請求する行為は、詐欺罪にいう人を欺く行為にほかなら」ないとしている。

　そこでは、カナダ政府から不法入国を防止するために搭乗券の発券を適切に行うことを義務付けられ、当該乗客以外の者を航空機に搭乗させないことが航空運送事業の経営上重要性を有していたということが強調されている。背後には、航空による運輸の安全性の確保の重要性が存在するが、被害会社の「航空運送事業の経営上」の重要性も考慮されている。

　本人の同意があろうと第三者が搭乗することを秘して航空券を購入することは、現在の制度を前提とする限り、詐欺罪を構成するだけの実質的経済的損害は認められるとも考えうるのである。

●参考文献●　増田啓祐・判解平22年度171、前田・最新判例分析197、藤井敏明・J1288-139、小田直樹・[百]各8版102、和田俊憲・平22年度重判212、田山聡美・判評659-34

188 自己名義の口座に振り込まれた資金の払出し

最2小決平成19年7月10日（刑集61巻5号405頁・判時1983号176頁）　　参照条文　刑法246条1項

> 公共工事の請負者が、地方公共団体から使途を限定して請負者名義の預金口座に振り込まれた前払金につき、下請業者に対する支払いと偽って払出しを受ける行為は、詐欺罪に該当するか。

●事実●　建設業を営む被告人Xは、H市から下水道工事を受注し、その前払金として480万円の振込みを受けたが、うち400万円は下請業者に対する支払分であった。前払金は、「公共工事の前払金保証事業に関する法律」に基づき国土交通大臣の登録を受けた保証事業会社の保証を条件に発注者である市等から請負代金の一部の前払いを受ける制度であり、その制度趣旨や市との契約等により、前払金を受けた業者は、その使途を前払金の本来の目的に適正に使用することが義務付けられており、また、目的外使用がないようにするため、振込先自体も保証事業会社との間であらかじめ振り込まれた前払金の払出管理を適正に行う旨の業務委託契約を結んだ指定金融機関の前払金専用口座に限定されていた。

　Xは、本件下水道工事の前払金を上記目的外の自己の資金繰りのために使用しようと考え、自己名義の前払金専用口座に振り込まれた480万円を引き出そうとしたが、銀行係員から、下請代金分として前払いされた400万円については、下請業者への支払い（具体的には下請業者C土木名義の預金口座への振込み）でなければ払出しに応じられないと断られた。そこで、下請業者に無断で同業者名義の口座を開設した上、下請業者への支払いであると銀行係員を欺いて、当該口座へ振込入金させた。この行為が詐欺罪にあたるとして起訴された。

　Xは、①自己名義の口座へ適正に入金された金員の払出しを受けただけであり、②銀行にも財産上の実害が生じていないから詐欺罪にあたらないと争ったが、第1審・原審とも詐欺罪の成立を認めた。これに対し、Xが改めて、①実質的には、社会通念上、X自身の金とみなされるべきものを動かしただけにすぎず、②前払金制度の適正という国家的法益が侵害されたにとどまる等として上告した。

●決定要旨●　上告棄却。最高裁は、適法な上告理由にあたらないとした上で、詐欺罪の成否について、次のように判示した。「Xは、A建設X名義の前払金専用口座に入金された金員について、前払金としての使途に適正に使用し、それ以外の用途に使用しないことをH市及び保証事業会社との間でそれぞれ約しており、B銀行F支店との関係においても同口座の預金を自由に払い出すことはできず、あらかじめ提出した『前払金使途内訳明細書』と払出請求時に提出する『前払金払出依頼書』の内容が符合する場合に限り、その限度で払出しを受けられるにすぎないのであるから、同口座に入金された金員は、同口座からXに払い出されることによって、初めてXの固有財産に帰属することになる関係にある（最判平14・1・17民集56-1-20参照）。すなわち、上記前払金専用口座に入金されている金員は、いまだXにおいて自己の財産とし

て自由に処分できるものではない。一方、B銀行F支店も、保証事業会社との間で、前払金専用口座に入金された金員の支払に当たって、Xの払出請求の内容を審査し、使途が契約内容に適合する場合に限って払出しに応じることを約しており、同口座の預金を予定された使途に従って使用されるように管理する義務を負っている。そうすると、Xらにおいて、A建設の運転資金に充てる意図であるのに、その意図を秘して虚偽の払出請求をし、同支店の係員をして、下請業者に対する前払金の支払と誤信させて同口座から前記C土木名義の口座に400万円を振込入金させたことは、同支店の上記預金に対する管理を侵害して払出しに係る金員を領得したものであり、詐欺罪に該当するものというべきである」。

●解説●　1　本件は自己の口座に振り込まれている前払金の払出行為であり、被害者たる銀行には損害の発生がなく、前払金制度の適正という国家的法益侵害が詐欺罪を構成するかという問題ともいえる（【198】参照）。

　2　本決定は、財産的損害の有無に関し、銀行として、前払金口座の預金について、予定された使途に従って適正に使用されるように管理する義務を負っていることから、Xの欺罔行為によりその「管理」が侵害されたことを捉えて、銀行を被害者とする詐欺が成立するとした。

　3　本件では、前払金の使途が厳格に定められており、実際に当該銀行においても、それ以外の払出しを拒否しているという事実が重要である。そして、このような事情は、当該銀行の内部的な規定に違反しているにとどまらず、市および保証事業会社との契約上厳格に規制されたものであった。銀行がこのような義務を負っているからこそ、形式上Xの口座の金員をX自身が払い出す行為についても、銀行に財産上の損害が認められるのである（封鎖預金について事実を偽って払出しを受けた事例については、自己名義であっても詐欺罪の成立が認められてきた（最判昭25・3・23刑集4-3-382））。

　4　本決定は、その前提として、前払金口座に振り込まれた金員に関する法律関係について、「前払金が前払金専用の預金口座に振り込まれただけでは請負代金の支払があったとはいえず、上記口座から請負業者に払い出されることによって、請負業者の固有財産に帰属する」（前掲最判平14・1・17）という民事判例を引用して、前払金口座に振り込まれた金員は、その段階ではXが自己の財産として自由に処分できるものではない旨を判示している。そもそも、X自身の金員を移動させただけとはいえないことになる。

　5　誤振込みであることを知りつつ払戻しを受けた事例につき、詐欺罪の成立を認めた最決平成15年3月12日【152】も、外形上は口座に入金されたことにより預金債権を取得するとはいえ、振込人との間の原因関係がなく、本来は誤振込みを訂正回復すべきものであるということで、詐欺罪の成立を認めている。

●参考文献●　井上弘通・判解平19年度243、木村光江・曹時60-4-1

189　暴力団員の銀行口座開設行為と詐欺罪

最 2 小決平成26年 4 月 7 日（刑集68巻 4 号715頁・判時2228号129頁）　　参照条文　刑法246条 1 項

> 暴力団員であることを秘して金融機関に口座を開設し
> 預金通帳を取得する行為は、詐欺罪を構成するか。

●事実●　暴力団員である被告人 X が、母親からの送金を受け取る目的で、自己名義の総合口座通帳およびキャッシュカードを取得するため、郵便局員に対し、真実は自己が暴力団員であるのにこれを秘し、総合口座利用申込書の「私は、申込書 3 枚目裏面の内容（反社会的勢力でないことなど）を表明・確約した上、申込みます」と記載のある「おなまえ」欄に自己の氏名を記入するなどして、自己が暴力団員でないものと装い、前記申込書を提出して X 名義の総合口座の開設と総合口座通帳等の交付を申し込み、局員らに X が暴力団員でないものと誤信させて X 名義の総合口座通帳 1 通の交付を受け、さらに、キャッシュカード 1 枚の郵送交付を受けた。第 1 審・原審が、これらの行為に詐欺罪（ 1 項）の成立を認めたのに対し、X 側が上告した。

●決定要旨●　上告棄却。最高裁は、①平成19年 6 月に、政府が「企業が反社会的勢力による被害を防止するための指針」等を策定したこと、②本件銀行においては、平成22年 4 月 1 日、預金者が暴力団員を含む反社会的勢力に該当する場合には、貯金の新規預入申込みを拒絶することとし、③同年 5 月 6 日からは、申込者に対し、通常貯金等の新規申込み時に、暴力団員を含む反社会的勢力でないこと等の表明、確約を求め、利用者が反社会的勢力に属する疑いがあるときには、関係警察署等に照会、確認することとし、そして、④本件当時に利用されていた総合口座利用申込書には、1 枚目の「おなまえ」欄の枠内に「私は、申込書 3 枚目裏面の内容（反社会的勢力でないこと等）を表明・確約した上、申込みます」と記載があり、3 枚目裏面には、「反社会的勢力ではないことの表明・確約について」との標題の下、自己が暴力団員等でないことなどを表明、確約し、これが虚偽であること等が判明した場合には、貯金の取扱いが停止され、または、全額払戻しされても異議を述べないことなどが記載されていたという事実を指摘した。さらに、⑤ X に応対した局員は、本件申込みの際、X に対し、前記申込書 3 枚目裏面の記述を指でなぞって示すなどの方法により、暴力団員等の反社会的勢力でないことを確認しており、その時点で、X が暴力団員だと分かっていれば、総合口座の開設や、総合口座通帳およびキャッシュカードの交付に応じることはなかったという事実を、第 1 審、原審を踏まえて確認した上で、以下のように判示した。

「総合口座の開設並びにこれに伴う総合口座通帳及びキャッシュカードの交付を申し込む者が暴力団員を含む反社会的勢力であるかどうかは、本件局員らにおいてその交付の判断の基礎となる重要な事項であると

いうべきであるから、暴力団員である者が、自己が暴力団員でないことを表明、確約して上記申込みを行う行為は、詐欺罪にいう人を欺く行為に当たり、これにより総合口座通帳及びキャッシュカードの交付を受けた行為が刑法246条 1 項の詐欺罪を構成することは明らかである」。

●解説●　1　詐欺罪の成否に関し、財物の交付者をしてその交付の判断の基礎となる重要な事項について錯誤に陥らせるに足りる行為は、欺罔行為に該当すると解されている（【187】参照）。重要な事項とは「本当のことを知ったら処分しなかった事情」である。

　錯誤の内容を、直接的に財産に関わるものに限定する説もあるが（法益関係的錯誤説）、判例は、財産や取引と直接関係しない事項の錯誤も含むとする。

　2　それ故、本件でも、暴力団員であるかどうかは、総合口座通帳やキャッシュカードの交付の判断の基礎となる重要な事項であるというべきであるから、自己が暴力団員でないことを表明・確約して上記申込みを行う行為は、詐欺罪にいう人を欺く行為にあたるとされた。

　3　本件類似の事案に関し、大阪高判平成25年 7 月 2 日（高刑66-3-8）は、「反社会的勢力との取引を拒絶することは、本件信用金庫にとって経営上重要性のある事項であったといえる。そのため、同金庫の係員らにおいて、預金者が反社会的勢力に属しないことを確認できなければ、当該預金者と預金取引を開始し又は継続することはなく、新たに預金通帳を交付することもなかった」とし、「反社会的勢力ではない旨の表明・確約印欄に押印した本件届出事項変更届等を提出した本件各行為は、詐欺罪における人を欺く行為に該当すると解される」と判示し、最高裁でもその判断は維持された。

　4　一方、銀行の通帳等の交付を受けることに関しては、すでに最決平成19年 7 月17日（【186】）が、第三者に譲渡する意図を隠して口座開設等を申し込む行為が詐欺罪にいう人を欺く行為にあたるとしていた。いわゆる振り込め詐欺に預金口座が不正利用されている状況を背景に、口座の利用主体を厳格に把握する要請が顕在化したものであった。

　5　この点、本件は、X が郷里の母親から保険の満期払戻金を受領する便宜のために口座開設等を申し込んだ事案で、X 自身が当該口座を利用するつもりであり、【186】以上に、口座名義人と口座利用主体の齟齬は少ない事案であり、その意味で詐欺罪の処罰範囲を拡げたものといってよい。

　6　現在の金融機関の暴力団対策を前提とする限り、積極的に「暴力団員ではない」と表明しなくても、暴力団排除の文言を確認した上で署名するなどすれば、挙動による欺罔行為を構成することが確立したといってよい。

●参考文献●　駒田秀和・判解平26年度185、林陽一・平26年度重判170、末道康之・判評679-19、松本麗・研修810-17、前田雅英・捜査研究759-22

190 暴力団員のゴルフ場利用と詐欺罪

最2小判平成26年3月28日（刑集68巻3号582頁・判時2244号121頁）　　参照条文　刑法246条2項

暴力団員であることを秘しゴルフ場を利用することと詐欺罪。

●事実● 被告人X（暴力団員）は、D（暴力団員）と共謀の上、暴力団員の利用を禁止しているB倶楽部において従業員に対し、暴力団員であることを秘し、Dが「D」と署名し、Xが「A」と署名した「ビジター受付表」をそれぞれ提出して、XおよびDによる施設利用を申し込み、XおよびDが暴力団員ではないと従業員に誤信させ、XおよびDと同倶楽部との間でゴルフ場利用契約を成立させて同施設を利用し、利用約款等により暴力団員の利用を禁止しているCクラブにおいて、EとともにXが暴力団員であることを秘し、Xが「A」と署名した「ビジター控え」を提出してXによる施設利用を申し込み、Xが暴力団員ではないと従業員に誤信させ、Xと同クラブとの間にゴルフ場利用契約を成立させて同施設を利用し、それぞれ人を欺いて財産上不法の利益を得たというものである。

第1審は、暴力団員であることを秘してした施設利用申込み行為自体が、挙動による欺罔行為として、申込者が暴力団関係者でないとの積極的な意思表示を伴うものと評価でき、各ゴルフ場の利便提供の許否判断の基礎となる重要な事項を偽るものであって、詐欺罪にいう人を欺く行為にあたるとした。Xからの控訴に対し、原審も、第1審判決の認定を是認し、控訴を棄却した。

●判旨● 破棄自判。最高裁は、ビジター受付表に暴力団関係者であるか否かを確認する欄はなく、その他暴力団関係者でないことを誓約させる措置は講じられていなかったし、暴力団関係者でないかを従業員が確認したり、Xらが自ら暴力団関係者でない旨虚偽の申出をしたりすることもなかったことや、ビジター利用客のみによる施設利用を認めていたこと、また、「暴力団関係者の立入りプレーお断り」という立看板以上に暴力団関係者でないことを確認する措置は講じておらず、周辺のゴルフ場で暴力団関係者の施設利用を許可・黙認する例が多数あり、Xらも同様の経験をしていたことなどを認定した上で、「上記の事実関係の下において、暴力団関係者であるビジター利用客が、暴力団関係者であることを申告せずに、一般の利用客と同様に、氏名を含む所定事項を偽りなく記入した『ビジター受付表』等をフロント係の従業員に提出して施設利用を申し込む行為自体は、申込者が当該ゴルフ場の施設を通常の方法で利用し、利用後に所定の料金を支払う旨の意思を表すものではあるが、それ以上に申込者が当然に暴力団関係者でないことまで表しているとは認められない。そうすると、本件におけるX及びDによる本件各ゴルフ場の各施設利用申込み行為は、詐欺罪にいう人を欺く行為には当たらないと

いうべきである。なお、Cクラブの施設利用については、ビジター利用客であるXによる申込み行為自体が実行行為とされており、会員であるEの予約等の存在を前提としているが、この予約等に同伴者が暴力団関係者でないことの保証の趣旨を明確に読み取れるかは疑問もあり、また、Xにおいて、Eに働き掛けて予約等をさせたわけではなく、その他このような予約等がされている状況を積極的に利用したという事情は認められない。これをもって自己が暴力団関係者でないことの意思表示まで包含する挙動があったと評価することは困難である」とし、第1審判決および原判決は破棄しなければならず、すでに検察官による立証は尽くされているので、自判してXに対し無罪の言渡しをした。

●解説● 1 最高裁第2小法廷は、本件と同日に、暴力団員であることを秘してのゴルフ場利用行為が2項詐欺罪に該当するという判断を示している（最判平成26年3月28日刑集68-3-646：Ⅱ判決）。これにより暴力団員の利用を明確に排除している施設を、暴力団員であることを秘して利用する場合を詐欺罪で処罰することがほぼ確立したといってよい。ただ、本件事案に関しては、施設の暴力団排除の「取組みの不十分さ」を理由に詐欺罪の成立を否定している。

2 Ⅱ判決は、「入会の際に暴力団関係者の同伴、紹介をしない旨誓約していた者が同伴者の施設利用を申し込むこと自体、その同伴者が暴力団関係者でないことを保証する旨の意思を表しており、暴力団関係者かどうかは施設利用の許否の判断の基礎となる重要な事項であり、暴力団関係者であることを申告せずに施設利用を申し込む行為は『人を欺く行為』に当たる」とした。これに対し、本判決は、ビジター利用客が暴力団関係者であることを申告せずに、施設利用を申し込む行為自体は、申込者が当然に暴力団関係者でないことまで表しているとは認められず人を欺く行為にはあたらないとしたのである。

3 現在でも、暴力団関係者排除の表示などのないゴルフ場があったと仮定した場合、暴力団員が自己の名でビジターとしてプレーすれば、詐欺罪は成立しえない。もちろん、ゴルフ場においては、暴力団員か否かは、重要な事項であり、「暴力団員でないと積極的に表示したと同視できるような事情」があれば、欺罔行為となる。しかし、積極的に欺罔しなくても、黙っていただけで挙動による欺罔に該当する場合は存在しうる。問題は、クラブ側の排除措置・暴力団排除意思の明示の程度である。本件では、「暴力団お断り」の立看板以上の措置が十分講じられていなかったため、挙動による欺罔とまでは認定されなかった。

● 参考文献 ● 野原敏郎・判解平26年度125、林美月子・平26年度重判167、前田雅英・捜査研究759-22

191　特殊詐欺における詐欺の認識の認定(1)

最3小判平成30年12月11日（刑集72巻6号672頁）　　参照条文　刑法38条、246条

> 特殊詐欺における、故意の存在を強く推認させる事実
> の認識と、それを排除する事実の認識。

●**事実**●　　氏名不詳者の電話で、A（当時83歳）が老人
ホーム入居契約に名義を貸した問題を解決するために立
替金を交付する必要があるなどと誤信していたことに乗
じて、K市内のマンション301号のB宛てに現金150万
円を入れた荷物を宅配便で発送させ、Xが、同マンショ
ン305号において、荷受人Bになりすまし配達業者
からこれを受け取ったという特殊詐欺の事案である。

　第1審は、受け取った物が、詐取金でなく違法薬物や
拳銃であると認識していたとの弁解に対し、①依頼され
た「指示された場所で宅配便荷物を受け取り、指示され
た場所に運ぶ」という仕事は、正常な経済取引でなく、
違法性を帯びた犯罪行為であることが容易に認識でき、
Xもそのことを認識していたとした上で、②1か月間
に約20回も異なるマンションの空室で、異なる他人に
なりすまして荷物を受け取っており、③他人になりすま
して現金を詐取する詐欺事犯が広く報道され、④X自
身、詐取金の受取方には口座に振り込ませたり、直接現
金を受け取りに行く方法等の態様を知っていたことから
すると、荷物を受け取ることによる犯罪行為の中に詐欺
も含まれているかもしれないことを十分認識していたと
推認できるとした。

　これに対し原審は、(1)同様の形態の受領行為を繰り返
していただけでは、受け取った荷物の中身が詐取金であ
る可能性を認識していたと推認する根拠にはならず、こ
の推認を成り立たせる前提として、空室利用送付型詐欺
の横行が、報道などで広く周知されていることが必要で
あるとし、(2)本件のように宅配便を利用して空室に送付
させる詐欺の手口は、Xが認識していた直接財物を受
け取るなどの手口とは相当異質であり、自己の行為が詐
欺にあたる可能性を想起できないとし、宅配便の箱は外
形上も現金送付のイメージと結び付きにくく、詐取金の
認識を欠くとした。検察側が上告。

●**判旨**●　　最高裁は、原判決の判断は是認すること
ができないとして原審を破棄し、以下のように判示した。

　Xは、マンション空室に赴き、配達される荷物を
名宛人になりすまして受け取る行為を、「異なる場所
で異なる名宛人になりすまして同様の受領行為を多数
回繰り返し、1回につき約1万円の報酬等を受け取っ
ており、X自身、犯罪行為に加担していると認識し
ていたことを自認している。以上の事実は、荷物が詐
欺を含む犯罪に基づき送付されたことを十分に想起さ
せるものであり、本件の手口が報道等により広く社会
に周知されている状況の有無にかかわらず、それ自体
から、Xは自己の行為が詐欺に当たる可能性を認識
していたことを強く推認させるものというべきであ
る」。「原判決は、従来型の詐欺の手口を知っていたから
といって、新しい詐欺の手口に気付けたはずとはい
えないとした上、本件のように宅配便を利用して空室

に送付させる詐欺の手口と、Xが認識していた直接
財物を受け取るなどの手口は異質であり、Xにとっ
て、相当高度な抽象能力と連想能力がないと自己の行
為が詐欺に当たる可能性を想起できないとするが、上
記両手口は、多数の者が役割分担する中で、他人にな
りすまして財物を受け取るという行為を担当する点で
共通している」として原判決の推論は不合理で是認で
きないとした。

　「Xは、荷物の中身が拳銃や薬物だと思っていた旨
供述するが、荷物の中身が拳銃や薬物であることを確
認したわけでもなく、詐欺の可能性があるとの認識が
排除されたことをうかがわせる事情は見当たらない」
とし、Xは、自己の行為が詐欺にあたるかもしれな
いと認識しながら荷物を受領したと認められ、詐欺の
故意に欠けるところはなく、共犯者らとの共謀も認め
られるとした。

●**解説**●　　1　薬物事犯や特殊詐欺における故意の認定
は、①薬物の認識を強く推認させるだけの事実を認識し
ていたか、②その推認を排除するような事情があるかの
二段階で判断し（前田『刑法総論講義　7版』289頁参照）、
その判断構造は、特殊詐欺にも用いられてきている。

　2　特殊詐欺犯の受け子等は、異口同音に「詐欺とは
知らなかった」と主張するとともに、次々に新しい手口
を考案する。それは、「旧来の手口を繰り返した者も、
新しい手口が詐欺行為の一部であるとは認識し得ない」
という本件原審のような判断を導くものであった。そし
て、このような「法曹の厳格性」が、特殊詐欺の禁圧を
困難にしてきた面がある。

　3　たしかに、全く別個の手口であれば、一般人なら
ば「詐欺罪の一部を分担している」とは思わない場合も
考えられる。しかし、本判決が指摘するように、両手口
は、役割分担する中で、他人になりすまして財物を受け
取るという行為には変わりないのである。具体的な「宅
配便を利用して空室に送付させる」という手口が広く報
道されていない限り、詐欺の故意を推認できないとする
のは不合理である。そして、その推認を打ち消すには
「荷物が詐取金特殊詐欺ではないと思った」というだけ
では足りないのである。

　4　特殊詐欺に関する判例の流れの変化は、はっきり
とした。**最判平成30年12月14日**（刑集72-6-737）も、詐
欺罪の故意を否定した原審を覆した。自宅に配達される
荷物を名宛人になりすまして受け取り、回収役に渡す仕
事を複数回繰り返し、多額の報酬を受領した被告人に対
し、「詐欺等の犯罪に基づいて送付された荷物を受け取
るものであることを十分に想起させるものであり、被告
人は自己の行為が詐欺に当たる可能性を認識していたこ
とを強く推認させる」としたのである。

　そして、最判令和元年9月27日【192】も類似事案に
ついて、故意を否定した原審を破棄している。

●　**参考文献**●　　前田雅英・捜査研究68-7-14、成瀬幸典・法教
462-156、丹崎弘・研修851-33

192 特殊詐欺における詐欺の認識の認定(2)

最2小判令和元年9月27日（刑集73巻4号47頁・判時2495号93頁）　　参照条文　刑法38条、246条

> 特殊詐欺における、故意の存在を強く推認させる事実の認識と、それを排除する事実の認識の具体例。

●**事実**●　被告人Xは、(1)氏名不詳者らと共謀の上、A（当時71歳）に対し、老人介護施設入居権譲渡に関して名義貸しをしたことにより問題が生じていると申し向け、その解決のため、Tマンション1303号室B宛てに現金350万円を宅配便で送付する必要がある旨のうその電話をかけ、Aに350万円在中の荷物を発送させ、XがTマンション内宅配ボックスから荷物を取り出した。宅配業者は居住者不在の場合、荷物を宅配ボックスに入れ施錠し、不在連絡票に暗証番号を記入して名宛人の郵便受けに投函することになっており、Xは1303号室郵便受けから不在連絡票を取り、暗証番号を用いて荷物を取り出した。

(2)氏名不詳者らと共謀の上、架空の老人介護施設入居権取引をC（当時77歳）に持ちかけ、入居権譲渡対価をCに振り込む前提として、取引実績が必要なので、150万円を都内マンション居住のD宛てに宅配便で送付する必要がある旨のその内容を告げ、D宛てに150万円在中の荷物を宅配便で発送させ、Xがマンション宅配ボックス内の荷物を取り出そうとしたが、Cが警察に相談し荷物の中に偽装紙幣を入れていたため、その目的を遂げなかった。

第1審は、(2)の詐欺未遂罪の成立を認めたほか、(1)の行為実行の際、(2)詐欺未遂行為の際に通話していたのと同一の電話番号の相手と通話していた事実も踏まえ、(1)の詐欺既遂罪の成立も認めた。

Xの控訴に対し原審は、(2)の事実については第1審判決を維持したが、(1)既遂事件については詐欺の故意・共謀は認められないとした。(1)既遂事件の後に発生した(2)未遂事件の際に存在した事情から、(1)事件の故意を認定した点を問題にし、先行する詐欺既遂事件の際に当然に詐欺の故意があったとはいえないとし、(1)事件の際に認められる諸事情に限定すると、Xが「詐欺の被害者が送った荷物を取り出しているのかもしれない」という認識に至ると推認することはできず、最低限、以前から同じような取出しを繰り返していたとか、別のマンションでも同じような取出しをしていたなどの事実が加わらなければ、詐欺の故意の推認に結び付かないとした。検察側が上告。

●**判旨**●　最高裁は、原審判断を覆し、(1)詐欺既遂事件についても、Xの詐欺の故意および共謀を認めうるとした。

「Xは、依頼を受け、他人の郵便受けの投入口から不在連絡票を取り出すという著しく不自然な方法を用いて、宅配ボックスから荷物を取り出した上、これを回収役に引き渡しており、……依頼者が本件マンションの居住者ではないにもかかわらず、居住者を名宛人として送付された荷物を受け取ろうとしていることを認識していたものと合理的に推認することができる。以上によれば、Xは、送り主は本件マンションに居住する名宛人が荷物を受け取るなどと誤信して荷物を送付したものであって、自己が受け取る荷物が詐欺に

基づいて送付されたものである可能性を認識していたことも推認できるというべきである」と判示した。

原判決は、(1)詐欺既遂事件の際に存在した諸事情に限定して詐欺の故意を検討すると、「最低限、以前から同じような取出しを繰り返していたとか、別のマンションでも同じような取出しをしていたなどの事実が加わらなければ、詐欺の被害者が送った荷物を取り出しているのかもしれないという、詐欺の故意に結び付く発想には至らないというが、事後的な事情を含めて詐欺の故意を推認することができる場合もあり得る上、以上のような本件の事実関係に照らせば、原判決が指摘する事実は、Xの詐欺の故意を推認するのに不可欠なものとはいえない」とし、詐欺の可能性の認識を排除するような事情も見当たらないとして、詐欺既遂罪の成立も認めた。

●**解説**●　1　判例は、「だまされたふり作戦」などにより、現金でなく偽装紙幣を入れていた荷物を受領する行為につき、「承継的共犯」の議論を介在することなく詐欺未遂罪の成立を認める（**【86】**）。本件(2)の事案にも、詐欺未遂罪成立が認められており、「欺罔行為と一体のものとして予定されていた受領行為に関与した以上、欺罔行為の点も含めた詐欺行為につき、詐欺未遂罪の共同正犯としての責任を負う」という処理は定着したものといえよう。

2　特殊詐欺における故意の認定は、①特殊詐欺行為の存在の認識を強く推認させるだけの事実を認識していたか、②その推認を排除するような事情があるかの二段階で判断するようになってきている（**【191】** 参照）。

本判決は、(1)の事実の段階では詐欺の故意は認定しえないとした原審の判断を覆し、**【191】**に示された「積極的故意認定」の傾向を維持した。

3　第1審は、(1)の詐欺既遂事件と(2)の詐欺未遂事件が同一の詐欺グループによる犯行と推認され、(1)詐欺既遂事件において、(2)詐欺未遂事件と同一の電話番号の相手と通話していた事実を重視していたのに対し、原審は、(1)の行為後の(2)に関わる事実を、(1)の詐欺既遂罪の故意の認定には用いえないとした。

4　これに対し最高裁は、事後的な事情を含めて詐欺の故意を推認することができる場合もありうるとした上で、「以前から同じような取出しを繰り返していたとか、別のマンションでも同じような取出しをしていたなどの事実」は本件故意の認定には、必ずしも必要ないとした。

5　①他人の郵便受けの投入口から不在連絡票を取り出すという著しく不自然な方法が用いられ、②居住者でない依頼者が、居住者宛に送付された荷物を受け取ることの認識を合理的に推認することができ、③送り主はマンション居住名宛人が受け取ると誤信して送付したもので、④詐欺に基づいて送付されたものである可能性を認識していたと推認できるとしたのである。

多数の特殊詐欺事犯の、多様な手口が報道されるようになって以降、本判決の推論は十分な説得性を有する。

●**参考文献**●　前田雅英・捜査研究832-2、吉戒純一・J1558-102、成瀬幸典・令2年度重判116、十河太朗・法教473-131、品田智史・法セ781-123

193 無銭飲食・宿泊と処分意思

最1小決昭和30年7月7日（刑集9巻9号1856頁・判時57号29頁）　　参照条文　刑法246条

> 無銭飲食・宿泊と詐欺罪成立の時期。

●事実●　被告人Xは所持金を持たずまた代金支払いの意思がないにもかかわらず、そうでない者のように装って料亭T方に昭和27年9月20日から同月22日まで宿泊し、その間に飲食を3回行った。そして、自動車で帰宅する知人を見送ると料亭の者を騙して外出したまま逃走し、代金3万2290円の支払いを免れた。

第1審・原審が詐欺罪の成立を認めたのに対し、X側が上告した。

●決定要旨●　上告棄却。「刑法246条2項にいわゆる『財産上不法の利益を得』とは、同法236条2項のそれとはその趣を異にし、すべて相手方の意思によって財産上不法の利益を得る場合をいうものである。従って、詐欺罪で得た財産上不法の利益が、債務の支払を免れたことであるとするには、相手方たる債権者を欺罔して債務免除の意思表示をなさしめることを要するものであって、単に逃走して事実上支払をしなかっただけで足りるものではないと解すべきである。されば、原判決が『（第1審）判示のような飲食、宿泊をなした後、自動車で帰宅する知人を見送ると申欺いて被害者方の店先に立出でたまま逃走したこと』をもって代金支払を免れた詐欺罪の既遂と解したことは失当であるといわなければならない」。しかし、本件では、「逃亡前すでにAを欺罔して、代金32,290円に相当する宿泊、飲食等をしたときに刑法246条の詐欺罪が既遂に達した」と認めることができる。

●解説●　1　詐欺とは、人を欺いて財物を交付させ、その占有を取得し、ないしは財産上の利益を得ることである。

無銭飲食の場合、①注文し飲食する時点と、②代金・料金を支払わずに逃走する時点の2箇所で詐欺罪の成立が考えられる。そして、①の場合の欺罔行為は、支払い意思がないのに注文する行為であり、食事を一部食した時点で既遂に達する（1項詐欺）。②の場合には、代金支払いを免れるための欺す行為が認定された場合には、2項詐欺罪が成立しうる。しかし、そのためには被害者側の財産処分行為の有無が問題となる。また、欺罔して食事をし、さらに欺罔行為により支払いを免れても、①の1項詐欺一罪が成立するのみである。

2　欺罔の手段には、不作為も含まれる。本件最高裁決定は、はじめから踏み倒す意思で飲食・宿泊し、友人を見送ると偽って荷物を残したまま逃走した事案に関して、代金支払い意思のないことを隠して飲食・宿泊する行為を捉えて詐欺罪の成立を認めた。これは不作為の欺罔のように見えるが、判例は、「支払い意思がないのに注文したり宿泊したりする行為」そのものが挙動による欺罔行為だとする。つまり作為の欺罔だとするのである。これを不作為として構成すると、飲食・宿泊の際に、支払う旨明言する作為義務が生じてしまい不都合だと解されている。

3　詐欺罪解釈において、処分（交付）行為は、条文には規定されていないが重要な要件とされている。詐欺と窃盗の限界を画するものとして、必須のものといえよう。ただ、処分行為の概念は、徐々に弛緩する傾向が見られる。処分行為の概念を緩めることにより、キセル乗車等の利益を不当に得る当罰性の高い行為を詐欺罪として処罰するためである。

4　処分行為の主観面としての処分意思は財物の占有ないし利益の移転とその結果を認識することである。処分行為が外形上存在しても真正な意思に基づかない場合は詐欺罪でない。欺罔手段を用いて奪ったように見えても、処分意思を持ちえない幼児や精神障害者から取る行為は窃盗である。また、酩酊している者に「記念にサインしてくれ」といって債務免除の書類に署名させる行為は、真実の意味がわかっていないので、処分意思を欠き処分行為とはいえず詐欺罪とはならない。

5　判例は、かつてかなり明確な処分行為・処分意思の存在を要求していた。本決定は、その典型といえよう。債務の支払いを免れ財産上の利益を得たというためには、債権者に債務免除の意思表示をさせることが必要であるとしたのである。単に逃走して事実上支払いをしなかっただけでは足りないとし、逃走時点における処分行為の存在を否定した。

ただ、その後の下級審判例の中には、類似の事案に関し、錯誤に陥り即時になすべき支払請求をしないという処分行為により支払いを免れたとして詐欺罪の成立を認めたものもある（仙台高判昭30・7・19高裁刑裁特2-16=17-821、東京高判昭33・7・7高裁刑裁特5-8-313）。さらに、キセル乗車に関する判例の動向などからも、本決定から半世紀以上経った現時点において、最高裁がなお「債務免除の意思表示」を絶対的な要件とするとは言い切れないように思われる。

●参考文献●　寺尾正二・判解昭30年度201、同・曹時7-9-103、高山佳奈子・圖各8版108

194 ローンカードの詐取と現金引出し行為

最3小決平成14年2月8日（刑集56巻2号71頁・判時1777号159頁）　参照条文　刑法235条、246条

消費者金融会社の係員を欺き、他人名義でカードロー
ンに関する基本契約を締結してローンカードの交付を
受けた者が、その直後にそのカードを同社のATMに
挿入してこれを操作し、現金を引き出した場合、詐欺
罪に加えて窃盗罪も成立するか。

●事実●　被告人Xは、他人になりすまし、A社から
ローンカードの交付を受けた上、同カードを利用して同
社のATMから現金を引き出そうと企て、T市内の無
人契約機コーナーに設置された無人契約機を介して、不
正に入手した他人名義の自動車運転免許証により氏名等
を偽るなどして、M市内の同社サービスセンターにい
る同社係員を欺き、他人名義で同社と上記基本契約を締
結した上、同係員からローンカードの交付を受け、その
約5分後に、同カードを同無人契約機コーナー内に設置
されたATMに挿入し、同機を操作して作動させ、同
機から現金20万円を引き出した。以上の行為が、詐欺
罪と窃盗罪にあたるとして起訴された。

A社とカードローンに関する基本契約を締結して、
同社から融資用キャッシングカード（ローンカード）を
交付されたカードローン契約者は、同カードを同社の各
店舗に設置されたATMに挿入して同機を操作する方
法により、契約極度額の範囲内で何回でも繰り返し金員
を借り入れることができるという権利を有する。一方、
同社は、同契約者が上記のような権利を行使しなければ、
同契約者に対し金員を貸し付ける義務を負わない。また、
同社発行に係るローンカードの所持人が、同社の各店舗
に設置されたATMに同カードを挿入し、暗証番号を
正しく入力したときには、たとえその者が同カードの正
当な所持人でなかったとしても、ATMにより、自動
的に貸付金相当額の現金が交付される仕組みになってい
る。

Xは、第1審・原審を通じて、カード交付手続と現
金引き出しは一体であるから、詐欺罪に加え窃盗罪の成
立を認めるべきではないと主張したが、第1審・原審は
これを退けた。X側が上告。

●決定要旨●　上告棄却。上告趣意においても詐欺罪
のみしか成立しないと主張したのに対し、最高裁は以
下のように判示した。「上記のようなカードローン契
約の法的性質、ローンカードの利用方法、機能及び財
物性などにかんがみると、同社係員を欺いて同カード
を交付させる行為と、同カードを利用して現金自動入
出機から現金を引き出す行為は、社会通念上別個の行
為類型に属するものであるというべきである。上記基
本契約の締結及びローンカードの交付を担当した同社
係員は、これらの行為により、上記無人契約機コーナ
ー内に設置された現金自動入出機内の現金をXに対

して交付するという処分行為をしたものとは認められ
ず、Xは、このような機能を持つ重要な財物である
同カードの交付を受けた上、同カードを現金自動入出
機に挿入し、自ら同機を操作し作動させて現金を引き
出したものと認められる。したがって、Xに対し、
同社係員を欺いて同カードを交付させた点につき詐欺
罪の成立を認めるとともに、同カードを利用して現金
自動入出機から現金を引き出した点につき窃盗罪の成
立を認めた原判決の判断は、正当である」。

●解説●　1　カードの騙取から現金の引き出しに至る
本件の一連の行為は、(a)消費者金融の係員が直接応対し
て、Xの欺罔により錯誤に陥りその結果その場で直ちに
現金を交付する場合と同一と評価できるとも考えられる。
特に、カードの交付を受けた直後にその同一の建物内で、
しかもカードを交付した係員の面前でATMから現金
を引き出したような場合や、カードを交付した係員が
ATMのそばでその操作方法を犯人に指導したような
場合には、係員がATMを自分の手足として用いて現
金を交付したものと解されるであろう。

2　しかし、(b)係員を欺罔してカードを交付させる行
為は、人を相手方とする詐欺行為であるのに対し、現金
引出行為は、機械を操作して作動させる行為であって、
両行為は性質を異にし、別個の犯罪を構成するともいえ
る。また、ローンカードは、単なるローンの際の本人確
認のための道具に尽きるものではなく、社会生活上にお
いて様々な不正使用が想定されることからすると、カー
ド入手行為自体を重要な社会的行為として評価する方が
相当であろう。

3　さらにカードローンは、利用限度額の範囲内でい
つでも何回でも、各店舗に設置されたATMを利用し
て融資を受けることができるという方式のものである。
カード入手後相当期間を経てから現金を引き出すことも、
またカードの交付地からかなり離れた場所で現金を引き
出すこともまれではないであろう。そうだとすれば、カ
ードの交付を受ける行為と現金引出行為とを、一罪とし
て評価されるほどの連続した行為であるとすることはで
きない。

4　顧客がローンカードをATMに挿入して操作す
る行為があって初めて、消費者金融会社は、顧客に対し
金員を交付する具体的かつ現実的な義務を負うと解され
ている。現金を交付するか否かの判断作用を担当するの
は、あくまでもATMという機械であって、係員では
ないとされており、消費者金融会社係員が20万円をX
に交付したと構成することは困難である。やはり、詐欺
罪に加えて窃盗罪も成立すると考えられる。

● 参考文献 ●　平木正洋・判解平14年度37、林美月子・平14年度重
判148、野村稔・判評539-206、佐久間修・法教264-126

195 使用を許された他人名義のクレジットカードの使用と詐欺罪

最2小決平成16年2月9日（刑集58巻2号89頁・判時1857号143頁）　　参照条文　刑法246条

> クレジットカードの名義人の許可を得て、その者になりすまし同カードを利用して商品を購入する行為は、詐欺罪を構成するか。

●事実●　第1審の認定した犯罪事実によれば、被告人Xは、不正に入手したB名義のクレジットカードを使用し、加盟店であるガソリンスタンドの従業員に対し、B本人になりすまし、同カードの正当な利用権限がなく、かつ、同カード会員規約に従いカードの利用代金を支払う意思および能力がないのにこれがあるように装い、同カードを提示して給油を申し込み、店員らをしてその旨誤信させてガソリンの給油を受けたというものであった。

　第1審が詐欺罪の成立を認めたのに対し、弁護人は、名義人本人から使用を許され名義人が利用代金の決済を引き受けている場合には、名義を偽っても関係者に財産的損害は生じないから詐欺罪は成立しないのであって、XがBから使用を許されていたと誤信していた本件では、詐欺の故意は認められない等と争ったが、原審はそれを認めなかった。X側が上告。

●決定要旨●　上告審では、さらに以下の事実を認めた上で、詐欺罪の成立を認めた。

　Aは、友人のBから、同人名義の本件クレジットカードを預かって使用を許され、その利用代金については、Bに交付したり、所定の預金口座に振り込んだりしていた。その後、本件カードをXが入手した。その入手の経緯は詳らかではないが、当時、Aは、バカラ賭博の店に客として出入りしており、暴力団関係者であるXも、同店を拠点に賭金の貸付けなどをしていたものであって、両者が接点を有していたことなどの状況から、本件クレジットカードは、Aが自発的にXを含む第三者に対し交付したものである可能性も排除できない。なお、XとBとの間に面識はなく、BはA以外の第三者が本件カードを使用することを許諾したことはなかった。

　Xは、本件カードを入手した直後、加盟店であるガソリンスタンドにおいて、本件カードを示し、名義人のBになりすまして自動車への給油を申し込み、XがB本人であると従業員を誤信させてガソリンの給油を受けた。上記ガソリンスタンドでは、名義人以外の者によるクレジットカードの利用行為には応じないこととなっていた。

　そして、本件クレジットカードの会員規約上、クレジットカードは、会員である名義人のみが利用でき、他人に同カードを譲渡、貸与、質入れ等することが禁じられている。また、加盟店規約上、加盟店は、クレジットカードの利用者が会員本人であることを善良な管理者の注意義務をもって確認することなどが定められている。

　「以上の事実関係の下では、Xは、本件クレジットカードの名義人本人に成り済まし、同カードの正当な利用権限がないのにこれがあるように装い、その旨従業員を誤信させてガソリンの交付を受けたことが認められるから、Xの行為は詐欺罪を構成する。仮に、Xが、Bから同カードの使用を許されており、かつ、自らの使用に係る同カードの利用代金が会員規約に従いBにおいて決済されるものと誤信していたという事情があったとしても、本件詐欺罪の成立は左右されない。したがって、Xに対し本件詐欺罪の成立を認めた原判断は、正当である」。

●解説●　1　クレジットカードの名義人から使用を許され、かつ、自らの使用に係る同カードの利用代金が会員規約に従い名義人において決済されるものと誤信していた場合、名義人本人の名でカードを使用する行為が詐欺罪にあたるか否かが争われた。結局、クレジットカードの名義を偽った場合には、本人からカード利用の同意を得ていても、詐欺罪を構成するのかという問題である（なお、名義人がクレジットカードの使用を許している場合は、本人と偽っても、信販会社等の決済が問題となることはなく、詐欺罪で起訴されることは考えにくいように思われる）。

　2　この点に関しては、(a)「名義の偽り」それ自体では、詐欺罪を構成する欺罔行為にはあたらず、カード・システムにより最終的に代金が決済される状況がないにもかかわらず、これがあるかのように装ったことが認定されて初めて欺罔行為となるとする説も見られる（東京地八王子支判平8・2・26刑裁資料273-130参照）。

　しかし、クレジットカード制度は、名義人本人による利用行為のみを想定して構成されており、(b)名義を偽った使用は、それだけで詐欺罪により処罰するに値する欺罔行為と認めうるという説の方が有力であったように思われる（東京高判昭60・5・9刑月17-5=6-519、東京高判平3・12・26判タ787-272参照）。

　3　クレジットカード・システムは、カード名義人の個別的な信用に基づいて担保的措置をも講ずることなく一定限度内の信用を供与する制度なので、加盟店は名義人本人が使用を許諾している等の事情が確認できたとしても、名義人本人でない者の利用を許してはならないというのが建前である。その意味で、本決定の指摘する通り、名義を偽って使用することのみによっても、詐欺罪の法益侵害は認めうるといわざるをえない。

　4　しかし親のクレジットカードを、親の承諾を得て親の名をかたって使用しても、詐欺罪で処罰するべきではないであろう。本決定も、そのような場合においては、処罰に値するだけの違法性がなく構成要件該当性が否定される余地を残していると思われる。具体的事実を慎重に摘示した上で、「以上の事実関係の下では……詐欺罪を構成する」としたのである。

● 参考文献 ●　多和田隆史・判解平16年度66、山中敬一・法セ455-127、木村光江・判評573-46、橋爪隆・平16年度重判171

196　2項詐欺罪の成立時期と財産上の利益

東京高判平成18年11月21日（東高時報57巻1＝12号69頁）　　参照条文　刑法246条2項

消費者金融会社を欺罔し、利用限度額の範囲で繰り返し借入れができるローンカードを利用可能にさせた時点で、刑法246条2項の成立が認められるか。

●**事実**●　被告人Xは、A社のローンカードを入手するため、平成18年1月5日、自動契約機コーナーにおいて、知人になりすまして自動契約機を操作しプラスチックカード1枚を入手した。A社では、申込人が自動契約機を操作し、住所、氏名、生年月日、連絡先電話番号等を入力すると、間もなく同機から、プラスチックカードが発行されるが、この時点では、同社の担当者による審査を経ていないため、このカードで借入れ等を行うことはできない制度を採用していた。

その後、担当者が申込人から電話で聴取した情報等に基づいて審査を行い、基準を充たせば直ちに融資を承認し、発行済みの上記カードをローンカードとして利用可能にし、申込人は、それ以降、このカードを現金自動借入返済機に挿入し、暗証番号を入力しさえすれば、無審査で貸付けが行われることになっていた。

Xは、同月9日、同社の担当者から電話で必要事項を聴取されたが、融資の承認が得られなかったため、上記自動契約機コーナーにおいて、知人作成名義の極度借入基本契約等の申込書を偽造し、その知人の国民健康保険被保険者証とともに自動契約機に順次読み取らせ、同機とオンラインで接続されている同社の端末機に送信、表示させ、担当者に閲覧させて極度借入基本契約等を申し込んだ。これを正当な申込みと誤信した担当者は、同月10日、上記プラスチックカードを利用限度額30万円の範囲で繰り返し借入れができるローンカードとして利用可能にした。

Xが、知人になりすまして入手しておいたプラスチックカードを用いて、極度借入基本契約を申し込み、カードを利用限度額30万円の範囲で繰り返し借入れができるローンカードとして利用可能にさせた点につき、刑法246条2項の詐欺罪に該当するとして起訴された。

これに対し、原審は、いまだ同罪にいう財産上の利益と認めるに足りる具体性がないなどとして、同罪の成立を否定した。

検察官は、この判断には法令の解釈およびその適用に誤りがあり、判決に影響を及ぼすことが明らかであるから、原判決を破棄すべきであるとして控訴した。

●**判旨**●　破棄自判。「Xは、本件行為により、事実上、上記ローンカードを用いて同社から利用限度額の範囲で何回でも繰り返し金銭を借り入れることができる地位を得たといえる。確かに、この段階では、Xが金額の特定した具体的な給付請求権を得ているわけではなく、同社としても、Xに対し金銭を貸し付ける義務を負わないものであった。しかしながら、Xが上記ローンカードを利用して現金を引き出そうとした場合には、同社は利用限度額の範囲において無審査

で自動的に貸付けを行うことになるため、Xは、前記地位を得たことにより、実質的には利用限度額30万円の範囲内の具体的な金銭交付請求権を得たのと同視できる状況にある上、その履行もほぼ確実なものであったと認められる。

この点につき、原判決は、本件行為によりローンカードでの借入れが事実上可能になったということ自体が現実的な経済的利益になるとは認め難いと判示しているが、上記のとおり、同カードを使用すれば、暗証番号による機械的な本人確認手続を経るだけで、現金自動借入返済機等により、利用限度額の範囲で現金の借入れが可能になるのであるから、事実上の経済的利益を得たものと認めることができる。従来も、消費者金融会社が融資審査を行った上で発行したローンカードについては、その財物性が肯定され、これを詐取すれば詐欺罪（刑法246条1項）が成立すると解されてきたが（最決平14・2・8【194】参照）、この実質的根拠としては、本件の場合と同様、当該ローンカードを利用すれば利用限度額の範囲において無審査で融資を得られる点が重視されてきたものと考えられる。以上のような本件行為によって得られる利益の実態等に照らすと、Xは、刑法246条2項にいう『財産上不法の利益を得』たものと認められるから、Xの本件行為は詐欺罪を構成する」。

●**解説**●　1　財産上の利益とは、財物以外の財産的な価値のある利益のことである。たとえば、債務の引受けをさせ、債権を取得し、債務の保証をさせることなどが典型であるが、債権者を殺害して返済を免れること（最判昭32・9・13刑集11-9-2263）、暴行・脅迫により代金の支払いを免除させる（免れる）こと（【175】）、根抵当権を放棄させること（最決平16・7・7刑集58-5-309）も財産上の利益にあたる。

2　さらに、最近はその範囲が広がり、過激派活動家であることや暴力団員であることを秘して不動産を賃貸させること（大阪地判平17・3・29判タ1194-293、神戸地判平20・5・28裁判所webサイト）、ゴルフ場でプレーすること（最判平成26・3・28刑集68-3-646）、銀行のキャッシュカードの暗証番号を聞き出すこと（【181】）も財産上の利益を得る行為とされている。

3　本件では、ローンカードを用いて、暗証番号による機械的な本人確認手続を経るだけで、現金の借入れが可能となり、同社から利用限度額の範囲で何回でも繰り返し金銭を借り入れることができる地位を得たことを財産上の利益とした。

これは、「そのような地位を化体したローンカード」の財物性を認めてきた判例から、さらに一歩前にでるものである。【181】の暗証番号に関する判例とともに、利益概念を拡げているが、現代の金融の態様などからすれば、妥当な対応といえよう。

●**参考文献**●　藤井敏明・判解平16年度246、大口奈良恵・研修710-71

197 訴訟詐欺

最1小判昭和45年3月26日（刑集24巻3号55頁・判時590号3頁）　　参照条文　刑法246条

> 詐欺罪の被欺罔者、処分行為者、被害者は同一でなければならないか。

●**事実**●　被告人Xは、大阪簡易裁判所において、裁判上の和解により金融業Bに対する300万円の債務の存在を承認し、その担保として自己所有の家屋1棟を提供して抵当権を設定し、その登記ならびに代物弁済予約による所有権移転請求権保全の仮登記をしたが、その後、その債務を完済したので各登記は抹消され、和解調書は効力を失った。そのため、かねてXに対し債権を有し、その担保として上記家屋に対し後順位の抵当権設定を受け、その登記ならびに代物弁済予約を登記原因とする家屋の所有権移転請求権保全の仮登記をしていたAが、1番抵当権者に昇格し、その権利の実行として同不動産の所有権移転登記をした上、同家屋明渡しの強制執行をしたので、同家屋はAの所有かつ占有するところとなった。しかし、Xらは共謀して同家屋の奪回を企て、すでに同家屋はXの所有・占有を離れているのに、依然としてXが所有・占有しているかのように装い、大阪簡易裁判所に対し、すでに効力を失っている前記Bとの和解調書正本につき執行文付与の申請をし、同裁判所書記官補をその旨誤信させて執行文の付与を受けた上、大阪地方裁判所構内において、同裁判所所属執行吏に対しても、前示各事実を秘して執行文を提出し、執行吏を同じく誤信させ、よって家屋に対する強制執行を行わせ、Aの占有下にある同家屋をBの占有に移転させてこれをAから騙取した。

第1審・原審ともに、Xらに1項詐欺罪の成立を認めた。X側が上告。

●**判旨**●　破棄自判（無罪）。「詐欺罪が成立するためには、被欺罔者が錯誤によってなんらかの財産的処分行為をすることを要するのであり、被欺罔者と財産上の被害者が同一人でない場合には、被欺罔者において被害者のためその財産を処分しうる権能または地位のあることを要するものと解すべきである。これを本件についてみると、2番目の強制執行に用いられた債務名義の執行債務者は、あくまで被告人Xであって、Aではないから、もとより右債務名義の効力がAに及ぶいわれはなく、したがって、本件で被欺罔者とされている裁判所書記官補および執行吏は、なんらAの財産である本件家屋を処分しうる権能も地位もなかったのであり、また、同人にかわって財産的処分行為をしたわけでもない。してみると、Xらの前記行為によって、Xらが本件家屋を騙取したものということはできないから、前記第1審判決の判示事実は罪と

ならないものといわなければならない」。

●**解説**●　1　裁判所を欺罔して勝訴の判決を得、敗訴者に財物または財産上の利益を交付させる訴訟詐欺に関しては、裁判所に錯誤は存するかという点が争われてきた。たとえば、虚偽の債権に基づいて請求訴訟を提起するような場合である。通説・判例は、これに詐欺罪の成立を認めてきた（大判大2・4・28刑録19-530）。

2　他方、有力説は、民事訴訟法は形式的真実主義を採用し、たとえそれが虚偽であることを裁判官が知っていたとしても当事者の主張に拘束される以上、裁判官を欺罔し錯誤に陥れることはありえないとする。しかし、裁判官が事実を誤認することはありうるし、錯誤に陥ることは否定できない。虚偽の主張に基づいて勝訴判決を得れば、詐欺にあたると解さざるをえない。

3　より実質的な論点は、敗訴者が、誤判に基づいて勝訴者に財物を渡す行為が処分（交付）行為といえるかである。処分行為は、処分権限を有する者のみが行いうる。そこで、登記官吏を騙して所有権移転登記を行っても、登記官吏には当該不動産に関する処分権限がないので、詐欺罪は成立しないとされてきた（大判大12・11・12刑集2-784）。

そして、本判決は、裁判所書記官補を騙して強制執行をさせても、書記官補には処分権限がないので詐欺罪は成立しないとしたのである。

4　錯誤に基づいて処分する以上、処分者は被欺罔者と同一であることが必要である。この点、訴訟詐欺に関連して、(a)処分者と被欺罔者は別個でもよいとする説がある。訴訟詐欺の場合、裁判所が被欺罔者であるが、処分者は敗訴者で、被害者も敗訴者であるとするのである。そして、(b)処分者が被欺罔者に従わざるをえない必然性のある場合（意思支配の下にある場合）には、両者が別人でもよいとする説が有力である。

5　しかし、処分者が他者に従わざるをえないのであれば、任意の処分ではないことになる。また、欺罔と錯誤と処分との因果の連関を重視する以上、(c)原則として錯誤に陥った者が処分しなければならない。訴訟詐欺の場合も、裁判所が被欺罔者であり、かつ処分者と解すべきであろう。本判決も、裁判所が強制執行などの処分権限を持っていると考えるのである。そして、敗訴者は被害者なのである（三角詐欺）。ただ、その場合に詐欺罪の成立を認めるには、本判決も指摘するように、被欺罔者（処分者）に被害者のためその財産を処分しうる権能または地位が必要なのである。

●**参考文献**●　鬼塚賢太郎・判解昭45年度20、小野慶二・警研42-12-104、森永真綱・圖各8版114、京藤哲久『刑法基本講座5巻』199

198 国家的法益と詐欺罪の成否

最1小決昭和51年4月1日（刑集30巻3号425頁・判時816号102頁）　　　参照条文　刑法246条1項

> 売渡しを受ける適格性があるように装い、国有地を取得する行為は、詐欺罪を構成するか。

●**事実**●　被告人Xらは共謀の上、国が農地法61条により、国有地を「未墾地」として営農意思のある適格者に売り渡す際に、Xが国の増反者等選定基準適格者であることを奇貨として、Xには自ら本件土地を保有し開墾利用して営農に役立てる意思はなく、売渡しを受けて、売渡しを受ける適格のないYにその所有権を取得させ、Yの隠居所の敷地として利用するという意図があるのに、この事情を秘匿し、所定の買い受け申し込みをして、Xが売渡処分名下に本件国有地の所有権を取得した。

この事実について、第1審が無罪を言い渡したのに対し、原審は、Xの行為は欺罔行為にあたるとして詐欺罪の成立を認めた。X側が上告。

●**決定要旨**●　上告棄却。「Xらの行為は刑法246条1項に該当し、詐欺罪が成立する……。Xらの本件行為が、農業政策という国家的法益の侵害に向けられた側面を有するとしても（農地法にはかかる行為を処罰する規定はない。）、その故をもって当然に、刑法詐欺罪の成立が排除されるものではない。欺罔行為によって国家的法益を侵害する場合でも、それが同時に、詐欺罪の保護法益である財産権を侵害するものである以上、当該行政刑罰法規が特別法として詐欺罪の適用を排除する趣旨のものと認められない限り、詐欺罪の成立を認めることは、大審院時代から確立された判例であり、当裁判所もその見解をうけついで今日に至っているのである……。また、行政刑罰法規のなかには、刑法に正条あるものは刑法による旨の規定をおくものもあるが、そのような規定がない場合であっても、刑法犯成立の有無は、その行為の犯罪構成要件該当性を刑法独自の観点から判定すれば足りるのである」。

●**解説**●　1　「国家に対する詐欺はありうるのか」という問題に関し、(a)詐欺罪成立説と、行為が国家的法益の侵害に向けられている以上、個人法益に対する罪である詐欺罪は成立しないとする(b)不成立説が対立していた。

詐欺罪を全体財産に対する罪であると解すれば、配給詐欺や、国有財産の不正取得は相当な対価を支払っている以上、詐欺罪は不成立となる。しかし、**個別財産に対する罪とする通説的見解を採用する以上、相当対価を支払ったにせよ、本来配給を受けられない財物を取得したのであるから詐欺罪は成立することになろう**。

2　本決定は、欺罔行為により国家的法益を侵害する場合でも、同時に財産権を侵害するものである以上、詐欺罪の適用を排除する趣旨のものと認められない限り、

詐欺罪の成立を認めることは確立された判例だとした。

3　ただ、本決定には、欺罔的手段による財物の移転は認められるが、農地法の規定する農地政策に背反する点で違法性を有するにすぎず、農地法の規定がなければ、Xらの行為は問題とならない性質のもので、詐欺罪にあたらないとする団藤裁判官の反対意見が付されていた。

しかし、たまたま国が被害者だからといって、「騙さなければ得られなかった財物」を取得する行為が詐欺罪に該当しないとするのは、不合理である。財産的侵害と無関係の国家作用を害したにすぎないと評価することはできない。

4　もっとも、判例の中には、欺罔手段を用いて旅券を不正取得した事案に関して詐欺罪の成立を否定したものがある（**最判昭27年12月25日**刑集6-12-1387等）。免状等不実記載罪（157条2項）は、公務員に虚偽の申立てをして、免状、鑑札、旅券に不実の記載をさせた場合を1年以下の懲役または20万円以下の罰金に処しており、同罪の構成要件は不実記載された免状等の交付を受ける事実も当然に含むので、旅券不正取得行為は157条2項に該当し、詐欺罪は成立しないとした。

実質的には、旅券などは財産的価値がないとはいえないが、157条2項の主要な客体であり、その法定刑から見ても、詐欺罪とは別の軽い罪で処罰することにしたと解される。同様の関係は、脱税行為に詐欺罪を適用せず、税法上の犯罪に問擬することにも見られる。

5　これに対し、**最決平成18年8月21日**（判タ1227-184）は、詐欺手段を用いて旅券を交付させる行為と類似の、公務員を錯誤に陥れて国民健康保険証書を交付させる行為に関して、詐欺罪の成立を認めた。保険者証は財物であり、国家的・社会的法益と同時に財産権を侵害する以上、詐欺罪は成立するとする下級審判例が蓄積されてきていた（大阪高判昭59・5・23高刑37-2-328、東京地判昭62・11・20判時1274-160、福岡高判平6・6・29高検速報平6-162）。健康保険者証の場合、事実上医療費の一部を免れうるのみならず、実際の日常生活においてかなりの経済的価値を持つものといえよう。

町役場の係員を欺いて、住民票に虚偽の内容を記入させ、その写しを取得して財産的利益を得ようとする行為とは異なり、欺いて国民健康保険証を交付させる行為は、加入資格・受給資格を有していても、詐欺罪を成立させるだけの財産侵害が認められる。刑法157条2項の存在が、国民健康保険証の不正取得に関する詐欺罪を否定するものとはならない。

6　なお、**最決平成12年3月27日**（刑集54-3-402）は、簡易生命保険証書（公文書）も財物であって詐欺罪の客体となるとしたが、一般の保険証券と本質的に同一であり、当然の結論といえよう。

●**参考文献**●　寺沢栄・判解昭51年度113、原田明夫・研修433-41

199 電子計算機使用詐欺罪

最1小決平成18年2月14日（刑集60巻2号165頁・判時1928号158頁）　　参照条文　刑法246条の2

> 窃取したクレジットカードの名義を冒用し、決済代行業者の電子計算機に入力して電子マネーの利用権を取得した行為は、電子計算機使用詐欺罪にあたるか。

●**事実**●　被告人Ｘは、窃取したクレジットカードの番号等を冒用し、出会い系サイトの携帯電話によるメール情報受送信サービスを利用する際の決済手段として使用されるいわゆる電子マネーを不正に取得しようと企て、5回にわたりインターネットを介し、クレジットカード決済代行業者が電子マネー販売等の事務処理に使用する電子計算機に、本件クレジットカードの名義人氏名、番号および有効期限を入力送信して同カードで代金を支払う方法による電子マネーの購入を申し込み、上記電子計算機に接続されているハードディスクに、名義人が同カードにより販売価格合計11万3000円相当の電子マネーを購入したとする電磁的記録を作り、同額相当の電子マネーの利用権を取得したという事案である。

　Ｘは、他の罪とともに、刑法246条の2の電子計算機使用詐欺罪で起訴され、第1審・原審で有罪とされた。上告審の弁護人は、Ｘが入力送信したクレジットカード番号等は、クレジットカード面上に示されているものであり、真正なカード情報であるから、同条にいう「虚偽の情報」にあたらず、その結果作成されたのも「不実の電磁的記録」とはいえないなどと主張した。

●**決定要旨**●　上告棄却。「Ｘは、本件クレジットカードの名義人による電子マネーの購入の申込みがないにもかかわらず、本件電子計算機に同カードに係る番号等を入力送信して名義人本人が電子マネーの購入を申し込んだとする虚偽の情報を与え、名義人本人がこれを購入したとする財産権の得喪に係る不実の電磁的記録を作り、電子マネーの利用権を取得して財産上不法の利益を得たものというべきであるから、Ｘにつき、電子計算機使用詐欺罪の成立を認めた原判断は正当である」。

●**解説**●　1　通常のクレジットカード詐欺事犯の場合、判例は、クレジットカードの加盟店において、カードの名義人でない者が、名義人になりすまし、カードを冒用して商品等を購入する際に、名義人本人であると欺いてその旨誤信させるものとして詐欺罪にあたると構成している。しかし、電子計算機により、購入の申込みの受付から代金決裁までのすべてが機械的に処理され、「人に対する欺罔」の介在する余地が存在しない場合には、刑法246条に該当しえない。そこで、昭和62年6月にコンピュータに虚偽の情報を入力する等の電磁記録情報の改変によって財産上の利益を得る罪が、246条の2として新設された。

　2　本件の場合、246条の2にいう「虚偽の情報を与えて」不実の電磁的記録を作成したことになるのかが問題となる。「虚偽の情報」とは、電子計算機を使用する当該事務処理システムにおいて予定されている事務処理の目的に照らし、その内容が真実に反する情報をいう。

　典型例としては、クレジットカード名義人であることを装い、他人の生年月日や暗証番号等を入力送信する場合が考えられる。しかし、本件の電子マネーの購入手続では、「カード面上に表示された名義人氏名、番号及び有効期限」を入力することで購入が可能であった。

　3　同条の虚偽の情報の趣旨に関しては、東京高判平成5年6月29日（判時1491-141）が、「電子計算機を使用する当該事務処理システムにおいて予定されている事務処理の目的に照らし、その内容が真実に反する情報をいう」という、広い解釈を示している。

　本決定も、Ｘの行為は、本件クレジットカードの名義人本人による電子マネーの購入の申込みがないにもかかわらず、カード番号等を入力送信して名義人本人が電子マネーの購入を申し込んだとする虚偽の情報を与え、財産権の得喪に係る不実の電磁的記録を作り、電子マネーの利用権を取得して財産上不法の利益を得たとした。

　246条の2にいう「情報」とは、電子計算機に文字どおり入力されたクレジットカードの名義人の氏名等のみをいうのではなく、その入力により実現される財産権の得喪に関する処分の内容やその主体等を含む。

　4　クレジットカード会社の約款では、名義人以外の者によるカードの使用は認められていない。本件カードでは、生年月日等の入力が不要とされ、本人確認のための手間を簡略化しているが、246条の2は、人を介した取引であれば詐欺罪にあたるような不正な行為で、電子計算機により機械的に処理されるものについて、これを取り締まる趣旨で創設されたものであり、電子計算機を使用する犯罪ではあっても、基本的に、246条の詐欺罪の当罰価値を基準に解釈されるべきである。

　5　そうだとすれば、電子計算機に入力された情報が、クレジットカード面上の記載と齟齬があるか否かで虚偽か否かを判断するのではなく、本決定のように、当該入力行為により実現される財産的な処分行為を全体として捉え、電子計算機による事務処理の趣旨に照らし、虚偽の情報を与え、不実の記録をさせたことにあたるかどうかを判断すべきことは、当然といえよう。カード名義人でない者が当該システムを利用することを予定していないことは明らかである。

　6　東京高判平成24年10月30日（高検速報平24-146）は、自動改札機システムが設置されていない「例外的な駅」の存在を悪用した不正（キセル）乗車事案について、「虚偽」に該当するとして、本罪の適用を認めている。

　自動改札機および自動精算機の事務処理システムにおける事務処理の目的に照らし、本件構成要件中の「虚偽」にあたる。

●**参考文献**●　藤井敏明・判解平18年度56、小田直樹・平18年度重判170、鈴木左斗志・囻各8版120、前田・最新判例分析205

200 恐喝罪と詐欺罪の関係—欺罔内容の脅迫

東京地八王子支判平成10年4月24日（判タ995号282頁）　　参照条文　刑法190条、249条1項

> 虚偽の事実を内容とする脅迫文言によって財物を交付
> させた場合にも、恐喝罪が成立するか。

●事実● 被告人Xは、妻の従妹であるAがその義母Bの遺産相続に際し、脱税しようとしているのではないかとの疑いを持ち、これにつけ込んでAから金員を得ようと企て、Aに対し「ちんぴら風の男に後を付けられ、Bの脱税資料を持っている。この資料が税務署にわたるとばく大な追徴金がAにかかるので、この資料を1億円くらいでAさんに売りたいので交渉して欲しい」といわれたと虚偽の事実を申し向け、この不審な男から脱税資料を5000万円で買い取るため5000万円用意するよう告げ、Aをして、もしこの要求に応じなければ、多額の相続税等を徴収され、かつ、上記の者からAの身体・財産に危害を加えられることになるかもしれないと畏怖させ、現金5000万円の交付を受けた。

●判旨● 弁護人の、XはAに脱税資料の買取請求をしている男がいると嘘をいってその買取代金として5000万円を交付させたが、XにおいてAを脅すつもりはなく、詐欺罪はともかく恐喝罪は成立しないとの主張に対し、「たしかに、XがAに対して申し向けた不審な男から脱税資料をAに買い取るようにとの交渉を依頼されたとの話はXが勝手に作り上げた虚偽の事実である。しかしながら、XとAとの関係や、Aが、顧問税理士にもBの相続財産の一部を知らせておらず、Xからは顧問税理士へ相談しないよう口止めされていて、X以外の者にその男との交渉を依頼するすべがない状況におかれていた本件にあっては、XのAに対する話はAを畏怖させるに足りる害悪の告知そのものであり、Aは、Xの右話を聞き、Xに交渉を依頼しなければ自分の身体・財産等に危害が及んでくるのではないかと畏怖し、その害悪から逃れられるかどうかについてXがその男に対し影響を与える立場にあると考えたからこそ、やむなくXにその男との交渉を依頼して5000万円もの大金を交付したものであり、X自身、Aが畏怖していることを十分認識した上で現金5000万円を受領したのであるから、Xには判示第1のとおり恐喝罪が成立するというべきである」と判示した。

●解説● 1 恐喝とは、相手の反抗を抑圧しない程度の暴行・脅迫で、財物・財産上の利益を得るために用いられる手段をいう。原則として、刑法208条の暴行、222条の脅迫と同程度のもので足りると解されている。

本事案では、第三者が被害者に危害を加えるという虚偽の事実を内容とした脅迫により、金員を喝取している。そこで、まず第1に、第三者が加える害悪であることが問題となる。

一般に脅迫罪の解釈において、告知者が支配しえない害悪の告知は警告といって、脅迫とはならないとされる。しかし、第三者が加える害悪であっても、告知者がこれに影響力を行使しうる場合には、脅迫となる。しかも、被害者が、告知者が影響力を行使しうると信じていれば成立すると解されている。本件でも、被害者は、Xの言葉に従って金員を交付しなければ、第三者（不審な男）が自身に害悪を加えると畏怖したのであるから、脅迫行為に該当する。

2 本件で最も問題となるのは、詐欺罪との関係である。判例は、欺罔と恐喝の両手段が用いられた場合につき、2つに場合分けし、①両手段が併用され、錯誤と畏怖とが原因となって財物が交付された場合には、詐欺罪と恐喝罪の観念的競合とする。資産家に対し、その者と同姓同名の者が被害者に対する犯罪を犯し、当該資産家もその共犯者であるとの虚偽の事実を申し向ける等して畏怖させ、為替手形を引き受けさせ、被害者に交付させた場合には、詐欺と恐喝の観念的競合を認めている（大判昭5・5・17刑集9-303）。

3 これに対し、②脅迫のために欺罔手段が用いられてはいるが、被害者の決意が畏怖に基づく場合には恐喝罪のみが成立して詐欺罪には該当しない。たとえば、祈祷を受けないと命が危ないと脅し金員を交付させる行為は、恐喝罪が成立する（広島高判昭29・8・9高刑7-7-1149）。ただ、②の場合の処理については、罪名が被害者が錯誤に陥ったか畏怖したかという、もっぱら被害者の心理的事実により左右されるのは不合理であるとの批判がある（福田平・旧注釈刑法6巻381頁）。

4 詐欺罪か恐喝罪かは、被害者の心理的事実自体ではなく、むしろ、行為自体の性格が客観的に恐喝行為にあたるか、欺罔行為にあたるかにより区別されるべきであろう。そこで、警察官を装った者が窃盗犯人に対し、「警察の者だが取調の必要があるから差し出せ」と虚偽の事実を申し向けて盗品を交付させた場合も、警察官と称したという虚偽の部分があっても、その部分も相手方に畏怖の念を生ぜしめる一材料となり、その畏怖の結果として相手方が財物を交付するに至った場合は、詐欺罪ではなく恐喝罪となる（最判昭24・2・8刑集3-2-83）。

本件においても、Xは虚構の事実を申し向けてはいるが、それはAを畏怖させるための手段として用いられたもので、実行行為は恐喝であると評価しうる。

●参考文献● 神村昌通・研修621-13

201 黙示の処分行為と２項恐喝

最２小決昭和43年12月11日（刑集22巻13号1469頁・判時545号84頁）　　参照条文　刑法249条

> 脅迫して飲食代金の支払いを一時免れる行為は、２項恐喝罪を構成するか。

●**事実**●　被告人Ｘは、昭和42年６月30日午前２時ころ、Ｍ市内の洋酒喫茶店Ｋにおいて飲食後、同店従業員から飲食代金2440円の請求を受けたが因縁を付けて開き直り、同店経営者・従業員に対し「そんな請求をして、わしの顔を汚す気か、なめたことを言うな、こんな店をつぶすくらい簡単だ」などといって脅迫し、同人らを畏怖させてその請求を一時断念させた。

第１審は、２項恐喝罪の成立を認めた。弁護人は、２項恐喝罪においても被害者の処分行為が必要であり、本件事案では、被害者の弁済時期延期の意思表示その他の具体的処分行為がなく、また代金の支払いを一時免れたからといってそれだけでは刑法249条２項にいわゆる財産上の利益を得たとはいえないなどと主張して、控訴した。

原審は、被害者の側からＸに対し飲食代金の支払い猶予やその免除方等を明示的に申し出た形跡は認められず、Ｘが代金の支払いを永久に免れたとまでは認定できないけれども、恐喝罪における財産上不法の利益とは、必ずしも積極的な利得だけにとどまらず、消極的に、しかも一時債務の支払いを免れる場合のように一時的に便宜を得ることもこれに含むと解するのが相当であり、また本件において、被害者側が飲食代金の即時支払い方を請求したのに対し、Ｘが原判示の脅迫文言を申し向けて被害者等を畏怖させ、よって被害者側の請求を一時断念せしめた以上、そこに被害者側の黙示的な少なくとも支払猶予の処分行為が存するものと認めて差し支えないと判示して控訴を棄却した。

そこでＸが、原審判決が、債権者の請求の一時的断念は処分行為であり、恐喝罪の不法利益は一時債務の支払いを免れることを含むと判断した点が、詐欺罪に関する最高裁の判断に反するとして上告した。

●**決定要旨**●　上告棄却。「なお原裁判所が、Ｘが１審判決判示の脅迫文言を申し向けて被害者等を畏怖させ、よって被害者の請求を断念せしめた以上、そこに**被害者側の黙示的な少なくとも支払猶予の処分行為が存するものと認め、恐喝罪の成立を肯定したのは相当である**」。

●**解説**●　**1**　恐喝罪は、詐欺罪とその構造が類似している。処分に向けられた恐喝行為により被害者が畏怖し、その処分行為により財物または財産上の利益が移転する

ことにより完成する。恐喝罪が完成するには、脅迫により畏怖状態に陥りその結果処分したという因果性が必要である。

2　２項恐喝罪の客体である財産上の利益とは、財物以外の財産的な価値のある利益のことである。たとえば、債務を負担させるとか、債務の免脱に加え、本件で問題となった「債務の支払い猶予」を含むことは争いないといえよう。

3　恐喝罪の成立においても、被害者側の財産的処分行為が必要であるという点で、ほぼ争いはない。しかし恐喝罪においては一般に、**被害者が自ら交付・処分する場合のみならず、畏怖して黙認しているのに乗じて行為者が奪取する場合にも、処分行為がある**とされている（最判昭24・1・11刑集3-1-1）。学説上、恐喝罪の「処分」は詐欺罪の「処分」と同様に論じられることが多いが、実際には、詐欺罪の場合よりかなり「緩やか」なもので足りるのである。

4　本決定は、２項恐喝罪について黙示の不作為の処分行為を認めた。脅迫的言辞を弄して店主を畏怖させてその請求を一時断念させた以上、被害者側の黙示的な支払い猶予の処分行為が存在し恐喝罪が成立するとしたのである。詐欺罪に関しては、昭和30年代の最高裁判例が、「債務を一時免れたとしても、被害者が単に督促をしないというだけでは未だ処分行為とはいえない」としたり（最判昭30・4・8刑集9-4-827）、処分行為には「**債務免除の意思表示が必要である**」とされてきた【**193**】。両罪での処分行為の意義はかなり異なるのである（なお、詐欺罪の処分行為概念も少し緩やかになりつつある（大阪高判昭44・8・7刑月1-8-795））。

5　ただ、このように処分行為概念を緩やかにすると、恐喝罪の処罰範囲を画する概念としての機能はあまり期待できない。処分行為を要求しないのと大差がなくなるといえよう。そして、このような不作為の処分行為を広く認めると、意思に反して奪取する強盗罪との差がなくなってくる。現実には、意思に反して奪う強盗と、瑕疵ある意思に従って奪う恐喝という形の区別は行われておらず、外形的な暴行・脅迫の程度が反抗を抑圧する程度に強いか否かによっているように思われる。

6　脅迫が向けられる被恐喝者と恐喝罪の実際上の被害者は同一である必要はない。しかし、両者が別人であるときは、被恐喝者は被害者の財物・財産上の利益を処分しうる権限または地位を有することが必要である。この点は詐欺罪と同様である。

●**参考文献**●　近藤和義・判解昭43年度414、田寺さおり・百各8版126、内田文昭・J500-416

202 権利行使と恐喝罪

大阪地判平成17年5月25日（判タ1202号285頁）　　参照条文　刑法249条

不当解雇に対する糾弾活動において金員を得る行為は、恐喝罪を構成するか。

●事実●　本件は、いわゆる同和団体の支部役員の地位にあったXら被告人4名において、被告人のうちXがその勤務先のA社から解雇通告を受けるなどしたことを契機として、部落差別による不当解雇の糾弾を装ってA社から解雇予告手当名下に金員を得ようと企て、A社を訪問の上、応対したA社担当者に対して、解雇通告が部落差別である旨怒号するなどして同人を畏怖・困惑させ、解雇予告手当相当額を含む金員を銀行口座に振り込ませたという恐喝の事案である。ただ、不当解雇に抗議し謝罪を求めて「解雇予告手当」を求めたという事情があり、権利行使による正当化が争われた。金員を要求する根拠、犯行態様については、おおむね検察官が主張する事実を前提としつつ、いわゆる「権利行使と恐喝罪の成否」の問題についての検討を経た上で、被告人4名に対して無罪の言渡しがなされた。

●判旨●　大阪地裁は、「本件について恐喝罪の構成要件該当性が認められる……が、Xが、A社に対して、解雇予告手当の支払を請求しうる地位を有し、かつ、A社応接室におけるXら4名の言動が、そのような権利を行使する方法として社会通念上一般に忍容すべきものと認められる程度を逸脱していないのであれば、恐喝罪の違法性が阻却されるというべきである（最判昭30・10・14刑集9-11-2173参照）」とし、Xが、A社に対して、解雇予告手当の支払いを請求しうる地位を有していたことを認定し、次いで、A社応接室におけるXら4名の言動が、そのような権利を行使する方法として社会通念上一般に忍容すべきものと認められる程度を逸脱していないか否かについて検討するが、その際には、①Xらの要求内容が権利の範囲内であるか否か、②X4名がA社に赴いた経緯としての、A社がXに対してした実質的解雇の問題性、③Xら4名がA社に赴いた当初の目的、④A社応接室におけるXら4名の行動状況、⑤これに対するA社側の対応等、⑥Xら4名の解雇予告手当に関する知識等といった諸要素に関して検討し、「以上の検討によれば、本件において、Xが、A社に対して、解雇予告手当の支払を請求しうる地位を有し、かつ、A社応接室におけるXら4名の言動が、そのような権利を行使する方法として社会通念上一般に忍容すべきものと認められる程度を逸脱していないことになるのであるから、正当行為として、恐喝罪の違法性は阻却されるというべきである」と判示した。

●解説●　1　権利行使と恐喝罪の問題に関し、学説は(a)無罪説と(b)恐喝罪説が対立する。無罪説は、手段としての脅迫は違法であるが、その違法のために、はじめから有する権利の行使まで違法となるものではないと考える。ただ、このような見解に立ったとしても、手段の違法性自体は存在するので(c)脅迫罪が成立するという中間説も存在する。それに対し、恐喝罪説は、権利の行使といえども違法手段は許されないとするのである。

2　まず、恐喝罪を全体財産に対する罪と解すれば、被害者の全体財産の減少はないので、無罪説となる。それに対し損害不要説、または、個別財産に対する罪であるとする通説的見解によれば、恐喝罪の構成要件該当性は否定しえない。脅されなければ渡さなかった物を交付し、財産上の利益を処分しているからである。

ただ、「現金3万円を所持していること」と、「3万円の債務がなくなること」とは事実的・経済的価値が異なる。それ故、いかに債権の範囲内の金員を喝取したとしても、財産的な損害は存在するといわざるをえない。

3　ただ、構成要件該当性が認められるとしても、「権利行使」による違法性阻却が問題となる。

①債権の行使という正当な目的を有する行為の場合には、②当該権利の実現のためには社会通念上どの程度の実力の行使までが許されるのかという比較衡量を含んだ相当性判断と、③権利実現のためにそのような手段がどの程度必要なのかという必要性判断と、④被害者の対応等を基礎に、具体的に判断されなければならない。

4　そして、権利行使行為が正当化される範囲では、結果のみならず行為そのものも正当化されるはずで、脅迫罪は成立しえない。その意味で、脅迫罪説は妥当ではない。

5　権利行使に関する判例は、戦前の一時期に無罪説を採用していたが、最判昭和30年10月14日（刑集9-11-2173）は、(b)恐喝罪説を採用する。そして、違法性阻却の問題に関しては、「権利の範囲内であって、かつその方法が社会通念上一般に認容すべきものと認められる程度を越えたか否か」を問題にし、権利性の有無と手段の相当性という2つの要素を中心とした違法性阻却判断を提示した。この、権利行使の違法性阻却の判断構造は、その後、判例に広く浸透していった。

6　本判決もこのような流れの上に位置付けうるが、目的の正当性（金員を要求しうる地位にあるか）と手段の相当性の評価については、異なった立場も存在しうるであろう。ただ、具体的問題状況を踏まえれば、首肯しえないことはない判決ともいえよう。

●参考文献●　戸田弘・判解昭30年度268、木村光江『刑法の基本判例』148

203 抵当権を設定した後に所有権移転登記をした行為と横領罪

最大判平成15年4月23日（刑集57巻4号467頁・判時1829号32頁）　　参照条文　刑法252条、253条

> 占有する不動産に無断で抵当権を設定した後、さらに
> 売却する行為は、横領罪を構成するか。

●**事実**●　宗教法人Aの責任役員であるXは平成4年4月、業務上占有するA所有の土地①をほしいままにB社に売却して所有権移転登記手続を行い、同年9月、業務上占有するA所有の土地②も同様にC社に売却し所有権移転登記手続を了した行為が業務上横領罪に問われた。

ただXは、上記各売却に先立ち、土地①について、昭和55年4月、Xが経営するD社を債務者とする極度額2500万円の根抵当権ⓐを設定してその旨の登記を了し、その後、平成4年3月、D社を債務者とする債権額4300万円の抵当権ⓑを設定してその旨の登記を了し、また、土地②については、平成元年1月、D社を債務者とする債権額3億円の抵当権ⓒを設定してその旨の登記を了していた。

原審は、本件抵当権ⓐ、ⓒの設定の経緯等が明らかではなく、横領罪を構成するか否かは明瞭でないし、仮に横領罪を構成するとしても、公訴時効が完成しているとし、また、本件抵当権ⓑの設定は横領にあたるが、本件土地①の売却と抵当権ⓑの設定とでは土地売却の方がはるかに重要であるとして、本件土地①、②を売却したことが各抵当権設定との関係でいわゆる不可罰的事後行為にあたることを否定し、両土地の売却行為について横領罪の成立を認めた第1審の結論を支持した。X側が上告。

●**判旨**●　上告棄却。自己名義の登記が残っていることを奇貨として、すでに売却した土地に抵当権を設定し、その旨の登記を了したときは横領罪が成立し、その後、当該不動産の所有権を移転し登記を了しても横領罪は成立しないとした最判昭和31年6月26日（刑集10-6-874）に違反するとの上告に対し、最高裁は以下のように判示した。

「委託を受けて他人の不動産を占有する者が、これにほしいままに抵当権を設定してその旨の登記を了した後においても、その不動産は他人の物であり、受託者がこれを占有していることに変わりはなく、受託者が、その後、その不動産につき、ほしいままに売却等による所有権移転行為を行いその旨の登記を了したときは、委託の任務に背いて、その物につき権限がないのに所有者でなければできないような処分をしたものにほかならない。したがって、売却等による所有権移転行為について、横領罪の成立自体は、これを肯定することができるというべきであり、先行の抵当権設定行為が存在することは、後行の所有権移転行為について犯罪の成立自体を妨げる事情にはならないと解するのが相当である」。

そして、先行する抵当権設定行為が横領罪を構成するとしても、またそれが所有権移転による横領罪といかなる罪数関係に立とうとも、検察官は、事案の軽重、立証の難易等諸般の事情を考慮し、後行の所有権移転行為を捉えて公訴を提起することができるし、裁判所は起訴された訴因のみを審理すれば足り、売却に先立って横領罪を構成する抵当権設定行為等の訴因外の事情を審理判断すべきではないとした。

●**解説**●　1　最判昭和31年6月26日を根拠に、「抵当権の設定という形態による横領は当該不動産全体の横領であり、したがって、その後の再度の抵当権設定や売却行為は『横領物の横領』となり不可罰的事後行為である」と説明されてきた。

不可罰的事後行為だとすれば、窃盗犯人が窃取した財物を事後に損壊した場合、窃盗行為により評価し尽くされている財物を損壊しても犯罪が成立しないように、抵当権を設定して横領した後の所有権移転行為は、横領罪にあたらない。そして、先行行為である抵当権設定行為についての横領が公訴時効にかかれば、事後の所有権移転行為はもはや不可罰であるということになる。

2　しかし、本件大法廷判決は、「既に領得された財物」について、横領罪が成立するかにつき「横領罪が成立しうる」として、不可罰的事後行為説を否定した。

3　本件の抵当権設定行為が、それ自体としては横領罪の「領得行為」に該当することは争いない。そして、委託を受けた不動産占有者Xが、ほしいままに抵当権を設定して登記を了した後においても、その不動産は「他人の物」である。それ故、委託物横領罪の構成要件該当性が認められ、成立する2つの横領罪のいずれを、ないしは双方を横領罪として立件するかは、起訴裁量の範囲で、検察官に任されているとした。

4　財産は所有権を中心とした本権が保護法益であるという視点からは、「抵当権の設定も領得にあたる以上は、すでに本権を奪っており、新たに財産犯を成立させる法益侵害はありえない」ということにもなりうる。

しかし、先行する横領行為（抵当権設定）により、後行の横領行為（売却）の侵害性が評価し尽くされているとはいえない。勝手に抵当権を設定されたような土地についても、なお、横領罪の成立の余地はある。

5　ただ、本判決は、抵当権を設定した土地でもなお、「財産利用権」が残っており、その部分に横領罪が成立するとしたわけではない。抵当権の設定による領得が、不動産の交換価値のほとんどを把握している場合でも、後からの二重売買行為は横領罪を構成する。

6　判例は「横領罪を成立させるだけの利益」というより、後行行為が独立に横領罪として処罰に値する領得行為にあたるかを「他人の物」といえるかという形で判断しているといえよう。必ずしも民法上の本権と結びつけて説明できなくても、横領罪の場合には「他人の物」と呼べればよいのである。

7　不可罰的行為の典型とされる窃盗後の損壊についても、同様の実質的議論が必要であり、損壊行為についての処罰は考えられる。ただ、窃盗が成立する場合には、それに吸収される。この関係は、横領の場合とは微妙に異なるように思われる。

● **参考文献** ●　福崎伸一郎・判解平15年度277、浅田和茂・平15年度重判168、杉本一敏・囯各8版140

204 不実の抵当権設定仮登記と横領罪の成否

最2小決平成21年3月26日（刑集63巻3号291頁・判時2041号144頁）　参照条文　刑法252条、157条、158条

他人所有の建物を同人のために預かり保管していた者が、金銭的利益を得ようとして、同建物の電磁的記録である登記記録に不実の抵当権設定仮登記を了した場合、横領罪は成立するか。

●**事実**●　被告人Xは、病院ブローカー業等を営むA社の実質的代表者として、医療法人B会および関係者Cの破産管財人D弁護士との間の裁判上の和解に基づき、A社からDおよびB会に順次譲渡されたものの、所有権移転登記が未了であった本件建物（病院として使用されていた）をB会のために預かり保管中であった。Xは、原状回復にしゃ口してB会およびDから解決金を得ようと企て、医療法人E会理事長で実弟のFらと共謀の上、A社がE会から5億円を借り受ける金銭消費貸借契約を締結した事実ならびにその担保として本件建物および本件地上権に係る抵当権設定契約を締結した事実はないのに、登記官に上記内容の虚偽の申立てをして、本件建物および同敷地に係る各登記記録上に、E会を登記権利者とする不実の抵当権設定仮登記を記録させ、閲覧できる状態にするとともに、その抵当権設定仮登記を了することにより、本件建物を横領したとして起訴された。

弁護人は、抵当権設定仮登記は、本登記とは異なり、仮登記には順位保全の効力があるだけであるから、横領罪は成立しないなどと主張して上告した。

●**決定要旨**●　上告棄却。「**本件仮登記の登記原因とされたA社とE会との間の金銭消費貸借契約及び抵当権設定契約は虚偽であり、本件仮登記は不実であるから、電磁的公正証書原本不実記録罪及び同供用罪が成立することは明らかである。**そして、Xは、本件和解により所有権がB会に移転した本件建物を同会のために預かり保管していたところ、共犯者らと共謀の上、金銭的利益を得ようとして本件仮登記を了したものである。仮登記を了した場合、それに基づいて本登記を経由することによって仮登記の後に登記された権利の変動に対し、当該仮登記に係る権利を優先して主張することができるようになり、これを前提として、不動産取引の実務において、**仮登記があった場合にはその権利が確保されているものとして扱われるのが通常で**ある。以上の点にかんがみると、不実とはいえ、本件**仮登記を了したことは、不法領得の意思を実現する行為として十分であり、**横領罪の成立を認めた原判断は正当である。また、このような場合に、同罪と上記電磁的公正証書原本不実記録罪及び同供用罪が併せて成立することは、何ら不合理ではないというべきである（なお、本件仮登記による不実記録電磁的公正証書原本供用罪と横領罪とは観念的競合の関係に立つと解するのが相当である。）」。

●**解説**●　1　まず、Xが、不実である仮登記を了した行為が、電磁的公正証書原本不実記録罪および同供用罪に該当することは争いない。

2　横領罪の実行行為である横領の意義に関しては(a)財産権の侵害を重視し、不法領得の意思の発現行為を横領行為とする領得行為説と、(b)委託に基づく信頼関係を破りその権限を超える行為とする越権行為説が対立するとされてきた。判例・多数説の採用する領得行為説は、横領を所有権者でなければできない処分と考える。越権行為説は、不法領得の意思不要説と結びつくとされた。このような意味の越権行為説であれば、判例の財産犯の理解とは相容れない。

3　しかし、委託物横領罪は、委託されることが前提となる以上、領得行為説にしても、受託者に与えられている物の利用権限の逸脱を問題にせざるをえない。その意味で、「実質的に委託の趣旨（権限）を超えたか否か」で領得行為の存否を判断することになり、委託した「本人の為に行ったのか否か」という形で検討されることが多い（最判平14・3・15裁時1311-7参照）。また、被告人自身の利得や保身の目的が強ければ「権限を逸脱した行為」となるので、領得が認められるともいえる。

4　横領行為は、費消、着服、隠匿などの事実的処分に加えて、法的処分も含む。典型例は、売買、贈与、質入れ等であるが、預金を引き出したり、所有権を主張して民事訴訟を提起すること（最判昭25・9・22刑集4-9-1757）も含まれる。勝手に抵当権を設定する行為も、いわば一時使用だが経済的価値の低下をもたらすもので横領行為に該当する。

5　本決定は、不実の抵当権設定仮登記を了した場合も横領行為に該当するとした。①仮登記をしておけば、当該権利を優先して主張することができるようになるのであり、②不動産取引の実務において、仮登記があった場合にはその権利が確保されているものとして扱われるのが通常であるので、③仮登記を了したことは領得行為にあたるとしたのである。

6　しかし、本件の場合は、仮登記といっても不実のものである。そのような場合でも、「権利が確保されているもの」と扱われており、領得したといいうるかは、微妙である。

だが、判例は、不法領得の意思の発現と認められる外部的行為が行われた時点で既遂に達するとしてきた（最判昭27・10・17裁判集刑68-361）。仮登記を了すれば、不法領得の意思が外部的に発現したものと評価しうるであろう（なお、大判昭2・3・18大審院裁判例(2)刑事2は、自己が占有中の他人の物件を売却する契約をしても、虚偽の意思表示である場合は、領得したとはいえないとしているが、動産に関するものであり、かつ判例の本権説的志向の強い時期の判断であることに注意しなければならない）。

●**参考文献**●　松田俊哉・判解平21年度96、松原芳博・平24年度重判185、赤松亨太・研修737-21

205 株買占め防止目的での現金交付と横領—違法目的と不法領得の意思

最2小決平成13年11月5日（刑集55巻6号546頁）　　参照条文　刑法253条

仕手集団に対抗するための工作資金の支出と横領罪の成否。

●**事実**●　K社取締役経理部長X（被告人）らは、同社の株の買占めを図っていた仕手集団に対抗するため、政治団体代表Fらに株買占めの妨害を依頼し、その工作資金および報酬等に充てるため、同社の簿外資金から合計11億7500万円をFに交付した（Xらは、Fらから経済的利益を得ておらず、自己のために費消もしていなかった）。

第1審は、本件支出については、Xに支出の一般的権限があり、またA社長の包括的承諾があり、Xに具体的支出権限が与えられていた部分もあるとした上、XらがもっぱらＫ託者本人であるK社のために行ったものと認められるから、不法領得の意思の発現行為という面からも、業務上横領罪の成立は認められないとした。

これに対し原審は、本件支出に関しXに権限は与えられていなかったとし、さらに「その支出行為が違法であるなどの理由から金員の委託者である会社自体でも行い得ない性質のものである場合に」は、「専ら委託者である会社のためにする行為ということはできない」として不法領得の意思を認めた。Xらが上告した。

●**決定要旨**●　上告棄却。「当時K社としては、乗っ取り問題が長期化すると、同社のイメージや信用が低下し、官公庁からの受注が減少したり、社員が流出するなどの損害が懸念されており、Xらがこうした不利益を回避する意図をも有していたことは、第1審判決が認定し、原判決も否定しないところである。しかし、原判決も認定するように、本件交付は、それ自体高額なものであった上、もしそれによって株式買取りが実現すれば、Fらに支払うべき経費及び報酬の総額は25億5000万円、これを含む買取価格の総額は595億円という高額に上り、K社にとって重大な経済的負担を伴うものであった。しかも、それは違法行為を目的とするものとされるおそれもあったのであるから、会社のためにこのような金員の交付をする者としては、通常、交付先の素性や背景等を慎重に調査し、各交付に際しても、提案された工作の具体的内容と資金の必要性、成功の見込み等について可能な限り確認し、事後においても、資金の使途やその効果等につき納得し得る報告を求めるはずのものである。しかるに、記録によっても、Xがそのような調査等をした形跡はほとんどうかがうことができず、また、それをすることができなかったことについての合理的な理由も見いだすことができない。……**本件交付におけるXの意図は専らK社のためにするところにはなかったと判断して、本件交付につきXの不法領得の意思を認めた原判決の結論は、正当として是認することができる**」。「なお、……当該行為ないしその目的とするところが違法であるなどの理由から委託者たる会社として行い

得ないものであることは、行為者の不法領得の意思を推認させる1つの事情とはなり得る。しかし、行為の客観的性質の問題と行為者の主観の問題は、本来、別異のものであって、たとえ商法その他の法令に違反する行為であっても、行為者の主観において、それを専ら会社のためにするとの意識の下に行うことは、あり得ないことではない。したがって、その行為が商法その他の法令に違反するという一事から、直ちに行為者の不法領得の意思を認めることはできないというべきである」。

●**解説**●　1　判例は、横領行為を、他人の物の占有者が委託の趣旨に背いて、その物につき権限がないのに、所有者でなければできない処分をする意思が外部に現れることと解している。領得の判別にとって決定的に重要な役割を果たしているのは所有者でなければできない処分か否かである（【155】参照）。

2　判例は、「所有者でなければできない処分」の判断に際し、本決定のように「専ら委託者本人のために行ったもの」と認められるか否かを問題にすることが多い。横領と背任の区別の議論においても、①本人の利益を図る目的であれば、横領でも背任でもなく、②自己の利益を図ることが明らかであれば横領が成立するとし、③それ以外の場合には、本人の名義・計算か自己の名義・計算かで横領罪の成立範囲を画してきた（【214】）。

3　そして自己（第三者）の利益を図る目的と、会社のためにする目的とが併存する場合は、「主として会社のために行ったのか」で判定せざるをえない。第1審は、XがK社のために行った各金員の支出行為が、間接的・反射的にXらの地位の保全といった個人的利益をもたらしうるものであったとしても、なお「専ら本人のために行った」と認定した。これに対し、原審は、「弱味を隠し又は薄める意図と度重なる本件支出行為の問題化を避ける意図」を重視したといえよう。

4　最高裁は、支出が高額に上り、しかも違法行為を目的とするものとされるおそれもあったのだから、交付先について慎重に調査等をすべきだったのに、その形跡はほとんどなかったことなどを根拠に、「専らK社のためにする意図ではなかった」と判断したのである。

5　なお、原審は「違法であるなどの理由から会社自体でも行い得ない性質」のものである場合は、不法領得の意思が認められるとしたが、最高裁は、「法令に違反する行為であっても、行為者の主観において、それを専ら会社のためにするとの意識の下に行うこと」はありうるとした。たしかに、銀行員が、金融庁の検査官に賄賂を渡す行為は許されないが、そのすべてが業務上横領罪を構成するとはいえないであろう。

●**参考文献**●　後藤眞理子・判解平13年度169、鎮目征樹・圓各8版136、林幹人・J1266-201、川崎友巳・同志社法学56-4-339

206 委託された盗品の売却代金の横領

最3小判昭和36年10月10日（刑集15巻9号1580頁・判タ125号55頁）　　参照条文　刑法252条

盗品などの売買を斡旋した者が、その売却代金を着服した場合と横領罪の成否。

●事実●　被告人Xは、Tが車庫から盗んで来た三輪自動車用のタイヤ一式を、それをTが盗んで来た物であることを知りながら、Yに売却する斡旋を行った。その際、Xはその代金1万4000円をYから受け取ったが、それをTには渡さずに着服した。

　第1審では、Xは、贓物牙保罪（盗品の有償の処分のあっせん）と横領罪で有罪とされ、懲役10月および罰金5000円に処せられた。Xより、売却代金は後日これを確実に返還できる見込みの下に一時流用したにすぎず、不法領得の意思はないとして控訴がなされたが、原審は棄却した。Xは、TとXとの盗品の売却に関する委託関係は民法90条によって無効なので売却代金の所有権はTではなくXにあり、それゆえ横領罪は成立しないと主張し、上告した。

●判旨●　上告棄却。「大審院及び当裁判所の判例とする所によれば、刑法252条1項の横領罪の目的物は、単に犯人の占有する他人の物であることを以って足るのであって、その物の給付者において、民法上犯人に対しその返還を請求し得べきものであることを要件としない（最判昭23・6・5刑集2-7-641）。論旨引用の大審院判決は、これを本件につき判例として採用し得ない。したがって、所論金員は、窃盗犯人たる第1審相被告人Tにおいて、牙保者たるXに対しその返還を請求し得ないとしても、Xが自己以外の者のためにこれを占有して居るのであるから、その占有中これを着服した以上、横領の罪責を免れ得ない。されば、結局右と同趣旨に出た原判決に所論の違法はない」。

●解説●　1　本判決は、横領罪の成立には、民法上の返還の請求権原は不要であるとして、その範囲で本権説を否定したものである。

　民法708条は「不法な原因のために給付をした者は、その給付したものの返還を請求することができない」と規定している。たとえば、妾関係を維持する目的で贈与した家屋は、その不法な原因を理由に給付行為を無効として返還を主張できない。それでは、XがAからBに対し賄賂を渡すように頼まれXがその金銭を勝手に使ってしまった場合、Xは横領罪には該当するのであろうか。これが不法原因給付と横領罪の問題である。

　2　不法原因給付物に関し、(a)横領罪成立説と(b)不成立説が対立する。成立説は、委託者に返還請求権はないにせよ、所有権はなお失っていないので、行為者にとっては他人の物であることに変わりはないとする。それに対し不成立説は返還請求権がないのだから、Aには保護すべき財産上の利益が欠けるとするのである。

　3　判例も、被害者に返還請求権はないが、所有権は残るとして横領罪の成立を認めてきた（前掲最判昭23・6・5）。ところが、民事判例が、それまでの見解を修正し、所有権に基づく返還請求権を認めることは708条の趣旨に反するとして、不法原因給付物の所有権は受給者Xに移転すると判示するに至った（最判昭45・10・21民集24-11-1560）。そうなると、成立説の論拠は大きく崩れたようにも見える。しかし、私人間の利益の調整を主眼とする民法解釈と、横領罪の処罰の可否のメルクマールとしての他人性解釈とは微妙に異なる。まして、賄賂や偽札の資金を渡す行為は、不法原因給付ではなく、民法708条の適用がないと解すれば、708条の解釈の変更は重要ではなくなる。

　4　財産犯の成否という観点からは、委託者の側に「不法な領得行為に対して保護するに値する利益」が存在するかが問題となる。この点、窃盗犯人の占有する盗品や禁制品の奪取を処罰する以上、いくら不法原因給付物・寄託物であっても、その着服行為は、横領罪としての当罰性を認めうる。

　5　盗品の有償の処分のあっせんを依頼された者がその代金を着服した場合も、最高裁は、横領罪の客体は行為者の占有する他人の物であれば足り、委託者に返還請求権が欠けていてもよいとした。

　6　ただ、判例の横領罪の成立の論拠は、委託者に所有権が存在するという点を中心としてきた。本件で所有権侵害を問題にするとすれば、Tに盗まれた被害者Aに対する横領罪ということになる。ただ、単純横領罪は委託者の信頼を破る点に特色があり、Aに対する横領罪は考えられない。

　たしかに、横領罪は財産犯であり、信頼関係を破る罪ではない。ただ、前述のように、窃盗犯人の所持する盗品を奪う行為も窃盗罪となる以上、Xからみて明らかに他人の物である対象物を、Tとの委託信頼関係を破って領得した以上、Tに対する単純横領罪が成立すると考えるべきである。究極的には所有権が保護法益であるが、所持そのものも一応保護するのと同様、所有権者以外の委託信頼関係も一応保護するのである。

　7　戦前の判例には、所有権者でない委託者に対しての横領罪を否定したものもあった（大判大8・11・19刑録25-1133）。しかし、最判昭和23年6月5日（刑集2-7-641）が、委託者に返還請求権がなくても横領罪が成立するとし（東京高判昭24・10・22高刑2-2-203、福岡高判昭25・8・23高刑3-3-382参照）、本件判断に至る。判例は占有説を採用し【151】参照）、究極的には所有権が保護法益であるが、所持そのものも一応保護する。それと同様、所有権者以外の者との間の委託信頼関係も保護するといえよう。

●参考文献●　吉川由己夫・判解昭36年度248、大塚仁・回各2版110、林幹人『刑法の基本判例』152

207 横領罪における他人性

最2小判令和4年4月18日（刑集76巻4号191頁）　　参照条文　刑法252条

> 土地売買において、譲受人の委託に基づき、第三者X名義を用いて農地法所定の許可が取得され、Xに所有権移転登記が経由された場合、Xが当該土地を不法に領得したときは、Xに横領罪が成立する。

●**事実**●　被告人Xは、A社がB所有の土地を購入する際、農地転用許可を得るために登記簿上の名義を一旦Xとし、転用手続等の後にA社に所有権移転登記手続をする旨約束し、C組合（代表理事X）にBが本件土地を売却する旨の合意書を作成して土地金500万円をA社からB社側に支払わせ、C組合を登記簿上の名義人として土地をA社のために預かり保管中、A社等に無断で土地をD社に、代金800万円で売却譲渡した上、同社への所有権移転登記手続を完了させた。

第1審が、本件土地の買主はA社であるとして、公訴事実どおり横領罪の犯罪事実を認定して、Xを懲役1年6月に処した。

それに対し、原審は職権で、農地を転用する目的で所有権を移転するためには、農地法所定の許可が必要である以上、この許可を受けていないA社に本件土地の所有権が移転することはないから、本件土地に関してA社を被害者とする横領罪は成立しえず、第1審判決には、横領罪の解釈、適用を誤った点について判決に影響を及ぼすことが明らかな法令適用の誤りがあるので、Xの控訴趣意を検討するまでもなく破棄を免れないとの判断を示し、第1審判決を破棄してXを無罪とした。検察側が上告。

●**判旨**●　破棄差戻。

「農地の所有者たる譲渡人と譲受人との間で農地の売買契約が締結されたが、譲受人の委託に基づき、第三者の名義を用いて農地法所定の許可が取得され、当該第三者に所有権移転登記が経由されたという場面では、原則として、農地法所定の許可を得ていない譲受人に対して農地の所有権は移転しないから、譲受人から当該第三者への占有（登記名義の保有）の委託は、所有者でない者からされたことになる。しかし、このような場面において、譲渡人は、譲受人に農地の所有権を移転する意思を有していることが明らかである上、当該第三者と共同して農地法所定の許可申請手続や登記の移転手続を行う立場にある。また、農地の売買契約自体は成立しており、譲受人は、譲渡人に対し、条件付きの権利を所有権移転請求権保全の仮登記により保全することもできる関係となる（最判昭49・9・26民集28-6-1213参照）。このような、農地の譲渡人の意思や立場、譲受人との関係に照らせば、前記のような場面において、農地の所有者たる譲渡人は、譲受人が当該土地の占有（登記名義の保有）を第三者に委託することを許容し、その権限を付与しているものと認められる。このような場合、委託者が物の所有者でなくとも、刑法252条1項の横領罪が成立し得ると解するのが相当である。

一方、農地の売買に際し、第三者名義を用いて農地法所定の許可を得ることや、譲受人自身が許可を得ないで農地を転用、取得することは、農地法に違反する行為である。しかし、農地法の趣旨は、耕作者の地位の安定や農業生産の増大を図るという点にあり、これに違反することが直ちに公序良俗に反するとまではいえない上、農地法が適用されるのは農地であり、農地であるか否かはその土地の現況によって判断されるところ、農地の売買契約締結後に当該土地が非農地化した場合、農地法所定の許可なくして所有権移転の効力が生ずる可能性がある（最判昭42・10・27民集21-8-2171、最判昭44・10・31民集23-10-1932、最判昭52・2・17民集31-1-29参照）。これらの事情に照らせば、**委託関係の成立過程に農地法違反があるということのみから刑法252条1項の横領罪の成立を否定すべきものとは解されない**」。

●**解説**●　1　判例は、売却に知事の許可を要する農地に関する横領罪の「他人性」の判断に関し、許可が下りてはじめて所有権が移転するとして、形式的に解釈してきた面がある。最決昭和38年7月9日（刑集17-6-608）は、売却に県知事の許可を要する農地につき、所有者XがAに所有権を移転する旨の契約を行い、許可の下りる以前に第三者Bのために抵当権を設定した事案に関して、処分時にXは土地の所有権者であり、横領に問擬することはしなかった（さらに東京高判昭42・9・14判タ216-192）。

2　そして最決昭和38年7月9日は、売主は所有権が移転するまでの間、これを勝手に負担付きのものとしないことはもちろん、**所有権移転登記に協力する義務**があるとして背任罪の成立を認めた。農地に関する特別事情がなければ横領罪が成立する事案であり、「他人の事務」と認めたと思われる（**【203】**参照）。

3　しかし、農地法上の違法があっても、刑法上の他人性が否定されるわけではない。判例は、「『他人の』建造物というためには、他人の所有権が将来民事訴訟において否定される可能性がないということまで要しない」として、民事上争われていたとしても他人性を認めている（最決昭61・7・18**【154】**参照）。

4　本判決も、農地法の趣旨を、「耕作者の地位の安定や農業生産の増大を図る」点に求め、これに違反することが直ちに横領罪の成立を否定することには繋がらないとする。ただ、「農地であるか否かはその土地の現況によって判断されるところ、農地の売買契約締結後に当該土地が非農地化した場合、農地法所定の許可なくして所有権移転の効力が生ずる可能性がある」という判示は、所有権の移転にこだわっているように見えるが、一方で、明確に「委託者が物の所有者でなくとも、刑法252条1項の横領罪が成立し得る」と判示した。

5　やはり問題の核心は、私法上所有権が移転したか否かではなく、本件A社の側に「不法な領得行為に対して保護するに値する利益」が存在するかという点にある。この実質的評価においては、譲渡人の土地の売却の意思が明確で、許可申請手続や登記の移転手続を行うべき立場にあると認定できることが重要な要素となる。横領罪の成否の判断においては、農地法上の違法性は決定的なものではないのである。

●**参考文献**●　前田雅英・捜査研究862-47、和田俊憲・法教503

208 不動産の二重売買と横領罪

福岡高判昭和47年11月22日（刑月4巻11号1803頁・判タ289号292頁）　　参照条文　刑法252条

すでに他人に売却されたが登記されていない不動産を、それと知りながら買い受ける行為は、横領罪の共同正犯となるか。

●事実●　被告人Xは、本件山林の所有権が、登記簿上の所有名義とは異なり、Aに移転していることを知り、Aに売却方を交渉したが断られた。そこで、登記簿上の所有名義人Bの相続人Yおよび家族の者らに対し山林の売渡方を申し入れ、Yが「父の代にAにやったものであるから売ることはできない」と拒絶したにもかかわらず、法的知識に疎く、経済的にも困っていたYに対し、執拗に言葉巧みに働きかけ、売却しても裁判沙汰になるようなことはなく、万一そのようになってもXが引き受けてくれるものと誤信させてYから10万円で買い受けた上、これを直ちにCに28万円余で転売し、中間省略の方法によりC名義に所有権移転登記を経由した。

原審は、Xに対し、Yとの横領罪の共同正犯の成立を認めたが、弁護人は、Xはいわゆる背信的悪意者ではなく、横領罪の共犯となるものではないとして控訴した。

●判旨●　控訴棄却。「右の如き不動産の二重譲渡の場合、売主である前記Yの所為が横領罪を構成することは明らかであるが、その買主については、単に二重譲渡であることを知りつつこれを買受けることは、民法177条の法意に照らし、経済取引上許された行為であって、刑法上も違法性を有しないものと解すべきことは、所論のとおりである。しかしながら本件においては、買主たるXは、所有者Aから買取ることが困難であるため名義人Yから買入れようと企て、前叙のとおり単に二重譲渡になることの認識を有していたのに止まらず、二重譲渡になることを知りつつ敢て前記Yに対し本件山林の売却方を申入れ、同人が二重譲渡になることを理由に右申入れを拒絶したのにもかかわらず、法的知識の乏しい同人に対し、二重譲渡の決意を生ぜしめるべく、借金はもう50年以上たっているから担保も時効になっている、裁判になっても自分が引き受けるから心配は要らないなどと執拗且つ積極的に働きかけ、その結果遂に同人をしてXに本件山林を二重譲渡することを承諾させてXと売買契約を締結するに至らしめたものであるから、Xの本件所為は、もはや経済取引上許容されうる範囲、手段を逸脱した刑法上違法な所為というべく、Yを唆し、さらにすすんで自己の利益をも図るため同人と共謀のうえ本件横領行為に及んだものとして、横領罪の共同

正犯としての刑責を免れえないというべきである」。

●解説●　1　単純横領罪の客体は、自己の占有する他人の物である。窃盗罪における占有は事実的支配であるが、横領罪における占有概念は、法的支配を含むのである。たとえば銀行の預金は、預金者に占有があり、横領することが考えられる。

横領罪における不動産の占有は、**登記名義人**にあるとされる（最判昭30・12・26刑集9-14-3053）。本件のように所有権者でないYが、登記名義を有することを利用して勝手に売却すれば横領罪が成立しうる。また抵当権設定のため、土地の登記済権利証、白紙委任状を受け取っていた不動産業者のような場合も、本条の占有者に該当する（福岡高判53・4・24判時905-123）。

2　次に、占有が**委託関係**に基づくものか否かが問題となる。しかし、委託関係は緩やかに解釈されており、YがAに当事者間の契約の効果として何らかの法的義務を負う関係があれば足りるとされる。Yは売り主の義務としてAへの登記名義移転協力義務がある。それ故、それまでの間登記名義をAのために保存すべき義務があると解されるのである。

そして、本件の場合、山林はAのものといってよく、Xへの売却行為が領得行為に該当することも疑いない。なお、Xが事前に知っていたなら売買契約を結ばなかったであろう特段の事情があるような事案であれば、Yの行為がXに対する詐欺罪となる余地がある。第1の売買契約を告知しなかったことを欺罔行為として詐欺罪が問題となる（東京高判48・11・20高刑26-5-548）。

3　ただ、本件はむしろ逆に、XがAに1度売却されたことを熟知しながら買い受けた事案であり、Xも横領罪の共犯として加功しているのではないかが問題となる。横領罪は真正身分犯であり、非身分者の共犯・共同正犯の加功は可能である。しかし、判例は民法177条によりXが民事上完全に正当に土地を取得している以上、刑法犯にはなりえないと考えてきた（最判昭31・6・26刑集10-6-874）。ところが、民事判例が背信的悪意の第三者を177条の第三者から除くと判示したのである（最判昭36・4・27民集15-4-901）。

4　本判決は、買い主の積極的な働きかけにより犯意を生じた売り主のみが横領罪として処罰されるのは、刑法的評価の上であまりにも権衡を失するとする。Xに、横領罪の共同正犯性を認めうるのは明らかであるが、ただ、この結論は民法177条の解釈の変更を待つまでもなく採用すべきものといえよう。

●参考文献●　穴沢大輔・回各8版132、藤木英雄『経済取引と犯罪』108

209　二重抵当と背任──事務処理者の意義

最2小判昭和31年12月7日（刑集10巻12号1592頁）　　参照条文　刑法247条

背任罪における「事務処理者」の意義。二重抵当行為は背任罪に該当するか。

●**事実**●　被告人Xは、自己所有の家屋1棟につき、極度額を20万円とする根抵当権設定契約をAとの間に締結し、登記に必要な書類を交付した。ところが、Aがまだ登記を完了していないことを知りながら、Bから20万円を借り受けるに際し、同一家屋について極度額を20万円とする第1順位の根抵当権設定契約を締結して、これを登記し、Aの抵当権を後順位のものとしてしまった。

第1審は、Xが登記書類をAに交付した以上、登記はAにおいてなすべきであるし、同一家屋をさらに担保に供することは一向に差し支えないところであるとして、これに対し無罪を言い渡した。検察側が控訴したところ、原審は、Aが登記をしなかったのはXから要請があったからであること、しかもXはAに対し、同一家屋につき他に抵当権を設定して借金することはしないと述べていることを認めた上で、抵当権設定者は抵当権者のために登記に協力する義務があるのにこれを怠ったため、先順位の抵当権が後順位のものになるという財産上の損害を生じさせた場合には、背任罪が成立するとして原判決を破棄した。X側が上告。

●**判旨**●　上告棄却。「抵当権設定者はその登記に関し、これを完了するまでは、**抵当権者に協力する任務**を有することはいうまでもないところであり、右任務**は主として他人である抵当権者のために負うもの**といわなければならない。……抵当権の順位は当該抵当物件の価額から、どの抵当権が優先して弁済を受けるかの財産上の利害に関する問題であるから、本件Xの所為たるAの1番抵当権を、後順位の2番抵当権たらしめたことは、すでに刑法247条の損害に該当するものといわなければならない」。

●**解説**●　1　債権者に抵当権を設定した者が、その者に対する抵当権の設定登記をする前に他者に別個に抵当権を設定し登記も完了してしまう二重抵当は、二重売買と異なり背任罪の成否が問題とされる。一般に行為者が最初の抵当権設定者に対し登記に必要な書類等を引き渡す前に、別個の抵当権を設定しそれを先に登記する行為は、任務違背行為にあたることは問題ない（東京高判平13・9・11判時1765-127参照）。

2　ただ、背任罪の主体は、他人のためにその事務を処理する者に限られる。事務処理者のみが犯しうる身分犯である。本件行為に背任罪の成立を認めるには、Xが抵当権設定の登記に協力する行為が他人の事務といえなければならない。

3　事務とは、財産上の利害に関する仕事一般を意味するとされている。ただ、事務処理者にはその事務を誠実に処理すべき信任関係が必要である。この信任関係は、法令、契約に基づく場合のほか、事務管理、慣習からも生じるとされている。他人とは、**行為者以外の者で法人も含む**。また公的事務も含まれるので、国や地方公共団体の事務を処理する者も本罪の主体となりうる。

4　ただ、事務は他人のものでなければならず、自己の事務に関しては背任罪は成立しない。自己の事務と他人の事務の限界は微妙である。たとえば、売買契約の際の売主の引渡し義務や買主の**代金支払い義務を怠っても**、民事上の**債務不履行**にすぎず、背任罪には該当しない。両者は、他人の事務でなく**自己の事務**だからであると説明される。判例は一貫して債権的給付義務を負うにすぎない場合は、自己の事務であるとする。それ故、代物弁済の予約をした物を他者に売却した事案も背任罪にはならない。他方、委託を受けた運送業者の運送品の保管義務は、貨物引換証の占有者のための他人の事務であるとされる。契約上他人の財産の管理保全の任務を負う場合等、本人のために一定の権限を行使する場合は、他人の事務なのである。

5　それでは、本件のように不動産に抵当権を設定した者が、抵当権設定の登記に**協力する行為は「他人の事務」**なのであろうか。

(a)抵当権設定契約上、**自己の事務**であって背任罪は成立しないとする説（平野龍一『刑法概説』229頁）と、(b)主として**相手の財産権保全のための事務**であるとする積極説が対立する。たしかに、一面では自己の財産処理を完成する事務であるが、取引社会では最初の抵当権者に対し登記に協力する義務を負うと解されており（前掲東京高判平13・9・11）、Aの抵当権の登記への協力義務は、Xにとって他人の事務といわざるを得ない。登記に必要な書類等を引き渡す協力行為を行う以前に、別個の抵当権を設定しそれを先に登記する行為は、任務違背行為にあたる。

6　なお、Xが自己所有の農地を、県知事の許可があった時点で発効することを条件としてAに所有権を移転する旨の契約を行い、その許可の下りる以前に勝手に第三者Bに売却したり抵当権を設定したような二重売買の事案も、本件と同様背任罪の成否が問題となることに注意しなければならない。最高裁は、この場合も、売主は所有権が移転するまでの間、これを勝手に負担付のものとしないことはもちろん、所有権移転登記に協力する義務があるとして背任罪の成立を認めた（最決昭38・7・9刑集17-6-608）。ただ、条件付きの不動産売買において、「条件成就までの間目的物につき契約の趣旨に反する処分をしない義務」は、自己の取引の完成のためのものともいえる。最高裁は、通常であれば二重売買として横領罪が成立するような事案なので、あえて他人の事務を拡張したようにも思われる。

●**参考文献**●　寺尾正二・判解昭31年度383、中森喜彦『刑法の判例〈2版〉』276、堀内捷三・⑤各5版128

210 図利加害目的

最1小決平成10年11月25日（刑集52巻8号570頁・判時1662号157頁）　参照条文　商法486条1項（平2改正前）
刑法247条

特別背任罪における第三者図利目的。

●**事実**●　被告人XはH銀行の監査役、顧問弁護士であった上、同銀行の経営全般につき強い発言力を持っていた。H銀行創業者が設立し密接な関係にあったTクラブが遊休資産売却による資金捻出を計画し、Xにその協力を依頼した。Xは当該土地を60億円程度で売却できる先を捜すよう知人に依頼し、その結果B社およびC社が購入する話が具体化した。ただ、B社が売買代金60億円の他、開発資金20億円および利払い資金の融資も希望していたが、物的担保としては時価60億円の前記土地があるのみであり、大幅な担保不足となり、さらにB・C両社とも業況、資産、信用状態が甚だしく不良で、B社に対する融資はH銀行の融資事務取扱要領等に違反することは明らかであった。融資金の回収が困難に陥るおそれがあることも明らかであった上、Tクラブの会員権償還請求時期にはまだ時間的余裕があり、前記土地に関する問題の大きい融資を実行しなければならない必要性、緊急性はなかった。

昭和57年11月、H銀行の融資業務担当取締役Y、業務担当取締役Z、融資業務担当者らが本件融資の当否を検討し、全員、前記の問題点のために消極の意見であったが、Xが融資を実行すべきであるとの意向を示したことから、代表取締役社長Wも、前記経緯を受けて本件融資を了承した。その結果、同月前記土地の購入資金60億円、開発資金20億円および貸付後1年分の利息支払い資金8億円の合計88億円を、H銀行からB社およびC社に貸し付ける融資が実行された。

この融資が、特別背任罪に該当するとして起訴され、第1審・原審で有罪とされた。X側が上告。

●**決定要旨**●　上告棄却。「X及びWらは、本件融資が、Tクラブに対し、遊休資産化していた土地を売却してその代金を直ちに入手できるようにするなどの利益を与えるとともに、B社およびC社に対し、大幅な担保不足であるのに多額の融資を受けられるという利益を与えることになることを認識しつつ、あえて右融資を行うこととしたことが明らかである。そして、X及びWらには、本件融資に際し、Tクラブが募集していたレジャークラブ会員権の預り保証金の償還資金を同社に確保させることにより、ひいては、Tクラブと密接な関係にあるH銀行の利益を図るという動機があったにしても、右資金の確保のためにH銀行にとって極めて問題が大きい本件融資を行わなければならないという必要性、緊急性は認められないこと等にも照らすと、前記（略）のとおり、それは融資の決定的な動機ではなく、**本件融資は、主として右のようにTクラブ、B社及びC社の利益を図る目的を**もって行われたということができる。そうすると、X及びWらには、本件融資につき特別背任罪におけるいわゆる図利目的があったというに妨げなく、XにつきWらとの共謀による同罪の成立が認められるというべきであるから、これと同旨の原判断は正当である」。

●**解説**●　1　背任罪は、他人のためにその事務を処理する者が、図利・加害の目的をもってその任務に背き本人に財産上の損害を加える犯罪であり、会社法960条（旧商法486条）は同様の行為に関し、取締役や株式会社の支店長などにつき10年以下の懲役または1000万円以下の罰金を科する特別背任罪を規定している。

背任罪は、任務違背行為および損害発生の認識に加え図利加害目的を要求している。そこで、図利加害目的は損害発生等の認識とは区別された、**本人の利益を図る動機の有無の問題**であり、これがある場合には本罪の目的が欠けるとする見解が有力に主張されている。

2　たしかに、背任罪の成否を分ける基準として「本人図利」の動機か「自己又は第三者図利」の動機かは決定的に重要であるように思われる。ただ、両者は重なり合う場合も多い（たとえば、融資先の倒産を防ぎ、同時に本人たる銀行の利益も図る意図がある場合）。そのような場合には、主としていずれの動機であったかにより判断すべきである。

3　この点、本決定でも、「Tクラブと密接な関係にあるH銀行の利益を図るという動機があったにしても……それは融資の決定的な動機ではなく、本件融資は、主として……Tクラブ、B社及びC社の利益を図る目的をもって行われたということができる」と判示されている。これは、主たる動機が何かにより図利加害目的を判断するという限りでは、同説と類似の見解を採るものと解される。

4　ただ、注目すべきなのは、本決定が「主たる動機が第三者図利であった」と判断する根拠として、「H銀行にとって極めて問題が大きい本件融資を行わなければならないという必要性、緊急性は認められないこと」を挙げた点である。融資の必要性というより客観的事情を通して判断することによって「動機」の判断がより明確化しうるように思われる。

ただ、このような、融資の必要性、緊急性の有無の判断は、事実上、客観的な任務違背性の判断とも関連してくる。融資が形式的には任務違背行為にあたるように見えても、本人の経営悪化を阻止する利益のために必要であった場合には、実質的にみて「任務違背」ではないともいえるからである。

●**参考文献**●　木口信之・判解平10年度205、木村光江・平10年度重判154、佐伯仁志・J1232-192、佐久間修・法教226-132

211 手形保証と背任罪における財産上の損害

最 1 小決平成 8 年 2 月 6 日（刑集50巻 2 号129頁・判時1562号133頁）　　参照条文　刑法247条

振出人に決済能力のない約束手形を銀行に保証させ、振出し直後に同銀行の口座に手形額面金額を入金した場合と、背任罪の財産上の損害。

●事実●　被告人 X が代表取締役をしていた C 株式会社が、H 銀行 F 支店との間で当座貸越契約を締結して融資を受けるうち、貸越額が信用供与の限度額および差し入れていた担保の総評価額をはるかに超え、約束手形を振り出しても自らこれを決済する能力を欠く状態になっていたのに、X が、H 銀行の支店長 Y と共謀の上、9 回にわたり C 社振出しの約束手形に H 銀行をして手形保証をさせた。このうち 8 通の手形保証については、手形が振り出された当日ないし直後に、手形券面額と同額の現金または小切手が H 銀行に交付され、C 社の口座に入金されてはいるものの、8 通のうち 5 通はその直後に C 社のために出金された。

第 1 審は、Y と共謀して H 銀行に手形保証をさせて H 銀行に損害を加えたとして X に背任罪の共同正犯の成立を認めたが、手形振出し直後に入金があった 8 通のうち、C 社のための出金がなされなかった部分については、負担した債務と同等の現実的価値を引換えに得ているのであるから、H 銀行に経済的損害は生じていないとし、一部無罪の判決を言い渡した。それに対し原審は、手形保証のすべてにつき背任罪の成立を認めた。X 側が上告。

●決定要旨●　上告棄却。「原判決によれば、一部の手形を除き、手形の保証と引換えに、額面金額と同額の資金が同社名義の同銀行当座預金口座に入金され、同銀行に対する当座貸越債務の弁済に充てられているが、右入金は、X と Y との間の事前の合意に基づき、一時的に右貸越残高を減少させ、同社に債務の弁済能力があることを示す外観を作り出して、同銀行をして引き続き当座勘定取引を継続させ、更に同社への融資を行わせることなどを目的として行われたものであり、現に、X は、右支店長を通じ、当座貸越しの方法で引き続き同社に対し多額の融資を行わせているというのである。右のような事実関係の下においては、右入金により当該手形の保証に見合う経済的利益が同銀行に確定的に帰属したものということはできず、同銀行が手形保証債務を負担したことは、右のような入金を伴わないその余の手形保証の場合と同様、刑法247条にいう『財産上の損害』に当たると解するのが相当である」る。

●解説●　1　背任罪の要件としての「損害」は、被害者の全体財産の減少が必要であるとされる。そこで、本件のように、H 銀行が X のために保証債務を行うたびに、同銀行の X の口座に入金した場合には、保証債務に見合う反対給付があるので全体財産の減少は存在しな

いのではないかが問題となる。全体財産の減少に関しては、(a)法的損害概念と、(b)経済的損害概念が対立する。

2　(a)法的損害概念によれば、(a)法的にみれば、たとえば、不良貸付であっても、H 銀行には反対給付として法的な債権が残り、損害はないと解しうる。しかし、現実の取引社会においては、「決済能力を欠くことが明らかな手形の保証」は、背任罪にいう財産上の損害に該当することは、争いない。(b)経済的損害概念から、事実上回収の可能性が低い場合には、貸し付けたこと自体が損害となるとすべきである（最決昭58・5・24刑集37-4-437）。

3　ただ問題は、H 銀行の保証した手形 9 通のうち、8 通については、入金がなされている点である。H 銀行にとっては、手形保証による損害に見合う利益が存したとも考えられ、第 1 審は、入金直後に C 社のために出金されたもの以外につき、損害に見合う利益があり、H 銀行に全体財産の減少はないとした。

これに対し原審は、H 銀行 C 社口座への入金の性格につき、より実質的な判断を加え、形だけの入金であると評価した。入金がされたとしても「既存債務の弁済に充当されていることは明らかで、保証手形の支払を担保するための資金提供とは認められ」ないとしたのである。そして、経済的見地において銀行の損害を評価するにあたっては、「入金されたという、その時点における一時的現象のみで判断するのではなく、その金融取引全体を考察して判断すべき」であるとした。

4　最高裁は、原審の判断を基本的に支持したが、原審が「全体として評価して」H 銀行に損害があるとし、反対給付の存否自体を厳密には論じなかったのに対し、最高裁は「入金により当該手形の保証に見合う経済的利益が同銀行に確定的に帰属した」とはいえないとする。つまり、反対給付は存在しているが、それが「確定的に帰属」しない限り全体財産の減少が生じているとする。

5　経済的損害概念を徹底していくと、「反対給付の存否にかかわらず、損害を認める」ということになりかねない。「危険な手形保証行為により損害が発生しており、その後いかなる振り込みがなされたかは、背任罪既遂後の情状の問題に過ぎない」とするのである。しかし、危険な手形保証が、必ず背任罪を構成するわけでもない。処罰に値する程度の「経済的危険性」が必要である。そして、通常は、反対給付が現実になされた以上、そのような危険性は認められないのである。しかし、例外的に、本件のように、保証手形の支払いを担保するための資金提供とは認められない場合には、経済的損害を認めざるをえない。最高裁は、その点を反対給付の「確定的帰属」を欠くと表現したが、実質的には、反対給付と評価しえないと判断したといえよう。

●参考文献●　今崎幸彦・判解平 8 年度36、木村光江・判評458-70、岡本勝・平 8 年度重判153、林幹人・J1119-148、川崎友巳・圖各 6 版144

212 質入れした株券につき除権判決を得て失効させる行為と背任罪

最3小決平成15年3月18日（刑集57巻3号356頁）　　参照条文　刑法247条　商法207条、230条（平14改正前）

> 質権の設定者が、質入れした株券について虚偽の申立てにより除権判決を得て株券を失効させ、質権者に損害を加えた場合には、背任罪が成立するか。

●事実●　被告人Xは、資産運用会社A社の代表取締役であったが、B生命保険相互会社から合計1億1800万円の融資を受けるにあたり、C社等の株券にそれぞれ根担保質権を設定し、質権者であるB社に交付していた。しかし、返済期を過ぎても融資金を返済せず、A社の利益を図るため、当該株券について紛失したとする虚偽の理由による除権判決の申立てをし、除権判決を得て株券を失効させ、B社の持つ各質権を消滅させた。

第1審は、Xは質権設定者として、質権者B社のために各株券を担保として確保すべき任務に背き、除権判決により質権を消滅させ、B社に財産上の損害を加えたとして、背任罪の成立を認めた。これに対し、Xが控訴したが、原審は、二重抵当に関し背任を認めた【209】を引用しつつ、本件の株式質権の場合には、株券の交付は質権設定の有効要件であり、その株券を失効させ、いわば単なる紙切れにしてしまうことは、第三者に対する対抗力どころか、質権自体を消滅させてしまうのであるから、登記協力任務以上に背任罪の他人の事務に該当するという実質論を述べた上で、担保権設定者は、担保権者のために広い意味で担保権を保全すべき任務を負い、その1つが第三者に対する対抗要件の具備に協力すべき任務であるが、担保権自体を維持すべき保全義務もまた広い意味での担保権保全義務の1つとして上記登記協力義務と同様に扱うべき必然性があると判示して、背任罪の成立を認めた。

●決定要旨●　X側の上告に対し、最高裁も「株式を目的とする質権の設定者は、株券を質権者に交付した後であっても、融資金の返済があるまでは、当該株式の担保価値を保全すべき任務を負い、これには、除権判決を得て当該株券を失効させてはならないという不作為を内容とする任務も当然含まれる。そして、この担保価値保全の任務は、他人である質権者のために負うものと解される。したがって、質権設定者がその任務に背き、質入れした株券について虚偽の申立てにより除権判決を得て株券を失効させ、質権者に損害を加えた場合には、背任罪が成立するというべきであるから、これと同旨の見解の下に、Xが刑法247条にいう『他人のためにその事務を処理する者』に当たるとして背任罪の成立を認めた原判決の判断は、正当である」として、上告を棄却した。

●解説●　1　担保権設定者が、担保権者の利益を害する行為の典型である二重抵当は、背任罪にあたるとされる（【209】）。本決定は、質権の設定者が質権者の利益を害する行為についても、背任罪の成立を認めた。

抵当権・質権設定者による抵当権者・質権者の利益を害する行為が背任罪を構成するとするには、設定者が抵当権者らの「事務処理者」にあたらねばならない。

2　一般に、事務処理者とは、他人のためにその事務を誠実に処理すべき信任関係を持つ者を広く含むとする。ただ、事務処理者の範囲を広く認めると、売買契約の際の売主の目的物の引渡し義務や、買主の代金支払い義務も、「他人のための事務」を怠ったとされかねない。そこで、これらの行為は信頼関係に背く行為ではあるが、それぞれ売主・買主の「自己の事務」であって、民事上の債務不履行にすぎないと説明される。

そこで、二重抵当の場合も、第1抵当権者の登記に協力することは、「自己のための事務」であって、事務処理者にはあたらないとする見解が見られる。しかし、【209】は、「抵当権設定者はその登記に関し、これを完了するまでは、抵当権者に協力する任務を有することはいうまでもないところであり、右任務は主として他人である抵当権者のために負う」とした。

3　ただ、二重抵当の場合は、抵当権の登記がなされるまでは抵当権者は第三者に対抗できず、そのため設定者には抵当権登記に協力する任務があるのに対し、本件のように質権を設定した株券を質権者に交付している場合には、交付により質権者は対抗要件を具備することとなる。そこで、設定者にはもはや「協力する任務」が存在しないのではないかという問題が生ずる。

4　この点につき本決定は、株券を質権者に交付し、質権者に第三者に対する対抗要件を具備させた後であっても、当該株券を質権者のために保全すべき任務はあるとした。たしかに、質権者に第三者対抗要件が具備されれば、質権設定者には当該株券に関する任務は存在しないと解するのは妥当でない。融資返済までは、当該株券に関し、質権者の利益を害さないという任務は存在すると解すべきであろう。

5　除権判決とは、株券等を紛失した者が、第三者に善意取得されることにより権利を喪失することを防ぐため、公示催告を経た上でその株券等の効力を失わせる判決である。原審は、二重抵当の事案は登記による第三者対抗要件を具備させるのを妨げる行為にすぎないのに対し、除権判決を得ることは、「いわば単なる紙切れにしてしまう」ことであり、「第三者に対する対抗力どころか、質権自体を消滅させてしまうのであるから」より一層背任罪に該当するものであると判示している。この点は、厳密には任務違背の重大性の問題であるが、事務処理者に該当するか否かの判断にも影響するといえよう。

●参考文献●　宮崎英一・判解平15年度146、橋爪隆・J1292-176、堀田周吾・都大法学会誌45-2-457

213 融資を受けた者と特別背任罪の共同正犯

最3小決平成15年2月18日（刑集57巻2号161頁・判時1819号155頁）

参照条文　商法486条1項（平9改正前）
刑法60条、65条、247条

不正融資を受けた側は、いかなる場合に背任罪の共同正犯となるのか。

●**事実**●　被告人Xは、不動産会社A社の代表取締役社長に就任し、同社の創業者で実質的経営者であるYの指示の下に、同社の業務を統括していた。A社は、住宅金融専門のB社から借入れをしていたが、バブル経済の崩壊によりA社の資金繰りが悪化し、運転資金の融資が担保割れを起こしていた。しかし、B社代表取締役社長Zの指示により、実質無担保状態に陥ったA社に対する融資を、迂回融資の方法を採るなどして継続した。A社は、平成3年8月には、B社以外の金融機関からの融資が受けられなくなり、B社からの融資がなければ倒産に追い込まれる危機的状態に陥ったにもかかわらず、ZらB社の融資担当者は、合計18億7000万円をA社に貸し付けた。

　Zらは、A社に対する上記融資が焦げつく可能性が高いことを十分認識していたが、これに応じないと、A社がたちまち倒産し、巨額の融資金が回収不能となることが予想されたため、それまで同社に運転資金として巨額の金員を放漫に貸し続けてきたことに対する責任が問われることを懸念して、自らの責任を回避し、保身を図るとともに、A社の利益を図る目的を有していた。

　Xは、A社に返済能力がなく、本件融資が実質無担保の高額な継続的融資であり、迂回融資の方法が採られるなど明らかに不自然な形態の融資であることを認識しており、本件融資がZらのB社に対する任務に違背し、本件融資がB社に財産上の損害を与えるものであることを十分認識していたにもかかわらず、B社に対し繰り返し運転資金の借入れを申し入れて、Zらをして任務に違背するよう仕向けた。その際、Xは、ZらがA社に対する過剰融資、貸付金の回収不能から生ずる自己らの責任を回避し、保身を図る目的で本件融資に応じざるをえないことを知っていた。

　第1審は、XとYに特別背任罪の共同正犯の成立を認め、原審も、この判断を支持した。X側が上告。

●**決定要旨**●　最高裁は「Xは、Zら融資担当者がその任務に違背するに当たり、支配的な影響力を行使することもなく、また、社会通念上許されないような方法を用いるなどして積極的に働き掛けることもなかったものの、Zらの任務違背、B社の財産上の損害について高度の認識を有していたことに加え、Zらが自己及びA社の利益を図る目的を有していることを認識し、本件融資に応じざるを得ない状況にあることを利用しつつ、B社が迂回融資の手順を採ることに協力するなどして、本件融資の実現に加担しているのであって、Zらの特別背任行為について共同加功をしたとの評価

を免れないというべきである」として上告を棄却した。

●**解説**●　1　特別背任罪の身分を有しない不正融資の相手方に共同正犯が成立しうるかが争われた。その前提として、「身分を有しない者も、身分者と共同して法益侵害をなすことができるとして、身分犯に関する刑法65条の規定は、共同正犯にも適用される」とするのが通説で、実務上も争いはないことは確認しておかねばならない。

　実質的問題点は、融資側とその相手方は相対立する利害状況にあるともいえる点である。通常の共同正犯のように、共通する利害の下で共通する目的に向けて実行するとは言い切れない。

　2　もっとも、不動産の二重売買の第2買主も横領罪の共同正犯となりうる（【208】）。買い手や融資の受け手も実質的に領得・任務違背行為を共同したと評価できれば、横領罪・背任罪の共同正犯となりうるのである。

　3　ただ、任務違背の認識を有しつつ融資を申し入れたことをもって背任罪の共謀の成立を肯定することはできない。その点、本決定は、Xが、Zらが融資を継続しなければならないことを認識しており、いわばそれに乗じたとして、共同正犯の成立を認めている。

　4　背任罪の共同正犯性を認める実質は、(a)実質的に観察すれば相手方も本人の財産的利益を保護すべき立場にあるといえるような事情があるとき、(b)相手方が当該背任事件、事務処理者の任務違背行為をまさに作り出したといわざるをえないような場合、(c)事務処理者に対する相手方の働きかけが著しく不相当であって、相手方自身の経済的利益の追求という枠を明らかに超えるような場合といえよう。

　5　不正融資の借り手が共同正犯になりうるより具体的・実質的条件は、①借手が得た不当な利益、②貸手の任務違背性の重大性、③その認識の確実性、④貸手と借手の力関係、⑤社会通念上許容されないような働きかけの有無等である。

　6　融資先会社の実質的経営者に、特別背任罪の共同正犯の成立を認めた最決平成20年5月19日（刑集62-6-1623）も、「被告人は、特別背任罪の行為主体の身分を有していないが……、単に本件融資の申込みをしたにとどまらず、本件融資の前提となる再生スキームをWらに提案し、G社との債権譲渡の交渉を進めさせ、不動産鑑定士にいわば指し値で本件ゴルフ場の担保価値を大幅に水増しする不動産鑑定評価書を作らせ、本件ゴルフ場の譲渡先となるCを新たに設立した上、Wらと融資の条件について協議するなど、本件融資の実現に積極的に加担した」点を重視している。

●**参考文献**●　朝山芳史・判解平15年度63、青柳勤・J1390-13、前田雅英・都大法学会誌44-2-27、井田良・圖各8版150

214 横領罪と背任罪の限界

最2小判昭和34年2月13日（刑集13巻2号101頁）　　参照条文　刑法247条、252条

本人名義で自己の計算で行った貸付け行為は、横領罪を構成するのか。

●事実●　B 森林組合（社団法人）の組合長で常務理事である被告人 X らは、農林漁業資金融通法により造林資金以外の用途には使用できない政府貸付金を保管中、翌年3月の組合改組までこれに手を付けないとの役員会決議も無視し、その一部を資金難の A 町に組合名義で貸し付けるなどした。

第1審は、横領罪の起訴に対し、不法領得の意思が欠けるとしたが、原審は不法領得の意思を認めた。X 側が上告。

●判旨●　上告棄却。「A 町に対する貸付けは年末に際し諸経費の支払資金に窮していた同町からの要請に基き専ら同町の利益を図るためになされたものであって、組合の利益のためにする資金保管の一方法とは到底認め難く、又、カラ松球果採取事業は X らの経営する個人事業であって同事業のための借入金元利返済に充てられた本件40万円余りは専ら X ら個人の利益を図る目的に使用されたと認めるの外なく、しかもこれらの各支出は組合役員会の決議の趣旨にも反し、組合本来の目的を逸脱し、たとえ監事 M の承認を経ているとはいえ、この承認は監事の権限外行為に属し、これあるがため X らの右各支出行為が組合の業務執行機関としての正当権限に基く行為であると解すべきものでないことは原判示のとおりであり、結局原判示の各支出行為は、X らが委託の任務に背き、業務上保管する組合所有の金員につき、組合本来の目的に反し、役員会の決議を無視し、何ら正当権限に基かず、ほしいままに X ら個人の計算において、A 町及び X ら個人の利益を図ってなしたものと認むべきである。

されば、たとえ X らが組合の業務執行機関であり、A 町に対する貸付が組合名義をもって処理されているとしても、上記の金員流用の目的、方法等その処分行為の態様、特に本件貸付のための支出は、国若しくは公共団体における財政法規違反の支出行為、金融機関における貸付内規違反の貸付の如き手続違反的な形式的違法行為に止まるものではなくて、**保管方法と使途の限定された他人所有の金員につき、その他人の所有権そのものを侵害する行為に外ならないことにかん**がみれば、横領罪の成立に必要な不法領得の意思ありと認めて妨げなく、所論指摘の事由は未だもって横領罪の成立を阻却する理由とはならず、背任罪の成否を

論じる余地も存しない」。

●解説●　1　横領罪と背任罪の区別に関しては、(a)背任罪を法的代理権の濫用とし、横領罪は事実行為の濫用および権限を全く逸脱した行為と考える説、(b)背任罪は、**財産上の利益を客体とする全体財産に対する罪であり、横領罪は財物を客体とする個別財産に対する罪**だとする説も存在したが、現在は、(c)**背任罪は権限濫用であり、横領罪は権限逸脱**だとする説が有力である。

2　権限内で行動する場合には、たとえ濫用であっても本人に一応効果が及ぶのであり、不法領得の意思の発現、すなわち横領ではないとし、権限の趣旨に背いて濫用しているのだから背任罪だとするのである。ただし、外形上一般的・抽象的権限内でも、委託の趣旨から絶対に許されない行為は横領罪であるとする。それは実質的には逸脱行為であり「ほしいままの処分」といわざるをえず、領得となるとするのである。

3　判例は、他人のための事務処理者が、自己の占有する他人の物を不法に処分した場合に、(イ)本人の利益を図る目的であれば、横領でも背任でもなく、(ロ)自己の利益を図ることが明らかであれば横領が成立するとし、(ハ)それ以外の場合には、**本人の名義・計算か自己の名義・計算かで背任か横領かを区別してきた。**

しかし、本判決は、森林組合（本人）名義で貸し付けた行為を、背任ではなく横領とした。本人名義であれば背任になるはずの事案を、最高裁は、何ら正当権限に基づかずほしいままに被告人ら個人の計算において行ったもので不法領得の意思があり横領だとした。つまり、名義と計算を明確に使い分け、「本人名義でも自己の計算で行った場合」は横領としたのである。

4　横領と背任の実質的な限界線は、行為態様を基準に区別する学説では、「形式上権限内ではあるが委託の趣旨からいって絶対に許されないか否か」というところにある。それに対して判例は、「形式上本人名義で行為しているのだが、実質的には自己の計算で行為したか否か」を問題にする。しかし、その実態はほぼ同じものといえよう。それらは結局、「所有権者でなければできないほしいままの処分か否か」という、横領罪の領得行為の基準を言い換えたにすぎないのである。委託の趣旨から絶対に許されないということは、まさにほしいままの処分であり、自己の計算とは所有権者として振舞うということなのである。横領罪と背任罪の区別は、結局、領得行為の有無によるのである。

●参考文献●　栗田正・判解昭34年度30、井上正治・圖各2版118、斉藤信治・圖各4版116、中川祐夫・刑法の争点〈新版〉295

215　被害者を相手方とする盗品等処分あっせん罪の成否

最1小決平成14年7月1日（刑集56巻6号265頁・判時1798号161頁）　　参照条文　刑法256条2項

盗品等処分あっせん罪は、盗品等の被害者を相手方としてする場合にも成立するか。

●**事実**●　被告人Xは共犯者と共謀の上、手形ブローカーから、約束手形131通（額面合計約5億5000万円−A社から盗まれた約束手形181通〔額面合計約7億8000万円〕の一部）の売却を依頼され、これらが盗品であることを知りながら、A社の子会社であるB社に代金約8000万円で売却し、盗品の有償処分のあっせんをしたという事案である。

原審は、Xらの本件行為は被害者に盗品等を回復させるものであるから、盗品等処分あっせん罪にあたらないという主張を退けて、同罪の成立を認めた。Xらは、追求権を害したものではないから盗品等処分あっせん罪にあたらないなどとして上告した。

●**決定要旨**●　上告棄却。弁護人の上告趣意が適法な上告理由にあたらないとした上で、「所論にかんがみ、職権で判断するに、盗品等の有償の処分のあっせんをする行為は、窃盗等の被害者を処分の相手方とする場合であっても、**被害者による盗品等の正常な回復を困難にするばかりでなく、窃盗等の犯罪を助長し誘発するおそれのある行為であるから**、刑法256条2項にいう盗品等の『有償の処分のあっせん』に当たると解するのが相当である（最判昭26・1・30刑集5−1−117、最決昭27・7・10刑集6−7−876、最決昭34・2・9刑集13−1−76参照）。これと同旨の見解に立ち、Xの行為が盗品等処分あっせん罪に当たるとした原判断は、正当である」と判示した。

●**解説**●　1　盗品等に関する罪の保護法益に関する(a)**追求権説**は、盗品等の占有を不法に取得し所有者の物に対する追求権の実行を困難にすることを罪質とするとしていた（大判大11・7・12刑集1−393）。これに対し、「犯罪行為によって成立した違法な財産状態を維持存続させる罪」と解する(b)**違法状態維持説**が対立するとされ、(b)説は、財産犯以外から生じた物をも対象にするので、不当だとされてきた。そして、平成7年改正により、財産犯により領得された物に限られることになった。

2　ただ、追求権説を徹底し、盗品等に関する罪を私法上の権利の侵害としてのみ説明することにも問題がある。不法原因給付物について贓物性を一切否定するのは不合理であるし、民法上の所有権が他の者に移った場合にすべて贓物性を否定すると、著しく不合理な結論となるし、そもそも、追求を最も困難にする盗品の毀棄行為は盗品等の罪を構成しない。

3　そこで、近時私法上の請求権と離れた刑法独自の観点を認める新しい違法状態維持説が有力になった。すなわち、「財産犯によって生じた違法な状態」を維持する罪とするのである。判例も、実は「贓物罪に関する罪

を一概に所論の如く、被害者の返還請求権に対する罪とのみ狭く解するのは妥当ではない（法が贓物牙保を罰するのは、これにより被害者の返還請求権の行使を困難ならしめるばかりでなく、**一般に強窃盗の如き犯罪を助成し誘発せしめる危険があるからである**）」としてきた（前掲最判昭26・1・30）。

4　本件で問題となった有償処分のあっせんの罪は、あっせん行為がなされれば足り、現に売買などが成立する必要はない（前掲最判昭26・1・30）。これも、追求権説からは説明しにくい結論である。そして、本決定は、盗品の被害者への処分のあっせんを処罰するという、追求権説にとってより説明が困難な判断を示した。

ただ、前掲最決昭和27年7月10日は、窃盗の被害者から贓物の回復を依頼されて、これを被害者宅に運搬し返還したとしても、窃盗犯人に協力してその利益のために財物の返還を条件に被害者をして多額の金員を交付させるなど、贓物の正常な回復を困難にした場合は、贓物運搬罪が成立するとしていた。被告人が、盗品を被害者宅に運搬し返還したのであるから、被害者の追求権に対する侵害がないとして、この判例に反対する見解も有力であるが、財物の返還を条件に被害者をして多額の金員を交付させるなどした以上、贓物罪が成立するとした規範的判断は、説得性を有する。

5　同様に、本件についても「被害者が、盗品を回収する可能性も高まったのだから不可罰で足りる」とすることは妥当ではない。あえて被害者に盗難手形の買取りをあっせんする行為も、実際には一定の範囲で行われているという現実を踏まえると、被告人の行為は、被害者以外の者に買取りをあっせんする場合と実質的には同じことに近く、「法的に正常な盗品等の回復といえない」というより、端的に「窃盗等の犯罪を助長する」という意味で、本罪の成立を認めるべきである。

6　本決定要旨には、「被害者による盗品等の正常な回復を困難にする」という表現も使われ、被害者の追求権も考慮しているが、犯罪を助長し誘発するおそれのある行為であるから処罰すべきとしたのである。盗品を被害者に売り込む行為が、「追求権の行使を困難にする」という説明は苦しい。たしかに、被害者は、盗品である約束手形が善意取得されない限り所有持人であるXらから無償で約束手形の返還を求める権利を有しており、また、盗難手形の善意取得を阻止するため、公示催告の上除権判決を申し立てることもできるにもかかわらず、有償で買い取らざるをえなくなる。これらの法的手段には費用や手間がかかることから、被害者が、取引先に対する信用を害することを恐れ、盗難手形を簡易迅速に回収するため、あえて有償での回収に応じることは、かなりの確率で予想されよう。しかし、そのような行為の処罰を「所有権に基づく返還請求権の行使を困難にするもの」と構成するのは、無理があるといえよう。

● **参考文献** ●　朝山芳史・判解平14年度106、林幹人・判タ1181−110、深町晋也・J1314−156、上嶌一高・法教276−92

216 建造物損壊罪とドア

最 1 小決平成19年 3 月20日 （刑集61巻 2 号66頁・判時1963号160頁）　　　参照条文　刑法260条前段

適切な工具を使用すれば損壊せずに取り外しが可能である住居の玄関ドアも、建造物損壊罪の客体にあたる。

●**事実**●　被告人 X が、市営住宅の 1 階にある元妻方の玄関ドアを金属バットで叩いて凹損させるなどした行為が、建造物損壊罪に該当するとして起訴された事案である。

　本件ドアは、5 階建て市営住宅 1 階にある居室の出入口に設置された、厚さ約3.5cm、高さ約200cm、幅約87cm の金属製開き戸であり、同ドアは、上記建物に固着された外枠の内側に 3 個のちょうつがいで接合され、外枠と同ドアとは構造上家屋の外壁と接続しており、一体的な外観を呈しているものであること、金属バットで叩いて凹損させた部分の塗装修繕工事費用の見積金額は 2 万5000円であったと認定されている。

　第 1 審・原審ともに建造物損壊罪の成立を認めたところ、弁護人は、X が凹損させた本件ドアは、適切な工具を使用すれば容易に取り外し可能であって、損壊しなければ取り外すことができないような状態にあったとはいえず、器物損壊罪が成立するにすぎない等と主張して上告した。

●**決定要旨**●　上告棄却。最高裁は、建造物損壊罪の成立を認めた。「建造物に取り付けられた物が建造物損壊罪の客体に当たるか否かは、当該物と建造物との接合の程度のほか、当該物の建造物における機能上の重要性をも総合考慮して決すべきものであるところ、上記の事実関係によれば、本件ドアは、住居の玄関ドアとして外壁と接続し、外界とのしゃ断、防犯、防風、防音等の重要な役割を果たしているから、建造物損壊罪の客体に当たるものと認められ、適切な工具を使用すれば損壊せずに同ドアの取り外しが可能であるとしても、この結論は左右されない。そうすると、建造物損壊罪の成立を認めた原判断は、結論において正当である」。

●**解説**●　1　建造物損壊罪の客体は、他人の建造物と艦船である。判例は、建物の一部に見えても毀損せずに取り外せる物は刑法261条の客体である器物とする（大判明43・12・16刑録16-2188、大判大 8・5・3 刑録25-632）。そこで、障子、襖、雨戸、ガラス窓、畳等は器物とされる。それに対し、アルミサッシに「はめ殺し」にされた壁面硝子（東京高判昭55・6・19刑月12-6-433）、天井板、鴨居、屋根瓦は建造物損壊罪の客体となる（もっとも、簡単に補修可能な屋根瓦等については、刑の均衡上、器物と解すべきとの説も存する）。これまでは、「毀損せずに取り外せる物」か否かが、建造物か器物かの区別の主たる基準であった。

　2　本決定は、建造物か器物かの判断は、当該物と建造物との接合の程度のほか、当該物の建造物における機能上の重要性をも総合考慮して決定されると判示した。そして、具体的には、適切な工具を使用すれば損壊せずに取り外しが可能な玄関ドアも建造物損壊罪の対象となると判断したのである。

　3　玄関ドアの損壊に関し、大阪高判平成 5 年 7 月 7 日（高刑46-2-220）がある。コンクリート外壁に設置された縦198cm、横80cm のアルミ製外開きのドアに拳銃で実包 3 発を発射し命中させ、3 箇所に弾丸を貫通させた事案について、建造物損壊罪の成立を認めた。建造物と一体化し、器物としての独立性を失っているか否かを問題としつつ、当該玄関ドアが、ドライバーさえ使用すれば素人にも毀損することなく容易にこれを取り外すことができるから建造物にはあたらないとの主張を退けている。玄関ドアは建具類の場合とは異なり、取り外し自在というにはほど遠く、老朽化や取り替えを予定しないものであって、毀損せずに取り外し可能かどうかとの観点は、同玄関ドアの建造物性を左右する重要な基準とはなりえないというべきである。

　4　器物と建造物の相違は、やはり、建造物とは独立の財産的価値のあるものか、建造物の一部なのかであり、取り外しが可能なものの損壊をすべて器物損壊罪とするわけにはいかない。

　従来の「取り外し可能なものは独立の財物である」という基準は、木造住宅を主として念頭に置いたもので、部品を組み立てて建築する部分も多い現代の建造物においは、「取り外し可能性」を形式的に強調することは不合理な結論を導く。そして、従来からも、実質的には「取り外し容易性の程度」と「建造物内に占める重要性」を勘案してきたといえよう。

　5　なお、放火罪に関するものではあるが、最判昭和25年12月14日（刑集 4-12-2548）が、建具等が建造物たる家屋の一部を構成するものと認めるには、「これを毀損しなければ取り外すことができない状態にあることを必要とするものである」と判示している。この判例が現時点でもなお維持されうるかは、議論が分かれようが、損壊罪と放火罪の罪質・保護法益の違いを考えれば、全く同じ規準を用いなくてもよいという点については、異論は少ないと思われる。

　6　実行行為の損壊とは、建造物・艦船の実質を毀損して使用価値を減少させる行為で、必ずしも使用を不能にする必要はない。ビラ貼りも損壊に該当するが（最決昭41・6・10刑集20-5-374）、ビラの枚数・貼り方等からみて建造物の効用侵害が小さければ、構成要件該当性が否定される（最判昭39・11・24刑集18-9-610）。

　最決平成18年 1 月17日（刑集60-1-29）は、公衆便所外壁にラッカースプレーで「戦争反対」等と大書した行為について、建物の外観ないし美観を著しく汚損し、原状回復に相当の困難を生じさせたもので、その効用を減損させたものといえ「損壊」にあたるとした。

●**参考文献**●　松田俊哉・判解平19年度26、城下裕二・平19年度重判183、香川達夫・判評433-77

217 焼損の意義

東京地判昭和59年6月22日 （刑月16巻5＝6号467頁・判時1131号156頁）　　参照条文　刑法108条

> ビルの一部の防火構造を備えた部分に火を放つ行為と「焼損」。

●**事実**●　被告人Xは、人の現在する地下4階、地上15階建ての鉄骨・鉄筋コンクリート造りのT会館の地下2階の塵芥処理場において、その場に集積された塵芥に火を放ったが、塵芥処理場が優れた防火構造を備えていたため、処理場のコンクリート内壁のモルタルや天井表面の石綿を剝離・脱落・損傷させ、さらに、吸排気ダクトの塗装の一部を燃焼し、蛍光灯などを損傷させたにとどまり、同会館の建物そのものは燃焼しなかった。

検察官は、モルタルなどの損傷・剝離により建物の効用が毀損され、塵芥の燃焼による火炎などによって人の生命、身体、財産に対する侵害の危険を生じさせたので、108条の既遂が認められると主張した。

●**判旨**●　東京地裁は、「刑法108条所定の現住建造物放火罪は、目的建造物に火を放ってこれを『焼燬』することにより既遂に達するものであるところ、この『焼燬』とは、同罪が財産罪の側面があるとはいえ、**本質において公共危険罪であること**に鑑み、犯人の放った火が、媒介物を離れて当該目的建造物の部分に燃え移り、爾後その火が独立して燃焼を維持する程度に達したことをいうものと解するを相当とする。……なるほど本件において、検察官主張のようにモルタルの剝離、脱落などは認められるが、火が媒介物を離れてそれら、ひいては建造物自体に燃え移り、独立して燃焼を維持する程度に達した事実を認めさせる証拠はない」として、現住建造物放火罪の未遂にとどまるとした。

●**解説**●　1　本件では、T会館の「焼損（焼燬）」が認められるのかが問題となった。判例は、焼損に関して、火が媒介物を離れ独立に燃焼を継続する状態に達することが焼燬だとする(a)**独立燃焼説**を採用してきた。最も早い時点に既遂を認める考え方で、公共の危険を重視し財産的な侵害が拡大する以前に放火罪の完成を認めるものといえよう。たとえば、天井板を30cm四方焼けば既遂だとする（最判昭23・11・2刑集2-12-1443）。

これに対し、最も既遂時期を遅く設定するのが、(b)**効用喪失説**で、目的物の重要部分が焼失しその効用を失ったことを要するとする。目的物の財産的価値を重視する見解である。そしてその中間に、物の重要部分が炎を上げ燃焼を始めた時点を焼燬とする(c)**燃え上り説**と、火力により目的物が毀棄罪の損壊の程度に達することだとする**毀棄説**が存在する。

2　放火罪は公共危険犯であるとすると、効用喪失説はあまりに財産的侵害を重視しすぎるものといえよう。また、建物の一部が燃焼しても有毒ガスを発生させ人命を奪うことが多い。そして、最近の多くの建築物はその重要部分がコンクリートや鉄筋で、その部分の完全な焼失ということは考えにくい。

3　他方、独立燃焼説は既遂時期が早すぎるように見える。焼損という語は、燃燬以上に、目的物の一定程度以上の部分が燃焼すると解するのが自然である。その意味では、中間説が合理的なようにも思われる。

ただ、判例の用いる「独立燃焼」では、「ある程度の燃焼の継続」は要求されていることに注目する必要がある。独立燃焼説の具体的適用を見ると、一定の危険の発生が要求されているように思われる。その意味で、現住建造物放火罪における焼燬とは、客体としての「現住建造物」の重要部分が、建造物全体に燃え移る危険のあるある程度に燃えたことと解すべきである。そして、炎を上げて燃焼しない建材に放火した例外的場合には、客体の重要部分が、有毒ガスを発生させて公共の危険を発生させたり当該部分に可燃物が接触することにより延焼の危険が発生する程度に酸化し高温になった時点が、焼燬なのである。

4　一方、近時の鉄筋コンクリート等の難燃性建造物の増加により、独立燃焼説では既遂時期が遅すぎるという問題が生じてきている。難燃性建造物の場合にはなかなか独立燃焼に至らず、それ以前の段階で有毒ガスの発生により人身に対する危害が及びうるし、独立燃焼に至らなくとも媒介物の火力によってコンクリート壁の崩落等が発生しうる。本件でも、難燃性建造物に関しては、効用喪失説を基準にすべきであるという主張が検察側からなされた。

5　これに対し、本判決は、建物自体での独立燃焼が必要だとして、モルタルや天井表面の石綿に剝離・脱落・損傷が生じても、放火罪としては未遂としたのである。

たしかに、火そのものではなく、有毒ガスの発生などによる人の生命、身体に対する危険性が重要視されてきていることも否定しえない。しかし、焼損の語は、火と無関係の建造物の損壊を含みえないであろう。放火客体の燃焼（広く炎を上げないで高温を発生する酸化を含む）から生じた危険でなければ、放火罪の予定する公共の危険ではありえない。いかに重大な損壊状況を生ぜしめても、焼損といえるためには「広い意味での客体の燃焼」が必須なのである。

6　なお、最決平成元年7月7日（判時1326-157）は、12階建集合住宅である本件マンション内部に設置されたエレベーターのかご内で火を放ち、その側壁として使用されている化粧鋼板の表面約0.3㎡を燃焼させた事案について、現住建造物等放火罪が成立するとしている。「エレベーター設備が居住部分と一体的に使用されている限り、いわば玄関の延長として捉えることができ、住人等が現在し害を被る危険性は、居住部分におけるそれと基本的に変わらない」と考えられたものと推察される。

●**参考文献**●　河上和雄・捜査研究26-3-43、星周一郎・都大法学会誌37-1-164、丸山雅夫・判評393-2

218 現住建造物の意義

最2小決平成9年10月21日（刑集51巻9号755頁・判時1620号155頁）　参照条文　刑法108条

競売手続の妨害目的で放火前まで従業員を交替で泊まり込ませていた家屋は、現住建造物等放火罪にいう現住建造物にあたるか。

●**事実**●　被告人Ｘは、火災保険金の支払いを請求してこれを騙取しようとする意図の下に、共犯者と共謀し、福岡県内にあるＸの所有する家屋に放火してこれを全焼させた。本件家屋には日常生活上必要な設備・備品等があり、Ｘは、本件家屋およびその敷地に対する競売手続の進行を妨害する目的で、自己の経営する会社の従業員を本件家屋に交代で泊まり込ませ、犯行前の約1か月半の間に従業員5名が十数回交代で宿泊していた。Ｘは、放火の実行前に上記従業員らを沖縄旅行に連れ出したが、従業員らは旅行から帰れば再び交代で宿泊するものと認識し、本件家屋の鍵も従業員が旅行に持参していた。第1審・原審とも現住建造物等放火罪の成立を認めたため、Ｘ側が上告。

●**決定要旨**●　上告棄却。「**本件家屋は、人の起居の場所として日常使用されていたものであり、右沖縄旅行中の本件犯行時においても、その使用形態に変更はなかったものと認められる。そうすると、本件家屋は、本件犯行時においても、平成7年法律第91号による改正前の刑法108条にいう『現ニ人ノ住居ニ使用』する建造物に当たると認めるのが相当であるから、これと同旨の見解に基づき現住建造物等放火罪の成立を認めた原判決の判断は正当である」。**

●**解説**●　1　刑法108条の現住建造物放火罪客体は現に人の住居に使用しまたは現に人がいる建造物等である。現に住居に使用するとは、起臥寝食の場として日常利用されていることをいう。また、住居に使用していなくとも、現に人がいれば本罪の客体となる。

本決定は、「人の起居の場所として日常使用されていたものであり、……旅行中の本件犯行時においても、その使用形態に変更はなかった」として現住性を認めている。そのポイントの第1は、①たとえ競売手続の妨害目的であるとしても、人の起居の場所として日常使用するに足りる設備・備品を備え、**従業員が交代で泊まり込んでいた場合には、現住性を認めた点である。**

2　従来より、現住建造物放火の客体としては、昼夜常に人が生活していなくてもよく、夜だけ寝泊まりする家屋も含むとされてきた。また、**建造物の一部が起臥寝食に用いられていれば、全体が現住建造物となる。**たとえば、仮眠休憩施設のある派出所は現住建造物であり

（札幌地判平6・2・7判タ873-288）、宿直施設が付いている学校に、教室だけ燃やすつもりで火を放っても108条となる。また、地上げで居住者がごく一部となった集合住宅の空部屋に火を放つ行為も現住建造物放火である（東京高判昭58・6・20判月15-4=6-299参照）。本決定の判断もこれらの先例を踏襲したものである。

3　現住建造物放火がその他の放火罪に比べ重く処罰される理由につき、通説は**人の生命、身体に危険が生ずること**をその実質的根拠とする（香城敏麿・判解平元年度249頁）。本決定は、いかに競売手続妨害の目的であったにせよ、現に人の起居の場所として日常使用されている以上、その人の生命・身体に対する危険は、その目的により差が生じるわけではなく、現住性に影響を与えないと判断したものと解される。

4　本決定の第2のポイントは、②**従業員らを旅行に連れ出していたとしても、現住性は失われないとした点**である。

人の住居の人とは犯人以外の者を意味し、犯人の家族も含む。それ故、犯人が1人で住居の用に使用する家屋を焼損しても非現住建造物の放火にすぎないが、夫婦2人暮しで、妻が実家に帰ったときに放火した場合には本条が成立する（東京高判昭54・12・13判タ410-140、横浜地判昭58・7・20判時1108-138）。

5　一方、家人を皆殺しにした後放火した場合は、本条の罪は成立しないとされてきた（大判大6・4・13刑録23-312）。そして、犯人を除いた居住者全員が当該建造物を住居として使用することを放棄した場合には、現住性が失われる（最決昭37・12・4裁判集刑145-431、前掲東京高判昭54・12・13）。このような先例では、現住性の有無に関し、住居としての使用の放棄という、居住者の意思が強調されているようにもみえる。

しかし、本決定も示すように、**現住性の喪失**は、人の起居の場所として日常使用するという、建造物の「**使用形態の変更**」の有無により判断されると解すべきであろう。そして、本件事案では、従業員らは旅行から帰れば再び本件家屋へ交代で泊まり込むことになっていたのであるから、使用形態に変更が生じたとはいえず、現住性は失われないのである。

6　現住建造物放火罪は、前述のごとく、人の生命・身体に危険を生ずることにより重く処罰されるものであるが、その危険は抽象的危険で足りる。したがって、居住者が旅行中で具体的危険の発生がないとしても、現住性が否定されるわけではない。

●**参考文献**●　中谷雄二郎・判解平9年度212、清水真・判評477-57、井田良・平9年度重判163、林陽一・J1158-126

219 複合建造物の現住性

最3小決平成元年7月14日（刑集43巻7号641頁・判時1328号19頁）　　参照条文　刑法108条

> 複数の建物が渡り廊下などでつながっている平安神宮の人が住んでいない部分に火を放つ行為は、現住建造物放火か。

●事実●　被告人Xは、昭和51年1月6日午前3時過ぎころ、平安神宮において、祭具庫西側板壁付近にガソリン約10ℓを散布した上、所携のガスライターでこれに点火して火を放ち、祭具庫およびこれに接続する西翼舎、東西両本殿等に燃え移らせて、その全部または一部を炎上させた。

第1審は、Xの放火した祭具庫、西翼舎、東西両本殿等の建物部分と人の現住していた社務所、守衛詰所等は、一体のものであり、その全体について現住建造物性を肯定できるとして刑法108条の成立を認めた。原審も、構造上の接着性、機能的関結性、相互の連絡、管理方法などに加えて、火災が人の住居の用に供されている建物部分に延焼する蓋然性や火災により発生した有毒ガスが波及する蓋然性などをも考慮して現住建造物性を判断すべきであるとしつつ、この「蓋然性」は、風速、気温、湿度、消火態勢などの一過的、現在的な具体的諸状況を踏まえて判定すべきものではなく、一般的、定形的に判断すべきであるとし、現住建造物放火罪が抽象的危険犯であることから、「延焼等の可能性が否定しえない」「一般人において延焼の危惧感を禁じえない」程度のもので十分であるとして、第1審の判断を支持した。弁護人は、現住建造物に対する延焼の危険性はないし、本件建物は現住建造物といえない点等を中心に争って上告した。

●決定要旨●　上告棄却。「(1)平安神宮社殿は、東西両本殿、……社務所、守衛詰所、神門（応天門）、蒼龍楼、白虎楼等の建物とこれらを接続する東西の各内廻廊、歩廊、外廻廊とから成り、中央の広場を囲むように方形に配置されており、廻廊、歩廊づたいに各建物を一周しうる構造になっていた、(2)右の各建物は、すべて木造であり、廻廊、歩廊も、その屋根の下地、透壁、柱等に多量の木材が使用されていた、(3)そのため、祭具庫、西翼舎等に放火された場合には、社務所、守衛詰所にも延焼する可能性を否定することができなかった、(4)外拝殿では一般参拝客の礼拝が行われ、内拝殿では特別参拝客を招じ入れて神職により祭事等が行われていた、(5)夜間には、権禰宜、出仕の地位にある神職各1名と守衛、ガードマンの各1名の計4名が宿直に当たり、社務所又は守衛詰所で執務をするほか、出仕と守衛が午後8時ころから約1時間にわたり東西両本殿、祝詞殿のある区域以外の社殿の建物等を巡回

し、ガードマンも閉門時刻から午後12時までの間に3回と午前5時ころに右と同様の場所を巡回し、神職とガードマンは社務所、守衛は守衛詰所でそれぞれ就寝することになっていたというのである。

以上の事情に照らすと、右社殿は、その一部に放火されることにより全体に危険が及ぶと考えられる一体の構造であり、また、全体が一体として日夜人の起居に利用されていたものと認められる。そうすると、右社殿は、物理的に見ても、機能的に見ても、その全体が1個の現住建造物であったと認めるのが相当であるから、これと同旨の見解に基づいて現住建造物放火罪の成立を認めた原判決の判断は正当である」。

●解説●　1　刑法108条の客体は現に人の住居に使用しまたは人の現在する建造物等である。現に住居に使用するとは、起臥寝食する場所として日常利用されていることをいうが、常に人が生活していなくてもよいし、住居に使用していなくても、放火時に人が現在していれば108条の客体である。

2　建造物の一部が起臥寝食に用いられていれば、全体が現住建造物となる。たとえば、仮眠休憩施設のある派出所は現住建造物だし（札幌地判平6・2・7判タ873-288）、学校は宿直施設が付いているので、教室だけ燃やすつもりで火を放っても108条となる。

3　建造物の一体性に関しては、①外観上1個であることが明らかな建物に関して、内部の部分的独立性が問題となる場合と、本件のように②外観上構造上の一体性が問題となる場合がある。そして従来は、駅とか学校など、複数の建造物が渡り廊下でつながれていた場合など、主として②の類型が問題とされてきたといえよう。

4　本決定は、平安神宮の社殿は、その一部に放火されることにより全体に危険が及ぶと考えられる一体の構造であり、また、全体が一体として日夜人の起居に利用されていたものと認められる。そうすると、上記社殿は、物理的にみても、機能的にみても、その全体が1個の現住建造物であったと認めるのが相当であると判断した。

たしかに、「一部に放火されることにより全体に危険が及ぶ」という物理的な意味での一体性か、「全体が一体として日夜人の起居に利用されていたもの」という機能的な一体性があれば、全体として現住建造物放火であるといってよい。108条が必要とする抽象的危険、すなわち、「一般人において延焼の不安感を禁じえない」程度の危険性が認められるからである。

●参考文献●　香城敏麿・判解平元年度234、星周一郎・圃各8版168、川端博・法セ35-3-109、大谷實・判評339-64、野村稔・昭63年度重判149

220 刑法110条の公共の危険の意義

最3小決平成15年4月14日（刑集57巻4号445頁・判時1823号154頁）　　参照条文　刑法110条

> 刑法110条の要求する「公共の危険」には、不特定または多数の人の生命、身体または前記建造物等以外の財産に対する危険も含まれるか。

●事実● 被告人Xは、妻Yと共謀の上、長女が通学する小学校の担任教諭の所有に係る自動車に放火しようと企て、教職員用駐車場に無人で止められていた被害車両に対し、ガソリン約1.45ℓを車体のほぼ全体にかけた上、これにガスライターで点火して放火した。

本件駐車場は、公園および他の駐車場に隣接し、道路を挟んで前記小学校や農協の建物にも隣接しており、被害車両から西側に3.8mの位置に第1車両、さらに西側へ0.9mの位置に第2車両が無人で駐車されていた。さらに、被害車両から東側に3.4mの位置には周囲を金属製の網等で囲んだゴミ集積場が設けられており、可燃性のゴミ約300kgが置かれていた。被害車両には、約55ℓのガソリンが入っており、消防が現場に到着した時点では、火炎が高さ約1m、幅約40ないし50cmに達していた。

本件火災により、被害車両は、左右前輪タイヤの上部、左右タイヤハウスおよびエンジンルーム内の一部配線の絶縁被覆が焼損し、左リアランプ付近が焼損して焼け穴を作り、トランクの内部も一部焼損し、さらに2台の車両と前記ゴミ集積場に延焼の危険が及んだ。

原審は、刑法110条の「公共の危険」は、延焼の危険が建造物等に及ぶ場合に限られるわけではなく、本件では、近くの自動車への延焼の危険でも足りるとして、110条1項の成立を認めた。

弁護人は、原審判断は、110条1項の公共の危険を建造物等への延焼の危険に限定する趣旨の大判明治44年4月24日（刑録17-655）に反すると主張して上告した。

●決定要旨● 明治44年の大審院判例は、事案を異にするとして上告趣意の判例違反の主張を排斥するなどした上で、「**刑法110条1項にいう『公共の危険』は、同法108条、109条所定の建造物等への延焼のおそれに限られる旨主張する。しかし、同法110条1項にいう『公共の危険』は、必ずしも同法108条及び109条1項に規定する建造物等に対する延焼の危険のみに限られるものではなく、不特定又は多数の人の生命、身体又は前記建造物等以外の財産に対する危険も含まれると解するのが相当である。そして、市街地の駐車場において、被害車両からの出火により、第1、第2車両に延焼の危険が及んだ等の本件事実関係の下では、同法110条1項にいう『公共の危険』の発生を肯定することができるというべきである**」と判示した。

●解説● 1 刑法110条は放火して、108条、109条の客体以外の物を焼損した者を罰する。これには公共の危険の発生が必要である。本決定は、公共の危険の内容を、建造物等に対する延焼の危険のみに限られるものではなく、(a)不特定または多数の人の生命、身体または前記建造物等以外の財産に対する危険も含むとした。本件では、Xの放火により、車両の前後から出火したが、周囲への延焼はなかった。被害車両の近くに駐車されていた別の2台の自動車と、付近にあったゴミ集積場に延焼する危険があったと認められるが、建造物等に対する延焼の危険は認められなかったのである。

2 従来は、(b)公共の危険の内容を「建造物等への延焼の危険」とする説も有力であった。

判例は、コンクリートに覆われた橋の橋桁部分を焼く行為は、橋梁損壊（124条）に該当するものの、放火罪は成立しないとしている（名古屋地判昭35・7・19下刑2-7=8-1072）。橋がコンクリートに覆われ火力が強くならないこと、さらに家屋が200m以内に存在しなかったことが実質的理由であった。

3 また、約200m離れた所に建造物が存在した小屋を20分間にわたり2mの炎を上げて燃やした行為につき、110条1項の成立を否定している（福岡地判昭41・12・26下刑8-12-1621）。ただ、小屋が川床の一部を利用して建てられていたという特殊な事情が存し、公共の危険の発生が否定されたという点に注意する必要がある。

4 これに対し、最決昭和59年4月12日（刑集38-6-2107）は、延焼可能性のある小屋から5.3m離れた路上で乗用車を燃やした行為について、自動車の燃料タンクに引火することは考え難く、小屋は鉄骨で中の木材はその先端のみが炎上車両に向かっていたとしても、110条1項に該当するとした。この判断は、本件判断と通じるものといえよう。

5 110条1項の「公共の危険」を建造物などへの延焼可能性に限定しないと、屋外にあるゴミ箱に放火した際、たまたまその横に置かれていた不特定の者の小さなバッグに延焼の危険が発生しただけで、「公共の危険」が発生したとすることになりかねない。そこでこれまで、公判請求するか否かを判断する際には、110条1項の「公共の危険」を建造物等に対する延焼の危険に限定して解するような運用が大勢を占めてきたように思われる。

6 しかし、公共の危険を建造物などへの延焼の危険に限定しないとしても、あまりに軽微な危険性は除かれる。

本件でも、「市街地の駐車場において、被害車両からの出火により、第1、第2車両に延焼の危険が及んだ等の本件事実関係の下では」公共の危険の発生が肯定できるとしているのである。延焼等の危険が及んだ対象が建造物などではないときには、ある程度以上の価値のあるものへの一定程度以上の危険が要求されていると解すべきであろう。

●参考文献● 芦澤政治・判解平15年度249、大塚裕史・平15年度重判175、古川伸彦・J1275-179、星周一郎・信大法学論集6-425

221　公共危険の認識

最1小判昭和60年3月28日（刑集39巻2号75頁・判時1150号240頁）　　　参照条文　刑法38条、110条1項

公共危険の発生の認識と110条1項の成否。

●**事実**●　被告人Xは、かねてからY・Z・A・Bほか十数名の者とともに、中学時代の同窓関係というつながりを利用していわゆる暴走グループを結成し、夜間、H付近に集団でたむろして単車を乗りまわすなどして遊んでいたが、その後、Aと同じ卒業年次の者達が集団から離れ、Aを中心に新たな集団を形成したため、これに対して反感を抱いていた。昭和56年5月15日ころ、Bの行動をめぐって些細なことに立腹したXは、Bを含むAらのグループの単車を焼燬するなどして破壊しようと企て、その旨をYに伝えたが、Yもこれを承諾した上で、Xの命令をZとWに伝え、繰り返しその実行を促した。ZとW両名は、拒めばリンチを受けるおそれもあると考えて、いずれもこれを承諾し、両名においてその焼燬の具体的方法を謀議した上で、同月26日午前1時40分ころ、K方1階応接間のガラス窓から約30㎝離れた軒下に置かれたB所有の単車にガソリンを流出させた上で火を放ってこれを焼燬し、またK方家屋に延焼させた。

原審は、Xに刑法110条1項の放火罪の共同正犯の成立を認めた。これに対しX側は、110条1項の放火罪は具体的公共危険犯であり、本罪の故意の成立には具体的な公共の危険の発生の認識が必要であるが、Xにこのような危険の発生の認識があったとする証拠は存在しない以上、110条1項の放火罪の共謀共同正犯としての責任を負うものではない等と主張して上告した。

●**判旨**●　上告棄却。「刑法110条1項の放火罪が成立するためには、火を放って同条所定の物を焼燬する認識のあることが必要であるが、焼燬の結果公共の危険を発生させることまでを認識する必要はないものと解すべきであるから、これと同旨の見解に立ち、被告人に本件放火罪の共謀共同正犯の成立を認めた原判断は、記録に徴し正当として是認することができる」。

●**解説**●　1　本件で問題となった、建造物以外の放火罪（110条）のような具体的危険犯の場合には、一般人が他の建造物等に延焼するであろうと思う程度の状態の発生が必要であるが、そのような危険の発生の認識がなければ、故意犯としての刑法109条、110条は成立しえないのかという点については、争いがある。

2　(a)認識必要説は、具体的危険の発生は構成要件要素だから、その認識は当然必要であり、その認識を故意の内容とすることは、責任主義からは当然だとする。これに対し、(b)認識不要説は、①放火罪の既遂時期は、具体的危険の発生時ではなく焼燬の時点とされており、②具体的危険発生の認識は認定が難しいし、延焼罪の故意との区別も困難であると批判する。

3　なお、109条2項が、「ただし、公共の危険を生じなかったときは、罰しない」という**処罰条件的表現**を用いているのに対し、110条は、「物を焼損し、よって公共の危険を生じさせた者」という**結果的加重犯的表記**をしている。そこで、「結果的加重犯の重い結果としての危険の発生の認識の要否」という形で論じられ、認識は不要であるとされることが多い。しかし、110条が205条のような「重い結果に認識があってはならない結果的加重犯」なのか否かは、110条の成立を認めるべきか否かという実質的判断を経て決まるのである。

4　判例は、抽象的危険犯の場合はもとより、具体的危険の場合についても危険発生の認識を不要としてきた（大判昭6・7・2刑集10-303）。

ただ、110条の場合は、109条の場合以上に「具体的な公共の危険」が積極的・構成的要素だともいえるのであり、「自動車を絶対に他に燃え移らない場所で燃やす」という認識の場合に、自動車を損壊する罪（261条）に比し著しく重い本罪の成立を認めうるかは、慎重に判断する必要がある。

5　本判決は、公共の危険を発生させることまで認識する必要はないとして、具体的危険発生の認識を欠くXに放火罪の共謀共同正犯を認めた。

たしかに、自動車などに放火して壊す行為と物理的に損壊する行為は、財産侵害の側面では大差がないが、公共の危険の発生という意味では、全く異なる。建造物以外の物でもそれに放火すれば、通常公共の危険は発生する。ただ、立法者は現に客観的に危険の生じた場合のみを処罰するよう限定を加えたわけであるが、危険の不発生を軽信した者まで不可罰としたとは考えられない。その意味で、危険の認識を本罪の故意の成立に必要なものとすべきではない。これに対しては、全く責任がない場合に重く処罰するのは、責任主義に反するとの批判がある。しかし、**重い結果を発生させる危険性を内包している犯罪行為を故意に行っている以上、責任非難は可能といえよう**。

6　もっとも、110条1項の罪に必要な「具体的な危険の認識」は、Kの住宅への延焼の具体的な認識ではなく、漠然とした「現住建造物等に燃え移るかもしれない場所で燃やすこと」の未必的な認識で足りる。その意味で、本件Xには、公共危険発生の認識を認定しうるように思われる。

●**参考文献**●　高橋省吾・判解昭和60年度42、中義勝・判評320-64、甲斐克則・昭60年度重判157、星周一郎・圕各6版176、佐藤拓磨・圕各8版174

222 往来の危険の意義

最1小決平成15年6月2日（刑集57巻6号749頁・判時1833号158頁）　　参照条文　刑法125条1項

線路沿いの土地を掘削した行為により、電汽車往来危険罪にいう「往来の危険」が発生したと認められるか。

●**事実**●　被告人Xは、旧国鉄に対し防災工事費用を分担するよう申し入れたところ、これを拒絶されたため憤慨し、本件当日午後1時15分ころから午後5時ころまでの間、国鉄山陽本線の鉄道用地と境界を接する自己の所有地上において、X所有地を境界に沿って深さ約3.8ないし4.3m、幅約2m、長さ約76mにわたり掘削させた。これにより同境界と線路が最も接近している場所付近に存在した上止69号電柱付近の土砂が崩壊し、土地の境界杭が落下したほか、国鉄側が同電柱を防護すべく打ち込んでいたH鋼も滑り落ち、同電柱付近の路盤の掘削断面上端部は、同電柱から約0.6mの距離まで迫り、線路の軌道敷自体が緩むことはなかったものの、盛土の法面勾配に関する国鉄の安全基準を大幅に超える急傾斜となった。

国鉄の保線担当者は、掘削現場にいたXに対して掘削をやめるよう警告するとともに、電車の徐行や電柱防護のための措置を採るなどした上、このまま電車を運行させると電柱の倒壊等により電車の乗客に危険が及ぶと判断して電車の運行を中止した。

第1審は、Xの行為により地すべり等の発生する可能性が生じ往来の危険が発生したと認めたのに対し、原審は、地すべり等の発生する可能性が高いと認定した第1審判決には事実誤認があるとしつつ、往来の危険の判断基準に関して、物理的な実害発生の可能性の有無を問わず、通常人が実害発生の可能性があると認識し、かつ、そのように認識するにつき相当な理由があるときには、往来の危険が発生したものとして同罪の成立を認めた。X側が上告。

●**決定要旨**●　上告棄却。「刑法125条1項にいう『往来ノ危険』とは、汽車又は電車の脱線、転覆、衝突、破壊など、これらの交通機関の往来に危険な結果を生ずるおそれのある状態をいい、単に交通の妨害を生じさせただけでは足りないが、上記脱線等の実害の発生が必然的ないし蓋然的であることまで必要とするものではなく、上記実害の発生する可能性があれば足りる（最判昭35・2・18刑集14-2-138、最判昭36・12・1刑集15-11-1807参照）。本件についてこれをみると、……掘削行為の規模及び掘削断面と上止69号電柱等との位置関係や、本件当時、国鉄職員及び工事関係者らが、上記掘削により上止69号電柱付近において地すべりが生じ同電柱が倒壊するなどして、電車の脱線など安全な走行ができない状態に至るなど、極めて危険な状態にあると一致して認識しており、その認識は、現場の状況からして相当な理由があり合理的なものであったといえることなどに照らすと、上記実害の発生する可能性があったと認められる。したがって、電汽車往

来危険罪の成立を認めた原判決は、結論において正当である」。

●**解説**●　1　往来危険罪（125条）は、鉄道もしくはその標識を損壊し、またはその他の方法により、汽車または電車の往来の危険を生じさせた者を処罰する。汽車・電車や艦船の往来の危険の発生を生ぜしめねば本罪は完成しない。

刑法125条における往来の危険とは、衝突、脱線、破壊等の往来に危険な結果を生ずるおそれのある状態を発生させることである（前掲最判昭35・2・18）。すなわち、一般の国民の生命・身体に対する具体的な危険である。当該軌道において列車の運行を長期にわたり休業していた場合のように、運行の障害となる危険性がごく軽微な場合には、往来の危険を生ぜしめたとはいえないし、障害物を置いた時間が瞬時であれば具体的危険が発生したとはいえず、未遂にとどまる。

2　ただ、往来の危険は、たとえば列車が転覆する科学的「確率」で純粋客観的に判断できるものではない。具体的危険の判断は規範的なもので、一般人を基準に判断される。

この点に関し、本決定は「原審弁護人の請求に係る鑑定書によれば、上記掘削により上記電柱付近の路盤は物理的、土木工学的にみて不安定な状態になっておらず、上記実害の発生する物理的可能性のなかったことが明らかであるから、『往来ノ危険』は生じていない旨主張する。しかしながら、Xが行った掘削行為は……、同鑑定書は、その前提となる掘削断面の位置、形状等の把握に正確さを欠いており、同鑑定書に依拠して上記実害の発生する可能性を否定するのは相当でない」と判示している。最高裁は、科学的に実害発生の可能性が否定されてはいないとするのみである。

3　ただ、現場の担当者が「極めて危険な状態にあると一致して認識しており、その認識は、現場の状況からして相当な理由があり合理的なものであった」ということで125条の要求する具体的危険としては十分なのである。鑑定等の科学的な証拠によって実害発生の物理的可能性を完全に立証できない場合には、危険の発生を否定すべきであるというわけにはいかない。本件でも、事件後現場の形状が変更されており、科学的に一義的な判断は困難であった。

4　もとより、実害発生の物理的可能性が全くなかったと立証された場合には、電汽車往来危険未遂罪（128条・125条1項）で処罰すれば足りる。

ただ、実害が発生しなかった場合に危険の発生の有無が問題となるのであるから、犯行時の状況や条件をある程度抽象化したり置き換えたりすることにより実害発生の可能性を検討する必要があると解されるが、その際には、一般人の視点は入らざるをえないのである。

●**参考文献**●　平木正洋・判解平15年度331、内海朋子・J1295-225、星周一郎・信大法学論集7-247

223 偽造罪の保護法益と偽造の意義

最3小決昭和43年6月25日（刑集22巻6号490頁・判時525号29頁）　　参照条文　刑法162条

作成権限のない者により振り出された手形と有価証券偽造罪の成否。

●事実●　被告人Xは、K県鰹鮪漁業協同組合の参事で、約束手形を発行する事務を担当していた。同組合では組合員等のために融通手形として振り出される組合長名義の約束手形の振出には、少なくとも専務理事Aの決済が必要であり、Xが単独でこれを作成・発行することは許されていなかったにもかかわらず、Xは他数名と共謀の上、多数回にわたり専務理事Aの決済を受けずに組合長名義の約束手形を作成し、共謀者がこれを情を知らない金融業者に割引のため交付し、現金の支払いを受けた。

　第1審は、詐欺罪のほか、有価証券偽造罪、同行使罪の共同正犯の成立を認めた。これに対しX側が控訴し、漁業組合の参事には水産業協同組合法46条によって商法38条1項・3項の支配人に関する規定が準用され、その代理権に加えた制限をもって善意の第三者に対抗できないので、Xの作成した約束手形はいずれも有効なものであるから偽造罪は成立しないと主張した。原審は、偽造成否の基準は作成権限の有無にあり、私法上の有効性は偽造罪の成否に直接影響するものではないとし、Xの参事としての代理権には大幅な制限が加えられており、融通手形に関しては一切その権限がなかったというべきであるから、Xの行為は偽造にあたるとして控訴を棄却した。弁護人は、本件手形は善意の第三者に対しては有効であり、有価証券偽造罪の成立を否定すべきであるとして上告した。

●決定要旨●　上告棄却。「当時同組合内部の定めとしては、同組合が組合員または准組合員のために融通手形として振り出す組合長名義の約束手形の作成権限はすべて専務理事Aに属するものとされ、Xは単なる起案者、補佐役として右手形作成に関与していたにすぎないものであることが、明らかである。もっとも、Xは、水産業協同組合法46条3項により準用されている商法38条1項の支配人としての地位にあった者であるけれども、右のような本件の事実関係のもとにおいては、単に同人の手形作成権限の行使方法について内部的制約があったというにとどまるものではなく、**実質的には同人に右手形の作成権限そのものがなかったものとみるべきであるから、Xが組合長または専務理事の決済・承認を受けることなく准組合員のため融通手形として組合長振出名義の約束手形を作成した本件行為が有価証券偽造罪にあたるとした原審の判断**は、その結論において相当である」。

●解説●　1　偽造罪は、公の信用に対する罪と解されるが、公の信用の内容は、各偽造罪によって異なる。通貨偽造罪の場合は、それを利用する国民の取引の安全が

具体的に侵されたことは、要件とはいえない。通貨が無効にならない限り取引の安全は害されないので通貨偽造罪とはならないという学説もあるが、**通貨高権**（通貨発行権）や「通貨に対する国民の信頼」は、刑罰をもって保護すべきである（最判昭22・12・17刑集1-94）。

　2　有価証券偽造罪の保護法益に関しても、不正な有価証券により直接不利益を被る者の財産的利益を中心に考えるのではなく、有価証券に対する一般的・社会的信用を中心に考える。被害者は小切手等の交付された相手側であると考え、名義を冒用された者の財産的利益の侵害は、「従」たるものと解されている。

　3　判例は、「損害」を実質的に理解している。手形や小切手のようにその所持者の権利が厚く保護される有価証券の場合、交付された相手側の利益が守られて損害のない場合も考えられる。しかし、民事法上の具体的不利益が生じなかった場合は、有価証券偽造罪が一切成立しないとすることは妥当ではない。最終的に被害がでなくても、たとえば、法的手段によらなければ支払いが得られなくなる等の状態を引き起こせば、それを法益侵害と捉えるべきである。さらに、手形等に不安定な状態を生ぜしめることも、その役割の重要性を考えれば、損害とせざるをえない。

　4　この点に関して、本決定は、原審が「私法上の効果と偽造罪の成否は無関係である」としたのに対し、手形作成権限について内部的制約があったというにとどまるものではなく、Xに手形の作成権限そのものがなかったという点を強調して、有価証券偽造罪の成立を認めた。特に最近の判例は、権限の逸脱の有無という観点で偽造罪の成否を考える。その意味で、本件決定は、微妙に修正されてきているといえよう。

　5　もっとも本件では、少なくとも悪意の第三者には対抗できるわけで、その範囲では公共の危険が発生している。ただ、本決定の見解によれば、完全に誰に対しても有効なものを振り出す行為でも、内部的に厳しく制限された名義の冒用行為を行えば、偽造にすべきであろう。

　6　文書偽造罪に関しては、判例は、偽造を作成者と名義人の人格の同一性の齟齬と捉える。ここでも、「作成者＝名義人」として文書を信頼する文書取得者（利用者）の利益の保護が重視されているのである。

　そこで、**実質的縁組意思を欠く無効な養子縁組で姓を変え、その姓名を記載した消費者金融業者借入基本契約書申込書等を作成するような行為は、有印私文書偽造を構成する**（東京地判平15・1・31判時1838-158）。無効の縁組届出により戸籍簿に改姓した氏名等不実の養親子関係に基づく、同養子名義の運転免許証記載事項変更届等を作成した行為は、偽造罪としての当罰性が認められ、**名義人と作成者の人格の同一性を欠くとされるのである**（仙台高判平16・5・10高検速報平16-229）。

●参考文献●　鬼塚賢太郎・判解昭43年度203、川端博・図各2版168

224 コピーの文書性

最2小判昭和51年4月30日（刑集30巻3号453頁・判時811号23頁）　　参照条文　刑法155条、158条

原本を加工し、虚偽内容のコピーを作成する行為は文書偽造となるか。

●事実●　行政書士である被告人Xは、供託金の供託を証明する文書として行使する目的をもって、A法務局供託官発行にかかる供託金受領証から、右供託官の記名印および公印押捺部分を切り取り、これを虚偽の供託事実を記入した用紙の下方に接続させて台紙上に貼付し、台紙上に作出された合成原稿をコピー機で複写することによって、真正な供託金受領証の写しであるかのような外観を呈するコピー5通を作成し、これらを情を知らない者に対して提出または交付した。

有印公文書偽造、同行使罪の起訴に対し、第1審は、本件写真コピーをXの作成した内容虚偽の私文書にすぎないとみて、上記両罪の成立を否定した。原審も、コピーは、原本の作成名義人の意識内容を直接表示するものではなく、原本とは別個独立の書面であり、同内容の原本の存在を推認させる文書にすぎず、一見して写しであることが明白である以上、原本に代替する文書としての原本的性格ないし公信力まで有するとはみられず、一方、本件コピーは、原本作成名義人たる供託官の許容ないし推定的承諾のある場合でなくても、誰でも自由に作成しうるものであるから、本件コピーは公文書にあたらないとして公文書偽造罪の成立を否定した。検察官は、本件コピーの公文書性を否定した原審の判断は判例に反する等として上告した。

●判旨●　破棄自判。「公文書偽造罪の客体となる文書は、これを原本たる公文書そのものに限る根拠はなく、たとえ原本の写であっても、原本と同一の意識内容を保有し、証明文書としてこれと同様の社会的機能と信用性を有するものと認められる限り、これに含まれるものと解するのが相当である。……［コピーは］、写しではあるが、複写した者の意識が介在する余地のない、機械的に正確な複写版であって、紙質等の点を除けば、その内容のみならず筆跡、形状にいたるまで、原本と全く同じく正確に再現されているという外観をもち、また、一般にそのようなものとして信頼されうるような性質のもの……であるから、このような写真コピーは、そこに複写されている原本が右コピーどおりの内容、形状において存在していることにつき極めて強力な証明力をもちうるのであり、それゆえに、公文書の写真コピーが実生活上原本に代わるべき証明文書として一般に通用し、原本と同程度の社会的機能と信用性を有するものとされている場合が多い……公文書の写真コピーの性質とその社会的機能に照らすときは、右コピーは、文書本来の性質上写真コピーが原本と同様の機能と信用性を有しえない場合を除き、公文書偽造罪の客体たりうるものであって、この場合においては、原本と同一の意識内容を保有する原本作成名義人作成名義の公文書と解すべきであり、また、右作成名義人の印章、署名の有無についても、写真コピーの上に印章、署名が複写されている以上、これを写真コピーの保有する意識内容の場合と別異に解する理由はないから、原本作成名義人の印章、署名のある文書として公文書偽造罪の客体たりうるものと認めるのが相当である」。

●解説●　1　手書きの写しやカーボン紙による複写が「文書」でないことに争いはなく、写しの名義人は、原本名義人でなく写し作成者（表示されない）であり、虚偽の写しを作成しても偽造罪の問題とはなりえなかった。コピー器機の発達で、写し自体の信用性が高まり、証明等に関しコピーを提出させることが多くなっても、(a)「いかに社会的機能が重要であろうと、それによって文書でないものが文書に変わることはあり得ない」という説が有力であった（平野龍一『犯罪論の諸問題（下）』413頁）。

2　しかし、コピー器機の発達により、コピーによる原本内容についての証明力を利用しようとする動きが広がり、実社会ではコピーの表示する意思内容を原本のそれと同視する傾向が定着した。

本判決により、(b)原本の写しであっても、原本と同一の意識内容を保有し、証明文書として原本と同様の社会的機能と信用性を有しうるものと認められる限り、文書に含まれることが確定した（印字が不鮮明なファクシミリでも文書性は肯定されうる（広島高岡山支判平8・5・22判時1572-150））。そして、原本と同一の意識内容を保有する、原本作成名義人の印章、署名のある文書とされる。

3　少なくとも現在は、コピーが、単に「原本が他に存在すること」を証明することを超えて、原本の意思内容を証明する役割を果たしている。たしかに、認証文言を付けさせ新たな文書として保護すればよいとの反論や、コピーは細工がしやすいのでその信用性に限界があることが次第に認識されていくとの指摘もあった（最決昭58・2・25刑集37-1-1の意見参照）。しかし、その後のコピーの手段としての利用の拡大は、認証文言付の謄本を減少させ、「細工しやすいコピー」の文書としての保護をますます要請するようになった。国民が、コピーに原本と同一の信用性を期待している以上、名義を冒用した内容のコピーを作成する行為は有形偽造に含むと解すべきである。

4　罪刑法定主義の観点から考えても、コピーが広く利用されている段階に達していれば、コピーの名義や内容を不正に改変する行為を偽造罪で処罰することは、国民の予測可能性を超えているとはいえない。

●参考文献●　岡次郎・判解昭51年度126、大谷實・固各1版56

225　人格の同一性の偽りと偽造行為

最2小判昭和59年2月17日（刑集38巻3号336頁・判時1120号138頁）　　参照条文　刑法159条、161条

偽造行為の意義。再入国許可申請書に定着した通称名を使用することは私文書偽造か。

●**事実**●　被告人Xは、日本統治下の済州島において出生した外国人であるが、昭和24年10月ころ本邦に密入国し、本名Xによる外国人登録をしないまま、大阪市内等に居住在留していた。そして、Xは昭和25年10月ころ実兄からB名義で自己の写真の貼付された外国人登録証明書を受け取り、その後、住所、職業、世帯主等につき自己の真実と一致するよう適宜、正規の変更手続をとり、公私の広範囲の生活場面においてBの氏名を一貫して用い続けたため、本邦内でBという氏名がXを指称するものであることが定着していた。また、昭和49年10月に至るまで計9回にわたり、登録事項確認申請を行い、B名義の自己の写真の貼付された新外国人登録証明書を入手してきた。そして、昭和53年3月、Xは、再入国許可を取得し朝鮮民主主義人民共和国に出国しようとして、Bと署名した再入国許可申請書を作成した上、大阪入国管理事務所に提出した行為が、私文書偽造罪、同行使罪で起訴された。

第1審・原審は、私文書偽造、同行使の点については、私文書偽造の作成名義を偽って私文書を偽造したのではないとし、無罪を言い渡した。検察側が上告。

●**判旨**●　破棄差戻。「再入国の許可とは、適法に本邦に在留する外国人がその在留期間内に再入国する意図をもって出国しようとするときに、その者の申請に基づき法務大臣が与えるものであるが、右許可を申請しようとする者は、所定の様式による再入国許可申請書を法務省又は入国管理事務所に出頭して、法務大臣に提出しなければならず、その申請書には申請人が署名すべきものとされ、さらに、その申請書の提出にあたっては、旅券、外国人登録証明書などの書類を呈示しなければならないとされている……。つまり、再入国許可申請書は、右のような再入国の許可という公の手続内において用いられる文書であり、また、再入国の許可は、申請人が適法に本邦に在留することを前提としているため、その審査にあたっては、申請人の地位、資格を確認することが必要、不可欠のこととされているのである。したがって、再入国の許可を申請するにあたっては、ことがらの性質上、当然に、本名を用いて申請書を作成することが要求されているといわなければならない。……XがBという名称を永年自己の氏名として公然使用した結果、それが相当広範囲にXを指称する名称として定着し〔ていた〕としても、右のようにXが外国人登録の関係ではBになりすま

していた事実を否定することはできない。……再入国許可申請書の性質にも照らすと、本件文書に表示されたBの氏名から認識される人格は、適法に本邦に在留することを許されているBであって、密入国をし、なんらの在留資格をも有しないXとは別の人格であることが明らかであるから、そこに本件文書の名義人と作成者との人格の同一性に齟齬を生じているというべきである。したがって、Xは、本件再入国許可申請書の作成名義を偽り、他人の名義でこれを作成、行使したものであり、その所為は私文書偽造、同行使罪にあたると解するのが相当である」。

●**解説**●　1　行為者が本名以外の名前を使用して私文書を作成しても、作成者と名義人の人格的同一性が認められる場合はありうる。広く知られた芸名、ペンネーム、また、社会的に広く通用している通称名の使用も、一定の範囲内では有形偽造とはならない。ただ、最決昭和56年12月22日（刑集35-9-953）は、たまたまある限られた範囲において行為者を指称するものとして通用していた程度では、作成名義を偽ったことになるとしている（もっとも、交通事件原票に通称名を記入した事案であった）。

2　通称名がどの程度広く定着している必要があるかについては、やはり文書の種類が影響する。そして、いかに広く定着した通称名でも、その使用が人格の同一性を否定することになる場合がある。本判決は、日本に密入国したXが20年以上にわたり他人名を勝手に使用し通称として定着した後に、当該通称名を使用して再入国許可申請書を作成した行為に関し、有形偽造の成立を否定した原審を覆した。最高裁は、再入国の許可を申請するにあたっては、ことがらの性質上、当然に、本名を用いて申請書を作成することが要求されているとしたのである。そして、本件文書に表示された通称名から認識される人格は適法に本邦在留を許されている者であり、在留資格を持たない行為者とは別の人格であることが明らかであるともした。

3　たしかに文書の種類・目的によっては、日常のほとんどすべての生活領域で人格の齟齬が生じえないほど定着した通称名であっても、「有形偽造」として処罰すべき場合が考えられる。いかに定着しても「本名」と「通称名」の間には齟齬が残る。そして、その齟齬が一般的な視点からは小さくとも、問題となった文書の機能・目的からいって重要な場合には、「内容の重要な部分に虚偽を含む文書」にとどまらず、「人格の同一性を欠く文書」として処罰すべきなのである。

●**参考文献**●　中川武隆・判解昭59年度61、内田文昭・判評316-61、吉田敏雄・昭59年度重判174、葛原力三・圖各8版190

226 架空人名義の履歴書作成行為

最1小決平成11年12月20日（刑集53巻9号1495頁）　　参照条文　刑法159条1項、161条1項

> 本人の顔写真が貼付されているが虚偽の氏名や現住所等を記載して押印して作成された履歴書と私文書偽造。

●事実●　指名手配されていた被告人Xは、生活費等に窮したため、「A」という偽名で就職して収入を得ようと考え、履歴書用紙に偽名、虚偽の生年月日、虚偽の現住所を記入した上「A」と刻した印鑑を押捺し、さらにX自身の顔写真を貼付して履歴書を作成し、これを求職先に提出した。

　第1審が私文書偽造罪、同行使罪の成立を認めたのに対し、X本人の写真が貼ってあり人格の齟齬が生じない等と争って控訴がなされた。これに対し原審は、「所論は、本件各履歴書にはXの顔写真が貼付されているから、文書から認識される名義人は顔写真の主であるXとして特定されると主張するが、それだけでは履歴書の名義人がX本人を指し示すものとして十分であるとはいえない。また、所論は、Xには本件各文書から生ずる責任を免れようとする意思はなかったから偽造にはならないと主張するが、本件各文書の性質ないしは機能に照らすと、Xに責任を免れる意思があったか否かを問わず、文書の公共的信用が損なわれているばかりか、偽名を用いて自己の真の身元を秘匿している場合には文書の内容に責任を負う主体が存在しているともいえない」として、私文書偽造罪などの成立を認めた。X側が上告。

●決定要旨●　上告棄却。最高裁は、「私文書偽造の本質は、文書の名義人と作成者との間の人格の同一性を偽る点にあると解されるところ（最判昭59・2・17【225】、最決平5・10・5【228】）、原判決の認定によれば、被告人Xは、Aの偽名を用いて就職しようと考え、虚偽の氏名、生年月日、住所、経歴等を記載し、Xの顔写真をはり付けた押印のあるA名義の履歴書及び虚偽の氏名等を記載した押印のあるA名義の雇用契約書等を作成して提出行使したものであって、これらの文書の性質、機能等に照らすと、たとえXの顔写真がはり付けられ、あるいはXが右各文書から生ずる責任を免れようとする意思を有していなかったとしても、これらの文書に表示された名義人は、Xとは別人格の者であることが明らかであるから、名義人と作成者との人格の同一性にそごを生じさせたものというべきである。したがって、Xの各行為について有印私文書偽造、同行使罪が成立するとした原判断は、正当である」と判示した。

●解説●　**1**　刑法159条の客体は、私人の名義の他人の権利、義務または事実証明に関する文書（図画）である。事実証明に関する文書とは、広く「実社会生活に交渉を有する事項を証するに足りる文書」とされており、本件履歴書が159条の対象文書に該当することは、異論が少ないであろう。本件では「Aと名乗っているX」自身の写真を貼り付けた履歴書である以上、人格の同一性を誤らせるものとはいえないのではないかという点が最も重要な争点といえよう。

　2　文書偽造罪の保護法益は「文書の公共的信用」であり、社会生活における文書による取引の安全である。私文書偽造罪の保護法益も、冒用された名義人の利益以上に、当該文書を手にする可能性のある「一般人」の利益にあるといえよう。ただ、私文書偽造罪は原則として有形偽造に限定されており、文書の作成主体を現実の作成者とは別個の人格と誤認せしめて、文書内容の責任追及を不可能・困難にする点が重視されている。当該文書に関し責任を負うべき者が責任を負わない場合に初めて、私文書の社会的信用が処罰に値する程度に害される。

　3　「人格の同一性の齟齬の有無」という近時判例が多用する判断基準も、このような視点から理解されるべきである。すなわち、人格の同一性の齟齬がないということは、文書を手にした者が作成者を把握し得る可能性が高く、公共的信用の侵害が少ないということを意味する。それ故、本件Xの場合も、「履歴書の表示から一般人が認識するところの名義人」が、作成者Xとは異なる別個の主体であると評価された場合に、そしてその者に「文書内容の責任」を追及できる特別の事情の存在しない限り、有形偽造となるのである。本決定もその旨を明示したものといえよう。

　4　本件原審は、「Xは、捜査機関によって自己の所在が把握されて逮捕されることを危惧し、かつ、指名手配されているXであることを秘匿し、Xとは全くの他人である別の人間になりすまして就職するため、『A』という架空の氏名を使用して本件各文書を作成し、雇用主側に提出したのであって、このこと自体本件各文書の名義人の人格と作成者の人格とを偽ったことを雄弁に物語っている」として、人格の齟齬を認定したのである。

　5　ただ、履歴書を持参した人物と履歴書が説明している人物について、履歴書の受け手の側には齟齬はないともいえる。錯誤に陥っている内容は、生年月日や経歴という「文書の内容」にすぎず、無形偽造であると見えなくもない。しかし、その文書内容は、主として別人格に見せかけるためのものであり、「人格の同一性」を偽るためのものなのである。採用条件を満たすように見せかけるために年齢を詐称したような場合とは異なる。その意味で、作成者と名義人に齟齬が生じているという判断は妥当なのである。

●参考文献●　村上博信・判解平11年度238、伊東研祐・法教238-122、今井猛嘉・判例セレクト00年36、立石二六・判評480-39

227 作成権限の有無と公文書性

東京高判平成18年10月18日（高検速報平成18年218頁）　　参照条文　刑法155条1項

作成権限のない者を作成者としている文書であっても、一般人をして公務員がその職務権限の範囲内でその職務に関して作成したものと信じさせるに足りる形式・内容を備えたものであれば、公文書に該当する。

●事実●　Xは W 町議会の事務局長であったが、町議会議事録作成権限がないのに、真正な議事録が存在するかのように議事録の要旨を作成した行為が有印公文書偽造罪にあたるとして起訴された。ただ、議会の公印は用いられていなかった。

弁護人は、町議会事務局長には町議会議事録作成権限はなく、本件議事録は議事要旨であって、しかも、公印も用いられていないから、真正な議事録の存在を事務局長が個人的に証明する私文書であり、公文書として誤信されて流通されたものでもないのに、Xに有印公文書偽造罪の成立を認めた原判決には、法令適用の誤りがあるとして控訴した。

●判旨●　東京高裁は、以下のように判示して控訴を棄却した。「本件議事録は、作成権限のない者を作成者としているから、真正な公文書としては存在しない文書の形式で偽造されたものである。しかし、そういった作成権限が仮装された文書であっても、一般人をして、W 町議会事務局長という公務員がその職務権限の範囲内でその職務に関して作成したものと信じさせるに足りる形式・内容を備えたものであれば、公文書偽造罪に該当する公文書性を認めて良いと解される。

本件議事録は、いずれも『臨時町議会議事録』という標題があり、前記各内容の議決がされたことやそれに至る経緯等町議会の議事録にふさわしい内容が記載されている。作成者とされる『W 町議会事務局長』も、そういった議事録の作成権限を付与されていると見られる可能性の十分ある地位・立場の者であって、少なくとも無権限者と一見して看取されるといった地位・立場の者ではないといえる。しかも、その氏名とされる『X』は、実際の当時の担当者と同一である。

これらを総合すれば、本件議事録は、前記公文書性を肯定するのに足りる形式・内容を備えたものということができる。

このことは、後記のとおり、本件議事録が公文書として流通したことからも裏付けられているといえる。

本件議事録には、いずれも、『上記は、W 町議会議事要旨に相違ない。』旨の記載があって、所論がいうように、議事録そのものではなく、議事要旨であることが明示されているが、議事要旨であっても、それを公務員がその職責として作成すれば公文書となることは明らかであるから、その故に直ちに公文書性が否定されることにはならない。

そして確かに、W 町議会事務局長には、議事要旨であっても、その作成権限はないが、前記のとおり、本件議事録は公文書性を肯定できる形式・内容を備えたものであるから、所論がいうように、個人的な証明をした私文書と解するのは失当である。

これまでの結論は、所論のいう公印が押されておらず、『X』という個人印が押されていることを併せ考慮しても、左右されない」。

●解説●　1　公文書、すなわち公務員の作成すべき文書とは、公務所または公務員が、職務に関し、所定の形式に従って作成すべき文書である。したがって、公務所・公務員が職務に関して作成した文書とはいえないもの、たとえば公務員が作成した退職届等は、公文書とはいえない。本件の、Xが勝手に作成した「町議会議事録要旨」は、公文書である「町議会議事録」とは異なるものであり、公文書とはいえないのであろうか。

2　しかし、一般人からみて、公務員等の職務に関して作成されたと信じさせるのに足りる外観を備えている場合には、たとえその職務権限内に属しない事柄に関する場合であっても、公文書とされる（県議会事務局名義で作成された県警通信用機材に関する解体工事委託書の偽造等を肯定したものとして最判昭28・2・20刑集7-2-426）。

3　現在、文書偽造罪の保護法益は文書の公共的信用であると考えられている。名義を勝手に使用された者が中心的被害者なのではない。自己の通称名を使用した場合、架空人名義の使用の場合でも、偽造罪は成立しうる。文書を受け取った人間が、作成者と別の人格（名義人）を想定して、文書の公共的信用が害されることは多い。私文書の場合ではあるが、国際運転免許証に酷似する文書をその発給権限のない団体名義で作成した行為も、有形偽造として処罰するだけの侵害性を伴うと考えられている（【229】）。

4　本件では、「臨時町議会議事録」という標題で町議会の議事録にふさわしい内容が記載された文書が作成されたが、作成した側は、議事録に関する「私的な要旨」にすぎないとし、しかも作成者の町議会事務局長には、議事要旨であっても、その作成権限はないとする。

しかし、本件「議事録」は、標題からしても、記載内容からしても、議事録にふさわしいものであり、作成者とされる「町議会事務局長」も、議事録の作成権限を付与されていると見られる可能性の十分ある地位・立場の者であり、本件文書は公文書性を肯定するのに足りる形式・内容を備えたものとされたのである。

5　なお、記載内容自体から、本来の用法上有効な文書であるとの外観を呈していることは要件とはされない。したがって、有効期間をすでに経過している表示の運転免許証を作成したからといって直ちに偽造罪の成立が否定されるわけではない（最決昭52・4・25刑集31-3-169参照）。もっとも、記載内容からみて本来の用法としては無効であることが明らかである文書を作成した場合、行使の目的が否定されることはありえよう。

●参考文献●　三浦守・警論51-11-174

228　肩書の冒用と同姓同名者の利用

最1小決平成5年10月5日（刑集47巻8号7頁・判時1484号138頁）　　参照条文　刑法159条

> 同姓同名の弁護士が存在する場合に、弁護士の肩書を冒用して文書を作成した場合と私文書偽造罪の成否。

●**事実**●　弁護士資格を有しない被告人Xが、実在の第二東京弁護士会所属の弁護士Xと同姓同名であることを利用して、Xを弁護士と信じていた不動産業者Aから弁護士報酬を得ようとして、「第二東京弁護士会所属弁護士X」と記載し、X弁護士の角印に似た角印を押した、土地調査に関する鑑定料として7万8000円を請求する旨の「弁護士報酬請求について」と題する書面と、振込依頼書・請求書各1通を作成し、Aに対し3通の文書を郵便により一括交付した。さらに、「X法律税務事務所大阪出張所弁護士X」と記載し、前記印を押した、土地の調査結果の報告書と、鑑定料等として10万円を受領した旨の領収証書1通を作成し、2通の文書をAの代理人に対し一括交付した。

第1審は、本件文書に記載された「弁護士X」という表示から認識される人格は、弁護士名簿に登録しているX弁護士であり、弁護士ではない被告人とは別の人格なので、本件文書の名義人と作成者には人格の同一性の齟齬が存するとして偽造罪の成立を認めた。原審も、他に名義人と同一氏名の弁護士が実在していることに照らして考えると、Xは文書の名義人と作成者の間の人格の同一性を偽っており、AはXが原判示各文書を作成したと認識し、他の実在する弁護士Xがこれを作成したとの認識はなかったとしても、名義を偽ったという判断を左右するものではないとして第1審の判断を維持した。X側が上告。

●**決定要旨**●　上告棄却。「私文書偽造罪の本質は、文書の名義人と作成者との間の人格の同一性を偽る点にあると解されるところ（最判昭59・2・17【225】参照）、被告人は、自己の氏名が第二東京弁護士会所属の弁護士Xと同姓同名であることを利用して、同弁護士になりすまし、『弁護士X』の名義で本件各文書を作成したものであって、たとえ名義人として表示された者の氏名が被告人の氏名と同一であったとしても、本件各文書が弁護士としての業務に関連して弁護士資格を有する者が作成した形式、内容のものである以上、本件各文書に表示された名義人は、第二東京弁護士会に所属する弁護士Xであって、弁護士資格を有しない被告人とは別人格の者であることが明らかであるから、本件各文書の名義人と作成者との人格の同一性にそごを生じさせたものというべきである。したがって、被告人は右の同一性を偽ったものであって、その各所為について私文書偽造罪、同行使罪が成立するとした原

判断は、正当である」。

●**解説**●　1　私文書偽造罪の保護法益は、冒用された名義人の利益以上に、当該文書を手にする可能性のある「一般人」の利益にある。そして、**文書の作成主体を現実の作成者とは別個の人格と誤認せしめて、文書内容の責任追及を不可能にする点が重要である**。その意味で、別人格が存在するかのように作出したことが必要なのである。

2　人格の同一性の齟齬がないということは、文書を手にした者が作成者を把握しうる可能性が高く、公共的信用の侵害が少ないということを意味する。それ故、本件のような場合、「文書の表示から一般人が認識するところの名義人」が、作成者Xとは異なる別個の主体であると評価された場合に、そしてその者に責任追及できる特別な事情の存在しない限り、有形偽造となるのである。それに対し、単なる資格・肩書の冒用の場合には、その名称の示す人格主体にたどり着きうるので、通常は有形偽造とはならない。

3　ただ、弁護士という肩書を冒用した場合でも、文書の種類によって、作成者と別人格を想定する可能性は、著しく異なる。たとえば、自己が弁護士であることを吹聴するために、弁護士業務と無関係の領収証等に弁護士資格を付して氏名を記入するような場合は、名義は「弁護士X」ではなく「X」であろう。それに対し、本件の弁護士報酬請求書等の場合、被告人Xとは別個の人格が想定される確率は高いのである。

4　しかし、**弁護士資格と結びついた文書というだけで有形偽造となるわけではない**。やはり、同姓同名の弁護士が実在したという事情が重要である。同姓同名の弁護士がいなくても、文書の性質によっては、名義人が「X」とは別人格の「弁護士X（虚無人）」となることが、全くありえなくはない。ただ、通常の虚無人名義文書とは異なり、「弁護士X」が指し示す人格として、被告人Xが一応は考えられる以上、「被告人X以外の別人格」を想定せざるをえないような「状況の特殊性」が存する場合以外は、有形偽造は考えにくいのである。

5　なお、Aは、当初から、被告人Xを弁護士と誤信していたのであって、「作成者の顔つき等」に関してはまさに齟齬はない。しかし、作成主体としては、被告人Xとは別個の人格を想定したことになるのである。また、文書の公共の信用性という視点からも、転々と流通する可能性のある文書が含まれている以上、偽造罪の法益侵害性が認められるのである。

●**参考文献**●　青柳勤・判解平5年度29、林幹人・平5年度重判175、木村光江・研修554-3、前田雅英・判評435-75、成瀬幸典・回各8版192

229　権限のある団体と誤信するような団体名の使用と私文書偽造罪

最2小決平成15年10月6日（刑集57巻9号987頁・判時1840号147頁）　　　参照条文　刑法159条1項

> 国際運転免許証に酷似する文書をその発給権限のない
> 団体名義で作成した行為は、私文書偽造罪にあたるか。

●事実●　わが国も締約している「道路交通に関するジュネーブ条約」は、締約国の権限ある当局等でなければ、国際運転免許証を発給することができない旨規定した上、国際運転免許証の形状、様式を詳細に規定している。

被告人Xらは、その表紙に英語と仏語で「国際運転免許証」、「1949年9月19日国際道路交通に関する条約（国際連合）」等と印字して、正規の国際運転免許証にその形状・記載内容等を酷似させ、表紙に英語で「国際旅行連盟」と刻された印章様のものを印字して当該連盟がその発給者として表示されている国際運転免許証様の文書1通を作成した（Xらは、国際運転免許証様の文書を顧客に販売することを業としている）。

なお、国際旅行連盟なる団体が国際運転免許証の発給権限を与えられた事実はなく、Xもこのことは認識していた（Xは、メキシコに実在する民間団体の国際旅行連盟から本件文書の作成を委託されたと弁解している）。

弁護人は、作成名義に偽りのない内容虚偽の文書を作成したにすぎず、無形偽造なので私文書偽造罪は成立しないと主張した。しかし、第1審・原審は、本件文書の名義人は「実在する団体としての国際旅行連盟」ではなく「正規に国際運転免許証を発給する権限を有する架空の団体としての国際旅行連盟」であるから、Xは架空団体名義により私文書を偽造したことになるとした。X側が上告。

●決定要旨●　上告棄却。最高裁も、「私文書偽造の本質は、文書の名義人と作成者との間の人格の同一性を偽る点にあると解される（最判昭59・2・17【225】、最決平5・10・5【228】参照）。本件についてこれをみるに、［この］ような本件文書の記載内容、性質などに照らすと、ジュネーブ条約に基づく国際運転免許証の発給権限を有する団体により作成されているということが、正に本件文書の社会的信用性を基礎付けるものといえるから、本件文書の名義人は、『ジュネーブ条約に基づく国際運転免許証の発給権限を有する団体である国際旅行連盟』であると解すべきである。そうすると、国際旅行連盟が同条約に基づきその締約国等から国際運転免許証の発給権限を与えられた事実はないのであるから、所論のように、国際旅行連盟が実在の団体であり、Xに本件文書の作成を委託していたとの前提に立ったとしても、Xが国際旅行連盟の名称を用いて本件文書を作成する行為は、文書の名義人と作成者との間の人格の同一性を偽るものであるといわねばならない」と判示した。

●解説●　1　従来、有形偽造は「作成権限のない者が他人名義の文書図画を作成すること」とされ、文書作成

「権限」の冒用とされてきた。しかし「他人の名義を勝手に使ったか否か」という形では、偽造罪の成否が判定しにくい類型が問題とされることが多くなった。そして、最高裁は、「文書の名義人と作成者との間の人格の同一性を偽る点」を重視するようになってきたのである（【225】）。

2　文書偽造罪の保護法益が「文書の公共的信用」であり、社会生活における文書による取引の安全であることは争いがないが、従来は、冒用された「被害者」が存在する類型を念頭に議論することも多かった。

しかし、自己の通称名を使用するような事例のように冒用される被害者がいない類型もかなり存在する。その典型は、架空人名義の使用の事例である。文書の内容に責任を負う主体が全く存在しないという意味では、実在の他人名義を冒用する型より当罰性が高いといえよう。ただこの類型は、文書を受け取った人間が、作成者と別の人格を想定する（同一性の錯誤を生じる）可能性が相対的に低い場合を含むのである。

3　A社代表名義の文書を、そのような肩書のない甲が勝手に作成する行為につき、判例は名義人を会社であるとして有形偽造を認める。「文書偽造罪で重要なのは文書の信用である以上、文書の名義人はA社である」と考えるのである。これに対し、同じく有形偽造を認めつつ、名義人は「A社代表甲」全体であるとする有力な見解がある。「甲」は「A社代表甲」という別人格の名義を冒用したと構成する。ただ、「甲」と「A社代表甲」が別人格とすると、およそ資格の冒用を有形偽造とすることになりかねない。法学博士でない「乙」が「法学博士乙」と署名する行為等も、両者を別人格とする見解からは有形偽造となってしまいかねない。

4　人格の同一性を判断するに際しては、文書を受領した人間が、何を信用したかを具体的に考慮しなければならない。「A社代表甲」というような名義の文書も、会社間の契約等で用いられるものであるということが、判例の判断の前提となっている。単に甲が交際相手に自己が社長であることを自慢するために肩書を用いたのであれば偽造とならない場合が多いであろう。その文書から想定される「名義人」が誰かは、文書の性質や用いられた状況も考慮に入れなければならず、そもそもどこまでを「名義」とするかも確定できないのである。

5　本件文書のような、権限がなければ作成できない性質の文書においては、作成権限を有する者により作成されているということが、まさにその社会的信用性を基礎付けるものであるといえる。そうすると、本件文書の名義人は、「国際運転免許証の発給権限を有しない実在の団体である国際旅行連盟」ではなく、「国際運転免許証の発給権限を有する架空の団体である国際旅行連盟」であるとした判例の判断は合理的であるといえよう。

●参考文献●　平木正洋・判解平15年度431、長井長信・平15年度重判177、上嶌一高・J1308-219、今井猛嘉・圖各8版194

230 名義人の承諾と私文書偽造罪の成否

最2小決昭和56年4月8日（刑集35巻3号57頁・判時1001号130頁）　参照条文　刑法159条

交通事件原票中の供述書に、同意を得て犯人以外の名を記入する行為は、私文書偽造罪を構成するか。

●**事実**●　被告人Xは、酒気帯運転等により運転免許停止処分を受けていたところ、これを聞いた会社の共同経営者Aは、「免許がなかったら困るだろう。俺が免許証を持っているから、俺の名前を言ったら」と勧めて、メモ用紙に自分の本籍、住居、氏名、生年月日を書いて交通安全協会発行のカードとともにXに交付した。その後、Xは無免許運転をしていて取締りを受けた際、「免許証は家に忘れてきました」といってAの氏名等を称し、取締警察官が作成する道路交通法違反（免許証不携帯）の交通事件原票中の、道路交通法違反現認報告書記載のとおり違反したことに相違ない旨の記載のある「供述書」欄の末尾にAと署名した。こうして、免許証不携帯による反則金2000円ということでその場を切り抜けたXは、同日反則金を納付し、その後Aに上記経過を報告したが、Aは抗議をしなかった。

第1審および原審は、Xについて有印私文書偽造罪および同行使罪の成立を認めた。X側が上告。

●**決定要旨**●　上告棄却。「**交通事件原票中の供述書は、その文書の性質上、作成名義人以外の者がこれを作成することは法令上許されないものであって、右供述書を他人名義で作成した場合、あらかじめその他人の承諾を得ていたとしても、私文書偽造罪が成立すると解すべきであるから、これと同趣旨の原審の判断は相当である**」。

●**解説**●　1　私文書の場合、名義人の事前の承諾があれば私文書偽造罪は成立しないと解されている。有効な承諾の下に作成された文書は名義の冒用が認められず真正文書となるからである。承諾を与えれば、その文書についての責任は名義人（A）が負うことになり、文書の公共的信用性を何等損なうことはないともいえる。

2　それでは、本件のように、交通違反の場合の交通事件原票・反則切符に、承諾を得て他人の名前を書き込む行為は、私文書偽造罪を構成しないのであろうか。本決定は、「交通事件原票中の供述書は、その文書の性質上、作成名義人以外の者がこれを作成することは法令上許されない」として、私文書偽造罪の成立を認めた（さらに、最決昭56・4・16刑集35-3-107参照）。

3　これに対し、私文書偽造罪の成立を否定する学説も有力である。文書の作成主体の同一性についての偽り

ではなく、ただ違反者の同一性という「内容」についての偽り、すなわち無形偽造のみが存するとするのである。さらに実質的には、一般の犯罪捜査における被疑者が偽名を使用して供述書を作成する場合を不可罰と解してきたこととの権衡上からも、判例の結論は不当だとする。

4　これに対し、私文書偽造罪の成立を認める学説は、(a)**違法目的の承諾の効果を否定する立場**と(b)**自署性**を要求する立場に分かれる。ただ、前者は、何故違法目的の承諾の効果が否定されるのかにつき論拠が明確でない。そこで、(b)の立場が有力となった。

自署性とは、当該文書が名義人自身の手によって作成されることを意味する。そして自署性を要求する根拠としては、①交通事件原票の供述書はその内容が違反者本人に専属し、**公の手続に用いられるという特殊な性格**を持った文書であること、そして、②**簡易迅速な処理**を目差す反則制度においては名義人と作成者の同一性が保証されていなければならないと説明される。

5　これに対しては、「偽名を用いて取調に応じ、供述調書に他人名で署名することも偽造とすることになってしまう」という批判が見られるが、通常の供述調書の場合は、捜査官の面前で供述した内容を録取し、内容を確認の上供述者が署名押印するのであるから、作成者と名義人の人格の同一性の重要な齟齬を生じえないのである（ただし、交通事件原票に承諾を得た他人名を署名する行為は、自己の犯罪隠蔽行為の一種であり、証拠隠滅罪が自己の証拠の隠滅行為を処罰していないことを、起訴裁量や量刑評価においては十分考慮する必要があろう）。

6　たしかに、通常は承諾を得た他人名義文書の作成は、作成者と名義人の実質的な齟齬を生じず、有形偽造としての当罰性は欠ける。しかし、同意があっても、作成者と名義人が同一になるわけではない。問題は「当該文書にとって重要な作成者と名義人の齟齬の程度」なのである。その同一性が厳しく要請される文書の場合には、表示された名義人と作成者のほぼ完全な一致が必要で、名義人の承諾があっても不真正文書となる。

そして、学説が自署性を主張するような文書に関しては、厳しい人格の同一性が要求されるのである。交通事件原票や答案の場合、同意を得たとしても本人以外の名を記載することが、文書偽造罪の保護法益である公共の信頼を侵すことになるのである。

●**参考文献**●　田中清・判解昭56年度24、林陽一・警研53-8-45、城下裕二・国各8版196、中川武隆・法時37-6-215、内田文昭・研修396-3、奥村正雄・同志社法学33-3-122

231　代理・代表名義の冒用と人格の同一性

最2小決昭和45年9月4日（刑集24巻10号1319頁・判時609号96頁）　　参照条文　刑法159条

> 代表名義の冒用は私文書偽造罪を構成するか。

●事実●　被告人XおよびYは、学校法人K義塾の理事であったが、同義塾内部に紛争があり、反対派理事を解任しXが理事長に選任されたような理事会決議録を勝手に作成してその旨登記し、K義塾の実権を手中に収めようと企て、理事会においては理事任免および理事長選任に関する件の結論が出ず、Xに単独の理事署名人として署名捺印して文書を作成する権限が与えられなかったにもかかわらず、XおよびYは共謀の上、同日の理事会においてXを理事長に選任し、当日の議事録署名人をXとすることを可決した旨の虚偽の記載をなし、末尾に「理事署名人X」と記入し、その名下にXの印を押した「理事会決議録」と題する文書を作成した。なお、K義塾の寄付行為によれば、理事会の会議録には出席理事全員の署名捺印が必要とされていた。
　第1審は、Xが理事会議事録についての「署名人」の資格を冒用し、理事会議事録署名人作成名義の理事会決議録なる文書を偽造したものとして、有印私文書偽造罪（刑法159条1項）の成立を認めた。これに対して、X・Yの側から控訴がなされたが、原審は、控訴を棄却した。これに対して、さらにX・Yより上告がなされた。

●決定要旨●　上告棄却。「他人の代表者または代理人として文書を作成する権限のない者が、他人を代表もしくは代理すべき資格、または、普通人をして他人を代表もしくは代理するものと誤信させるに足りるような資格を表示して作成した文書は、その文書によって表示された意識内容に基づく効果が、代表もしくは代理された本人に帰属する形式のものであるから、その名義人は、代表もしくは代理された本人であると解するのが相当である。……理事会決議録なる文書は、その内容体裁などからみて、学校法人K義塾理事会の議事録として作成したものと認められ、また、理事録署名人という記載は、普通人をして、同理事会を代表するものと誤信させるに足りる資格の表示と認められるのであるから、被告人らは、同理事会の代表者または代理人として同理事会の議事録を作成する権限がないのに、普通人をして、同理事会を代表するものと誤信させるに足りる理事録署名人という資格を冒用して、同理事会名義の文書を偽造したものというべきである。したがって、……これを理事会議事録署名人作成名義の文書を偽造したものとした第1審判決およびこれを是認した原判決は、法令の解釈適用を誤ったものといわなければならない」。なお、本件文書に、印章や署名が使用されていたと認むべき証跡は存在しないので、本件事実は、無印私文書偽造罪（刑法159条3項）に該当するとした。ただ、「有印」とした第1審・原審判決の法令解釈の誤りは判決に影響しないとした。

●解説●　1　社会生活上「A株式会社代表取締役B」という名義の文書は非常に多い。この、代理・代表名義を冒用した場合に関し、古くは、無形偽造説と有形偽造説が対立した。(a)無形偽造説は、当該文書の名義人をBだと考える。そして「A株式会社代表取締役」という部分は、肩書であり文書の内容の一部なので、作成名義ではなく内容を偽った無形偽造だとするのである。しかし、私文書の無形偽造は原則として処罰されないので、著しく結論の妥当性を欠く（そこで無形偽造説は、少なくとも代理・代表名義の冒用行為は、私文書の無形偽造であっても処罰すると解釈するが、批判が強かった）。
　2　(b)有形偽造説は、本決定のように、①名義人は「A（本件でいえば理事会）」であると解する立場と、②名義人は「A代理人B」というBとは別人格の「C」であるとする見解に二分される。①説は、文書の表示する法律効果は、代理・代表される本人に帰属するのだから、文書の信用に重きを置く文書偽造罪の関係では本人（A）が名義人となるとする。これに対し、②説は、文書に実際に表示された作成名義と「A代理人」という資格の双方が大切で、AでもBでもない「A株式会社代表取締役B」という一体としての名義を問題とすべきだとする。いわば「C」というBとは別個の人格（架空人名義）として捉え、その名義の文書だとするのである。
　しかし、常にAが名義人だとするのは妥当ではなく、冒用した資格や文書の性質をも勘案しなければ、妥当な偽造の範囲は導けない。
　3　その後判例は、偽造の有無を「**名義人と作成者の人格の同一性の齟齬**」で判断するようになる（【225】【229】）。同一性の齟齬を検討する場合、誰を作成者と見るかが問題となる場合と、名義人が問題となる場合が存在するが、代理代表名義の冒用の場合は、名義人が誰かが問題とされてきたのである。
　4　ただ、2①説を形式的に徹底し、「名義人は常に本人である」とするのは妥当でないし、また、②説に従い、資格を冒用したり、肩書がつけば全て別人格になるとするのも誤りである。**文書の性質**や用いられた状況も考慮して、文書の信用・信頼にとって、作成者Xと重要な齟齬のある名義人か否かを実質的に判断するのである（【228】【229】）。弁護士でないWが、弁護士Wの名で文書を作成しても、文書の性質を検討しない限り、偽造の有無は判断できない。
　本件においては、議事録の名義人は、理事会を代表する者でなければならず、作成者とは別人格といわざるを得ないのである。
　5　本件では、名義人が、原審の認めた「理事会議事録署名人」ではなく、「理事会」であることを強調したため、文書の表には理事会の署名などがないので、最高裁は「無印の文書」とした。しかし、文書に表示されている理事録署名人という記載は、普通人をして、同理事会を代表するものと誤信させるに足りる資格と認定したのであり、現在の判例の考え方によれば、理事会の意思表示であることを示す印章・署名が欠けているとは言いきれないように思われる。【229】は、類似の事案を有印としており、判例は修正されたともいえよう。

●参考文献●　坂本武志・判解昭45年度196、前田雅英・回各2版

232 虚偽公文書作成罪の間接正犯

最2小判昭和32年10月4日（刑集11巻10号2464頁）　　参照条文　刑法156条、157条

> 虚偽公文書作成罪における間接正犯と刑法157条。

●**事実**●　被告人Ｘは県地方事務所の建築係として、一般建築に関する建築申請書類の審査、建築物の現場審査、建築進行状況の審査およびこれらに関する文書の起案等の職務等を担当していたものであるが、その地位を利用し、行使の目的をもって、着工前のＳの住宅の現場審査申請書類の、建前が完了した旨、または屋根葺き、荒壁が完了した旨虚偽の報告を記載し、これを情を知らない地方事務所長に提出し、同所長をしてその旨誤信させて記名・捺印させ、もって内容虚偽の現場審査合格書を作らせた。

　第1審および原審は、上記所為は刑法156条の間接正犯を構成すると判示したところ、弁護人は先例に反するとして上告した。

●**判旨**●　上告棄却。「刑法156条の虚偽公文書作成罪は、公文書の作成権限者たる公務員を主体とする身分犯ではあるが、作成権限者たる公務員を補佐して公文書の起案を担当する職員が、その地位を利用し行使の目的をもってその職務上起案を担当する文書につき内容虚偽のものを起案し、これを情を知らない右上司に提出し上司をして右起案文書の内容を真実なものと誤信して署名若しくは記名、捺印せしめ、もって内容虚偽の公文書を作らせた場合の如きも、なお、虚偽公文書作成罪の間接正犯の成立あるものと解すべきである。けだし、この場合においては、右職員は、その職務に関し内容虚偽の文書を起案し情を知らない作成権限者たる公務員を利用して虚偽の公文書を作成したものとみるを相当とするからである（大判昭11・2・14刑集15-113、大判昭15・4・2刑集19-181参照）。……所論引用の当裁判所の判例は、公務員でない者が虚偽の申立をなし情を知らない公務員をして虚偽の公文書を作らせた事案に関するものであって、本件に適切でない」。

●**解説**●　1　刑法156条は公文書・図画の無形偽造を処罰する。作成権限のある公務員が、その職務に関し行使の目的をもって虚偽の文書・図画を作成し、または文書・図画を変造する行為を処罰する。**作成権限を有する公務員を主体とする真正身分犯である。**

　2　公文書の作成権限のない者が虚偽の証明願いを公務所の係員に提出し、情を知らない係員をして虚偽の証明書を作成せしめるような場合、すなわち、非身分者が作成権限のある公務員を欺罔し、ないしは公務員の不知（さらには過失）を利用し、内容虚偽の公文書を作成させた場合、(a)作成権限を有する公務員を主体とする身分犯である156条の間接正犯として処罰しうるという説と、(b)間接正犯は成立しえないという説が対立してきた。

　3　かつては、実行行為概念を形式的に理解し、(b)身分なき者は、間接正犯はおろか、共同実行すら認められないという説が有力であったが、現在は、(a)身分によって犯される法益は、身分を有しない者でも身分者を利用することによって侵害することが可能であるという理解が定着した。

　4　ただ、身分犯の間接正犯が一般的に可能であるとしても、157条が、限定された重要な公文書についての虚偽記入行為の間接正犯的態様を、156条よりかなり軽い刑で処罰しているので、157条の客体より重要性の低い文書への虚偽記入の間接正犯は処罰しないのではないかという問題がある。

　5　この問題に対し、最判昭和27年12月25日（刑集6-12-1387）は、非公務員が虚偽の証明願いを提出して係員を欺罔し旅券の下付を受ける行為は、詐欺罪にあたらず、さらに、旅券の下付を受ける行為は157条に該当するが、公務員でない者の虚偽の公文書偽造の間接正犯にはあたらないとして、156条の成立を否定した。

　これに対し、本判決は、**作成権限者を補佐する公務員が、内容虚偽の審査報告書を作成し、情を知らない審査合格証の作成権限者に、内容虚偽の審査合格証を作成せしめた行為に関し、156条の間接正犯の成立を認めた。**

　6　このように判例は、被告人が私人の場合と公務員の場合で区別するように見える。そして学説にもこのような区別を承認するものある。しかし、**157条の客体より重要性の低い文書への虚偽記入の間接正犯は、原則として処罰しない**というのが立法者の趣旨だと解される。

　7　しかし、被告人が公務員の場合には、被告人が補助者のように見えて実質的な作成権限を有する場合が考えられることに注意を要する。

　最判昭和51年5月6日（刑集30-4-591）は、事実上作成権限を有する市民課職員が、手数料を払わずに自己の印鑑証明書を発行した場合に、印鑑証明の作成権限は、一般に許されている課長（代決者）ばかりでなく、**一定の手続を経由するなどの特定の条件のもとにおいて公文書を作成することが許されている補助者も、その内容の正確性を確保することなど、その者への授権を基礎づける一定の基本的な条件に従う限度において、これを有している**として、156条の成立を否定した。

　8　本判決も、Ｘが公務員であるだけでなく、文書作成の補助者だということで156条の正犯性が認められている。補助者だから、情を知らない作成権限者たる公務員を利用して「虚偽公文書を作成する」ことができるのである。逆に、最判昭和51年では、Ｘは補助者であり、実質的には印鑑証明書の作成権限を有しているので、内容が正確なものを作成したのであれば、手数料を納付しなくても偽造行為にはあたらないと評価された。それに対して、本件の事案は、内容虚偽の、その意味では、作成することの許されない文書であった。

●**参考文献**●　寺尾正二・判解昭32年度484、佐々木史朗・J151-58、小名木明宏・圖各8版186

233　文書行使の形態の変化と偽造文書の外観

東京高判平成20年7月18日（判タ1306号311頁）　　参照条文　刑法155条1項、158条1項

> ファクシミリで送信し端末機の画面に表示させて相手方に呈示するために、国民健康保険被保険者証を白黒コピーしたＡ４の紙は、偽造公文書に該当するか。

●**事実**●　被告人Ｘは、携帯電話機2台の利用契約を申し込む際の本人確認資料として使用する目的で、勤務先のファクシミリ複合機を用いて、Ｓ市の記名および公印がありＸを被保険者とする国民健康保険被保険者証の白黒コピー3枚（Ａ４用紙）を作成し、その1枚の被保険者の生年月日、住所欄等に他の2枚から切り抜いた数字を糊で貼り付けて、一見すると本件保険証のコピーのように見える物を作り出し、保険証の大きさに切り取ることなくＡ４大のまま前記ファクシミリにセットし、受信先で拡大表示するように設定して、その画像データを携帯販売店に送信し端末機の画面に表示させて、従業員2名に閲覧させ、改ざんを見破ることができなかった従業員に利用契約を締結させて、通話可能となった携帯電話機2台を店外に持ち出して取得したという事案で、有印公文書偽造、同行使、窃盗の罪に問擬された。原審は公訴事実を認め懲役1年6月に処したため、Ｘが控訴した。

●**判旨**●　東京高裁は、本件保険証の「原本」を偽造し、これを行使したといいうるかという点に関し、「本件改ざん物の色合いや大きさ等の客観的形状からみて、これを本件のように電子機器を介するのでなく肉眼等で観察する限り、本件保険証の原本であると一般人が認識することは通常は考え難いから、これを作り出したことをもって本件保険証の原本の偽造を遂げたとみることはできない」とした。そして、「確かに、文書偽造罪が行使の目的をその要件としていることからすれば、偽造の成否の判断に際して文書の行使形態を考慮すべき面はあるが、その考慮できる程度には限度があるといわざるを得ない」とし、「本件改ざん物は、ファクシミリ複合機によりデータ送信された先の端末機の画面を通して見れば、一般人をして本件保険証の原本の存在を窺わせるような物であるが、そのような電子機器を介する場合以外の肉眼等による方法では、その色合いや大きさ等の客観的形状に照らせば、これを本件保険証の『原本』と見誤ることは通常は考え難いものである。このような物を作出した時点では、いまだ公文書である本件保険証の『原本』に対する公共の信用が害されたとは評価できない」として、本件保険証の原本について文書偽造、同行使の罪の成立を肯定することはできないとした。

　ただ、予備的訴因である「本件保険証の『写し』を偽造、これを行使したこと」は認められるとして、以下のように判示した。国民健康保険被保険者証のコピーは、「身分確認の一手段として、原本と同様の社会的機能と信用性を有しているものと認められる。そして、本件改ざん物は、これを直接手に取るなどして見

分するならば、紙片を貼り付けた状態のままの部分があることから、改ざんが認知される可能性があるとはいえようが、国民健康保険被保険者証のコピーの呈示・使用の形態にも様々な態様が考えられ、必ずしも相手方が手に取って確認するとは限らず、相手に渡すことなく示すにとどまる場合もあることを想起すれば、本件改ざん物についても、真上から一見する程度であれば、表面の切り貼り等が認知されない可能性は十分にあるといえる」として、「本件改ざん物は、本件保険証のコピーそのものではないけれども、一般人をして本件保険証の真正なコピーであると誤認させるに足りる程度の形式・外観を備えた文書」と認められるとし、コピーを用いて作成した本件保険証の写しについて、その文書性を肯定でき偽造罪の成立を認めることができるとした。そして、その画像データを送信し、送信先の端末機の画面に表示させて閲覧させることにより、本件保険証の真正な写しとして使用しており、偽造公文書行使罪の成立も肯定できるとした。

●**解説**●　1　偽造の要件である「一般人をして真正に作成された文書であると誤認させるに足りる程度」を判断するにあたっては、当該文書の客観的形状に加えて、種類・性質や社会における機能、そこから想定される文書の行使の形態等をも併せて考慮しなければならない。ファクシミリで送信したり、スキャナーを介して相手のディスプレーに表示する形の文書の拡大は著しい。

　2　大阪地判平成8年7月8日（判タ960-293）は、イメージスキャナーを通してディスプレイに表示させる「行使」を想定すれば、自己の運転免許証の上に他人の運転免許証の写しから、氏名、生年月日、本籍、国籍、住所、交付の各欄を切り取って、該当箇所に重ねるようにして置き、氏名欄にはさらに別人の記載のある紙片を置き、その上からテープを貼り付け固定するなどしたものでも偽造にあたるとした。

　札幌高判平成17年5月17日（高検速報平17-343）も、無人自動契約機のスキャナーを通して端末画面に偽造文書を表示させる目的で作成した、自己名義の真正な自衛官診療証をコピーし生年月日欄に修正テープを貼りスタンプを使って別の数字を記入したようなものでも偽造文書にあたるとしている。

　3　ただ、本件のようにＡ４の紙の一部に保険証がコピーされ、それに数字をコピーした紙片が貼り付けられているにすぎないものを「偽造保険証」と評価することには無理がある。そこで、「保険証のコピー」の偽造を認める形で、妥当な結論を導いた。しかし、このような対応のできない「処罰価値の高い事案」が生じてくると、ディスプレイ上の表示について偽造を問題にすることも考える必要性が出て来よう（わいせつ画像については【242】参照）。

●**参考文献**●　成瀬幸典・⬡各5版176、前田・最新判例分析217

234 偽造私文書行使罪の「行使」の意義

最2小決平成15年12月18日（刑集57巻11号1167頁・判時1847号152頁）　　参照条文　刑法161条

司法書士に対し金銭消費貸借契約証書に基づく公正証書の作成の代理嘱託を依頼するに際し、偽造の同契約証書を真正な文書として交付する行為は、偽造私文書行使罪にいう「行使」にあたるか。

●事実●　被告人Xは、Yと共謀の上、平成9年8月上旬ころ、M市所在の司法書士事務所において、行使の目的で、C社を貸主、D社を借主として5億円借り受けた旨の同会社を債務者とする内容虚偽の金銭消費貸借契約証書1通を偽造し、同所において、司法書士Aに対し、同証書に基づく公正証書の作成の代理嘱託を依頼する際、これをあたかも真正に成立したもののように装って交付した。

第1審および原審は、Xらの行為が偽造有印私文書行使罪に該当するとしたが、司法書士に対して偽造文書を交付することが「行使」にあたるかどうかは、争点となっていなかった。

X側は、上告に際して、本件行為を偽造有印私文書行使罪にあたるとすることは、代書人に対する偽造私文書行使罪の成立を否定した大審院判例（大判大9・12・1刑録26-855）に違反するとして、偽造有印私文書行使罪の成否を争った。

●決定要旨●　上告棄却。最高裁は「XらがAに対し上記依頼をするに際して偽造文書である上記金銭消費貸借契約証書を真正な文書として交付した行為は、同証書の内容、交付の目的とその相手方等にかんがみ、文書に対する公共の信用を害するおそれがあると認められるから、偽造文書の行使に当たると解するのが相当である。

したがって、Xに対し偽造有印私文書行使罪の成立を認めた第1審判決を是認した原判決の判断は正当である」と判示した。

●解説●　1　偽造文書の行使は、真正の文書として使用すること一般を意味し、本来の用法に従って使用する場合に限らず、何らかの意味で真正の文書としてその効用に役立たせる目的の下に使用すれば足りる。ただ、いかに公共の信用の侵害を抽象的に考えても、行使といえるためには、行為者以外の者が偽造・虚偽文書を認識しうることが必要である。

2　問題は、全く利害関係のない者に対して交付することが行使にあたるかである。

学説の中には、行使の相手方はその文書について利害関係のある者に限ると限定するものがある。利害関係のない者に対しては、そもそも文書の用法に従った使用を

考えることができないし、文書の真正に対する公共の信用が害されたとして処罰する必要もないから、行使の相手方は、当該文書について何らかの利害関係を有する者でなければならないとするのである。文書偽造罪も広い意味での経済秩序に対する罪である以上、そのような限定に、合理性があるようにも思われる。

3　ところが、判例の中には、関係した女性から、将来のために貯金してくれと頼まれ、郵便貯金通帳を偽造して同女に交付した事案につき、行使に該当するとしたものが見られる（大判昭7・6・8刑集11-773）。ただ、このような事案まで行使罪で処罰すると、臨終の際に、母親を喜ばせ安心させるため、大学の卒業証書を偽造して見せる行為までも可罰的となってしまう余地がある。

4　この点、最決昭和42年3月30日（刑集21-2-447）は、中退した生徒が公立学校長名義の卒業証書を偽造し、これを同人に期待を寄せている父親に見せる行為は偽造公文書行使罪に該当するとした。そして同判決の原審は、単に父親を満足させる目的のみをもってなされたとしても、相手方においてその文書について何らの利害関係もないとはいえないとし、父は虚偽の事実を信じて、息子の将来のために第三者に話をすることは容易に推測しうるところであるとして、「利害関係」の存在を指摘している。たしかに、臨終の母親に見せる場合とでは、証書の虚偽内容が流布し、公共の信用が害される程度が異なるといえよう。

5　公共の信用を害する可能性の全くない態様の使用は行使とはいえないが、利害関係の明確な者に見せた場合のみが行使になるとするのは狭きに失する。その偽造された意思内容が流布される可能性は、事案によって異なる。行使は、何らかの意味で真正の文書としてその効用に役立たせる目的の下に使用すれば足りると解する以上、「利害関係」は実質的に判断されなければならない。

6　本件偽造文書である金銭消費貸借契約証書は、当事者間の権利義務関係を記載したもので、社会的にみて重要な意味のある文書であり、これを公正証書の作成のために司法書士に交付すれば、その記載内容が流布して不特定または多数人が認識するところとなる可能性があり、文書に対する公共の信用を害するおそれがあると考えられる（なお、判例違反の点であるが、代書人が依頼者の指示に従って裁判所に提出する文書を作成する際に偽造文書を示す場合は、公共の信用を害する程度は低いと思われる。現在でも具体的な事情によっては、行使罪を構成する場合もありうるであろうが、明治・大正期の判断と形式的に比較することには慎重でなければならない）。

● 参考文献 ●　坂本武志・判解昭42年度59、香川達夫・警研39-7-129、山田耕司・J1268-209、今井猛嘉・法教288-102、成瀬幸典・J1316-184

235 証明書交付請求用紙と事実証明に関する文書

東京高判平成2年2月20日（高刑43巻1号11頁・判時1342号157頁）　　　参照条文　刑法159条1項

証明書の交付請求用紙と事実証明に関する文書。

●事実●　成田空港建設に反対する組織に所属する被告人 X は、数名の者と共謀の上、空港第2期工事関係の業者等が使用する自動車に関して、偽名を用いて自動車登録事項等証明書の交付を受けようと、前後2回にわたり、自動車登録事項等証明書の交付請求用紙合計17通に自動車登録番号を記載し、偽名による署名・押印をした上、これを陸運支局係員に提出して行使した。

原審は「自動車登録事項等証明書の交付請求に当たり、自動車登録規則24条等により、一定の様式による申請書が求められているのは、証明書交付事務の円滑・適正な遂行を図る趣旨ばかりではなく、請求者の氏名または名称、住所、交付を受ける理由等を記載させることにより不当な利用目的の交付請求を抑制する趣旨を含むものと解されるところである。したがって、登録事項等証明書交付請求書は、このような社会的な利害関係を有する事実を証明する文書として、刑法159条1項にいう『事実証明に関する文書』に該当する」と判示して、有印私文書偽造罪・同行使罪の成立を認めた。これに対し、被告人が控訴を申し立てた。

●判旨●　控訴棄却。「関連法令の趣旨に鑑みれば、自動車登録事項等証明書に記載される事項が、実社会生活に交渉を有する事項であることに疑いの余地はなく、このような事項に関する情報を入手する目的で作成提出される**自動車登録事項等証明書交付申請書は何某という請求者がこれらの情報の入手を請求する意思を表示したことを証明するものとして、実社会生活に交渉を有する事項を証明するに足りる文書であって、**刑法159条にいう『事実証明に関する文書』に当たるものと解されるから、本件請求書は刑法159条1項にいう『事実証明に関する文書』に該当するとした原判決の判断は、結論において正当である」（確定）。

●解説●　1　私文書偽造罪（159条）の客体は、他人の権利、義務または事実証明に関する文書（図画）であり、すべての私人の名義の文書が私文書偽造の対象となるわけではない。**権利義務に関する文書**とは、権利義務の発生・変更・消滅の要件になる文書および、権利義務の存在を証明するものである。他人の作成名義に係る文書でなければならない。自己以外の名義でしかも公務員・公務所名義でもないものに限る。

2　**事実証明に関する文書**は実生活に交渉を有する事項を証するに足りる文書とされている。推薦状、履歴書、挨拶状等が考えられる。最決昭和33年9月16日（刑集12-13-3031）が、政党機関誌の広告欄に「祝発展、佐賀県労働基準局長 N」とする広告を、N に無断で掲載したという事案につき、「公務員の地位にある者が特定政党の機関誌である新聞紙の発展を祝賀しているというような事実は、社会生活に交渉を有する事項に属すると認めるのが相当であり、従ってかかる事項を証明するに足る文書である以上は、事実証明に関する文書に当たる」と判示している。

そして従来から、判例はかなり広範に文書性を認め、郵便局に対する転居届（大判明44・10・13刑録17-1713）、寄付金の賛助芳名簿（大判大14・9・12刑集4-538）、他人を紹介し、後援依頼の旨を記載した名刺（大判大14・6・26刑集18-354）等も、事実証明に関する文書にあたるとされてきた。

ただ、処罰に値するという観点からは、社会生活において一定程度以上の重要性を有するものに限られよう。

3　それでは本件「交付請求書」のような、いわば準備的・資料的文書は、事実証明に関する文書に該当するのであろうか。本件判決は、「自動車登録事項等証明書に記載される事項が、実社会生活に交渉を有する事項であることに疑いの余地はなく、交付請求書は請求者がこれらの情報の入手を請求する意思を表示したことを証明するものとして、実社会生活に交渉を有する事項を証明するに足りる文書であ」るとした。

4　ただ、「情報の入手を請求する意思表示」が、常に刑罰で保護すべきほど重要なものというわけにはいかないであろう。戸籍謄本や住民票の写しを偽名を用いて請求しても、私文書偽造とはならない（戸籍法121条の2、住民基本台帳法44条参照）。情報の重要性と、情報が悪用される蓋然性、情報を必要な範囲に開示するための規則に定めた要件・書式等の趣旨により、可罰性のあるもの、すなわち「事実証明に関する文書」に限定されなければならない。

本件の自動車登録事項等証明書の交付請求書の場合、それによって得られる情報の濫用により、自動車に関する国民の権利が侵害されるおそれがかなりあり（渡部・参考文献参照）、交付請求書自体を「事実証明に関する文書」として、偽名による請求などを禁圧する必要性が高いといえよう。

●参考文献●　角田正紀・平2年度重判156、長井長信・判評378-70、十河太朗・同志社法学44-4-92、渡部尚・研修497-39、林幹人・判例セレクト90年38

236　私立大学入試における替え玉受験と私文書偽造罪

最3小決平成6年11月29日（刑集48巻7号453頁・判時1530号141頁）　　参照条文　刑法159条1項

私大入試答案は刑法159条1項の「事実証明に関する
文書」にあたるか。いわゆる替え玉受験行為は、有印
私文書偽造、同行使罪を構成するか。

●**事実**●　被告人Xらは、1991年度私立M大学政治
経済学部の入学選抜試験に際し、同学部に入学を希望し
ているAに合格点を取らせるため、いわゆる替え玉受
験を行うことをBらと共謀し、Bが行使の目的をもっ
て、解答用紙の氏名欄にAと記入する等して、A名義
の答案を作成し、試験監督者に提出して行使した。X
らは同大学の他学部の入試においても、同様の行為を行
った。
　第1審は、刑法159条の成立を認め、原審もXらの
控訴を棄却した。X側が上告。

●**決定要旨**●　上告棄却。「本件入学選抜試験の答案
は、試験問題に対し、志願者が正解と判断した内容を
所定の用紙の解答欄に記載する文書であり、それ自体
で志願者の学力が明らかになるものではないが、それ
が採点されて、その結果が志願者の学力を示す資料と
なり、これを基に合否の判定が行われ、合格の判定を
受けた志願者が入学を許可されるのであるから、志願
者の学力の証明に関するものであって、『社会生活に
交渉を有する事項』を証明する文書（最決昭33・9・16
刑集12-13-3031参照）に当たると解するのが相当である。
したがって、本件答案が刑法159条1項にいう事実証
明に関する文書に当たるとした原判断は、正当であ
る」。

●**解説**●　1　本件の事案は、大学入学試験に関するい
わゆる替え玉受験事件で、答案の私文書性に加え、名義
人の承諾と私文書偽造罪の成否が問題となった。ただ、
傍論ながら承諾の問題に触れた第1審判決、原審判決と
は異なり、最高裁決定は私文書性についてのみ言及して
いる。
　2　答案が刑法159条1項の「事実証明に関する文
書」に含まれることは、第1審判決以来一貫して認めら
れている。ただ、第1審判決は端的に、「受験した志願
者がいかなる解答をしたかという事実を証明し、ひいて
は受験した志願者の学力の程度を客観的に示している文
書である」とし、答案自体が志願者の学力を直接証明す
る文書であることを認めていた。
　これに対し原審は、「採点、集計された結果が受験し
た志願者の学力を示す資料として、入学選抜試験の合否
を判定する資料となり、合否の判定が行われるので、実
社会生活にとって重要な意味を持つ事実証明に関する文
書である」と判示した。そして最高裁も、答案は、それ

が採点されて、その結果が志願者の学力を示す資料とな
り、これを基に合否の判定が行われることを根拠に文書
性を認めており、原審とほぼ同様の考え方を採用したも
のと評価できよう。
　3　かなり広範に文書性を認めてきた判例の基準から
は（【235】）、たとえば大学入試の「合格通知書」のよう
な文書であれば、それ自体として社会生活上重要な事項
を証明する文書であり、159条1項により保護すべき内
容であることは問題なく認められよう。しかし、合否の
判断の基礎となる事実資料としての答案は、これと同等
には評価しえない。
　この点に関し、釧路地判昭和41年10月28日
（判時468-73）は、自動車免許構造学科試験の答案につき、
「通常の採用試験とは異なり、その性質上、一定の水準
以上の者に対しては無制限に免許を与えてしかるべき性
質のもので……本件構造試験の答案は採点をまたずに合
格の事実を証明する文書ということができる」とした。
　しかし、答案を採点して合否判定をする以上、答案の
場合には、本件決定のように、合否判定という重要な事
実の有無を判断する「資料」として重要であるから「事
実証明に関する文書に該当する」と構成すべきである
（神戸地判平3・9・16判タ797-270参照）。
　4　そこで、**答案のように、合否という重要な事実の
証明に関する「資料」「準備的文書」のうちどこまでを、
事実証明に関する文書とすべきか**が問題となる。その判
断基準としては、まず、当該資料自体が意思・観念の表
示といえることが必要であろう。本決定も「答案は、試
験問題に対し、志願者が正解と判断した内容を所定の用
紙の解答欄に記載する文書」であると判示している。こ
れに対し、合格通知書を郵送してもらうための封筒等に
つき、他人の氏名を宛先として記載した場合は私文書偽
造とはならない。
　その資料に基づいて証明、判定される対象が社会生活
上重要な事項であり、さらに、その資料と証明の対象と
なる事項との関連性が大きくなければならないが、大学
入試の合否の判定が社会生活上重要な意味を持つことは
争いがなく、合否判定に答案が果たす役割も大きい。そ
れゆえ、本件判断は妥当なのである。
　5　なお、第1審は名義人の承諾の問題に関し、「名
義人と作成者との人格の同一性に欺罔が存する場合には、
その目的のために与えられた『承諾』を有効なものと認
めるべきでない」と判示しているが、原審のように、
「答案は名義人以外の者の作成が許容されるものでない」
ので有形偽造であるとする方が合理的である（【230】）。

●**参考文献**●　小倉正三・判解平6年度203、山中敬一・法セ456-
134、井上宜裕・圃各8版180、川端博・判評447-72、木村光江・法
教175-78

237 偽造有印私文書行使罪と詐欺罪の罪数関係

東京高判平成7年3月14日（高刑48巻1号15頁・判時1542号143頁）　　参照条文　刑法54条、159条1項、246条

> 偽造有印私文書行使罪と詐欺罪は、包括一罪になりうるか。

●**事実**●　被告人XがYと共謀の上、ノンバンクから銀行の協力預金の資金名目で融資を受けるに際し、真実はその銀行預金に質権を設定する意思がないのにこれを偽って融資を受けた上、銀行の支店長名義の質権設定契約書を偽造して、これをノンバンクに交付して行使した。

本件では、偽造有印私文書行使罪と詐欺罪との罪数関係が問題となった。すなわち、原審は、本件では詐欺罪が既遂に達した後に有印私文書偽造、同行使の犯罪が行われていることから、両者を併合罪としたのに対し、弁護人は、両罪は牽連犯の関係にあるとして控訴をした。

●**判旨**●　破棄自判。東京高裁は、一般に銀行預金を担保として第三者から融資を受ける場合には、当該第三者に質権設定承諾書を交付した後融資金の交付を受けるのが通常であるが、本件のように、融資金が銀行預金の原資となっている関係で、まず融資金が入金されて預金に当てられてこれに関する質権設定承諾書が作成された場合でも、質権設定承諾書の交付は、融資につき必要不可欠なもので同時的、一体的に行われることが予想されているので、両者の先後関係は必ずしも重要とは思われないとした上で、「本件と同様の不正融資事件において、事務処理の都合等から融資金の入金前に預金通帳等を作成して質権設定承諾書を偽造し、これを交付するのと引き換えに不正融資金が振込入金された事例もあることは当裁判所に顕著な事実であり、かつその場合には、有印私文書偽造、同行使、詐欺は順次手段結果の関係にあり結局一罪であるとして処断されているのである。そして、右の場合と偶々その担当者の事務処理の都合等から偽造質権設定承諾書の交付と振込入金との時間的先後が逆になった本件のような場合とで罪数処理に関する取扱いを異にすべき合理的な理由を見い出し難いことからすると、**偽造有印私文書行使罪と詐欺罪との法益面での関連性が必ずしも強くないことを考慮に入れても、両者は包括一罪として処断するのが相当と解される**」と判示した。

●**解説**●　1　私文書を偽造し、それを行使した場合は、**私文書偽造罪と偽造私文書行使罪は牽連犯の関係となる**（有価証券、通貨の場合も同様である）。そして、詐欺の手段として偽造し文書を行使する場合も、**行使罪と詐欺罪は牽連犯**となる（有価証券の場合も同様であるが、通貨については後述4参照）。

2　しかし、近時、偽造有印私文書行使と詐欺を包括一罪とした判例が登場してきている（東京地判平4・7・7判時1435-142、東京地判平4・4・21判時1424-141）。

本件の場合、融資を受け詐欺罪が既遂になった後、銀行の支店長名義の質権設定契約書を偽造してこれを行使した以上、時間的前後関係からいって「偽造罪を手段とした詐欺罪」とはいいにくい。そこで、原審は併合罪としたのであるが、欺罔して融資を受ける場合に、質権設定承諾書等の交付と資金の受取りが前後する場合があり、私文書偽造（同行使）行為が騙取に不可欠なものとして「同時的」に行われた以上、本件のような場合だけ、偽造罪と詐欺罪の関係を併合罪として、私文書偽造、同行使が詐欺に先行し、牽連犯（手段結果）と理解しやすい「通常の融資金騙取行為」より重く処断することは不合理であろう。それ故、包括一罪とされたのである。

3　ただ、包括一罪は一罪であるが、科刑上一罪は数罪を科刑上一罪と取り扱うにすぎず、本件が包括一罪となるのは不合理にも見える。もっとも、包括一罪には、様々な内容のものが含まれており、科刑上一罪と同様に扱わなければ不合理な場合で、しかも、観念的競合や牽連犯に該当しえない場合を含む。そして、手続法上は、科刑上一罪も「一罪」であることを想起する必要がある。

4　偽造通貨知情行使罪（152条）と詐欺の関係も、科刑上の均衡を考慮した包括一罪である。両者を数罪とすると、詐欺罪の重い刑罰が適用され、152条が軽い法定刑を定めた意味が失われるのである。

5　なお、**大阪高判平成16年12月21日**（判タ1183-333）は、他人の不動産の所有者になりすまして融資を申し込み、あらかじめ開設しておいた他人名義銀行口座に振込送金させて詐取した金銭を引き出すため、**他人名義の預金払戻請求書を作成した行為について、詐欺罪と有印私文書偽造罪の併合罪**とした。「本件払戻請求書偽造等は本件詐欺が既遂に達した後に行われた犯行である上、融資金名下に他人をだまして金員を交付させたという詐欺の行為と、その犯行により犯人の管理する預金口座に振込送金された現金を引き出す手段として行われた私文書偽造、同行使の行為とが、一般的に手段結果の関係に立つとも考えられないから、本件詐欺と本件払戻請求書偽造等が牽連犯となると解する余地はなく、両者は併合罪となる」としている。

6　大阪高判平成16年12月21日では、他人名義で預金口座等を開設し管理する者は、その他人の名称を自己を表すものとして利用しているので、他人名義の払戻請求書は、名義人と作成者の人格の同一性を偽るものではないのではないかが争われたが、「他人又は仮名口座を利用する不正行為に対する規制の必要性が一般に認識され、実務においても厳格な取扱いが定着している今日においては、**預金口座等の開設やその引出し等は本人の名義で行うべきもの**というのが社会通念であって、他人の名義で払戻請求書を作成、提出する行為は、金融機関側がこれを知って敢えて許容し又は黙認している等の特別の事情のない限り、原則として、**私文書偽造罪等に該当する**と解すべきである」とした。

●**参考文献**●　丸山治・判評477-53、木村光江・研修554-3

238 電磁的公正証書原本不実記録罪

最1小判平成28年12月5日（刑集70巻8号749頁、判時2336号129頁）　　参照条文　刑法157条

> 買受名義人を完全に偽装した名義貸しの土地売買は、刑法157条の「虚偽の申立て」にあたるか。

●**事実**●　暴力団員Bは、I県内に暴力団の会合で使える会館を造ろうと、不動産仲介業者Cに対し、土地探し等を依頼していた。Bは、I県暴力団排除条例により自らは不動産業者と取引することができないと考え、被告人Xに対し名義貸しを依頼をし、X、BおよびCは、土地の売買契約においてXまたはXが代表取締役を務めるA社が買受名義人となり、XまたはA社名義で本件各土地の登記を申請した。

　Xも上記手続に立ち会ったが、主にCらが売買契約書等を作成し売買代金全額を支払った。各売買契約はA社名義で行われ、Bのためにすることは一切表示されず、売主らは、契約の相手方がA社であると認識していた（売主らは、Bとは一切面識がなかった）。

　各土地について、売主らからA社への所有権移転登記等がされたが、土地・建物の取得代金、登記費用など約1億2千万円の費用は、Bが出捐した。

　第1審は、本件土地の所有権は本件売主らからXまたはA社に移転したものであるから、本件登記は不実の記録にあたらないとして、無罪を言い渡した。

　これに対し、原審は、(1)X・B間において、真実は暴力団であるBが土地の所有権を取得するにもかかわらず、本件条例の適用を潜脱する意図でA社を買受名義人として偽装する旨の合意が成立し、(2)契約に至るまでの間の必要な交渉、手続等は、Bの意向に沿う形で、主にC等が行っており、Xは一切関与しなかったから、その実態は買受名義人を偽装した名義貸しであり、(3)そうすると、本件各土地の所有権は、本件各売買契約を締結した時に、売主らからA社の名を借りたBに直接移転したものと認めるべきであり、A社名義の各登記の申請は虚偽の申立てで、当該登記は不実の記録であるとして、Xに電磁的公正証書原本不実記録罪および同供用罪の成立を認めた。X側が上告。

●**判旨**●　破棄自判。最高裁は、「電磁的公正証書原本不実記録罪及び同供用罪の保護法益は、公正証書の原本として用いられる電磁的記録に対する公共的信用であると解されるところ、不動産に係る物権変動を公示することにより不動産取引の安全と円滑に資するという不動産登記制度の目的を踏まえると、上記各罪の成否に関し、不動産の権利に関する登記の申請が虚偽の申立てに当たるか否か、また、当該登記が不実の記録に当たるか否かについては、**登記実務上許容されている例外的な場合を除き、当該登記が当該不動産に係る民事実体法上の物権変動の過程を忠実に反映しているか否かという観点から判断すべき**」とし、本件各登記の申請が虚偽の申立てにあたり、本件各登記が不実の記録にあたるかを検討するにあたっては、土地の所有権が本件売主らから、Bに直接移転したのか、それともA社に一旦移転したのかが問題となるとし、

「本件各売買契約における買主の名義はいずれもA社であり、XがA社の代表者として、本件売主らの面前で、売買契約書等を作成し、代金全額を支払っている。また、XがBのために本件各売買契約を締結する旨の顕名は一切なく、本件売主らはA社が買主であると認識していた。そうすると、本件各売買契約の当事者は、本件売主らとA社であり、本件各売買契約により本件各土地の所有権は、本件売主らからA社に移転したものと認めるのが相当である。原判決は、XとBとの間の合意の存在を重視するが、本件各売買契約における本件売主らの認識等を踏まえれば、上記合意の存在によって上記の認定が左右されるものではない」とし、「本件各登記は、当該不動産に係る民事実体法上の物権変動の過程を忠実に反映したものであるから、これに係る申請が虚偽の申立てであるともいえない」として、原審を破棄した。

●**解説**●　1　刑法157条1項の公正証書原本不実記載罪は、昭和62年の改正により、公正証書の原本としての電磁的記録も客体に加えられ、自動車登録ファイル、住民基本台帳ファイルなどの他、不動産登記簿ファイルも、本条の客体となった。

　2　実行行為は、公務員に対し虚偽の申立てをし不実の記載・記録をさせることである。虚偽の申立てとは、一定の事実の存否について真実に反する申立てをすることをいう。具体例としては、他人所有の建物を預かり保管していた者が、登記記録に不実の抵当権設定仮登記を了した行為【204】、非上場会社の一人株主であるXが、債権者に断りなく取締役等の解任・選任を行った旨の議事録等を作成し、役員が変更された旨の内容虚偽の株式会社変更登記申請書を提出して、商業登記簿の原本に不実の記載をさせた行為（最決平17・11・15刑集59-9-1476）、新株の引受人が、会社から第三者を通じて間接的に融資を受けた資金によってした新株の払込みに基づき、商業登記簿の原本である電磁的記録に増資の記録をさせた行為（最決平17・12・13刑集59-10-1938）が挙げられる。

　3　**申立ての虚偽性は、実質的に実体法上の権利関係を反映するかを基準とする。**本件は、買受名義人を完全に偽装した名義貸しであるが、最高裁は、①買主の名義はA社であり、②Xが売主らの面前で売買契約書等を作成して代金全額を支払い、③売主らはA社が買主であると認識していたので、土地の所有権はA社に移転したものと認めるのが相当であるとした。

　暴力団排除の視点からは問題のある契約であるが、登記制度からは、「虚偽の申立て」として157条の成立を認めるのは妥当ではない。面前で売買契約書等を作成して代金全額を支払い、XがBのために本件各売買契約を締結する趣旨も一切示されておらず「A社が買主である」と認識していた売主の「登記簿上の利益」は、保護されなければならない。

●**参考文献**●　前田雅英・捜査研究66-11-48、松永栄治・判解平28年度217、品田智史・平29年度重判159、成瀬幸典・法教438-138

239 権利義務に関する公正証書原本の意義

最2小決平成16年7月13日（刑集58巻5号476頁・判時1870号150頁）　　参照条文　刑法157条

> 小型船舶の船籍および総t数の測度に関する政令8条の2の船籍簿は、刑法157条1項にいう「権利若しくは義務に関する公正証書の原本」にあたるか。

●**事実**●　被告人Xは小型船舶（プレジャーボート）を取得したが、暴力団幹部であるため、その名義では港の停泊許可が下りない等の理由により、所有名義を偽って、親族が所有権を取得したことにして、その旨小型船舶の「船籍簿」に記載させた。検察官は、この行為が公正証書原本不実記載、同行使にあたるとして起訴した。

　第1審・原審で「船籍簿」の刑法157条1項の「公正証書の原本」該当性が争われ、第1審・原審判決はこれを肯定したところ、上告趣意においては、「船籍簿」が157条1項の「公正証書の原本」に該当するかという上記論点のほか、船籍票の書換に伴って船籍簿にその変更事項が移記されるという仕組みの下で、船籍票の虚偽の書換申請が、157条1項にいう「虚偽の申立て」にあたるかという点も、法解釈上の争点として主張された。

●**決定要旨**●　上告棄却。「小型船舶の船籍及び総トン数の測度に関する政令（平成13年政令第383号による改正前のもの）8条の2の『船籍簿』は、刑法157条1項にいう『権利若しくは義務に関する公正証書の原本』にあたる。また、同令8条の2により、書換申請に基づき変更された船籍票の記載内容がそのまま船籍簿に移記されることが予定されていることからすると、同令4条1項に基づき新所有者と偽って内容虚偽の船籍票の書換申請を行うことは、同法157条1項にいう『虚偽の申立て』にあたる。以上のように解するのが相当であるから、Xに対し公正証書原本不実記載罪の成立を認めた原判断は、結論において正当である」。

●**解説**●　1　刑法157条1項は、公務員に対し虚偽の申立てをして、登記簿、戸籍簿その他の権利もしくは義務に関する公正証書の原本に不実の記載をさせ、または権利もしくは義務に関する公正証書の原本として用いられる電磁的記録に不実の記録をさせた者を処罰する。

　1項の客体は、権利・義務に関する公正証書の原本と、公正証書の原本たるべき電磁的記録である。権利もしくは義務に関する公正証書とは、権利・義務に関する一定の事実を公的に証明する文書で、その原本のみが問題となる。具体的には戸籍簿、土地登記簿、建物登記簿、自動車登録簿等のことである。また、同様の機能を果たす登録ファイル（電磁的記録）に、不実の記録をさせる行為も本罪を構成する。さらに最決昭和48年3月15日（刑集27-2-115）は住民票を本罪の客体にあたるとしている。

　2　本件で問題となった「船籍簿」の制度は、昭和30年の改正により新設されたもので、船舶登記等の制度

の適用のない小型船舶について、「船籍簿」に所有権の得喪変更等の私権に関する事実上の公証的機能を持たせることがあったとされており、「船籍簿」は、「権利義務に関するある事実を証明する効力を有する文書」に該当するといえよう。

　船舶法上、総トン数20t以上の船舶については、「船舶登記」（商法686条）、「船舶原簿」（船舶法5条1項）の各制度が設けられ、船舶登記に不実の記載をなさしめた場合には、刑法157条1項が、船舶原簿に不実の記載をなさしめた場合には船舶原簿不実登録罪が成立する。これに対し、20t未満の小型船舶については、船舶法21条に基づく政令により「船籍簿」の制度が設けられ、小型船舶所有者は、都道府県知事から「船籍票」の交付を受けなければならず、都道府県知事は、その船籍票に記載された所有者等の法定事項を船舶ごとに作成し、備え付けられる「船籍簿」にそのまま移記するものとされていた。また、所有権が移転した場合には、新所有者は、船籍票の書換申請を要するものとされ、その場合、都道府県知事は、船籍票の書換を行うとともに、所有権移転の事実を船籍簿に移記することとされていたのである。

　3　なお、名古屋高判平成10年12月14日（判時1669-152）は、中国人の被告人が、かつて就学生の在留資格で日本に滞在していたことがあったが、犯罪を犯し執行猶予付き懲役刑の判決を受け、中国へ自費出国した後、中国残留日本人二世を装って再び日本に入国し、T市役所に二世を名乗る虚偽の外国人登録申請をしたという事案に関し157条の成立を認めた。外国人登録原票は、在留外国人の同一性とともに、居住関係、身分関係を明らかにするものとして広く機能しており、権利・義務に関する一定の事実を公的に証明する効力を有することは明らかで、157条1項の客体に該当する。

　外国人登録原票が原則非公開とされていることは、157条の公正証書性を否定することにはならない。本罪は、その文書が公開されて不特定多数人に誤った情報が直接流布することを防ぐことを目的とした規定ではない。重要事項を証明する原本で、その内容に虚偽があってはならないが非公開のものは考えられる（たとえば、公証人作成の公正証書）。

　4　157条1項の実行行為は、公務員に対し虚偽の申立てをし不実の記載・記録をさせることである。公務員は、その内容が虚偽であることを知らないことを要する。たとえば、新株の払込みを仮装する行為（最決平3・2・28刑集45-2-77）、自動車運転免許の更新申請の際に虚偽の住所の申立てをした行為（東京高判平4・1・13判タ774-277）も、157条に該当しうる。中国残留日本人二世という虚偽の事実を申し立てた被告人の行為も、当然該当する。

● **参考文献**　多和田隆史・判解平16年度331、野村稔・判評572-53、法時77-3-116

240 不正指令電磁的記録保管事件—コインハイブ事件

最1小判令和4年1月20日（刑集76巻1号1頁・判タ1499号75頁）　　参照条文　刑法168条の2

> アクセス者の電子計算機に特定の演算作業を実行させるプログラムコードは、不正指令電磁的記録に該当するか。

●**事実**●　ネット上のウェブサイトQの運営者である被告人Xは、アクセスした閲覧者の電子計算機の中央処理装置が仮想通貨の取引履歴の承認作業等の演算を、閲覧者の同意を得ることなく行うことになるプログラムコードを、サーバコンピュータ上のファイル内に蔵置して保管したとして、不正指令電磁的記録保管罪で起訴された。

第1審は、**不正指令電磁的記録**といえるには、反意図性と不正性が必要であるとし、(1)Qにはマイニングに関する説明や、同意を得る仕様もなく、このような仕組みは一般に認知されていなかったので、反意図性は認められるが、(2)①運営者が得る利益は、ウェブサイトの質の維持・向上に繋がり、閲覧者にとり利益となる面があり、②マイニング作業の実行による処理速度の低下等は、広告表示プログラム等の場合と大差ない上、Q閲覧中に限定されること等から、③本件プログラムコードが社会的に許容されていなかったとはいえず、不正性を欠くとした。

これに対し原審は、(1)本件プログラムコードは、被害者に無断で電子計算機を使用して利益を得ようとするもので、一般の使用者が許容しないことは明らかで、反意図性が認められ、(2)プログラムに対する信頼保護という観点から社会的に許容すべき点はなく、不正性も認められるとし、第1審の判断を覆した。X側が上告。

●**判旨**●　最高裁は、原判決を破棄し、本件控訴を棄却した。

本件のマイニングを行わせる仕組みは一般に認知されておらず、一般の使用者が認識すべきともいえないとして、反意図性を認めた上で、不正性に関しては「電子計算機による情報処理に対する社会一般の信頼を保護し、電子計算機の社会的機能を保護するという観点から、社会的に許容し得ないプログラムについて肯定されるものと解するのが相当であり、その判断に当たっては、当該プログラムの動作の内容に加え、その動作が電子計算機の機能や電子計算機による情報処理に与える影響の有無・程度、当該プログラムの利用方法等を考慮する必要がある」とし、刑法168条の2第1項が「電子計算機による情報処理のためのプログラムが、『意図に沿うべき動作をさせず、又はその意図に反する動作をさせるべき不正な指令』を与えるものではないという社会一般の信頼を保護し、ひいては電子計算機の社会的機能を保護する」ためにあるとした上で、この「保護法益に照らして重要な事情である電子計算機の機能や電子計算機による情報処理に与える影響は、Q閲覧中に閲覧者の電子計算機の中央処理装置を一定程度使用することにとどまり、その使用の程度も、閲覧者の電子計算機の消費電力が若干増加

したり中央処理装置の処理速度が遅くなったりするが、閲覧者がその変化に気付くほどのものではなかった」とし、Xが利益を得る仕組みはサイトによる情報の流通にとって重要であり、「社会的に受容されている広告表示プログラムと比較しても、閲覧者の電子計算機の機能や電子計算機による情報処理に与える影響において有意な差異は認められず、事前の同意を得ることなく実行され、閲覧中に閲覧者の電子計算機を一定程度使用するという利用方法等も同様であって、これらの点は社会的に許容し得る範囲内といえる」とした。さらに、マイニングは、「仮想通貨の信頼性を確保するための仕組みであり、社会的に許容し得ないものとはいい難い」として、不正性は認められないとした。

●**解説**●　1　「ウィルス」等の不正なプログラムを放置すれば、公共的な利益である「電子計算機による情報処理システム全体」が信頼を失いかねないので、平成23年に、不正指令電磁的記録等の作成、提供、供用等の行為を罰する刑法168条の2が新設された。保護法益は「電子計算機のプログラムに対する社会一般の者の信頼という社会的法益」である（条解刑法 4版補訂版490頁）。

2　電子計算機のプログラムが、電子計算機使用者の「意図に沿うべき動作をさせず、又はその意図に反する動作をさせるべき不正な指令」と解しうれば、構成要件該当性が認められる。「ウィルス」のみに限定されるわけではない。立法後も種々の態様のサイバー攻撃が登場し、「不正な指令」に該当するかが問題となってきた。

3　現代においては、スパムメールやフィッシングメールが蔓延し、膨大な数の他人のパソコンを「ボット」として使うことにより、サイバー攻撃が実行されている。本件コインハイブのような、他人のパソコンを乗っ取り、マイニングを行わせて利益を得る行為の問題性も認識されてきた。本件プログラムは、コンピュータ操作者が認識しえない形で、そしてその者の意思に無関係に演算を繰り返させるプログラムである以上、「不正の指令」にあたるように見える。事実、本件第1審、原審、上告審とも、反意図性を認めた。

4　しかし、原審が不正性も認めたのに対し、最高裁は、①情報処理に与える影響は軽微で、広告表示プログラムと有意な差異は認められず、同意を得ることなく実行される点も同様であり、②サイト運営者が利益を得る仕組みは、ウェブサイトによる情報の流通にとって重要で、③マイニングは、仮想通貨の信頼性を確保するためのもので、社会的に許容しうるとして、不正性は認められないとした。

5　コインハイブの特徴は「秘匿性」にあるが、広告はその存在が顕在化し、閲覧者の意思で広告を排除する手立ても存在する。本件プログラムは、同時に大量のパソコンを乗っ取る面もあり、「ネットの信頼保護」という法益の侵害の程度に差があるように思われる。

●**参考文献**●　前田雅英・法学会雑誌63-1-1、池田知史・J1574-107、西貝吉晃・J1573-113、鎮目征樹・研修889-3、品田智史・法セ809-130

241　刑法175条の頒布の意義

最3小決平成26年11月25日（刑集68巻9号1053頁・判時2251号112頁）　　参照条文　刑法175条

> データファイルをダウンロードさせる行為は頒布にあたるか。

●**事実**●　日本在住の被告人Xは、日本国内で作成したわいせつな動画等のデータファイルを米国在住の共犯者に送り、米国内に設置されたサーバに同ファイルを記録、保存し、日本人を中心とした不特定かつ多数の顧客に、インターネットを介した操作をさせてダウンロードさせる方法によって有料配信する日本語ウェブサイトを運営し、日本国内の顧客にわいせつな動画等のデータファイルをダウンロードさせた。また、日本国内に設置されたパーソナルコンピュータに記録、保存し、有料配信のバックアップ等のために、HD等にデータファイルを保管した。これらの行為が、わいせつな電磁的記録を頒布し、有償で頒布する目的で、HD等にわいせつ動画ファイルを記録した電磁的記録を保管したとして起訴された。

第1審が、刑法175条の構成要件該当性を認めたのに対し、弁護人は、①国内の顧客がネット上のサイトからわいせつな電磁的記録をダウンロードするのは、「頒布」には該当しないし、②コンテンツを供給するための保管は同条2項にいう「頒布する目的」での保管に該当せず、③米国内のサーバに置かれたサイトの運営により、ネットを通じて行われたものであるから、国内犯として処罰することはできないとして控訴した。

原審は、顧客によるダウンロードという行為を通じて顧客らにわいせつな電磁的記録を取得させるのであって、その行為は「頒布」の一部を構成するものと評価することができるから、刑法175条1項後段にいう「電磁的記録を頒布した」というに妨げず、このようなダウンロードに供することを目的として行うわいせつな電磁的記録の保管は、「有償で頒布する目的」での保管に該当するとし、さらに、日本国内における顧客のダウンロードという行為を介してわいせつ動画等のデータファイルを頒布したのであって、175条1項後段の実行行為の一部が日本国内で行われていることに帰するとした。

弁護側は、あらためて、データの転送は、ダウンロードして受信する顧客の行為によるものであって、Xらの頒布行為にあたらないし、配信サイトの開設、運用は日本国外でされているため、国内犯ではなく、したがって、わいせつな動画等のデータファイルの保管も日本国内における頒布の目的でされたものとはいえず、電磁的記録有償頒布目的保管罪も成立しないとして、上告した。

●**決定要旨**●　上告棄却。最高裁は職権で、以下のように判示した。「そこで検討するに、刑法175条1項後段にいう『頒布』とは、**不特定又は多数の者の記録媒体上に電磁的記録その他の記録を存在するに至らし**めることをいうと解される。……Xらが運営する配信サイトには、インターネットを介したダウンロード操作に応じて自動的にデータを送信する機能が備え付けられていたのであって、顧客による操作はXらが意図していた送信の契機となるものにすぎず、Xらは、これに応じてサーバコンピュータから顧客のパーソナルコンピュータへデータを送信したというべきである。したがって、不特定の者である顧客によるダウンロード操作を契機とするものであっても、その操作に応じて自動的にデータを送信する機能を備えた配信サイトを利用して送信する方法によってわいせつな動画等のデータファイルを当該顧客のパーソナルコンピュータ等の記録媒体上に記録、保存させることは、刑法175条1項後段にいうわいせつな電磁的記録の『頒布』に当たる。また、前記の事実関係の下では、Xらが、同項後段の罪を日本国内において犯した者に当たることも、同条2項所定の目的を有していたことも明らかである。したがって、Xに対しわいせつ電磁的記録等送信頒布罪及びわいせつ電磁的記録有償頒布目的保管罪の成立を認めた原判断は、正当である」。

●**解説**●　1　刑法175条の扱う「わいせつ物」の中心は、文書・図画から動画映像に移行し、その媒体が、フィルムからビデオ、DVDに変化し、さらに動画ファイルに変わりつつある。画像ファイルを対価を払った者にダウンロードさせる行為は処罰しうるのか、とりわけ国外のサーバに蔵置された、国外でアップロードされた動画ファイルをダウンロードさせた行為を処罰できるかが争われた。

2　改正後の175条には、電磁的記録に関して、電気通信の送信による頒布が追加された。そして現行法の頒布とは、不特定または多数人に交付することで販売も含まれる。有償頒布の概念も改正前とは異なり、所有権の移転を要しない。電磁的記録の頒布とは、「物」の頒布とは異なり、不特定または多数人の記録媒体に電磁的記録を存在させることである。改正で、わいせつな電磁的記録保管の罪を設け、これらの罪の目的を、改正前の「販売の目的」から「有償で頒布する目的」に改めた。

3　そして、本件により、①問題となるデータファイルを国内で作成し、②国外に送信して国外でアップロードさせ、③国内での顧客のダウンロードにより国外から自動的に送信し、④データファイルを国内のコンピュータに記録、保存させた以上、国内犯といってよいということが確定し、「米国内にあるサーバに、米国内でアップロードしたので、刑法1条1項の国内犯として処罰することは不可能」という主張は否定された。実行行為の一部が、国内で行われれば、国内犯である。

●**参考文献**●　駒田秀和・判解平26年度331、前田雅英・捜査研究64-1-35、曲田統・平27年度重判157

242 公然陳列の意義

最3小決平成24年7月9日（判時2166号140頁・判タ1383号154頁）　参照条文　児童買春法7条4項　刑法175条

> 児童ポルノ画像に関するURLを、ネットの掲示板に載せる行為は、児童ポルノの公然陳列行為といえるか。

●事実● 被告人Xが、共犯者と共謀の上、第三者が開設したインターネット上の掲示板に記憶、蔵置されていた児童ポルノを、共犯者が管理運営するホームページ上にその識別番号（URL）を明らかにするなどして、不特定多数のインターネット利用者において閲覧可能な状況を設定し、児童ポルノを公然と陳列したという事案である。なお、ホームページ上では、URLの「bbs」という部分が「ビービーエス」と改変されて示され、カタカナをそのまま英語に直して用いることが付記されることで、上記URLが明らかにされていた。

第1審は、上記の犯罪事実を認定し児童買春法7条4項に該当するとしたところ、Xが本件の行為は児童ポルノを公然と陳列したとはいえないなどと主張し控訴した。原審は、それらの主張を排斥し、控訴を棄却した。これに対し、X側が上告。

●決定要旨● 上告棄却。「上告趣意は、憲法違反、判例違反をいう点を含め、実質は単なる法令違反、事実誤認、量刑不当の主張」であって、上告理由にあたらないとした。ただ2名の裁判官の下記のような反対意見が付された。

公然陳列の意義に関する最決平成13年7月16日（刑集55-5-317）によれば、「『公然と陳列した』とされるためには、既に第三者によって公然陳列されている児童ポルノの所在場所の情報を単に情報として示すだけでは不十分であり、当該児童ポルノ自体を不特定又は多数の者が認識できるようにする行為が必要で」あり、「本件のように、Xによって示されたURL情報を使って閲覧者が改めて画像データが掲載された第三者のウェブサイトにアクセスする作業を必要とする場合まで対象とするものではないと解される。そうすると、本件についてXの行為は児童ポルノ法7条4項の『公然と陳列した』には当たらず、公然陳列罪が成立するとした原判決には法令の違反があり、これが判決に影響を及ぼすことが明らか」とし、児童ポルノ公然陳列罪を助長するものとして幇助犯の成立の余地につき検討すべきであるとした。

●解説● 1 最決平成13年7月16日（刑集55-5-317）は、刑法175条の「公然と陳列した」とは、わいせつ画像を不特定または多数の者が認識できる状態に置くことをいい、直ちに認識できる状態にすることを要しないとした。同決定は、パソコン通信ホストコンピュータのハードディスクをわいせつ物と認め、そこにわいせつな画像データを記憶・蔵置させ、再生閲覧が可能な状態を設定したことが、公然陳列にあたるとした。現実に閲覧す

るためには、会員が画像データをダウンロードし画像表示ソフトを使用して再生閲覧する操作が必要であるが、「比較的容易にわいせつな画像を再生閲覧することが可能」であり、そのようなホストコンピュータのハードディスクに記憶、蔵置すれば、不特定多数の者が認識できる状態に置いたものというべきだとした。

2 本件の第1審および原審も、175条と同様に解される児童買春法7条4項の公然陳列に関し、平成13年決定の定義を前提に、当該ウェブページの閲覧者がその情報を用いれば特段複雑困難な操作を経ることなく本件児童ポルノを閲覧することができ、かつ、その行為またはそれに付随する行為が全体としてその閲覧者に対して当該児童ポルノの閲覧を積極的に誘引するものということができるのであるから、児童ポルノ公然陳列に該当するとした。

3 これに対し、本件反対意見は、児童ポルノ自体を不特定または多数の者が認識できるようにする行為が必要で、すでに第三者によって公然陳列されている児童ポルノの所在場所の情報を単に情報として示すだけでは不十分であるとする。雑誌に児童ポルノのURL情報を掲載する行為は「公然陳列」には該当しないとする。

たしかに、本件はすでに第三者によって公然陳列されている児童ポルノの所在場所の情報を単に情報として示すだけなので、公然陳列の正犯行為とは呼びにくく、せいぜいが幇助犯とすべきようにも見える。

4 しかし、本件事案では、利用者はインターネット画面に表示されているURLをコピーし、ブラウザソフトのアドレスバーに、当該URL情報を貼り付けて「ビービーエス」を「bbs」に上書きし、クリックするのみで児童ポルノを閲覧することが可能となり、そのために特段複雑困難な操作を経る必要はない。

そして、雑誌から情報を得てパソコンを立ち上げ、URLを手で入力する場合よりかなり容易に児童ポルノ画像にアクセスできるともいう。児童ポルノ画像「情報」サイトを作り、アクセス数を増やして利得することは、ネット社会では、容易に想定される行為態様である。

また、行為者自身が管理するサイトのURLを雑誌などに掲載する場合は、公然陳列の「幇助」とすることは不自然であろう。「サイト管理運営者が行うアクセス『情報』公表行為」には、「一連の行為として公然陳列に該当する場合」も考えられる。

5 多数意見の「上告棄却」は形式的な判断で、原審の判断を積極的に支持するという実質的判断を示したものではない。ただ、反対意見が多数を占めなかったことも事実で、少なくとも、原審の結論は最高裁でも維持され確定したのである。

●参考文献● 園田寿・甲南法務研究9-69、朝火恒行・警察公論68-8-88

243 わいせつ図画販売目的所持罪

最3小決平成18年5月16日（刑集60巻5号413頁・判時1953号175頁）　　参照条文　刑法175条
児童買春法7条2項

販売用のコンパクトディスクを作成し、パソコン上の
ハードディスクに保存される画像データのバックアッ
プのため、児童ポルノであり、かつ、わいせつ物でも
ある光磁気ディスクを製造・所持した行為には、児童
買春（児童ポルノ）法7条2項の児童ポルノを販売す
る目的および刑法175条後段にいう販売の目的が認め
られるか。

●**事実**●　被告人Xは、自らデジタルカメラで撮影し
た児童の姿態に係る画像データをパソコン上のハードディ
スクに記憶・蔵置させ、さらに、そこに保存された画
像データを光磁気ディスクに記憶・蔵置させ、これを所
持していた。当該画像データが記憶・蔵置された光磁気
ディスクは、児童買春法2条3項の児童ポルノであり、
かつ、刑法175条が定めるわいせつ物であった。

　Xが本件光磁気ディスクを製造し、所持していた目
的についてみると、Xは、ハードディスクに保存され
た上記画像データについて、画像上の児童の目の部分に
ぼかしを入れ、ファイルのサイズを縮小する加工を施し
た上、そのデータをハードディスクに記憶・蔵置させ、
そこに保存されるデータをコンパクトディスクにそのま
ま記憶させ、これを販売する目的であったところ、本件
光磁気ディスクは、このハードディスクに保存される上
記加工後のデータが破壊されるなどして販売用のコンパ
クトディスクが作成できなくなる事態に備えて、データ
をバックアップしておくためのものであった。

　第1審・原審とも、販売目的所持罪の成立を認めたの
で、X側が上告。

●**決定要旨**●　上告棄却。最高裁は「Xは、本件光
磁気ディスク自体を販売する目的はなかったけれども、
これをハードディスクの代替物として製造し、所持して
いたものであり、必要が生じた場合には、本件光磁
気ディスクに保存された画像データを使用し、これを
コンパクトディスクに記憶させて販売用のコンパクト
ディスクを作成し、これを販売する意思であったもの
である。その際、画像上の児童の目の部分にぼかしを
入れ、ファイルのサイズを縮小する加工を施すものの、
その余はそのまま販売用のコンパクトディスクに記憶
させる意思であった。そうすると、本件光磁気ディス
クの製造、所持は、法7条2項にいう『前項に掲げる
行為の目的』のうちの児童ポルノを販売する目的で行
われたものであり、その所持は、刑法175条後段にい
う『販売の目的』で行われたものということができ
る」と判示した。

●**解説**●　1　刑法175条はわいせつの文書、図画その

他の物を頒布・販売し、または公然と陳列する行為に加
えて、販売目的の所持罪を処罰する。所持とは、行為者
自身の事実上の支配の下に置くことで、現に握持してい
る必要はない。ただ、販売の目的をもって所持した場合
のみ処罰する（平成23年改正で、販売は有償頒布となった。
なお所持罪と販売罪の罪数関係については、【105】参照）。

　2　ダビングしたテープのみを販売する意思でマス
ターテープを所持する所為について、富山地判平成2年4
月13日（判時1343-160）は、所持しているわいせつ物と
販売するわいせつ物とが同一物でなくても、わいせつ文
書等販売目的所持罪に該当するとする。

　3　マスターテープ・ハードディスク自体を販売する
目的がない場合でも、それからダビングしたテープ・
CD・DVDを販売する目的で所持する場合に、175条が
成立するのは、内容が原本と一致した商品価値の高いも
のを容易かつ大量に作成しうるというビデオテープ等の
性質によると解すべきである。ダビング済みのものを用
意しておくことと、その場でダビングして販売すること
の実質的差がないと評価されるので、「販売する目的物
そのものを所持している」と評価しうるのである。それ
に対し、書籍をコピーして販売しようとして1冊所持す
る事例は、予備的行為と評価すべきである。しかし、客
の注文に応じてその場でカラーコピー機で複写したもの
を販売しようと、わいせつ図画の原本を所持する行為は、
販売目的所持罪に該当する余地がある。

　4　所持しているものを有償頒布（販売）する目的で
なければならないが、「目的物の販売の際にその物に一
切手を加えないで販売する」と解すべきではない。販売
の時点で、その物を完成させて販売する目的も含まれる。

　東京地判平成4年5月12日（判タ800-272）は、わいせ
つビデオのマスターテープとそれからダビングしたテープ
を所持していた行為が、わいせつ物販売目的所持罪に
問われた。ただ、マスターテープはそれ自体を販売する
つもりはなく、注文があった場合にこれからダビング
テープを作りこれを販売する目的で所持していたが、わい
せつ図画等を寸分違わず、かつ、大量に複写することが
極めて容易になったことを指摘し、複写物を販売する目
的での原本所持行為も、175条に該当するとした。

　そして、本件決定も、保存されるデータを一部加工し
てコンパクトディスクにそのまま記憶させ、これを販売
する目的でハードディスクに画像データを保存していれ
ば、販売目的所持であり、さらに、このハードディスク
の加工後のデータが何らかの事情で破壊されるなどして
販売用のコンパクトディスクが作成できなくなる事態に
備えて、上記加工前のデータをバックアップした本件光
磁気ディスクの所持も同様であるとしたのである。

●**参考文献**●　山口裕之・判解平18年度257、荒川雅行・回各7版
206、角田正紀・研修504-79、深町晋也・平18年度重判174

244 礼拝所不敬

最2小決昭和43年6月5日（刑集22巻6号427頁・判時522号87頁）　　参照条文　刑法188条1項

> 他人の住家も遠からぬ位置に散在する場所にある共同墓地において、深夜墓碑を押し倒した行為は、刑法188条1項に該当するか。

●**事実**●　被告人Xは、他2名とともに、午前2時ころ、県道につながる村道に近接し、70ないし100m離れた地点には人家が点在する場所にある共同墓地で、酒を飲み暖をとるために焚き火をし、面白半分にわいわい騒ぎながら、墓碑約40本などを押し倒した。

第1審が、Xに刑法188条1項の成立を認めたのに対し、被告側が控訴した。しかし原審も、第1審の判断を支持し礼拝所不敬罪の成立を認めた。そこで、弁護人は、真夜中で人通りはなく、公然性がないと主張して上告した。

●**決定要旨**●　上告棄却。「なお、刑法188条1項にいう公然の行為とは、不特定または多数の人の覚知しうる状態のもとにおける行為をいい、その行為当時、不特定または多数の人がその場に居合わせたことは、必ずしも必要でないものと解するのが相当である。そして、原判決の是認した第1審判決によると、Xらが墓碑を押し倒した共同墓地は、県道につながる村道に近接した場所にあり、他人の住家も遠からぬ位置に散在するというのであるから、たまたま、その行為が午前2時ごろに行われたもので、当時通行人などがなかったとしても、公然の行為というに妨げないものというべきである」。

●**解説**●　1　刑法188条1項は、神祠、仏堂、墓所その他の礼拝所に対し、公然と不敬な行為をした者は、6月以下の懲役若しくは禁錮または10万円以下の罰金に処すると定める。礼拝所等に対する宗教感情を保護するものである。

礼拝所とは、宗教的な崇敬の対象となっている場所である。188条1項は、神道の神を祀った神祠や、仏教の礼拝の場所である仏堂、そして墓所を例示しているが、その他のキリスト教等の礼拝の場所も含む。

本件で問題となった墓所とは、人の遺体や遺骨を埋葬して死者を祭祀する場所のことである。

2　公然とは、不特定または多数人が認識しうる状態をいう。必ずしも、行為の現場に、不特定または多数人が居合わせる必要はない。不特定または多数人が認識しうる確率が一定程度以上存在すれば、公然といえる。

本決定は、午前2時から6時ころにかけて共同墓地の墓碑を押し倒した行為に関して、本条の公然性を認めている。この場合は、人家がそばにあることや、墓が倒されている状態が継続し、それが不特定多数の者に認識されうることが考慮されている。夜中にひそかに墓を冒瀆する行為を行っても、本条には該当しえないはずである。

3　不敬の行為とは、広く礼拝所の尊厳を冒瀆する行為一般を意味するとされている。ただし、礼拝所から離れた所でなされる間接的な不敬行為は含まれない。

具体的には、神祠、仏堂、墓所の他、仏像、仏画、墓碑、碑文などを損壊したり、除去、転倒、汚穢などする行為が典型である。本件のように、墓石、墓碑を押し倒したり、移動させたりする行為や（さらに、東京地判昭63・7・11判時1286-152）、墓所に放尿する格好をする行為等もこれにあたるとされている。

東京高判昭和27年8月5日（高刑5-8-1364）は、多数の墓参者の出入りする共同墓地内にある他人の墓所の入口で、かねてからの同家に対する悪感情の発露として「畜生、意地がやけら、小便でもひっかけてやれ」と放言しながら、放尿するがごとき格好をする行為は、たとえ現実には放尿しなくても、188条1項の罪を構成するとした。さらに、言語による冒瀆も含まれる。

4　なお、189条は、墳墓を発掘した者を、2年以下の懲役に処する。墳墓とは、人の死体・遺骨・遺髪等を埋葬して死者を祭祀し、礼拝の対象となる場所である。墓標や墓石は必ずしも必要ない。逆に遺体・遺骨等が埋葬されていなければ、墓石があっても墳墓には該当しない。

5　発掘とは、墳墓の覆土の全部または一部を除去し、もしくは墓石等を破壊解体して、墳墓を破壊する行為で、必ずしも死体や遺骨等を外部に露出する必要はないとされている（最決昭39・3・11刑集18-3-99）。しかし、コンクリート製の納骨室の上に置かれた墓石類を損壊しただけでは足りず、納骨室の重要部分を破壊解体することが必要である。福岡高判昭和59年6月19日（刑月16-5=6-420）は、納骨堂の上部に台石・仏石等が立てられた墓の仏石を押し倒すなどした行為が、189条にいう「発掘」にあたらないとして、原審に差し戻され、差戻し後訴因が変更され礼拝所不敬罪で有罪となった（福岡高判昭61・3・13判タ601-76）。

●**参考文献**●　坂本武志・判解昭43年度138、香川達夫・宗教☐204、垣花豊順・☐各2版196

245 「職務を執行するに当たり」の意義

最1小決平成元年3月10日（刑集43巻3号188頁・判時1310号155頁）　　　参照条文　刑法95条1項

「職務を執行するに当たり」の意義と公務執行妨害罪の成否。

●**事実**●　被告人Xらは、熊本県議会公害対策特別委員会の委員らが環境庁に陳情した際に「にせ患者が多い」と発言した旨の地元紙の記事に憤慨し、水俣病認定申請患者協議会の構成員および支援者約150人とともに、同委員会に陳情および抗議に出向いた。当日は、委員会室への陳情者の入室者数などをめぐり紛糾し、Xらが、委員会室で陳情・抗議を行おうとしたところ、委員長Sが昼休みの休憩を宣言して退出しようとしたのに対し、Xが暴行を加えた。

第1審・原審とも、職務の執行中になされた暴行であるとして公務執行妨害罪の成立を認めた。これに対し弁護人は、最判昭和45年12月22日（刑集24-13-1812）に反する等として上告した。

●**決定要旨**●　上告棄却。「熊本県議会公害対策特別委員会委員長Sは、同委員会の議事を整理し、秩序を保持する職責を有するものであるが、……同委員会室で開催された委員会において、水俣病認定申請患者協議会代表者から陳情を受け、その事項に関して同委員会の回答文を取りまとめ、これを朗読したうえ、昼食のための休憩を宣するとともに、右陳情に関する審議の打切りを告げて席を離れ同委員会室西側出入口に向かおうとしたところ、同協議会構成員らが右打切りに抗議し、そのうち1名が、同委員長を引きとめるべく、その右腕などをつかんで引っ張る暴行を加え、同委員長がこれを振り切って右の出入口から廊下に出ると、右構成員らの一部や室外で待機していた同協議会構成員らも加わって合計約2、30名が、同委員長の退去を阻止すべく、同委員長を取り囲み、同委員会室前廊下などにおいて、同委員長に対し、押す、引くなどしたばかりか、体当たりし、足蹴りにするなどの暴行を加えたというのである。右の事実関係のもとにおいては、S委員長は、休憩宣言により職務の執行を終えたものではなく、休憩宣言後も、前記職責に基づき、委員会の秩序を保持し、右紛議に対処するための職務を現に執行していたものと認めるのが相当であるから、同委員長に対して加えられた前記暴行が公務執行妨害罪を構成することは明らかであり、これと同旨の原判断は、正当である」。

●**解説**●　1　刑法95条の職務とは、現実に執行中のものに限らず、職務開始直前の執務と密接な関連を有する待機状態も含むと解されている。執行の直前・直後でも公務員に暴行が加えられることにより、公務に影響が生じることは考えられるからである。しかし、具体的な職務行為を終わって次の任務に就くための移動中の状態は含まれない。職務は抽象的にではなく具体的・個別的に捉えられる必要がある。

2　判例も、具体的・個別的に職務の執行を判断している。最判昭和45年12月22日は、具体的・個別的に特定された職務の執行を開始してからこれを終了するまでの時間的範囲およびまさに当該職務の執行と時間的に接着したこれと切り離しえない一体的関係にあるとみることができる範囲内の職務行為に限って、公務執行妨害罪の保護の対象となるとし、駅の助役が、点呼終了後、助役室の執務につくため移動中の状態は含まれないとした。

下級審も、仮眠中、雑談中、引継ぎのため休憩室に行く途中の機動隊員に対する暴行は公務執行妨害罪を構成しない（大阪地判昭52・6・13刑月9-5=6-369）とか、当直勤務の休憩中の警察官についても職務の執行中に該当しないとしている（大阪高判昭53・12・15高刑31-3-333）。

3　もっとも、最判昭和53年6月29日（刑集32-4-816）は、争議に際して、電話局長室で職務を行っていた局長に対し、ガソリンの空き缶を連打するなどの暴行を加えた行為につき、原審が局長は職務を中断して被告人に応対すべく立ち上がりかけた、すなわち、職務の終了直後に暴行を受けたにすぎないとして公務執行妨害罪の成立を否定した判断を覆した。局長の職務は局務全般に関わるもので一体性・継続性を有するとしたのである。最高裁は、職務の性質によっては、ある程度継続した一連の職務として把握することが相当と考えられるものがあり、そのように解しても当該職務行為の具体性・個別性を失うものではないとするのである。

4　本決定も、委員長は休息宣言により職務の執行を終えたものではなく、休息宣言後も、委員会の秩序を保持し、紛議に対処するための職務を現に執行していたものと認めるのが相当であるとしている。たしかに、本件事案の場合も、「委員会の形式的な開会時間」のみを委員長の職務とするのは不合理で、委員会が紛糾している以上、その善後策を図る等、休息中にも保護に値する「職務」は十分考えられる。また、襲撃時に派出所内にいた警察官がたまたま用便中等であったとしても、職務の執行中でないとはいえない（大阪高判昭51・7・14刑月8-6=8-332）。

●**参考文献**●　吉本徹也・判解平元年度61、清水一成・警研61-7-57、森本益之・判評372-71、宗岡嗣郎・平元年度重判160、塩見淳・法教107-94

246 公務執行妨害罪の職務の要保護性とその認識

大判昭和7年3月24日（刑集11巻296頁）　　参照条文　刑法95条1項、38条1項

いかなる事実を認識していれば要保護性の認識が認められるか。いわゆる二分説と判例の関係。

●**事実**● Y市会議員である被告人Xは予算審議のための市会に出席していたところ、議長が開会を宣言するや、同じ政党のK議員が発言を求めY市上水道配水池亀裂問題に対する市助役の引責辞職の事実の有無につき質問した。議長は緊急問題と認め難いとして後刻に回し予算案を先議すべき旨を告げ質問を許さなかったので、同党のD議員が、水道問題は重大かつ緊急なので議事日程を変更する動議を提出した。議員数名の賛成者があったが議長はこれを議題とせず、予定した予算案について市長に発言を許そうとしたので、Xは議長に強いて動議を議題とさせるべく議長席付近にまで迫り、議長席横から壇上に上り議長の着衣の襟を摑み同人を壇下に引き下ろす暴行を加え、議長の職務執行を妨害したという事案である。

被告側は、Y市会議規則9条は、動議は本則に別段の規定ある場合の外2名以上の賛成者がなければ議題にしない旨規定しており、2名以上の賛成者を得た動議はその種類の如何を問わず議題とすべきと解するのが相当で、議長がD議員提出の動議を排斥した議事進行は違法であるなどと主張した。

これに対し、原審は、議長は会議を総理し会議の進行順序を定め審議の指揮統制をなす職務権限があり、議長が「当該動議は何等の議案をも伴わないので法規上許すべきでない」との、必ずしも当を得ない見解に基づき議題としなかったのであるとしても、職務執行行為であるという性質を失うものではないとし、公務執行妨害罪に該当するとした。

●**判旨**● 議長の職務の適法性に関する上告趣意に対しては、「市会議長は会議を総理し会議の順序を定め会議を開閉する等審議の指揮を為す職務権限を有するものなるが故に議長がD議員の提出したる議事日程変更の動議を上程すると否とを裁決することは市会議長の抽象的職務権限に属する事項に該るもの」とし、「仮に所論の如く議長が法規の解釈を誤り該動議を以て法規の許さざるところなりと信じ之を上程せざりしとするも右の行為は一応適法なる職務執行と認めらるべきものなるが故に前叙の理由に照らし右の行為に当り為されたるXの妨害行為は刑法第95条第1項の公務執行妨害罪を構成するもの」と判示した。

そして、適法性の認識に関しては「Xに於て右議長の行為は不法にして適法の職務執行行為に非ずと確信しX等議員の職務権限を遂行せんが為議長の斯る不法措置を阻止せんが為に出たるものなりとせばXには公務執行妨害の犯意」なしとする主張に対し、「議長としてD議員の日程変更の動議を上程すべからずと裁決したることを認識して為したること原判決の明に示すところにして既に右認識ありと為したる以上Xに公務執行妨害の犯意あり」とし、「Xが右議長の措置を以て適法ならずと判断し従て議長の職務執行行為に妨害を為すものにあらずと思惟したりとするも右はXの該行為に対する法律上の判断に過ぎず其の如何は毫もXの犯意を左右するものにあらざる」と判示した。

●**解説**● 1 刑法95条に適法な職務という文言はないが、本条の職務は適法でなければならない（大判大7・5・14刑録24-605）。この適法性は、暴行・脅迫から厚く保護するに値する公務という実質的基準で判別せざるを得ないため、公務の要保護性と呼ばれることも多い。

2 要保護性も構成要件要素である以上、その認識が欠ければ故意が欠け、公務執行妨害罪は成立しえないことになる（(a)事実の錯誤説）。これに対しては、軽率に「違法だ」と信じて抵抗した行為がすべて不可罰となってしまい不合理だと批判され、適法性の認識を欠き違法性の意識の可能性を欠いた場合であれば、故意（ないしは責任）を欠くとする学説も有力に主張された（(b)法律の錯誤説）。しかし、要保護性（適法性）を構成要件要素とすることと矛盾するとの批判があった。

3 そこで、適法性を基礎づける事実の誤認は事実の錯誤であり、法令等の解釈・評価の誤りは、法律の錯誤だとする(c)二分説（折衷説）が有力となった。たとえば、(イ)提示された逮捕状を見なかったので違法逮捕と誤信した場合は事実の錯誤であり、(ロ)どんな軽微な違法でも法規違反があれば抵抗が許されると誤信した場合が法律の錯誤であるとする。

4 これに対し本判決は、(a)事実の錯誤説に立つ。ただ「一般人なら要保護性があると考える」という事実を認識している以上、公務執行妨害罪の故意非難はできるとした。本件では、議長が「日程変更の動議を上程すべきでないと裁決したこと」を認識しつつ暴行に及んだ以上、公務執行妨害罪の犯意は認められるとした。

5 (c)二分説と判例は、結論が近似するが、(c)二分説が、「要保護性（適法性）を基礎づける事実の認識」とは別に、「法令の解釈・評価について誤った場合にも、相当な根拠があれば故意が欠ける」とするのであれば、妥当でない。問題は適法性を基礎づける事実とは何かであり、「そのような事実を認識すれば、一般人なら『不適法とまではいえない職務である』と思う事実」とするならば、それを超えた「法的評価の誤り」を、故意の成否に際し吟味する意味はない（前田『刑法総論講義 7版』175頁）。

6 公務執行妨害罪の故意に関しては、「公務員の職務執行に対して暴行を加えている」という事実の認識は存在している以上、「保護に値する公務」の認識は、原則として存在するといわなければならない。故意が否定されるには、同罪の違法内容の認識を打ち消すだけの、要保護性欠如の事情の認識が必要である。本件では、議長の行為の要保護性を否定するような特段の事情の認識は認められなかったのである。

●**参考文献**● 条解刑法〈4版補訂版〉301

247 強制執行の免脱

最1小決平成21年7月14日（刑集63巻6号613頁・判時2071号157頁）　　参照条文　刑法96条の2

刑法96条の2にいう「強制執行」には、民事執行法1条所定の「担保権の実行としての競売」が含まれるか。

●**事実**●　暴力団組長であるXが、その立場を利用して、抵当権に基づく競売を妨害し、本件建物からの賃料等の多額の利益を得ようとして共犯者と共謀し、虚偽の金銭借用証書や譲渡担保契約書等を作成し、本件建物について譲渡担保を原因とする虚偽の登記申請を行うなどして、強制執行を免れる目的で本件建物を仮装譲渡したという事案である。

　弁護人が、上告趣意で、抵当権に基づく競売に関しては、強制執行妨害罪は成立しないと解すべきであるにもかかわらず、抵当権の実行としての競売も刑法96条の2の適用があることを前提とした原判決には、法令違反がある旨主張した。

●**決定要旨**●　上告棄却。最高裁は、弁護人の上告趣意は、違憲をいう点を含め、適法な上告理由にあたらないとした上で、「なお、刑法96条の2にいう『強制執行』には、民事執行法1条所定の『担保権の実行としての競売』が含まれると解するのが相当であるから、これと同旨の原判断は相当である」と判示した。

●**解説**●　1　強制執行妨害罪（96条の2）は、強制執行を免れる目的で、財産を隠匿し、損壊し、もしくは仮装譲渡し、または仮装の債務を負担する行為を処罰する。競売入札妨害罪等とともに昭和16年に追加された規定である。本件は、刑法96条の2にいう「強制執行」と抵当権の実行としての競売との関係が問題となった事案である。

　2　担保権の実行としての競売が、96条の2にいう「強制執行」に含まれるかどうかを明確に判示した最高裁の判例はそれまで存在しなかった。ただ、最決昭和29年4月28日（刑集8-4-596）が「『強制執行』とは、民事訴訟法による強制執行又は民事訴訟法を準用する強制執行を指称するもの」としていた（さらに大判昭18・5・8刑集22-130参照）。下級審では、東京地判平成5年10月4日（金法1381-38）が、建物に設定された抵当権に基づく競売開始決定後、競売を免れる目的で、その建物を取り壊した行為につき、本罪の成立を認めている。

　3　民事執行法の制定により、競売法が廃止され、担保権の実行としての競売も民事執行法の中で規定されることになった。そして、現実には担保権の実行としての競売が多い。現在の学説は、最決昭和29年4月28日に従い、96条の2にいう「強制執行」を「民事執行法による強制執行又は民事執行法を準用する強制執行」としているといえよう。昭和29年決定当時にいう「強制執行」

に担保権の実行としての競売が含まれないと理解するかどうかは別にして、昭和29年決定の意義からすると、民事執行法に編入された現在の担保権の実行としての競売が96条の2にいう「強制執行」に含まれることに異論は少ないであろう。

　4　本罪の実行行為は、財産を隠匿・損壊・仮装譲渡すること、および仮装の債務を負担することである。必ずしも債務者に限らず、第三者が行う場合も含む。財産とは、強制執行の対象となりうる動産・不動産、債権のことである。隠匿とは、財産の発見を不可能ないしは困難にすることであり、自己の所有物を第三者の所有物と偽る等してその所有関係を不明にすることなども含まれる（最決昭39・3・31刑集18-3-115）。損壊とは、物理的に破壊する等して、その財産的価値を減少させる行為を広く含む。抵当権に基づき不動産競売開始決定がなされていることを知りながら、抵当権を消滅させて強制執行を免れる目的で当該建物を損壊した行為は、強制執行妨害罪と建造物損壊罪に該当し、両罪は観念的競合となる（前掲東京地判平5・10・4）。

　5　本件では、96条の2の実行行為のうち、仮装譲渡が問題となった。仮装譲渡とは、真実譲渡する意思がないのに、譲渡したと見せかけるために相手と通謀して財産名義を移転する等、譲渡が行われたことを装う行為である。隠匿の一態様ともいえる。真に譲渡したのであれば、強制執行を免れるために行われたとしても本罪を構成しない。

　仮装の債務を負担する（平成23年改正後は「債務の負担を仮装する」）とは、本件のように、債権者への配当を少なくするなどの目的で、実際には債務が存在しないのに債務を負担しているように装うことである。仮装譲渡と仮装の債務を負担する行為は、必要的共犯なので、通常の態様でその相手となった加担者は共犯として処罰されることはない。

　6　福岡地大牟田支判平成5年7月15日（判タ828-278）は、支援者Aの債務につき連帯保証人となったり、手形の裏書きをするなど経済的援助を繰り返していた現職の市議会議員であるXは、Aが行方をくらましたことにより、Aに対する債務の支払い請求がXに対してなされた結果、議員報酬および期末手当に対して差押命令が送達され、生活に窮する等したため、Xの知人であるYを架空債権者に仕立て、Xを債務者とする偽りの公正証書を取得し、Yが受ける予定の配当金を自分に回してもらうという強制執行妨害を企て、公証人に対し虚偽の事実を申し立て、公正証書の原本に不実の記載をさせ、これを公証人役場に備え付けさせたという事案に関し、本罪の成立を認めている。

●**参考文献**●　任介辰哉・判解平21年度220、神例康博・平21年度重判187、戸田信久・警論47-5-155

248 競売入札妨害罪(1)—虚偽の賃貸借契約書の提出

最2小決平成10年7月14日 (刑集52巻5号343頁・判時1648号157頁) 参照条文 刑法96条の3

裁判所に対する虚偽の賃貸借契約書の提出は、競売入札妨害罪に該当するか。

●**事実**● 弁護士Ⅹ（被告人）は、不動産所有者らと共謀の上、裁判所が不動産競売の開始決定をした土地建物について、その売却の公正な実施を阻止しようと企て、裁判所に対し、賃貸借契約が存在しないのにあるように装って、土地建物はすでに他に賃貸されているので取調べを要求する旨の上申書とともに、競売開始決定よりも前に不動産所有者らとの間で短期賃貸借契約が締結されていた旨の、内容虚偽の賃貸借契約書写しを提出した。

第1審・原審とも、競売入札妨害罪の成立を認めたので、Ⅹ側が上告。

●**決定要旨**● 上告棄却。「原判決の認定によれば、Ⅹは、A、B及びCらと共謀の上、徳島地方裁判所が不動産競売の開始決定をしたAら所有の土地建物について、その売却の公正な実施を阻止しようと企て、同裁判所に対し、賃貸借契約が存在しないのにあるように装い、右土地建物は既に他に賃貸されているので取調べを要求する旨の上申書とともに、AらとB、Cとの間でそれぞれ競売開始決定より前に短期賃貸借契約が締結されていた旨の内容虚偽の各賃貸借契約書写しを提出したというのであるから、Ⅹに刑法96条の3第1項〔当時〕所定の偽計による競売入札妨害罪が成立することは明らかであり、これと同旨の原判決の判断は、正当である」。

●**解説**● 1 平成23年改正前の刑法96条の3第1項は、「偽計又は威力を用いて、公の競売又は入札の公正を害すべき行為をした者」を処罰する（現在は96条の4および96条の6第1項）。そして、本条の「偽計」とは、偽計業務妨害罪や信用毀損罪の手段である偽計と同義で、人を欺いてその正当な判断を誤らせるための作為・不作為のことである。たとえば、最決昭和37年2月9日（刑集16-2-54）は、入札予定額の決定に関与した者が、入札予定者に内報しそれに基づいて入札させる行為も偽計にあたるとしている。

2 実行行為は公正を害すべき行為であり、**不当な影響を及ぼすすべての行為**と解されている。偽計手段に関するものとして、市の所有地を一般競争入札によって処分するに際し、予定価格の決定権限を有しない市助役と市長公室秘書課秘書係長が共謀の上、特定の入札予定者に予定価格とほとんど異ならない金額を予定価格として内報した行為（広島高判昭58・11・1刑月15-11=12-1145）、執行官作成の現況調査報告書を入札手続に参加しようとする者にその参加を断念させようと、暴力団の名称を用いて変造した行為も本条で有罪とされている（岡山地判平2・4・25判時1399-143、さらに、鳥取地米子支判平4・7・3判タ792-232参照）。

3 これに対し本件は、短期賃貸借契約が締結されていた旨の内容虚偽の賃貸借契約書写しを裁判所に提出しただけの段階で、本罪が成立するか否かが争われた。

96条の3第1項は、「公の入札が公正に行われることを保護」するものである（最判昭41・9・16刑集20-7-790）。そこで、暴力団が関与しているかのように見せかける行為が本罪に該当することに関しては争いがないが、実体のない賃貸借契約の存在を仮装した行為は競売手続の公正を害するとはいえないようにも見える。特に実体のない賃貸借契約の存在を裁判所に主張しただけで、競売参加者に閲覧できるようにする前の段階の行為であれば、それだけでは、必ずしも競売手続が妨害されたとは言い切れないからである。

4 しかし、競売の現場の通念からすれば、Ⅹのような虚偽の短期賃貸権を主張する者が存在するということ自体が、一般の入札の希望者の参加をためらわせ、入札を断念させることになるのであって、Ⅹもまさにそのようなことを意図したものと推測されている。また、虚偽の事実が現況調査報告書等に記載され、競売参加者に認識される可能性が高まっていないからといって、裁判所に取調べを要求し虚偽の契約書の写しを提出する行為が、本罪の実行行為性が否定されるわけではないであろう。本件のような場合、弁護士たるⅩの虚偽の主張を裁判所が物件明細書に記載することはほぼ確実なのであるから、構成要件該当性を認めることは可能である。

5 競売入札は競争原理に従って運用されなければならないのであって、少なくとも現在の制度は、国民の一般の自由な参加の可能性を確保するものでなければならない。たしかに、本件では、競売入札の手続の公正さそのものは害されていないように見える。しかし、一部の者のみが賃貸借の虚偽性を認識しえて物件の真の価値を把握しているのだとすれば、入札予定価格の内報を得ているのと同様、著しい不公正が生じることにもなる。逆にいえば、実体上問題のある民事的権利主張をする場合のすべてが本罪の実行行為となるわけではない。実質的に公正が害されることが必要なのである。そして、本決定により、賃貸借契約の存在を仮装した虚偽表示の場合には、それにあたることが確認されたといえよう。

6 威力を用いた妨害の例として、**最決平成10年11月4日**（刑集52-8-542）は、右翼団体構成員の被告人らは、自分たちの占有していた土地建物につき期間入札による不動産競売が実施され、開札期日に予想外の不動産会社が落札したことを知るや、その当日2度にわたって同社事務所に赴き、社長夫妻に対し、「なんで競売落としたんだ。後ろに暴力団がついているのか。この物件から手を引いてくれ」などと申し向け、物件取得を断念するよう要求した事案について、本条の成立を認めた。

●**参考文献**● 三好幹夫・判解平10年度108、飯田喜信・J1151 -120、西田典之・J1217-133、塩見淳・法教221-122、京藤哲久・金法1556-73

249 競売入札妨害罪(2)—即成犯と公訴時効

最3小決平成18年12月13日（刑集60巻10号857頁・判時1957号164頁）

参照条文　刑法96条の3第1項
　　　　　刑事訴訟法253条1項

競売・入札の公正を害する行為にあたる「執行官に対して虚偽の事実を申し向けるなどした行為」の時点が刑訴法253条1項にいう「犯罪行為が終つた時」にあたり、時効が進行するのか。

●**事実**●　被告人Xは、W社の代表取締役であるとともに、関連するV社の実質的経営者として両社の業務全般を統括し、被告人YはW社の財務部長、同ZはV社の代表取締役であったが、3名が共謀の上、平成7年10月31日付で東京地裁裁判官により競売開始決定がされたW社所有の土地・建物につき、公正な競売実施を阻止しようと企てた。

同年12月5日、同裁判所執行官が現況調査のため、本件土地・建物に関する登記内容、占有状況等について説明を求めた際、Yは、W社が同建物を別会社に賃貸して引き渡し、W社からV社に借主の地位を譲渡した旨の虚偽の事実を申し向けるとともに、これに沿った内容虚偽の契約書類を提出して、同執行官をしてその旨誤信させ、現況調査報告書に内容虚偽の事実を記載させた上、同月27日、これを同裁判所裁判官に提出させた。

その後、情を知らない評価人は、上記現況調査報告書等に基づき、不当に廉価な不動産評価額を記載した評価書を作成し、平成8年6月5日、同裁判所裁判官に提出した。これを受けて、情を知らない同裁判所裁判官は、同年12月20日ころ、不当に廉価な最低売却価額を決定し、情を知らない同裁判所職員において、平成9年3月5日、上記内容虚偽の事実が記載された本件土地・建物の現況調査報告書等の写しを入札参加希望者が閲覧できるように同裁判所に備え置いた。

以上につき、X・Y・Zが偽計競売入札妨害罪の共同正犯として起訴された。ただ、競売入札妨害罪の公訴時効は3年であり、Yが、現況調査にあたった執行官に対し虚偽の事実を申し向けるなどした時点から起訴までには4年余りが経過していた。弁護人は、同罪は即成犯であって、犯罪が既遂になった時点で直ちに終了するものであるとし、起訴時点では公訴時効が完成していると主張した。

第1審・原審とも公訴時効の完成の主張を退けたのに対し、弁護人は、競売入札妨害罪は即成犯かつ具体的危険犯であるから、現況調査に際して執行官に対し虚偽の陳述をした時点で犯罪は終了しており、公訴時効が完成しているなどと争って上告した。

●**決定要旨**●　上告棄却。最高裁は職権で、以下のように判示した。「Yにおいて、現況調査に訪れた執行官に対して虚偽の事実を申し向け、内容虚偽の契約書類を提出した行為は、刑法96条の3第1項〔当時〕の偽計を用いた『公の競売又は入札の公正を害すべき行為』に当たるが、その時点をもって刑訴法253条1項

にいう『犯罪行為が終つた時』と解すべきものではなく、上記虚偽の事実の陳述等に基づく競売手続が進行する限り、上記『犯罪行為が終つた時』には至らないものと解するのが相当である。そうすると、上記競売入札妨害罪につき、3年の公訴時効が完成していないことは明らかである」。

●**解説**●　1　一般に、犯罪は、法益侵害の態様と犯罪の終了時期という観点から、即成犯、状態犯、継続犯の3つに分類される。①即成犯とは、法益侵害の発生と同時に犯罪が終了し、法益が消滅するもので、殺人罪や放火罪がその典型とされ、②状態犯とは、法益侵害の発生と同時に犯罪は終了するが、犯罪が終了しても法益侵害の状態が続くもので、窃盗罪がその典型とされ、③継続犯とは、法益侵害の継続している間は犯罪も継続するもので、監禁罪がその典型とされている。

2　一方、刑訴法253条1項は「犯罪行為が終つた時」を公訴時効の起算点としている。それゆえ、当該犯罪が継続犯であれば、犯罪が成立・完成し既遂になった後も犯罪構成要件に該当する結果の発生が終了するまで公訴時効は進行しない。

これに対し、即成犯や状態犯では、犯罪が成立して既遂となった時点が公訴時効の起算点である「犯罪行為が終つた時」にあたるものと解されてきたといえよう。そこで、競売入札妨害罪が即成犯であれば、虚偽の事実を申し向けるなどの妨害行為がなされれば、公訴時効が進行を開始することになりそうである。

3　しかし、競売入札妨害罪については、即成犯に分類されているということから、その既遂時点で犯罪が終了し、公訴時効が進行を始めると解することは、明らかに不合理である。不動産執行の実務を前提とする限り、かなりのケースで、競売手続が進行しているにもかかわらず、3年の公訴時効が早々と完成してしまうからである。

4　そこで、本件1審・原審判決とも、本件競売入札妨害罪が既遂に達した時点を公訴時効の起算点とはしなかったし、最高裁もその結論を支持した。「犯罪行為が終わった」とはいえないと解したことになる。その理由は、公訴時効を進行させるだけの事情が実質的に発生していないからであろうが、必ずしも、実行行為が終了していないと説明する必要はない。

5　時効というのは政策的性格が特に色濃い。一方、即成犯という概念は、まさに一応の分類であり、そこで用いられる「犯罪行為が終了する」という判断は、「この時点から公訴時効が進行する」ということも踏まえているわけではない。「犯罪行為の終了」という判断は、できる限り一元的であることが望ましいが、「即成犯に分類されるから、虚偽の内容の申告などの時点から時効が進行する」とは、演繹できない。

●**参考文献**●　松田俊哉・判解平18年度484、林美月子・平19年度重判165、林幹人・刑事法ジャーナル9-66

250 死者を隠避させる行為

札幌高判平成17年8月18日（判時1923号160頁・判タ1198号118頁）　　参照条文　刑法103条

犯人死亡後でも、捜査機関に誰が犯人かわかっていない段階で、自己が犯人である旨虚偽の事実を警察官に述べる行為は、犯人隠避罪を構成するか。

●**事実**●　被告人Ⅹが、飲酒帰りのA・B・CおよびYから自動車で各自の家まで送るように頼まれ4名を乗せて出発したところ、その途中、Ⅹと運転を交替したYがハンドル操作を誤るなどして車ごと川に転落し、Ⅹ・AおよびBは自力で脱出して助かったが、車内にいたYおよびCが死亡した。事故後、救助を待つ間にⅩ・AおよびBは、Yの飲酒運転の発覚を恐れ、すべてⅩが運転していたことにしようと相談し、Ⅹは警察官に自分が運転していて事故を起こした旨述べたという事案に関し、原判決が道路交通法違反幇助罪および犯人隠避罪を認定して罰金30万円に処した。ただ、Ⅹが警察官に虚偽の事実を述べた時点で酒気帯び運転の犯人であるYはすでに死亡しており、弁護側が、死者は犯人隠避罪の客体にならないなどとして控訴した。

●**判旨**●　控訴棄却。札幌高裁は、刑法103条は、「捜査、審判及び刑の執行等広義における刑事司法の作用を妨害する者を処罰しようとする趣旨の規定である。そして、捜査機関に誰が犯人か分かっていない段階で、捜査機関に対して自ら犯人である旨虚偽の事実を申告した場合には、それが犯人の発見を妨げる行為として捜査という刑事司法作用を妨害し、同条にいう『隠避』に当たることは明らかであり、そうとすれば、犯人が死者であってもこの点に変わりはないと解される。なるほど、無罪や免訴の確定判決があった者などは、これを隠避しても同条によって処罰されないが、このような者はすでに法律上訴追又は処罰される可能性を完全に喪失し、捜査の必要性もなくなっているから、このような者を隠避しても何ら刑事司法作用を妨害するおそれがないのに対し、本件のような死者の場合には、上記のとおり、なおそのおそれがあることに照らすと、同条にいう『罪を犯した者』には死者も含むと解すべきである」と判示した。

●**解説**●　1　刑法103条は、罰金以上の刑にあたる罪を犯した者または拘禁中に逃走した者を蔵匿し、または隠避させた者を罰する。蔵匿するとは、場所を提供して匿うことで、隠避させるとは、蔵匿以外の方法で捜査機関による発見逮捕を免らしめるすべての行為を意味する（大判昭5・9・18刑集9-668）。逃走の資金を与えたり、捜査の動静を教える行為、さらには変装用具を与える行為等である（ただ、蔵匿との対比においてそれと同程度に「官憲の発見を免れしむべき行為」つまり逃げ隠れさせる行為または逃げ隠れするのを直接的に容易にする行為に限定される）。

2　ただ、犯人がすでに死亡していた場合にも、犯人隠避が考えられるのであろうか。本判決は、未だ犯人が捜査機関に特定されていない場合には、捜査機関による犯人の特定という刑事司法作用は妨害されており「隠避」にあたるとした。ただ、無罪や免訴の確定判決があった者、公訴時効の完成、刑の廃止、恩赦、親告罪についての告訴権の消滅等によって訴追・処罰の可能性のなくなった者は本罪の客体から除外される。無罪や免訴の確定判決があった者などについては、捜査機関が無用の捜査を行う必要性が低く、捜査機関による犯人の特定作業を混乱させないからである。

それに比し死者の場合は、捜査機関に犯人が誰であるかわからない段階においては、捜査機関は犯人を特定する必要があり、結果的に犯人が死者であったとしても刑事司法作用が害される程度は、必ずしも小さくない。その意味で、本判決の結論は妥当である。

3　身代り犯人として名乗り出る行為は、たとえ犯人逮捕後であっても、隠避にあたる。「現になされている身柄の拘束を免れさせるような性質の行為」も隠避にあたる。最決平成元年5月1日（【251】）は、「刑法103条は、捜査、審判及び刑の執行等広義における刑事司法の作用を妨害する者を処罰しようとする趣旨の規定であって、同条にいう『罪ヲ犯シタル者』には、犯人として逮捕勾留されている者も含まれ、かかる者をして現になされている身柄の拘束を免れさせるような性質の行為も同条にいう『隠避』に当たると解すべきである。そうすると、犯人が殺人未遂事件で逮捕勾留された後、被告人が他の者を教唆して右事件の身代り犯人として警察署に出頭させ、自己が犯人である旨の虚偽の陳述をさせた行為を犯人隠避教唆罪に当たるとした原判断は、正当である」とした。

4　すでに逮捕勾留されている者について「隠避させた」といえるためには、隠避行為の結果、官憲が誤って逮捕勾留を解くに至ったことが必要だとも考えうる（福岡地小倉支判昭61・8・5判時1253-143）。しかし、103条は司法に関する国家作用を妨害する重要な行為を処罰する趣旨であると解すべきで、単に身柄の確保に限定した司法作用の保護のみを目的としたものと限定的に解釈すべき実質的根拠はない。司法作用の妨害結果は必要であるが、真犯人が釈放されなかったとしても身代わり犯人に対する取調べや他の関係者の事情聴取など、捜査の円滑な遂行に支障を生じさせる「結果」を招いているとすれば、犯人が釈放される事態が生じなかったとしても、犯人隠避の罪責は免れない（蔵匿も捜査を現実に妨害するという結果の発生は必要でなく、妨害の可能性があればよい。捜査官憲が被蔵匿者の所在を知っていたとしても蔵匿行為が存在すれば本罪は成立しうる（東京地判昭52・7・18判時880-110））。

●**参考文献**●　原田國男・判解平元年度134、平野潔・固各8版250、豊田兼彦・判例セレクト06年39

251 身代り犯人と犯人隠避罪の成否

最1小決平成元年5月1日（刑集43巻5号405頁・判時1313号164頁）　　参照条文　刑法103条

> 逮捕されている者の身代わりとして自首する行為は、犯人隠避罪を構成するか。

●**事実**●　被告人 X は暴力団 A 組の幹部（若頭）であるが、組長 Y が抗争中相手方に拳銃を発射して傷害を負わせたという殺人未遂の被疑事実によって逮捕されたことを知り、Y をして同罪による訴追および処罰を免れさせる目的で、その身代り犯人を立て Y を隠避させようと企てた。そこで組員 M に対し、あらかじめ入手していた拳銃とその実包を手渡した上、Y の身代り犯人となるよう教唆し、M は警察に対し上記拳銃および実包を提出するとともに、M 自身が上記拳銃を使用して前記殺人未遂事件の犯人である旨の事実を申し立てた。

第 1 審は、X の犯人隠避教唆については、刑法103条がすでに逮捕勾留されている者を隠避せしめることを予定していないとし、少なくとも「隠避せしめた」といえるのは、隠避行為の結果、官憲が誤って逮捕勾留を解くに至ったときだけに限るべきであるとして、犯罪の成立を否定した。

これに対し原審は、103条は広く司法作用を妨害する行為を処罰するもので、単に身柄の確保に限定した司法作用の保護のみを目的としたものではなく、一般に身代り自首はそれ自体犯人の発見・逮捕を困難にし、捜査を妨害する行為として犯人隠避罪を構成するとし、本件の場合は、現に M に対するポリグラフ検査や多数関係者の事情聴取を重ねるなど、捜査の円滑な遂行に支障が生じており、Y が釈放されなかったとしても犯人隠避の罪責は免れないとして、第 1 審を破棄し犯人隠避教唆を認めた。弁護人は、103条は逮捕される前に犯人を隠避した場合のみを規定しているなどと主張して上告した。

●**決定要旨**●　上告棄却。「刑法103条は、捜査、審判及び刑の執行等広義における刑事司法の作用を妨害する者を処罰しようとする趣旨の規定であって（最判昭24・8・9刑集3‑9‑1440参照）、同条にいう『罪ヲ犯シタル者』には、犯人として逮捕勾留されている者も含まれ、かかる者をして現になされている身柄の拘束を免れさせるような性質の行為も同条にいう『隠避』に当たると解すべきである。そうすると、犯人が殺人未遂事件で逮捕勾留された後、X が他の者を教唆して右事件の身代り犯人として警察署に出頭させ、自己が犯人である旨の虚偽の陳述をさせた行為を犯人隠避罪に当たるとした原判断は、正当である」。

●**解説**●　1　刑法103条は、罰金以上の刑にあたる罪を犯した者または拘禁中に逃走した者を蔵匿し、または隠避させた者を罰する。蔵匿するとは、場所を提供して匿うことであり、隠避させるとは、蔵匿以外の方法で捜査機関による発見逮捕を免らしめるすべての行為を意味する（大判昭5・9・18刑集9‑668）。逃走の資金を与えたり、捜査の動静を教える行為、さらには変装用具を与える行為等である（ただ、蔵匿との対比においてそれと同程度に「官憲の発見を免れしむべき行為」つまり逃げ隠れさせる行為または逃げ隠れするのを直接的に容易にする行為に限定される）。

2　たとえば、横領犯人を庇うため、横領した現金が他の強盗犯人に奪われたように仮装する目的で、横領犯人を縛り上げるなどの偽装工作を行った場合には、犯人隠避罪に該当する。そのような行為を犯人が積極的に働きかけた場合には、犯人自身に犯人隠避罪の教唆が成立する（**【254】** 参照）。

3　実務上、身代り犯人を立てる行為がしばしば問題となるが、捜査機関による発見逮捕を免らしめる典型的な行為であり、隠避に該当することは争いがない（最決昭36・3・28裁判集刑137‑493）。犯人を匿った上で身代り犯人を立てたような場合は、犯人蔵匿罪の包括一罪となる。

4　それでは、本件 M のように真犯人逮捕後に身代りを名乗り出ることは、隠避に該当するのであろうか。たしかに、逮捕勾留されている者を「隠避させる」ことは考えにくいし、すでに逮捕勾留されている者について「隠避させた」といえるためには、隠避行為の結果、官憲が誤って被疑者の逮捕勾留を解くに至ったことが必要だとも考えうる（福岡地小倉支判昭61・8・5判時1253‑143）。

5　しかし、103条は司法に関する国家作用を妨害する重要な行為を処罰する趣旨であると解すべきで、単に身柄の確保に限定した司法作用の保護のみを目的としたものと限定的に解釈すべき実質的根拠はない。ただ、同罪を「危険犯」とし、国家作用の妨害結果は不要であるとするのも妥当ではない。国家作用の「侵害」は必要なのである。だが、「真犯人が釈放されなかったから司法作用の侵害がなかった」するのは、妥当ではない。本件のように、身代わり犯人に対する取調べや他の関係者の事情聴取など、捜査の円滑な遂行に支障を生じさせる「結果」を招いているとすれば、犯人が釈放される事態が生じなかったとしても、犯人隠避の罪責は免れない。

6　本決定が、「現になされている身柄の拘束を免れさせるような性質の行為も同条にいう『隠避』に当たる」とするのも、そのような意味で理解すべきであろう。

なお、蔵匿の場合も捜査を現実に妨害するという結果の発生は必要でなく、妨害の可能性があればよい。官憲が被蔵匿者の所在を知っていたとしても蔵匿行為が存在すれば本罪は成立しうる（東京地判昭52・7・18判時880‑110）。

●**参考文献**●　原田國男・J943‑86、東條明徳・圊各 8 版246、香川達夫・判時1266‑221

252 参考人の虚偽供述と犯人隠避罪の成否

最2小決平成29年3月27日（刑集71巻3号183頁・判時2384号122頁）　　参照条文　刑法103条

> 警察官に参考人として、犯人との口裏合わせに基づく虚偽の供述をする行為は、犯人隠避罪を構成するか。

●**事実**● Aは、商品名が甲という普通自動二輪車（以下、A車という）を運転し、信号機により交通整理の行われている交差点の対面信号機の赤色表示を認めたにもかかわらず、停止せずに同交差点内に進入した過失により、右方から普通自動二輪車を運転進行してきたBを同車もろとも路上に転倒・滑走させ、同車をA運転のA車に衝突させ、よってBに外傷性脳損傷等の傷害を負わせる交通事故を起こし、その後Bを同傷害により死亡させたのに、所定の救護義務・報告義務を果たさなかった。

被告人Xは、自ら率いる不良集団の構成員であったAから本件事故を起こしたことを聞き、A車の破損状況から捜査機関が道路交通法違反および自動車運転過失致死の各罪の犯人がAであることを突き止めるものと考え、Aの逮捕に先立ち、A車は盗まれたことにする旨の話合いをした。

Aが通常逮捕され、引き続き勾留されている段階で、Xは、その参考人として取調べを受けるにあたり、警察官から、本件事故のことのほか、AがA車に乗っているかどうか、A車がどこにあるか知っているかについて質問を受け、A車が本件事故の加害車両であると特定されていることを認識したが、警察官に対し、「Aが甲という単車に実際に乗っているのを見たことはない。Aは甲という単車を盗まれたと言っていた。単車の事故があったことは知らないし、誰が起こした事故なのか知らない」などのうそを言い、前記各罪の犯人はAではなく別人であるとする虚偽の説明をした。

原審が、犯人隠避罪の成立を認めたのに対し、Xが上告した。

●**決定要旨**● 上告棄却。「Xは、道路交通法違反及び自動車運転過失致死の各罪の犯人がAであると知りながら、同人との間で、A車が盗まれたことにするという、Aを前記各罪の犯人として身柄の拘束を継続することに疑念を生じさせる内容の口裏合わせをした上、参考人として警察官に対して前記口裏合わせに基づいた虚偽の供述をしたものである。このようなXの行為は、刑法103条にいう『罪を犯した者』をして現にされている身柄の拘束を免れさせるような性質の行為と認められるのであって、同条にいう『隠避させた』に当たると解するのが相当である【251】参照）。したがって、Xについて、犯人隠避罪の成立を認めた原判断は、是認できる」。

●**解説**● 1 刑法103条の犯人蔵匿等の罪は、平成28年に改正されたが、同年改正は法定刑を重くしただけで構成要件の骨格は変わっていない。

刑法103条は、罰金以上の刑にあたる罪を犯した者または拘禁中に逃走した者を蔵匿し、または隠避させた者を罰する。蔵匿するとは、場所を提供して匿うことであり、隠避させるとは、蔵匿以外の方法で捜査機関による発見逮捕を免らしめるすべての行為を意味する（【251】）。

2 捜査機関に虚偽の供述を録取させた行為は、証拠偽造罪に該当する場合があるが（最決平28・3・31【256】参照）、犯人隠避罪にも該当しうる。もっとも、証拠偽造に該当しない虚偽供述による捜査の妨害が、すべて犯人隠避となるわけではない。

3 隠避にあたる虚偽供述といえるか否かの基準の1つとして、本決定は、刑法103条にいう「罪を犯した者」をして現にされている身柄の拘束を免れさせるような性質の行為であることが必要であり、本件行為は、犯人としてAの身柄の拘束を継続することに疑念を生じさせる内容の口裏合わせをし、その口裏合わせに基づいた虚偽の供述をしたものであるから隠避にあたるとしたのである。

4 最決平成元年5月1日（【251】）は、「現になされている身柄の拘束を免れさせるような性質の行為も同条にいう『隠避』に当たる」とした。そして本件も、【251】同様、犯人が身柄拘束中に、Xが犯人と意思を通じて虚偽供述に及んだ事案であった。

【251】の指摘するように、犯人隠避罪は、司法に関する国家作用を妨害する重要な行為を処罰するものであり、現実に真犯人などが釈放される結果が生じなくても、成立しうる。ただ、刑事司法作用に、広い意味で悪影響を与える行為を全て処罰するわけではない。

5 「身柄の拘束を免れさせるような性質」というためには、「身柄拘束の可否の判断に何らかの関連を有する供述」というだけでは足りず、「その判断に直接ないし密接に関連した供述内容」である必要があろう（補足意見）。本件供述は、Aが本件事故車の運転者ではありえないことを内容とするものであるから、Aの身柄拘束を免れさせることに直接関わるといえよう。

6 本件行為が隠避にあたるとする判断においては、口裏合わせをした点も重要である。被疑者・被告人の供述の信用性チェックを困難にし、虚偽供述の真実らしさが高まり、捜査の方向を誤らせる可能性もあり、客観的に刑事司法作用を誤らせる危険性を有するものと判断されている（補足意見）。

● **参考文献** ● 前田雅英・捜査研究66-5-17、成瀬幸典・法教442-130、石田寿一・J1524-110、山本高子・亜細亜法学52-2-211、仲道祐樹・圖各8版248

253 犯人隠避罪の教唆の処罰根拠

最1小決令和3年6月9日（裁判集刑329号85頁）　　参照条文　刑法103条

犯人自身に犯人隠避罪の教唆犯は成立しうるか。

●**事実**●　強盗傷人事件の犯人として捜査中であった被告人Xが、逮捕を免れる目的で、情を知ったCに対し、自己をかくまうことを依頼し、Cにその旨を決意させ、H市からF市のD方まで、自動車で運搬するなどさせた上、約5時間D方に滞在させた犯人隠避・蔵匿教唆の事案である。

第1審は、刑法61条1項、103条を適用し、強盗傷人の事実と併合し、Xを懲役3年8月に処した。

X側は、犯人自身による隠避・蔵匿行為は処罰の対象とされていない以上、犯人が他人を教唆して自己を隠避・蔵匿させた場合も処罰すべきではないなどと主張して、控訴した。

これに対し、原審は、犯人自身による隠避・蔵匿行為が処罰されない理由については、犯人の刑事手続上の当事者性等を考慮して政策的に不問に付されているものと考えられ、他人に犯罪の意思を形成させてこれを実行させた場合まで不問に付することはできないという、確立した判例は変更されるべきでないとして控訴を棄却した。Xは、同様の主張などを理由に上告した。

●**決定要旨**●　上告棄却。「犯人が他人を教唆して自己を蔵匿させ又は隠避させたときは、刑法103条の罪の教唆犯が成立すると解するのが相当である（最決昭35・7・18刑集14-9-1189参照）」。

山口厚裁判官の反対意見が付されている。犯人による自己蔵匿・隠避行為は構成要件に該当しないにもかかわらず、判例は、犯人が他人を教唆して蔵匿・隠避させた場合を教唆犯として処罰の対象としてきたことに対し、「『正犯としては処罰できないが、教唆犯としては処罰できる』ことを認めるものであり、この背後には、『正犯は罪を犯したことを理由として処罰され、教唆犯は犯罪者を生み出したことを理由として処罰される。』といういわゆる責任共犯論の考え方が含まれ、犯罪の成否を左右する極めて重要な意義がそれに与えられているように思われる。このような共犯理解は、他人を巻き込んだことを独自の犯罪性として捉え、正犯と教唆犯とで犯罪としての性格に重要な差異を認めるものであり、相当な理解とはいえないであろう。なぜなら、正犯も教唆犯も、犯罪結果（法益侵害）と因果性を持つがゆえに処罰されるという意味で同質の犯罪であると解されるからである。このような共犯理解によれば、正犯が処罰されないのに、それよりも因果性が間接的で弱く、それゆえ犯罪性が相対的に軽い関与形態である教唆犯は処罰されると解するのは背理であるといわざるを得ない」。

●**解説**●　1　学説上は、犯人自身が行う犯人蔵匿・隠避罪の教唆に関して、教唆成立説と不成立説が対立する。(a)教唆成立説は、「他人に犯人蔵匿・証拠隠滅の罪を犯させてまでその目的を遂げるのは、自ら犯す場合とは犯情がちがい、もはや定型的に期待可能性がないとはいえ

ない」とし、他人を犯罪に巻き込むことについてまで期待可能性が欠けるとはいえないとする（団藤重光『刑法綱要各論 3版』90頁、藤木英雄『刑法講義各論』40頁）。これに対し、(b)教唆不成立説は、他人を介する教唆の方がより間接的である以上、正犯として行っても処罰されない行為を教唆として行った場合は、不処罰とすべきであると主張する（滝川幸辰『刑法各論』281頁、平野龍一『刑法概説』285頁）。

2　昭和50年代以降の学説においては、「教唆においても、結果の惹起が本質的部分である」と考える立場（惹起説）が有力化し、(a)教唆成立説の実質は、「他人を巻き込んだことによる違法性」を重視するものだとする批判が強まる。

3　たしかに、(a)教唆成立説に関しては、「通常の犯人の心情を考えた場合に、自分で隠れることを思いとどまることは期待できないが、人にかくまってもらうことは容易に思いとどまりうるといえるのか」という疑問が存する。「他人を罪に陥れたから情状が重い」ということは理解できるが、「他人を罪に陥れたから適法行為の期待可能性が生じる」という説明には無理があるように見える。

4　一方、(b)教唆不成立説に対しては、犯人隠避の法益（司法作用）侵害性は、他人を利用した場合の方が類型的に高まる場合がかなり存在するという疑問がある。単に犯人が逃げ隠れするのと、他人を身代り犯人に仕立てるのとでは、刑事司法作用を害する程度にかなりの差がある。

5　判例は、証拠隠滅罪を含め、一貫して教唆成立説を採用しており、揺らぎは全く見られない（大判明45・1・15刑録18-1、大判昭8・10・18刑集12-1820、最決昭35・7・18刑集14-9-1189）。判例の積極説の実質的論拠は、「犯人自身の単なる隠避行為は、刑訴法における被告人の防御の自由の範囲内に属するが、他人を教唆してまでその目的を遂げようとすることは防御の濫用であり、もはや法の放任する防御の範囲を逸脱する」というところにあるといってよい。

6　たしかに、被疑者・被告人の利益を広く認める立場に立っても、本件事案のような場合も、まして「身代り犯人を立てることまで許容して、被疑者・被告人の権利を守るべきである」とは考えないであろう。このような政策的考慮と、犯人による蔵匿の教唆の犯情の重さ・法益侵害性の高さの総合的衡量が、教唆成立説の論拠といえよう。

7　正犯が処罰されないのに、それよりも因果性が間接的で弱い教唆は、「原則として」処罰されるべきではないであろう。ただ、直接正犯より犯情が重く当罰性が高い「教唆犯」が、類型的に想定される場合には、「原則」は妥当しえない。判例が教唆犯の成立を認めた事案は、犯情の重い事案に限られている。

8　判例は、教唆処罰において「犯罪者を生み出したこと」も考慮しており、それは判例が一貫して共謀共同正犯を認めてきたこととも通底している。その流れは、少なくとも当分は変化しないように思われる。

●**参考文献**●　前田雅英・捜査研究859-28、高橋則夫・法教65-74

254 犯人による犯人隠避罪の教唆と必要的共犯

最1小決昭和60年7月3日（判時1173号151頁・判タ579号56頁）　　　参照条文 刑法103条

隠避させる者と隠避される犯人とは必要的共犯の関係に立つか。

●**事実**●　被告人Xは暴力団組員であったが、指定最高速度40kmのところ105kmで疾走し、検挙しようとした警察官の停止指示を無視して逃走した上、道路交通法違反に対する自己の刑責を免れるために、組員Yを自己の身代り犯人として所轄警察署に出頭させ、Yに犯人が同人である旨の虚偽の申告をさせた。

第1審・原審とも道交法違反および犯人隠避教唆罪の成立を認めたことから、弁護人が、自己の刑責を免れるための犯人隠避を処罰することを不当として上告した。

●**決定要旨**●　上告棄却。「なお、犯人が他人を教唆して自己を隠避させたときに、刑法103条の犯人隠避罪の教唆犯の成立を認めることは、当裁判所の判例とするところ」である。これに対し、谷口正孝裁判官の反対意見が付されている。「刑法103条所定の犯人蔵匿・隠避の罪は、行為定型として蔵匿し・隠避させる者と蔵匿・隠避される犯人の両者を必要な成立要件としている。犯人が単独で、自ら逃げ隠れする場合までを、ここにいう犯人蔵匿・隠避にいれて考えることは、実に用語としても正当ではあるまい。このように、同罪が、蔵匿し隠避させる者と蔵匿・隠避される犯人の両者を関与形態として予定し、しかも同罪が成立するについては、後者から前者への働きかけをするのが通常の事態というべきであり、立法事実としても当然そのような事態を考えたであろうと思われるのに、刑法は前者についてのみ処罰規定を置いているのである。本件はまさに右の通常の事態にあたる。そうだとすると、対向的必要的共同正犯としてとらえられる犯罪について、法が一方の関与行為者のみを処罰している場合他方の関与者は不処罰とした趣旨であると考える思考形式がここでもあてはまる」。

●**解説**●　1　犯人自身が行う犯人蔵匿罪の教唆に関して、共犯成立説と不成立説が対立する（【253】参照）。(a)教唆成立説は、「他人に犯人蔵匿・証拠隠滅の罪を犯させてまでその目的を遂げるのは、自ら犯す場合とは情状がちがい、もはや定型的に期待可能性がないとはいえない」とし、他人を犯罪に巻き込むことについてまで期待可能性が欠けるとはいえないとするのである。これに対し、(b)教唆不成立説は、他人を介する教唆の方がより間接的である以上、正犯として行っても処罰されない行為を共犯として行った場合は、不処罰とすべきであると主張する。

2　かつては、教唆も実行行為であるとする共犯独立

性説は、犯人が犯人蔵匿を教唆する行為も、犯人の犯人蔵匿の実行行為なので不成立説と結びつき、共犯従属性説は、共犯成立説に対応するとされていた。しかし、「独立性説・従属性説」という共犯本質論から、形式的・演繹的に、教唆犯成立説・不成立説の当否を決定することはできない。

3　両説を具体的に検討した場合、教唆成立説に関しては、「通常の犯人の心情を考えた場合に、自分で隠れることを思いとどまることは期待できないが、人に匿ってもらうことは容易に思いとどまりうるといえるのか」という疑問が存する。たしかに、「他人を罪に陥れたから情状が重い」ということは理解できるが、「他人を罪に陥れたから適法行為の期待可能性が生じる」という説明には無理がある。

そこで判例は、「期待可能性」を用いた説明に依拠することなく、「他人を教唆してまで隠避させる行為は法の放任する防御の範囲を逸脱する」と説明する（【253】）。

一方、不成立説に対しては、犯人蔵匿行為の法益侵害性（司法作用を害する程度）は、他人を利用した場合の方が、犯人自身が行った場合に比して類型的に高まるのではないかという疑問がある。単に犯人が逃げ隠れするのと、他人を身代り犯人に仕立てるのとでは、刑事司法作用を害する程度にかなりの差がある。それ故、自ら行えば不可罰の行為を教唆することが可罰的となりうるのである。

4　教唆犯不成立説の論拠として、必要的共犯論からの説明がある。犯人隠避罪は、隠避する者と隠避される犯人の関与を予定しており、しかも後者から前者への働きかけをするのが通常の事態として考えられるので、立法者も当然そのような問題を考えたであろうと思われるのに、刑法は前者についてのみ処罰規定を置いている。そうだとすると、必要的共犯（対向犯）の考え方を敷衍して、刑法が一方の関与者のみを処罰している場合、他方の関与者は不処罰とすべきだとするのである。

5　ただ、「本人に頼まれたので匿った」という場合が多いことも否定できないであろうが、犯人を匿うのは犯人から働きかけのあった場合だけには限られない。犯人隠避の依頼行為が類型的に、必要的共犯として不可罰とされる「当然予想され、欠くことができない関与行為」というわけではない。

6　そして、そもそも、暴力団組長が組員に身代わり出頭を命ずるような場合を、立法者が処罰の埒外に置いているとは解されない。「道路交通法違反の犯人として被告人を処罰する場合の悪しき情状として考慮すれば足りる（反対意見）」とは言い切れないであろう。

●**参考文献**●　森本益之・判評329-68、内田文昭・判タ594-23、高橋則夫・法教65-74

255　犯人による証拠隠滅罪の教唆

最3小決平成18年11月21日（刑集60巻9号770頁・判時1954号155頁）　　参照条文　刑法104条

自己の刑事事件に関する証拠の偽造を、すでにその具体的な方法を考案していた者に依頼した行為は、証拠偽造教唆罪にあたるか。

●事実●　興行会社Kの代表取締役X（被告人）は、所得の一部を秘匿し、虚偽過少申告を行って法人税をほ脱していたが、同社に国税局の査察調査が入るに及び、これによる逮捕や処罰を免れるため、Aに対応を相談した。

Aは、Xに対し、脱税額を少なく見せかけるため、架空の簿外経費を作って国税局に認めてもらうしかないとして、Kが主宰するボクシング・ショーに著名な外国人プロボクサーを出場させるという計画に絡めて、同プロボクサーの招へいに関する架空経費を作出するため、契約不履行に基づく違約金が経費として認められることを利用して違約金条項を盛り込んだ契約書を作ればよい旨教示し、この方法でないと切り抜けられないなどと、この提案を受け入れることを強く勧めた。

Xは、Aの提案を受け入れることとし、Aに対し、その提案内容を架空経費作出工作の協力者の1人であるBに説明するように求め、X・AおよびBが一堂に会する場で、AがBに提案内容を説明し、その了解を得た上で、XがAおよびBに対し、内容虚偽の契約書を作成することを依頼し、AとBは、これを承諾した。

AおよびBは、共謀の上、BがKに対し上記プロボクサーを上記ボクシング・ショーに出場させること、KはBに対し、同プロボクサーのファイトマネー1000万ドルのうち500万ドルを前払いすること、契約不履行をした当事者は違約金500万ドルを支払うことなどを合意した旨のKとBとの間の内容虚偽の契約書および補足契約書を用意し、Bがこれら書面に署名した後、K代表者たるXにも署名させて、内容虚偽の各契約書を完成させ、Kの法人税法違反事件に関する証拠を偽造したというものである。

最高裁は、Aは、Xから、上記証拠偽造その他の工作資金の名目で多額の資金を引き出し、その多くを自ら利得しているが、Xが証拠偽造に関する提案を受け入れなかったり、その実行を自分に依頼してこなかった場合にまで、なお本件証拠偽造を遂行しようとするような動機その他の事情があったことを窺うことはできないという事実を認定した上で、Xに証拠隠滅の教唆罪の成立を認めた。

●決定要旨●　上告棄却。弁護側が、AはXの証拠偽造の依頼により新たに犯意を生じたものではないから、Aに対する教唆は成立しない等と主張したのに対し、「なるほど、Aは、Xの相談相手というにとどまらず、自らも実行に深く関与することを前提に、Kの法人税法違反事件に関し、違約金条項を盛り込んだ

虚偽の契約書を作出するという具体的な証拠偽造を考案し、これをXに積極的に提案していたものである。しかし、本件において、Aは、Xの意向にかかわりなく本件犯罪を遂行するまでの意思を形成していたわけではないから、Aの本件証拠偽造の提案に対し、Xがこれを承諾して提案に係る工作の実行を依頼したことによって、その提案どおりに犯罪を遂行しようというAの意思を確定させたものと認められるのであり、Xの行為は、人に特定の犯罪を実行する決意を生じさせたものとして、教唆に当たるというべきである。したがって、原判決が維持した第1審判決が、Bに対してだけでなく、Aに対しても、Xが本件証拠偽造を教唆したものとして、公訴事実に係る証拠隠滅教唆罪の成立を認めたことは正当である」と判示した。

●解説●　1　犯人自身が自己の犯した事件に関し証拠の隠滅を行う場合は不可罰である。そこで、第三者に証拠を隠滅するよう働きかけるXの行為については、(b)教唆不成立説も存在する。本人が行うより他人を介する教唆の方がより間接的で犯情は軽微である以上、不可罰であるとするわけである。

2　これに対し、判例は、(a)他人を利用してまで証拠を隠す行為は、もはや法の放任する被疑者・被告人の防御の範囲を逸脱するということなどを論拠として教唆成立説を採用する（最決昭40・9・16刑集19-6-679）。

3　犯人自身の証拠隠滅行為も「真実発見」という意味での刑事司法作用を侵害していることは疑いないが、それを処罰することは、黙秘権などの被疑者・被告人の権利や、刑事司法作用の合理的な運用の利益を害するので構成要件から除外したと考えられる。それ故、「被疑者・被告人として政策的に保護すべき範囲」を超えた行為に出た場合には、処罰されることになる。

4　もっとも、証拠隠滅罪の場合、「犯人の他人に対するあらゆる証拠隠滅行為の依頼」を可罰的とする必要はないであろう。そこで、「教唆」は積極的に働きかけた場合に限るということも考えられうる。Aが積極的に立案したように見える本件では、教唆にあたらないとすることも考えられうる。しかしXの働きかけがなければ、証拠隠滅行為はなされなかったのであり、隠滅行為の刑事司法作用の侵害なども加味すれば、教唆に該当すると解すべきである。「犯意を生ぜしめる」という教唆の通常の語義の枠内でもある。

5　証拠の隠滅の場合も、犯人以外の者が関与することにより、刑事司法作用の侵害が類型的に大きくなるという点は軽視できない。本件事案にも見られるとおり、犯人が個人的に行いうる証拠隠滅とは質的に異なる隠滅工作が可能となる（その点は、犯人蔵匿罪も同様で、助ける者が存在するか否かで犯人の発見の容易さはかなり異なってくるといえよう）。

●参考文献●　前田巌・判解平18年度446、堀江一夫・判解昭40年度36、佐川友佳子・回総8版168

256 参考人の供述調書作成と証拠偽造罪

最1小決平成28年3月31日（刑集70巻3号406頁）　　参照条文　刑法104条

> 他人の刑事事件につき捜査官と相談し虚偽の供述内容を創作するなどして供述調書を作成した行為は、証拠偽造罪にあたるか。

●**事実**●　被告人Xが、Aとともに警察署を訪れ、同署刑事課組織犯罪対策係のB警部補およびC巡査部長から、暴力団員である知人のDを被疑者とする覚せい剤取締法違反被疑事件について参考人として取り調べられた際、A、B、Cと共謀の上、C巡査部長において、「Aが、平成23年10月末の午後9時頃にDが覚せい剤を持っているのを見た。Dの見せてきたカバンの中身をAがのぞき込むと、中には、ティッシュにくるまれた白色の結晶粉末が入った透明のチャック付きポリ袋1袋とオレンジ色のキャップが付いた注射器1本があった」などの虚偽の内容が記載されたAを供述者とする供述調書1通を作成し、他人の刑事事件に関する証拠を偽造したという事案である。

第1審・原審とも、Xらに証拠偽造罪の共同正犯の成立を認めた。X側が上告。

●**決定要旨**●　上告棄却。「他人の刑事事件に関し、被疑者以外の者が捜査機関から参考人として取調べ（刑訴法223条1項）を受けた際、虚偽の供述をしたとしても、刑法104条の証拠を偽造した罪に当たるものではないと解されるところ（最決昭28・10・19刑集7-10-1945等参照）、その虚偽の供述内容が供述調書に録取される（刑訴法223条2項、198条3項ないし5項）などして、書面を含む記録媒体上に記録された場合であっても、そのことだけをもって、同罪に当たるということはできない。

しかしながら、本件において作成された書面は、参考人AのC巡査部長に対する供述調書という形式をとっているものの、その実質は、X、A、B警部補及びC巡査部長の4名が、Dの覚せい剤所持という架空の事実に関する令状請求のための証拠を作り出す意図で、各人が相談しながら虚偽の供述内容を創作、具体化させて書面にしたものである。

このように見ると、本件行為は、単に参考人として捜査官に対して虚偽の供述をし、それが供述調書に録取されたという事案とは異なり、作成名義人であるC巡査部長を含むXら4名が共同して虚偽の内容が記載された証拠を新たに作り出したものといえ、刑法104条の証拠を偽造した罪に当たる。したがって、Xについて、A、B警部補およびC巡査部長との共同正犯が成立するとした原判断は正当である」。

●**解説**●　1　宣誓した証人が虚偽の陳述をした場合には、偽証罪が3月以上10年以下の懲役という重い刑罰を科す。それに対し、参考人の捜査官に対する虚偽の供述（ないし供述を録取した書面）が刑法104条の証拠隠滅（偽造）罪の対象とする証拠となるかについては、学説の対立が見られるものの、判例上は、証人・参考人の供述そのものは、104条の証拠に含まれないことが、ほぼ確立している（大判大3・6・23刑録20-1324、最決昭28・10・19刑集7-10-1945）。①単に、知っている重要な事実を供述しなかったり、②虚偽内容の供述をしたにすぎない場合は、証拠偽造とはならない。あらゆる参考人の虚偽供述を証拠偽造で処罰することは、現状の刑事司法手続を前提にする限り、妥当ではない。

なお、参考人の虚偽供述が、犯人隠避罪を構成する場合があることに注意を要する（【252】）。

2　他方　④積極的に上申書等の供述を作成し提出したような場合には、虚偽の証拠を作りだしたものとして、証拠偽造罪を構成しうる（東京高判昭40・3・29高刑18-2-126）。問題は、②と④の中間の③供述録取書を作成せしめた場合である。千葉地判平成7年6月2日（判時1535-144）は、虚偽の供述内容が供述調書に録取される（刑訴法223条2項、198条3項ないし5項）などして、書面を含む記録媒体上に記録されただけでは、証拠偽造にはあたらないとした（さらに、千葉地判平8・1・29判タ919-256参照）。

3　たしかに、虚偽の供述をした者が、その供述を録取した調書に署名・押印することと、虚偽の供述をすることに、実質的差異はないように思われる。自ら積極的に作成する上申書の場合には、「証拠を偽造した」といいやすいのに対し、録取書の場合は、供述を確認したにすぎない受け身的色彩が濃い。供述調書に虚偽があれば処罰するとすると、実務的には、「虚偽供述を処罰すること」に近づく。

4　ところが、本決定は、参考人として供述調書に録取された事案について、証拠偽造にあたるとした。ただ、本件決定も、その虚偽の供述内容が供述調書に録取されるなどしたというだけでは、証拠偽造にあたるということはできないとしつつ、本件行為は、架空の事実に関する令状請求のための証拠を作り出す意図で、各人が相談しながら虚偽の供述内容を創作、具体化させて書面にしたものであるから証拠偽造にあたるとしたのである。本決定は、千葉地判平成7年6月2日や千葉地判平成8年1月29日の判断を維持した上で、「供述録取書の中でも供述書と同視し得るもの」のみが、104条の客体となりうるとしたといってよい。

5　本件は、XとAが、Dの覚せい剤所持に関する虚偽の目撃話を作り上げて、その内容を調書化したものである。その際に、2人の話を受けたB警部補およびC巡査部長が、虚偽の目撃供述を、Xらの説明、態度等から「虚偽であること」を認識するに至ったにもかかわらず、覚せい剤所持の目撃時期が古いと令状請求をすることができない等と示唆し、辻褄が合うように調書内容を話し合い、Aに書面の末尾に署名・押印させ、共同して虚偽内容の参考人の供述調書を作成したもので、まさに「共同して虚偽の供述書を作り上げた」と同視しうる。

●**参考文献**●　前田雅英・捜査研究785-53、成瀬幸典・法教430-152、野原俊郎・判解平28年度37、十河太朗・平28年度重判178

257 証人威迫罪の「威迫」の意義

最3小決平成19年11月13日（刑集61巻8号743頁・判時1993号160頁）　　参照条文　刑法105条の2

刑法105条の2にいう「威迫」には、不安・困惑の念を生じさせる文言を記載した文書を送付して、相手にその内容を了知させる方法による場合が含まれるか。

●**事実**●　暴行罪で起訴された被告人Xが、その第1審公判で証言した証人の女性に対し、公判係属中、不安・困惑の念を生じさせる文言を記載した文書を郵送して閲読させたという行為について、証人威迫罪に該当するとして起訴された事案である。

弁護人は、刑法105条の2の「威迫」は、相手に対して直接の方法で行われる必要があり、手紙等による間接的な方法は含まないと解すべきであるから、Xの行為は証人威迫罪の構成要件に該当しないなどと主張した。

第1審は、「威迫」とは、言語または動作をもって気勢を示し、相手に不安・困惑の念を抱かせる行為であり、証人威迫罪が刑事司法の適正な運営の保護を目的としていることからすると、間接的な方法による威迫行為も同罪の対象となる旨述べて、証人威迫罪についてXを有罪とし、原審もこの判断を認めた。

これに対しXが上告し、証人威迫罪についての法令解釈の誤り等を主張したが、本決定は、上告趣意を不適法とした上で、職権で以下のように判示した。

●**決定要旨**●　上告棄却。「なお、刑法105条の2にいう『威迫』には、不安、困惑の念を生じさせる文言を記載した文書を送付して相手にその内容を了知させる方法による場合が含まれ、直接相手と相対する場合に限られるものではないと解するのが相当であり、これと同旨の原判断は相当である」。

●**解説**●　1　刑法105条の2は「自己若しくは他人の刑事事件の捜査若しくは審判に必要な知識を有すると認められる者又はその親族に対し、当該事件に関して、正当な理由がないのに面会を強請し、又は強談威迫の行為をした者」を処罰する。国家法益に対する罪であるが、併せて、刑事システムに関与する証人・参考人・一般私人の私生活の平穏・安全感等の個人法益の保護をも視野に入れている。

2　本罪の実行行為のうち、正当な理由がないのに面会を強請するとは、面会の意思のないことの明らかな相手方に対して面会を強要することである。電話や手紙で面会を強要する行為は含まないとされている。強要は相手の私生活の平穏・安全感を害するような態様でなされることが必要であるとされてきた（福岡高判昭38・7・15下刑5－7＝8－653）。

3　強談とは、言葉を用いて自己の要求に従うよう強要することであり、本件で問題となった威迫とは、勢力を示す言葉・動作を用いて相手を困惑させ不安感を生ぜ

しめることである。これらの行為を行えば、既遂に達する。裁判に支障が生じたり、証人の生活の平穏が現に害される必要はない（福岡高判昭51・9・22判時837-108）。またこれらの行為をなす認識があれば足り、裁判を有利に導くなどの積極的目的は不要である。

4　この「強談威迫」の概念は、警察犯処罰令1条4号の面会強請・強談威迫罪で用いられ、その後、その加重規定として、暴力行為等処罰に関する法律2条の集団的、常習的面会強請・強談威迫罪が設けられた。そして、昭和33年の刑法の一部改正によって新設された証人威迫罪に「面会強請」、「強談威迫」の用語が用いられることになった。

5　暴力行為等処罰に関する法律2条の解釈としては、「面会強請」、「強談威迫」は、いずれも直接相手方に対して行われる必要があり、文書・電話・使者等によって間接的に行われることでは足りないと解されていた。同条が警察犯処罰令の加重規定として設けられたものであること、間接的行為によって相手方が被る不安・困惑の度は、通常、比較的軽微であること、同条1項の罪については、兇器を示す方法のものが含まれており、直接的行為が予想されていることなどが挙げられてきた。

この点、証人威迫罪においても、「面会強請」については、直接相手方に対して行われる必要があり、電話を通じて間接的に面会を求めた行為は証人威迫罪を構成しないとした下級審判例がある（前述福岡高判昭38・7・15）。

6　一方、「強談威迫」については、面会強請とは異なり、電話の方法によるものが証人威迫罪を構成するとした鹿児島地判昭和38年7月18日（下刑5－7＝8-748）がある。

たしかに、暴力行為等処罰に関する法律2条と同様の限定的な解釈を行うべきであるとすれば、文書を送るような行為は「強談威迫」には含まれないと解すべきように思われる。

しかし、暴力行為等処罰に関する法律は個人法益に対する罪であり、第一義的には国家法益に対する罪である刑法105条の2の場合には、文書を送付することにより、刑事被告事件の捜査・審判に必要な情報を捜査機関が得にくくなることも考慮しなければならない。

7　そのような観点からは、105条の2の「威迫」には、不安・困惑の念を生じさせる文言を記載した文書を送付して相手にその内容を了知させる方法による場合が含まれると解すべきである。

さらに、裁判員制度を定着させるためにも、刑事司法に関わる国民の保護は重視されていくであろう。そうだとすれば、本件被害者である証人のような刑事被告事件の捜査・審判に必要な知識を有すると認められる者に対する保護も、強まるように思われる。

●**参考文献**●　家令和典・判解平19年度437、小坂亮・刑事法ジャーナル12-82

258 偽証罪の成否と被告人の偽証教唆罪

最3小決昭和32年4月30日【刑集11巻4号1502頁】　　参照条文　刑法169条

黙秘権がある被告人が、他人に虚偽の証言をするように教唆したときは、偽証教唆罪が成立するか。

●**事実**●　被告人Xは、競輪選手に対し、不正レースを実行すべく請託し、その報酬として相当な金額の謝礼を提供する旨申し向けた事実があるにもかかわらず、自己の刑事責任を逃れるため、同事件の証人として出廷したAおよびBに対して、それぞれ真実に反する事実の証言を依頼して、A・Bに虚偽の陳述をさせたという事案である。

第1審・原審とも、Xに偽証教唆罪の成立を認めたので、X側が上告。

●**決定要旨**●　上告棄却。最高裁は括弧書きで、「証人が刑訴146条の証言拒否権を持っていたとしても宣誓の上虚偽の陳述をすれば偽証罪が成立すること、X自身に黙秘権があるからといって他人に虚偽の陳述をするように教唆したときは偽証教唆罪の成立することは当裁判所の判例である（最決昭28・10・19刑集7-10-1945）」と判示して、Xに偽証罪の教唆の成立を認めた。

●**解説**●　1　偽証罪は、法律により宣誓した証人が虚偽の陳述をする罪である。宣誓した証人のみが主体となりうる身分犯である。共犯者や共同被告人が、手続を分離した上で証人として宣誓の上虚偽の陳述をする場合も偽証罪となりうるが、被告人には宣誓させて供述をさせることはできないので、被告人が自ら宣誓して陳述しても本罪の主体たりえない。

2　それでは、本件Xのように、被告人が偽証を教唆する行為はどう評価されるのであろうか。【254】で検討したとおり、犯人による犯人隠避行為の教唆については見解が分かれる。偽証罪の場合も、(a)教唆成立説（前掲最決昭28・10・19）と、(b)教唆不成立説が対立する。

3　(a)説のうち、判例は特に、被告人の教唆によって偽証した者は刑罰に処せられ、教唆した本人が刑罰を免れるのは国民道義の観念上許されないし、他人を教唆して偽証せしめるのは弁護権の範囲を超えていることを強調する。これに対し、(b)教唆不成立説は、期待可能性が低くなるのは本人自身が自分の手で行う場合も、教唆して他人に行わさせるのも同じはずで、正犯より教唆の方が犯罪性が低いのに、教唆の場合のみ処罰するのは妥当ではないとするのである。

4　ただ、犯人蔵匿・証拠隠滅罪の場合には(b)不成立説を採用する見解も、偽証の場合には(a)成立説が妥当だとする学説が有力であることに注意しなければならない。たしかに、①証拠隠滅罪の場合には、条文上明確に「他人の事件」に限定され自己の事件に関しては一切犯罪の成立が認められないと解しやすいが、偽証罪の場合には、そのような限定がない。そして、②現行刑事訴訟法上、刑事被告人が自己の刑事被告事件において宣誓して証言することは、事実上認められないとされている。証人適格がないのであって、虚偽の陳述をした場合に当罰性が全くないと考えているのではないのである。また、憲法38条も積極的に虚偽の陳述をすることまで権利として認めているわけではないように思われる。さらに、③刑事訴訟法上、手続を分離して共犯に対する証人として陳述する際には、自己の犯罪事実について偽証しても偽証罪になる。また、④犯人隠避罪は刑事事件に関する場合に事実上限られるが、偽証罪は刑事事件以外にも広く関連する。以上のような点を勘案すれば、刑事被告人が自己の事件につき証人に偽証を教唆した場合には、可罰性を認めやすいのである。

5　実質的に考えても、裁判官は被告人本人の陳述より宣誓した証人の証言を信用しやすい。本罪においては、被告人自身の偽証行為より、被告人が教唆して偽証させる方が、審判作用の公正という法益の侵害が類型的に大きい。このような法益侵害性の差を前提とすれば、被告人本人が行っても不可罰だが被告人が証人に偽証をさせれば可罰的であると考えるべきである。決して、他人を巻き込んだからというだけで可罰的となるのではない。

6　これに対し、偽証罪においても(b)教唆不成立説を主張する立場は、偽証も証拠隠滅と同様の自己庇護罪であり、両者を区別して扱うべきではないと反論する。偽証も一種の証拠隠滅行為であるとするのである。しかし、積極的に裁判官の審判を誤らせる行為である偽証は、司法制度に対する消極的な侵害を中心とした証拠隠滅罪と罪質がかなり異なる。証拠隠滅罪・犯人蔵匿罪が2年以下の懲役であるのに対し、偽証罪は3月以上10年以下なのである。この法定刑の著しい差は、この点を明確に示しているのである。

そうだとすれば、やはり、被告人による他人への偽証教唆行為は可罰的であると解すべきである。

●**参考文献**●　青柳文雄・判解昭32年度264

259 刑法195条１項の「警察の職務を補助する者」

最３小決平成６年３月29日（刑集48巻３号１頁・判時1512号181頁）　　参照条文　刑法195条

少年補導員は、刑法195条１項の「警察の職務を補助する者」に該当するか。

●**事実**●　Ｘは警察署長から委嘱を受けた少年補導員であったが、警察官Ｙ・Ｚならびに他の少年補導員７名とともに、パチンコ店内で少年補導を行った際、18歳の少年Ａ（請求人）に年齢を尋ね、免許証の提示を求めたところ、Ａがこれに応じなかったため、Ａおよびその友人らと警察官および補導員らとの間にもみ合いが生じ、ＸとＹが、Ａに対し懐中電灯で段る暴行を加えた。

　Ａは、Ｘ・Ｙ・Ｚを特別公務員暴行陵虐致傷罪および特別公務員職権濫用罪で告訴したが、検察庁が不起訴処分としたため、付審判請求を申し立てた。しかし第１審は、暴行等の証拠がないこと、さらに少年補導員は刑法195条１項の警察の職務を補助する者に該当しないとして付審判請求を棄却し、Ａが抗告を申し立てた。原審は、警察官および補導員の暴行や逮捕行為には起訴価値が乏しく、補導員は警察の職務を補助する者に該当しないことを理由に抗告を棄却したため、Ａが最高裁に特別抗告を申し立てた。

●**決定要旨**●　抗告棄却。「刑法195条１項は、『裁判、検察若しくは警察の職務を行う者又はこれらの職務を補助する者が、その職務を行うに当たり』と規定しているところ、同条項は、これらの国家作用の適正を保持するため、一定の身分を有する者についてのみその職務を行うに当たってした暴行、陵虐の行為を特別に処罰することとしたものであり、このような特別の処罰類型を定めた刑法の趣旨および文理に照らせば、同条項にいう警察の職務を補助する者は、警察の職務を補助する職務権限を有する者でなければならないと解するのが相当である。ところで、記録によれば、右少年補導員制度は、少年警察活動について関係のある有志者、団体等との連絡及び協力を指示する警察庁次長通達の趣旨を受けた大阪府警察本部通達によって創設されたものであること、右少年補導員の任務は、非行少年等の早期発見・補導及び少年相談、少年をめぐる有害環境の浄化、非行防止のための地域社会に対する啓もう、その他地域の実情に応じて必要な活動に関することとされていること、実施通達の定める少年補導員制度実施要綱は、少年補導員が法的に何らの職務権限を有するものではないことを明示していることが認められる。少年補導員制度がこのようなものであることからすると、少年補導員は、警察署長から私人としての協力を依頼され、私人として、その自発的意思に基づいて、警察官と連携しつつ少年の補導等を行うものであって、警察の職務を補助する職務権限を何ら有するものではないというべきである。したがって、Ｘは刑法195条１項にいう警察の職務を補助する者に該当」しない。

●**解説**●　１　刑法195条の主体は、人権の侵害を惹起しやすい職務に従事する者に限定されており、その反面、単なる暴行罪等に対して刑が著しく加重されている。そこで、私人の事実上の補助行為一般まで本条の対象とすることは妥当ではなく、この法定刑に相当するだけの人権侵害の可能性を含んだ法的職務権限が要件とされなければならない。しかし、一方で、私人であっても、法令に基づいて公務を補助する場合に、195条の補助者に該当する場合があることも否定しえないであろう。

　２　195条の「補助者」の範囲についても、戦後の職務権限の拡大の流れの中で捉えることが重要である。195条および194条の「補助者」は、従来は公務員であることを必要とするとされてきた。ただ、私人であっても一定の船舶の船長や航空機の機長等は、現行法上特別司法警察職員としての職務権限を有し、これらの罪の主体となると考えられてきた。警察官の補助者の具体例としては、従来司法巡査等が挙げられ、事実上補助する私人は含まないとされて、この点に関する議論は見られなかった。

　３　本決定は、「警察の職務を補助する者は、警察の職務を補助する職務権限を有する者でなければならない」とした。本罪の主体は必ずしも公務員であることを要しないとすると同時に、具体的な職務権限の内容により、主体となりうるか否かを実質的に判断する必要があるとしたものである。

　４　職務権限の内容に関し具体的に検討すると、職務権限を拡大して捉える傾向と照らし合わせれば、本件補導員の暴行行為も「公務執行の公正さへの国民の信頼」を害すると評価しうるようにも思われる。ただ、195条の場合は、一般の公務員の職権濫用に関する193条に比し、著しく重い法定刑が予定され、主体が限定されている。それ故、「警察官の補助者」も「警察官」に準じるだけの「公正さを厳しく要求される主体」、「その濫用が国民に重大な侵害を及ぼす類型」でなければならない。

　そうだとすれば、少年補導等に関し何等の強制的な権限を有しない本件少年補導員は、195条の主体と考えるべきではない。たしかに、補導される少年の側からは、警察活動の一部のように感じられる面がないわけではないであろうが、法的職務権限が欠ける以上、195条は成立しないのである。

●**参考文献**●　金谷暁・判解平６年度１、木村光江・平６年度重判149、奥村正雄・法教170-74、山中敬一・法セ483-38、前田雅英・判評448-73

260 警察官の発砲と特別公務員暴行陵虐致死罪

最1小決平成11年2月17日（刑集53巻2号64頁・判時1668号151頁）

参照条文　刑法195条1項、196条　警察官職務執行法7条

警察官による拳銃使用の違法性。

●事実●　被告人Ｘは、警察官として駐在所に勤務していた。被害者Ａ（当時24歳）は、大学在学中に「てんかん、頭頂部陳旧性陥没骨折、大後頭・三叉神経症候群」と診断され、本件の1か月ほど前から、Ｎ地区等を散策するのを日課としていたが、住人らはＡに警戒の念を強め、警察に警戒を要請していた。

昭和54年10月22日、Ｘは住人からＡの警戒の要請を受けて出動し、第1現場でＡを発見して住所等を尋ね始めたところ、Ａが急に逃走した。Ｘらは、一時その行方を見失ったものの、第2現場にいるＡを発見し、Ａに接近すると、Ａは果物ナイフ（刃体の長さ約7.4cm）を、刃先を前に向けて右手に持っていた。相勤の警察官が拳銃を取り出し、「ナイフを捨て。はむかうと撃つぞ」などといったところ、Ａは、右ナイフを数回振り下ろして反撃の姿勢を示した後、同所から逃走した。さらに、ＸはＡを銃刀法違反および公務執行妨害の現行犯として逮捕すべく追跡し、正午前ころ、第3現場でＡに追いつき、「ナイフを捨てえ」と叫んだところ、Ａが振り向いて、ナイフとナイロン布製手提げ袋を振り回すようにして反抗したため、拳銃を取り出して弾丸1発を発射し、その弾丸がＡの左手に命中し傷害を負わせた。Ｘはさらに、逃げるＡを追って第4現場に至ったところ、Ａは後ずさりしながら、右手に持ったナイフを2、3度振り下ろし、さらにその場にあったはで杭（長さ約170cmの木の棒）1本を拾い上げてこれを両手に持ち、特殊警棒で応戦するＸに殴りかかり、Ｘは加療約3週間を要する傷害を負い、その場に積んであったはで杭の山に追い詰められた形となったため、午後零時5分ころ、Ａの左大腿部を狙って弾丸1発を発射し、Ａに左乳房部銃創の傷害を負わせ、同銃創による失血のためその場で死亡させた。なお、前記はで杭の山の左右は開かれており、Ｘにおいて左右に転進することは地理的にも物理的にも十分可能であった。

Ｘは特別公務員暴行陵虐致死罪で起訴されたが、第1審はＸの武器使用を適法と認め無罪とした。これに対し、原審は拳銃の発射を違法とし同罪の成立を認めた。Ｘ側が上告。

●決定要旨●　上告棄却。「Ｘの2回にわたる発砲行為は、銃砲刀剣類所持等取締法違反及び公務執行妨害の犯人を逮捕し、自己を防護するために行われたものと認められる。しかしながら、Ａが所持していた前記ナイフは比較的小型である上、Ａの抵抗の態様は、相当強度のものであったとはいえ、一貫して、Ｘの接近を阻もうとするにとどまり、Ｘが接近しない限りは積極的加害行為に出たり、付近住民に危害を加え

るなど他の犯罪行為に出ることをうかがわせるような客観的状況は全くなく、Ｘが性急にＡを逮捕しようとしなければ、そのような抵抗に遭うことはなかったものと認められ、その罪質、抵抗の態様等に照らすと、Ｘとしては、逮捕行為を一時中断し、相勤の警察官の到来を待ってその協力を得て逮捕行為に出るなど他の手段を採ることも十分可能であって、いまだ、Ａに対しけん銃の発砲により危害を加えることが許容される状況にあったと認めることはできない。そうすると、Ｘの各発砲行為は、いずれも、警察官職務執行法7条に定める『必要であると認める相当の理由のある場合』に当たらず、かつ、『その事態に応じ合理的に必要と判断される限度』を逸脱したものというべきであって、本件各発砲を違法と認め、Ｘに特別公務員暴行陵虐致死罪の成立を認めた原判断は、正当である」。

●解説●　1　警察官職務執行法7条は「警察官は、犯人の逮捕若しくは逃走の防止、自己若しくは他人に対する防護又は公務執行に対する抵抗の抑止のため必要であると認める相当な理由のある場合においては、その事態に応じ合理的に必要と判断される限度において、武器を使用することができる」と定める。

本件Ｘの拳銃使用が「犯人の逮捕若しくは逃走の防止、自己若しくは他人に対する防護又は公務執行に対する抵抗の抑止のため」であることに異論はない。問題は、「必要であると認める相当な理由」の有無である。そして、その実質は、「その事態に応じ合理的に必要とされる限度」と解されている。この判断は、刑法35条の実質的違法性阻却判断と相通じるものといえよう。

2　最高裁は、①Ａが所持していた前記ナイフは比較的小型であり、②Ａの抵抗の態様は、一貫してＸの接近を阻もうとするのみで、Ｘが接近しない限りは積極的加害行為に出ることを窺わせるような状況がなく、③Ｘが性急にＡを逮捕しようとしなければ、そのような抵抗に遭うことはなかったことを根拠に、Ａに対し拳銃の発砲により危害を加えることが許容される状況にあったと認めることはできないとした。

3　従来の警察官の拳銃使用に関する先例は、すべて適法とされており（最決平9・12・8判例集未登載、東京地八王子支決平4・4・30判タ809-226等参照）、本件も、「はで杭」の山に追い詰められて傷害を負った上での発砲であったので、違法評価は酷なようにも見えるが、Ａの態様などからすれば、警察官として、逮捕行為を一時中断して退避すべきであったとする判断は不当ではないと思われる。

●参考文献●　秋吉淳一郎・判解平11年度53、清水真・判評497-48、田中開・J1227-170

261　一般的職務権限の限界——ロッキード事件丸紅ルート

最大判平成7年2月22日（刑集49巻2号1頁・判時1527号3頁）　　参照条文　刑法197条

内閣総理大臣の職務権限。行政指導と職務権限。

●事実●　米国ロッキード社が自社航空機を全日空に売り込むに際し、代理店の社長等が当時の内閣総理大臣Xに対し、全日空に同型機の購入を勧奨する行政指導をするよう運輸大臣（当時・現在は国土交通大臣）を指揮すること、ないしX自ら直接全日空に同趣旨の働きかけをすることを依頼して請託し、その成功報酬として5億円を供与することを約束し、Xはこれを承諾し、その後、全日空が航空機の購入を決定し5億円の授受が行われた。

　Xの罪責に着目すると、第1審は、Xは、全日空に対して特定機種の選定購入を勧める行政指導をなすべく運輸大臣を指揮監督する権限を具体的に有しており、また、総理大臣自ら全日空に対して直接働きかけることは、職務と密接に関連する行為であるとして賄賂罪の成立を認めた。原審も、機種選定が運輸大臣の職務権限に属しており、機種選定に関して行政指導することが運輸大臣の職務の範囲に包含されるとし、「航空企業の運営体制について」という閣議了解が存在するので、総理大臣に指揮監督権限は存在したとした。そして、X自らが行う直接の働きかけは、準職務行為に該当すると判示した。被告側が上告した。

●判旨●　上告棄却。「賄賂罪は、**公務員の職務の公正とこれに対する社会一般の信頼を保護法益とする**ものであるから、賄賂と対価関係に立つ行為は、法令上公務員の一般的職務権限に属する行為であれば足り、公務員が具体的事情の下においてその行為を適法に行うことができたかどうかは、問うところではない。けだし、公務員が右のような行為の対価として金品を収受することは、それ自体、職務の公正に対する社会一般の信頼を害するからである」。「一般に、行政機関は、その任務ないしその所掌事務の範囲内において、一定の行政目的を実現するため、特定の者に一定の作為又は不作為を求める指導、勧告、助言等をすることができ、このような**行政指導は公務員の職務権限に基づく職務行為である**というべきである。……運輸大臣は、**行政指導として、民間航空会社に対し特定機種の選定購入を勧奨することも許される**ものと解される。したがって、……運輸大臣が全日空に対しL1011型機の選定購入を勧奨する行政指導をするについて必要な行政目的があったかどうか、それを適法に行うことができたかどうかにかかわりなく、右のような勧奨は、運輸大臣の職務権限に属するものということができる」。

　「内閣総理大臣は、憲法上、行政権を行使する内閣の首長として（66条）、国務大臣の任免権（68条）、内閣を代表して行政各部を指揮監督する職務権限（72条）を有するなど、内閣を統率し、行政各部を統轄調整する地位にあるものである。そして、内閣法は、閣議は内閣総理大臣が主宰するものと定め（4条）、内

閣総理大臣は閣議にかけて決定した方針に基づいて行政各部を指揮監督し（6条）、行政各部の処分又は命令を中止させることができるものとしている（8条）。このように、内閣総理大臣が行政各部に対し指揮監督権を行使するためには、閣議にかけて決定した方針が存在することを要するが、閣議にかけて決定した方針が存在しない場合においても、内閣総理大臣の右のような地位及び権限に照らすと、流動的で多様な行政需要に遅滞なく対応するため、内閣総理大臣は、少なくとも、内閣の明示の意思に反しない限り、行政各部に対し、随時、その所掌事務について一定の方向で処理するよう指導、助言等の指示を与える権限を有するものと解するのが相当である。したがって、内閣総理大臣の運輸大臣に対する前記働き掛けは、**一般的には内閣総理大臣の指示として、その職務権限に属する**」とし、Xが運輸大臣に対し勧奨行為をするよう働きかける行為は、総理大臣の職務権限そのものに該当するとした（Xが直接全日空に機種選定を働きかける行為が、総理大臣としての職務権限に属するか否かの判断は示さなかった）。

●解説●　1　大法廷は、一航空会社の機種選定に関する行政指導が運輸大臣（現在は国土交通大臣）の職務権限に基づく職務の範囲に包含されるとし、総理大臣が運輸大臣を指揮監督してこのような行政指導をさせる職務権限をも認めた。総理大臣は、憲法、内閣法上の地位および権限から、内閣の明示の意思に反しない限り、行政各部に随時一定の方向で処理するよう指導・助言等の指示を与える権限があるとして、職務権限を認めたのである。

　2　罪刑法定主義を重視し、「職務」を形式的に厳格に解釈すれば、総理大臣に、法的根拠に基づいた具体的な事務分配を認めることは困難であろう。最高裁が認めた「指示」の根拠も、かなり抽象的なものである。しかし、職務概念にとって重要なのは、「通常職務として行っているか」ではなく「職務として影響を及ぼしうるか（さらには、国民にそのように見えるか）」なのである。

　3　行政指導が、職務（密接関連）行為に含まれるか否かに関し争いがあった。行政指導とは、「行政官庁がその所轄する事項に関し、行政目的が円滑に達成されるように、特定の行為をし、またはしないように勧告すること」であり、近時の行政の実施において重要な役割を果たしている。かつては行政作用法上の明文の規定に基づかない非権力的事実行為であり、賄賂罪における職務とはいえないという議論が有力であった。しかし、公務員としての職務を背景に行われる国民生活へ強い影響力を持つ行為である以上、公正に行われるべき公務員の行為であり、刑法上の職務に該当することは明らかであろう。その点を明示した点も、本判決の重要な意義である。

●参考文献●　前田雅英・ひろば48-10-13、同・囻各4版200、古田佑紀『刑法の基本判例』192、曽根威彦・刑法雑誌31-1-49、龍岡資晃ほか・J1071-106

262 一般的職務権限の範囲

最1小決平成17年3月11日（刑集59巻2号1頁・判時1892号148頁）　参照条文　刑法197条1項　警察法64条

> 警視庁 A 警察署地域課に勤務する警察官が、同庁 B 警察署刑事課で捜査中の事件に関して、同事件の関係者から現金の供与を受けた場合に収賄罪が成立するか。

●**事実**●　被告人 X は、当時、警視庁警部補として A 警察署地域課に勤務し、犯罪の捜査等の職務に従事していたが、公正証書原本不実記載等の事件につき警視庁 B 警察署長に告発状を提出していた C から、同事件について、告発状の検討、助言、捜査情報の提供、捜査関係者への働きかけなどの有利な取り計らいを受けたいとの趣旨の下に供与されるものであることを知りながら、現金50万円の供与を受けたという事案である。

C は、本件告発事件の捜査が進まないことに不満を抱き、X が A 警察署管内の交番に勤務していると知りつつ、現職の警視庁警察官であればこれらの行為をすることができると期待して現金を供与したものであるが、X は C の期待に添うようなことはほとんど何もしなかった。

第1審・原審において、弁護人は、「X は、A 警察署管内の交番に勤務しており、B 警察署刑事課の担当する本件告発事件の捜査に関与していなかったのであるから、X の行為は、その職務に関し賄賂を収受したものであるとはいえない」などと主張したが、第1審・原審判決は、弁護人の主張を退け、単純収賄罪の成立を認めた。X 側が上告。

●**決定要旨**●　上告棄却。最高裁は「警察法64条等の関係法令によれば、同庁警察官の犯罪捜査に関する職務権限は、同庁の管轄区域である東京都の全域に及ぶと解されることなどに照らすと、X が、A 警察署管内の交番に勤務しており、B 警察署刑事課の担当する上記事件の捜査に関与していなかったとしても、X の上記行為は、その職務に関し賄賂を収受したものであるというべきである。したがって、X につき刑法197条1項前段の収賄罪の成立を認めた原判断は、正当である」と判示した。

●**解説**●　1　賄賂罪は、公務員の職務の公正とこれに対する社会一般の信頼を保護法益とするものである（【261】）。ただ、刑法は、「公務員は理由のない金を一切もらわない廉直な人格を有する」という国民の信頼感を保護するわけではない。職務の公正さが疑われることが法益侵害であり、公務員が職務に関し賄賂を収受することが問題なのである。そして、この「職務の公正さが疑われる」ということから職務関連性が導かれる。

2　従来判例・学説は、職務に関しを、公務員がその事項につき具体的な事務分配を受けている場合に限ると形式的に解釈した上で、一般的な職務権限を有すれば足りるとし、さらに、**職務密接関連行為**（【264】）をも含むとして、「職務」の外側に職務関連性を拡張してきた。

3　具体的に事務分配を受けていなくても、一般的な職務権限の枠内であれば、その公務員自身の職務の公正さに対する社会の信頼が害されるとされてきた。たとえば、税務署員で甲地区担当の D が、乙地区の住民 E に頼まれて、同地区担当の F に手心を加えるよう口を利くことの対価として賄賂を受け取ったような場合である。D はたしかに E の税金を直接扱えるわけではないが、所得税の申告の審査に関する一般的な職務権限を有する以上、職務に関し賄賂を収受したことになる。

ただ、そもそも職務を法令上個別具体的な権限の明示された場合に限定する必要はなく、職務権限とは一般的職務権限を指すと解すべきである。各人の事務分担には相互に融通性があり、また、将来その事務を担当する可能性がある場合に問題となる。判例は、原則として同一「課」の中であれば現に当該事務を担当していない場合でも一般的職務権限に属するとしてきた（最判昭37・5・29刑集16-5-528）。**所掌事務の性質、公務員の地位、相互に影響を及ぼす程度、担当変更の可能性などを考慮して具体的に職務権限を判断すべきである**。

4　しかし本決定は、警視庁 A 警察署地域課交番勤務の警部補 X に、B 警察署に関わる事件の捜査情報の提供を依頼し、捜査関係者への働きかけなどを頼むなどした行為について、「その職務に関し賄賂を収受したもの」とした。ただ、B 警察署に隣接するとはいえ A 警察署の交番に勤務している X は、B 警察署刑事課の担当する事件の捜査に全く関与していなかった。

かつては、一般的職務権限の範囲を「課」ないし「係」の単位で認められるとされてきたが、昭和37年判例から50年近く経過しており、さらに警察官の職務の特殊性にかんがみると、警察官の犯罪捜査に関する一般的職務権限の範囲を「課」の単位で制限する必要はない。

5　警察法2条1項は、「警察は、個人の生命、身体及び財産の保護に任じ、犯罪の予防、鎮圧及び捜査、被疑者の逮捕、交通の取締その他公共の安全と秩序の維持に当ることをもってその責務とする」とし、同法64条は、警察官は、「都道府県警察の管轄区域内において職権を行う」と規定している。そうだとすると、警視庁警察官は、どの警察署のどの部局に所属しているかにかかわりなく、東京都内において犯罪捜査にあたることが要請されているといえないことはない。警視庁における警察官の人事異動状況を見ても、一般的職務権限は都内全域に及ぶと解することは決して不合理ではない。都民も、警察官の職務の範囲について、警察署の異同を必ずしも強く意識しているわけではない。国民から見て、当該公務員が当該具体的な職務を左右しうるように見えることが重要だとすれば、A 署地域課に所属する X の一般的職務権限は本件 B 署刑事課の担当する告発事件の捜査にも及ぶと解してよいといえよう。

●**参考文献**●　平木正洋・判解平17年度1、堀内捷三・平17年度重判177、丹羽正夫・固各8版212、橋爪隆・J1352-150、星周一郎・信大法学論集8-155

263　職務権限の変更と賄賂罪の成否

最2小決昭和58年3月25日（刑集37巻2号170頁・判時1073号149頁）　　参照条文　刑法197条、198条

一般的職務権限変更後の賄賂の授受と贈賄罪の成否。

●事実●　H県職員Xは、昭和50年3月31日まで、建築部建築振興課宅建業係長として、宅建業者に対する指導助言などの職務に従事していたが、同年4月1日付で建築部建築総務課長補佐に任命されると同時にH県住宅供給公社に出向となり、開発部参事兼開発課長となった（公社職員はみなし公務員にあたる）。被告人Yは宅建業者で株式会社の代表取締役であるとともに、宅地建物取引業協会の幹部であった。YはZと共謀の上、Xの前の宅建業係長としての職務に関し、現金50万円をXに手渡した。

第1審・原審が、Yに贈賄罪を認めたのに対し、弁護人は、上記50万円は不動産取引の仲介報酬・手数料であって賄賂ではないという事実誤認の主張のほか、本件金員の授受の当時、Xは県の宅建行政とは全く別異の職務に従事していたのであり、一般的抽象的職務権限においても全く別異な公社職員に転じた後になされた現金授受に単純贈収賄罪は成立しないと主張して、上告した。

●決定要旨●　上告棄却。「贈賄罪は、公務員に対し、その職務に関し賄賂を供与することによって成立するものであり、公務員が一般的職務権限を異にする他の職務に転じた後に前の職務に関して賄賂を供与した場合であっても、右供与の当時受供与者が公務員である以上、贈賄罪が成立するものと解すべきである（最判昭28・4・25刑集7-4-881、最判昭28・5・1刑集7-5-917参照）。これを本件についてみると、Yは、外1名と共謀の上、原判示Xに対し、H県建築部建築振興課宅建業係長としての職務に関し現金50万円を供与したというのであって、その供与の当時、右XはH県住宅供給公社に出向し、従前とは一般的職務権限を異にする同公社開発部参事兼開発課長としての職務に従事していたものであったとしても、同人が引き続きH県職員（建築部建築総務課長補佐）としての身分を有し、また、同公社職員は地方住宅供給公社法20条により公務員とみなされるものである以上、Yらの右所為につき贈賄罪が成立する」。

●解説●　1　転職前の職務に関し賄賂を受け取った場合に関し、学説は、**賄賂罪成立説**と**不成立説**が対立する。なお、本件事案は、転職後に賄賂を収受するのであるか

ら、事後収賄罪に該当するように見えるが、刑法197条の3第3項の要件は「公務員であった者」に限られており、現在も公務員である者には適用できないことに注意する必要がある（なお、「一般的職務権限に異同が生じた以上『公務員であった者』と解される」とする見解もある）。

そして、公務員が請託を受けて不正な行為をなし、退職後に金員を受け取れば、事後収賄罪に該当するが、転職後に金員を受け取れば、不可罰となってしまう点で、不成立説は妥当ではない。

2　判例は、かつて、**転職の前後で一般的職務権限に変更のない場合に限って、賄賂罪の成立を認めていた**（大判大11・4・1刑集1-201）。しかし最高裁は、他の税務署に転職後、前任地での職務の報酬として利益を収受した場合にまで、賄賂罪の成立を認めている（前掲最判昭28・4・25）。そして、本決定は、**一般的職務権限を異にする他の職務に転じた後に前の職務に関して賄賂を供与した場合であっても、供与の当時受供与者が公務員である以上、賄賂罪が成立すると判示した。**

3　ただ、本決定は、一般的職務権限そのものを、建築振興課と建築総務課（県住宅供給公社）の間にまで広げた趣旨ではない。あくまで、自己に分配された具体的な職務に関し自己の行った行為の（事後的ではあるが）報酬なのである。つまり、本決定の問題点は、「公務員が職務に関し」という場合に、現にその時点で権限を有する職務ではなくてもよいとした点にある。ただそれは、形式的な解釈論として論理的に不可能ではなく、かつ実質的にも、当該職務を行っていた以上収賄行為は公務に対する社会の信頼を害する程度が高いのであり、不合理なものとはいえない。公務員が転職することは日常頻繁で、公務の信頼の侵害は可罰的程度であるといえよう。

4　これに対し、転職後の賄賂については、過去の職務の公正さに対する信頼を害することを理由に処罰することになるとの批判がある。しかし、職務に対する信頼の保護という場合、時間的な要素をそこまで厳格に解する必然性はなく、公務員によって担われている全体としての公務を問題にすべきなのである。土地売買を監督規制する者が、その職務にあったときに業者の利益を計っておいて別の部署に転勤した後に対価を得た場合に、「職務に関して賄賂を得た」とすることは、行為時においても問題となる「公務の信頼」を害するのであり、批判されるような弛緩した解釈ではない。

●参考文献●　龍岡資晃・判解昭58年度42、曽根威彦・昭58年度重判155、山本紘之・固各8版220、松原久利・同志社法学36-3-154、島伸一・法セ28-4-62

264 職務密接関連行為

最3小決平成20年3月27日（刑集62巻3号250頁・判時2012号148頁）　参照条文　刑法197条1項

参議院議員の、他の国会議員に対する勧誘説得行為は、職務密接関連行為にあたるか。

●**事実**●　第1審・原審の認定事実を、最高裁は以下のようにまとめる。「被告人Xは、参議院議員在職中、いわゆる職人を育成するための大学の設置を目指す財団法人の会長理事で、中小企業の社会的・経済的な発展向上を目的とする政治団体の実質的主宰者であるCから、参議院本会議において内閣総理大臣の演説に対して質疑するに当たり、国策として職人大学の設置を支援するよう提案するなど職人大学設置のため有利な取り計らいを求める質問をされたい旨の請託を受け、さらに、国会議員に対しその所属する委員会等における国会審議の場において国務大臣等に職人大学設置のため有利な取り計らいを求める質疑等の職人大学設置を支援する活動を行うよう勧誘説得されたい旨の請託を受けた。そして、Xは、これら各請託を受けたことなどの報酬として供与されるものであることを知りながら、また、被告人Yは、Xが上記勧誘説得の請託を受けたことなどの報酬として供与されるものであることを知りながら、X・Yは、共謀の上、Cらから、Xが実質的に賃借して事務所として使用しているビルの部屋の賃料相当額合計2288万円の振込送金又は交付を受けた。さらに、Xは、同様の趣旨でCから現金5000万円の交付を受けた」。

第1審は、Xに対し懲役2年2月の実刑、Yに対し懲役1年6月・執行猶予3年を言い渡し、これに対し、X・Yが控訴したが、原審も、第1審判決の事実認定および量刑を是認した。Xら側が上告。

●**決定要旨**●　上告棄却。Xらの上告に対し最高裁は、上記の事実関係によれば、「Xは、その職務に関し、Cから各請託を受けて各賄賂を収受したものにほかならないのであって、これと同旨の原判断は相当である」と判示した。

●**解説**●　1　判例は、一般的職務権限に属さないが、実質上職務権限の行使に匹敵する場合を職務密接関連行為として賄賂罪の対象としてきた（大判大2・12・9刑録19-1393）。準職務行為ないし事実上所管する行為ともいう（最決昭31・7・12刑集10-7-1058）。そこには、職務に基づく事実上の影響力を利用する場合が含まれる。具体的には、公務員が他の公務員へ働きかける行為が中心であった。戦後の判例には、「準職務行為又は事実上所管する職務行為」と表現したり（前掲最決昭31・7・12、最判昭32・2・26刑集11-2-929）、「慣例上右職務と密接な関係を有する行為・事実上所管する職務行為」（最決昭35・3・2刑集14-3-224、最決昭38・5・21刑集17-4-345）、「その職務に附随し、実際の慣行により事実上公務員の職務として行うべき当然の行為」（最決昭39・6・25判時377-71）などとするものもある。

2　法令上の職務に形式上は該当しなくても、密接関連行為として結局は職務権限があると解される実質的基準は、最終的には、その行為に関し賄賂を収受することが公務の公正さへの信頼を侵すか否かによる。国会議員や高い地位の公務員が、事実上の強い影響力を積極的に行使した場合には、本来の職務行為とある程度距離がある場合でも「職務に関し」といえるのである。

3　密接関連行為とされたものとしては、①議員が他の議員に対し勧誘説得する行為（最決昭60・6・11刑集39-5-219、最決昭63・4・11刑集42-4-419）、②教員予定者の適否を歯学専門委員会における審査基準に従ってあらかじめ判定する行為や、歯学専門委員会の中間的審査結果を事前に知らせる行為（最決昭59・5・30刑集38-7-2682）等が挙げられる。そして、③自ら教育指導する医師を関連病院に派遣することは、医大の教室教授兼附属病院部長として、これらの医師を教育指導するという、その職務に密接な関係のある行為というべきであるとされた（最決平18・1・23刑集60-1-67）。

4　本件では、他の国会議員に対しその所属する委員会等の国会審議の場において施策推進に資する質疑等の支援活動を行うよう勧誘説得することの、参議院議員としての職務密接関連性が問題となった。参議院の常任委員会における調査は、当該委員会の所管事項全般に及ぶ。さらに、参議院議員は、本会議で、自己の所属しない委員会の審査または調査の結果について質疑・討論等をし、自己の所属しない委員会でも一定の要件の下、意見を述べ、発言することができるから、本会議や自己の所属しない委員会において、自ら推進しようとする施策の実現に向けて、質疑や意見陳述等を行うことも、その一般的職務権限に属する。そうだとすれば、参議院議員が、本会議や委員会で自ら推進しようとする施策の実現に向けて質疑や意見陳述等を行うというその職務権限に属する行為について、自ら行うのではなく、その地位や立場を利用して同僚議員に行うよう勧誘説得することは、参議院議員の職務またはこれに密接に関係する行為にあたることになる。

5　これに対して、④農林大臣が復興金融公庫から融資を受けようとする者に、食糧事務署長宛ての紹介名刺を交付し、また復興金融公庫融資部長を紹介する行為は農林大臣の職務と密接な関連のある行為とはいえないとしていた（最判昭32・3・28刑集11-3-1136）。また、⑤電報電話局施設課の線路係長が、電話の売買をあっせんする行為は密接関連行為に該当しないし（最判昭34・5・26刑集13-5-817）、⑥工場敷地を造成し工場誘致事業を行っていた市の職員が、市の造成地の中には希望に沿う土地が見つからなかった会社に、以前から土地の売却のあっせん方を依頼されていた私人の土地をあっせんする行為も、準職務行為であるということはできないとされている（最判昭51・2・19刑集30-1-47）。

●**参考文献**●　前田巌・判解平20年度175、大石和彦・平20年度重判7

265　受託収賄罪における職務関連性

最1小決平成22年9月7日（刑集64巻6号865頁・判時2095号155頁）　　参照条文　刑法197条1項

北海道開発庁長官が、下部組織である北海道開発局の港湾部長に対し、競争入札が予定される港湾工事の受注に関し特定業者の便宜を図るように働きかける行為に、賄賂罪における職務関連性が認められるか。

●事実●　北海道開発庁（当時）は、北海道総合開発計画の立案・実施等に関する一連の事務等を所掌事務とし、その長である北海道開発庁長官は、同庁の事務を統括し、職員の服務を統督する権限を有していた。また、北海道開発局および開発建設部は、同庁の下部組織といえるが、北海道開発局は、農林水産省、運輸省および建設省（いずれも当時）の所掌するものの実施に関する事務を所掌しており、その実施事務に関しては、当該事務に関する主務大臣のみが北海道開発局長を指揮監督できるとされ、北海道開発庁長官には指揮監督権限はなかった。

北海道開発庁長官であった被告人Xは、その在任中に、A建設の代表取締役らから、北海道開発局の開発建設部が発注する予定の港湾工事について、A建設が受注できるように北海道開発局港湾部長に指示するなど有利に取り計らってくれるよう請託を受けた。Xは、港湾部長に予定される工事の表を提出させるなどした上で、A建設が特定の工事を落札できるように便宜を図ることを求め、その報酬として合計600万円の現金の供与を受けた。

なお、当時、競争入札が予定される工事について、落札すべき工事業者を北海道開発局港湾部長が指名して職員を介して業者側に通知することが常態化しており、業者らにより、入札金額の調整を伴う談合が行われていた。

本件で問題となった港湾工事は、前記直轄事業であって、北海道開発庁長官は、その実施に関する指揮監督権限を有しなかったが、予算の実施計画を作製して大蔵大臣（当時）の承認を経ることとされていたため、それに先立って、北海道開発庁、北海道開発局、同局の各開発建設部等は協議を行い、実施計画案を策定していた。したがって、北海道開発庁長官は、予算の実施計画作製事務を統括する権限に基づいて、港湾工事の実施計画案の策定に関し、職員を指導することができる地位にあった。

受託収賄罪での有罪を認めた原判決に対し、弁護側は、Xには職務権限がないなどと主張して上告した。

●決定要旨●　上告棄却。「北海道開発庁長官であるXが、港湾工事の受注に関し特定業者の便宜を図るように北海道開発局港湾部長に働き掛ける行為は、職員に対する服務統督権限を背景に、予算の実施計画作製事務を統括する職務権限を利用して、職員に対する指導の形を借りて行われたものであり、また、Xには港湾工事の実施に関する指揮監督権限はないとしても、その働き掛けた内容は、予算の実施計画において概要が決定される港湾工事について競争入札を待たずに工事請負契約の相手方である工事業者を事実上決定するものであって、このような働き掛けが金銭を対価に行われることは、北海道開発庁長官の本来的職務として

行われる予算の実施計画作製の公正及びその公正に対する社会の信頼を損なうものである。したがって、上記働き掛けは、北海道開発庁長官の職務に密接な関係のある行為というべきである」。

また、受注業者の指名が港湾部長の職務権限に属することを認定することなく、部長を指導する行為が北海道開発庁長官の職務権限に属するとした原判断が当裁判所の判例（最大判平7・2・22【261】）に違反するとの主張に対しては、「収賄罪の構成要件である『職務に関し』は、当該収賄公務員の職務との関連性であって、本件のように、他の公務員に働き掛けることの請託を受けて収賄した場合であっても、働き掛けを受ける他の公務員の職務との関連性は構成要件そのものではないのであるから、一般的には、その職務関連性をそれ自体として認定する必要はないものというべきである。そうすると、上記働き掛けを行うよう請託を受け、その報酬として金銭の供与を受けた行為が受託収賄罪に当たる」とした。

なお、談合に関わる行為は正当な職務としておよそ行いえない違法な類型の行為であるから、職務に密接な関係のある行為とはなりえないとの主張に対しては、密接関連性は、本来の職務との関係から判断されるべきものであり、その行為が違法な行為であることによってその判断は直ちには左右されないと判示した。

●解説●　1　判例は、一般的職務権限に属さないが、実質上職務権限の行使に匹敵する場合を職務密接関連行為として賄賂罪の対象としてきた（大判大2・12・9刑録19-1393）。準職務行為ないし事実上所管する行為ともいう（最決昭31・7・12刑集10-7-1058）。そこには、職務に基づく事実上の影響力を利用する場合が含まれる。具体的には、公務員が他の公務員へ働きかける行為が中心であった。本決定は、職務密接関連行為の最新の具体例である（【264】参照）。職務行為を実質的に理解すると、職務密接関連行為も職務行為の一部と解しうるが、判例は両者を区別して用いている（最決昭59・5・30刑集38-7-2682、最決昭60・6・11刑集39-5-219）。

2　密接関連行為とする実質的基準は、最終的には、その行為に関し賄賂を収受することが公務の公正さへの信頼を侵すか否かによる。より具体的には、公務員としての影響力を利用する類型の場合、①賄賂を収受する者の公務性の大小、裁量権の広狭、②そのような影響力行使がしばしば行われるものか否か、③公務員に働きかけて処分をさせる場合には、当該公務員に対して有する影響力の大小、④影響力の行使の態様（地位利用を積極的に行ったか否か）によって決定される。高い地位の公務員が、事実上の強い影響力を積極的に行使した場合には、本来の職務行為とある程度距離がある場合でも「職務に関し」といえるのである。

●参考文献●　上岡哲生・判解平22年度193、前田雅英・警論48-9-134、成瀬幸典・平22年度重判216

266 事後収賄罪

最3小決平成21年3月16日（刑集63巻3号81頁・判時2069号153頁）　　参照条文　刑法197条の3第3項

防衛庁調達実施本部副本部長等の職にあった者が、退職後に私企業の非常勤顧問となり顧問料として金員の供与を受けた場合、事後収賄罪が成立するか。

●事実●　防衛庁（当時）調達実施本部副本部長等の職にあった被告人Xは、調達実施本部とA社の関連会社のD社や子会社のF社との間で締結した装備品の製造請負契約において、法令等に違反した水増し請求がなされていたことが発覚したことから、その過払い相当額を国に返還させるにあたり、A社の幹部であるBやCらと共謀の上、その返還額を減額するという2件の背任行為に及び、国に対し合計35億円を超える損害を加えた。そして、その後間もなく、Xは、防衛庁を退職し、A社の関連会社であるG社の非常勤の顧問となり、顧問料として、2年半にわたり、合計538万5000円の供与を受けた。なお、Xは、G社の非常勤の顧問であった間、G社において、自分専用の部屋や机はなかったものの、おおむね月2回程度それぞれ1ないし3時間の出社をし、その間に部長会議に出席するなどしていた。

本件では、背任罪の成否をはじめとした多くの点が争われたが、事後収賄罪については、第1審・原審とも、その成立を認めた。これに対し、Xは、本件顧問料としての報酬は、調達実施本部退職予定者に対し、当時慣例として通常行われていた手続によって支払われることとなったものであり、Xは、就任後、その職務を実際に遂行しているから、正当な報酬であって、賄賂性がないなどと主張して上告した。

●決定要旨●　上告棄却。「Xは、調達実施本部在職中に、A社のB及びCから請託を受けて、A社の関連会社及び子会社の各水増し請求事案の事後処理として、それぞれこれらの会社が国に返還すべき金額を過少に確定させるなどの便宜を図り、その会社の利益を図るとともに国に巨額の損害を加えたものであるところ、Xのこれらの行為は、いずれもXの前記調達実施本部契約原価計算第一担当副本部長等としての任務に背くものであり、背任罪を構成するとともに、職務上不正な行為に当たることが明らかである。そして、その後の間もない時期に、A社のB及びC並びにA社の関連会社であるG社の代表取締役Hにおいて、前記水増し請求の事案の事後処理で世話になっていたなどの理由から、Xの希望に応ずる形で、当時の同社においては異例な報酬付与の条件等の下で、防衛庁を退職したXを同社の非常勤の顧問に受け入れ、Xは、顧問料として前記金員の供与を受けることとなったものである。このような事実からすれば、Xに供与された前記金員については、XにG社の顧問としての実態が全くなかったとはいえないとしても、前記各不正な行為との間に対価関係があるというべきである。原判決がこれと

同旨の判断に立ち、事後収賄罪の成立を認めたのは、正当である」。

●解説●　1　本件は、いわゆる防衛庁調達実施本部事件の上告審であり、水増し請求に係る返還額の減額行為は、背任罪を構成するとともに、請託を受けてした職務上不正な行為にあたることが明らかであるとした上で、その後間もない時期に、関連企業の非常勤顧問となり、顧問料としての供与を受けた行為について、事後収賄罪の成立を認めた。

公務員の再就職先からの報酬が、どのような場合に贈収賄を構成するかは、いわゆる「天下り」の問題とも絡み、社会の注目を集める問題といえよう。本件では、事後収賄罪の成立が認められた。

2　刑法197条の3第3項は、公務員が、退職後に在職中の職務違反行為に関して賄賂を収受し、または要求、約束する行為を処罰する。昭和16年に新設されたものであるが、適用例は極めて少ない。

主体は公務員等の身分を失った者に限られる。異なった抽象的職務権限を有する公務員に転職した者も含むとする見解もあるが、「公務員であった者」には公務員は含みえない（転職後に、転職前の職務と対価性のある利益を受け取る行為は、単純収賄罪で処罰される。なお、在職中に賄賂を要求・約束して、公務員を退職してから受け取る行為は、約束した時点ですでに単純収賄罪が成立してしまうので、受け取る行為はそれに吸収される）。

3　本罪は、「在職中に請託を受けて職務上不正な行為をしたこと」、または「相当の行為をしなかったこと」に関し賄賂を収受した場合に限り成立する。「不正な行為をしたこと」または「相当の行為をしなかったこと」との対価関係が必要なのである。

在職中不正な行為をしたとしても、退職後に受け取った賄賂について、当然にこれとの対価関係があるとは認定されない。受け取った金員が正当な報酬等であれば、本罪は成立しえない。本件においては、顧問料として合計538万5000円の供与を受けたのであり、しかもXには、「顧問」としての実態が全くなかったとはいえないと認定されているのである。

4　本決定は、上記の具体的事実関係を前提に、「全く実態がなかったとはいえない再就職先の顧問」の報酬について、賄賂性を肯定した。その判断にあたっての重要な事実とは、①Xが、不正な行為により私企業に多大の便宜を図った後の間もない時期に、②水増し請求の事案の事後処理で世話になっていたなどの理由から、その関連会社の非常勤顧問に就任しており、また、③この就任は、Xの意向を反映したもので、④関連会社における報酬付与の条件等においても異例のものであったことなどの事情が挙げられよう。

● 参考文献 ●　三浦透・判解平21年度44、今井猛嘉・判評639-26、北野通世・平21年度重判189

267　賄賂罪の客体—リクルート事件

最2小決昭和63年7月18日（刑集42巻6号861頁・判時1284号47頁）　　参照条文　刑法197条

値上がり確実な未公開株式を、形式上は相当な額で譲渡する行為は、賄賂罪を構成するか。

●**事実**●　大蔵省証券局（当時）証券監査官として同局企業財務課に勤務していた被告人Xは、当時東京証券取引所に上場する予定で、その準備のため新規発行株式940万株の一般募集による増資を行おうとしていたS住宅の、増資にあたっての大蔵省側の審査を担当していた。昭和47年8月に、S住宅は大蔵省に有価証券届出書を提出した際、S住宅の財務部長代理である被告人Yは、前記の新規発行株式のうち1万株を公開価格（1株1250円）で提供する旨の申し出をXに行った。Xは、Yの申し出が前記届出書の審査に対する謝礼の趣旨で提供されたものであり、上記株式が同年10月に予定されている上場後に確実に値上がりするものと見込まれていて、その値上がりにより利益を得られるものであることを認識しながら、その申し出を了承し、前記1万株の代金を支払う等して、1万株を取得した（株式の公開価格は、証券会社が、類似の会社の株式の市場価格を参考に大蔵省の了解を得て算出した額から、さらに1割ほど減額して決定され、また、公開される株式の一部は、公開する会社により売出先の指定が行われ、それは、通常、役員・取引金融機関・得意先等の関係者に割り当てられていた。この株の割当が、被告人Xに対して行われた）。

第1審・原審とも、X・Yに、それぞれ収賄、贈賄罪の成立を認め、Xらから賄賂相当額を追徴した。ただ第1審は、賄賂額は「本件公開株式の上場初値と公開価格との差額に相当する利益」であり、S住宅の場合は1株あたり1330円になるとして、1693万円をXより追徴した。これに対し、原審は、本件の賄賂は「株券交付日にその株主となるべき地位」であり、その地位は、当時の事情から推して、「その株式を上場直後の上昇した価格によって処分することにより発行価格との差額を含んだもの」であるとした。被告人Yらが上告した。

●**決定要旨**●　上告棄却。「本件は、S住宅……の株式が東京証券取引所において新規に上場されるに先立ち、あらかじめその株式が公開された際、贈賄側の者が公開に係る株式を公開価格で提供する旨の申し出をし、収賄側の者がこれを了承してその代金を払い込むなどしたという事案であるが、右株式は、間近に予定されている上場時にはその価格が確実に公開価格を上回ると見込まれるものであり、これを公開価格で取得

することは、これらの株式会社ないし当該上場事務に関与する証券会社と特別の関係にない一般人にとっては、極めて困難であったというのである。以上の事実関係のもとにおいては、右株式を公開価格で取得できる利益は、それ自体が贈収賄罪の客体になるものというべきである」。

●**解説**●　1　賄賂は、公務員・仲裁人の職務に関する不正の報酬としての利益である。当該利益と職務行為との間に対価関係が必要である。しかし、個別具体的な職務行為との対価性ではなく、一定の職務に対するものであればよい（最決昭33・9・30刑集12-13-3180）。職務行為は正当なものであってもよい。

2　賄賂の目的物の典型例は金銭である。ただ賄賂と呼べる額は、一定程度以上のものでなければならず、それは贈答者相互の地位・交際関係によって判断される。金銭のほか、債務の弁済、無利子の貸与等も賄賂となりうる。経済的利益の額が算定しにくい場合でも賄賂である。それ故、飲食物の饗応（大判大3・10・30刑録20-1980）、就職のあっせん（大判大14・6・5刑集4-372）も賄賂となる。

芸妓の演芸、異性間の情交などの非経済的利益も賄賂となる（最判昭36・1・13刑集15-1-113）。

3　このような、判例の賄賂概念からすれば、本件の、値上がり確実な未公開株式の譲渡も、当然賄賂となる。最高裁は、①上場時にはその価格が確実に公開価格を上回ると見込まれ、②これを取得することは、一般人にとっては極めて困難であったのだから、「右株式を公開価格で取得できる利益」それ自体が賄賂だとしたのである（さらに、東京地判平4・3・24判タ798-79参照）。

なお、「本件公開株式の上場初値と公開価格との差額に相当する利益」が賄賂であるとした第1審の理解には問題があろう。たしかに、値上がり後に賄賂額を算定することは、客観的で明瞭である。そして、収賄者の手元にある不正の利益を追徴することは好ましい。しかし、急な経済変動で株価が下落した場合に、賄賂でなくなるというのは妥当ではない。株取得時に、利益があると考えられれば賄賂なのである。その意味で、最高裁が判示したように「公開価格で取得できることそれ自体」が賄賂なのである。

●**参考文献**●　永井敏雄・判解昭63年度291、福田平・判評362-52、阿部純二・J920-4、吉川経夫・昭63年度重判155、山本雅昭・固各7版208、川端博・法セ34-7-125

268 時価相当額での不動産の取引と賄賂

最1小決平成24年10月15日（刑集66巻10号990頁・判時2189号145頁）　　参照条文　刑法197条

ある」と判示した。

> 売買代金が時価相当額であったとしても、土地の売買
> による換金の利益が賄賂にあたるとされた事例。

●**事実**●　被告人Ｘは、福島県知事として、同県の事務を管理し執行する地位にあり、同県が発注する建設工事に関して、一般競争入札の入札参加資格要件の決定、競争入札の実施、請負契約の締結等の権限を有しており、被告人Ｙは、Ｘの実弟であり、縫製品の製造、加工、販売等を業とするＣ株式会社の代表取締役として同社を経営していたものである。福島県は、同県東部の木戸川の総合開発の一環として行う木戸ダム本体建設工事について、一般競争入札を経て、平成12年10月16日、Ｄ株式会社ほか2社の共同企業体に発注した。Ｘ・Ｙ両名は、共謀の上、Ｄが木戸ダム工事を受注したときＸから有利便宜な取り計らいを受けたことに対する謝礼の趣旨で、Ｄ副会長のＥが下請業者であるＦ株式会社取締役副社長のＧに指示をした結果、Ｆが買取りに応じるものであることを知りながら、Ｙが、Ｇに対し、Ｆにおいて Ｃ の所有する福島県郡山市の16筆の土地合計約1万1101㎡を8億7372万円余で買い取るように求め、Ｆが前記土地を同価額で買い取ることを承諾させた。その結果、平成14年8月28日、Ｆから、その売買代金として、福島県郡山市の株式会社Ｈ銀行本店のＣ名義の当座預金口座に8億7372万円余が振込送金された。このように、Ｙは、Ｘとの前記共謀に基づき、前記土地売却による換金の利益の供与を受けて、同県知事の職務に関し、賄賂を収受したと認定された。

原審が収賄罪の成立を認めたため、被告人側が上告。

●**決定要旨**●　上告棄却。最高裁は、「所論は、本件土地の売買は、時価と売買代金額との間に差のない通常の不動産取引であるから、賄賂には当たらないと主張する。

しかしながら、原判決の認定によれば、Ｘは福島県知事であって、同県が発注する建設工事に関して上記の権限を有していたものであり、その実弟であるＹが代表取締役を務めるＣにおいて、本件土地を早期に売却し、売買代金を会社再建の費用等に充てる必要性があったにもかかわらず、思うようにこれを売却できずにいる状況の中で、Ｘ・Ｙ両名が共謀の上、同県が発注した木戸ダム工事受注の謝礼の趣旨の下に、Ｆに本件土地を買い取ってもらい代金の支払を受けたというのであって、このような事実関係の下においては、本件土地の売買代金が時価相当額であったとしても、本件土地の売買による換金の利益は、Ｘの職務についての対価性を有するものとして賄賂に当たると解するのが相当である。これと同旨の原判断は正当で

●**解説**●　1　賄賂とは、職務行為と対価関係にある利益をいう。職務に関するなら、利益交付の時期や利益の多寡には関係なく賄賂となるとするのが判例の考え方である（大判昭4・12・4刑集8-609）。有形無形を問わず人の需要、欲望を満たす一切の利益を含むとされてきた（大判明43・12・19刑録16-2239）。

2　具体的には、芸妓の演芸（前掲大判明43・12・19）、酒食の饗応（大判大3・10・30刑録20-1980）、公私の職務その他有利な地位（大判大4・6・1刑録21-703）、異性間の情交（最判昭36・1・13刑集15-1-113）、金融の利益（最決昭33・2・27刑集12-2-342、最決昭36・6・22刑集15-6-1004）、投機的事業の参加の機会（大判大9・12・10刑録26-949）、債務の弁済（大判大14・5・7刑集4-266）、家屋の無償貸与と選挙応援の労務提供（大判大9・6・14刑集13-811）、保証、担保の提供（大判昭11・10・3刑集15-1328）、新規上場に先立ち一般には困難な株式を公開価格で取得できる利益（【267】）も賄賂である。

ただ、個々の職務行為との間に対価的関係のあることまでは必要ない（最決昭33・9・30刑集12-13-3180）。

3　本件では、時価と売買代金額との間に差のない通常の不動産取引であっても、早期に売却し、売買代金を会社再建の費用等に充てる必要性があったにもかかわらず、思うようにこれを売却できずにいる状況の中では、土地の売買による換金の利益は、職務についての対価性を有する賄賂にあたると判断された。もともと、賄賂は経済上の価格を有することを必要としないとされてきており（前掲大判大3・10・30）、時価相当額を超える代金で公務員所有の不動産を買い受けた場合、換価できた利益と時価相当額との差額が賄賂であるとした例が存在しており、異論のない結論といえよう（福岡高判平5・6・22高刑46-3-235）。

なお、利益は、約束等がされる時点で確定しているものであることは必要でなく、条件付きのものであってもよいし（就職が必要となった場合の尽力につき大判大14・6・5刑集4-372）、第三者の行為によって実現するものでもよい（選挙の陣中見舞金を第三者が供与することのあっせんを贈賄者が約束した事案につき大判昭8・11・2刑集12-2109）。

4　なお、賄賂が何人の犠牲または出捐においてなされるかは賄賂罪の成立に影響しない（最判昭26・1・18裁判集刑39-413）。職務行為に対する謝礼と職務外の行為に対する謝礼とが不可分的に包括して提供された金員を公務員がその事実を知りながらこれを収受した場合には、その金員は全部不可分的に賄賂性を帯びる（最判昭23・10・23刑集2-11-1386）。

●**参考文献**●　小森田恵樹・判解平24年度414、山本雅昭・圃各8版208

判　例　索　引

（太字は、本書に重要判例として掲載さ
れたもの、行末の数字は頁数を示す。）

前田　雅英(まえだ　まさひで)

1949年　東京都に生まれる
1975年　東京都立大学法学部助教授
　　　　東京都立大学法学部教授を経て
現　在　東京都立大学名誉教授
主　著　『可罰的違法性論の研究』(東京大学出版会，1982)
　　　　『刑法総論講義〔第7版〕』(東京大学出版会，2019)
　　　　『刑法各論講義〔第7版〕』(東京大学出版会，2020)
　　　　『刑事法最新判例分析』(弘文堂，2014)
　　　　『ケースブック刑法〔第5版〕』(共編・弘文堂，2015)
　　　　『条解刑法〔第4版補訂版〕』(共編・弘文堂，2023)

星　周一郎(ほし　しゅういちろう)

1969年　愛知県に生まれる
2000年　信州大学経済学部経済システム法学科助教授
　　　　信州大学大学院法曹法務研究科准教授等を経て
現　在　東京都立大学法学部教授
主　著　『放火罪の理論』(東京大学出版会，2004)
　　　　『防犯カメラと刑事手続』(弘文堂，2012)
　　　　『アメリカ刑法』(訳，レクシスネクシス・ジャパン，2008)
　　　　『ケースブック刑法〔第5版〕』(共著・弘文堂，2015)

最新重要判例250〔刑法〕　第13版

1996 (平成8) 年3月30日　初版1刷発行
1998 (平成10) 年3月30日　98年版1刷発行
2000 (平成12) 年4月15日　第3版1刷発行
2002 (平成14) 年3月30日　第4版1刷発行
2004 (平成16) 年10月30日　第5版1刷発行
2007 (平成19) 年3月30日　第6版1刷発行
2009 (平成21) 年3月15日　第7版1刷発行
2011 (平成23) 年4月15日　第8版1刷発行
2013 (平成25) 年3月15日　第9版1刷発行
2015 (平成27) 年2月28日　第10版1刷発行
2017 (平成29) 年2月28日　第11版1刷発行
2020 (令和2) 年4月15日　第12版1刷発行
2023 (令和5) 年3月30日　第13版1刷発行

著　者　前田　雅英
　　　　星　周一郎
発行者　鯉渕　友南
発行所　株式会社　弘文堂　101-0062 東京都千代田区神田駿河台1の7
　　　　　　　　　　　　　TEL 03(3294)4801　振替 00120-6-53909
　　　　　　　　　　　　　https://www.koubundou.co.jp

装　丁　遠山八郎
印　刷　図書印刷
製　本　井上製本所

ISBN978-4-335-30129-2

━━━ 弘文堂ケースブックシリーズ ━━━

理論と実務との架橋をめざす、新しい法曹教育が法科大学院で行われています。その新しい法曹教育に資するよう、各科目の基本的な概念や理論を、相当のスペースをとって引用した主要な判例と関連づけながら整理した教材。設問を使って、双方向型の講義が実現可能となる待望のケースブックシリーズ。

━━━ 弘 文 堂 ━━━

2023年3月現在